AF532134

CHRISTIAN KÖHLERT

Die Matrix Hypothese

LEBEN WIR IN EINEM VIRTUELLEN KONSTRUKT?

OSIRIS
VERLAG

DIE MATRIX-HYPOTHESE
Leben wir in einem virtuellen Konstrukt?

---

3. Auflage Dezember 2024

Umschlaggestaltung:

Satz und Layout: Mayamagik LLC
Coverdesign: Christian Köhlert
Lektorat: Merri Holste & Verlag

ISBN: 978-3-947397-32-7

Dieser Titel ist auch als eBook erhältlich,
ISBN (eBook): 978-3-947397-33-4

Gerne senden wir Ihnen unser Verlagsverzeichnis:
OSIRIS-Verlag & Versand
Marktplatz 10
D-94513 Schönberg

Email: info@osirisbuch.de
Tel.: (08554) 844
Fax: (08554) 942894

Unser Buch- und DVD-Angebot finden Sie auch im Internet unter:
www.osirisbuch.de

CHRISTIAN KÖHLERT

Die Matrix Hypothese

LEBEN WIR IN EINEM VIRTUELLEN KONSTRUKT?

OSIRIS
VERLAG

KONTAKT ZUM AUTOR

Falls Sie an weiterführenden Medienquellen zum Themenspektrum der Matrix-Hypothese interessiert sind, nutzen Sie bitte den QR-Code und die entsprechende Webseite. Dort finden Sie auch die neuesten Updates, Artikel und Links zu den Telegram-Kanälen des Autors.

HTTPS://MAYAMAGIK.DE/DIE-MATRIX-HYPOTHESE

MAYAMAGIK.DE

„Dieses Buch ist Eva Ursiny und ihren bezaubernden Töchtern Amélie und Jasmine gewidmet. Sie sind mein Fundament, damit ich die ‚Matrix-Hypothese' schreiben konnte."

„Ein besonderer Dank geht an Karin, Anna und Jürgen, sowie an Ralf Flierl, die durch ihre herzliche Unterstützung dafür gesorgt haben, dass eine weitere Publikation möglich wurde."

„Nicht zuletzt möchte ich meine Wertschätzung bezüglich meiner leiblichen Familie zum Ausdruck bringen, die mich auf dem Weg immer gefördert hat."

— Christian Köhlert —

INHALTSVERZEICHNIS

EINLEITUNG

Dieses Buch ist die logische Weiterführung meiner zuvor veröffentlichten Phönix-Hypothese.[1] Die erste Publikation drehte sich weitestgehend um weltliche Fragen, die sich zumeist mit Anomalien auf der Weltbühne beschäftigten. Dazu gehören Auffälligkeiten wie die Zunahme von Krisen und geostrategischen Konflikten und der damit verbundenen Unsicherheit, ob es einen allumfassenden Zusammenhang gibt. Hierzu nahm ich zwei Themenkomplexe unter die Lupe, die selbst in den alternativen Medien ein Schattendasein fristen: zum Einen die eher unpopuläre These, dass das Weltgeschehen von einer übergeordneten Struktur oder Intelligenz gesteuert wird; zum Anderen die zyklischen Transformationen, die in großen Abständen einen globalen geophysikalischen Reset hervorrufen.

Beide Themen sind enorm komplex und wurden von vielen internationalen Analysten umfassend beleuchtet. Dennoch sind sie im deutschsprachigen Raum völlig unterrepräsentiert. Daher hielt ich es für obligatorisch, den Diskurs etwas zu beleben, indem ich die wichtigsten Hinweise präsentierte, über welche ich diesbezüglich in den letzten Jahrzehnten gestolpert war. Zudem bedingen sich beide Themenkomplexe gegenseitig. Beispielsweise würde die Vorstellung, dass mit einem geophysikalischen Reset in naher Zukunft eine massive globale Herausforderung auf uns zusteuert, eine geheime übergeordnete Agenda erklären – hintergründige Machenschaften, über die ein einvernehmliches Stillschweigen herrscht. In meinem ersten Buch habe ich die Puzzlestücke so zusammengelegt, dass für diese Annahme durchaus eine lange Kette aus Indizien sichtbar wurde – wesentliche Aspekte lassen sich sogar anhand objektivierbarer Fakten und einer wissenschaftlichen Beweisführung herleiten.

Schlussendlich formulierte ich meine Interpretation der Ereignisse auf der kollektiven Bühne als Hypothese – ein Erklärungsmodell, welches hinterfragt und herausgefordert werden soll. Zudem gibt es in diesem Gedankengebäude viele „Unschärfen“, was wesentliche Details angeht. In diesen Bereichen wird

---

[1] *Köhlert, C.* (2023). „Die Phönix-Hypothese: Ist die aktuelle Weltlage eine gigantische Ablenkung?“ Osiris V.

es spekulativ, und wo es sich anbot, offerierte ich populäre Ausdeutungen. Diese Illustrationen kamen zumeist von bekannten Analysten, Whistleblowern und Individuen, die als Autoritäten auf Fachgebieten gelten, welche die Phönix-Hypothese berühren. Grundsätzlich ging es mir immer darum, die Deckungsmengen aufzuzeigen und dem Leser einen Überblick zu geben. In letzter Konsequenz muss jeder Mensch für sich selbst Antworten auf die fundamentalen Fragen finden – meine Arbeit sollte demnach nur als Inspiration betrachtet werden.

Die Phönix-Hypothese hatte einen bewusst in Kauf genommenen Mangel, der eine weitere Publikation nötig machte. Damit verpflichtete ich mich, ein zweites Buch zu schreiben, und so kündigte ich diese Absicht bereits in meiner ersten Publikation an. Dieses Buch schrieb ich weitestgehend aus der Perspektive eines „vernünftigen Rationalisten",[2] der sich in seiner Argumentation an objektivierbaren Fakten entlang hangelt und dabei ein begrenztes *cartesisches* Weltbild voraussetzt. Da die meisten Menschen auf dieser Wahrnehmungsebene operieren und ihre Realität abgleichen, hielt ich es für einen notwendigen, aber dennoch bedauerlichen Reduktionismus. Ich fokussierte mich darauf, möglichst viele Leser zu erreichen und sie nicht gleich mit Themen zu konfrontieren, die in einem weltlichen Paradigma für gewöhnlich als Aberglaube oder esoterische „Spinnerei" abgestempelt werden.

Weiterhin hielt ich es für kontraproduktiv, den Leser mit zu vielen abstrakten Modellen zu überfrachten. Die zusammenhängenden Fachgebiete der Phönix-Hypothese waren schon komplex genug und sind daher nicht immer leicht zu abstrahieren. Mit meiner rationalen Herangehensweise war ich jedoch nicht vollständig konsequent. Allein die Entscheidung, die europäischen Seher mit in die Argumentationskette einfließen zu lassen, widerspricht weitestgehend diesem rein *cartesischen* Ansatz. Prophetie ist, vom Standpunkt eines linear-kausalen Weltbilds aus betrachtet, alles andere als „rational" erklärbar.

Präkognition, also die Fähigkeit, weit über den jeweiligen zeitlichen Ereignishorizont hinauszusehen, wie sie von den bekannten Propheten Europas demonstriert wird, lässt sich nur schwer mit einem materialistischen Paradigma vereinbaren. Das *einsteinsche*, 4-dimensionale Raum-Zeit-Modell erlaubt leider wenig Spielraum, um die Validität solcher Phänomene aufzuzeigen. Sprich, ohne ein erweitertes Weltbild lässt sich „Hellseherei" nicht erklären. Dennoch sind die wesentlichen Voraussagen, von Sehern wie *Alois Irlmaier* in

---

2 Meint einen materialistisch denkenden Menschen: Jemand, der sich in erster Linie auf die materiellen und greifbaren Aspekte des Lebens konzentriert und eher die physischen und beobachtbaren als die spirituellen oder metaphysischen Dimensionen betont.

der alternativen Szene der „Wahrheitsbewegung" mittlerweile so populär, dass man sie in dem Kontext nicht mehr ignorieren darf – genauso wenig kann man leugnen, dass die Ereignisse auf der Weltbühne mit den Vorhersagen korrespondieren. So flossen einige Themen in mein erstes Buch, die ein erweitertes Weltbild voraussetzen, um einer zwingenden Argumentation gerecht zu werden.

Es ist nur möglich, eine lineare Kausalität zu bewahren, wenn man davon ausgeht, dass Prophezeiungen verdeckte Offenbarungen einer geheimen Agenda sind, die vor langer Zeit geplant wurde. Damit könnte man argumentieren, dass es sich um ein uraltes Drehbuch handelt, das mit Hilfe von Geheimgesellschaften über die Jahrhunderte umgesetzt wurde. Die Veröffentlichung der Vorhersagen wäre demnach nur eine Form der verschlüsselten Kommunikation dieser klandestinen Absicht. Zudem muss es sich, aus dieser Perspektive, um eine manipulative Agenda handeln, die es geschafft hat, religiöse Bewegungen hinter ihren „göttlichen" Plan zu vereinen. Wenn man jedoch ins Detail schaut, lässt sich dieses Modell nicht aufrechterhalten. Je tiefer wir die europäische Prophetie analysieren, desto mehr wird ein Weltbild nötig, das die lineare Kausalität transzendiert.

Diese erweiterte Perspektive blieb ich meinen Lesern weitestgehend schuldig. Trotz der zahlreichen Fußnoten, die Hinweise auf ein größeres Bild liefern sollten, ließ ich die meisten „vernünftigen Materialisten" im Ungewissen, wie sie vereinzelte Ausdeutungen meinerseits einzuordnen hätten. Besonders gravierend zeigte sich das im letzten Kapitel, wo ich mir erlaubte, eine spirituelle Perspektive zu skizzieren. Diese ganzheitliche Sichtweise halte ich noch immer für essenziell, um einen konstruktiven Umgang mit den teilweise äußerst bedrohlichen Szenarien zu finden, die ein geophysikalisches Reset-Szenario impliziert. Daher wird es auch in diesem Buch wieder um die globalen Machtstrukturen im Kontext einer zyklischen Transformation gehen, doch diesmal aus einem erweiterten Blickwinkel. Wie Sie im Verlauf sehen werden, wird diese Perspektive erneut viele vertraute Ansichten herausfordern und am Ende sogar relativieren – sofern man sich auf das Gedankenexperiment einlässt.

Wie in der vorherigen Publikation weise ich mit Nachdruck darauf hin, dass ich in diesem Buch nur meine momentane subjektive Sichtweise vertrete, die ohnehin permanent den Prozessen der Erweiterung und Neubewertung unterworfen ist. Mehr denn je bewege ich mich diesmal in einem Realitätsbereich, der ab einer gewissen Tiefe „unscharf" wird und sich nur begrenzt mit „Fakten" objektivieren lässt. Ab einem konkreten Punkt spreche ich ausschließlich von persönlichen Ausdeutungen, die als Inspiration dienen sollen. Diese Analysen werde ich zudem mit privaten Anekdoten garnieren, welche vollkommen meiner subjektiven Wahrnehmung entspringen.

Das gleiche Prinzip gilt für die diversen Quellen, an denen ich meine Grundannahmen festmache – die müssen nicht für jeden Leser eine vergleichbare Relevanz haben wie für mich. Am Ende kann und möchte ich keine fixe „Wahrheit" vertreten oder etablieren. Meine höchste Priorität ist es, die Eigenverantwortlichkeit und den freien Willen zu wahren, so dass jedes Individuum seine Perspektive auf die Realität selbst wählen kann. Warum das für mich so signifikant ist, werden Sie im Prozess noch erfahren. Daher ist alles in diesem Buch als optionale Anregung zu verstehen. Hier werden Puzzleteile präsentiert, über die ich persönlich gestolpert bin auf meiner Suche nach einem tieferen Realitätsverständnis. Wo ich es für sinnvoll erachte, werden diese Stücke zu einem Gesamtbild formatiert. Aus diesem Grund kann ich nur dazu raten, sich möglichst unvoreingenommen dem Prozess hinzugeben. Am Ende dürfen Sie immer aussortieren, welche Aspekte Sie in Ihr Weltbild übernehmen möchten und welche nicht, aber lassen Sie sich offen auf den Ablauf ein, bis er beendet ist.

Genau wie im letzten Buch, werde ich dieses Mal darauf achten, nicht nur Quellen, sondern auch erklärende Anmerkungen in die Fußnoten zu geben. Wenn ich auf Publikationen verweise, dann werde ich immer die originale Ausgabe angeben. Es sei jedoch darauf hingewiesen, dass oftmals deutsche Übersetzungen verfügbar sind. Was die Vermerke betrifft, sollen sie es den Laien erleichtern, Fachausdrücke zu verstehen, die ein Grundlagenwissen in vereinzelten Fachgebieten voraussetzen, ohne wiederum mein versiertes Publikum zu langweilen. Der Anspruch lautet, dass ich hierzu die richtige Mischung finde und es mir gelingt, komplexe Zusammenhänge so darzustellen, dass möglichst viele sie nachvollziehen können, ohne hierfür bspw. einen Aufbaukurs in Quantenphysik belegen zu müssen. Dennoch kommen wir nicht um dieses Fachgebiet herum, wenn ich im weiteren Verlauf ein erweitertes Weltbild skizzieren werde, welches über das *einsteinsche* Paradigma hinausgeht.

„Wenn die Quantenmechanik Sie nicht zutiefst schockiert hat, haben Sie sie noch nicht verstanden."

— Niels Bohr —

Bevor wir anfangen können, tiefer in den Kaninchenbau hinabzusteigen, will ich Ihnen einen generellen Überblick über das Spektrum der verschiedenen populären Sichtweisen geben – genau wie in meinem letzten Buch. Nur diesmal geht es nicht darum, die vielschichtigen Hauptströmungen der „Truthergemeinde“[3] zu sondieren, und ihre Interpretationsansätze der Auffälligkeiten auf der zumeist politischen Weltbühne zu beschreiben. Vielmehr werde ich die wichtigsten Weltanschauungen in ein buntes Frequenzspektrum einordnen. Das dient dem Leser als Überblick und Abgleich, wo man sich selbst verorten würde.

Nachdem ich jetzt lange genug um den eigentlichen Inhalt herumgetänzelt bin, möchte ich dennoch vorwegnehmen, worum es im Kern der Matrix-Hypothese gehen soll. In meinem letzten Buch stellte ich die Behauptung auf, dass wir die aktuellen Krisen, die geopolitischen Verwerfungen und alle weitläufigen Auffälligkeiten auf der Weltbühne nicht in ihrer tieferen Bedeutung begreifen können, wenn wir nicht in Betracht ziehen, dass dahinter ein „natürlicher“ zyklischer Prozess der Transformation steckt. Mit der hier formulierten Matrix-Hypothese möchte ich einen weiteren Schritt in die Metaebene wagen und auf ein noch umfassenderes Bild verweisen. Daher postuliere ich, dass wir alle kollektiven Vorgänge, inklusive der Reset-Zyklen, nur reduktionistisch und damit unvollständig verstehen können, wenn wir nicht unsere eigene Wirklichkeit hinterfragen.

In diesem Buch gehe ich dementsprechend der Frage nach, was die fundamentale Natur unserer Realität ist. Der ursprüngliche Arbeitstitel lautete: „Die Maya-Hypothese“, was sich von jenem Sanskritwort ableitet, mit dem die vedischen Schriften eine illusorische Welt beschreiben. Jedoch bestand die Gefahr, dass die allgemeine Assoziation bei dem Ausdruck „Maya“ immer in Richtung einer zentralamerikanischen Hochkultur driftet. Daraus folgte der Entschluss, einen unmissverständlichen Titel zu verwenden. Allerdings werden Sie im Verlauf der Lektüre feststellen, dass „Maya“ und „Matrix“ das gleiche Grundkonzept definieren – die Begrifflichkeiten sind dementsprechend austauschbar. An vielen Stellen im Buch variiere ich die Worte und meine dennoch immer dasselbe Prinzip. In letzter Konsequenz dreht sich der Kern der Hypothese um die Frage, ob unsere Realität ein virtuelles Konstrukt ist.

Wenn wir dazu hinreichende Indizien finden, dann impliziert die Fragestellung, wie diese Matrix aufgebaut und nach welchen fundamentalen Richtlinien

---

[3] „Truther“ ist ein informeller Begriff, der Personen bezeichnet, die offiziellen Erzählungen und gängigen Erklärungen skeptisch gegenüberstehen oder sie aktiv in Frage stellen, insbesondere in Bereichen wie Regierungshandeln, oder Verschwörungstheorien. Truther suchen oft nach alternativen Interpretationen oder decken auf, was sie für versteckte Wahrheiten oder unterdrückte Informationen halten. Der Begriff wird häufig mit Verschwörungstheorien in Verbindung gebracht und kann ein breites Spektrum an Überzeugungen und Perspektiven umfassen.

sie organisiert ist. Was ist unsere Aufgabe darin, und warum ist diese Realität so „herausfordernd“? Wir werden uns mit physischen Paradoxien und weltlichen Anomalien beschäftigen, um dem Konstrukt auf die Schliche zu kommen. Dazu werden wir ein breites Spektrum höchst kontrovers diskutierter Themen streifen. Es wird demnach eine Achterbahnfahrt, die einerseits objektivierbare Fakten und wissenschaftliche Evidenzen zusammenstellt, aber auch individuelle Erfahrungen in Betracht zieht, um das größere Bild zu zeichnen. Also schnallen Sie sich gut an, denn wir fahren mit Schwung hinab in *Alices* „Kaninchenbau“. Doch bevor wir in die Tiefen abtauchen, lassen Sie uns eine allgemeine Karte der unterschiedlichen Weltanschauungen skizzieren, wie ich es bereits angekündigt habe.

KAPITEL 1: DAS PHILOSOPHISCHE SPEKTRUM

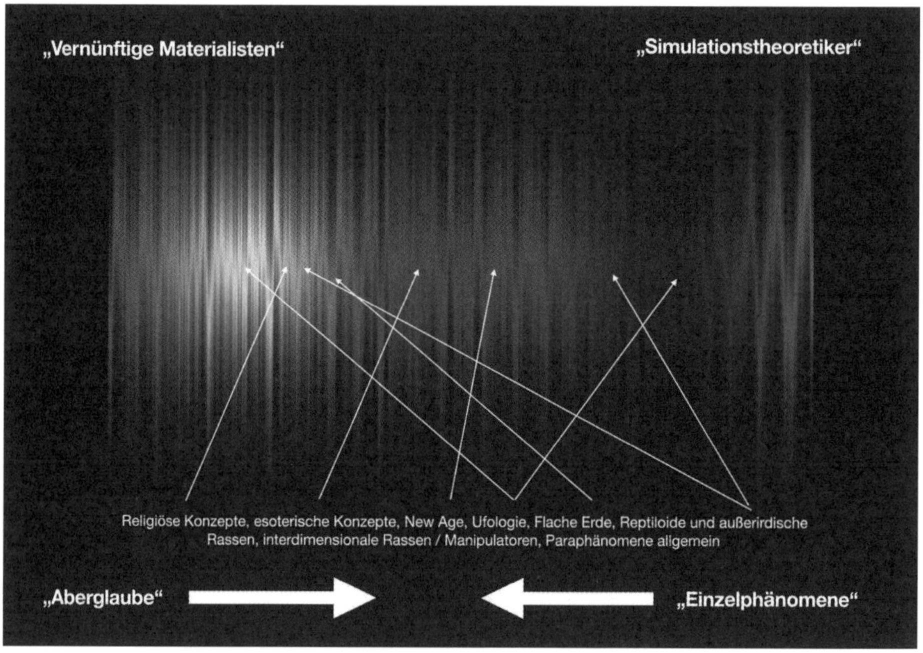

Das philosophische Spektrum der Weltanschauungen (Grafik: Autor)

Das philosophische Spektrum, welches ich vorab skizzieren möchte, ist nur ein rudimentäres Modell, das sich aus Themenbereichen zusammensetzt, die mir persönlich über den Weg gelaufen sind. Das Gebilde ist keineswegs vollständig, aber dennoch hoffe ich, die wichtigsten Vertreter zu nennen. Oftmals gibt es ähnliche Bewegungen, die sich in ihrem Glaubenskonstrukt nur in wenigen Details unterscheiden. Zudem existieren unzählige Mischformen, wo sich populäre Hauptströmungen treffen und ein Medley komponieren, welches von den Fundamentalisten der jeweiligen Kernbewegung als blasphemisch erachtet wird. Fangen wir bei der Weltsicht an, die das Fundament meiner letzten Publikation war: das *cartesische* Paradigma.

1.1 DAS CARTESISCHE PARADIGMA

Die Reise durch die fundamentalen Weltbilder beginnt, wo sich die Masse heimisch fühlt – beim „vernünftigen Materialismus" (links im Spektrum). Dieses Paradigma ist die Heimat der westlichen Wissenschaften. Der vernünftige Materialismus spiegelt sich in Konzepten wie dem *Darwinismus* oder der heliozentrischen Weltanschauung. Dieses ideologische Gebäude wird u.a. als „*cartesisches* Paradigma" bezeichnet. Geprägt wurde diese Ideologie von *René Descartes,*[4] obgleich er nicht als der erste Vordenker dieser Geisteshaltung gilt. Er war ein französischer Philosoph, Mathematiker und Wissenschaftler, und ist bekannt für seine einflussreichen Beiträge zur Philosophie. Nach ihm wurde das *cartesische* Paradigma benannt. Sein methodologischer Skeptizismus und seine Betonung der Vernunft und der mathematischen Gewissheit haben die westliche Gesinnung tiefgreifend beeinflusst. In dieser rein materialistischen Denkweise gibt es keinen Platz für religiöse oder esoterische Konzepte.

Unsere Realität ist demnach ein Gebilde aus Teilchen wie Atomen, die eine materielle Welt konstruieren – im Mikro- wie im Makrokosmos. Das ganze Universum ist demzufolge ein chaotischer Tanz aus kleinen und großen Kugeln, die zwar klar definierten Wechselwirkungen unterliegen, aber keiner höheren Ordnung folgen. Der Geist oder das Bewusstsein ist ein mechanistisches Konstrukt, was sich ausschließlich im Gehirn entwickelt und mit dem Absterben des Organs aufhört zu existieren.

„Wenn du ein echter Wahrheitssucher sein willst, ist es notwendig, dass du wenigstens einmal in deinem Leben an allen Dingen zweifelst, so weit wie möglich."

— René Descartes —

Selbst wenn man als spirituell orientierter Mensch das *cartesische* Paradigma ablehnen muss, so kann man *René Descartes* als Person dennoch verstehen. Wie andere rationale Strömungen, die lange vor der Aufklärung aktiv wurden, ging es den Anführern zumeist darum, dem Aberglauben und der blinden Unterwerfung unter ein religiöses Dogma entgegenzuwirken. So beabsichtigte vermutlich auch *Descartes* im Inneren seines Herzens, die Menschen zu

---

4 *René Descartes* (1596-1650) war ein französischer Philosoph der vor allem für seine Aussage „Cogito, ergo sum" („Ich denke, also bin ich") bekannt ist, in der er die Gewissheit des Selbstbewusstseins als Grundlage des Wissens betonte.

befreien – zumindest könnte man das so verstehen. Mit dem Schwert der Vernunft kämpfte er gegen die übermächtige Religion und trug damit zu der Erschaffung eines neuen Dogmas bei.

Das wissenschaftliche Gebäude, auf dem der abendländische Materialismus fußt, ist heute einem religiösen Gebilde nicht unähnlich. Jede westliche „Demokratie" hat ihre Hohepriester, die alle Anomalien, die das Paradigma erschüttern könnten, in ein unverfängliches Narrativ einbetten. Typische Vertreter dieser Priesterkaste sind in Deutschland *Harald Lesch* oder *Ranga Yogeshwar*. Im amerikanischen Kontext könnte man beispielsweise *Neil deGrasse Tyson* nennen, aber das sind immer nur die Aushängeschilder für die stumpfe Masse. Das „akzeptable" Ausdeutungsspektrum der Realität wird von Einrichtungen dominiert, die sich nicht allein auf die Massenmedien zurückführen lassen. Die „Smithsonian Institution"[5] ist exemplarisch ein wichtiger Taktgeber dafür, was im Mainstream als anerkannte Wissenschaft gilt. Man sollte nur beachten, dass es eine immense Kluft zwischen legitimer und kommunizierter Lehre gibt.

Es darf keine Schranken für die Freiheit der Forschung geben. Es gibt keinen Platz für Dogmen in der Wissenschaft. Der Wissenschaftler ist frei und muss frei sein, jede Frage zu stellen, jede Behauptung anzuzweifeln, nach Beweisen zu suchen und jeden Fehler zu korrigieren.

— J. Robert Oppenheimer —

Eine breite Masse der „Truther" bewegt sich ebenfalls auf dieser reduktionistischen, rein materiellen Ebene. Man braucht für gewöhnlich auch kein erweitertes Weltbild, wenn man sich über politische, soziale oder gar geopolitische Entscheidungen der herrschenden Klasse aufregen möchte. Ein skeptischer Blick auf die aktuellen Machtstrukturen und geschichtlichen Zusammenhänge ist völlig ausreichend, um zu erkennen, dass etwas am Mainstreamnarrativ nicht stimmen kann – speziell, wenn es um die gegenwärtigen Krisen und deren Ursache geht. Viele populäre Analysten würden niemals anfangen, esoterische, spirituelle oder gar hermetische Kausalitäten zu erläutern, sofern es die sachlichen Probleme des Weltgeschehens betrifft. Dennoch begrenzen sich damit die Erklärungsmodelle, die man als Ausdeutung heranführt. Dafür bietet man weniger Angriffsfläche und kann effektiver Menschen erreichen, weil die

---

[5] Das Smithsonian wurde am 10. August 1846 durch ein Gesetz des US-Kongresses mit Mitteln aus der Hinterlassenschaft des 1829 verstorbenen englischen Wissenschaftlers *James Smithson* zugunsten der Vereinigten Staaten von Amerika mit dem Auftrag „der Vermehrung und Verbreitung von Wissen" gegründet und ist in der US-Hauptstadt angesiedelt.

Masse dieses reduktionistische Weltbild versteht – selbst wenn sich eventuell einige Zuhörer schon mehr vorstellen können, bleibt man massenkompatibel.

Meine Phönix-Hypothese versuchte, weitestgehend dem Anspruch gerecht zu werden, möglichst viele Menschen zu erreichen und dabei allgemein verständlich zu bleiben. Da ich den Sachverhalt bereits in der Einleitung dargelegt habe, warum ich zumeist eine materialistische Argumentationsebene gewählt habe, kann ich natürlich verstehen, weshalb viele bekannte Kommentatoren des Weltgeschehens diesen weitreichend akzeptierten Bereich nicht verlassen wollen. Jedoch fehlt den Menschen auch oft ein greifbarer Zugang in die feinstoffliche Welt. Fangen wir also auf der materiellen Ebene an und schauen wir, was es noch so gibt. Dazu habe ich ein simples Spektrum angelegt. (Siehe Abbildung Seite 18)

1.2 DIE RELIGIÖSEN NARRATIVE

Auf der linken Seite dieses Spektrums habe ich das *cartesische* Paradigma positioniert – jenen „vernünftigen Materialismus“, der meine argumentative Ausgangsposition beschreibt. Sobald wir uns weiter nach rechts bewegen, begegnen wir den ersten Glaubenskonstrukten, die sich mit einer rein physischen Weltsicht nicht mehr erklären lassen. Bitte an dieser Stelle Rechts und Links nicht mit politischen Ideologien verwechseln. Die meisten populären Weltanschauungen sind religiöser Natur. Um ein Anhänger einer dieser Bewegungen zu werden, braucht es keine großen Voraussetzungen, außer ein wenig „guten“ Willen oder eine frühzeitige Indoktrinierung. Selbst als echter Materialist kann man ein Gläubiger werden. Beispielsweise war *Albert Einstein*, der mit seiner rein physischen Beschreibung der Realität und seinem 4-dimensionalen Raum-Zeit-Kontinuum dem Rationalismus überhaupt erst das wissenschaftliche Fundament geliefert hat, auch ein gläubiger Mensch. Nicht ohne Grund raunte *Einstein*:

> ***„Die Quantenmechanik ist sehr beeindruckend. Aber eine innere Stimme sagt mir, dass sie noch nicht das Wahre ist. Die Theorie bringt zwar viel hervor, bringt uns aber kaum näher an das Geheimnis des Alten heran. Ich bin jedenfalls überzeugt, dass Er nicht würfelt.“***
>
> **— Albert Einstein —**

Religiöser Glaube muss demnach nicht rational argumentiert werden, sondern kann als Mysterium unbegründet undefiniert abseits im Raum stehen –

zumindest scheint das von der Masse der Gläubigen akzeptiert zu werden. Blinde Unterwerfung in Bezug auf eine klerikale Doktrin ist den kritischen Geistern naturgemäß ein Grauen. Daher stehen die großen Weltreligionen unter Generalverdacht, nur ein Werkzeug der Massenkontrolle zu sein. Die dahinterstehenden Institutionen haben sich in der Menschheitsgeschichte nicht unbedingt durch ihre Tugendhaftigkeit oder ihren Humanismus hervorgetan. Die Vorwürfe der Korruption und der Anpassung der „Heiligen Schriften" auf weltliche Bedürfnisse sind keinesfalls unbegründet. Zudem kann allein das Christentum auf eine illustere Geschichte aus Verbrechen, die im Namen „Gottes" begangen wurden, zurückblicken. Doch auch alle anderen Glaubenslehren haben sich diverser Gräueltaten schuldig gemacht.[6]

„Religion ist ein hervorragendes Mittel, um das gemeine Volk ruhig zu halten."

— Napoleon Bonaparte —

Wenn man dem Spektrum weiter nach rechts folgt, dann stößt man auf verschiedene Abwandlungen der populären Religionen, die eine etwas offenere Interpretation der „heiligen Schriften" erlauben, bis man auf die ersten esoterischen Philosophien stößt. Diese ganzheitlichen Weltanschauungen erkennen zwar, dass die großen Konfessionen primär genutzt wurden, um Kontrolle über die Massen auszuüben. Dennoch verstehen sie, dass die innere Suche nach einem spirituellen Verständnis vollkommen berechtigt ist. Diese natürliche Anlage im Menschen, eine höhere Wahrheit zu ergründen, wurde nur „gekapert" und missbraucht, um die Menschheit zu lenken – sie sogar gegeneinander aufzuhetzen. Demnach versteckt sich in allen Religionen ein wahrer Kern, der allerdings weitestgehend pervertiert wurde. Dieses Prinzip lässt sich – mit leichten Nuancen – in den unterschiedlichen Hauptströmungen (Christentum, Islam und Judentum) finden.

---

[6] Die Kreuzzüge (11.-13. Jahrhundert): Eine Reihe von Militärkampagnen der Christen, um das Heilige Land von den Muslimen zurückzuerobern, was zu Gewalt, Massentötungen und politischer Instabilität führte. Die Inquisition (12.-19. Jahrhundert): Verschiedene Inquisitionen, insbesondere die spanische Inquisition, die darauf abzielten, Ketzerei zu unterdrücken, was oft mit Folter, Verfolgung und Hinrichtung derer, die als Ketzer angesehen wurden, einherging. Die Salemer Hexenprozesse (1692): Eine Reihe von Prozessen im kolonialen Massachusetts, bei denen Menschen, meist Frauen, der Hexerei beschuldigt wurden und der Verfolgung ausgesetzt waren, was zu zahlreichen Hinrichtungen führte.

1.3 ESOTERIK UND NEW AGE

Alle esoterischen Lehren bestätigen prinzipiell die religiöse Vorstellung, dass der Mensch einen unsterblichen, immateriellen Persönlichkeitskern hat, der nicht an den physischen Körper gebunden ist. Man spricht hierbei u.a. von einer Seele. So ist eine spirituelle Existenz in vielen Formen möglich und beschränkt sich nicht auf den Soma.[7] Je tiefer man in die esoterischen Lehren einsteigt, desto mehr bekommt man es mit neuen Ideen zu tun. Reinkarnation[8] und die Karmalehre[9] sind oft in reduktionistischer Form anzutreffen. Diese Konzepte sind ebenfalls in der vedischen und buddhistischen Tradition vertreten. Hier liegt der Ursprung vieler esoterischer Strömungen. Das allgemeine religiöse Dogma, dass man nur eine singuläre körperliche Existenz hat, um den „göttlichen" Ansprüchen gerecht zu werden und sich einen unbegrenzten Urlaub in himmlischen Gefilden zu verdienen, wird aufgebrochen. Das spirituelle/esoterische Paradigma propagiert zumeist ein Konzept des evolutionären Lernprozesses, der sich durch wiederholte Verkörperungen bzw. Inkarnationen fortsetzt.

Die populärsten spirituellen Modelle kulminieren im sogenannten New Age – eine Art vereinfachtes Sammelkonzept von esoterischen und hermetischen Lehren, die reduktionistisch und teilweise „modern" interpretiert werden. Insbesondere die doch recht komplexe Hermetik, die auf *Hermes Trismegistos* und die Weisheiten der ägyptischen Gottheit *Thoth* zurückzuführen ist, wird im New Age nicht in voller Tiefe behandelt. Dennoch finden hier viele spirituelle Suchende ihren ersten Berührungspunkt. Grundsätzlich gibt es aber keine exakten Definitionen, wo New Age beginnt und wieder aufhört.

---

7 „Soma" ist ein aus dem Altgriechischen und Sanskrit stammender Begriff, der im Zusammenhang mit dem Körper in erster Linie mit dem physischen Aspekt eines Organismus oder einer Person in Verbindung gebracht wird. Im Altgriechischen bezieht sich „Soma" auf den Körper als Ganzes und umfasst die physische Form, die Struktur und den materiellen Aspekt eines Lebewesens. Auch im Sanskrit, einer alten indoarischen Sprache, wird „Soma" in verschiedenen philosophischen und medizinischen Zusammenhängen zur Bezeichnung des Körpers oder des physischen Aspekts einer Person verwendet.

8 Reinkarnation ist das philosophische oder religiöse Konzept, dass die Seele oder das Bewusstsein eines Menschen nach dem biologischen Tod in einem neuen menschlichen Körper wiedergeboren wird, oft mit dem Ziel, in nachfolgenden Leben Erfahrungen zu sammeln und zu lernen.

9 Im Sanskrit hat das Wort „Karma" (कर्म) mehrere Bedeutungen, die je nach Kontext unterschiedlich ausgelegt werden können. Die Hauptbedeutungen von Karma im Sanskrit sind: „Handlung oder Tat", „Schicksal oder Vorsehung", „Pflicht oder rechtschaffenes Handeln". Im Kontext des Hinduismus und des Buddhismus wird Karma oft mit dem Konzept des Gesetzes von Ursache und Wirkung in Verbindung gebracht, wonach Handlungen (Karma) die zukünftigen Erfahrungen und Umstände des Einzelnen beeinflussen, einschließlich des Zyklus von Geburt und Wiedergeburt (Samsara). Die Idee ist, dass positive Handlungen zu positiven Ergebnissen führen, während negative Handlungen negative Konsequenzen nach sich ziehen.

Das Label „New Age“ wird gerne pauschal auf viele Weisheitslehren geklebt und die meisten Anhänger haben damit kein Problem. Dennoch genießt diese Nische bei Kritikern nicht den besten Ruf. Mit New Age wird oft ein oberflächliches Streben nach mehr Macht, Reichtum und Anerkennung assoziiert, die man sich durch Manifestationen, Affirmationen oder die richtigen Kraftsteine aneignen kann. Dieser Ansatz hat weniger mit der Suche nach Gott oder dem höheren Selbst, der Befreiung aus dem Kreislauf der Inkarnation oder dem Streben nach Erleuchtung zu tun, sondern vielmehr mit der Befriedigung niederer Bedürfnisse – so argumentieren viele Anhänger der ursprünglichen Lehren, aus denen die esoterische Sammlungsbewegung hervorgegangen ist. Für Materialisten ist New Age ohnehin nur billiger Marketingzauber für die einfältigen Massen – populärer Humbug für Hippies und weltfremde Spinner. Mit ähnlicher Verachtung wird grundsätzlich alles bewertet, was im Spektrum rechts vom Materialismus (im Sinne der Abbildung) angesiedelt ist. Es sollte klar sein, dass man Fanatiker in allen Schwingungsbereichen des Frequenzspektrums findet, die generell zu beiden Seiten hin verbal ausschlagen. Beispielsweise geht die Kritik aus den religiösen Kreisen gleichermaßen in die Ecke der Materialisten wie in Richtung der esoterischen Strömungen und darüber hinaus. Im Großen und Ganzen macht Dogmatismus vor keiner der jeweiligen Bewegungen halt.

1.4 UFOLOGIE UND ANDERE ANOMALIEN

Weiter diesem Spektrum folgend, verteilen sich viele unterschiedliche Phänomene über die gesamte Skala. Das UFO-Phänomen kann zwar für einen Materialisten faszinierend sein, jedoch wird es schwierig, die technischen Charakteristiken dieser Objekte allein in einem rein physischen Kontext zu beschreiben. Das wird deutlich, wenn man tiefer in diese Thematik schaut. Selbstverständlich kann man die UAPs,[10] wie sie heute genannt werden, auch als geheime Entwicklungen des Militärs verstehen bzw. dahinter eine exotische Technologie postulieren, die nicht der Öffentlichkeit bekannt gemacht wurde. Spätestens bei Spekulationen um außerirdische oder gar inter-dimensionale Wesen steigen die meisten Materialisten jedoch aus.

---

[10] UAP steht für „Unidentified Aerial Phenomenon“. Der Begriff bezieht sich auf alle Objekte oder optischen Phänomene in der Luft, die von Beobachtern nicht ohne weiteres identifiziert werden können und oft mit UFO-Sichtungen (Unidentified Flying Object) in Verbindung gebracht werden. UAP ist ein Begriff, der im Militär- und Luftfahrtbereich häufig verwendet wird, um unerklärliche Beobachtungen aus der Luft zu beschreiben.

Doch halten wir uns nicht lange an diesem faszinierenden, aber auch komplexen Gebiet der Ufologie auf. Dazu gibt es mehr als hinreichend Literatur. Lassen Sie mich ein paar weitere isolierte Psi-Phänomene aufzählen, denen der „vernünftige Materialist" bestenfalls mit Indifferenz begegnet. Da wären beispielsweise: Telepathie, Telekinese, Hellsehen, alle möglichen Manifestationen von körperlosen bzw. nicht-physischen Bewusstseinsstrukturen, wie Geister, Dämonen, Elfen und ähnliche Erscheinungen. Hinzu kommen diverse Phänomene, die pauschal in den Topf Magie oder Spuk geworfen werden. Kein vernünftiger Esoteriker wird negieren, dass es schon immer Bemühungen des Menschen gab, solche Kuriositäten zu fingieren. Gleichzeitig geht man aber von einem authentischen „paranormalen" Hintergrund aus, auf dem diese Anomalien gründen.

Innerhalb dieses Spektrums aus Merkwürdigkeiten wird man auf die Vorstellung von einer flachen Erde stoßen. Den Materialisten entlockt dieser Glaube meist nur ein pikiertes Kopfschütteln. Selbst Esoteriker, die sich in vielen Themen der von mir skizzierten Palette heimisch fühlen, neigen dazu, diesem Theorem extrem ablehnend gegenüberzustehen. In dem Sinne sind die „Flacherdler" ähnlich Aussätzige wie die „No-Planer"[11] der „9/11-Truthergemeinde". In beiden Fällen wird vermutet, dass dieses Narrativ von Elementen ins Spiel gebracht wurde, welche die Wahrheitsbewegung spalten und lächerlich machen wollten. Parallel haben beide Randgruppen umfassende Argumentationen, wie sie zu ihrer Position kommen. Bevor ich jedoch den letzten „vernünftigen Materialisten" wegen der angeführten Idee der flachen Erde verliere, weil er bei dem Thema einfach stumpf das Buch zuklappt, lassen Sie mich flugs zum äußeren Rand des Spektrums kommen. Hier verhält es sich ganz ähnlich, wie in *Heisenbergs* Wasserglasanalogie.

„Der erste Schluck aus dem Glas der Naturwissenschaften wird dich zum Atheisten machen, aber am Boden dieses Glases wartet Gott auf dich."

— Werner von Heisenberg —

---

[11] „No-Planer" ist ein Begriff, der mit einer Untergruppe der 9/11-Aufklärung in Verbindung gebracht wird, die besagt, dass an den Anschlägen auf die Türme des World Trade Centers am 11. September 2001 keine Passagierflugzeuge beteiligt waren. Befürworter der „No-Plane"-Theorie argumentieren, dass die Videos und Augenzeugenberichte von Flugzeugen, die in die Zwillingstürme einschlugen, gefälscht oder Teil einer größeren Verschwörung waren, um die wahre Natur der Ereignisse zu verschleiern.

1.5 MAYA, MATRIX ODER SIMULACRUM

Die letztendliche Theorie, die alle esoterischen isoliert ausgedeuteten Phänomene und abstrakten Glaubensmuster in ein kohärentes Erklärmodell einbettet, ist eine der ältesten Philosophien überhaupt. Gleichzeitig ist es eines der meistdiskutierten Themen in der modernen Wissenschaft. Selbst in der Popkultur hat das Theorem einen tiefen Abdruck hinterlassen. Hierbei rede ich von der Hypothese, dass unser Bewusstsein praktisch nur in einem virtuellen Konstrukt existiert. Dieses Hologramm hat viele Namen – Maya,[12] Matrix oder Simulacrum.[13] All diese Begrifflichkeiten beschreiben grundlegend das gleiche Prinzip, jedoch aus unterschiedlichen Perspektiven. In den vedischen Schriften, den vermutlich ältesten Aufzeichnungen, die wir kennen, sprechen die alten Inder von einer „Maya" – es ist die „kosmische Täuschung". Auch *Platon* erkannte dieses künstliche Konstrukt der Realität und versuchte das Konzept, mit seinem berühmten „Höhlengleichnis" fassbar zu machen.

In der Moderne erlebte das Modell mit dem Aufkommen von Computersimulationen eine Renaissance, was dankbar von Hollywood aufgegriffen wurde. Zumindest sorgte primär die Popkultur dafür, dass das Kollektiv mit dieser Denkrichtung erneut konfrontiert wurde. Leider wurde dieser Erkläransatz damit weitestgehend in die Rubrik „Science-Fiction" eingeordnet. Die Vorstellung einer Matrix wurde seither als eine Konzeption der Unterhaltungsindustrie verstanden. Der philosophische Ansatz wird dadurch aus der Alltagsrealität verbannt. Diesen Trend könnte man auch damit begründen, dass die diversen Unterhaltungsfilme, die um das Konzept herumgesponnen wurden, teilweise keine homogene Logik aufweisen. Ich kann daher verstehen, warum viele Menschen dem automatischen Reflex anheimfallen, die Idee bzw. die Ursprünge dieser Vorstellung der modernen Märchenwelt zuzuordnen.

Ich kann nur davor warnen, dieser vermutlich kalkuliert installierten internen Reizantwort unreflektiert nachzugeben. Wie ich angedeutet habe, ist die Interpretation, dass unsere Realität ein künstliches mentales Gebilde darstellt, wesentlich älter als Hollywood. Das fundamentale Verständnis der Natur dieses

---

[12] Im Sanskrit hat der Begriff „Maya" (माया) mehrere Bedeutungen, die je nach Kontext unterschiedlich interpretiert werden können. Einige der Hauptbedeutungen von Maya sind: „Illusion oder Täuschung" oder „Schöpferische Kraft".

[13] Ein „Simulacrum" ist eine Darstellung oder Nachahmung, die die Realität, die sie darstellt, nicht unbedingt genau wiedergibt. Es kann sich um eine Kopie, ein Bild oder einen Schein handeln, dem die wahre Essenz oder Bedeutung des Originals fehlt. Das Konzept wird häufig mit den Begriffen Simulation, Repräsentation und der Verwischung der Grenzen zwischen Realität und Imitation in Verbindung gebracht.

virtuellen Konstruktes erlaubt uns nicht nur, alle bisher angesprochenen Anomalien im esoterischen Spektrum in ein einheitliches Modell zu spannen. Vielmehr erklärt der Ansatz die ebenso vielschichtigen Paradoxien auf der wissenschaftlichen Ebene, wie die vielen Phänomene der Nonlokalität oder des Welle-Teilchen-Dualismus. Auf diese Themenbereiche werde ich detailliert eingehen, weil die Konfrontation mit diesen physischen Anomalien den Blickwinkel ebnet, wie man selbst als rein rational denkender Mensch zu einem ganzheitlicheren Verständnis kommt – insofern man der empirischen Wissenschaft gegenüber aufgeschlossen ist.

Mittlerweile gibt es eine immer stärker werdende Gemeinde in der akademischen Welt, die es schafft, selbst die Spitze der esoterischen Erkenntnis, dass unser Bewusstsein in einem virtuellen Konstrukt eingebettet ist, wieder auf ein materialistisches Paradigma herunterzubrechen. Das Mysterium wird quasi auf eine Playstation einer zukünftigen Generation reduziert. Die sogenannte „Simulationshypothese" von *Nick Bostrom* ist ein philosophisches Konzept, das besagt, dass unsere Realität, einschließlich des physischen Universums und all dessen, was sich darin befindet, eine Computersimulation oder eine künstliche Matrix sein könnte, die von einer fortgeschrittenen, möglicherweise posthumanen Zivilisation oder Entität geschaffen wurde. Vereinfacht ausgedrückt bedeutet dies, dass unsere Existenz eine hochentwickelte Simulation in einer virtuellen Realität sein könnte. Zumindest gibt es robuste Indizien, wenn man ins Detail schaut.

Für viele spirituelle Menschen ist diese Ausdeutung nur ein verzweifelter Versuch, den Materialismus zu konservieren – und da reihe ich mich weitestgehend ein. Im wissenschaftlichen Teil werden wir uns die allgemeine Argumentation genau anschauen. Komprimiert zusammengefasst basiert diese moderne Ausdeutung auf dem fast exponentiellen Fortschritt von Computersimulationen, die immer immersiver werden. Hinzu kommen Visualisierungselemente wie die VR-Brillen und technische Entwicklungen, die versuchen, den Geist direkt mit dem Computer zu verbinden, wie Neuralink.[14] Auf Basis solcher Tendenzen lässt sich leicht extrapolieren, dass eine virtuelle Realität in Zukunft nicht mehr von der Erfahrung der „realen Welt" zu differenzieren sein wird. Daraus leitet sich die Frage ab, wie wahrscheinlich es ist, dass unser Leben bereits in einem solchen virtuellen Konstrukt stattfindet.

---

14 Neuralink-Technologie: Neuralink ist ein von *Elon Musk* gegründetes Neurotechnologie-Unternehmen, das sich auf die Entwicklung von Brain-Computer-Interface-Technologien (BCI) konzentriert. Ziel ist es, Geräte zu entwickeln, die eine direkte Kommunikation zwischen dem menschlichen Gehirn und externen Geräten ermöglichen, was Anwendungen von medizinischen Behandlungen bis hin zur Verbesserung der kognitiven Fähigkeiten erleichtern könnte. Quelle: www.neuralink.com

Visuelle Abstraktion eines Simulacrum (Grafik: Autor)

„Wenn man von irgendeiner Verbesserungsrate ausgeht, werden die Spiele nicht mehr von der Realität zu unterscheiden sein."

— Elon Musk —

Wie Sie sehen werden, ist die Argumentation stichhaltig und es gibt zahlreiche Anomalien, die ein solches Paradigma stützen, aber auch dieses Modell ist begrenzt. Spätestens wenn wir uns der expliziten Natur der Matrix nähern, wird das Bild klarer, wie reduktionistisch dieser Erklärungsansatz ist. Dennoch bietet uns die Simulationshypothese, mit nachvollziehbaren Technologien wie einer VR-Brille, ein vortreffliches Sinnbild, wie man ein virtuelles bzw. geistiges Konstrukt der Realität verstehen kann. Das sollte vor allem den Materialisten helfen, einen rationalen Zugang zu spirituellen Konzepten zu gewinnen.

Wenn wir die Welt allumfassend begreifen möchten, ausgehend von den wissenschaftlichen Anomalien, bis hin zu Auffälligkeiten auf der Weltbühne, dann müssen wir uns die Matrix-Hypothese genauer anzuschauen. Damit bekommen auch die Themen, die ich in meinem letzten Buch behandelt habe, im Lichte eines virtuellen Konstruktes einen völlig neuen „Spin". Im Grunde bleibt kein Stein auf dem Anderen. Diese Perspektive klammert weder weltliche noch metaphysischen Aspekte aus. Die Maya erlaubt uns eine fundamentale Neubetrachtung der Realität und unserer Rolle darin. Daher hoffe ich inständig, dass Sie bereit sind, mit mir in diesen Kaninchenbau zu springen. Ich versichere Ihnen, dass dort eine äußerst inspirierende universelle Botschaft der Selbstermächtigung auf Sie wartet. Doch lassen Sie uns zunächst bei den geschichtlichen und wissenschaftlichen Grundlagen anfangen, bevor wir tiefer in das Mysterium vordringen.

KAPITEL 2: DAS VIRTUELLE KONSTRUKT

Wenn ich von einem „virtuellen Konstrukt“ spreche, in das wir eingebettet sein sollen, dann wird jeder Leser automatisch eine individuelle Assoziation haben. Während manche Menschen in ihrer Vorstellung primär eine technische Apparatur damit verbinden, haben andere Rezipienten ein spirituelles Konzept im Kopf. Die Masse wird sich vermutlich an einer Idee aus einem Science-Fiction-Film orientieren. Tatsächlich handelt es sich um ein schwer „fassbares“ Gedankengebäude.

In diesem Kapitel geht es mir darum, einen Überblick zu geben, wie alt diese Vorstellung ist, und wie sie sich über die Jahrhunderte entwickelt hat. Dabei versuche ich die bekanntesten Konzepte hinreichend zu umreißen. In der Gnostik, in den Mysterienschulen und den spirituellen Fraktionen gibt es unzählige Derivate der Urlehre. Es ist daher unmöglich, einen umfassenden Überblick zu geben und die fundamentalen Unterschiede herauszuarbeiten. Das ist nicht mein Anspruch und es wäre unnötig. Vielmehr geht es mir darum, Ihnen klar zu vermitteln, dass die Vorstellung, dass wir in einem holographischen Konstrukt leben, keine neumoderne Theorie ist, die urplötzlich im imaginären Schlepptau der Computertechnologie auftauchte.

Um diesbezüglich eine Zusammenfassung zu geben, werde ich chronologisch vorgehen. Dazu werde ich bei den indischen Veden anfangen, weil sie die ältesten Aufzeichnungen sind, die eine virtuelle Realitätsvorstellung propagieren. Dennoch kann man sich darüber streiten, ob ihr Konzept der „Maya“ wirklich die erste Philosophie war, die eine solche Darstellung lehrte. Es besteht jedoch kein Zweifel daran, dass die vedische Version der „Matrix“ die signifikanteste Einflussgröße war, die bis heute die Realität als ein illusorisches Konstrukt definiert. Daher lassen Sie uns bei den alten Indern anfangen.

2.1 DAS VEDISCHE KONZEPT DER MAYA

Wenn wir uns der Vorstellung, dass die physische Realität nur eine künstliche Illusion eines virtuellen Konstruktes sein könnte, nähern wollen, dann müssen wir bei den vedischen Schriften anfangen. Die westliche Philosophie tangiert diese Lehre nur peripher. In Europa haben die meisten Menschen bestenfalls einen Berührungspunkt mit diesen Texten, wenn Sie sich mit den Heilslehren des Ayurveda beschäftigt haben. Das ist nur ein kleiner Teilbereich der gesamten Schriftsammlung. Die westliche Interpretation der Veden vernachlässigt dabei oft die philosophischen Grundlagen, wozu eben auch das Verständnis von der Maya gehört. Welcher Konsument möchte schon mit „Science-Fiction-Konzepten“ konfrontiert werden, wenn er nur nach einer entspannenden Massage sucht, die mit traditionellem Anspruch wirbt?

Mit ihrem fundamentalen Verständnis der Maya haben die Veden schon vor tausenden Jahren eine Grundlage definiert, die wir heute am elegantesten mit Hilfe von Computersystemen in einem Sinnbild veranschaulichen können. Erst durch Technologien wie der virtuellen Realität und komplexen Apparaturen wie den dazugehörigen Rechnern und VR-Brillen haben wir eine hinreichende Allegorie, um zu assoziieren, was die alte indische Hochkultur schon vor Jahrtausenden für das Fundament ihrer Weltsicht hielt: Die physische Realität ist ein Schleier der Illusion.

2.1.1 Die Veden im Überblick

Lassen Sie mich einen groben Überblick über die Schriften geben, bevor wir das darin enthaltene Grundkonzept der Maya näher beleuchten. Die Veden gehören zu den ältesten heiligen Texten der Welt – wobei ihr genaues Alter unter Gelehrten umstritten ist. Es wird jedoch allgemein angenommen, dass sie über einen Zeitraum von vielen Jahrhunderten verfasst wurden. Es wird geschätzt, dass die frühesten Teile auf etwa 1500 v. Chr. und die jüngsten auf ca. 500 v. Chr. zurückgehen. Damit sind die Veden etwa 2500 bis 3500 Jahre alt. Diese Schriften bilden die Grundlage des Hinduismus, einer der ältesten Religionen der Welt. Es gibt vier Haupt-Veden, die jeweils in vier weitere Abschnitte unterteilt sind, so dass sich insgesamt 16 Texte ergeben.

Die Veden werden im Hinduismus hoch verehrt und gelten als maßgebliche Schriften, die Anleitung zu religiösen Ritualen, Philosophie, Ethik und Spiritualität geben. Sie haben das Denken, die Kultur und die Praktiken des Hinduismus seit Tausenden von Jahren tiefgreifend beeinflusst und werden auch heute noch von Gelehrten und Praktikern des Hinduismus studiert. Hinzu kommen diverse moderne Strömungen, die im Lichte neuester wissenschaftlicher Erkenntnisse die Inhalte neu interpretieren.

2.1.2 Das Maya-Konzept

In den vedischen und späteren philosophischen Traditionen des Hinduismus wird das Konzept der Maya oft als eine Illusion oder ein virtuelles Konstrukt beschrieben, welches unsere Wahrnehmung der Realität verzerrt. Maya ist eine komplexe und tiefgründige Idee, die von verschiedenen Denkschulen innerhalb des Hinduismus auf vielfältige Weise interpretiert wurde. Die Maya wird oft als die Macht oder schöpferische Kraft verstanden, die die wahre Natur der Realität verbirgt und den Menschen dazu veranlasst, die Welt als eine Vielzahl von getrennten und unterschiedlichen Entitäten wahrzunehmen, anstatt die zugrunde liegende Einheit aller Dinge zu erkennen. Diese Interpretation wird uns später im Verlauf der wissenschaftlichen Ausdeutung der Matrix wiederbegegnen – behalten wir das Konzept der Singularität also im Hinterkopf.

„Die Quantenphysik offenbart eine grundlegende Einheit des Universums."

— Erwin Schrödinger —

Primär möchte ich an dieser Stelle ein paar Grundlagen geben, wie sich das Konzept der Maya auf die Idee eines virtuellen Konstrukts bzw. einer Computersimulation runterbrechen lässt. Ich benutze praktisch das Funktionsprinzip der VR-Brille, um den „Schleier der Illusion" zu veranschaulichen, wie er in den Veden erklärt wird:

- **Die illusorische Natur der Welt:** Maya legt nahe, dass die physische Welt, die wir wahrnehmen, nicht die letztendliche Realität ist, sondern vielmehr eine Projektion oder Illusion, die von unseren Sinnen und geistigen Fähigkeiten empfangen, gleichzeitig aber auch geschaffen wird. Ähnlich wie eine Simulation der virtuellen Realität (VR) eine überzeugende, aber unwirkliche Erfahrung kreieren kann, soll Maya eine glaubwürdige, aber dennoch illusorische Welt schaffen.

- **Verzerrung der Wahrnehmung:** Maya verzerrt unsere Wahrnehmung der Realität, ähnlich wie Virtual Reality unsere Wahrnehmung der physischen Welt verzerren kann. Sie lässt uns glauben, dass die materielle Welt mit ihrer Vielfältigkeit und Dualität die einzige Realität ist, während die wahre Realität (Brahman) jenseits unserer gewöhnlichen Sinne und Konzepte liegt.

- **Das Erwachen zur Wahrheit:** So wie jemand, der eine VR-Brille trägt, eine andere Realität erleben kann, bis er sie abnimmt, ist das Ziel beim Verstehen von Maya, sie zu transzendieren. Im Advaita Vedanta beinhaltet die Verwirklichung (Selbstverwirklichung oder Erleuchtung) die Erkenntnis, dass die Welt von Maya nicht die ultimative Wahrheit ist, sondern eher eine Illusion, und dass die wahre Realität außerhalb des Konstruktes lieg, wobei alles Sein einer Singularität entspringt. Erst wenn man die VR-Brille entfernt, erkennt man die „Wahrheit" und ist „erleuchtet".

- **Vergleich mit einem Traum:** Maya wird oft mit einem Traum verglichen. In einem Traum erleben wir eine lebendige und eindringliche Realität. Erst nach dem Aufwachen stellen wir fest, dass sie nicht real war. In ähnlicher Weise schafft Maya eine kausale und lineare, aber letztlich unwirkliche Erfahrungswelt, und die Erleuchtung ist vergleichbar mit dem „Aufwachen" aus diesem Traum.

Es ist essenziell, anzumerken, dass das Konzept der Maya nicht zwangsläufig auf eine technologische Apparatur hindeutet – es ist primär eine tiefgreifende metaphysische und philosophische Idee. Die Vorstellung einer technischen virtuellen Realität dient nur als Schlüsselkonzept dazu, die vedische Lehre zu veranschaulichen. Die Maya wird verwendet, um die scheinbare Dualität und Vielfalt der Welt zu erklären, und gleichzeitig die zugrunde liegende Einheit aller Dinge in der ultimativen Realität, Brahman, zu betonen. Die verschiedenen Schulen der Hindu-Philosophie mögen marginal unterschiedliche Interpretationen von Maya haben, aber der Kerngedanke der Illusion und das Streben nach ihrer Überwindung ist ein roter Faden.

Was jedoch für den einen ein stringenter Faden ist, der sich durch die Geschichte der Weltphilosophien zieht, ist für die meisten Materialisten nur ein weiteres religiöses Narrativ, welches viel zu fantastisch klingt, um wahr zu sein. Wer sich aber tiefer mit den alten indischen Schriften beschäftigt, der wird auf erstaunliche Konzepte treffen, die wir aus der modernen Wissenschaft kennen. Beispielsweise haben Bücher wie die „Autobiografie eines Yogi"[15] von *Paramahansa Yogananda* in den 40er Jahren des 20. Jahrhunderts begonnen, die Parallelen zwischen westlichen Wissenschaftslehren und vedischen Anschauungen zu ziehen. Auch heute noch gilt das Buch als ein Standardwerk in den spirituellen Kreisen. Inmitten der persönlichen Anekdoten *Yogananadas* findet man immer wieder Hinweise darauf, dass die Veden ein erstaunliches Wissen bezüglich physischer Zusammenhänge erfassten. Beispielsweise hatten die alten

---

15 „Autobiographie eines Yogi" von *Paramahansa Yogananda* ist ein weit verbreitetes Buch und unterliegt keinen urheberrechtlichen Beschränkungen. Daher können Sie es über verschiedene Quellen finden, sowohl online als auch in physischen Buchläden.

Inder ein Konzept von der atomaren Struktur der materiellen Welt. Kurioserweise gilt das auch für die alten Griechen, die lange vor *Niels Bohr* (1913) ein Atommodell etablierten.

2.2 DAS HÖHLENGLEICHNIS VON PLATON

Selbst wenn die bekannte Menschheitsgeschichte mit den Veden einen philosophischen Ausgangspunkt hatte, der ein ganzheitliches und damit eher multidimensionales Weltbild propagierte, so etablierte sich dennoch der Materialismus. Man könnte behaupten, dass die moderne Wissenschaftsrevolution, die mit *Einstein* ihren Ursprung nahm, uns der spirituellen Romantik beraubt hat, doch dieser Bruch liegt wesentlich weiter zurück. Wenn man die fundamentale Trennung der Philosophien auf einen Punkt der verschiedenen Zeiten und Kulturen herunterbrechen möchte, dann nahm alles mit *Demokrit* und *Platon* im alten Griechenland seinen Anfang. Zumindest wurde die westliche Wissenschaft aus dieser Ecke substanziell beeinflusst.

Über *Demokrit*[16] will ich hier nicht viele Worte verlieren, weil er später noch in den Fokus kommt. Es bleibt nur darauf hinzuweisen, dass er der Posterboy des modernen Materialismus ist. Ein wesentlicher Punkt seiner Philosophie sei vorweggenommen: Der Geist bzw. das Bewusstsein der Ich-Erkenntnis ist in *Demokrits* Verständnis ein mechanistischer Vorgang, der sich aus dem Zusammenspiel von Atomen und den aus ihnen geformten Neuronen ergibt. Der Mensch ist damit so eine Art Bio-Roboter, der durch elektrische Signale im Gehirn Bewusstsein erschafft. Ich denke, jeder ist sich dieser Ausdeutung nach *Demokrit* bewusst, denn dieses Konzept spiegelt das gegenwärtige Paradigma in vielen Disziplinen der modernen Wissenschaft und der Medizin wider.

Doch gab es mit dem Idealismus *Platons* parallel zu *Demokrit* noch einen diametralen Realitätsentwurf im alten Griechenland – dieser ist auch bekannt als *platonischer* Realismus. Es ist eine fundamentale Weltanschauung, die dem antiken griechischen Philosophen *Platon*[17] zugeschrieben wird. Dieses Reali-

---

16 *Demokrit* (ca. 460 – 370 v. Chr.): Der antike griechische Philosoph und vorsokratische Denker *Demokrit* ist vor allem für seine Atomtheorie bekannt, die besagt, dass alle Materie aus unteilbaren und unzerstörbaren Teilchen, den Atomen, besteht. Seine philosophischen Beiträge legten den Grundstein für spätere Entwicklungen im Atomismus und beeinflussten die Werke späterer Denker. Quelle: Fragmente und Berichte aus den philosophischen Schriften der Griechen.

17 *Platon* (ca. 428/427-348/347 v. Chr.): Der antike griechische Philosoph und Schüler von *Sokrates* gründete die Akademie in Athen und ist bekannt für seine Dialoge, in denen er verschiedene philosophische Themen wie Ethik, Metaphysik und politische Theorie behandelt. Zu seinen einflussreichen Werken gehören „Der Staat", „Das Symposion" und „Die Allegorie der Höhle". Quelle: Platons Dialoge und philosophische Schriften.

tätsmodell bildet einen grundlegenden Teil seines Paradigmas und befasst sich insbesondere mit der Natur der Wirklichkeit, dem Wissen und der Beziehung zwischen der materiellen Ebene und der Welt der „Ideen oder Formen". *Platons* Verständnis hat eine breite Deckungsmenge mit der vedischen Philosophie, schwerpunktmäßig wenn es um die fundamentale Natur der uns umgebenen Realität geht. Der Idealismus *Platons* und das Konzept der Maya sind beides philosophische Ideen, die sich mit dem geistigen oder virtuellen Wesen der Realität und der Beziehung zwischen der physischen Welt und den höheren, transzendenten Dimensionen befassen.

Platons Idealismus geht von der Existenz eines separaten Reichs vollkommener, abstrakter Formen oder Ideen aus, die realer und unveränderlicher sind als die physische Welt. Unsere alltägliche materielle Realität wird von ihm als bloße Nachahmung oder Spiegelung dieser vollkommenen Formen betrachtet. Das vedische Konzept von Maya wird weiterführend oft als eine illusorische oder trügerische Kraft verstanden, die uns versucht von dieser „echten" oder idealen Welt fernzuhalten. Der große Unterschied liegt in beiden philosophischen Betrachtungen in der Beziehung zwischen den beiden Welten, doch soweit will ich gar nicht gehen. Bleiben wir bei der illusorischen Qualität, die auch *Platon* der physischen Realität gibt.

Platons Höhlengleichnis ist eine berühmte philosophische Metapher, die in Buch VII seines Werks „Der Staat"[18] zu finden ist. Sie dient zur Veranschaulichung seiner Erkenntnistheorie von der Natur der Realität und des Erleuchtungsprozesses. Bei näherer Analyse zeigt sich, dass *Platon* ebenfalls eine Art von virtuellem Konstrukt erkannte, was in seinem berühmten Höhlengleichnis deutlich wird. Ich werde versuchen, diese Analogie auf Basis einer computergenerierten Simulation auszudeuten, bzw., dazu Vergleiche zu ziehen. Wie im Kontext der vedischen Maya dient mir das Prinzip nur als nachvollziehbare Denkbrücke. Damit möchte ich nicht grundsätzlich implizieren, dass wir in einer Computersimulation eingebunden wären. Vielmehr ist es eine Verständnishilfe, weil dieses technische Konzept die beste Abstraktion für den Geist darstellt, sich ein solches Konstrukt vorzustellen. Das hilft dem ein oder anderen Materialisten, eine prinzipielle Idee herzuleiten, wovon die Rede ist, wenn die Esoteriker von irgendwelchen jenseitigen Welten fabulieren. Also schauen wir uns mal in der Höhle um.

---

[18] „Der Staat" von *Plato*: „Der Staat" ist ein grundlegendes Werk der westlichen Philosophie und behandelt Themen wie Gerechtigkeit, Politik und die Natur der menschlichen Seele. In Form eines Dialogs erörtert *Sokrates* das Konzept eines idealen Staates, der von Philosophenkönigen regiert wird, und stellt das berühmte Höhlengleichnis und die Theorie der dreigliedrigen Seele vor.

2.2.1 Die Höhle als Sinnbild eines VR-Konstrukts

In *Platons* Allegorie gibt es Gefangene, die seit ihrer Geburt in einer dunklen Höhle angekettet sind. Sie stehen oder sitzen mit dem Gesicht zur Höhlenwand und können ihren Kopf nicht drehen. Hinter ihnen brennt ein Feuer, und zwischen dieser Lichtquelle und den Insassen befindet sich ein erhöhter Gang. Auf dem Steg sind Gegenstände platziert, deren Schatten sich auf die Felswand vor den Häftlingen werfen. Dieses Bild könnte man wie folgt ausdeuten: Stellen Sie sich die Gefangenen in der Höhle als Personen vor, die in eine Virtual-Reality-Erfahrung eintauchen. Die Höhlenwand stellt den Bildschirm oder das Display dar, durch welches sie die virtuelle Welt wahrnehmen. Die Gegenstände, die Schatten auf die Wand werfen, können als digitale Objekte und Umgebungen einer virtuellen Realität betrachtet werden.

Platons Höhle von Jan Saenredam
(Quelle: https://en.wikipedia.org/wiki/Allegory_of_the_cave#)

Die Gefangenen verstehen die Silhouette an der Höhlenwand als Realität, weil das alles ist, was sie bisher kennen. Sie verwechseln die Schatten mit der „echten" Welt. In ähnlicher Weise nehmen Personen, die in die virtuelle Realität eintauchen, die digitalen Objekte und Umgebungen als real wahr, wenn sie beispielsweise VR-Headsets tragen. Ihre sensorischen Erfahrungen werden durch die virtuelle Welt erzeugt, und sie können vorübergehend ihren Unglauben aufheben und diese illusorische Wahrnehmung als Wahrheit akzeptieren. In *Platons* Allegorie wird einer der Häftlinge befreit und der Außenwelt ausgesetzt. Anfangs schmerzt das helle Sonnenlicht in den Augen des Gefangenen, und er ist desorientiert. Mit der Zeit gewöhnt er sich jedoch daran, und er beginnt, die Umgebung klarer wahrzunehmen. Dieser Fluchtprozess aus der Höhle und der Anpassung an die Außenwelt kann mit dem Abnehmen eines VR-Headsets verglichen werden. Anfänglich kann es zu Orientierungslosigkeit kommen, wenn der Übergang von dem virtuellen Szenario zurück in die physische Realität erfolgt. Dieser Wechsel verdeutlicht den Unterschied zwischen der simulierten virtuellen Welt und der tatsächlichen physischen Welt.

Im weiteren Verlauf von *Platons* Allegorie fühlt sich der befreite Häftling, nachdem er Kenntnis von der Außenwelt erlangt hat, gezwungen, in die Höhle zurückzukehren, um die anderen Insassen zu erlösen. Als der Ausreißer sich jedoch wieder in das Innere begibt, verstehen oder glauben ihm die verbliebenen Gefangenen die neuen Erkenntnisse und Erfahrungen nicht, die er vermitteln möchte. Wenn jemand von der realen Welt zurückkehrt und versucht, sie den Insassen zu erklären, die ausschließlich das holographische Konstrukt kennen, wird er mit Sicherheit auf Skepsis oder Unglauben stoßen. Die Allegorie veranschaulicht die Herausforderung, Kenntnisse aus einer anderen Realität denjenigen zu vermitteln, die diese Erfahrung nicht gemacht haben. Daher wird diese Analogie gerne in der „Trutherszene“ verwendet. Dabei wird das Gleichnis meist im Kontext von weltlichen Zusammenhängen appliziert. Beispielsweise wenn ein „Truther“ die tiefe innere Überzeugung gewonnen hat, dass 9/11 eine „False-Flag-Operation“[19] war und er auf Skepsis seiner Mitmenschen stößt, die noch den Massenmedien vertrauen. Er empfindet sich als derjenige, der die Höhle verlassen hat, während alle anderen noch der „Tagesschau“ an der Wand folgen.

Zusammenfassend kann *Platons* Höhlengleichnis als Metapher für die Unterscheidung zwischen virtuellen Erfahrungen und der physischen Realität verstanden werden. In der erweiterten Form wäre die Höhle unsere Wachrealität, die nur ein virtuelles Konstrukt ist, wohingegen es eine „echte“ Realität außerhalb der Matrix gibt. Diese Analogie unterstreicht die Idee, dass Wahrnehmung durch das geprägt wird, was wir kennen. Die Analogie hilft uns, zu

---

[19] Operation unter falscher Flagge: Eine Operation unter falscher Flagge ist eine verdeckte oder täuschende Taktik, bei der eine Gruppe oder eine Regierung ein Ereignis inszeniert, um den Anschein zu erwecken, dass eine andere Einheit, oft ein Feind oder ein Rivale, dafür verantwortlich ist. Der Begriff stammt aus der Seekriegsführung, in der Schiffe unter der Flagge anderer Nationen fuhren, um den Feind zu täuschen. In der heutigen Zeit werden Operationen unter falscher Flagge mit der Schaffung eines irreführenden Narrativs oder Vorwandes für politische, militärische oder ideologische Zwecke in Verbindung gebracht.

verstehen, dass sich eine tiefe Kluft auftun kann, zwischen dem, was man erlebt und integriert hat, und dem, was die Allgemeinheit als „real“ akzeptiert. Wie es bei allen Gleichnissen üblich ist, passt sich die Parabel an das an, was sich der Rezipient vorstellen kann bzw. welchen Glaubenssätzen er sich unterworfen hat. Dementsprechend ist die populäre Ausdeutung von *Platons* Höhle nicht von ganz so radikaler Natur, wie ich sie hier weiterentwickeln möchte. Demnach kann dieses Gleichnis als eine Ableitung des Maya-Konzeptes verstanden werden, so wie die Veden es definieren. In meiner Wahrnehmung besteht kein Zweifel daran, dass in der vedischen und in *Platons* Philosophie die gleiche Grundannahme steckt: Die Welt ist demnach ein illusorischer Schleier, der uns als Realität „verkauft“ wird.

2.3 DAS ERSTE GESETZ DER HERMETIK

Um das Konzept eines virtuellen Konstruktes weiter durch die Geschichte der einflussreichsten Philosophien zu verfolgen, kommen wir an der Hermetik nicht vorbei. Die „Matrix“ ist damit auch die Grundlage aller gnostischen Lehren. Um meiner Argumentation konsequent zu folgen, würde allein das erste Gesetz der Hermetik, das Prinzip des Mentalismus, genügen, um hier eine Verbindung aufzuzeigen. Tatsächlich sind die hermetischen Regeln eine Blaupause der metaphysischen „Programmierung“ des Konstruktes. Daher werde ich die sieben Grundannahmen aufzählen und die Essenz der Philosophie rudimentär erklären.

Der Ursprung der Hermetik und der hermetischen Prinzipien wird mit einer Sammlung alter Texte in Verbindung gebracht, die als „Corpus Hermeticum“[20] oder „Hermetica“ bekannt ist. Diese Schriften werden *Hermes Trismegistos* zugeschrieben, der oft als Reinkarnation des griechischen Gottes *Hermes* bzw. der ägyptischen Gottheit *Thoth* verstanden wird. Alle diese Wesenheiten gelten als Neta[21] und sind quasi diverse Manifestationen einer Entität, welche unterschiedliche Körper oder Formen angenommen hat. In der Moderne wird die Hermetik oft mit dem „Kybalion“[22] assoziiert, eine Zusammenfassung, die von

[20] Verschiedene Übersetzungen des „Corpus Hermeticum“, darunter *Scott, W.*, *Copenhaver, B. P.*, u.a.

[21] Das Wort „Neta“ (नेता) bedeutet in der Sanskritsprache „Führer“ oder „Herrscher“. Der Begriff wird häufig für einen politischen oder gesellschaftlichen Führer verwendet, der dafür verantwortlich ist, eine Gruppe von Menschen zu einem bestimmten Ziel zu führen. Daher kann Neta als jemand interpretiert werden, der die Qualität eines Führers oder Leiters besitzt.

[22] „Das Kybalion: Hermetische Philosophie“: Anonym unter dem Pseudonym „Die drei Eingeweihten“ veröffentlicht, erforscht „Das Kybalion“ die hermetische Philosophie und stellt Prinzipien wie das Gesetz der Korrespondenz, das Prinzip des Mentalismus und das Konzept des „Alls“ vor. Das Buch ist eine moderne Darstellung der Hermetik, die sich auf alte Lehren stützt.

drei unbekannten Initiierten geschrieben wurde und sich primär mit den hermetischen Regeln befasst.

Flammarions Holzstich – wird oft als Abstraktion des Konstrukts verstanden.
(Quelle: https://de.wikipedia.org/wiki/Flammarions_Holzstich#/)

Das Hermetische Corpus umfasst Schriften zu Themen wie Alchemie, Astrologie, Magie, Kosmologie und Spiritualität. Die darin enthaltenen hermetischen Prinzipien sind ein zentraler Bestandteil und sollen die wichtigsten Aspekte der hermetischen Philosophie und der Natur der Wirklichkeit zusammenfassen. Es sind quasi die Grundprinzipien, nach denen die Realität innerhalb der Matrix organisiert wird. Diese „programmierten" Gesetzmäßigkeiten lauten wie folgt:

- **Das Prinzip des Mentalismus:** Dieses Prinzip besagt, dass das Universum mentaler Natur ist und dass alles ein Produkt des Geistes ist. Es unterstreicht die Macht der Gedanken und des Bewusstseins bei der Gestaltung der Realität. Demnach ist die physische Realität keine feste Materie, sondern ein geistiges/virtuelles Feld, welches sogar durch mentale Prozesse geformt werden kann. Damit finden wir hier ganz klare Parallelen zum Prinzip der vedischen Maya.

- **Das Prinzip der Korrespondenz:** Dieses Prinzip besagt, dass es eine Entsprechung oder Harmonie zwischen den verschiedenen Ebenen der Existenz gibt, vom Mikrokosmos bis zum Makrokosmos. „Wie oben, so unten; wie unten, so oben."

- **Das Prinzip der Schwingung:** Diesem Prinzip zufolge ist alles in ständiger Bewegung, und nichts ist wirklich in Ruhe. Es betont die Schwingungsnatur der Realität und wie verschiedene Frequenzen und Energien zusammenwirken. Auch die damit assoziierten Wechselwirkungen wie Resonanz oder Dissonanz werden bis zu einer metaphysischen Ebene erweitert.

- **Das Prinzip der Polarität:** Dieses Prinzip besagt, dass alles sein Gegenteil oder sein polares Gegenstück hat. Es drückt damit aus, dass Gegensätze zwei Extreme derselben Sache sind, und dass das Verständnis dieser Polaritäten für das Verständnis der Natur der Realität wesentlich ist.

- **Das Prinzip des Rhythmus:** Das Prinzip des Rhythmus unterstreicht die zyklische und rhythmische Natur des Universums. Es besagt, dass alles einem natürlichen Muster und Rhythmus folgt, einschließlich des Aufstiegs und Falls von Energien und Ereignissen.

- **Das Prinzip von Ursache und Wirkung:** Dieses Prinzip besagt, dass jede Ursache eine Wirkung hat und jede Wirkung eine Ursache. Es unterstreicht die Idee, dass es im Universum keine zufälligen Ereignisse gibt. Hier finden wir auch das metaphysische Äquivalent zum vedischen Prinzip des Karmas.

- **Das Prinzip des Geschlechts:** Dieses Prinzip besagt, dass alles im Universum ein Geschlecht oder einen männlichen und weiblichen Aspekt hat. Es bezieht sich nicht ausschließlich auf das biologische Geschlecht, sondern vielmehr auf komplementäre und ausgleichende Kräfte. In den östlichen Lehren finden wir dieses Prinzip in dem Konzept von Yin und Yang.

Obgleich diese Prinzipien in meiner kurzen Übersicht nur oberflächlich behandelt werden – teilweise sogar alte Bekannte aus der Physik sind –, so steckt hinter diesen Regeln mehr philosophische Tiefe, als allgemeinhin angenommen wird. Doch dazu wurden schon unzählige Abhandlungen und sogar moderne Interpretationen geschrieben. An dieser Stelle soll uns primär nur das erste Gesetz interessieren, da es die Grundlage aller weiteren Prinzipien darstellt und gleichzeitig der fundamentalen Natur eines virtuellen Konstruktes gerecht wird.

Was in der Hermetik als Novum aufscheint, ist das Verständnis, dass geistige bzw. mentale Prozesse eine Wechselwirkung mit dem Konstrukt haben. Das ist zwar in Ansätzen auch in den vedischen Lehren erkennbar, wenn es um Mantras und Rituale geht, mit denen Wahrscheinlichkeiten verändert werden sollen. Dennoch wird das Prinzip der mentalen Korrespondenz erst in der tieferen Beschäftigung mit den Schriften deutlich. So lassen sich viele weitere Parallelen zwischen diesen Urformen der westlichen und östlichen Weisheitslehre finden. Doch gehen wir vorerst weiter durch die unterschiedlichen Interpretationen der Maya und springen damit in die Neuzeit.

2.4 DAS MATRIX-KONZEPT DER NEUZEIT

Wenn man die breite Masse der Bevölkerung heute mit dem Konzept eines virtuellen Konstruktes konfrontiert, dann wird die initiale Assoziation oft in Richtung der Matrix-Filme der *Wachowskis* gehen. Als der erste Teil 1999 in die Kinos kam, löste er ein mentales Erdbeben im kollektiven Bewusstsein aus. Oberflächlich betrachtet, wurde der Streifen primär als geniale Science-Fiction-Story mit revolutionärer Visualisierung und innovativen Kampfszenen wahrgenommen. Dennoch erkannten viele Kinobesucher, dass der Inhalt vollgestopft war mit Analogien und archetypischen Sinnbildern.

Es wurde recht schnell klar, dass sich hinter den opulenten Bildern eine tiefere Botschaft verbarg. Doch wie das mit Parabeln so üblich ist, werden diese immer im geistigen Spektrum des Rezipienten interpretiert. Es bleibt sogar fraglich, inwieweit die Schöpfer, *Lana* und *Lily Wachowski*, denen wiederum vorgeworfen wurde, nur von *Sophia Stewart*[23] abgeschrieben zu haben, „unbewusst inspiriert" wurden. Im späteren Verlauf des Buches werden Sie verstehen, dass es durchaus möglich ist, dass selbst die Autoren und Regisseure nicht immer klar erkennen können, woher alle Elemente ihrer Kreation kommen. Grob erklärt, geht diese Annahme auf psychologische Studien zurück, die zeigen, dass ein Großteil unserer Entscheidungen auf Prozessen im Unterbewusstsein beruht.[24]

Es wäre müßig, an dieser Stelle die vielfältigen Interpretationen der Matrix-Filme zu erläutern. Dazu existiert eine Vielzahl von populärwissenschaftlichen

---

[23] *Sophia Stewart*: Eine afro-amerikanische Autorin, die die Urheberschaft an den Filmen „Matrix" und „Terminator" für sich beansprucht. *Stewart* reichte Klagen ein, in denen sie behauptete, die *Wachowskis* und andere hätten ihre Arbeit plagiiert. Diese Klagen wurden jedoch gerichtlich abgewiesen.

[24] *Kahneman, D.* (2011) „Thinking, Fast and Slow" Farrar, Straus and Giroux.

Publikationen, die wie Pilze aus dem Boden schossen, nachdem der Hype ab 1999 Fahrt aufnahm. Ich möchte jedoch die allgemeine Ausdeutung im Kontext der „Trutherbewegung" anreißen. Bevor ich das tun kann, muss ich die Grundstory der Matrix-Filme komprimiert zusammenfassen. Es mag noch einige wenige Leser geben, die sie nicht kennen. Die fundamentale rote Linie des ersten Teils lässt sich auf die Geschichte von *Neo* runterbrechen. Im Film ist er eine Person, die zwei Existenzen gleichzeitig lebt. Auf der einen Seite ist er ein typischer Lohnsklave – ein Angestellter einer großen Softwarefirma, der versucht nicht anzuecken, und in seinem alltäglichen Hamsterrad der modernen Gesellschaft rotiert. Im Privaten lebt er parallel dazu einen zweiten Persönlichkeitskern aus. Dort ist er ein notorischer Computerhacker, dem bewusst geworden ist, dass die Welt nicht so ist, wie sie scheint. Er sucht nach dem Geheimnis der Matrix – was sie ist und wie sie all die Anomalien, die er wahrnimmt, erklären könnte.

Ich könnte mir vorstellen, dass hier viele meiner Leser Parallelen zu sich selbst erkennen und es ihnen daher leichtfällt, die eigene Person in den Hauptprotagonisten hinein zu projizieren – insbesondere wenn sie dieses Buch in der Hand halten. Selbst als rein materialistisch denkender „Truther" kann man in der fundamentalen Handlung ein Gleichnis zur weltlichen Realität ziehen. Vermutlich sind alle Wahrheitssucher an einem unbestimmten Zeitpunkt auf Phänomene gestoßen, die den Verdacht in ihnen erweckt haben, dass die Welt nicht so ist, wie sie oberflächlich scheint. Das lässt sich elegant in Bezug auf die Massenmedien oder die allgemeine Informationspolitik runterbrechen. Das Sinnbild der manipulativen Matrix ließe sich in der einfachsten Ausdeutungsform auch als Anspielung auf das Mainstream-Programm des Fernsehers interpretieren.

Die wahre Handlung im Film beginnt ab dem Moment, als *Neo* erfährt, dass die Matrix ein virtuelles Konstrukt ist, in dem er gefangen ist. Dabei wird er von einer Figur, die sich *Morpheus*[25] nennt, befreit, doch dieser überlässt *Neo* die finale Entscheidung. *Morpheus* respektiert den freien Willen *Neos* und stellt ihn vor die Wahl: die rote oder die blaue Pille? In *Platons* Höhlengleichnis wäre *Morpheus* der ehemalige Insasse, der zurück in die Höhle geht, um andere Menschen aus dem geistigen Gefängnis zu befreien. So hat auch er initial Schwie-

---

[25] *Morpheus* (mythologischer Archetyp): In der griechischen Mythologie ist *Morpheus* einer der *Oneiroi* oder Traumgötter, die für die Gestaltung der Träume verantwortlich sind. *Morpheus* wird oft als Bote des Schlafes dargestellt, der im Traum erscheint, um Botschaften zu überbringen. Der Archetyp des *Morpheus* hat Literatur, Kunst und Psychologie beeinflusst, insbesondere in Diskussionen über Träume und das Unterbewusstsein. Quelle: Griechische Mythologie und verschiedene literarische Werke, die sich auf *Morpheus* als mythologische Figur beziehen.

rigkeiten, *Neo* die Natur der Matrix zu erklären, weil das Konstrukt erst von Außen betrachtet verständlich wird. Weitestgehend so lautet die Grundstory – und weiter will ich vorerst nicht ausholen.

„Was ist real? Wie definierst du, was Realität ist? Wenn du von dem sprichst, was du fühlen, riechen, schmecken und sehen kannst, dann ist das Reale einfach nur ein elektrisches Signal, das von deinem Gehirn interpretiert wird.“

— Morpheus —

An dieser Stelle meiner Argumentation reicht es mir, aufzuzeigen, wie die Matrix-Filme dazu geführt haben, dass das Maya-Konzept der Veden eine Renaissance in der Neuzeit erlebt hat. Gleichzeitig möchte ich festhalten, dass beide Ansätze recht unterschiedlich ausgedeutet werden können. So wie sich heute verschiedene hinduistische Schulen um Ausdeutungsdetails streiten, so gibt es diverse mehr oder weniger metaphorische Interpretationen zur okkulten Botschaft der Matrixfilme – sofern man überhaupt eine hintergründige Botschaft vernehmen möchte.

In der „Trutherszene“ wurde klar ein tieferer Kern wahrgenommen, aber dieser beschränkt sich zumeist auf eine materialistische Ausdeutung. Der Großteil der populären Interpretationen geht leider nur in eine weltliche Richtung und hinterfragt nicht die physische Realität. Ich könnte hier eine eigene Buchserie dazu schreiben, wie Analogien und Anspielungen der Matrix-Filme sich aus den unterschiedlichen Ebenen des Wahrnehmungsspektrums heraus interpretieren lassen. Es ist wahrlich ein faszinierendes und tiefgreifendes Thema. Im Rahmen dieses Buches werde ich immer wieder die Matrix als Sinnbild verwenden, aber zur tieferen Interpretation der Filmhandlung werde ich an dieser Stelle nur ein paar hilfreiche Hinweise geben, welche Deutungen auf YouTube ich für spannend erachte.[26]

Im Endeffekt ist die Welt, die sich im Matrix-Film außerhalb des virtuellen Konstruktes zeigt, eine fiktive Geschichte, die gewisse logische Schwachstellen hat. Beispielsweise werden die Köper der Menschen in sogenannten „Pods“ gehalten, um sie als „Batterien“ zu verwenden. Selbst eine Kartoffel wäre für diesen Zweck sinnvoller gewesen. Diese Erklärung war nicht in der Ur-Fassung des Drehbuchs, doch scheinbar suchte man nach einem simplen Motiv, um den durchschnittlichen Konsumenten nicht mit allzu abstrakten Konzepten zu

---

[26] „Die okkulte Bedeutung von Matrix 4: Resurrection“ Quelle: https://youtu.be/kMGKs43AOpc
Broers, D. (2003) „Der Matrix Code“ Trinity Verlag.

überfordern. Die fiktive Realität außerhalb des Konstrukts, die sich in den Matrix-Filmen darstellt, ist im vedischen oder gar *platonischen* Sinne eher eine phantasievolle Perversion. Dennoch geht es mir darum, exakt aufzuzeigen, woher das allgemeine kollektive Bewusstsein seine Vorstellungen eines virtuellen Konstruktes bezieht. Das impliziert das Verständnis, warum die meisten Menschen die antike spirituelle Idee einer Maya als ein reines Science-Fiction-Konzept verkennen – dementsprechend die Philosophie wenig Chancen hat, ernsthaft hinterfragt zu werden.

Bei genauer Betrachtung wird zudem klar, dass die Matrix-Filme nicht die einzige Inspiration bieten, die alltägliche Realität in ihrer Wahrhaftigkeit zu hinterfragen. Klassiker wie „Inception“, „Dark City“ oder „Waking Life“ spielen grundsätzlich mit der gleichen Thematik. Der deutsche Vorläufer zur Matrix-Quadrologie nennt sich nebenbei bemerkt „Welt am Draht“ und basiert auf dem Roman „Simulacron^3“ von *Daniel F. Galouye*[27] aus dem Jahr 1964. Die filmische Umsetzung erfolge 1973 in zwei Teilen unter der Regie von *Reiner Werner Fassbinder*. 1999, im Erscheinungsjahr des ersten Matrix-Films, folgte eine Neufassung mit dem Titel „The 13th Floor“.

All diese „Unterhaltungsfilme“ spielen weitestgehend auf Elemente an, die wir aus dem Konzept der Maya kennen, oder die sich mit fiktiven Vorläufern der Simulationshypothese beschäftigen. So sind all diese imaginären Geschichten von dualistischer Natur: Sie können uns animieren, dass wir dieser Idee eines virtuellen Konstruktes aufgeschlossen gegenüber werden, oder sie geben uns die Argumentationen, dass es „verrückt“ wäre, die phantasievollen Auswüchse der Unterhaltungsindustrie in die Realwelt zu projizieren. Die Wahl liegt wie immer beim Rezipienten.

2.5 ZUSAMMENFASSUNG DER MATRIX-KONZEPTE

Zusammenfassend gilt es festzustellen, dass das Konzept eines virtuellen Konstruktes sich durch die Geschichte der Philosophie zieht. Obwohl sich am Ende der Materialismus durchgesetzt hat, so erlebte die idealistische Weltanschauung in den letzten Jahrzehnten dennoch eine Wiedergeburt. Diese Renaissance erfolgte primär durch die Popkultur und durch das Genre „Science Fiction“. Die „Matrix“ wurde zu einem Meme, welches heute vielschichtig ver-

[27] „Simulacron^3“ von *Daniel F. Galouye*: Ein Science-Fiction-Roman, der die Themen simulierte Realität und die Natur der Wahrnehmung erforscht. Das 1964 erstmals erschienene Buch hat das Cyberpunk-Genre beeinflusst und zu Diskussionen über die philosophischen Implikationen simulierter Welten beigetragen. Quelle: *Galouye, D. F.* (1964) "Simulacron^3“ diverse Editionen und kritische Analysen.

wendet wird. In der alternativen Medienszene wird diese Begrifflichkeit fast schon inflationär genutzt, um die Systemlügen zu beschreiben, die durch die Mainstream-Medien in den Äther posaunt werden. Die Verwendung beginnt bei den täglichen Nachrichten, zieht sich durch die gesamte Unterhaltungsindustrie und endet bei den falschen Versprechungen, welche die Großkonzerne kolportieren, wenn sie uns überzeugen wollen, dass ihr neues Produkt „X-Y" alle gesünder, attraktiver oder glücklicher machen wird. Zu dieser weitläufig postulierten „Matrix der Massenkontrolle" gehören u.a. die Bildungsinstitute, die Politik und die Religionen.

So empfinden viele „Truther" greifbare Assoziationen zur metaphorischen Ausdeutung der Matrixfilme, dass die Realität ein uns übergestülptes künstliches Konstrukt ist, wenn sie bspw. den Fernseher einschalten, oder durch die Innenstadt laufen, wo sie von Werbebannern förmlich erschlagen werden. Die Matrix beginnt für sie dort, wo sie das Spiegelmagazin aufschlagen oder Radio hören. Für die meisten „Truther" ist die Kernaussage der Matrix-Filme eine Metapher für die vielfältigen Indoktrinierungstechniken. Die Matrix beschreibt damit jene Infrastruktur, die das übergeordnete System verwendet, um der dumpfen Masse seine Weltsicht einzuimpfen, mit der es die Menschheit scheinbar zu autoritätshörigen Konsumenten erziehen will.

Wenn der gemeine „Truther" dagegen sein eigenes Habitat betritt und sich in seinen Garten setzt oder in die Natur hinauswandert, dann ist das für ihn „real" – echt, im Sinne von nicht künstlich. Hier sucht er Zuflucht vor der Matrix, wie er sie versteht. Ich teile dieses Gefühl und kann diesen Gebrauch des Begriffes nachvollziehen, doch in letzter Konsequenz ist diese Definition eine reduktionistische Ausdeutung – eine rein materielle Interpretation.

Die Matrix im Sinne der vedischen Maya ist dagegen allgegenwärtig. Es gibt nichts in der physischen Welt, was demnach nicht Teil des virtuellen Konstruktes ist. Dennoch existiert ein klarer qualitativer Unterschied, den der materialistische „Truther" hier wahrnimmt. Dementsprechend gibt es jene „Felder" in der Matrix, die durch das Kontrollsystem umfassend infiltriert wurden. Es sind Strukturen, die permanent versuchen, unseren Geist zu vereinnahmen. In der reinen Natur hingegen fühlen wir uns frei davon. Das ist durchaus nachvollziehbar, doch wird damit die Terminologie in ihrer ursprünglichen Bedeutung verzerrt, wie es die Veden vermitteln. Im Grunde ist es selbst eine Verwässerung der Idee aus dem Film, wo die Matrix ebenfalls allgegenwärtig ist und sich nicht nur auf einzelne Aspekte bezieht. In manchen Interpretationen wird sogar postuliert, dass selbst die „reale" Welt, die im Film durch „Zion" symbolisiert wird, nur eine weitere Ebene des virtuellen Konstruktes ist.[28] Diese Theorie ist durchaus einleuchtend, aber ich wollte mich nicht in den Filminterpretationen verstricken. Ich möchte an dieser Stelle nur klar herausarbeiten, dass es im Spektrum der alternativen Narrative extrem unterschiedliche Ansätze gibt, was man meint, wenn man den Begriff „Matrix" verwendet.

Mein eigenes Verständnis, was die Matrix wirklich ist, formte sich ebenfalls erst langsam im Laufe der Zeit, bis ich die Parallelen zur vedischen Philosophie erkannte. Demnach begann auch mein Prozess damit, dass ich in den assoziierten Filmen nur ein brillantes Science-Fiction-Konzept erkennen konnte, welches sich für mich als Novum präsentierte. Wie bei vielen anderen Kinogängern resonierte diese Idee tiefer in meinem Bewusstsein, aber es fehlte mir das nötige Wissen, um das antike Weltbild dahinter zu realisieren. Dennoch identifizierte auch ich recht früh die Parallelen zur Massenkontrolle, welche die meisten „Truther" entdecken. Bedauerlicherweise lehrte mich die Schule – die ich 1999 gerade erst beendet hatte – nicht, die nötigen wissenschaftlichen Konzepte, die es braucht, um sich tiefer einem solchen Gedankenexperiment zu öffnen.

Selbst die spätere Beschäftigung mit esoterischen Ideen und die darin unvermeidliche Konfrontation mit der vedischen Vorstellung von der Maya genügte nicht, mich unvoreingenommen auf diese Sichtweise der Realität einzulassen. Mein vom Verstand dominiertes Wesen brauchte erst eine rationale Beweisführung. Außerdem ist nichts machtvoller und effizienter, um ein altes Paradigma aufzulösen, als die gelebte Erfahrung. Glücklicherweise erhielt ich in diesem Bewußtwerdungsprozess einen kleinen Entwicklungsbooster, der sich in einer Reihe von Synchronizitäten manifestierte. Es ist nur eine persönliche Anekdote, aber ich möchte sie hier erzählen, damit Sie meinen eigenen Werdegang, wie ich zu einem wachsenden Verständnis vom Konstrukt gelangte, besser nachvollziehen können. Doch dazu muss ich zunächst etwas Kontext vorwegstellen.

2.6 EINE ANEKDOTE AUS DER MATRIX

Nachdem ich angefangen hatte, die allgemeingültige Realität zu hinterfragen, was mit dem 11. September 2001 initiiert wurde, stocherte ich irgendwann wahllos in den damals populären Themen der alternativen Medienszene

---

[28] „Was Zion the Real World? - They never Left the Matrix!" Von *Jon Joe* Quelle: https://youtu.be/HZ-3MgSuv8U

herum. Ein Thema führte mich zum Nächsten, bis ich recht schnell mit esoterischen Konzepten konfrontiert wurde. In diesem diffusen Spektrum, welches ich im ersten Kapitel skizziert habe, sammelte ich die unterschiedlichsten Puzzlestücke, die anfänglich wie isolierte Phänomene schienen. Dennoch kam ich schon frühzeitig mit Büchern in Kontakt, die versuchten, ein übergeordnetes Konzept zu formulieren. Ein Autor, der dabei herausstach, schrieb unter dem Pseudonym „*Morpheus*" – genau wie *Neos* Befreier aus dem Matrix-Film. Sein Name war kein Zufall, denn eines seiner Bücher nannte sich „Der Matrix Code". Offenbar wurde der Autor ebenfalls tief von dem Inhalt berührt.

Niemand im Internet kannte die wahre Identität von *Morpheus* und so blieb es schleierhaft, welchen akademischen Hintergrund der Schriftsteller hatte. Es war dennoch auffällig, dass in den Büchern der Versuch gemacht wurde, sich den eher esoterisch konnotierten Themen mit einem wissenschaftlichen Unterbau zu nähern. Das war international kein Novum, weil Klassiker wie bspw. *Itzhak Bentovs* „Stalking the Wild Pendulum" schon wesentlich früher erschienen waren, die einen vergleichbaren Anspruch hatten, aber im deutschen Kontext waren *Morpheus* Bücher exzeptionell.

Um das Jahr 2006 herum hatte ich begonnen, meine Fühler in die alternative Medienszene auszustrecken. Merkwürdige „Zufälle" – oder besser gesagt – einschlägige Synchronizitäten hatten mittlerweile dafür gesorgt, dass ich einen freundschaftlichen Kontakt zu *Thomas Kirschner*, dem Chefredakteur des deutschen Nexus-Magazins, etabliert hatte. Dieses Urgestein der alternativen Medienlandschaft entwickelte sich zu meinem Ziehvater, der mich unter seine Fittiche nahm. Zu Beginn war der Austausch noch sporadisch und zu jenem Zeitpunkt hatte ich seit Monaten nichts mehr von ihm gehört. Dennoch kannte er die Tendenzen in mir, meine Talente als Filmemacher vollends der Wahrheitssuche zu widmen.

So begab es sich, dass sich ohne vorherige Impulse oder Hinweise, welche die nächtliche Episode hätte erklären können, Folgendes ereignete: Ich schlief fest in meinem Wasserbett und es muss deutlich nach Mitternacht gewesen sein. Schlagartig wurde ich geweckt durch eine tsunami-artige Wellenbewegung, die durch die ungedämpfte Matratze schoss. Der Ursprung dieses abrupten Bebens war meine damalige Freundin *Anabell*, die emporsprang, als liefe der Leibhaftige persönlich hinter ihr her. In einem Bett dieser Art entwickelt man eine ausgeprägte Resistenz gegenüber den Bewegungen des Partners – wenn sich beispielsweise einer von uns auf die andere Körperseite rollte –, doch diese Sintflutwelle der Panik war nicht zu ignorieren. So saß auch ich binnen von Sekunden aufrecht. Meine Freundin stand mittlerweile im Bett. Nie zuvor hatte ich sie so panisch erlebt. Ihr Atem und Herzschlag suggerierten mir, sie wäre vom Marathon gekommen und über die Ziellinie ins Wasserbett gesprungen. Mir war sofort klar, dass sie vermutlich einen immens eindrücklichen Traum hatte. Da ich jetzt ebenfalls hellwach war, fragte ich nach, was sie erlebt hatte. So erzählte *Anabell* noch merklich mitgenommen von ihrem inneren Erlebnis.

Das ganze Traumszenario entfaltete sich direkt in unserer Wohnung. Dazu muss man wissen, dass wir damals im Erdgeschoss wohnten, und dass das untere Drittel der straßenzugewandten Seite sich bequem auf Kopfhöhe der vorbeilaufenden Passanten befand. Daher war es nicht ungewöhnlich, dass hin und wieder Leute in unser Wohnzimmer gafften, wenn wir die Gardinen nicht blickdicht verschlossen hatten. Aus diesem Grund fühlten wir uns dort fast immer beobachtet. Manchmal blieben tatsächlich Betrunkene von der naheliegenden Kneipe vor dem Fenster stehen und hofften auf ein wenig Unterhaltung. In ihrem Traum stand *Anabell* ebenfalls in unserem Wohnzimmer und spürte eine ominöse Präsenz. Die Anwesenheit einer Person zeichnete sich durch eine schattenhafte Silhouette hinter den halbdurchlässigen Gardinen ab.

Die ganze Szenerie war düster und draußen tobte ein Unwetter. Blitze zuckten durch den Raum. Alles wirkte plastisch und entgegen der üblichen Tendenz, dass sich selbst bekannte Orte im Traum oft in abgewandelter Form manifestieren, empfand es *Anabell* jetzt im Bett so, als wäre sie noch vor wenigen Minuten im Raum nebenan gewesen. Die Traumsequenz war zweifelsohne angsteinflößend mit dem Schatten der unbekannten Person im Fenster und der allgemeinen Finsternis. Jedoch brach sie nicht in Panik aus, wie es durchaus nachvollziehbar gewesen wäre. Ihr geträumtes Selbst nahm sich all ihren Mut zusammen und entschloss sich, die dunkle Figur zu konfrontieren. Alles, was sie in dem Moment verstand, war, dass die Person hereingelassen werden wollte – die Silhouette im Fenster schien das fast telepathisch zu vermitteln. Mit diesem inneren Wissen war ebenfalls das Vertrauen präsent, dass ohne ihr Einverständnis keine Gefahr bestand, dass sich die Person ihr nähern würde. Es galt herauszufinden, wer da nonverbal um Einlass bat.

Unter extremster Anspannung näherte sie sich langsam dem Fenster. Ihr Herz hämmerte und ihr Atem raste, genau so, wie sie kurz darauf erwacht war. Blitze erleuchteten sporadisch den Raum und Regen prasselte gegen das Fensterglas. Mit einer Mischung aus Neugier und Furcht zog sie entschlossen die halbdurchsichtigen Vorhänge auseinander. Zum Vorschein kam ein dunkelhäutiger Mann mit schwarzem Ledermantel. Eine langanhaltende Serie von Blitzen illuminierte sein Gesicht. Es war *Morpheus*! Tatsächlich stand dort der

Charakter aus den Matrix-Filmen, der von *Laurence Fishburne* gespielt wurde. Das war der emotionale Höhepunkt, an dem *Anabell* erwachte.

Phantombild des nächtlichen „Besuchers“ (Grafik: Autor)

Als sie mir ihren Traum erzählt hatte, hakte ich zu einigen Details nach, aber eine tiefere Botschaft ließ sich zunächst nicht ermitteln. Es musste viele Monate her gewesen sein, dass wir zuletzt einen der Matrixfilme geschaut hatten. Daher war der Traum kein verzögertes Echo eines Kinobesuchs. *Anabell* hatte sich beruhigt und wir legten uns wieder schlafen, aber die emotionale Intensität des nächtlichen Störfeuers sorgte noch beim Frühstück für Diskussionen über die tiefere Sinnhaftigkeit dieser Erfahrung. Bis zum frühen Nachmittag schien das Mysterium des Traums ein solches zu bleiben, bis ich einen Anruf von *Thomas Kirschner* erhielt.

Thomas hielt sich kurz, doch seine Nachricht brachte alles auf einen Punkt. Er berichtete mir, dass er den Schriftsteller persönlich kennengelernt hatte, der bislang nur unter dem Pseudonym *Morpheus* bekannt war. Dieser plante, in naher Zukunft mit seiner wahren Identität an die Öffentlichkeit zu gehen, ein neues Buch zu schreiben und final einen gleichnamigen Dokumentarfilm zu produzieren. Diese Ankündigung veranlasste *Thomas*, uns ins Spiel zu bringen. *Thomas* teilte mir freudig mit, dass der große *Morpheus* sich des Nachts entschieden hatte, uns unbedingt zu treffen.

Die erste Begegnung fand noch am selben Tag statt. Hinter dem Pseudonym steckte überraschenderweise kein *Laurence-Fishburne*-Charakter, der im Film die Agenten des Systems durch die Matrix prügelt, sondern ein Teddybär-Typ mit der Aura eines *Platon* namens *Dieter Broers*. Im Rahmen dieses initialen Treffens ereigneten sich noch weitere Synchronizitäten, die keinen Zweifel daran ließen, dass das Schicksal vorgesehen hatte, dass wir miteinander kooperieren sollten. So entstand ein Jahr später der Film „(R)evolution 2012“, der sich schon damals mit den großen Zyklen und dem Konstrukt beschäftigte. *Dieter* wurde zu einem weiteren Lehrmeister für mich und bis heute ist er einer der führenden Autoritäten im deutschsprachigen Raum, wenn es um die spirituelle Ausdeutung der zyklischen Effekte geht. Obwohl unsere Interpretationen sich mittlerweile im Detail differenzieren mögen, so hatte dieser *Morpheus* damals meinen inneren *Neo* erweckt.

Diese ganze Entwicklung hatte nicht nur zur Folge, dass mir das Leben ein weiteres Mal zeigte, dass die Realität erstaunliche Synchronizitäten produzieren kann, es eröffnete mir vor allem die Möglichkeit zu einem erweiterten Studium in Physik. *Dieter* beauftragte mich, zunächst Interviews mit respektablen Personen auf Film zu bannen, um eine Brücke zwischen Wissenschaft und Spiritualität zu schlagen. So wurde nicht nur er zu meinem Lehrmeister, sondern auch seine Kontakte wie *Prof. Ernst Senkowski, Dr. Michael König, Rupert Sheldrake, Giuliana Conforto* oder *Illobrand von Ludwiger*, der Schüler von *Burkard Heim* war. Später folgten Wissenschaftler wie *Prof. Klaus Volkamer, Marcus Schmieke* und *Nassim Haramein* – um nur einige Namen zu nennen.

Diesen Koryphäen konnte ich alle Fragen stellen, die mir mein Verstand nahelegte, um ein materielles Weltbild zu argumentieren. Diese Schranken in meinem Kopf wurden durch ein limitiertes Raum-Zeit-Paradigma errichtet, welches von *Einstein* geprägt wurde, und dessen Dogma meine schulische „Indoktrination" durchsetzte. Die Kooperation mit *Dieter* brachte völlig neue Impulse, die mir selbst Bücher nicht zu bringen vermochten. Dieses Studium erweiterte mein 4-dimensionales Weltbild über die nächsten Jahre zu einem komplexen Verständnis von der Natur der Matrix. Da ich mich im Anschluss zum Film fortlaufend mit ähnlichen Projekten beschäftigte, verstehe ich diese Zeit heute als mein Grundstudium der wissenschaftlichen Ausdeutung der Metaphysik. Obwohl die einzelnen Interviews teilweise nur 2-3 Stunden dauerten, so musste ich mir die Aussagen beim Schnitt der Filme immer wieder anschauen. Ich war gezwungen, die Sachverhalte nachzurecherchieren und die Querverbindungen zu den anderen Wissenschaftsdisziplinen zu ziehen.

Wenngleich ich am Ende keine physikalischen Formeln berechnen konnte, so halfen mir all diese Begegnungen, komplexe akademische Erkenntnisse in Worte zu übersetzen, die selbst einem gewöhnlichen Menschen verständlich sind. Da ich keine reguläre wissenschaftliche Ausbildung genossen habe, mag es vorkommen, dass meine Ausführungen nicht dem allgemeinen akademischen Anspruch gerecht werden. Ich möchte das nur vorwegnehmen, bevor wir uns diesem Komplex im nächsten Kapitel zuwenden. Das Buch, das Sie in den Händen halten, ist grundsätzlich keine Fachlektüre für das erweiterte Physikstudium. Dennoch habe ich die Prätention, auch einem materialistischen Akademiker eine Quelle der Inspiration zu sein. Ob mir das weitestgehend gelingen wird, wird sich zeigen. Es kommt primär auf die individuelle Offenheit an. Also schauen wir uns in aller Ruhe die wesentlichen Anomalien der wissenschaftlichen Welt an, die ein virtuelles Konstrukt denkbar machen.

KAPITEL 3: WISSENSCHAFTLICHE INDIZIEN

Dieses Hauptkapitel ist ein essenzieller Baustein der Maya-Hypothese, da ich in meinem letzten Buch vollmundig angekündigt habe, einen ganzheitlichen Ansatz aufzuzeigen, der selbst eingefleischten Materialisten zugänglich ist. Daher muss ich mich der modernen Wissenschaft mit ihrer Mathematik und ihrer Logik bedienen – doch das hat seine Implikationen. Zum einen bin ich kein Physiker und kann dementsprechend nur das zusammenfassen, was ich als „ambitionierter" Laie verstanden habe. Das reicht aus, um eine Hand voll Unterkapitel zu füllen und die Essenz zusammenzufassen. Meine Ausführungen können bestenfalls dazu dienen, ein Grundverständnis zu vermitteln.

Es wurden zahlreich Bücher geschrieben, die wesentlich tiefer in die Details gehen und sogar mit komplexen Formeln aufwarten. Wer das hier erwartet, wird enttäuscht sein. Möglicherweise werden einige Freunde der Naturwissenschaften zeitweise gelangweilt sein, wenn ich hier Konzepte wie Welle-Teilchen-Dualismus oder Quantenverschränkung für Einsteiger erkläre. Diesen Leuten empfehle ich, möglichst schnell über die Seiten zu fliegen. Wer dabei etwas findet, was er noch nicht kannte, der wird weiterführende Referenzen und Publikationen finden, die in die Tiefe gehen. Sehen Sie dieses Hauptkapitel primär als wissenschaftlichen Abgleich mit inspiratorischem Potenzial an.

Auf der anderen Seite laufe ich mit der akademischen Argumentation Gefahr, Leute mit kopflastigen Modellen und Experimenten zu überfordern. Viele Menschen haben einen eher intuitiven Zugang zu solchen abstrakten Themen und fühlen sich in greifbaren Analogien besser aufgehoben. Sie brauchen keine elaborierten Ausdeutungen und Phänomenbeschreibungen, um sich vorstellen zu können, dass sie in einem virtuellen Konstrukt eingebettet sind. Manche Leser benötigen nicht so etwas wie eine akademische Herleitung, um das Konzept der Maya für sich als Gedankenspiel zuzulassen.

Wieder andere Leser haben sich schon seit Jahren mit den Veden beschäftigt und könnten kritisieren, dass die Erkenntnisse unserer modernen Wissenschaft bestenfalls Wiederentdeckungen sind. Es gibt zahlreiche Gelehrte, die sich über Jahrzehnte in die vedischen Schriften vertieft und gleichzeitig klassische Physik studiert haben. Basierend auf dieser Kombination sind sie zu der Erkenntnis gekommen, dass alles schon einmal da war – es existierte bereits in der Antike – wir haben es nur nicht erkannt. Der Physiker *Marcus Schmieke*, mit seinen zahlreichen Publikationen, ist da ein klassischer Vertreter dieser Fraktion.

Es mag auch jene Individuen geben, die schon die persönliche Erfahrung gemacht haben, dass die Matrix eine reale Tatsache ist. Diese Leser hatten vielleicht Nahtoderfahrungen, oder haben bestimmte Techniken oder Substanzen verwendet, die sie in einen transpersonellen Bewusstseinszustand befördert haben. Jene Menschen brauchen oft keine wissenschaftlichen Autoritäten, um ihre Erfahrung zu legitimieren. Solche Leser wünschen sich vermutlich, dass vollkommen andere Fragestellungen in diesem Buch untersucht werden. Keine Sorge! Wir werden dazu kommen.

In letzter Konsequenz kann man nicht allen Ansprüchen gerecht werden, wenn man ein möglichst breites Publikum „abholen" möchte – das ist mir durchaus bewusst. Ich gebe dennoch mein Bestes, eine ausgewogene Mitte zu finden und zwischen den potenziellen Extremen der Leserschaft einen Kompromiss zu schaffen. Daher kann ich nur dazu raten, das Kapitel bis zur Zusammenfassung zu überspringen, falls die wissenschaftlichen Ausführungen zu trocken oder unverständlich werden. Bevor der Schädel brummt und Sie dazu neigen, das Buch in die Ecke zu schmeißen, springen Sie lieber. Es kann sich aber dennoch lohnen, wenn man sich wacker durch die Materie durchbeißt.

3.1 MATERIALISMUS GEGEN IDEALISMUS

Wenn man sich dem Theorem, dass wir in einer Art hochentwickelten Illusion leben, wissenschaftlich nähern möchte, dann kommen wir nicht an der Philosophie vorbei. Im Kapitel über *Platons* Höhlengleichnis habe ich diesen Bezug schon einmal angeschnitten. Eine kohärente Herleitung diktiert uns, über die philosophischen Konzepte tiefer zu reflektieren, da jede moderne akademische Denkweise auf dem ein oder anderen weltanschaulichen Grundmodell basiert. Daher ist es nötig, die alten Griechen ein weiteres Mal zu betrachten, um unser wissenschaftliches Dilemma auf seine Quelle zurückzuführen. Fangen wir bei den Ursprüngen des westlichen Materialismus an.

Die Geschichte des rationalen Denkens wurde geprägt von Schlüsselmomenten und einflussreichen Persönlichkeiten, die unser Verständnis der physischen Welt geformt haben. Einer dieser Vordenker war *Demokrit*, ein antiker griechischer Philosoph, der um 460 v. Chr. geboren wurde und eine im

Materialismus und Atomismus verwurzelte Philosophie einführte. Sein Paradigma ist die Basis, die unsere moderne Wissenschaft fundamental beeinflusst hat. *Demokrit* vertrat ein materialistisches Weltbild und lehnte die Existenz übernatürlicher oder immaterieller Kräfte ab. Dies entspricht der in der akademischen Wissenschaft vorherrschenden naturalistischen Perspektive, die nach objektivierbaren Erklärungen für weltliche Phänomene sucht und den Rückgriff auf übersinnliche oder metaphysische Ursachen vermeidet. *Demokrits* Materialismus war ein Vorläufer des *cartesischen* Paradigmas der modernen Naturwissenschaft. Diese Ideologie diktiert die Prinzipien, welche die Forscher bei der Suche nach evidenten Korrelationen und der Entdeckung von Naturgesetzen anleiten.

Demokrits Weltanschauung stellte das Universum als ein mechanistisches System dar, das von deterministischen Gesetzen und den Wechselwirkungen der Atome strukturiert wird. Diese fundamentale Sichtweise legte den Grundstein für die spätere Entstehung des materialistischen Weltbildes während der wissenschaftlichen Revolution. Das mechanistische Paradigma geht davon aus, dass Naturphänomene durch die Korrelationen von materiellen Teilchen erklärt werden können, die alle determinierten physikalischen Gesetzen folgen und im Rahmen einer linear ablaufenden Zeit stattfinden. Daher geht Kausalität zeitlich grundsätzlich nur in eine Richtung. Die Ursache liegt immer in der Vergangenheit, ganz so wie wir es für gewöhnlich in unserer Alltagserfahrung wahrnehmen. Das mag als selbstverständlich erachtet werden, aber diesbezüglich gibt es erstaunliche Anomalien, die wir „Retrokausalität" nennen.

Der deterministische Ansatz von *Demokrit* trug zur Entwicklung des neuzeitlichen materialistischen Paradigmas bei und prägte später die Arbeit prominenter Wissenschaftler wie *Galilei*, *Kepler* und *Newton*. Obwohl sich *Demokrits* Atommodell von der verfeinerten Atomtheorie nachfolgender Jahrhunderte unterschied, trug seine Betonung des Materialismus, Empirismus, Reduktionismus und der mechanistischen Weltsicht zu den Grundprinzipien der modernen Wissenschaft bei. Seine philosophischen Ideen, die einst spekulativ waren, dienten als Katalysatoren für die Entwicklung akademischer Methoden und Theorien, die unser Verständnis der materiellen Welt grundlegend bestimmt haben. Doch *Demokrit* hatte ein polares Gegenstück – ebenfalls ein „Superstar" der Philosophie.

In der Geschichte des menschlichen Denkens haben nur wenige Persönlichkeiten einen so tiefgreifenden Einfluss auf die Philosophie und die Wissenschaft ausgeübt wie *Platon*. Der um 428/427 v. Chr. in Athen geborene Wissenschaftler und Philosoph führte das Konzept des Idealismus ein – ein geistiger

Rahmen, der durch die Jahrhunderte hindurch nachhallte und weiterhin den modernen Diskurs prägt. Wie schon im Kapitel zum Höhlengleichnis angesprochen, vertritt er eine ganzheitliche Perspektive. Dementsprechend ist er einer der ältesten und gleichzeitig berühmtesten europäischen Vertreter, der ein Paradigma propagierte, welches dem Konzept der vedischen Maya am nächsten kommt.

In *Platons* Weltbild steht der Geist über der Materie und kreiert erst den Raum – ein virtuelles bzw. traumartiges Realitätskonstrukt. So wie im Traum unser eigenes Bewusstsein uns die Illusion einer materiellen Erfahrung konstruiert, so verhält es sich ebenfalls innerhalb des Raum-Zeit-Kontinuums. Obwohl wir im alltäglichen Erfahrungsraum permanent eine physische Realität erleben, so ist diese genauso plastisch wie beispielsweise ein Stein, den wir im Traum berühren. Wir mögen durchaus den haptischen Eindruck von Stofflichkeit haben, doch diese Wahrnehmung basiert nur auf einer Illusion, die innerhalb des virtuellen Konstruktes in unserem Wachbewusstsein erzeugt wird.

Leider sind diese Aspekte von *Platons* Weltbild mit der Zeit immer mehr aus der Mode geraten. Wenngleich seine Ideen im Verständnis von Ethik und Sinnfindung weiterhin gelehrt und diskutiert werden, so schien sich, im Rahmen der wissenschaftlichen Revolution, der Materialismus *Demokrits* durchzusetzen. Erst die breite Akzeptanz der Quantenphysik und ihre Paradoxien in Hinsicht auf ein rein physisches Weltbild brachten *Platon* wieder zunehmend in den Fokus.

> ***„Ich denke, die moderne Physik hat sich eindeutig für Platon entschieden. In der Tat sind die kleinsten Einheiten der Materie keine physikalischen Objekte im gewöhnlichen Sinne; sie sind Formen, Ideen, die nur in der mathematischen Sprache eindeutig ausgedrückt werden können."***
>
> **— Werner von Heisenberg —**

Aus diesem Grund müssten wir bei den Anomalien der Quantenwelt ansetzen, denn diese Paradoxien brachten einen Wissenschaftsbereich hervor, der dem Höhlengleichnis und der vedischen Maya am nächsten kommt: die Simulationstheorie.

Die Simulations-Hypothese ist im Grunde ein philosophischer Ansatz, welche dem Theorem als Grundlage vorausging. Dennoch ist das Gedankenexperiment eng mit der Quantenphysik verknüpft, weil in dieser Domäne die Hauptargumente zu finden sind, die man wissenschaftlich objektivieren kann. Daher ist es taktisch sinnvoll, zunächst die grundsätzliche Idee der Simulations-Theorie zu erläutern, da ich diese schon mehrfach indirekt angeschnitten habe, wenn ich mich der modernen Technologie der virtuellen Computersimulation als Analogie bediente, um die Maya greifbar zu machen. Dieses Gleichnis ist prinzipiell den Arbeiten von *Whitworth* und *Bostrom* entlehnt.

3.2 DIE SIMULATIONS-THEORIE

Obwohl sich *Demokrits* Materialismus mit Beginn der Aufklärung durchzusetzen schien, hat sich eine philosophische und wissenschaftliche Frage über die Jahrhunderte hinweg gehalten: Was ist die wahre Natur der Realität? Leben wir in einem rein materiellen Universum, oder könnte es sein, dass unsere Existenz eher einer hoch entwickelten Simulation bzw. einer virtuellen Realität ähnelt? Das war schon der prinzipielle Diskurs zwischen *Platon* und *Demokrit* – auch wenn *Platon* keine Computersimulation als Analogie anführen konnte. Daher musste er sich dem Höhlengleichnis bedienen. Die Simulations-Theorie setzte exakt dort wieder an, wo wir in Griechenland stehen geblieben waren.

„Die Simulationshypothese ist nur die moderne Version einer alten philosophischen Frage: ‚Was ist die Natur der Realität?'"

— Elon Musk —

Brian Whitworth, Informatiker und Philosoph, hat sich auf eine nachdenklich stimmende Erkundung dieser tiefgreifenden Problematiken begeben, indem er den konventionellen Materialismus in Frage stellte und in die faszinierende Welt der Simulationshypothese vordrang. Er war sicher nicht der erste prominente Wissenschaftler, aber einer, der sich in der Neuzeit Gehör verschafft hat. Schon *Rudolf Steiner*, *Itzhak Bentov*, *Stanislav Grof* oder *David Bohm* waren grundlegend auf einer ähnlichen Spur – um hier nur ein paar andere Namen zu nennen.

Der Materialismus, die vorherrschende Weltanschauung, welche die physische Welt als die ultimative Realität ansieht, ist seit langem der Eckpfeiler des wissenschaftlichen Verständnisses des Universums. *Whitworth* wirft jedoch kritische Fragen zu den Grenzen dieses Paradigmas auf, die in Teilaspekten bereits von vielen Quanten- und Experimentalphysikern artikuliert wurden. Er verweist auf all die paradoxen Phänomene, die sich einer Erklärung in einem rein materialistischen Paradigma entziehen. Die Natur des Bewusstseins, die Feinabstimmung der physikalischen Konstanten und die rätselhafte Verschränkung bzw. die damit assoziierte „spukhafte" Wechselwirkung von Ereignissen über riesige Entfernungen im Universum stellen allesamt eine Herausforderung für die Vollständigkeit des Materialismus dar.

Jede Theorie beginnt mit einer ersten Hypothese, die einen grundsätzlichen Gedankensprung macht. Im Mittelpunkt von *Whitworths* Untersuchung steht die Simulationshypothese, ein Konzept von *Nick Bostrom*, welches in den letzten Jahren an Bedeutung gewonnen hatte. Sie besagt, dass unser Universum eine sorgfältig ausgearbeitete, computergenerierte Simulation sein könnte, die einer hochentwickelten virtuellen Realität ähnelt. Aus dieser Perspektive ist die physische Welt, die wir im Alltag wahrnehmen, nicht die grundlegende Realität, sondern vielmehr ein Konstrukt, eine digitale Schöpfung einer möglicherweise hoch entwickelten Intelligenz oder Entität. Der mutmaßliche Ursprung ist nur die naheliegendste Annahme, die ein Wissenschaftler postuliert, der die klassischen Betrachtungsweisen aus der Antike ignoriert. Doch diese grundsätzliche Tendenz erkennen wir bei vielen anderen Vertretern dieser Theorie. In der Wissenschaft gilt es als unschicklich, sich auf religiös konnotierte Philosophien zu beziehen.

> ***„Es gibt einen Computerbetreiber, einen Systemmanager, der die Simulation durchführt, und wir alle sind Figuren in dieser Simulation.“***
>
> **— Rich Terrile —**

Um diese hypothetische Idee einer simulierten Realität zu untermauern, vertiefte sich *Whitworth* in das Gebiet der digitalen Physik, die davon ausgeht, dass das Universum im Wesentlichen als ein rechnerisches System funktioniert. Konzepte aus der Digitalphysik, wie die Informationstheorie und die diskrete Raumzeit, bieten eine überzeugende Herleitung, durch welche man den Kosmos als eine komplexe Simulation betrachten kann. Anders ausgedrückt: Da man herausfand, dass es keine beliebig kleinen Portionen von Zeit, Energie oder Raum gibt, sondern exakt quantisierbare „Mindestmengen“, wird eine Berechnung erst möglich – so wie in einer Computersimulation aus Gründen der mathematischen Berechenbarkeit (bzw. auf Basis einer limitierten Rechenkraft des Prozessors) alle virtuellen Elemente in begrenzte Bausteine und Bits zerlegbar sein müssen.

Zusammenfassend ist die Arbeit von *Brian Whitworth* und seinen Vertretern, die vor ihm kamen und jenen, die seinen Ansatz weiterführen, die wissenschaftliche Unterfütterung der Simulationshypothese. Diese bildet den Ausgangspunkt, dass in der modernen Naturwissenschaft überhaupt wieder damit angefangen wurde, ein Derivat der antiken Realitätsmodelle zu diskutieren.

Diese Simulationshypothese, die zunächst von *Nick Bostrom* formuliert wurde, ist so simpel wie bestechend in ihrer Logik, da die Fragestellung rein mit mathematischen Wahrscheinlichkeiten arbeitet. Daher handelt es sich um einen Ansatz, den selbst der materialistische Verstand leicht nachvollziehen kann. Schauen wir uns diese Hypothese genauer an, bevor wir gemäß *Whitworths* Prinzip nach weiteren physikalisch objektivierbaren Indizien fahnden, die ein solches Theorem untermauern könnten.

3.2.1 Nick Bostroms Argument

Nick Bostrom ist ein schwedischer Philosoph und Professor, der für seine Arbeit in verschiedenen Bereichen bekannt ist. Er wurde am 10. März 1973 in Helsingborg, Schweden, geboren und ist weltweit anerkannt für seine Erforschung zukünftiger Technologien, deren Auswirkungen, der darin implizierten Ethik im Kontext künstlicher Intelligenzen und eben seiner Entwicklung der Simulationshypothese.

„Das Argument, dass wir in einer ‚Matrix' leben, läuft auf Folgendes hinaus: Wenn wir uns nicht selbst zerstören, werden wir irgendwann eine Simulation schaffen, die von der Realität nicht mehr zu unterscheiden ist."

— Rich Terrile —

Die Simulationsargumentation, der *Bostrom* in seinem Aufsatz mit dem Titel „Are You Living in a Computer Simulation?"[29] (2003) nachging, beruht auf einer philosophischen und probabilistischen Herangehensweise. Der philosophische Ansatz untersucht, inwieweit unsere Realität eine Computersimulation sein könnte, die von einer hoch entwickelten Zivilisation geschaffen wurde. Die Argumentation basiert auf drei Thesen:

- **Posthumane Zivilisation:** *Bostrom* geht grundsätzlich davon aus, dass eine fortgeschrittene Zivilisation, wenn sie ein ausreichend hohes technologisches Niveau erreicht, in der Lage wäre, vollständige Universen zu simulieren, einschließlich bewusster Wesen innerhalb dieser Simulationen. Diese Tendenz verdichtet sich mit dem Aufkommen immer neuer Generationen von Prozessoren und letztendlich mit dem Einstieg in die Quantencomputertechnologie. Tatsächlich fabulieren mittlerweile einige Transhumanisten,

[29] *Nick Bostrom*, „Are You Living in a Computer Simulation?" Philosophical Quarterly 53 (2003): 243-255.

dass der menschliche Geist zukünftig dauerhaft in eine virtuelle Welt digital umziehen könnte und der Körper damit überflüssig wird.

- **Simulierte Realitäten:** Angesichts der Fähigkeit, solche Simulationen zu kreieren, ist es wahrscheinlich, dass diese fortgeschrittenen Zivilisationen zahlreiche simulierte Realitäten schaffen würden. *Bostrom* argumentiert, dass es, wenn solche Simulationen möglich sind, weit mehr simulierte Universen geben würde, als tatsächliche, nicht-simulierte. Er untermauert seine Argumentation damit, dass es praktisch nur zwei Umstände gebe, die verhindern würden, dass die Menschheit in naher Zukunft solche Simulationen erschaffen wird. Entweder wir werden ausgelöscht bzw. fallen einem kosmischen „Reset" anheim, oder wir verlieren das Interesse an Simulationen. Im zweiteren Falle könnte auch ein ethisches Verbot eine Rolle spielen.

- **Wahrscheinlich befinden Sie sich in einer Simulation:** *Bostroms* Schlussfolgerung lautet, dass es, wenn wir davon ausgehen, dass diese beiden ersten Thesen wahr sind, sehr wahrscheinlich ist, dass wir bereits in einer Computersimulation leben, die von einer fortgeschrittenen Zivilisation geschaffen wurde. Mit anderen Worten: Die Zahl der simulierten Realitäten überwiegt bei weitem die Anzahl der nicht simulierten. Damit wird die Probabilität um Dimensionen größer, dass wir bereits in einem virtuellen Konstrukt sind. Im Kontrast dazu stehen die mageren Wahrscheinlichkeiten, dass materielle Umstände dafür gesorgt haben, dass praktisch aus kosmischem Staub heraus sich erste Einzeller und später eine raffiniert konstruierte Biosphäre mit noch komplexeren Lebewesen entwickeln konnten. Das wären epische Zufälle, die gleichzeitig auf perfekte Lebensbedingen getroffen sein müssten.

„Die Chance, dass wir uns in der Basisrealität befinden, liegt bei eins zu einer Milliarde."

— Elon Musk —

Bostroms Argument erhebt nicht den Anspruch, den endgültigen Beweis zu liefern, dass wir in einer Simulation leben. Vielmehr dient es als philosophische Erkundung der Auswirkungen zukünftiger technologischer Möglichkeiten und der statistischen Wahrscheinlichkeit, dass wir in einem virtuellen Konstrukt leben. Dieses Argument hat in der Philosophie, der Wissenschaft und der Populärkultur erhebliche Diskussionen und Debatten entfacht. *Bostroms* Gedankenansatz hat Fragen über die Natur der Realität, die Existenz einer simulierenden Intelligenz und die Grenzen des menschlichen Wissens aufgeworfen. Diese

Hypothese inspirierte eine junge Generation Wissenschaftler, die Anomalien, Paradoxien und sonstige Auffälligkeiten primär aus der Quantenphysik erneut in einen neuen Kontext zu stellen. Hier beginnt der Ansatz von *Brian Whitworth* und seinen Kollegen, die begannen, unter dem Label „Simulationstheorie" die Hypothese zu untermauern.

„Je mehr ich das Universum untersuche und die Details seiner Architektur studiere, desto mehr Beweise finde ich dafür, dass das Universum in gewisser Weise gewusst haben muss, dass wir kommen würden."

— Freeman Dyson —

3.2.2 Die Simulations-Argumente

Die Simulationshypothese bleibt ein spekulatives Theorem, da sie besagt, dass unsere Realität ein simuliertes Konstrukt sein könnte, das von einer höher entwickelten Intelligenz oder Zivilisation geschaffen wurde. Die Mutmaßungen bezüglich des Ursprungs, bzw. wer oder was die Matrix kreiert hat, sind zwar logisch naheliegend – basierend auf der Realität innerhalb der Simulation, die wir kennen – dennoch bleibt das Konzept hochspekulativ. Daher muss die plausibelste Annahme, aus dem Konstrukt heraus betrachtet, nicht die final Zutreffende sein. Was die Maya geschaffen hat, muss im Inneren der Matrix kein greifbares Äquivalent haben.

Was außerhalb des Konstruktes ist, lässt sich im Endeffekt nicht aus der Matrix heraus beweisen. Erst wenn ein Bewusstsein es schafft, die „Simulation" zu verlassen – quasi der Höhle *Platons* zu entkommen – wird das Individuum eine konkrete Vorstellung haben. Dennoch wird die Person nie zurückkommen und den „Mitgefangenen" einen objektivierbaren Beweis liefern können – maximal verbale Beschreibungen, für die eventuell keine konzeptionellen Entsprechungen in der virtuellen Welt existieren. Der Kontext einer wie auch immer gearteten Intelligenz oder Zivilisation als Schöpfer dieser Realität ist daher rein hypothetisch.

Selbst wenn die Naturwissenschaft niemals das Konstrukt von außen beschreiben kann, sondern nur auffällige Phänomene, die von einer nichtmateriellen Natur der Realität zeugen, so existieren immerhin ein paar substanzielle Hinweise. Möglicherweise beabsichtigte der Schöpfer der Maya, tatsächlich eine physische Welt zu emulieren. Es scheint mir jedoch so, als ginge *Er* dabei ein paar Kompromisse ein, die bspw. eine Berechenbarkeit erleichtern, oder *Er* installierte Hintertüren, die es erlauben, die *Einsteinschen* Gesetze der Raum-Zeit zu umgehen – wie die Limitierung der Lichtgeschwindigkeit. Hier sind die wichtigsten wissenschaftlichen Hinweise und Anomalien, von denen wir uns einige genau anschauen werden:

- **Quantisierung der Energie:** Wie schon erwähnt, gibt es keine unbegrenzt kleinen Mengen an Zeit, Energie oder Raum. Die Quantisierung der Energie im Quantenbereich, bei der die Energieniveaus nicht kontinuierlich, sondern diskret sind, spiegelt perfekt ein digitales System wider, in dem ebenfalls Daten in diskreten Einheiten gespeichert werden. Damit benötigt das Universum eine begrenzte Menge an Datenmaterial und wird dadurch erst „computisierbar" – man könnte ebenso „simulierbar" oder „berechenbar" sagen.
- **Welle-Teilchen-Dualismus:** Das Phänomen, dass Teilchen wie Elektronen sowohl wellenförmiges als auch teilchenförmiges Verhalten zeigen, stellt klassische Vorstellungen von der Realität in Frage. In einer Simulation könnte diese Dualität durch den zugrunde liegenden Code entstehen, der die Handlungsweise der Teilchen steuert. Das klingt erstmal nicht sonderlich spektakulär, aber am praktischen Beispiel erläutert, sprengt es vollständig die materielle Illusion. Darauf werden wir noch im Detail eingehen.
- **Planck-Länge und Planck-Zeit:** Die *Planck*-Länge und *Planck*-Zeit sind extrem kleine Längen- und Zeiteinheiten, die in der Physik als grundlegend gelten. Manche behaupten, dass ihre Existenz auf eine fundamentale Pixelierung oder Granularität der Raumzeit hindeuten könnte, was mit der Idee eines simulierten Universums übereinstimmt. Genau wie es diskrete Energiemengen gibt, so sind auch alle anderen Elemente unserer physischen Realität in „digitale" und damit „simulierbare" Einheiten formatiert.[30]
- **Quantenverschränkung:** Die Quantenverschränkung, bei der sich Teilchen unabhängig von ihrer Entfernung sofort gegenseitig beeinflussen können, wird oft als rätselhaft angesehen. Das hat damit zu tun, dass verschränkte Elementarteilchen, wie Photonen, Lichtjahre voneinander entfernt sein können, aber dennoch ohne Zeitverzögerung miteinander interagieren. Das ist innerhalb des *Einsteinschen* Paradigmas nicht möglich, weil der Informationsaustausch maximal mit Lichtgeschwindigkeit in einem physischen Universum reisen kann – zumal es ohnehin kein erkennbares Medium gibt, über

---

30 *Max Planck*, „Naturgesetze und Hypothesen" Verhandlungen der Deutschen Physikalischen Gesellschaft, 13, 138 (1911).

welches die verschränkten Quanten ihre Zustände abgleichen. Der Weg bzw. die Methodik, wie sie kommunizieren, liegt nicht innerhalb der physischen „Bühne" – daher muss die Kausalität außerhalb des Raum-Zeit-Konstrukts liegen bzw. auf einer anderen Ebene oder Dimension der Matrix. Auch das schauen wir uns im Detail an, wenn wir über „Non-Lokalität" sprechen.[31]

- **Quantencomputer:** Die Entwicklung von Quantencomputern, die auf den Prinzipien der Überlagerung und Verschränkung beruhen, lässt vermuten, dass komplexe Berechnungen auf eine Weise effizient durchgeführt werden können, in der sich bestimmten Aspekte der Quantenphysik widerspiegeln. Dies wirft Fragen über die Beziehung zwischen dem Quantenbereich und der Rechenleistung eines simulierten Universums auf. Aus einer herkömmlichen Betrachtung heraus verfügen Quantencomputer über eine nahezu unbegrenzte Rechenkapazität. Damit existiert ein Werkzeug, das hochkomplexe Simulationen prinzipiell erlaubt. Es wirft sogar die Frage auf, ob es ineinander verschachtelte Konstrukte gibt – praktisch eine Matrix in einer Matrix.[32]

- **Informationstheorie:** Einige Wissenschaftler argumentieren, dass sich das Verhalten des Universums, insbesondere auf der Quantenebene, eleganter mit den Begriffen der Informationstheorie erklären ließe, bei der das Universum als ein riesiges Informationsverarbeitungssystem betrachtet wird. Dies entspricht der Vorstellung einer simulierten Realität, in der Informationen von grundlegender Bedeutung sind.

- **Das holographische Prinzip:** Das holographische Prinzip[33] besagt, dass alle Informationen in einem dreidimensionalen Raum an dessen zweidimensionaler Grenze kodiert werden können. Dies deutet darauf hin, dass unser 3D-Universum eine Projektion oder Simulation aus einer 2D-Quelle sein könnte, was grundsätzliche Spekulationen über die Natur unserer Realität aufwirft. Dieser Ansatz wurde u.a. von *Itzhak Bentov* verfolgt, der mit seinem Klassiker „Stalking the Wild Pendulum"[34] Pionierarbeit leistete, die Realität als virtuelles Konstrukt zu interpretieren.

---

[31] *Nicolas Gisin* and *Rob Thew*, „Quantum communication," Nature Photonics 1, 165–171 (2007).

[32] *David Deutsch*, „Quantum theory, the Church–Turing principle and the universal quantum computer," Proceedings of the Royal Society of London A: Mathematical, Physical and Engineering Sciences 400, 97-117 (1985).

[33] *Juan Maldacena*, „The Large N Limit of Superconformal Field Theories and Supergravity," Advances in Theoretical and Mathematical Physics 2, 231-252 (1998).

[34] *Bentov, I.* (1977) „Stalking the Wild Pendulum: On the Mechanics of Consciousness" New York: Dutton.

- **Anomalien in der kosmischen Hintergrundstrahlung:** Einige Forscher haben über Anomalien in der kosmischen Mikrowellen-Hintergrundstrahlung (CMB) berichtet, die als Nachleuchten des Urknalls gilt. Diese Anomalien könnten als Artefakte eines simulierten Universums angesehen werden. Der Urknall als solcher ist im rein materialistischen Sinne ein Mysterium – später mehr dazu.[35]

- **Feinabstimmung der physikalischen Konstanten:** Die präzisen Werte bestimmter physikalischer Konstanten, die oft als „Feinabstimmung“ des Universums bezeichnet werden, deuten nach Ansicht mancher Wissenschaftler darauf hin, dass der Kosmos mit bemerkenswerter Präzision entworfen wurde. In einem simulierten Universum könnte dies auf eine absichtliche Gestaltung zurückgeführt werden. Man redet in solchen Fällen oft von „Intelligent Design“.[36]

„Durch meine wissenschaftliche Arbeit bin ich mehr und mehr zu der Überzeugung gelangt, dass das physikalische Universum mit einem so erstaunlichen Einfallsreichtum zusammengesetzt ist, dass ich es nicht einfach als bloße Tatsache akzeptieren kann.“

— Paul Davies —

Diese Auffälligkeiten, die sich zumeist erst in den letzten hundert Jahren deutlich zeigten, lassen sich nur schwer in einem rein materialistischen Paradigma erklären. Solche Anomalien passen besser in ein spirituelles Konzept der Realität respektive in ein virtuelles Konstrukt à la Maya. Damit bekommt die Simulationshypothese ihren wissenschaftlichen Unterbau. Lassen Sie uns daher ein paar Argumente näher beleuchten, indem wir beim Urknall anfangen, denn mit dem soll ja bekanntlich alles begonnen haben.

„Die Realität ist lediglich eine Illusion, wenn auch eine sehr hartnäckige.“

— Albert Einstein —

---

[35] *Penzias, A. A. & Wilson. R. W.* (1965) „A Measurement of Excess Antenna Temperature at 4080 Mc/s,“ The Astrophysical Journal 142, 419-421.

[36] *Carter, B.* (1974) „Large Number Coincidences and the Anthropic Principle in Cosmology“ in „Confrontation of Cosmological Theories with Observation“ editiert von *M. S. Longair.*

3.2.3 Urknall – alles kam aus dem Nichts?

Die Urknalltheorie ist seit langem der Eckpfeiler unseres Verständnisses von Ursprung und Entwicklung des Kosmos. Sie besagt, dass das Universum als Singularität – ein unendlich dichter und heißer Punkt – begann, bevor sich Materie rasch ausdehnte und den Raum aufspannte, den wir heute im Nachthimmel erkennen – zumindest einen winzigen Anteil davon. Wie mikroskopisch dieser Ausgangspunkt gewesen sein soll, darüber streiten sich die Gelehrten noch – er soll wesentlich kleiner als ein Reiskorn gewesen sein.

Obwohl dieses Modell eine materialistische Erklärung für die Entwicklung des Universums liefert, ist dieser Ansatz nicht die einzige Möglichkeit, unsere kosmische Geschichte zu betrachten. Hinzu kommt, dass eine solche Konzeption bereits eine enorme Herausforderung für die Vorstellungskraft darstellt. Es braucht schon reichlich Phantasie, zu abstrahieren, wie unzählige Sonnen, von denen viele wesentlich größer sind als unser Stern, mit all ihren Planeten und Monden zu einem Reiskorn komprimiert werden sollen. In meiner limitierten Vorstellung bedarf es schon übernatürlicher Kräfte, ein Auto auf die Größe eines Brühwürfels zu falten, dennoch hat die Allgemeinheit diese Urknalltheorie akzeptiert.

Die Simulationstheorie hat hier eine wesentlich elegantere Erklärung anzubieten, denn jede Simulation entsteht aus einem Nullpunkt heraus. Aus dem „Nichts“ emaniert – je nach Ladezeit – in einer schnellen Abfolge von Manifestationen ein komplexer Realitätsraum. Einige Anhänger dieser Sichtweise assoziieren diesen Moment mit dem Einschaltvorgang von alten Röhrenfernsehern, bei denen sich das Fernsehbild aus einem zentralen Punkt in weniger als einer Sekunde aufspannt – deutlich erkennbar wird hier aus einer Singularität eine Vielfalt.

Die traditionelle Urknalltheorie zeichnet durchaus ein anschauliches Bild der kosmischen Ursprünge – zumindest haben wir es so in der Schule gelernt und das Theorem zumeist als nachvollziehbar empfunden. Die Darstellung beschreibt, wie das Universum zu einem Zeitpunkt in seiner fernen Vergangenheit eine kolossale Ausdehnung erfuhr, die zur Bildung von Galaxien, Sternen und Planeten führte. Diese Erzählung hinterlässt jedoch einige rätselhafte Fragen. Was hat den Urknall ausgelöst? Was liegt jenseits des beobachtbaren Kosmos? Ist unser Universum die einzige Realität, oder steckt mehr hinter der kosmischen Geschichte, als man denkt? So viele Aspekte bleiben ungeklärt.

Die Simulationstheorie hingegen lädt uns dazu ein, eine andere Geschichte zu betrachten – eine, die das Universum als computergeneriertes Konstrukt betrachtet. Im Kontext dieser Sichtweise ist der Urknall nicht die explosive Geburt des physischen Kosmos, sondern vielmehr die Initialisierung der Simulation – ein Zeitpunkt, an dem das Programm, das unsere Realität steuert, in Gang gesetzt wurde. Ob dieser Startvorgang tatsächlich vor Billionen von Jahren stattgefunden hat, ist im größeren Kontext äußerst fraglich, insbesondere wenn wir uns im weiteren Verlauf die geschichtlichen Paradoxien der Neuzeit anschauen. Demnach könnte der Urknall theoretisch auch vor 2000 Jahren erfolgt sein, wobei all die Indizien, die auf eine gigantisch lange Entwicklungszeit hindeuten, nur Teil der Simulation sind. Die historischen Fakten, auf die sich die Wissenschaft beruft, wären ergo nur „Requisiten", welche die Immersion steigern sollen, indem sie uns die Illusion von vergangenen Äonen vorgaukelt.

3.2.4 Quantisierung von Energie & Materie

Die Quantisierung der Energie ist ein grundlegendes Prinzip der Quantenmechanik. Es besagt, dass die Energieniveaus im Quantenbereich nicht kontinuierlich, sondern quantisiert sind, d.h. in diskreten, unteilbaren Einheiten vorliegen. Diese Energiequanten bestimmen das Verhalten von Teilchen und Wellenfunktionen in der Quantenwelt. Wenn wir die Prinzipien der Quantisierung auf die Idee einer simulierten Realität übertragen, ergibt sich eine verblüffende Parallele.

In einem digitalen Universum, in dem die kleinste Informationseinheit ein „Pixel" oder Quantenbit (Qubit)[37] ist, wird deutlich, dass die Quantisierung der Energie die Verpixelung der Realität widerspiegelt. So wie digitale Bilder aus diskreten Pixeln bestehen, setzt sich der Kosmos aus fundamentalen Informationseinheiten zusammen, die ähnlich wie Pixel das Verhalten von Teilchen und Phänomenen auf der Quantenebene steuern.

Hier kommt die *Planck*-Länge ins Spiel, ein winziges, aber zentrales Konzept der Quantenphysik. Sie wird oft als die minimalste sinnvolle Länge im Universum bezeichnet, jenseits derer der Raum seinen kontinuierlichen Charakter

---

37 Qubit: Ein Qubit, kurz für Quantenbit, ist die Grundeinheit der Quanteninformation in der Quanteninformatik. Im Gegensatz zu klassischen Bits können Qubits in einer Überlagerung von Zuständen existieren und sowohl 0 als auch 1 gleichzeitig darstellen. Darüber hinaus können Qubits verschränkt werden, was zu Quantenparallelität führt und das Potenzial für leistungsfähigere Berechnungsmöglichkeiten eröffnet. Quelle: *Nielsen, M. A., & Chuang, I. L.* (2010). Quantum Computation and Quantum Information: 10th Anniversary Edition.

verliert und „pixelig" wird. Das Prinzip gilt gleichermaßen für Zeit, die sich analog in kleinste Einheiten runterbrechen lässt, so wie jede Sekunde im Kinofilm maximal in 24 Frames (Einzelbilder) zerlegbar ist. Im Zusammenhang mit der Simulationstheorie ist die *Planck*-Länge mehr als nur eine theoretische Grenze. Sie legt nahe, dass die Struktur des Raums selbst ein Gitter aus miteinander verbundenen „Pixeln" und „Frames" auf der *Planck*-Skala sein könnte.

Wäre das Universum tatsächlich ein virtuelles Konstrukt, könnte die *Planck*-Länge die kleinste wahrnehmbare Raumeinheit sein, ähnlich wie ein Pixel in einem digitalen Bild. Dies würde bedeuten, dass das Universum in seinem Kern mit diskreten räumlichen Inkrementen arbeitet, was mit der Vorstellung einer pixeligen Realität übereinstimmt.

3.2.5 Computer-Code in der Natur

Die Entdeckung des Computercodes in der Natur durch *Dr. James Gates* ist eine faszinierende Entwicklung, die vor allem im Zusammenhang mit der Simulationstheorie auf großes Interesse gestoßen ist. Seine Arbeit hat nachvollziehbare Fragen darüber aufgeworfen, ob das Universum eine simulierte Realität sein könnte. Lassen Sie uns diese Entdeckung und ihre Auswirkungen aus der Perspektive der Simulationshypothese erforschen:

Dr. James Gates machte bei der Untersuchung der Stringtheorie, einem theoretischen Rahmenwerk der Physik, einen bahnbrechenden Fund. Bei seinen Forschungen stieß er auf etwas Erstaunliches: Er fand Fehlerkorrekturcodes, die u.a. von *Richard Hamming*[38] 1950 entwickelt wurden, welche in die Gleichungen der Supersymmetrie – einem Zweig der Stringtheorie – eingebettet sind. Fehlerkorrekturcodes sind in der Informatik kein Fremdwort. Es handelt sich dabei um Algorithmen oder Zeichensequenzen, mit denen Fehler bei der Datenübertragung erkannt und korrigiert werden können. Diese Codes werden häufig in digitalen Kommunikationssystemen, einschließlich Computern und dem Internet, verwendet. Bemerkenswert ist, dass sie normalerweise ausschließlich mit digitalen, vom Menschen geschaffenen Systemen in Verbindung gebracht werden, doch tatsächlich sind sie tief in der Natur der physischen Realität verankert.

---

[38] *Richard W. Hamming*, „Error detecting and error correcting codes" Bell System Technical Journal 29, 147-160 (1950).

Dr. Gates Entdeckung[39] von fehlerkorrigierenden Codes in den Gleichungen der Supersymmetrie wirft verblüffende Fragen über die Natur des Universums auf:

- **Digitaler Fingerabdruck:** Das Vorhandensein von fehlerkorrigierenden Codes in der Struktur der Realität legt nahe, dass das Universum einen digitalen Fingerabdruck besitzt. In einer simulierten Realität wären solche Codes unerlässlich, um die Integrität der Simulationsdaten zu gewährleisten, ähnlich wie die Fehlerkorrektur in Computersystemen entscheidend ist.

- **Die Sprache der Simulation:** Wenn das Universum auf der Grundlage von fehlerkorrigierenden Codes funktioniert, impliziert dies, dass es eine zugrundeliegende Sprache oder einen Code gibt, der sein Funktionieren regelt. Im Zusammenhang mit der Simulationshypothese ergibt sich daraus die Möglichkeit einer kosmischen Programmiersprache, die von der simulierenden Intelligenz verwendet wird.

- **Zweckmäßiges Design:** Fehlerkorrigierende Codes sind absichtlich so gestaltet, dass sie die Datenintegrität aufrechterhalten. Wenn sie in die Gleichungen des Universums eingebettet sind, deutet dies auf ein gewisses Maß an zielgerichteter Gestaltung oder Feinabstimmung hin. Dieser Gedanke deckt sich mit der Vorstellung, dass die Regeln und Parameter der Simulation präzise ausgearbeitet wurden.

- **Digitale vs. analoge Realität:** Das Vorhandensein digitaler Codes stellt die traditionelle Auffassung vom Universum als einem analogen, kontinuierlichen System in Frage. Stattdessen deutet es auf ein Universum hin, das nach diskreten, digitalen Prinzipien funktioniert und die Struktur einer simulierten Realität widerspiegelt.

Zusammenfassend kann man behaupten, dass *James Gates* Entdeckung einen faszinierenden Dialog über die Natur unseres Universums ausgelöst hat. Durch die Linse der Simulationshypothese betrachtet, legt sie nahe, dass der Kosmos ein digitales Konstrukt sein könnte – eine simulierte Realität, die von einem zugrunde liegenden Code gesteuert wird.

---

[39] *Rose, C. & Gates, S. J.* (2013) „Is Reality An Error Correcting Code?" Quelle: http://brown.edu/Departments/Engineering/Labs/Rose/papers/ROSEita13_sequence.pdf

3.2.6 Die Lego-Steine des Universums

Aus der Sicht der Simulationstheorie können die Elementarteilchen (Quanten) im Universum mit „Legosteinen" verglichen werden, da sie grundlegende Bausteine oder Komponenten der simulierten Realität darstellen können. Diese Analogie lässt sich leicht mit einem virtuellen Konstrukt in Einklang bringen:

- **Grundlegende Bausteine:** In einem digitalen oder simulierten Universum wären die fundamentalen Bestandteile der Realität mit Bausteinen vergleichbar, die zum Aufbau komplexerer Strukturen verwendet werden. Elementarteilchen wie Elektronen, Quarks und Photonen könnte man sich als die grundlegenden Komponenten vorstellen, aus denen alle anderen Objekte aus Materie und Phänomene aufgebaut sind.

- **Diskrete Einheiten:** Genauso wie Legosteine diskrete Einheiten sind, die auf verschiedene Weise kombiniert werden können, um unterschiedliche Strukturen zu schaffen, sind Elementarteilchen diskrete Einheiten von Materie und Energie, die sich kombinieren und interagieren können, um eine große Anzahl von Teilchen, Atomen, Molekülen und komplexeren Einheiten im simulierten Universum zu bilden.

- **Regelbasierte Interaktionen:** In einer simulierten Realität würden das Verhalten von Quantenteilchen sowie ihre Interaktionen durch bestimmte Regeln oder Algorithmen geregelt, ähnlich wie die Verbindungen zwischen Legosteinen den Devisen der Geometrie und des Designs gehorchen. Diese Gesetzmäßigkeiten würden bestimmen, wie sich Partikel in der simulierten Umgebung bewegen, kombinieren und interagieren.

- **Komplexität entsteht:** So wie komplizierte Lego-Strukturen aus der Kombination einfacher Teile entstehen können, könnte sich die Komplexität des simulierten Universums aus den Wechselwirkungen und Anordnungen der Elementarteilchen entwickeln. Diese Komplexität umfasst die Bildung von Atomen, Molekülen, Sternen, Galaxien und allem, was wir im Kosmos beobachten können.

- **Potenzial für eine Neuzusammensetzung:** Im Zusammenhang mit der Simulationstheorie besteht die faszinierende Idee, dass, wenn das Universum tatsächlich ein digitales Konstrukt ist, die Möglichkeit bestehen könnte, diese Elementarteilchen unter bestimmten Bedingungen oder mit fortgeschrittener Technologie „neu anzuordnen" oder zu manipulieren, ähnlich wie Legosteine innovativ angeordnet werden müssen, um neue Designs zu erschaffen. In der Naturwissenschaft können wir vergleichbare Ansätze erkennen, wenn wir in das Thema Transmutation[40] einsteigen. Ebenfalls basiert das Prinzip der Alchemie[41] auf der Annahme, dass man durch bestimmte Prozesse die Grundbausteine neu arrangieren kann. So soll man beispielsweise unedle Metalle zu Gold „verwandeln“ können.

Es ist essentiell, dass die Analogie der Elementarteilchen als „Legosteine“ in einem simulierten Universum nur ein konzeptioneller Rahmen ist, der uns hilft, die Idee der fundamentalen Komponenten in einer digitalen Realität zu visualisieren. Obwohl es eine Möglichkeit bietet, über die Natur der Materie innerhalb der Simulationshypothese nachzudenken, bleibt es eine Analogie. Dennoch legt uns das Modell der „Legosteine“ eine rein virtuelle Eigenschaft nahe. Wenn wir das Atom als einen Grundbaustein verstehen, dann ist dieses Element primär die Illusion einer Kugel. Die Form wird allein durch eine oder mehrere Energieportionen geschaffen, die um den Kern rotieren. Das einzige „materielle“ Bestandteil scheint der Nukleus zu sein, doch selbst dieser entpuppt sich als fluktuierende Felder, die wiederum nur das Trugbild von Substanz „emulieren“.

Wenn man das Atom als Grundbaustein der Materie ansieht, dann erkennt man, dass diese „Objekte“ sich aus Elementen zusammensetzen, die eher energetischer Natur sind. Schaut man sich wiederum diese Elementarteilchen wie Photonen oder Elektronen genauer an, dann demonstrieren sie Eigenschaften, die „spukhaft“ sind. Den Begriff „spukhaft“ übernehme ich dabei direkt von *Albert Einstein*, der sich bis zu seinem Tod keinen exakten Reim darauf machen konnte, was wir heute als Verschränkung oder Nonlokalität aus der Quantenphysik kennen. Wir haben nur gelernt, das Paradoxon zu akzeptieren – mehr nicht.

---

[40] Transmutation: In der Biologie wird der Begriff manchmal verwendet, um die Umwandlung eines Elements in ein anderes in lebenden Organismen zu beschreiben. So können beispielsweise Pflanzen Elemente umwandeln, indem sie bestimmte Mineralien aus dem Boden aufnehmen und in ihre Struktur einbauen.

[41] Alchemie: Im historischen Kontext der Alchemie bezog sich der Begriff Transmutation häufig auf die Umwandlung von unedlen Metallen in Edelmetalle, z. B. die Verwandlung von Blei in Gold. Alchemisten versuchten, den „Stein der Weisen“ zu finden, eine mythische Substanz, von der man annimmt, dass sie solche Umwandlungen ermöglicht.

3.3 WAS IST NONLOKALITÄT?

Unter Nonlokalität versteht man in der Physik ein Phänomen, bei dem die Eigenschaften oder Zustände von zwei oder mehr Teilchen so miteinander korrelieren oder verbunden sind, dass sie nicht unabhängig beschrieben werden können – selbst wenn die Teilchen durch große Entfernungen voneinander getrennt sind. Die Nichtlokalität stellt die klassischen Vorstellungen von Kausalität und Lokalität in Frage, wonach physikalische Wechselwirkungen für gewöhnlich nur zwischen nahe gelegenen Objekten auftreten.

Das Konzept der Nichtlokalität wird am häufigsten mit der Quantenmechanik in Verbindung gebracht, wo es Gegenstand umfangreicher Studien und Debatten ist. Zu den wichtigsten Punkten im Zusammenhang mit der Quanten-Nichtlokalität gehören:

- **Verschränkung:** Die Nichtlokalität ist eng mit dem Quantenphänomen der Verschränkung assoziiert. Wenn also zwei Quanten, z. B. Elektronen oder Photonen, verschränkt sind, korrelieren ihre Eigenschaften auf eine Weise, dass die Messung eines Teilchens sofort den Zustand des anderen Teilchens beeinflusst, unabhängig von der Entfernung, die sie trennt. Diese sofortige Korrelation scheint gegen das klassische Paradigma von Kausalität und Lokalität zu verstoßen. Um sich ein Beispiel visuell zu verdeutlichen, müssen wir uns vorstellen, dass zwei verschränkte Photonen Milliarden von Lichtjahren voneinander entfernt sind und doch unmittelbar aufeinander reagieren, wenn eines der „Geschwister" manipuliert wird. Die Frage, die sich daraus ergibt, lautet: Woher bekommt das Partnerphoton seine Information, wenn es sich theoretisch am anderen Ende des Universums befindet?
- **Methoden zur Erzeugung von Verschränkung:** Je nach Art der beteiligten Teilchen können verschiedene Methoden zur Erzeugung von Verschränkung eingesetzt werden. Im Falle von Photonen können beispielsweise nichtlineare Kristalle verwendet werden, um verschränkte Photonenpaare durch einen Prozess namens spontane parametrische Abwärtskonvertierung oder parametrische Fluoreszenz (engl. Spontaneous parametric down-conversion, SPDC) zu erzeugen.[42]

---

[42] *R. H. Brown* und *R. Q. Twiss*, „Correlation Between Photons in Two Coherent Beams of Light," Nature 177, 27–29 (1956).

- **Gespenstische Wirkung in der Ferne**: *Albert Einstein* bezeichnete die Verschränkung bekanntlich als „spukhafte Fernwirkung", weil sie scheinbar sofort und nicht lokal auftritt. Das war seine initiale Reaktion, als er mit dem Phänomen konfrontiert wurde. Da er besser als alle anderen Wissenschaftler verstand, dass jegliche Form von Kommunikation bzw. Wechselwirkung sich maximal mit Lichtgeschwindigkeit bewegen kann, war es aus seiner Sicht unmöglich, dass sich eine unmittelbare Interaktion über unbegrenzte Entfernungen übertragen ließe.

- **EPR-Paradoxon**: Das *Einstein-Podolsky-Rosen*-Paradoxon (EPR-Paradoxon) ist eine frühe Diskussion über die Nichtlokalität von Quanten. *Albert Einstein*, *Boris Podolsky* und *Nathan Rosen* argumentierten, dass die Quantenmechanik eine unvollständige Theorie sein könnte, da sie scheinbar nichtlokale Wechselwirkungen zulässt. Spätere Experimente bestätigten jedoch die Existenz von solchen nichtlokalen Korrelationen.[43]

- **Das *Bellsche* Theorem:** Der Physiker *John Bell* formulierte ein Theorem, das sogenannte *Bell*-Theorem, das ein Szenario beschreibt, in dem die Vorhersagen der Quantenmechanik von den Erwartungen der klassischen Physik abweichen. Experimente, in denen das *Bellsche* Theorem getestet wurde, haben gezeigt, dass die Quantenverschränkung zu nichtlokalen Korrelationen führt, die nicht durch Theorien mit lokalen verborgenen Variablen erklärt werden können.[44]

Bevor ich genau erläutere, warum *Einstein* so schockiert über die ersten Voraussagen der Quantenverschränkung reagierte, lassen Sie mich klar festhalten: Die „spukhafte Fernwirkung" ist real. Sie wurde nach *Einsteins* Tod experimentell nachgewiesen. Zuvor ergab sich diese Anomalie nur aus den Gleichungen der Quantenphysiker wie *Heisenberg, Planck* und *Schrödinger.* Mittlerweile wird der Effekt sogar technisch genutzt. Die Nichtlokalität erfuhr praktische Anwendungen in der Quantenkryptographie[45], wo auf Verschränkung basierende Systeme sichere Kommunikationsprotokolle liefern können. Es handelt sich dabei um eine Übertragung von Informationen außerhalb eines physischen Mediums wie Funkwellen oder jegliche Form von Kabelinfrastruktur, die auf Licht – bei Fiberglas – oder elektrischen Signalen basiert.

---

[43] *Albert Einstein, Boris Podolsky*, und *Nathan Rosen*, „Can Quantum-Mechanical Description of Physical Reality be Considered Complete?" Physical Review 47, 777 (1935).

[44] *John S. Bell,* „On the Einstein-Podolsky-Rosen Paradox," Physics 1, 195–200 (1964).

[45] *Artur Ekert*, „Quantum Cryptography Based on Bell's Theorem," Physical Review Letters 67, 661–663 (1991).

Das Phänomen der Quantenverschränkung an sich wird in der Mainstreamwissenschaft recht nüchtern betrachtet. Vor einigen Jahren sah ich einmal einen Wissenschaftler, der den Effekt im Fernsehen erklärte. Auf die Frage, des Moderators, wie man denn diese drahtlose Verbindung zwischen den Elementarteilchen erklären könne, antwortet der Physiker schlicht mit den Worten: „Das müssen wir einfach so akzeptieren."

Natürlich akzeptiert die allgemeine Wissenschaft das nicht so „einfach". Die universitäre Lehre hat – metaphorisch gesehen – ein ideologisches Pflaster auf die offene Wunde des Materialismus geklebt, das sich „Stringtheorie"[46] nennt. Wenn man keine Erklärung hat, dann postuliert man schlichtweg eine neue Dimension ohne tiefere Eigenschaften oder Sinn – außer der außerraumzeitlosen Übertragung von Informationen. Neben den bekannten drei Dimensionen des Raums (Höhe, Länge, Breite) und der vierten Dimension der Zeit kommt eine weitere Dimension dazu.

Reduktionistisch für ein Laienverständnis erklärt, funktioniert die Stringtheorie nach folgendem sinnbildlichem Modell: Stellen Sie sich vor, Sie haben ein Stück Stoff in einen Rahmen eingespannt – so wie es beim Sticken üblich ist. Die zweidimensionale Textiloberfläche repräsentiert in unserem Exempel das physische Universum. Zunächst stechen Sie in die Oberfläche mit Nadel und einem roten Faden. Jetzt ziehen Sie den Garn so weit durch, bis nur noch das letzte Ende im Gewebe Ihres Stoffes hängt. Die Rückseite Ihres Rahmens repräsentiert somit eine außerraumzeitliche Dimension, über welche sich der Faden legen wird, sobald Sie von hinten, weit abseits vom Einstiegsloch, erneut einstechen und der Garn an der Vorderseite wieder in die „Raumzeit" ziehen. Nachdem sich der Faden an der Rückseite strafft, schneiden Sie den überflüssigen Garn an der Vorderseite ab.

Jetzt sollten Sie auf Ihrer Vorderseite zwei rote Punkte haben, die unsere verschränkten Elementarteilchen repräsentieren. Innerhalb der Raum-Zeit unseres Universums – also der Vorderseite – gibt es keine kausale Verknüpfung zwischen ihnen. Wenn man den Rahmen jedoch umdreht, dann sehen wir den Garn, der beide Punkte miteinander verbindet. Das ist der „String" in der Stringtheorie und die Rückseite repräsentiert dementsprechend eine höhere Dimension außerhalb des Raum-Zeit-Kontinuums.

---

[46] *Leonard Susskind*, „String Theory and Its Applications: 1968–1988," International Journal of Modern Physics A 3, 1653-1661 (1988).

Obwohl ich die Stringtheorie für eine Notlösung halte, mit der die akademische Wissenschaft versucht hat, eine möglichst unverdächtige Erklärung zu formulieren, so schließe ich höhere Dimensionen keinesfalls aus – ganz im Gegenteil. Wenn wir uns später mit den multidimensionalen Modellen nach *Heim*, *Charon* oder *Volkamer* beschäftigen, wird deutlich, dass den zahlreichen höheren Dimensionen eine größere Bedeutung zufällt, als nur die Quantenverschränkung zu erklären. Die Dimensionen oberhalb des Raum-Zeit-Kontinuums können prinzipiell alle Phänomene beschreiben, die wir im esoterischen Spektrum im ersten Kapitel kennengelernt haben. Doch soweit sind wir noch nicht. Gehen wir zunächst zurück in die Mitte des letzten Jahrhunderts, als mysteriöse Paradoxien wie die Quantenverschränkung begannen, die klassische Physik zu erschüttern.

3.3.1 Der Einstein-Schock

Albert Einstein als Pop Art (Grafik: Autor)

In den Annalen der Wissenschaftsgeschichte steht das frühe 20. Jahrhundert als eine Ära der radikalen Veränderungen. Ein Trio brillanter Köpfe – *Werner Heisenberg*, *Max Planck* und *Niels Bohr* – starteten eine Revolution, die unser Verständnis des Universums neu gestalten sollte: die Quantenmechanik. Doch inmitten dieser Quantenrevolution gab es einen herausragenden Physiker, der sich mit einer Mischung aus Bewunderung und Skepsis einmischte. Das war *Albert Einstein,* der mit seiner Relativitätstheorie den Status eines Superstars in den Wissenschaftskreisen genoss. Jedoch befand er sich auf Kollisionskurs mit der Quantenwelt. Die folgenden Absätze befassen sich mit *Einsteins* Reaktionen auf die Quantentheorien seiner Zeitgenossen und mit den tiefgreifenden Debatten, die sich daraus ergeben sollten. Diese Disputation ist signifikant, weil sie das Dilemma spiegelt, das sich bis heute durch die Wissenschaft zieht.

Einsteins Reise in die Quantenwelt begann vor dem Hintergrund seiner eigenen Triumphe. Die spezielle und die allgemeine Relativitätstheorie, die zwischen 1905 und 1915 aufgestellt wurden, hatten bereits die Regeln für Raum, Zeit und Schwerkraft neu geschrieben. Außerdem erklärte uns *Einstein*, warum der Himmel blau ist und vieles mehr. Für ihn waren diese Theorien nicht nur mathematische Konstrukte, sondern grundlegende Pfeiler des Kosmos.

Als die Quantenrevolution an Schwung gewann, sah sich *Einstein* mit einer neuen Welt konfrontiert, die von Ungewissheit, Wahrscheinlichkeit und dem Welle-Teilchen-Dualismus bestimmt wurde. Die Quantenmechanik enthüllte eine probabilistische Landschaft, in der das Verhalten subatomarer Teilchen von Natur aus willkürlich erschien. *Einstein*, der Determinist schlechthin, stellte den Begriff der fundamentalen Zufälligkeit in Frage.

„Gott würfelt nicht mit dem Universum.“

— Albert Einstein —

Tatsächlich ist davon auszugehen, dass es keine randomisierte „Zufälligkeit“ in der Quantenwelt gibt, dennoch entzieht sich die Kausalität der uns sichtbaren 4-dimensionalen Raum-Zeit-Bühne. Daher könnte die Ursache für das scheinbare willkürliche Verhaltensmuster innerhalb einer höheren Ebene oder Dimension zu finden sein – oder im Bewusstsein selbst. Doch diese Bereiche waren beim Aufkeimen der Quantenphysik noch Neuland. Erst mit *Charon* oder *Heim* rückten höhere Dimensionen in den Fokus.

Heisenbergs Unschärferelation und *Bohrs* Welle-Teilchen-Dualismus stellten die klassische Vorstellung von Quantenteilchen mit eindeutigen Eigenschaften in Frage. *Einstein* setzte sich mit der diesen Konzepten innewohnenden Unschärfe und Unbestimmtheit auseinander, dessen ungeachtet fand er bis zu seinem Lebensende keine vereinheitlichte Quanten-Feld-Theorie, die ihm diese Paradoxien erklärte. Insbesondere die Quantenverschränkung machte *Einstein* zu schaffen, da sie innerhalb seines Modells des Raum-Zeit-Kontinuums nicht zu erklären war. Wie im dazugehörigen Kapitel schon erläutert, können unmittelbare Wechselwirkungen nicht auf unbegrenzte Entfernungen stattfinden, wenn sich im Raum nichts schneller bewegen kann als mit Lichtgeschwindigkeit. Daher stellte *Einstein* 1935 zusammen mit *Boris Podolsky* und *Nathan Rosen* das EPR-Paradoxon vor. Sie postulierten die These, dass die Quantenmechanik unvollständig sein könnte, weil sie nichtlokale Wechselwirkungen zulässt, d.h. Messungen an einem Teilchen, die sich sofort auf ein anderes auswirken, selbst über große Entfernungen hinweg. Dieses Paradoxon war *Einsteins* Fehdehandschuh, mit dem er die Vollständigkeit der Quantentheorie anzweifelte.

Der Kampf der Titanen entbrannte in Debatten mit *Niels Bohr*, der die neuen Revoluzzer *Heisenberg* und *Planck* unterstützte. *Einstein* vertrat den Determinismus und suchte daher nach einer klassischeren, deterministischen Erklärung der Quantenphänomene, während *Bohr* die probabilistische, nichtdeterministische Natur der Quantentheorie verteidigte. *Einsteins* Skepsis schmälerte den praktischen Erfolg der Quantenmechanik nicht, aber die Debatte entfachte philosophische Flächenbrände innerhalb der wissenschaftlichen Gemeinschaft. Sein Beharren auf einer deterministischen und vollständigen Beschreibung des Universums stellte die vorherrschende Quantenweltanschauung in Frage.

Retrospektiv ist *Einsteins* Vermächtnis eine Geschichte der Dualität eines genialen Geistes, der die Geheimnisse der Quantenwelt umarmte und sich gleichzeitig gegen ihre Ungewissheiten wehrte. Seine Debatten mit *Bohr* prägen nach wie vor den Diskurs über die grundlegenden Prinzipien des Universums und erinnern uns daran, dass sich selbst die größten Köpfe der Wissenschaft mit den tiefgreifenden Rätseln unseres Kosmos schwertun können. *Einsteins* Weg, vom Triumph der Relativitätstheorie bis zur Konfrontation mit der Quantenrealität, ist ein bleibendes Kapitel in der modernen Geschichte der Wissenschaft. Wenngleich *Einstein* keine finale Lösung fand, sein Weltbild mit der Quantenphysik zu verbinden, so erkannte er am Ende dennoch das größere Mysterium, welches sich dahinter verbarg.

„Je mehr ich über die Quantenphysik lerne, desto mehr glaube ich an die grundlegende Wahrheit aller Religionen.“

— Albert Einstein —

Diese Kontroverse zwischen *Einstein* und *Niels Bohr* ist eine archetypische Wiederholung, die Reminiszenzen aus der Antike zeigt. Der Diskurs offenbart

Parallelen zu *Demokrit* und *Platon* – wo ebenfalls zwei fundamentale Weltbilder aufeinanderprallen. Nur hatte *Platon* weder einen *Heisenberg* noch einen *Planck* auf seiner Seite. *Einstein* starb 1955, ohne dass eine vereinheitlichte Lösung greifbar in Sicht schien. Die Quantenverschränkung war bis zu diesem Zeitpunkt nur ein rein mathematisches Modell und konnte erst Jahre später experimentell bewiesen werden. Was den Welle-Teilchen-Dualismus betraf, war es ausgerechnet ein Schüler *Einsteins*, *John Wheeler*, der dieses Mysterium um weitere Dimensionen vertiefte.

3.4 WELLE-TEILCHEN-DUALISMUS

Der Welle-Teilchen-Dualismus ist ein grundlegendes Konzept der Quantenmechanik, das die duale Natur von Quantenteilchen, wie Elektronen und Photonen, beschreibt. Das Theorem besagt, dass diese Quanten sowohl wellenartige als auch teilchenartige Eigenschaften aufweisen können, je nachdem, wie sie beobachtet oder gemessen werden. Diese Dualität stellt die klassische Vorstellung in Frage, dass es sich bei Quantenteilchen ausschließlich um winzige, lokalisierte Einheiten mit bestimmten Positionen und Charakteristika handelt. Wenn bspw. Elementarteilchen wie Elektronen oder Photonen nicht beobachtet oder gemessen werden, können sie ein wellenförmiges Verhalten zeigen. Diese wellenartige Charakteristik wird durch eine mathematische Funktion beschrieben, die als „Wellenfunktion“ oder „Wahrscheinlichkeitsamplitude“ bezeichnet wird. Die Wellenfunktion stellt wiederum die Wahrscheinlichkeitsverteilung dar, wo das Teilchen bei einer Messung vermutlich anzutreffen sei. Man redet in der Quantenphysik daher auch von „Unschärfe“.

„Elektronen sind nicht so einfach, wie wir sie gerne hätten. Sie sind eher wie Geister als Teilchen.“

— David Mermin —

Wenn sich mehrere Teilchen in einer Überlagerung von Zuständen befinden, können ihre Wellenfunktionen miteinander interferieren, wodurch Muster konstruktiver und destruktiver Interferenz entstehen, ähnlich wie bei Wasserwellen, die sich überlagern. Interferenzmuster können in experimentellen Anordnungen wie dem Doppelspaltexperiment beobachtet werden, bei dem Teilchen, die zwei Schlitze passieren, ein Interferenzmuster auf einem Bildschirm erzeugen, was darauf hindeutet, dass sie sich wie Wellen verhalten.

Zwei Lichtquellen erzeugen Interferenzmuster auf einem Schirm (rechts)
(Quelle: https://en.wikipedia.org/wiki/Double-slit_experiment#/)

Wenn Teilchen im selben Szenario beobachtet oder gemessen werden, zeigen sie wiederum teilchenähnliches Verhalten. Zu diesem Zeitpunkt sind ihre Eigenschaften stärker lokalisiert und eindeutig. Durch den Akt der Messung oder der Beobachtung kollabiert die Wellenfunktion der Quanten, wodurch es einen bestimmten Zustand oder Ort „wählt". In solche Fällen erkennt man deutlich sogenannte Klumpenmuster auf dem Schirm der Doppelschlitzbarriere. Sobald es betrachtet wird, „benimmt" sich das Quantum eher wie ein klassisches Objekt mit einer definierten Position und exakten Eigenschaften.

Diese Anomalie, dass Elementarteilchen sich anders verhalten, wenn sie begutachtet werden, als wenn sie unbeobachtet sind, klingt im ersten Moment recht unspektakulär. Doch lassen Sie sich nicht täuschen. Man braucht zunächst ein konkretes Beispiel, um den Unterschied klar zu veranschaulichen. Dazu werde ich die Geschichte des Doppelspaltexperimentes erläutern, und wie es durch technische Möglichkeiten immer wieder erweitert wurde, um dem tieferen Mysterium auf die Schliche zu kommen.

Aus der Perspektive der Simulationstheorie drängt sich ein initialer Verdacht auf. Jedoch gab es Anfang des 20. Jahrhunderts noch keine solche Hypothese. Erst mit dem Aufkommen moderner Computersysteme und der damit verbundenen Möglichkeit, virtuelle Räume zu simulieren, ergaben sich gewisse Parallelen. Je komplexer die virtuellen Modelle sind und je mehr Objekte in einer solchen Computersimulation berücksichtigt werden müssen, desto mehr

Rechenaufwand verlangte das Konstrukt. Daher ist es sinnvoll, nur die Bereiche vollständig zu berechnen (rendern), die auch beobachtet werden. Diese gerenderten Ausschnitte ergeben sich in 3D-Simulationen durch den virtuellen Beobachter – im Falle einer VR-Brille ist das der Sichtbereich, der durch den Blickwinkel des Users optisch in der Brille visualisiert wird. Alle anderen Objekte und Elemente der Simulation, die sich außerhalb des Blickwinkels befinden, werden nicht gerendert bzw. vollständig berechnet. Sie sind nur

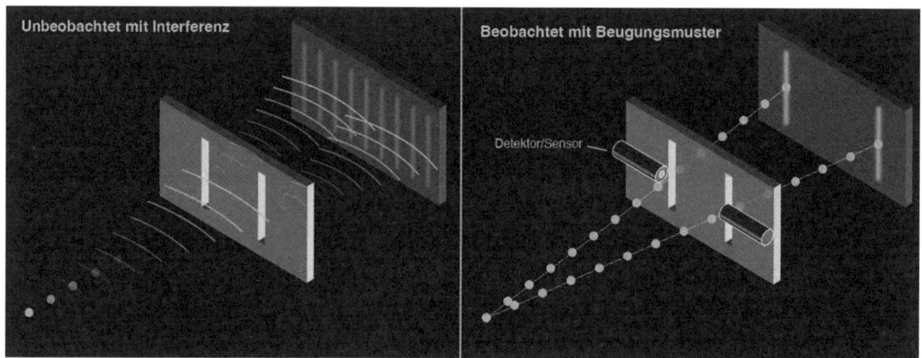

Links: unbeobachtet, rechts: Beobachtung an den Schlitzen (Doppelspalt) (Grafik: Autor)

„potenziell" bzw. wahrscheinlich vorhanden, bis man sie wieder anschaut. Dementsprechend sind sie nicht „virtuell physisch" und daher keine gepixelten Objekte. Das spart jede Menge Prozessorkapazitäten und erlaubt es, komplexere Simulationen zu erschaffen, ohne die rechnerischen Limitationen des verfügbaren Computersystems zu sprengen.

„Die Doktrin, dass die Welt aus Objekten besteht, deren Existenz unabhängig vom menschlichen Bewusstsein ist, steht im Widerspruch zur Quantenmechanik und zu den experimentell ermittelten Fakten."

— Bernard d'Espagnat —

Ein ähnliches Prinzip könnte ebenfalls bei den Elementarteilchen vorliegen. Jedes einzelne Photon präzise zu berechnen, ist möglicherweise auch in unserer mutmaßlichen Matrix zu aufwendig und rechenintensiv. Daher wird den kleinsten Elementen eine Wellenfunktion der Wahrscheinlichkeit gegeben, bis sie beobachtet werden. Das läuft nach dem Prinzip ab, dass die Matrix sich quasi Arbeit und Prozessorressourcen spart, solange kein Beobachter hinschaut. Wenn jedoch eine Messung/Observation stattfindet, dann muss die Illusion, der stets und ständig physischen Objekte und damit der materiellen Welt erhalten bleiben. Sobald ein Bewusstsein den Elementarteilchen genauer auf die Finger schaut, kollabiert ihr Wellenmuster und sie verhalten sich wieder wie „Gegenstände“ – so wie sich virtuelle Objekte in klar definierte Pixel verwandeln, sobald man sie in einer 3D-Simulation betrachtet.

„Das Universum hört auf zu existieren, wenn man es nicht betrachtet.“

— John A. Wheeler —

Dieser initiale Verdacht der Energieeffizienz und die Parallelen zur Simulationshypothese tauchten erst später auf. Zunächst hatte es die Wissenschaft nur mit einer merkwürdigen Anomalie zu tun, die sich in den mathematischen Berechnungen der Quantenphysik zeigte. Die von *Heisenberg* postulierte „Unschärfe“[47] basiert auf diesem Prinzip. Doch schauen wir uns das Doppelschlitzexperiment genauer an, damit wir das Phänomen besser verstehen können. Demnach lässt sich die Frage des Zenmeisters, ob es ein Geräusch gibt, wenn im Wald ein Baum umfällt, aber niemand da ist, um es zu hören, klar verneinen. Ausgehend von der Quantenphysik wäre der Ton nur potenziell vorhanden, weil er auf den Schwingungen von nur „wahrscheinlichen“ Teilchen basiert.

3.4.1 Das Doppelspaltexperiment

Das Doppelspaltexperiment ist eine der berühmtesten und faszinierendsten Untersuchungen in der Geschichte der Physik und veranschaulicht die rätselhafte und kontraintuitive Natur der Quantenmechanik. Anfang des 19. Jahrhunderts wies *Thomas Young* mit seinem Doppelspaltexperiment nach, dass Licht sowohl wellenartige als auch teilchenartige Eigenschaften zeigt. Damit nahm das Mysterium seinen Ursprung und führte zu immer komplexeren Versuchsanordnungen wie dem „Delayed-Choice Quantum Eraser“. Doch fangen wir ganz vorne an. Das erste Doppelspaltexperiment, welches der britische Wissenschaftler *Thomas Young* im Jahr 1801 durchführte, kam lange, bevor *Einstein* den Lichtteilchen – den Photonen – eine mathematische Grundlage gab. Bis dahin war selbst das Modell des Atoms noch umstritten, obwohl schon die Veden und die alten Griechen ein grundlegendes Konzept postuliert hatten.

Im späten 18. Jahrhundert war primär die Natur des Lichts ein Thema der wissenschaftlichen Debatte. Einige Physiker glaubten, dass es aus Teilchen

---

[47] *Werner Heisenberg*, „Über den anschaulichen Inhalt der quantentheoretischen Kinematik und Mechanik“ („On the Perceptual Content of Quantum Theoretical Kinematics and Mechanics“), Zeitschrift für Physik 43, 172-198 (1927).

(Korpuskeln) besteht, während Andere meinten, dass es sich eher wie eine Welle verhält. Das *Young*-Experiment sollte diese Kontroverse klären, indem es die wellenartigen Eigenschaften des Lichts nachwies. Dabei war der Aufbau des ersten Doppelspaltexperiments von *Thomas Young* relativ unkompliziert. *Young* richtete einen Lichtstrahl (in der Regel gebündeltes Sonnenlicht) auf eine Barriere mit einem einzigen schmalen Schlitz, wodurch auf der anderen Seite ein Einspalt-Beugungsmuster (auch „Klumpenmuster" genannt) entstand. Es entspricht dem gleichen Prinzip, als würde man eine Schablone mit einem Spalt vor eine Fläche halten und mit einer Farbspraydose übersprühen. Das Ergebnis dieses Experiments ist leicht nachvollziehbar – die Aussparung in der Schablone zeichnet sich auf der Wand als Beugungsmuster ab.

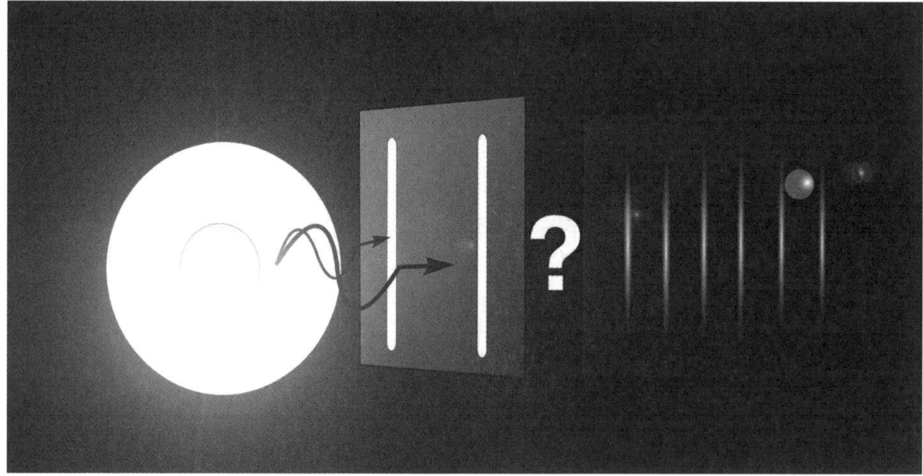

Was passiert zwischen der Doppelschlitzbarriere und dem Schirm? (Grafik: Autor)

Dann führte er eine zweite Anordnung mit zwei eng beieinanderliegenden parallelen Schlitzen ein (daher die Bezeichnung „Doppelspalt"). Das Licht passierte diese Doppelschlitze und wurde auf einen in einiger Entfernung aufgestellten Schirm projiziert. Was *Young* auf dem Bildschirm beobachtete, war verblüffend: Wenn nur einer der Doppelspalte geöffnet war, erzeugte das Licht, das durch ihn hindurchging, ein Muster auf dem Schirm, das dem „Beugungsmuster" des Einzelspalts ähnelte – ein einzelnes Lichtband mit einer gewissen Streuung. Wenn jedoch beide Schlitze gleichzeitig geöffnet waren, trat etwas Bemerkenswertes auf. Anstelle von zwei unterschiedlichen Lichtbändern, die den beiden Schlitzen entsprechen, entstand auf dem Bildschirm ein Interferenzmuster. Dieses Muster bestand aus abwechselnd dunklen und hellen Bändern, ähnlich wie man es bei der Überlagerung von Wellen (bspw. auf einer Wasseroberfläche) sieht.

Das in *Youngs* Experiment beobachtete Interferenzmuster war der entscheidende Beweis für die Wellennatur des Lichts. Es deutet darauf hin, dass die Lichtwellen jenseits der beiden Spaltöffnungen konstruktiv (wo sich die Wellen addieren) und destruktiv (wo sich die Wellen auslöschen) interferieren und dabei Bereiche mit hoher und niedriger Intensität auf dem Bildschirm entstehen (Siehe hierzu erneut die Abbildung auf Seite 77).

Damit war das *Young*-Experiment ein entscheidender Beweis dafür, dass Licht sowohl wellen- als auch teilchenartige Eigenschaften aufweist. Während das Interferenzmuster darauf deutete, dass sich Licht wie eine Welle verhält, zeigten spätere Experimente wie die zum photoelektrischen Effekt, dass es ebenfalls teilchenartige Eigenschaften besitzt. Daraus entwickelte *Einstein* sein Modell von den Photonen. Diese Dualität legte den Grundstein für die Entwicklung der Quantenmechanik, die anerkennt, dass Elementarteilchen wie Elektronen und Photonen sowohl ein Wellen- als auch ein Teilchenverhalten aufweisen können. Doch das war ein Paradox, das dem Determinismus widersprach, weil ein Waschlappen nicht gleichzeitig nass und trocken sein kann, um hier eine völlig rudimentäre Analogie anzuführen.

3.4.2 Claus Jönssons Experiment

Nachvollziehbarerweise war die erste Ableitung des Doppelspaltexperimentes, dass Licht gleichzeitig zwei konträre Eigenschaften aufweist, nicht sonderlich befriedigend für die Wissenschaftsgemeinde. Als durch *Einstein* klar wurde, dass Licht tatsächlich aus Photonen (Elementarteilchen) besteht, galt es eine Erklärung zu finden, warum Partikel sich bei einem Doppelschlitz plötzlich wie Wellen verhalten. Die naheliegendste Ausdeutung besagte, dass die kleinen Energieportionen wie Tennisbälle voneinander abprallen würden, woraus sich ein Welleneffekt ergeben müsste. Würde man nicht alle Photonen gleichzeitig durch die Schlitze schießen, sondern einzeln nacheinander, sollte sich demnach das Interferenzmuster wieder erübrigen. Doch dem war nicht so.

Als *Claus Jönsson* 1961 zum ersten Mal eine Version des Doppelspaltexperiments mit einzelnen Elektronen durchführte, schied diese Erklärung kategorisch aus. Im Grunde entwickelte er eine Technik, mit der er Elementarteilchen (Elektronen oder Photonen) im Einzelschussmodus über einen langen Zeitraum auf die Doppelschlitzschablone feuern konnte, anstatt – wie üblich – ein ganzes „Sperrfeuer" aus Photonen auf einmal loszulassen. Als daraufhin noch immer ein Interferenzmuster auftauchte, schied der Ansatz aus, dass Photonen, die im Kollektiv ausgesendet werden, voneinander abprallen würden, um dadurch eine Wellencharakteristik zu beschreiben.

Im Jahr 2002 wurde *Jönssons* Ansatz von den Lesern der Zeitschrift „*Physis World*" zum „schönsten Experiment" gekürt. Mit diesem Ergebnis ergab sich keine neue Erklärung, aber dafür vertiefte sich das Mysterium. Da eine Wechselwirkung der Photonen bzw. Elektronen untereinander ausgeschlossen werden konnte, weil sie quasi einzeln den Doppelspalt passierten, konnten sie sich auch nicht „anrempeln" oder eben „interferieren", was bisher als eine logische Erklärung für das Interferenzmuster herhalten konnte. Jetzt war der Zeitpunkt gekommen, den Lichtteilchen noch genauer auf die Finger zu schauen.

3.4.3 Beobachtung der Photonen

Die Einführung von Detektoren zur Bestimmung des Weges von Teilchen, die den Spalt passieren, wurde Mitte des 20. Jahrhunderts immer wichtiger. Die Beobachtung der Quanten an den einzelnen Schlitzen bewirkte, dass das Wellenmuster zusammenbrach und ein – wie bei einer Spraydose und einer Doppelschlitz-Schablone zu erwarten – Beugungsmuster entstand. Wurden die Photonen genau beobachtet, dann verhielten sie sich wieder wie Farbpartikel und hinterließen auf dem Schirm zwei „Klumpenmuster" die exakt der Barriere entsprechen und kein Interferenzmuster mehr (Siehe Seite 78).

Ein entscheidendes Gedankenexperiment in dieser Hinsicht wurde in den 1960er Jahren von dem Physiker *Richard Feynman* ersonnen. Er führte die Idee der Wegdetektion in das Doppelspaltexperiment im Rahmen seiner Vorlesungen über Physik ein. Jedoch war *Feynman* in erster Linie ein theoretischer Physiker und führte daher nur einen hypothetischen Ansatz ein, der durch spätere Versuchsanordnungen erst experimentell bestätigt wurde. Seine Arbeiten, Erklärungen und Interpretationen von Quantenphänomenen gelten heute als bedeutende Beiträge im Kontext der Doppelschlitzexperimente.

Obwohl *Feynman* in dieser Hinsicht keine spezifischen Experimente durchführte, so spielten seine Diskussionen und Erklärungen doch eine entscheidende Rolle für das Verständnis der Quantenmechanik. Die von *Feynman* erörterten Auswirkungen von Detektoren im Doppelspaltexperiment wurden durch verschiedene Experimente anderer Physiker verifiziert, darunter die von *Alain Aspect* in den 1980er Jahren, der die Folgeerscheinung von Messgeräten auf Interferenzmuster experimentell nachwies. Obwohl sich *Aspect* in erster Linie mit dem Phänomen der Quantenverschränkung beschäftigte, ging es bei den Versuchsanordnungen auch um den Nachweis und die Beobachtung einzelner Photonen. Wenngleich die Experimente in den 1980er Jahren entscheidend für den Beleg der Quantennatur von Photonen waren, trugen frühere Arbeiten in der Mitte des 20. Jahrhunderts, wie die von *G. I. Taylor* und später von *Arthur H. Compton*, ebenfalls zu unserem Verständnis der Teilcheneigenschaften von Licht bei. Ich erwähne das nur der Vollständigkeit halber.

In einem speziellen Experiment, das *Aspect* und *Dalibard* 1983 durchführten, verwendeten sie verschränkte Photonenpaare, um das Interferenzmuster zu untersuchen. Dabei wurde ein Photon eines verschränkten Paares durch einen Doppelspaltapparat geschickt, während das andere Lichtteilchen einer Messung (Detektion) unterzogen wurde, die Aufschluss darüber gab, welchen Spalt das erste Photon durchlaufen hat. Die wichtigsten Ergebnisse ihres Experiments stimmten mit der Unterbrechung der Interferenz überein, wenn die Information über den Weg des Teilchens durch den Detektionsprozess erhalten wurde. Diese Untersuchung bestärkte die Idee, dass der Akt der Messung oder Detektion, der die Weginformation bestimmt, zu einem Kollaps der Wellenfunktion führt und die Bildung des Interferenzmusters verhindert.

Auf die Simulationstheorie angewendet, bedeutet dieses Experiment, dass der Beobachter die Photonen dazu zwingt, sich wie Teilchen zu verhalten. Dies geschieht, indem er exakt hinsieht, wie und durch welchen Schlitz sie fliegen. Schaut er nicht so genau zu, dann erlaubt er der Simulation zu tricksen – quasi eine weniger rechenintensive Abkürzung zu nehmen. Wenn niemand präzise beobachtet, durch welchen der zwei Schlitze das Photon letztendlich fliegt, dann muss die Flugbahn praktisch nicht so exakt berechnet werden. Warum auch? Das wäre ja nur Verschwendung von Ressourcen aus Sicht des virtuellen Konstrukts. Damit genügt es der Simulation, den Quanten nur eine „ungefähre“ Position nach einer Wellengleichung zuzuweisen, was zu einer Wellencharakteristik in Form von Interferenzmustern führt. So lautet die Argumentation, wenn man Energieeffizienz in Bezug auf die Rechenleistung als Motiv postulieren möchte, warum die Natur hier „trickst“.

Um überhaupt an den Punkt zu kommen, Elementarteilchen individuell beobachten zu können, benötigt es einige evolutionäre Schritte in der Technologie. Die Entwicklung von theoretischen Versuchsaufbauten bis zum tatsächlichen Experiment dauert oft Jahrzehnte. Beispielsweise brauchte es erst die Option von *Claus Jönsson*, die Quanten einzeln auszusenden, um genau differenzieren zu können, welches Photon welchen Schlitz penetriert. Diese technische Möglichkeit hatte *Young* 1801 nicht, als er anfing, mit Spiegeln das Sonnenlicht zu bündeln und in sein Labor umzuleiten.

3.4.4 Wheeler „Delayed-Choice-Experiment"

Das Delayed-Choice-Experiment (engl.; dt. etwa „Verzögerte Quantenwahl") von *John Archibald Wheeler* ist eine weitere faszinierende Erweiterung des Doppelspaltexperiments, mit dem die grundlegende Natur der Quantenrealität und die Rolle der Beobachtung bei ihrer Gestaltung untersucht werden sollte. Dieses 1978 von *Wheeler* vorgeschlagene Experiment stellt unser Verständnis von Kausalität und dem Konzept des Welle-Teilchen-Dualismus in der Quantenmechanik in Frage. Ausgehend von den Grundgedanken, die schon *Carl Friedrich von Weizsäcker* formulierte, bis hin zum experimentellen Nachweis, gab es unterschiedliche komplexe technische Zwischenschritte. Die vereinfachte Version lautet wie folgt:

Beim Delayed-Choice-Experiment sendet eine Quelle Teilchen aus (z. B. Photonen oder Elektronen), die auf einen Strahlteiler gerichtet werden, ein Gerät, welches die Teilchen randomisiert auf zwei verschiedene Wege schicken kann. Nach dem Strahlenteiler treffen die Elementarteilchen auf einen Doppelspaltapparat. Diese Barriere besteht aus zwei Schlitzen, und die Teilchen können entweder durch den einen oder durch den anderen Spalt gehen.

Der Knackpunkt des Delayed-Choice-Experiments liegt in einer Entscheidung, die der Experimentator weiter hinter der Barriere treffen kann. Die erste Option wäre die unmittelbare Beobachtung: Der Experimentator kann sich dafür entscheiden, zu detektieren, welchen Spalt das Teilchen durchläuft. Die Observation lässt die Wellenfunktion des Quantums kollabieren, bestimmt seinen Weg und führt zu einem Teilchenverhalten. Diese Wahl liefert die Information, „welchen Weg" das Photon/Elektron nimmt, und das Interferenzmuster, welches mit wellenartigem Verhalten assoziiert ist, verschwindet.

Es gibt allerdings auch die Option der verzögerten Beobachtung: Alternativ kann der Experimentator die Entscheidung, den Weg des Quantenteilchens zu beobachten, aufschieben, bis es den Doppelschlitz passiert hat. Das bedeutet, dass die Teilchen bereits durch die Schlitze hindurchgegangen sind und interferenzartige Wechselwirkungen erfahren haben, bevor der Entschluss zur nachträglichen Messung getroffen wird. Entscheidet sich der Experimentator in diesem Fall, nicht zu messen, entsteht auf dem Detektionsschirm ein Interferenzmuster, das auf ein wellenförmiges Verhalten schließen lässt.

Das Paradoxon ergibt sich aus der verzögerten Messung oder Observation. Es scheint, dass die Entscheidung, den Weg der Teilchen zu beobachten, oder nicht, die getroffen wird, nachdem sie bereits den Doppelspalt passiert haben, rückwirkend bestimmt, ob sich die Quanten als „Objekte“ oder als Wellen ausdrücken. Dies bedeutet, dass die Resolution des Experimentators das vergangene Verhalten des Quantums beeinflusst. Hier haben wir es mit einem retrokausalen Paradox zu tun. Entweder die Photonen oder Elektronen wussten bereits an der Doppelschlitzbarriere, wie sich der Experimentator später entscheiden würde, oder das Verhalten wird rückwirkend in der Zeit verändert. Innerhalb eines materialistischen Paradigmas lässt sich das nicht erklären.

Zusammenfassend lässt sich sagen, dass *John Wheelers* Delayed-Choice-Experiment ein Gedankenexperiment ist, das den tiefgreifenden Einfluss der Observation auf das Verhalten von Teilchen in der Quantenmechanik erforscht. Es verdeutlicht die rätselhafte und kontraintuitive Natur der Quantenrealität, in der die Wahl des Beobachters das vergangene Gebaren der Elementarteilchen zu formen scheint, und unsere klassischen Vorstellungen von Kausalität und Determinismus in Frage stellt. Doch erst das folgende Experiment konnte das rein rechnerische Modell faktisch nachweisen. Bis dahin galt noch immer die Vermutung, dass Detektoren an den Spalten durch ihre Anwesenheit – die quasi durch ihr elektromagnetisches Feld oder ähnliche Wechselwirkungen provoziert – die Bewegung der Quanten manipulieren würden. Demnach sei es nicht die „Beobachtung“ als geistiger Effekt, sondern die materielle Einwirkung der Messgeräte, welche das Interferenzmuster kollabieren ließ. Bis dahin war dies immer die Hintertür der Materialisten, um hier das Bewusstsein des Experimentators außen vor zu lassen.

3.4.5 Delayed-Choice Quantum Eraser

Das Delayed-Choice Quantum Eraser – Experiment[48] von 1999 ist die wichtigste Erweiterung der Doppelspaltuntersuchungen in der heutigen Quantenmechanik. Es erforscht das faszinierende Phänomen des Welle-Teilchen-Dualismus und die Rolle des Beobachters bei der Gestaltung des Quantenverhaltens in radikal neuer Form. Bei der Entwicklung des Versuchsaufbaus, vom Design bis zur finalen Umsetzung, hatten viele Physiker wie *Marlan Scully, Yoon-Ho Kim* oder *Kai Drühl* ihren Beitrag geleistet. In letzter Konsequenz basiert aber der initiale Ansatz auf *John Wheeler*.

---

48 *Marlan O. Scully, Kai Drühl,* et al., „Quantum Eraser: A Proposed Photon Correlation Experiment Concerning Observation and "Delayed Choice" in Quantum Mechanics," Physical Review A 48, 3146 (1993).

Wenn Sie sich den Versuchsaufbau ansehen, dann werden Sie schnell erkennen, dass es hier etwas komplizierter wird. Keine Sorge, auch ich bin weder Quantenphysiker noch Wissenschaftler und habe es dennoch nach einer Weile verstanden. Sie können sich diverse Videos im Internet anschauen, welche den Ablauf besser visualisieren. Im Zweifelsfall können Sie sich den Abschnitt auch mehrfach durchlesen. Ich kann jedoch versprechen, dass es einen magischen Effekt hat, wenn man die Implikationen des Experiments erst einmal begriffen hat. Dazu werde ich die Versuchsanordnung so reduziert wie möglich erklären, ohne auf technische Details von Strahlenteilern, Prismen oder halbdurchlässigen Spiegeln allzu tief einzugehen.

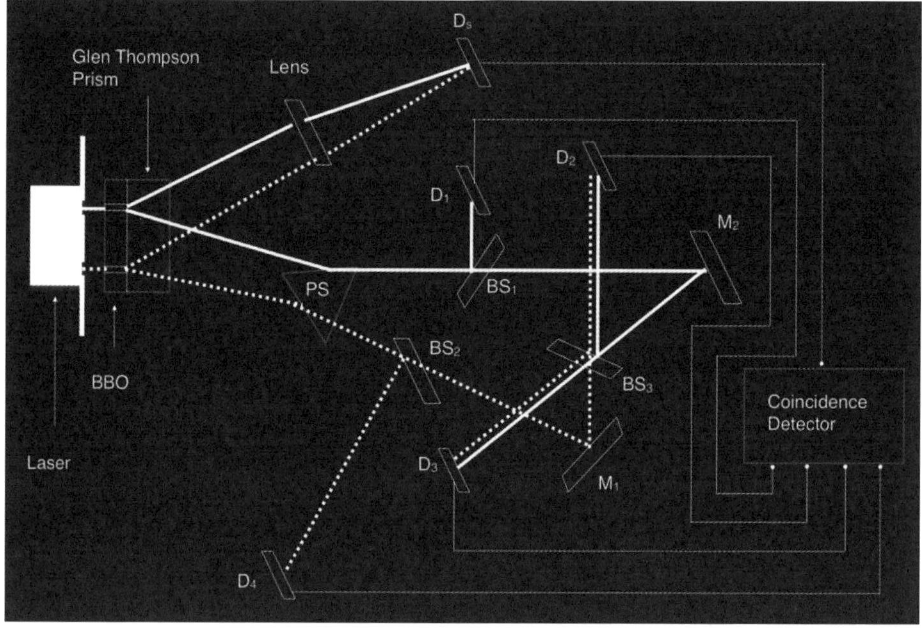

Schema des DCQE-Experiments
(Quelle: https://www.samartigliere.com/physics/quantum-mechanics/delayed-quantum-eraser-experiment/)

Das Experiment beginnt auf der linken Seite des Aufbauplans. Dort trifft ein Laser auf einen Doppelspalt. Tatsächlich werden jedoch die Photonen einzeln als verschränkte Quantenpaare abgeschossen. Wie bei allen Doppelspaltexperimenten prallen dabei die Elementarteilchen auf eine Barriere mit zwei Aussparungen. Die Photonenpärchen können jetzt durch Schlitz A oder B wandern. Unabhängig davon, welchen Spalt das Paar „wählt“, wird es kurz nach dem Doppelspalt wieder durch das *Glen-Thomson*-Prisma getrennt. Die beiden Teilchen sind miteinander verschränkt und besitzen jetzt diese „magische“ Verbindung, die *Einstein* noch „spukhafte Fernwirkung“ nannte. Da sie gemeinsam durch einen der beiden Schlitze gewandert sind, wird ihr weiteres Schicksal eine Rolle spielen. Wichtig ist, an dieser Stelle anzumerken, dass kein Detektor am Doppelspalt existiert, der beobachtet, welchen Weg die Teilchen nehmen. Damit kann keinem Messgerät die Schuld dafür gegeben werden, falls die Wellenfunktion später kollabiert.

Nach der Trennung der Pärchen geht ein Schwesternteilchen direkt in Detektor-0 (D_S) während das Andere zunächst auf ein weiteres Prisma trifft (PS). Hier werden die Photonen aus Spalt A (gepunktete Linie) und B (durchgängig Linie) jeweils auf dezidierte Bahnen geschickt. Auf beiden Pfaden können die Teilchen auf verschiedene Spiegel stoßen, bevor sie final auf einen der übrigen Detektoren (D_1-D_4) prallen. Die Reflektoren können Voll- oder Halbspiegel sein. Halbspiegel bedeutet, dass es eine Wahrscheinlichkeit von 50% gibt, dass der Pfad des Photons vom Reflektor umgelenkt wird. Teilchen, die beispielsweise durch den oberen Spalt (B) gelaufen sind und aus dem Prima (PS) kommen, treffen als Nächstes auf den Halbspiegel-1 (BS_1), wo sich mit einer 50-prozentigen Wahrscheinlichkeit entscheidet, ob sie weiter geradeauslaufen oder direkt in Detektor-1 (D_1) umgelenkt werden. Das gleiche Prinzip gilt für Teilchen, die aus dem unteren Spalt-A kommen. Sie treffen ebenfalls auf einen Halbspiegel (BS_2) und werden mit einer 50/50-Chance in Detektor-4 (D_4) umgeleitet oder sie laufen weiter.

Sollten die Photonen, unabhängig davon, durch welchen Schlitz sie gekommen sind, an ihrem ersten Halbspiegel (BS_1 oder BS_2) nicht abgelenkt werden, dann treffen sie entweder (je nach Ursprungsort) auf Reflektor-1 (M_1) oder Reflektor-2 (M_2). Beide Objekte sind Vollspiegel und lenken die Teilchen in den 3. Halbspiegel (BS_3), der wieder mit einer 50-prozentigen Wahrscheinlichkeit den Pfad umlenkt. Wenn Sie die potenziellen Wege der Photonen aus den beiden Schlitzen verfolgen, dann bleiben noch Detektor-2 (D_2) und Detektor-3 (D_3) übrig, als mögliche finale Zielorte. Auf welchen Schirm (Detektor) die Teilchen am Ende treffen, ist abhängig von ein oder zwei Zufallsprozessen an den Halbspiegeln. Diese 50/50-Chancen verschleiern teilweise den Pfad der Photonen und teilweise nicht.

Wenn man jeden potenziellen Weg der Quanten bspw. mit dem Finger nachvollzogen hat, dann wird einem auffallen, dass alle Photonen, die auf Detektor-4 (D_4) treffen, zwangsläufig aus Spalt-A gekommen sein müssen. Es gibt keine Möglichkeit, dass ein Teilchen aus Schlitz-B auf diesen Schirm auftreffen kann. Das gleiche Prinzip gilt für Detektor-1 (D_1): Hier kann nur ein Quantum registriert werden, welches durch Spalt-B gereist sein muss (zusammen mit seinem Schwesternteilchen). Der Beobachter kann durch reine Logik ergründen, welchen Weg das Teilchen nahm, bevor es auf eines der beiden Detektoren traf (D_1 und D_4).

Bei den anderen Detektoren mit den Nummern 2 (D_2) und 3 (D_3) verschleiert sich der Pfad. Da prinzipiell Photonen aus beiden Schlitzen auf diese Schirme treffen können, kann der bewusste Beobachter unmöglich ermitteln, durch welchen Spalt das Teilchen letztlich kam. Durch den Aufbau der Versuchsanordnung kann bei beiden Detektoren (D_2 und D_3) nicht nachvollzogen werden, welchen Weg das Photon nahm.

Das Experiment beginnt: Über einen längeren Zeitraum werden tausende von Teilchen durch den Aufbau geschossen und die Zufallsprozesse im sogenannten „Coincidence Detector" gesammelt. Das ist im Grunde ein Computer, der die Signale an den einzelnen Detektoren misst und aufzeichnet.

Können sie sich denken, was das Ergebnis im Kontext des Welle-Teilchen-Dualismus sein könnte? Der materialistische Verstand würde sich das Experiment anschauen und vermuten, dass es keine Unterschiede an den Detektoren geben sollte, wie sich die Photonen verhalten. Sie alle reisen durch einen Spalt, werden ein oder mehrfach abgelenkt und landen auf einem Schirm. Es gibt keine direkte Beobachtung an den Schlitzen, was bisher die Welleneigenschaft immer kollabieren ließ und zu teilchenartigem Verhalten führte. Doch tatsächlich passierte das, was *John Wheeler* und andere Physiker vermuteten.

Auf den Schirmen 1 (D_1) und 4 (D_4) zeigten sich immer Beugungsmuster und damit ein Teilchenverhalten, weil es bei diesen Detektoren eindeutig für den Beobachter ist, aus welchem Spalt das Teilchen kam. Nur auf Grund der Tatsache, dass der Experimentator mit seiner Logik ermitteln kann, welchen Weg das Photon durch die Zufallsprozesse „gewählt" hat, zeigt sich die Teilcheneigenschaft in Form von Beugungsmustern. Das Quantum wird quasi damit erst zu einem Objekt, weil wir nachvollziehen können, woher es kam. Auf den restlichen Schirmen (D_2 und D_3) ist genau das Gegenteil der Fall. Die Pfade der Teilchen wurden verschleiert und der Beobachter kann nicht ergründen, aus welchem Spalt das eintreffende Elementarteilchen kommt. Das zeigt sich in Form von Interferenzmustern, weil sich das Photon jetzt wie eine Welle verhält. Es gibt keinen fundamentalen Unterschied bei all den möglichen Zufallsereignissen innerhalb des Experiments, der das Kollabieren der Welleneigenschaft rechtfertigt, außer das Wissen und Verständnis des bewussten Beobachters. Wenn *Einstein* geahnt hätte, was sein damaliger Schüler, *John Wheeler*, alles herausfinden würde, hätte er die Quantenphysik noch wesentlich „spukhafter" empfunden als sie ohnehin schon für ihn war.

Doch bleiben wir noch einen Moment bei der „spukhaften" Fernwirkung. Erst richtig erschreckend sind die Ergebnisse an Detektor-0 (D_S), denn hier registriert der Schirm bereits am Anfang die Eigenschaften der Schwesterteilchen noch vor dem ersten Kontakt des Zwillings mit einem der Halbspiegel. Da bei Detektor-0 (D_S) die Geschwister aufprallen, die durch beide Schlitze gekommen sein können, müsste man grundsätzlich immer ein Wellenverhalten vermuten. Doch tatsächlich verhalten sich die „Clone" exakt wie ihr Zwilling und generieren Interferenzmuster oder Beugungsmuster, je nachdem, welchen Zufallsprozess ihr Partner durchläuft. Man könnte es noch etwas anders formulieren: Wieder können wir durch Logik teilweise nachvollziehen, welchen Weg die Photonen nahmen, weil wir den Weg des jeweiligen Schwesterteilchens kennen oder eben nicht. Je nachdem, ob der Weg des „Clones" nachvollziehbar ist, entsteht ein Interferenz- oder ein Beugungsmuster am Detektor-0 (D_S).

Das „Spukhafte" daran ist, dass sie dieses Verhalten zeigen, vor dem ersten „Zufallsprozess" ihres verschränkten Zwillings. Entweder sie wissen vorher schon, welchen Weg ihr Partnerteilchen im Nachhinein nehmen wird, oder wir haben es mit Retrokausalität zu tun. Demnach haben die Zwillinge so eine Art präkognitives „Wissen" darum, was der verschränkte Partner in Zukunft machen wird, oder der Weg des Anderen bestimmt rückwirkend in der Zeit darüber, was an Detektor-0 (D_S) passierte.

In jedem Fall sind die Ergebnisse dieses Experimentes nicht mit einem rein materiellen Weltbild in Einklang zu bringen. Ein solches Paradoxon lässt sich leicht im Kontext eines virtuellen Konstruktes erklären. Genau wie bei einer Computersimulation, werden nur die Elemente exakt berechnet und „gerendert", die auch beobachtet oder deren Verhalten kausal zurückverfolgt werden kann. Dieses Paradox kann durchaus mit Recheneffizienz in der Simulation erklärt werden, wie ich es bereits beschrieben habe. Diese Anomalie kann aber auch vom „Programmcode" der Maya verursacht werden. In jedem Fall findet man hier eines der erstaunlichsten Phänomene, die wir wissenschaftlich eindeutig reproduzieren können, und welches auf ein idealistisches Weltbild nach *Platon* hindeutet.

Als letzte Anmerkung zu diesem Thema muss ich gestehen, dass sich einige Leser meiner ersten Auflage dieses Buches darüber beschwert haben, dass ich die Arbeiten von *Thomas Campbell*[49] völlig vernachlässigt habe. In seinen For-

[49] *Campbell, T.* (2007) „My Big TOE: Awakening, Discovery, Inner Workings." Lightning Strike Books.

schungen und Veröffentlichungen taucht er noch wesentlich tiefer in den Delayed-Choice Quantum Eraser ein, und führt sogar seine eigenen erweiterten Experimente durch. Für alle Forscher, die vorwiegend mit der linken Gehirnhälfte operieren, und weiterhin auf der Suche nach empirischen Beweisen für eine nicht-materielle Realität sind, sollten seine Publikationen eine echte Offenbarung sein. Wenn Sie also mehr Tiefe brauchen als meinen kurzen Abstecher in die physikalischen Paradoxien, wird *Thomas Campbell* Sie weiterbringen. Wie ich bereits sagte, kamen viele große Wissenschaftler zu denselben Schlussfolgerungen, die ein virtuelles Konstrukt als logischste Antwort auf all die seltsamen Anomalien in der Realität nahelegen.

3.5 MULTIDIMENSIONALE MODELLE

Schon *Einstein* versuchte die Quantenphysik mit seinem eigenen Weltbild zu verbinden. Doch scheiterte er, wie viele andere. Offiziell wird bis heute nach einer vereinheitlichten Quantenfeldtheorie gesucht – einem Modell, welches die physische Realität des *Einsteinschen* Raum-Zeit-Kontinuums mit der mysteriösen Welt der Quanten vereint. Tatsächlich gibt es eine ganze Reihe elaborierter Ansätze, die von verschiedenen Physikern formuliert wurden. Dennoch ist keines dieser Modelle offiziell anerkannt. Ein wesentlicher Knackpunkt liegt in der profunden Mathematik, die teilweise nur von wenigen Kollegen überhaupt verstanden wird. Es gibt aber weitere Aspekte, die dafür sorgen, dass sich kein radikal neues Modell durchsetzen konnte. Beispielsweise weigerte sich *Burkard Heim*, den ich als Referenz behandeln werde, seine Arbeit in Englisch zu verfassen, obwohl er es vermocht hätte.

All diese vereinheitlichten Quantenfeldtheorien haben die Eigenheit, dass sie neue Dimensionen einführen, die über die bekannte Raum-Zeit-Struktur hinausgehen. Das fing beispielsweise schon mit der Arbeit von *Jean Émile Charon* an und setze sich bei den Modellen von *Nassim Haramein,*[50] *Burkard Heim* oder *Klaus Volkamer*[51] fort – um hier nur einige Vertreter zu nennen, mit denen ich mich tiefer beschäftigt habe. Damit gelingt es den Physikern nicht nur, die rätselhafte Welt der „geisterhaften" Quanten zu beschrieben, sondern

---

[50] *Haramein, N.* (2008) „Crossing the Event Horizon: Rise to the Equation" Resonance Science Foundation.

[51] *Volkamer, K.* (2021) „Die feinstoffliche Erweiterung unseres Weltbildes: 5. Auflage 2021: Ansatz einer erweiterten Physik zur unbegrenzten Gewinnung Freier Energie aus der Feinstofflichkeit" Brosowski Publishing.

auch ein Erklärmodell zu liefern, wie man die verschiedensten Psi-Phänomene[52] einordnen könnte.

Da ich kein Physiker bin und keine der multidimensionalen Theorien in der Tiefe nachvollziehen kann, werde ich auch keine fundierte Analyse anbieten – oder gar eine kompetente Einschätzung artikulieren, was von den Modellen zu halten sei. Dennoch möchte ich den Ansatz von *Burkard Heim* so erklären, wie ich ihn verstanden habe, weil er von vielen Wissenschaftlern, die mich inspiriert haben, als maßgeblich anerkannt wird. *Heims* 12-dimensionales Modell soll somit als exemplarische Veranschaulichung dienen, wie das virtuelle Konstrukt aufgebaut sein könnte, das die Veden als Maya bezeichnen.

„Man muss eine völlig neue Perspektive einnehmen, um die Struktur unserer Realität zu verstehen."

— Burkard Heim —

Das sogenannte *Heim-Dröscher*-Modell basiert auf *Einsteins* Ansatz, der die physische Welt hinreichend abbildet. Die unteren vier Dimensionen bestehen aus den drei Raumdimensionen (Höhe, Breite und Länge) und der Zeitdimension – was auch als *Einsteinsches* Raum-Zeit-Kontinuum (X_1-X_4) bezeichnet wird. Damit ist quasi die physische Bühne gemeint, auf der wir primär in unserer Alltagserfahrung leben. Darüber vereinen sich weitere vier Dimensionen, die sich zu einem Struktur- und Informationsraum (X_5-X_8) zusammenfassen lassen. Hier befinden wir uns schon außerhalb der Zeitdimension, in der Prozesse nicht mehr linear in eine Richtung ablaufen. In den mystischen oder esoterischen Traditionen würde man hier von der Akasha-Chronik[53] sprechen – eine Ebene, in der alle vergangenen und zukünftigen Ereignisse in potenzieller Form gespeichert sind. In diesem dimensionalen Bereich ließen sich noch ganz andere Aspekte aus den spirituellen Lehren verorten, was z.B. in die Schublade „Astralwelt" fällt.

Über dem Struktur- und Informationsraum existieren vier weitere Dimensionen (X_9-X_{12}), die als „G-4" zusammengefasst werden. Experimentalwissen-

---

[52] Psi-Phänomene: Psi-Phänomene, oft auch als psychische Phänomene bezeichnet, umfassen eine Reihe von Phänomenen wie Telepathie, Hellsehen und Präkognition. Der Begriff wird in der Parapsychologie verwendet, um anomale Erfahrungen zu beschreiben, die sich konventionellen wissenschaftlichen Erklärungen zu entziehen scheinen. Quelle: *Rhine, J. B., & Pratt, J. G.* (1957) „Extra-Sensory Perception After Sixty Years" Journal of Parapsychology, 21(3), 188–231.

[53] Akasha-Chronik: Die Akasha-Chroniken sind ein Konzept in esoterischen, spirituellen und mystischen Traditionen und stellen eine universelle Bibliothek dar, die Aufzeichnungen aller Gedanken, Ereignisse und Emotionen enthält, die von allen Wesen im Laufe der Zeit erlebt wurden. Für eine Erforschung der Akasha-Chronik in einem spirituellen Kontext siehe: *Stearn, J. B.* (1973) *„Edgar Cayce*: Der schlafende Prophet" Bantam Books Publishing.

schaftler wie Professor *Ernst Senkowski* sprachen hierbei gern vom „Gottraum" oder benutzten öfters das Akronym „G.A.B." – „Gott allein bekannt". Dieser Bereich der Matrix ist semantisch schwer zu fassen und charakterisiert sich durch mathematische Strukturen von hoher Symmetrie, die sich auf einen Punkt der Singularität zubewegen. Demnach finden wir hier das vedische Konzept, dass die Vielfalt auf der weltlichen Bühne nur eine Illusion ist, die der Einheit entspringt. Die Singularität verbirgt sich ebenfalls in der Quantenphysik. Wir können das *heimsche* Modell ebenfalls auf die reine Simulationstheorie anwenden. Demnach repräsentieren die ersten vier Dimensionen unseren eigentlichen Simulationsraum oder unsere virtuelle „Sandbox".[54] Der Informations- und Strukturraum bestünde aus diversen Hintergrundprogrammen und wäre der Ort des Betriebssystems, welche dem virtuellen Konstrukt als Basis dienen. Der G-4 währe in dem Fall der Computer selbst – wahlweise mit einem zentralen User, den wir „Gott" nennen könnten.

„Meine Theorie ist natürlich kompliziert. Aber ihre Komplexität ergibt sich aus der natürlichen Komplexität der Materie und nicht aus irgendwelchen besonderen theoretischen Konstruktionen."

— Burkard Heim —

Mir ist klar, dass die letzten Absätze eine extrem reduktionistische Ausdeutung des *Heim-Dröscher*-Modells sind. Ich versuche hier, die Balance zu halten zwischen zwei Extremen. Wie ich eingangs des Kapitels schon erklärt habe, möchte ich niemanden mit komplizierten Konzepten langweilen, und gleichzeitig habe ich versucht, einen gewissen wissenschaftlichen Anspruch aufrechtzuerhalten. Im Endeffekt muss ich einsehen, dass ich leider nicht die Qualifikation mitbringe, dem Genie *Heim* gerecht zu werden. Dafür gibt es dicke Wälzer, die sich mit Tensorgleichungen und Matritzenmechanik beschäftigen. In dem Kontext kann ich nur das Buch „Das neue Weltbild des Physikers *Burkhard Heim*" von *Illobrand von Ludwiger*, der *Heims* Schüler war, empfehlen. Mir reicht es, darauf hinzuweisen, dass es vereinheitlichte Quantenfeldtheorien gibt, welche die Matrix mathematisch erklären. Zu beurteilen, ob sie vollständig sind, entzieht sich meiner Kompetenz.

---

[54] Sandbox (Engl. für „Sandkasten"): In Computersimulationen bezieht sich eine „Sandbox" auf eine isolierte Umgebung, in der Softwareentwickler oder Benutzer Anwendungen, Code oder Systeme testen und experimentieren können, ohne die Produktionsumgebung zu beeinträchtigen. Für einen Überblick über Sandboxing in der Computersicherheit siehe: *Wahbe, R., Lucco, S., Anderson, T., & Graham, S.* (1993) „Efficient Software-Based Fault Isolation" ACM SIGOPS Operating Systems Review, 27(5), 203–216.

3.6 PARALLELE UNIVERSEN BZW. REALITÄTEN

Parallele Universen (Grafik: Autor)

Im Mittelpunkt der Multiversumshypothese steht die rätselhafte Welt der Quantenmechanik. Die von *Hugh Everett III* in den 1950er Jahren vorgeschlagene „Viele-Welten-Interpretation" (MWI) besagt, dass jedes Quantenereignis zu einer Verzweigung des Universums führt. In diesem riesigen Quantengeflecht wird jede Möglichkeit in einem Paralleluniversum realisiert. Die kosmische Inflation, eine Theorie, die die rasche Ausdehnung des Kosmos in seinen Anfangszeiten erklärt, trägt zum Konzept der Multiversen bei. Es wurde die

Idee von „Blasenuniversen" vorgeschlagen, die sich in einem sich ewig aufblähenden Raum bilden. Jede Blase, ein in sich geschlossener Kosmos mit eigenen physikalischen Gesetzen, existiert parallel zu allen anderen Universen.

Je unbegreiflicher die Paradoxien in der Quantenphysik wurden, desto attraktiver wurde das Konzept von parallelen Universen. Diese Anomalien haben wir in den vorigen Unterkapiteln weitreichend behandelt. Unabhängig von wissenschaftlichen Kreisen fühlten sich vor allem die Science-Fiction-Autoren inspiriert, diese Idee kreativ auszudeuten. Mittlerweile gibt es kaum noch ein erfolgreiches Franchise in Hollywood, das nicht dieses Modell für sich genutzt hat. In der Pop-Kultur sind Multiversen quasi allgegenwärtig. Viele Filmkritiker werfen der Unterhaltungsindustrie aktuell vor, das Konzept inflationär zu missbrauchen, um Storys am Leben zu halten oder verstorbene Hauptprotagonisten wieder auferstehen zu lassen. Gleichzeitig erfolgt im kollektiven Sinne eine gewisse Abstumpfung dem Thema gegenüber. Dadurch kann man das möglicherweise reale Phänomen dahinter nicht mehr ernstnehmen – ein Trend, den ich im Kontext der Matrix-Filme bereits bedauert habe.

Mit dem Multiversum ergeben sich im Bezugsrahmen der Simulationstheorie ebenfalls faszinierende Ansätze, und man müsste hierbei von parallelen Simulationsebenen oder potenziellen Simulationsabläufen sprechen. Während Wissenschaftler die Grenzen der theoretischen Physik und der beobachtenden Astronomie ausloten, bleibt das Konzept der Paralleluniversen sowohl faszinierend als auch umstritten. Ich denke, es ist nicht zu erwarten, dass wir einen objektivierbaren Beweis dafür finden werden. Wenn wir jedoch zur subjektiven Erfahrbarkeit der Matrix kommen, dann spielt dieses Thema wieder eine enorme Rolle. Tatsächlich tauchen in der kollektiven Erfahrungswelt zahlreiche Phänomene auf, die sich leicht in diese Muliversen-Schublade einordnen lassen. Diese konzeptionelle Ausdeutung wird uns begleiten, wenn wir beispielsweise über den „*Mandela*-Effekt" sprechen.

An dieser Stelle reicht es mir, aufzuzeigen, dass das grundsätzliche Konzept von parallelen Universen bzw. potenziellen Zeitlinien akademisch diskutiert wird. Das macht das Phänomen zwar nicht „real" oder gar nachvollziehbar, aber die Tatsache, dass auch die Wissenschaft darüber seriös debattiert, könnte unserem Verstand dabei helfen, der Möglichkeit, dass alternative Abläufe des Weltgeschehens parallel existieren, gegenüber empfänglich zu bleiben.

3.7 ZUSAMMENFASSUNG

In den letzten Unterkapiteln habe ich Sie mit einer ganzen Reihe von Paradoxien und wilden Theoremen konfrontiert, dass einigen Lesern der Kopf schwirren mag. Daher kann ich es verstehen, wenn der Exkurs für Sie herausfordernd war. Im Endeffekt geht es mir primär nur darum, Sie zu inspirieren und Ihnen aufzuzeigen, dass selbst die trockene Theorie der Physik ein größeres Mysterium verbirgt. Ich hoffe, dass zumindest dieser Sachverhalt von mir klar herausgearbeitet wurde.

Zusammenfassend möchte ich festhalten, dass es empirisch erfahrbare und experimentell objektivierbare Anomalien in der physischen Welt gibt, die ein erweitertes Weltbild voraussetzen. Es braucht ein neues Paradigma der Realität, welches Dimensionen oder Schwingungsebenen außerhalb der Raum-Zeit inkludiert. Darüber hinaus verdeutlicht sich durch die jüngsten Erkenntnisse der Quantenphysik, dass die Welt nicht so physisch ist, wie sie im täglichen Erleben scheint. Die Grundbausteine unsere Realität, welche wir in den Atomen verorten, sind gigantische Blasen aus Vakuum, die durch kleinste Energieportionen – in Form von Elektronen – und fluktuierenden Feldern im Atomkern definiert werden.

„Atome sind größtenteils leerer Raum. Der Rest ist Einbildung."

— Richard P. Feynman —

Je nachdem, welches spezielle Atom man betrachtet und welchem Modell wir vertrauen, sind die leeren Räume, die von den Elementarteilchen aufgespannt werden, gigantisch.[55] In vielen wissenschaftlichen Publikationen findet man metaphorische Modelle, in denen die Abstände ins Verhältnis gesetzt werden. So skalierte man den Atomkern beispielsweise auf die Größe eines Basketballs, um eine visuelle Annäherung zu schaffen, die sich jeder vorstellen kann. *Tim Urban* verwendet folgende Metapher, um die extreme Leere in den Atomen zu verdeutlichen:

„Wäre der Kern so groß wie eine Murmel, wären die Elektronen Staubkörner, die eine halbe Meile entfernt sind."

---

[55] *Griffiths, D. J.* (2008) „Introduction to Elementary Particles" Wiley Publishing.

Es ist daher seriös, zu behaupten, dass ein Atom zu 99,9% aus leerem Raum besteht, der durch rotierende Energieportionen zusammengehalten wird. Die Elementarteilchen, aus denen das Gebilde zusammengesetzt ist, haben dabei so wundersame Eigenschaften, dass sie unmöglich als „physisch" kategorisiert werden können. Elektronen können demnach an mehren Orten gleichzeitig sein, verschwinden zeitweise vollständig aus der Raum-Zeit (Quantenfluktuation) und sind allgemein schwer zu fassen, weil sie sich grundsätzlich in einer Wolke der Wahrscheinlichkeit bewegen (Heisenbergsche Unschärfe). Simultan zeigen sie eine „spukhafte" Weselwirkung untereinander, in der sich herkömmliche Vorstellungen von Raum, Zeit und sogar der Kausalität weitestgehend aufheben. In einigen Experimenten, wie dem „Quantum Eraser" wird sogar eine Form der Retrokausalität deutlich. Damit wird die klassische Mutmaßung, dass eine Ursache zeitlich immer vor der Wirkung kommt „schwammig" – um es milde zu formulieren.

Mit den zuvor aufgeführten Experimenten sollte aufgezeigt werden, dass eine Wechselwirkung mit dem Bewusstsein evident ist. Was als „Beobachter" in den Doppelschlitzexperimenten gemeint ist, entspricht exakt diesem geistigen Effekt. Demnach hat das Bewusstsein des Experimentators einen Einfluss auf die Vorgänge, die sich in der Welt der Quanten präsentieren. Zugegebenermaßen sind die Doppelschlitzexperimente von äußerst rudimentärer Natur, was die mentalen Prozesse betrifft. In letzter Konsequenz reduziert sich dieser Aspekt auf bewusstes „Beobachten" und „Wegschauen", aber dennoch ist eine Wechselwirkung nicht von der Hand zu weisen. Damit schließt sich eine Brücke in die vedische, hermetische und *platonische* Philosophie, wonach der Geist in die Materie unmittelbar hineinwirken kann.

„Das Universum ist keine Welt aus separaten Dingen und Ereignissen, sondern ein Kosmos, der miteinander verbunden und kohärent ist und eine tiefe Ähnlichkeit mit den Visionen der frühesten spirituellen Traditionen aufweist, in denen die physische Welt und die spirituelle Erfahrung beide Aspekte derselben Realität waren."

— David Bohm —

Wenn wir die Erkenntnisse aus der Quantenphysik als fundamentale Aussage über die mögliche Korrelation von Bewusstsein und physischer Realität betrachten, dann lassen sich daraus extraordinäre Denkansätze postulieren. Vorstellungen, die schon in der Antike bekannt waren, bekommen urplötzlich einen naturwissenschaftlichen Unterbau. Das oft als Magie interpretierte Konzept, dass fokussierte Gedanken in Form von Mantren, rituellen Darbietungen,

Affirmationen oder Invokationen sich physisch manifestieren können, wird dadurch wissenschaftlich greifbarer.

Entscheidend ist an diesem Punkt, dass die antike Vorstellung eines virtuellen Konstruktes von der Wissenschaft gestützt wird. Das vedische Konzept der Maya fällt heute in die Schublade „Matrix“, „Simulacrum“ oder „Simulationstheorie“. *Platons* Höhle findet demnach nicht nur Äquivalente in der Popkultur, sondern auch in der modernen Naturwissenschaft. Wir können hier quasi eine Renaissance der alten Weltbilder erleben, wenn es uns gelingt, die fundamentalen Deckungsmengen zu erkennen.

Dennoch sollte deutlich herausgestellt werden, dass die neuen philosophischen Modelle einen enormen Spekulationsrahmen beinhalten, der mehr oder weniger fantasievoll ausgeschmückt wird. Nehmen wir beispielsweise das Grundkonzept der Matrix-Filme, welches sich durch die Popkultur tief in das kollektive Bewusstsein eingenistet hat. Die Deckungsmenge zeigt sich hierbei in der Darstellung, dass die Menschheit unbewusst in einem virtuellen Konstrukt lebt, welches als Gefängnis dient. Wenn es um die im Film präsentierte Natur der Matrix geht und wie sich die Simulation von außerhalb darstellt, so gibt es wenige allegorische Parallelen zu den antiken Vorstellungen. Bei Kinofilmen können wir daher von einer phantasievollen Verzerrung der Ur-Idee sprechen. Dabei entspricht diese Pervertierung einem bekannten Muster, welches wir von Hollywood gewohnt sind: Tiefere „Wahrheiten“ werden bis zur Unkenntlichkeit mit Fiktion durchsetzt.

Eine ähnliche Aussage ließe sich ebenfalls im Kontext der organisierten Religionen treffen. Auch dort finden wir eine Mischung aus „Wahrheit“ und fiktiver Manipulation. Doch selbst die Wissenschaft bedient sich gewissermaßen eines Trugbildes. Hier lautet die Deckungsmenge, dass alle Daten darauf hindeuten, dass die physische Realität subtile Wesensmerkmale eines virtuellen Konstruktes aufzeigt. Selbstverständlich würden nur wenige Wissenschaftler von spirituellen Wechselwirkungen sprechen, aber angesichts der letzten Erkenntnisse ist es prinzipiell unmöglich geworden, ein rein materielles Weltbild aufrecht zu erhalten und das Bewusstsein aus der Gleichung zu entfernen.

Die Wissenschaftsgemeinde, die sich diesen Tatsachen gestellt hat, adoptierte weitestgehend das Konzept der Simulationstheorie. Doch dieses Modell formuliert in letzter Konsequenz auch nur eine fiktive Ausdeutung, wie das Simulacrum von Außen betrachtet zu definieren wäre. Die Maya wird ähnlich wie in der Popkultur auf eine technische Apparatur reduziert. In beiden modernen Interpretationen ist das virtuelle Konstrukt eine computergenerierte Simulation, die wiederum auf einer rein physischen Grundlage beruht – einem Großrechner aus Schaltkreisen und Prozessorkernen. Es scheint fast so, als wollte man durch die Hintertür den Materialismus retten. Möglicherweise neigt der menschliche Verstand grundsätzlich dazu, sich an einer objektivierbaren physischen Welt festzuhalten, und zieht dabei alle Register.

Zweifellos ist es für den Verstand naheliegend, die Anomalien der Realität auf eine Computersimulation runter zu brechen. Die Argumentation von *Nick Bostrom* klingt durchaus logisch und kohärent. Es ist absolut nachvollziehbar, dass unsere Computerspiele[56] immer immersiver werden und durch die neuesten Technologien scheinbar unmittelbar mit dem Geist verknüpft werden können. Neuralink und andere Konzepte[57] sind vermutlich nur die Spitze des Eisbergs, über die die Öffentlichkeit informiert wird. Der militärisch-industrielle Komplex hat höchstwahrscheinlich noch wesentlich exotischere Hochtechnologien zu bieten.

Im Sinne von *Bostroms* Argumentation bräuchte es entweder einen technischen Reset oder eine ethische Intervention, um zu verhindern, dass simulierte Universen geschaffen werden, die von der jetzigen Realität nicht mehr zu unterscheiden wären. Auf Grund der statistischen Wahrscheinlichkeit, dass wir auf diesen „Omegapunkt"[58] zusteuern, muss folgerichtig hinterfragt werden, ob wir nicht längst in einer technischen Simulation stecken. Wenn die Quantenphysik für jenes Theorem objektivierbare Daten liefert, dann scheint die Sachlage für Anhänger der Simulationstheorie geklärt zu sein.

Gleichzeitig lässt sich mit diesem Modell der Materialismus zumindest noch hypothetisch aufrechterhalten. Das geschieht nach dem Motto: „Nun, wir mussten feststellen, dass die Realität nicht so ‚physisch' ist, wie wir ursprünglich dachten. Doch wie wir jetzt erkennen, liegt das vermutlich daran, dass wir in einer Simulation leben. Dieses virtuelle Konstrukt ist zwar nur die Illusion von einer materiellen Welt, aber diese Matrix entspringt höchstwahrscheinlich

---

[56] Siehe: „Evolution of Video Game Graphics 1958-2020" von *Cussan,* Quelle: https://youtu.be/IsPPWWlV-T8

[57] Gehirn-Computer-Schnittstellen (BCI): Bei Gehirn-Computer-Schnittstellen handelt es sich um eine direkte Kommunikation zwischen dem Gehirn und externen Geräten, die häufig zu Steuerungs- oder Kommunikationszwecken eingesetzt werden. Für einen Überblick über Gehirn-Computer-Schnittstellen und ihre Anwendungen siehe: *Lebedev, M. A., & Nicolelis, M. A. L.* (2006) „Maschine Interfaces: Past, Present and Future" Trends in Neurosciences, 29(9), 536-546.

[58] Omega-Punkt: Der Begriff „Omega-Punkt" wurde von dem Theologen und Philosophen *Pierre Teilhard de Chardin* eingeführt und steht für ein hypothetisches Höchstmaß an Komplexität und Bewusstsein, auf das sich das Universum seiner Meinung nach hin entwickelt. Quelle: *Teilhard de Chardin, P.* (1959) „The Phenomenon of Man" Harper & Row.

einem Computersystem. Dieser Rechner muss dann aber tatsächlich physisch sein und sich in einer solchen ‚realen' Welt befinden."

Ich möchte diese Ausdeutung aus der Simulationstheorie, dass unsere Realität einer Apparatur entspringt, die möglicherweise von einer technischen Hochkultur konstruiert wurde, nicht völlig über Bord werfen, aber darauf hinweisen, dass diese Idee im Endeffekt fiktiver Natur ist. Auf Basis der Daten innerhalb des Konstruktes ergibt es Sinn, aber in letzter Konsequenz kann man erst dann Aussagen über *Platons* Höhle treffen, wenn man sie tatsächlich auch verlassen hat. Die Indizien der Schattenwelt, die an die Höhlenwand projiziert werden, können prinzipiell nur eine hochreduktionistische Analogie sein. Eine finale Antwort in dem Kontext kann nur jeder für sich selber finden, indem er den Ausgang aus dem Konstrukt sucht und persönlich nachschaut. Wie das theoretisch funktioniert, dazu werden wir im Verlauf noch kommen.

Wenn ich die Sachlage holistisch betrachte und mich nicht nur auf die objektivierbaren Daten und die logischen Ausdeutungen der Wissenschaft verlasse, dann ergibt sich ein Bild, das wesentlich organischer ist. Demnach wurde uns mit der modernen Rechnertechnologie und speziell dem Quantencomputer eine Analogie an die Hand gelegt. Hierbei spreche ich von der Selbstähnlichkeit, die im Universum allgegenwärtig ist. Die Technologie der neuzeitlichen Simulationen umschreibt demnach nur ein limitiertes Gleichnis davon, wie wir uns die Maya vorstellen können. Das bedeutet nicht, dass wir die Parabel a priori als vollständige Darstellung begreifen müssen. Es soll uns primär nur ein rational verständliches Modell liefern, warum wir die physische Realität hinterfragen dürfen und sogar nach einem Ausgang suchen sollten – sofern wir das möchten.

Die Popkultur wie auch die moderne Wissenschaft kann uns als Inspiration dienen, uns antiken Paradigmen wieder inhaltlich zu öffnen. Möglicherweise werden uns diese konzeptionellen Angebote innerhalb des Konstruktes gemacht, um der virtuellen Natur auf die Schliche zu kommen. Wir dürfen oder sollen sogar erkennen, sofern wir bereit dazu sind. Gleichzeitig werden diese Hinweise so diffizil und teilweise unverfänglich gehalten, dass alle Partizipanten innerhalb der Simulation sich ungestört dem Geschehen und der Immersion hingeben können, ohne permanent über Anomalien zu stolpern. Wer wissen möchte, der darf das auch. Im selben Augenblick wird es den „Insassen" der Höhle leicht gemacht, der Illusion gegenüber ahnungslos zu bleiben und sich der Erfahrung vollkommen hinzugeben. Die Wahl liegt in letzter Konsequenz beim „User" des Simulacrum – also bei Ihnen.

Man kann die Situation demnach von zwei Seiten betrachten. Entweder man vermutet Böswilligkeit und geht davon aus, dass man uns verheimlichen will, dass diese Realität nur eine Illusion ist, oder man möchte die Erfahrung möglichst authentisch halten. Eventuell besteht eine Ebene des virtuellen „Spiels" darin, die Matrix zu erkennen und den Ausgang zu finden. Wäre die Herausforderung zu trivial, dann wäre auch niemand mehr hier – so könnte man folgerichtig argumentieren.

Bevor wir uns tiefer in philosophische Ausdeutungen verfangen, lassen Sie mich den wissenschaftlichen Teil vorläufig abschließen. Ich hoffe, dass ich damit auch die eher rational orientierten Leser erreichen konnte. Selbst in mir dominierte ein naturwissenschaftlich geprägter Verstand – eine rigide Rationalität, der es schwerfiel, eine Hypothese zuzulassen, ohne wenigstens ein paar handfeste Indizien zu bekommen. Daher zähle ich darauf, dass auch meine Leserschaft mit primär rationaler Denkweise hier eine gewisse Befreiung von geistigen Konzepten erfahren hat, die ihren Horizont in Richtung „Ganzheitlichkeit" begrenzen. Zumindest konnte mir die Beschäftigung mit physischen Paradoxien helfen, dahingehend flexibler zu werden.

Im Idealfall haben die letzten Kapitel dafür gesorgt, dass eine generelle Bereitschaft entstanden ist, sich den weiteren Kapiteln unvoreingenommen zu widmen. Wie ich bereits spekuliert habe, braucht nicht jeder Mensch diesen komplizierten wissenschaftlichen Diskurs. Einige mögen ihn sogar für irrelevant halten, weil sie einen völlig anderen Zugang haben. Letztlich ist kein eloquent formuliertes rationales Modell so eindrucksvoll und im Bewusstsein des Rezipienten so nachhaltig, wie die gelebte Erfahrung. Auch das habe ich schon mehrfach betont. Daher lassen Sie uns im nächsten Kapitel auf einige populäre Szenarien eingehen, die Menschen überzeugt haben, dass Realität weit mehr beinhaltet als eine physische Existenz. Extraordinäre Erlebnisse müssen nicht zwangsläufig auf ein virtuelles Konstrukt hinweisen, aber in der Regel sind solche Erfahrungen transpersoneller Natur. Das heißt, dass das Bewusstsein erkennt, dass es nicht an den Körper, das Ego oder die (scheinbar) materielle Welt gebunden ist.

Die Möglichkeiten einen „Glitch" in der Matrix zu erleben, sind vielfältig. Abhängig von den individuellen Umständen und Spielarten der transpersonellen Bewusstwerdung kann es zu Verwirrungen, Erleuchtungszuständen, oder sogar zu einer Vertiefung von Dogmen kommen. Demnach ergeben sich aus den vorherigen Erfahrungen heraus diverse Ausdeutungsmuster, was damit korrespondiert, welche grundsätzlichen Glaubenssätze schon im Vorfeld bewusst und unbewusst angelegt waren. Es ist daher unmöglich, eine allgemeingültige Aussage zu treffen. Dementsprechend wird es im nächsten Kapitel wesentlich subjektiver als im wissenschaftlichen Teil. Ich werde mich dennoch bemühen, möglichst neutral die Phänomene und Techniken zu beschreiben, damit Sie einen breiten Überblick bekommen. Zudem werde ich von persönlichen Erfahrungen berichten, die teilweise extrem abstrakt sind und womöglich schwer zu „glauben" sein werden. Inwieweit Sie dabei eine natürliche Authentizität erkennen können, obliegt Ihrer Einschätzung. Es bleibt daher dem Leser überlassen, diese literarischen Ausflüge in die eigene Erfahrungswelt als erste zaghafte Versuche zu interpretieren, eine Karriere als Science-Fiction-Autor zu initiieren, oder die Inhalte als meine „Wahrheit" zu akzeptieren. Dennoch soll darauf hingewiesen werden, dass ich nach bestem Wissen und Gewissen nur meine Erinnerungen wiedergeben werde. Das halte ich für sinnvoller, als von den mystischen Erfahrungen anderer Menschen zu berichten, um bestimmten Themen mehr Relevanz zu geben.

KAPITEL 4: ERFAHRBARKEIT DER MATRIX

Wenn wir in der Maya-Hypothese grundsätzlich davon ausgehen, dass unsere Realität eine Form von virtuellem Konstrukt sein könnte, dann haben wir uns bisher dieser Idee hauptsächlich rational genähert. Für den Verstand mag es durchaus inspirierend sein, sich mit antiken philosophischen Strömungen und neuesten wissenschaftlichen Erkenntnissen ein solches Paradigma herzuleiten. Dennoch übertrifft nichts die gelebte Erfahrung, und darum soll es uns jetzt gehen. Leider sind Erlebnisse, die uns aus dem materialistisch dominierten Alltag herauslösen, eher selten. Manch ein Leser hat nie eine solche Anomalie am eigenen Leib verspürt, was ihm erlaubt hätte, auch nur für eine Sekunde an einem Weltbild nach *Demokrit* zu zweifeln.

Trotz der täglichen Beschäftigung mit spirituellen Themen und der tief verwurzelten Grundannahme, dass unsere Realität ein geistiges Konstrukt ist, muss selbst ich mich einen Großteil meiner Zeit recht bodenständigen Herausforderungen widmen. Die repetitiven Verpflichtungen, inklusive eines typischen Familienalltags, halten einen fest in der Materie verankert – zumindest in der Illusion einer solchen. Dennoch habe ich immer wieder Situationen erlebt, die mich aus dem „normalen" Erfahrungskontext und der unreflektierten Akzeptanz einer rein physischen Welt gerissen haben. Einige dieser Erlebnisse spielten sich äußerst subtil und unverbindlich ab. Andere fühlten sich wie energetische Ohrfeigen an, die mich auf eine völlig neue Umlaufbahn beförderten. In manchen Fällen suchte ich aktiv nach einer alternativen Perspektive, und manchmal drängte sich eine divergierende Sichtweise sanft auf.

Um gleich in der Einleitung zum Kapitel konkret zu werden, will ich einen groben Überblick geben, welche Erfahrungen ich gemacht habe. Die sanfteste Art, am materiellen Paradigma zu zweifeln, entsteht durch sogenannte „Synchronizitäten". Ich habe diese Terminologie schon oft im Buch verwendet, und meine damit „bedeutungsvolle Zufälle", die je nach Ausprägungsgrad eine höhere Steuerungsebene vermuten lassen. In extremen Fällen kann es sein, dass der Mensch anfängt, mit allen auf Materialismus basierenden Glaubensmustern zu hadern, weil es sich anfühlt, als würde das gesamte Universum hinter seinem Rücken konspirieren. So etwas passiert zumeist unwillkürlich und die Erfahrung wird von Materialisten gerne rationalisiert. In der Regel interpretieren die meisten Menschen leichte Synchronizitäten als randomisiertes Ereignis, welches sie schnell wieder vergessen.

Die extremste Form von „willkürlich" auftretenden Phänomenen, die das materialistische Paradigma erschüttern können, sind Nahtoderfahrungen. Hierzu verwende ich die bekannte Abkürzung „NDE", die für „Near Death Experience"[59] steht, daher gewöhnen Sie sich daran, denn ich werde sie öfter benutzen. Natürlich lassen sich auch diese extremen Wahrnehmungen rational (v)erklären, aber sie sind nur schwer zu verdrängen. Es gibt zudem spontane außerkörperliche Erfahrungen, die man im Englischen „Out-of-Body-Experiences" oder kurz OBEs nennt, die einen ähnlichen Eindruck hinterlassen können, doch die sind relativ selten. Man kann aber aktiv danach suchen, wenn man das möchte. Hierzu kann man sich spezieller „Werkzeuge" und Techniken bedienen, die einen geistigen Zugang in das „Jenseits" katalysieren. Als Hilfestellung gibt es ein breites Spektrum von „schamanischen" Ansätzen, und dort kommen zumeist Substanzen zum Einsatz, die eine Erweiterung des Bewusstseins forcieren.

Transpersonelle Erfahrungen lassen sich auch ohne die Anwendung von physischen „Hilfsmitteln" initiieren. Über spezifische Meditationstechniken kann der Geist geschult werden, sich von der materiellen Ebene zu lösen und sich auf andere Bewusstseinsebenen einzulassen. Doch diese Methode setzt oftmals jahrelanges Training und überdurchschnittliche Disziplin voraus. Es ist nicht unbedingt der einfachste Weg für einen Menschen, der mitten im Leben steht. Die weltlichen Ablenkungen und alltäglichen Herausforderung sorgen für gewöhnlich dafür, dass der Geist fest in der Materie verhaftet bleibt. Ebenso entspricht es nicht der westlichen Mentalität, über Jahre diszipliniert und geduldig für etwas zu arbeiten, mit dem man am Ende nicht einmal die Nachbarn beeindrucken kann.

Die praktikabelste Technik, um den westlich-geprägten Geist zumindest temporär aus der rein physischen Ebene herauszuhelfen, ist für mich das Holotrope Atmen. Diese von *Stanislav Grof* entwickelte Praktik halte ich für den effektivsten Ansatz, eine transpersonelle Erfahrung zu provozieren. In diesem Kapitel werde ich daher noch dezidiert auf diese Methode eingehen. Da bei dieser Technik keine applizierte Substanz die Wahrnehmungsfilter[60] steuert,

---

[59] Engl. für „Nahtoderfahrung".

[60] Wahrnehmungsfilter: In „Materie und Gedächtnis" setzt sich *Henri Bergson* mit seinen Ideen über die Natur der Wahrnehmung, des Gedächtnisses und der Beziehung zwischen Geist und Materie auseinander. Dieses Werk gibt einen Einblick in Bergsons Erforschung der Grenzen, die der menschlichen Wahrnehmungserfahrung innewohnen, und in sein Konzept der „Wahrnehmungsfilter". Quelle: *Bergson, H.* (1911) „Matter and Memory" Swan Sonnenschein & Co.

sondern das Individuum selber bestimmt, wie weit es sich in den Kaninchenbau wagt, halte ich das Holotrope Atmen für das perfekte Instrument. Darüber hinaus ist die Praxis mit jeder Erfahrungsstufe kompatibel.

In diesem Kapitel soll es jedoch hauptsächlich darum gehen, welche Phänomene prinzipiell auftauchen können, die uns erkennen lassen können, dass die physische Realität ein geistiges oder virtuelles Konstrukt ist. Außerdem gilt es, die populärsten Methoden aufzuzählen, die uns einen Zugang ermöglichen sollen. Manche Leser werden einige dieser Erfahrungen gemacht haben, die ich an dieser Stelle in einen größeren Kontext einbetten werde. Andere Individuen werden in diesem Kapitel einen ersten Überblick finden, welche Praktiken sinnvoll für sie sein könnten, um sich selbst davon zu überzeugen, dass unser Bewusstsein nicht an die krude Materie gebunden ist, und Realität weitaus mehr beinhaltet als die irdische Existenz. Letztlich sollte aber klar vorweggestellt werden, dass diese Zusammenfassung unmöglich vollständig sein kann.

Im Grunde kann ich nur jenes Spektrum rudimentär rekapitulieren, welches ich persönlich untersucht habe. Zudem können meine individuellen Erfahrungen auch nicht ein allumfassendes Verständnis der Phänomene und Praktiken abbilden. Ich hoffe dennoch, Ihnen ein anschauliches Bild zur Orientierung zu vermitteln. Dazu werde ich offen über Introspektionen sprechen und ein paar Anekdoten aus meinem Leben erzählen. Fangen wir dazu chronologisch bei dem subtilsten Alltagsphänomen an, welches einen idealistischen Ansatz nach *Platon* suggeriert. Dieses Phänomen begegnete mir zum ersten Mal mit voller Intensität im Jahr 2003 und forderte fortan mein altes Verständnis von Realität heraus. Die Rede ist von „Synchronizitäten".

4.1 SYNCHRONIZITÄTEN

„Synchronizität" ist ein vom Schweizer Psychiater *Carl Gustav Jung* geprägter Begriff.[61] Dieser Terminus stellt eine faszinierende Schnittmenge aus Mystik und der Philosophie der bedeutungsvollen Zufälle dar. Während *Jung* für seine Beiträge zur analytischen Psychologie weithin bekannt ist, dringt seine Erforschung der Synchronizität in Bereiche jenseits des herkömmlichen Verständnisses von Ursache und Wirkung vor. Diese Reise begann in der ersten Hälfte des 20. Jahrhunderts, als *Jung* anfing, spezifische Phänomene zu beobachten, die die konventionellen Vorstellungen von Kausalität in Frage stellten. Er

[61] *Jung, C. G.* (1952) „Synchronicity: An Acausal Connecting Principle" Routledge and Kegan Paul.

dokumentierte Fälle, in denen Ereignisse, die scheinbar in keinem direkten Zusammenhang zueinander standen, gleichzeitig eintraten und dennoch eine tiefe Bedeutung für die Person hatten, die sie erlebte. *Jungs* Interesse an östlicher Philosophie und seine Zusammenarbeit mit Physikern wie *Wolfgang Pauli*[62] beeinflussten die Konzeptualisierung der Synchronizität.

„Am Anfang schuf Gott den Himmel und die Erde. Kurz darauf schufen Pauli und Jung das Konzept der Synchronizität.“

— Wolfgang Pauli —

Synchronizitäten, wie *Jung* sie definierte, beziehen sich auf „bedeutungsvolle Zufälle“, die über das Konzept von randomisierten Begebenheiten hinausgehen. Es handelt sich um das Auftreten von Ereignissen oder Situationen, die zwar nicht kausal zusammenhängen, aber eine symbolische Verbindung aufweisen. Diese Kausalitäten werden vom Beobachter als bedeutsam empfunden und haben oft eine persönliche oder archetypische Bedeutung.

Im Mittelpunkt von *Jungs* Modell steht die Vorstellung, dass die Außenwelt und die Psyche des Einzelnen eng miteinander verbunden sind. Das ist ein Konzept, was sich praktisch zeitgleich mit *Jungs* Arbeit auch in der Quantenphysik verdichtete. Synchronizitäten überbrücken die Kluft zwischen den inneren Dimensionen des Geistes und der äußeren Welt der Phänomene und deuten auf tiefere Korrelationen hin, die der Realität innewohnen. *Jungs* Theorie der Archetypen spielt für das Verständnis der Synchronizität eine entscheidende Rolle. Sie sind universelle, symbolische Themen oder Motive, die im kollektiven Unbewussten angesiedelt sind. Diese Urbilder prägen unsere Wahrnehmungen und Erfahrungen und beeinflussen, wie wir die Welt interpretieren und auf sie reagieren. Darauf werde ich im Anschluss noch genauer eingehen.

Ursprünglich waren es persönliche Erfahrungen, die *Jung* veranlassten, diesen „merkwürdigen Zufällen“ eine psychologische Definition zu geben. Die Geschichte von *Jung* und dem Skarabäuskäfer ist eines der berühmtesten Beispiele für Synchronizität aus *Jungs* eigenem Erfahrungsschatz. Diese Begebenheit ereignete sich während einer Therapiesitzung mit einer Patientin in der Schweiz und wird oft zitiert, um das Konzept der bedeutungsvollen Zufälle zu veranschaulichen. Mitten in einer psychotherapeutischen Sitzung erzählte *Jungs* Klientin von einem lebhaften Traum, in dem sie ein Schmuckstück in Form eines goldenen Skarabäus – einer Käferart – erhalten hatte. Der Skarabäus symbolisierte in der altägyptischen Mythologie Verwandlung und Wieder-

---

62 *Jung, C. G. & Pauli, W.* (1952) „The Interpretation of Nature and the Psyche“ Pantheon Books.

geburt – hier finden wir unser archetypisches Symbol. Als die Patientin diesen Traum erzählte, hörte *Jung* ein Klopfen am Fenster seines Büros. Als er nachsah, stellte er fest, dass ein großes, fliegendes Insekt in den Raum gekommen war. Zu *Jungs* Erstaunen handelte es sich um einen goldenen Skarabäuskäfer, ein seltener Anblick in der Region und ein ungewöhnliches Ereignis, vor allem in Anbetracht des Zeitpunkts. Die Rekapitulation des Traums und die physische Manifestation des Käfers fanden zeitgleich statt.

Jung ergriff die Gelegenheit und fing den Käfer ein. Er überreichte ihn der Patientin mit den Worten: „Hier ist Ihr Skarabäus!". Die archetypische Symbolik des Skarabäus, als ein Zeichen für Verwandlung und Wiedergeburt, spiegelte die Themen im Traum der Patientin wider. Diese Erfahrung hatte sowohl auf *Jung* als auch auf seine Klientin eine tiefgreifende Wirkung. Es veranschaulichte auf eindrucksvolle Weise die Idee des bedeutsamen Zufalls – ein Ereignis, das zwar nicht kausal zu erklären ist, aber eine tiefe persönliche oder symbolische Bedeutung beinhaltet.[63]

Dieses synchronistische Geschehen veranlasste *Jung*, über das Wesen bedeutungsvoller Zufälle und ihre mögliche Rolle im therapeutischen Prozess nachzudenken. Der Skarabäus-Zwischenfall trug zur Entwicklung seines Konzepts der Synchronizität bei, das besagt, dass äußere Begebenheiten und innere psychologische Zustände in einer Weise zusammenlaufen, die über die traditionellen Vorstellungen von Ursache und Wirkung hinausgeht. Oft stellt sich dabei ein Gefühl der Transzendenz ein oder eine tiefe Demut darüber, dass scheinbar höhere Kräfte das Universum organisieren. Da *Jungs* Erforschung der Synchronizität etwa zur gleichen Zeit stattfand, während die Quantenphysik die deterministischen Ansichten über die Realität in Frage stellte, bekam er für seinen Ansatz sogar Rückendeckung aus anderen Wissenschaftszweigen. Dabei stützte sich *Jung* zwar nicht ausdrücklich auf die Quantenprinzipien, aber seine Ideen stimmten mit der Vorstellung überein, dass die Realität nicht nur durch ein lineares Konzept von Kausalität bestimmt wird. Wie ich im Wissenschaftsteil formuliert hatte, wurde es im Laufe der „Quantenrevolution" immer deutlicher, dass der Geist direkt in die Materie hineinwirkt und „Zufallsprozesse" beeinflusst. Damit haben wir es genau wie beim „Beobachter" des Quantenprozesses mit einer geistigen Wechselwirkung zu tun, welche die materielle Manifestation bedingt oder mitbestimmt.

„Ich betrachte Bewusstsein als etwas Fundamentales. Ich betrachte die Materie als abgeleitet vom Bewusstsein. Wir können nicht hinter

---

[63] *Jung, C. G.* (1961) „Memories, Dreams, Reflections" Pantheon Books.

das Bewusstsein kommen. Alles, worüber wir sprechen, alles, was wir als existierend betrachten, setzt Bewusstsein voraus."

— **Max Planck** —

Aus psychologischer Sicht bietet die Synchronizität einen Blickwinkel, durch den man die Verflechtung von Geist und Materie erforschen kann. *Jungs* Konzept sollte uns ermutigen, über die konventionellen Vorstellungen von Zufall als randomisiertem Ereignis hinauszublicken, und lädt zu einer tieferen Ergründung der bedeutungsvollen Muster ein, die unsere Erfahrungen durchweben. Wenn man sich mit *C. G. Jung* und insbesondere mit Synchronizitäten auseinandersetzt, kommt man nicht um die metaphorische Bedeutung spezifischer Traumbilder und Charaktere herum. So wie der Skarabäuskäfer eine determinierte, scheinbar universelle Qualität symbolisiert, so gibt es andere mythologische oder gar religiöse Figuren, die vergleichbare Charaktereigenschaften haben, aber in unterschiedlichen Kulturen verschiedene Namen tragen. *Jung* begann damit, in diesem Kontext Muster herauszuarbeiten und die multiplen Charaktere in „Schubladen" zu ordnen. Er nannte die fundamentalen Qualitätsspektren „Archetypen".

4.1.1 Jungs Archetypen

Nach *Jung* sind Archetypen angeborene, universelle Urbilder, die im kollektiven Unbewussten angesiedelt sind – ein Reservoir für gemeinsame, gleichartige Erlebnisse und Erinnerungen, die aus der Vergangenheit der Menschheit stammen. Diese Sinnbilder manifestieren sich in Mythen, Träumen und kulturellen Motiven und spiegeln grundlegende Aspekte der menschlichen Erfahrung wider.

Jung identifizierte hunderte Archetypen, die in allen Kulturen und historischen Epochen vorkommen und jeweils explizite Themen und Merkmale verkörpern. Einige der bekanntesten Beispiele sind:

- **Der Held:** Als Symbol für die Suche nach Identität, Bedeutung und Individuation begibt sich der Held auf eine Reise, stellt sich Herausforderungen und vollzieht schließlich eine Transformation. Es ist ein Konzept, was auch gerne von Hollywood aufgegriffen wird, um den perfekten Handlungsbogen zu inszenieren, der im Kollektiv der Kinobesucher besonders tief resoniert.
- **Der Schatten:** Der Schatten steht für die unbewussten, verdrängten Aspekte einer Person und verkörpert die verborgene, oft dunkle Seite der

Persönlichkeit. Die Konfrontation mit dem Schatten ist ein wesentlicher Bestandteil des persönlichen Wachstums und der spirituellen Evolution.

- **Die Anima/der Animus:** Diese Archetypen spiegeln die weiblichen Qualitäten eines Mannes (Anima) und die männlichen Qualitäten einer Frau (Animus) wider und dienen als Brücke zum Unbewussten, um die Selbstentdeckung zu erleichtern.

- **Das Selbst:** Das Selbst repräsentiert die integrierte, ganze Persönlichkeit, die sowohl bewusste als auch unbewusste Elemente umfasst. Es ist ein Symbol für die Individuation – den Prozess, das eigene wahre, authentische Selbst zu entfalten.

- **Die Mutter:** Als Symbol für Pflege, Schutz und Fruchtbarkeit verkörpert der Archetyp der Mutter die fürsorglichen und lebensspendenden Aspekte der mütterlichen Figur.

- **Der weise alte Mann/die weise alte Frau:** Diese Archetypen verkörpern Weisheit, Führung und transzendentes Wissen und bieten Einsichten und Mentorschaft auf dem Weg der Individuation.

Archetypen tauchen häufig in Mythen, Märchen und religiösen Geschichten auf und dienen als zeitlose Symbole, die mit der globalen menschlichen Erfahrung in Einklang stehen. Träume, so *Jung*, enthalten ebenso archetypische Motive, die eine direkte Verbindung zum kollektiven Unbewussten herstellen können und wesentliche Einblicke in die Psyche des Einzelnen bieten. Extrem spannend wird es, wenn sich historische, religiöse und mythologische Figuren in einem Charakter zusammenfassen lassen. Nehmen wir z.B. *Jesus*, wie er im Abendland bekannt ist. Diese Person hat so extravagante Attribute, dass man ihn vermeintlich kein zweites Mal finden dürfte. Doch das ist ein Irrtum:

- ***Jesus Christus*** wurde am 25. Dezember von der *Jungfrau Maria* in Bethlehem geboren. Seine Geburt wurde von einem Stern im Osten angekündigt, dem drei Könige oder Magier folgten, um den neuen Retter zu finden und zu schmücken. Mit 12 Jahren war er Kinderlehrer, im Alter von 30 Jahren wurde er von *Johannes dem Täufer* getauft und begann seinen Dienst. Jesus hatte 12 Jünger, die mit ihm reisten, um Wunder zu vollbringen, wie Kranke zu heilen, auf dem Wasser zu gehen, Tote zu erwecken. Er wurde auch als der „König der Könige“, der „Sohn Gottes“, das „Licht der Welt“ bezeichnet. Das „Alpha und Omega“, das „Lamm Gottes“ viele andere Bezeichnungen führen auf *Jesus* zurück. Nachdem er von seinem Jünger *Judas* verraten und für 30

Silberlinge verkauft worden war, wurde er gekreuzigt, in ein Grab gelegt und nach 3 Tagen wiederbelebt und er durfte in den Himmel aufsteigen.

- ***Horus*** wurde am 25. Dezember als Sohn der Jungfrau *Isis-Meri* geboren. Seine Geburt wurde von einem Stern im Osten begleitet, dem wiederum drei Könige folgten, um den neugeborenen Retter zu lokalisieren und zu schmücken. Im Alter von 12 Jahren war er ein verschwenderischer Kinderlehrer, und im Alter von 30 Jahren wurde er von einer Gestalt namens *Anup* getauft und begann seinen Dienst. *Horus* hatte 12 Schüler, mit denen er herumreiste. Er vollbrachte Wunder, wie Kranke zu heilen und auf dem Wasser zu gehen. *Horus* war unter vielen Namen bekannt, wie zum Beispiel die „Wahrheit", das „Licht", „Gottes gesalbter Sohn", der „gute Hirte", das „Lamm Gottes" und vielen anderen. Nachdem *Horus* von *Typhon* verraten worden war, wurde er gekreuzigt, drei Tage lang begraben und wiedererweckt.

- ***Attis*** aus Phyrigia, geboren am 25. Dezember von der Jungfrau *Nana*, wurde gekreuzigt, in ein Grab gelegt und nach drei Tagen wiederbelebt.

- ***Krishna*** aus Indien, geboren von der Jungfrau *Devaki*, mit einem Stern im Osten, der sein Kommen signalisierte, vollbrachte mit seinen Jüngern Wunder und wurde nach seinem Tod wiederbelebt.

- ***Dionysos*** aus Griechenland, am 25. Dezember von einer Jungfrau geboren, war ein reisender Lehrer, der Wunder vollbrachte, wie das Verwandeln von Wasser in Wein und viele andere, und nach seinem Tod wurde er wieder auferweckt.

- ***Mithra*** aus Persien, am 25. Dezember von einer Jungfrau geboren, hatte zwölf Jünger und vollbrachte Wunder. Nach seinem Tod wurde er drei Tage lang begraben und ist danach wieder auferstanden. Er wurde auch als die „Wahrheit", das „Licht", bezeichnet.

Jungs Theorie der Archetypen ist nach wie vor ein Eckpfeiler der analytischen Psychologie und bietet einen reichhaltigen Rahmen für das Verständnis der symbolischen Sprache des Unbewussten. Dieses Konzept geht Hand in Hand mit den bedeutsamen Zufällen, die wir „Synchronizitäten" nennen. Nach dieser eher trockenen Auseinandersetzung mit *Jungs* wichtigsten Beiträgen zur Tiefenpsychologie möchte ich Ihnen noch zwei Beispiele aus meiner eigenen Erfahrungswelt mitgeben. Damit folge ich stringent einem Muster in diesem Buch. Im zweiten Kapitel habe ich von einer persönlichen Begebenheit berichtet, die sich im Vorfeld der Begegnung mit *Dieter Broers* ereignet hatte, die man durchaus als Synchronizität mit archetypischen Träumen klassifizieren kann.

An diesem Ansatz, konkrete eigene Erfahrungen in die rationalen Beschreibungen einzuflechten, möchte ich festhalten. Dazu muss ich jedoch ein wenig Kontext vorwegstellen.

4.1.2 Die Synchronizität der Synchronizität

Einführung in den Kontext: Als reiner Materialist, der ich noch in meiner Jugend war, erlebte ich immer wieder merkwürdig Zufälle, die ich aber zumeist kurz darauf vergaß – oder verdrängte. Dennoch hatte ich eine grobe Vorstellung davon, was Jung mit „Synchronizität" meinte, als ich zum ersten Mal mit der Idee konfrontiert wurde. Diese initiale Begegnung mit dem Konzept erfolgte durch ein Buch von Robert Anton Wilson, welches mir 2003 empfohlen wurde. In Folge der Beschäftigung mit dem Thema ereigneten sich „merkwürdige Zufälle", die ich heute als meine „Synchronizitäts-Synchronizität" bezeichne.

Einige Jahre und zahlreiche weitere solcher Ereignisse später, entschied ich mich, diese speziellen Episoden in meinem Leben schriftlich festzuhalten. Retrospektiv waren das die ersten Ambitionen, ein Buch zu scheiben, ohne dass mir damals klar war, wozu das Material in letzter Konsequenz dienlich sein sollte. Im besten Sinne wollte ich meine Erinnerungen festhalten, bevor sie anfangen würden, an Detailschärfe zu verlieren. Hinzu formulierte ich Gedanken, die mir in dem Kontext durch den Kopf gingen. So entstand über die Zeit eine Art verzögertes Logbuch der Synchronizitäten.

Heute muss ich über meine damaligen Aufzeichnungen schmunzeln und Sie werden sicher ebenfalls feststellen, dass der folgende Duktus einem etwas weniger „gereiften Geist" entspringt. Dennoch habe ich mich dazu entschieden, den vorliegenden Text ohne gröbere Änderungen zu übernehmen, und ihn in seiner Authentizität zu belassen:

Während meines Studiums, im Sommer 2003, hatte ich genug Tagesfreizeit zum Lesen. So widmete ich mich abermals dem Autor *Robert Anton Wilson*. Damals hatte ich das Buch „Cosmic Trigger"[64] am Wickel, welches sich eingehend mit *C. G. Jung* beschäftigte. Da ich ein langsamer Leser war, zogen sich die *Jung*-Kapitel über zwei Tage hin. Ich las hier mal 10 Minuten und da mal zwei Seiten weiter. Ich ging mit dem Thema auf jeden Fall in Resonanz. Mehr noch – ich war fasziniert davon, endlich einen Begriff zu haben, der diesen

---

[64] „Cosmic Trigger": „Comic Trigger: The Final Secret of the Illuminati" ist ein Buch von *Robert Anton Wilson*, das sich mit den Themen Bewusstsein, Realität und Verschwörungstheorien beschäftigt. Quelle: *Wilson, R. A.* (1977) „Cosmic Trigger: The Final Secret of the Illuminati" New Falcon Publications.

„komischen Zufällen", welche ich immer wieder mal hatte, eine seriösere Definition gab.

Seit Tagen kreisten meine Gedanken permanent um das Thema, aber *Jung* hatte noch mehr in petto, was mich tiefer reflektieren ließ. So erklärte mir das Buch, dass *Carl Gustav* einen weiteren bahnbrechenden Zusammenhang im Bereich des kollektiven Unbewussten entdeckt hatte, den er „Archetypen" nannte. Damit bezeichnete er in allen Kulturen rund um den Globus auftretende Individuen oder Symbole, die gleichartige Eigenschaften aufwiesen. Ein klassisches Beispiel findet man in dem Heiland, der von einer Jungfrau geboren und später gekreuzigt wurde.

Statt *Jesus* hatte sich der Autor des Buches einer anderen Figur bedient, um dieses Phänomen zu erläutern. Er hatte sich „leuchtende, manchmal schwebende weise Frauenwesen" ausgesucht. Dieser Archetyp war ebenfalls seit je her in globalen Mythen und Legenden zu finden. Die populärste Version unter ihnen sei demnach die *Jungfrau Maria,* die mit verschiedensten Erscheinungen im christlichen Kontext bekannt wurde. Als ich das las, hatte ich sofort das Klischee von einem alten Bauern im Kopf, der dem „Dorfpfaffen" völlig aufgelöst davon berichtet, dass ihm die *Jungfrau Maria* im Feld erschienen sei – vielleicht auch nur in einem Traum. Für manch einen gläubigen Menschen ist das schon Omen genug.

Über die Gründe, woher solche Visionen rührten, könnte man spekulieren, da speziell im Mittelalter ganze Getreideernten durch Halluzinogene z.B. durch den Mutterkornpilz[65] verunreinigt wurden. Es ist sicher keine Frage, dass Menschen, durch Intoxikation induzierte Halluzinationen und Wahnvorstellungen hatten. Den Rest besorgte die allwöchentliche Andacht des örtlichen Pfarrers. Man kann es damit wegdiskutieren, dass es immer nur verschiedene Spielarten von Projektion und Einbildung waren. Fakt bleibt, dass die Archetypen zweifelsohne ein Phänomen sind, welches global existiert.

Die *Jungfrau Maria* hatte, wie *Jung* und *Wilson* folgerichtig erfassten, zahlreiche Zwillingsschwestern aus anderen Kulturen und Religionen. Um nur einige zu nennen, wären da die diversen Mütter der Erde bei den verschiedenen Naturvölkern. *Gaja* ist wohl in Europa recht prominent, *Venus* und man denke

---

[65] Die Verbindung zwischen LSD (Lysergsäurediethylamid) und dem Mutterkornpilz (Claviceps purpurea) besteht in der gemeinsamen Vorläuferverbindung Lysergsäure. Lysergsäure, eine vom Mutterkornpilz produzierte Verbindung, dient als Ausgangspunkt für die Synthese von LSD. Die zufällige Entdeckung der psychoaktiven Eigenschaften von LSD durch *Albert Hofmann* im Jahr 1943, als er in den Sandoz-Laboratorien mit Lysergsäurederivaten arbeitete, war ein entscheidender Moment in der Geschichte der psychedelischen Forschung. Referenzen: *Hofmann, A.* (1980). „LSD: My Problem Child" McGraw-Hill; *Roberts, T.* (2001). „Ergot: The Genus Claviceps" CRC Press.

nur an die bekannte Serie der *Fatima*-Erscheinungen[66] in Portugal. Sie alle verbindet ihr wesentlicher archetypischer Charakter, wie er sich in all den unterschiedlichen Traditionen deckungsgleich darstellt. Es sind immer weibliche, teilweise levitierende Lichtwesen von Intelligenz und Würde. Diese engelsgleichen Entitäten kommunizieren in der Regel mit den normalen Menschen nur in wichtigen Ausnahmesituationen und lösen damit meist einen nachhaltigen emotionalen Schock bei allen Beteiligten aus. Daher interagieren sie bevorzugt nur mit Schamanen oder ähnlich vergeistigten Individuen. Diese scheinen allgemeinhin resistenter gegen Hysterie zu sein.

Wilson erweiterte *Jung* um seine persönlichen Recherchen bezüglich dieses speziellen Archetyps. Daraus schlussfolgernd formulierte er folgende provokante These. Er behauptete, dass jeder, der nach diesen Frauenwesen suchen würde, vergleichbare Legenden in seiner direkten Umgebung finden dürfte. Ich persönlich konnte dazu spontan keine lokale Anekdote aus dem Ärmel schütteln, aber dennoch war ich fasziniert. Mit der *Jungfrau-Maria*-Interpretation fühlte ich mich schon ausreichend bedient, denn von der hatte ich bereits Darstellungen gesehen bzw. Beschreibungen gelesen. Ich ließ die mutige These gelten, auch weil ich zu beschäftigt war, um mit dieser Frage im Heimatmuseum aufzulaufen. Mir schien es eh wesentlich sinnvoller zu sein, stumpf weiter zu lesen. Das führte zu jenem Abschnitt im Buch, in dem der Autor begann, seine eigene Erklärung zu formulieren.

So weit ich mich erinnere, bot *Wilson* drei Thesen an, die entweder für sich standen, oder alle gleichzeitig Gültigkeit haben konnten. Die eher materialistische Erklärung war jene, dass diese Archetypen vor Ur-Zeiten in unsere kollektive Genetik, in die Weiten der so genannter Junk-DNA, hinein codiert wurden. Diese Junk-DNA hatte ihren Namen von der mittlerweile veralteten Annahme, dass Abschnitte des menschlichen Genoms eine Art Abfall-Produkt der Natur seien. Als man verstanden hatte, dass spezifische Bereiche des Gen-Codes phänotypische Attribute beschreiben, also das allgemeine Aussehen oder unsere physische Erscheinung definieren, brauchten diese Sequenzen nur 4% der gesamten DNA. Ergo, blieb ein beachtlicher Rest, der laut wissenschaftlicher Untersuchungen keine körperlichen Charakteristika beschrieb.

Weniger ganzheitlich denkende Gen-Forscher schlussfolgerten: Wenn es nicht der Definition von Hardware entspricht, dann muss es Müll sein – also

---

[66] Das Ereignis von Fatima bezieht sich auf eine Reihe von Marienerscheinungen, von denen drei junge portugiesische Hirten – *Lucia dos Santos* und ihre Cousins *Francisco* und *Jacinta Marto* – im Jahr 1917 in der Stadt Fatima, Portugal, berichteten. Eine ausführliche Darstellung und Analyse der Ereignisse von Fatima findet sich in: *De Marchi, J.* (1952). „Die wahre Geschichte von Fatima.“ Fatima, Portugal, Edicoes „O Seculo“.

„Junk". Die DNA aller Lebewesen war für sie nicht mehr als ein Bauplan der physischen Struktur. Wie eine Konstruktionsanleitung für einen Computer – jedoch ohne Betriebssystem oder gar irgendwelche „Apps".

Später etablierte sich die Einsicht, dass die Natur nicht dazu tendieren würde, Fehler zu machen oder Müll zu produzieren – schon gar nicht in einem so sensiblen Areal. Außerdem bot sich eine neue Perspektive, geistige Phänomene damit physisch zu erklären. Dennoch blieb der Name „Junk-DNA" vorerst bestehen. Heute vermutet man, dass sich eine Vielzahl möglicher Informationen in diesen mindestens 96% unseres genetischen Codes befinden. Dementsprechend könnte es sein, dass doch ein Betriebssystem und ein paar „Apps" auf der DNA mitgeliefert werden.

In diesem Kontext dreht sich alles um mögliche Potenziale, Instinkte und Affinitäten, die, codiert in der Junk-DNA, die Persönlichkeit mitbestimmen und vieles mehr. Die moderne Epigenetik geht heute davon aus, dass sogar essenzielle Erfahrungen unserer Vorfahren dort gespeichert sind. Das mag durchaus korrekt sein. Das schließt dennoch nicht aus, dass der „Quantenzufall" der Neu-Kombination der Eltern-Gene durch höher-dimensionale Prinzipien beeinflusst oder gar diktiert wird. Wenn man erkennt, dass der „Zufall" kein randomisierter Prozess ist, dann versteht man auch, wie der höhere Geist in unsere Realität hineinwirkt. Alles, was sich in der physischen Welt manifestiert, könnte einer determinierten Kausalität entspringen, selbst wenn wir diesen Determinismus nicht immer sofort mit dem Verstand erfassen können. Doch ich will nicht zu weit abschweifen.

Wilsons erste These lautete zusammenfassend, dass die Archetypen irgendwann beim Ur-Menschen in unsere kollektive DNA hinein-programmiert wurden, so dass wir fortan, in allen Zivilisationen, von denselben Darstellern träumen und fantasieren würden. Diese Figuren bekamen in den unterschiedlichen Kulturen eigene Namen und wurden irgendwann in die Mythenwelt implementiert. Wer oder was das so detailliert in die menschliche DNA „hineinprogrammiert" hat, ist wiederum eine andere Frage.

Die zweite These besagte, dass solche Wesen tatsächlich existierten, und zu bestimmten Zeiten in allen Kulturen manipulativ eingegriffen haben. Diese durchaus physischen Entitäten konnten höchstwahrscheinlich Außerirdische sein – also Weltraumreisende, die hin und wieder zu touristischen und/oder evolutionären Zwecken hier auftauchten. Ihre Intention dürfte für den Menschen so abstrakt sein wie das Konzept „Einkommensteuer" für einen Goldhamster. Diese These stützend konnte der Autor eine ganze Reihe global existierender Legenden aufzählen, wo im Kontext solcher Wesen auch von technischen Fluggeräten berichtet wurde. Dieser Zusammenhang war für *Wilson* ein valides Indiz für eine fortgeschrittene Hochkultur, die sich hier bedeckt im Hintergrund halten könnte.

Das dritte und letzte Erklärmodell ging in die Richtung – so weit ich mich recht erinnere – dass diese Archetypen tatsächlich Geist- oder Lichtwesen seien. Sie könnten aus parallelen Dimensionen, oder wenn man so will, aus anderen Frequenzen des kosmischen Radioprogramms stammen. Es wären damit also metaphysische Wesen. Ich weiß nicht mehr genau, welcher exakten Bezeichnung sich *Wilson* bediente, aber sein Ansatz ging in eine feinstoffliche Richtung.

Fakt war, dass für mich keine dieser Thesen vollkommen abwegig klang. Zumal ein Reisender, der es schafft, durch Raum und Zeit zu springen, sowohl ein Außerirdischer, als auch ein inter-dimensionales Wesen sein könnte. Wir haben es immer wieder mit abstrakten Begriffen für ein äußerst komplexes Phänomen zu tun. Im Grunde könnten es irgendwelche abgefahrenen „Programme" aus der Tiefe der Matrix sein. In jedem Fall haben sie in der bekannten Geschichtsschreibung einen bleibenden Eindruck hinterlassen und wurden so global zu Archetypen, die in die Schublade „leuchtende, weise Frauenwesen" fielen.

Ich wurde im Sommer 2003 mit völlig neuen Theorien und Ideen konfrontiert. Das Thema „Synchronizität" faszinierte mich dabei so tief, dass ich glatt eine produzierte. Noch während ich das Kapitel über *Jung* las, rief mein Freund *Marian* an. Er fragte, ob ich einen Konzept-Pitch seiner BWL-Studenten in einem extravaganten Etablissement filmen könnte. Da es etwas Geld gab, tat ich ihm gerne den spontanen Gefallen und das führte mich zur Mutter aller Synchronizitäten.

Der Ort der Präsentation war erlesen. Wir trafen uns in der alten „Lukasklause" – einem geschichtsträchtigen Teil der Verteidigungsanlagen am Elbufer von Magdeburg. Darin war ein Museum eingebettet worden. Zu dem Komplex gehörte ein amtlicher Konferenzsaal mit antiken Möbeln und historischen Bildern. Dieser bot den rund 30 Leuten im Raum bequem Platz. Lotto-Toto Sachsen-Anhalt suchte nach neuen Marketing-Konzepten und kooperierte dabei mit den Studenten des Lehrstuhls der Betriebswirtschaftslehre – kurz: BWL. Es schien ein symbiotisches Unterfangen zu sein. Die Studenten sammelten Felderfahrung und Lotto-Toto sparte Geld.

Die Tagung begann, und zahlreiche Studentengruppen präsentierten ihre Marketing-Ideen, die sie eifrig erdacht, berechnet und einstudiert hatten. Es war ein langer Redemarathon und für den Unbeteiligten im Grunde tot-langweilig. Ich erinnere mich detailliert nur noch an die für Studenten typische Situation, wo eine Gruppe durch Klamauk und extravagante Kreativität Punkte sammeln wollte. Sie hatten am Ende ihrer Präsentation ein Werbekonzept zur Emotionalisierung und Personifizierung der Lotto-Toto-Marke nachgeschoben. Diese Bonusleistung nahm ihren krönenden Abschluss damit, dass ein als freche Lotto-Kugel verkleideter Kommilitone, in den Raum geführt wurde. Die Verkleidung aus Pappmaché wurde von der Geschäftsführung mit großen Augen begutachtet und unter Applaus wieder raus gerollt.

Ich filmte das ganze Event mit und es liefen gleichzeitig mehrere Kameras. Mein Freund *Marian*, der mich rekrutiert hatte, sollte Monate daran sitzen, den Mitschnitt zu editieren. Ich zoomte an Studenten ran, nahm Totalen und schwenkte, was das Zeug hielt, doch leider stürzte meine Konzentration nach zwei Stunden ins Bodenlose. Auf Grund der Monotonie drohte ich hinter der Kamera einzuschlafen und so entschied ich mich, Abwechslung in die Aufnahmen zu bringen, indem ich ein paar Detailaufnahmen von den antiken Elementen des Raums machte.

Viele der gerahmten Bilder im Saal waren auffällig hoch angebracht – man hatte sie praktisch kurz unter die Decke gehängt. Da die Raumhöhe großzügig bemessen war, schien es fast unmöglich, genauere Details zu erkennen. Entweder man stand zu weit weg oder der Winkel war zu spitz. Die mittelalterlichen Gemälde waren nicht allzu komplex in ihrer Grundaussage, dennoch war ein optimales Betrachten kaum möglich. Ich grübelte darüber nach, wie lange die schon so weit da oben hingen und was sich der Installateur dabei gedacht hatte.

Viele dieser Bilder hatten äußerst phantasievolle Motive, andere zeigten Szenen aus der Geschichte Magdeburgs oder waren gar religiöser Natur. Einige ähnelten inhaltlich und ästhetisch sogar Abbildungen aus Science-Fiction-Romanen der 60er Jahre. So blieb ich an einem Bild hängen, das beim besten Willen etwas zeigte, was für mich nach einem UFO aussah. Es war ein ovales Fluggerät, welches mit Hilfe eines Lichtkegels eine undefinierte Person in die Luft zog. So eine Art Traktor-Strahl, wie man bei Raumschiff Enterprise sagen würde. Darunter waren Lichtwesen angedeutet, die in Formation zu tanzen schienen. Mehr konnte ich selbst bei maximalem Zoom nicht klar erkennen. Das Objekt war zweifelsohne eine etwas dickliche fliegende Untertasse inklusive „Energie-Aura“. Da ich zu diesem Thema schon einige Dokumentationen gesehen hatte – angefangen bei *Erich von Däniken*[67] bis hin zu diversen amerikanischen Produktionen, war das Sujet mittlerweile nicht mehr so befremdlich für mich.

Ich filmte das Gemälde eingängig ab und wollte *Marian* später davon berichten. Man muss dazu wissen, dass mein Freund damals ohnehin für mich einer der wenigen Menschen war, die wesentlich mehr Ahnung von solchen Dingen hatten als ich. *Marian* filmte an dem Nachmittag jedoch aus der gegenüber liegenden Ecke und konnte daher aus seinem Winkel das besagte Gemälde nicht einsehen. Nach mehr als drei schleppenden Stunden gab es einen Rundgang im Museumsbereich. Für alle Beteiligten sollte es eine Zeit der Erholung sein. Wir mussten weiter den Hergang dokumentieren, aber wenigstens waren die Motive jetzt abwechslungsreicher. Außerdem bekam ich peripher etwas Landeskunde präsentiert durch den engagierten Führer der Lukasklause – ein äußerst belesener Mann im mittleren Alter, der später noch sein volles Potenzial entfalten sollte.

Dem Rundgang folgten eine erste Einschätzung und eine abschließende Zusammenfassung der Lotto-Toto-Offiziellen. Das zog sich auch wieder in die Länge. Wie erwartet, liebten sie die laufende Lottokugel. Was sonst? Das Ende nahte dennoch unaufhaltsam, und es folgte eine finale Anweisung von *Marian*, der sich selber am allerbesten als Regisseur inszenierte. Ich sollte mich am äußeren Ausgang positionieren, um euphorisch herausströmende Studenten auf Film zu bannen. Nichts leichter als das! Während ich draußen bereitstand, waren aber im Inneren noch irgendwelche Erörterungen ausgebrochen. Ich war dementsprechend angenervt, da ich nach Hause wollte. Die Zeit zog sich für mich künstlich in die Länge, wogegen das Herz und die Seele der Lukasklause neben mir geduldig ausharrte. Der Museumsführer war letzter Schließposten – ein Mann für alles, der seinen Job hier offenkundig liebte. Er wirkte von der Museumstour noch völlig elektrisiert, und das war deutlich wahrnehmbar. Ich konnte es klar spüren, weil seine Grundschwingung vollkommen komplementär zu meiner Stimmung war.

Der eloquente Mann war zweifelsohne eine wandelnde Magdeburger Chronik. Da er so euphorisiert davon war, die vielen Studenten aus seinem reichen geschichtlichen Fundus beschenkt zu haben, wollte er reflexartig gleich bei mir weitermachen. Er stand neben der Kamera und redete ungefragt drauf los –

---

[67] *Erich von Däniken* ist ein Schweizer Autor, der für seine Bücher bekannt ist, in denen er Theorien über außerirdische Einflüsse auf alte Zivilisationen aufstellt. Quelle: *von Däniken, E.* „Chariots of the Gods? Unsolved Mysteries of the Past“ Souvenir press; sowie div. andere Bücher.

völlig ansatzlos. Ich war zu müde, um Gegenwehr zu leisten, und konzentrierte mich auf die Kameraeinstellungen. Rein geistig war ich schon daheim beim Abendessen und drehte seine Ausführungen in meinem Kopf auf minimale Lautstärke. Ich muffelte vor mich hin und verfluchte diese elenden „BWLer". Doch das kratzte den Historiker überhaupt nicht. Er plapperte munter weiter.

Plötzlich und relativ unerwartet drehte meine Wahrnehmung wieder voll auf und ich stieg in den Satz ein: „... das ist auch so mit der Legende vom Rothehornpark, wo früher die Nymphen getanzt haben sollen! Das ist ja oben auf den Bildern im Saal abgebildet."

Die Thematisierung der antiken Gemälde hatte mich wieder voll aufhorchen lassen. Ich dachte sofort an das UFO-Bild und bekam augenblicklich eine Gänsehaut. So erklärte mir der Legendenexperte unverhohlen, als wenn er exakt wissen würde, was mich die letzten 24h beschäftigt hatte, dass die Nymphen leuchtende weibliche Engelwesen seien. Ich war fassungslos und kämpfte damit, es mir nicht anmerken zu lassen, als der Museumsführer die ganze Nymphenstory auspackte, ohne danach gefragt worden zu sein.

Diese Nymphen waren demnach in den Wäldern des Rothehornparks zu finden. Sie tanzten laut Mythos zu bestimmten Zeiten auf den Waldlichtungen. Die Tanzzeiten waren bekannt und allgemeines Wissen der Stadtbewohner. Es war sogar äußerst relevant für die öffentliche Ordnung, da man wusste, dass die Nymphen dabei nicht gestört werden wollten. Man hielt sich an solchen Tagen daher möglichst fern – typisch „sheeplehafte" Subordination.

Der Legende nach wagte es ein wilder Jäger, also ein waschechter „Truther", der Sache persönlich nachzugehen. Es kam, wie es kommen musste: Er wurde dabei erwischt und die Nymphen schafften den Kerl mit einer riesigen „Nuss" fort. Die Magdeburger gingen davon aus, dass die Endstation das Höllenfeuer sein musste. Diese Einschätzung war höchstwahrscheinlich der religiösen Indoktrination geschuldet. Tatsächlich schickte er keine Postkarte von dort, was den Sachverhalt bewiesen hätte. Jener Augenblick der Abduktion wurde in besagtem UFO-Bild festgehalten. Ob es Zeugen gab, oder woher der Maler seine Inspiration genommen hatte, war nicht mehr zu klären.

Als der Museumsnerd brühwarm diese Story auftischte, wurde mir heiß und kalt gleichzeitig. Es muss so eine Art mentaler Schock gewesen sein. Die Studenten hatten mittlerweile das Gebäude verlassen und ich hatte es nicht einmal mitbekommen – geschweige denn gefilmt. Da ich eh noch Sachen aus dem Saal holen musste, bat ich den Museumsführer, mir das Gemälde zu zeigen, von dem er sprach, obwohl ich exakt wusste, welches er meinte. Ich forderte ihn sogar auf, die Legende ein weiteres Mal zu erzählen, während ich das Bild abfilmte. Das war mehr so eine Art Reflex, als bräuchte ich etwas Handfestes, damit mir *Marian* glauben würde. Retrospektiv betrachtet ging es gar nicht um ihn. Ich musste es digital festhalten, damit ich mir selber glauben konnte, was da gerade geschehen war.

Bei all den vielfältigen Vorkommnissen aus tausenden von Jahren Siedlungsgeschichte Magdeburgs pickte mir der Typ ausgerechnet diese handerlesende Legende raus. Genau jene Geschichte, die mir aufzeigte, dass die kühne Behauptung *Wilsons* im aktuellen Buch stimmte. Jetzt war es eine Tatsache: Leuchtende Frauenwesen sind Teil der Mythenwelt meiner Heimatstadt. Levitieren konnte zwar offiziell nur ihr Nuss-UFO, aber das war schon erstaunlich genug. Der letztendliche Beweis, dass jener Archetyp hier existierte, schockte mich im Grunde gar nicht so akut. Es war eher diese Art von Doppel-Synchronizität, die absolut verblüffend war. Damit meine ich die statistisch völlig unwahrscheinlichen Umstände, unter denen ich beide Postulate *Jungs* quasi in einem Abwasch vor mir präsentiert bekam – die Archetypen wurden praktisch in eine Synchronizität eingebettet und präzise serviert. In dem Moment fühlte es sich zum ersten Mal so an, als würde die äußere Realität mit meiner inneren Welt interagieren, oder anderes herum. In jedem Fall konnte ich mit dem wilden Jäger empathisch mitfühlen. Genau wie ich musste sich der Kerl im „Walnuss-Raumschiff" wie ein Protagonist aus der Serie „Twilight Zone" gefühlt haben.

Was sich damals wie pure Magie anfühlte, wurde mit der Zeit immer greifbarer, als ich mehr über das Konzept der Morphischen Felder lernte und wie diese funktionieren. An dem besagten Abend kam es mir vor, als hätte der Museumsführer der Lukasklause meine Gedanken gelesen. Vermutlich hatte er das sogar. Sein Unterbewusstsein könnte meine Verwunderung zu dem Gemälde aufgeschnappt haben, immerhin vibrierte er förmlich vor Begeisterung. Möglicherweise war die „euphorische Frequenz" für den Empfang förderlich? Entsprechend meiner geistigen Ausrichtung sprudelte die richtige Geschichte aus ihm heraus. So lautete die konservativste Erklärung der Situation, die ich mir vorzustellen vermochte. Diese These deckte trotzdem nicht sachlich auf, wie das alles in einem solch kurzen Zeitraum passieren konnte. Speziell die Verbindung zum Buch von *Robert Anton Wilson* war bemerkenswert. Vermutlich brauchte ich die Lektion so eindringlich und nachhaltig präsentiert, damit ich die deterministische Natur der „Zufälle", die mir begegnen, endlich erfasste.

4.1.3 Die Synchronizität von Guerrero Negro

Kommen wir zu einem weiteren Beispiel für eine klassische Synchronizität, die ich dokumentiert habe. Auch hier muss ich ein wenig inhaltlichen Kontext vorwegnehmen. Außerdem möchte ich auf spezielle Zusammenhänge hinweisen, welche ich in Verbindung mit dem Phänomen beobachtet habe. Wie im ersten Exempel deutlich wurde, können außergewöhnliche Themen, die den Geist beschäftigen, plötzlich eine erfahrbare Entsprechung bekommen.

Im ersten Fallbeispiel war es meine Faszination für C. G. Jung, die sich eindrücklich im Äußeren spiegelte. Das war primär eine intellektuelle Resonanz, auch wenn jede Menge Begeisterung mitschwang. Dennoch können allein emotional aufgeladene innere Prozesse einen effektiven „Trigger" darstellen, um Synchronizitäten hervorzurufen. Dazu habe ich eine Passage aus meinem Logbuch der „merkwürdigen Zufälle" herausgesucht, die ich 2016 niederschrieb. Damals reiste ich mit meinem Freund Jens von Kanada nach Mexiko in einem alten Campertruck, den wir „Frederique" getauft hatten.

Auf diesem Abschnitt der Reise hatte ich nach längerer Pause wieder Zeit, mein Logbuch der Synchronizitäten aufzuarbeiten. Das war bitternötig, denn mittlerweile hatten sich zahlreiche Episoden aufgetürmt, die genau in diese Sammlung passten. Es war an der Zeit, all die Erfahrungen niederzuschreiben, um sie damit auch zu integrieren. Allein die Reise durch Nordamerika war voller magischer „Zufälle", die darauf warteten, dokumentiert zu werden, dabei hatte ich noch nicht einmal begonnen, den „Walkabout" durch Neuseeland zu Papier zu bringen. Dieser Trip, zwei Jahre zuvor, war von vergleichbarer Qualität, was die Intensität von Synchronizitäten betraf, also fixierte ich meine Erinnerung auf diese Zeit, während ich mit Jens durch Mexiko reiste.

„Zufälle bedeuten, dass man auf dem richtigen Weg ist."

— Simon Van Booy —

Eine populäre Ausdeutung aus der Esoterik behauptet, dass Synchronizitäten ein Zeichen dafür sind, dass man sich exakt auf seinem vorgedachten Schicksalspfad bewegt. Das kann man so akzeptieren, allerdings empfand ich diese Erklärung immer als unzureichend. Letzten Endes fühlte sich die Vorstellung, dass die wichtigsten Wegpunkte im Leben schon determiniert sind, wie eine „Entmachtung" an. Das englische Wort „disempowering" trifft hierbei den Nagel noch besser auf den Kopf. Dennoch scheint sich darin eine Kernwahrheit zu verbergen.

Wie schon im Beispiel zuvor habe ich die Aufzeichnungen so übernommen, wie ich sie vor sieben Jahren niederschrieb. Auch hier könnte auffallen, dass meine angefügten Gedankengänge, und der Duktus allgemein, einem jüngeren Ich entspringen:

Der mexikanische Highway durch Baja California (Foto: Autor)

Wir waren in der „Todeszone" von Baja California angekommen – ein Abschnitt in der Mitte der Halbinsel, der spärlich besiedelt ist und als Hinterzimmer der mexikanischen Kartelle gilt. Hier verschwinden Menschen, die sich abseits vom Highway bewegen. So behaupten es zumindest die düsteren Legenden, die unter den Surfern kursieren. Nur die verwegensten Touristen würden hier Experimente wagen und vom Kurs abkommen. Die meisten dokumentierten Surfstrände in diesem Abschnitt waren weit von der Hauptader Bajas entfernt, außerdem hatte man *Jens* erzählt, dass die Sicherheitslage aktuell äußerst fragil sei. Daher übernachteten wir zumeist an Tankstellen oder populären Trucker-Rastplätzen und versuchten, möglichst schnell Land zu gewinnen. Ich vertrieb mir die Zeit damit, die Reise zu dokumentieren, und ergab mich ansonsten fatalistisch in *Jens'* Hände – zumindest was die Auswahl der Zielorte betraf. Wir hatten zwar regelmäßig Debatten darüber, aber mir war es im Grunde egal, wo die Expedition hinging.

Der nächste potenzielle Zielort war Guerrero Negro. Die Kleinstadt hatte verschiedene Supermärkte zu bieten. Das war für uns dienlich, da wir den Proviant wieder auffüllen mussten. Doch noch wesentlich wichtiger war die Tatsache, dass es in dem Ort auch eine breite Auswahl an Zahnärzten gab. *Jens* schmerzte seit Tagen der Backzahn und eine schnelle professionelle Lösung war unsere oberste Prämisse. Als wir die Stadt am frühen Nachmittag erreichten, parkten wir *Frederique* direkt am zentralen Kasino mit dem großen Wasserturm. *Jens* eilte zum nächstbesten Zahnarzt und kam nach einer Stunde leicht lädiert wieder zurück. Er war noch halb betäubt von der Behandlung und legte sich hin – aber immerhin: Der Zahn war raus. *Jens'* Zustand machte deutlich, dass an diesem Tag nicht mehr viel passieren würde.

Jens am Steuer von „Frederique" (Foto: Autor)

Für eine Sekunde überlegte ich noch, ob es sinnvoll wäre, ein wenig durch die Stadt zu ziehen, um Fotos zu schießen, aber dann wand ich mich meinen schriftstellerischen Ambitionen zu. Ich hatte bereits am Vortag das Kapitel über Neuseeland angefangen und war daher schon am frühen Morgen damit beschäftigt, mir die Ereignisse dieser Zeit wieder in Erinnerung zu rufen. Im Schwerpunkt ging es um die Synchronizitäten, die mir auf der Reise durch die Wildnis begegnet waren. Unter anderem handelten meine Ausführungen von einer schicksalhaften Begegnung mit einem verirrten Hund, der mich davor bewahrte, eine möglicherweise fatale Entscheidung zu treffen. Am Ende musste ich erkennen, dass er mir vermutlich das Leben gerettet hatte.

Zahlreiche Aspekte der aktuellen Exkursion erinnerten mich an meinen „Walkabout“. Dieser Begriff stammt zwar von Ureinwohnern Australiens, aber er entsprach genau der Qualität der Reise durch Neuseeland. Es gab so viele bahnbrechende Erkenntnisse auf dieser Expedition, die sich jetzt in neuer Form in Nordamerika wiederholten. Das wollte ich unbedingt in den Computer tippen, bevor ich die Übersicht verlor. Außerdem sammelten sich immer mehr mystische Erfahrungen auf der aktuellen Reise. Daher musste ich schnell die alten Geschichten zu Papier bringen. In meinem Kopf hatte ich schon alles kleinlichst sortiert.

Ich hockte mich zu *Jens* in den Camper, schlug den Laptop auf und schrieb drauf los. Dieser Prozess geschah wie im Wahn. Ich saß im Bett und ratterte den Text emsig runter. Es gab nur wenige Unterbrechungen. Erst um ein Uhr nachts kam ich wieder zu mir und beendete das Kapitel. Ich hatte die sechs Monate in Neuseeland in circa sieben Stunden Revue passieren lassen und quasi zu „Papier“ gebracht. Mein letzter Abschnitt beschrieb die Begegnung mit *Ken* und seinen plötzlichen Abgang von der Bühne des Lebens an den Klippen von Farewell Spit.[68] Ich trug noch immer den Quarz um den Hals, den *Ken* einst in einem kleinen Laden für Esoterikbedarf auf der Südinsel gekauft hatte. Später diente er als Abschiedsgeschenk und wurde mir überreicht. All die Erinnerungen kamen wieder hoch und die vielen Fragen, die seinen Tod betrafen. Es war ein sonderbarer, wenn auch ein etwas schmerzlicher Prozess, die Erfahrungen erneut zu prozessieren.

Ich verarbeitete das noch immer in mir präsente Entsetzen darüber, dass eine Person, die offenbar so in Eintracht mit ihrem höheren Selbst existierte wie *Ken*, so plötzlich einen „Unfall“ haben konnte. Aus meiner Perspektive gibt es keine „Zufälle“ im klassischen Verständnis. Alles basiert auf einer inhärenten Kausalität – praktisch auf Ursache und Wirkung. Dementsprechend ergibt jedes Ereignis einen Sinn. Unser gemeinsamer Freund *Laurin* pflegte immer zu sagen, dass *Ken* seinen vorzeitigen Tod auf höherer Ebene genau so gewählt hatte, weil er vom „Jenseits“ heraus vielleicht mehr bewegen könnte. War er eventuell sogar fertig damit, sein Karma hier abzuleisten? Die Klippe symbolisierte daher nur die schnellste Art, sich aus den Begrenzungen des Körpers zu befreien. Doch letztlich spekulierten wir nur wild mit irgendwelchen esoterischen Konzepten herum. Die permanente Ungewissheit und die sich darum kreisenden Fragen waren zermürbend.

---

[68] Farewell Spit (von englisch spit = „Landzunge“; maori: Tuhuroa; niederländisch: Sand Duining Hoeck) ist eine schmale Landzunge im äußersten Norden der neuseeländischen Südinsel. Die Nehrung erstreckt sich vom Cape Farewell, dem nördlichsten Punkt der Südinsel, in Richtung Osten.

Es war sicher kein Suizid, den *Ken* dort vollzogen hatte. Die Untersuchung hatte klar einen Unfall ermittelt. Angeblich hatte etwas loses Gestein nachgegeben, als er den Klippen zu nahe kam. Leider kannte ich die genauen Umstände nicht, aber *Kens* Mutter hatte mir einst die Essenz der Ermittlungsergebnisse mitgeteilt. Aus Pietät hakte ich nicht weiter nach. Von meiner Wahrnehmung ausgehend war *Ken* zweifelsohne daran interessiert, die spirituellen Sphären zu entdecken, aber er war nicht lebensmüde. Doch weder ein Suizid noch ein Unfall schienen letzten Endes für mich Sinn zu ergeben.

Da war nach wie vor etwas Fassungslosigkeit in mir. Ich wertete noch immer darüber und sprach über eine Tragödie, dabei fühlte ich, dass das nicht die ganze Story war. Ich wollte diese Sichtweise ablegen. Es gab keinen Trauerfall! Das entsprach nur meiner beschränkten menschlichen Bewertung. Sein höheres Selbst inszenierte nur einen kleinen Unfall, um ihn vom Körper zu trennen, und das könnte man freudig oder zumindest neutral zur Kenntnis nehmen. So wie es *Meister Yoda* aus Krieg der Sterne einst sagte, dass man jubeln und frohjauchzen sollte für jene, die es auf die andere Seite geschafft haben.

So ungefähr wollte es der spirituelle Aspekt in mir betrachten. Bedauerlicherweise hatte der menschliche Anteil in mir seine Schwierigkeiten damit, es so zu sehen, und das hatte mit dem Ego zu tun. Sein Tod mahnte mich meiner eigenen Sterblichkeit. Das verunsichert das Ego ungemein. *Kens* Abgang zeigte mir unbewusste Ängste auf, selber urplötzlich von der Bühne gerissen zu werden, und das resonierte in mir, denn der aktuelle Kontext hier in Mexiko war alles andere als „berechenbar“. Zumindest triggerte es diesen Respekt vor der ultimativen Transformation, die niemandem erspart bleiben würde. Meine Verunsicherung hatte vermutlich in erster Linie damit zu tun, dass ich auf dieser Reise durch Mexiko, genau wie damals in Neuseeland, mehrfach daran erinnert wurde, dass ich keine direkte Kontrolle über äußere Ereignisse habe. Egal wie inständig ich mich bemühe – das Schicksal sitzt definitiv immer am längeren Hebel. Manchmal begibst du dich aus Naivität in Lebensgefahr, dann kommt irgend so ein dahergelaufener Hund und rettet dich. Dann wanderst du wieder zu nah an eine Klippe und das Gestein gibt nach.

Der Tod ist eine Ehrfurcht einflößende Idee. Je nachdem, in welchen Realitätsstrukturen man lebt, assoziieren wir verschiedene Gefühle damit. Für manche Menschen ist der Tod der ewige Frieden – ein Moment, wo für immer die Lichter ausgehen. Für Andere ist er nur ein Übergang in einen alternativen Bewusstseinszustand. *Ken* verstand den Tod als eine Tür in eine parallele Realität. Das war jedem klar, der ihn kannte. Unter den vielen jungen Reisenden, die meinen Weg durch Neuseeland kreuzten, war er einer der bewusstesten Zeitgenossen.

Das war meine Wahrnehmung von *Ken*, soweit ich das von außen bewerten konnte. Es war eine bestimmte mystische Ausstrahlung, die mir durch ihn vermittelt wurde. *Ken* war nie wirklich von dieser Welt und er ist jetzt genau dort, wo er hingehört. Mit diesen Gedanken beendete ich den Schreibmarathon.

Bevor ich ins Traumland abdriften konnte, schossen mir viele Fragen durch den Kopf. Des Nachts hatte ich Neuseeland noch im Traum verarbeitet, aber am Morgen blieben mir nur inhaltliche Bruchstücke, die kein kohärentes Bild ergaben. Es war eh nicht der Augenblick, über Traumfragmente zu brüten. Guerrero Negro war aktiv wie ein Bienenstock. Menschen sammelten sich auf den Straßen und viele Kinder sahen aus wie kleine Banditen. Die Jungs hatten angemalte Bärte, Patronengürtel mit Süßigkeiten und falsche Gewehre. Irgendwann wurde mir klar, dass ausgerechnet an diesem Tag die Revolution in Mexiko zelebriert wurde, die zur Unabhängigkeit des Landes geführt hatte. Dazu wurde ein feierlicher Umzug inszeniert, wo jeder Verein oder lokale Gruppierung sich präsentieren konnte. Gespickt war das Spektakel mit mexikanischen Kindersoldaten, die auf Desperados machten.

„Kindersoldaten" in Guerrero Negro (Foto: Autor)

Sofort kramte ich meine Kamera hervor und fing an, das bunte Treiben zu dokumentieren. Es war herrlich, und ich ging voll in der Situation auf. Als ambitionierter Fotograf fühlte ich mich wie ein Kind im Süßigkeitenparadies. Egal wo man hinschaute, überall gab es lebhafte Motive einzufangen. Ich verlor das Zeitgefühl, aber ich musste so zwei bis drei Stunden beschäftigt gewesen sein. Es gab nur wenige Fotografen mit professionellen Kameras in der kleinen Stadt. Guerrero Negro war allein mein Spielplatz und ich nutze die Gelegenheit voll aus. Es waren nicht viele Touristen unter den Schaulustigen, daher sprangen mir die wenigen Gringos vor Ort sofort ins Auge.

Bürger von Guerrero Negro auf Pferden (Foto: Autor)

In der Menge entdeckte ich einen jungen Burschen, der mir seltsam bekannt vorkam. Als mein Blick auf ihn fiel, lächelte er und grüßte aus der Entfernung. Die Geste mit der Hand passierte so natürlich, dass es mir schien, dass auch er mich zu erkennen glaubte. Ich nickte freundlich zurück, aber fotografierte dennoch weiter. Bevor ich auf ihn zugehen würde, wollte ich kurz meine Erinnerungen sortieren, woher ich sein Gesicht kannte. Hatte er an einem der Strände übernachtet, die ich mit *Jens* zuvor besucht hatte? Fehlanzeige – es fiel mir nicht ein, und das war auch der Moment, als sich die Parade in Bewegung setzte. Ich hatte ja eine Fotomission.

Irgendwann aus dem Nichts löste sich ein Erinnerungsfetzen aus meinem Unterbewusstsein. Es war eine kurze Sequenz, die sich zwei oder drei Tage zuvor in einem kleinen Städtchen weiter nördlich ereignet hatte. Wir fuhren äußerst langsam, weil die Hauptstraße voller Bremshügel war, als plötzlich zwei Anhalter mit Surfboards unter ihren Armen vor uns am Horizont auftauchten. Das hatten wir noch nicht gesehen – der Anblick war wie eine Fata Morgana. Wir hatten nie davon gehört, dass sich das überhaupt jemand trauen würde, per Anhalter durch diese Gegend zu reisen. Für die meisten Amerikaner war dieser Teil von Mexiko der letzte Überrest vom Wilden Westen und dort hat man besser seine eigene Kutsche am Start.

Parade zum mexikanischen Unabhängigkeitstag in Guerrero Negro (Foto: Autor)

Uns imponierten sofort die Kompromisslosigkeit und die Kaltschnäuzigkeit, die hier zur Schau gestellt wurde von den zwei „Surferdudes“, die da freundlich lächelnd am Straßenrand standen. Es war das gleiche Lächeln, das mir jetzt in Guerrero Negro so unvermittelt entgegengebracht wurde. Ich schaute mich erneut um, konnte jedoch den jungen Kerl nicht mehr entdecken, war mir aber dennoch sicher, dass er einer der Tramper gewesen sein musste. Ich erinnerte mich wieder detailliert an die Szene, die sich nur etwa 300km weiter nördlich zugetragen hatte, als wir ihnen begegnet waren:

Jens und ich hatten genug Zeit, die Situation kurz zu erörtern, bis wir auf Höhe der Tramper waren. Es war ausgeschlossen, vier Personen in die Fahrerkabine zu quetschen. Selbst der Wohnbereich auf der Ladefläche war zu dicht bepackt, dass nicht einmal ein Anhalter vernünftig Platz gehabt hätte. Wir konnten nur kurz mit den Jungs kommunizieren, als wir an ihnen langsam vorbeifuhren. Wir signalisierten unsere Ladesituation und wünschten eine sichere Reise. Wir taten das mehr mit Handzeichen und Gesten, als dass sie uns wirklich hören konnten. Sie hatten verstanden und winkten uns zum Abschied.

Ich hätte gerne mit ihnen ein paar richtige Worte gewechselt, aber fand keinen der Jungs wieder, bis ich zurück am Auto war. Dort saßen die beiden Anhalter und chillten neben *Frederique* im Schatten ab. *Jens* war offensichtlich damit beschäftigt, irgendein Gerät zu reparieren, das den Trampern gehörte. Man hatte sich schon kennengelernt. Endlich konnte ich nachfragen, was sie veranlasst hatte, so spartanisch zu reisen.

Wie sich herausstellte, kam die fast schon naive Idee, die Baja California per Anhalter zu erkunden, von zwei Kiwis,[69] die *Joe* und *Ted* heißen. Ich hatte am Vortag so lange über Neuseeland nachgedacht, da war diese Begegnung ja förmlich vorprogrammiert. Wie konnte es anders sein? Neuseeländer leben in einer Welt aus Einhörnern, bunten Regenbögen und Männern mit komischen Hüten auf dem Kopf. Auf ihren kleinen Inseln sind sie dermaßen isoliert vom globalen Drama, dass sie blauäugig davon ausgehen, dass der Rest der Welt ebenfalls so harmonisch funktioniert wie daheim. Allein ihre positive Einstellung scheint dafür zu sorgen, dass dem tatsächlich auch so ist – selbst hier in Baja, Mexiko.

Ich musste über die Synchronizität sofort lachen und *Joe* fragte nach, was so belustigend sei. Ich antwortete ihm, dass ich bis in die frühen Morgenstunden hinein mein Neuseelandkapitel geschrieben hätte, und dass ich es als einen „witzigen Zufall" betrachtete, jetzt die ersten Kiwis in Mexiko zu treffen. Sie wären auch die einzigen Neuseeländer gewesen, seit ich Neuseeland verlassen hatte, hätte ich nicht einen Monat zuvor Santa Cruz besucht, um meine alte Wohngemeinschaft aus Wellington zu erreichen, die „zufällig" zu dieser Zeit in Kalifornien geschlossen Urlaub machte.

---

[69] Kosename für Neuseeländer.

Als *Ted* nachfragte, wie mir ihr Land gefallen hätte, gab ich ihnen einen kurzen Abriss von dem Resümee, welches ich in der Nacht zuvor geschrieben hatte. Nachdem ich sporadisch darauf einging, dass mir die Wildnis beinahe zum Verhängnis geworden wäre – ohne gleich den mysteriösen Hund zu erwähnen, der mich davor bewahrt hatte, in einer kritischen Situation zu enden – begegnete mir *Joe* mit umfangreichen Statistikkentnissen. Er kannte exakt die aktuellen Zahlen, wie viele hundert Touristen pro Jahr verloren gingen und was die durchschnittlichen Überlebenschancen waren.

Ted und Joe – zwei Tramper durch Baja Kalifornien am Surfspot „The Wall" (Foto: Autor)

Eine Freundin aus Wellington hatte mir gleichermaßen solche Statistiken vorgebetet, bevor sie mich zu meiner Wanderung entließ. *Joe* sagte mit bedenklicher Stimme, dass es ein typisches Problem sei, dass Touristen die Gefahren der Natur und die äußerst dünne Besiedelung Neuseelands unterschätzen würden. Er schwieg einen Moment nachdenklich. Ich musterte *Joe*, wie er wortlos zu Boden starrte und selbst *Ted* wirkte schlagartig bedrückt. Ein emotionales Ereignis schien ihnen durch den Kopf zu gehen und ich ahnte, dass einer von beiden in solch einem Touristendrama involviert gewesen sein musste. Es kam mir vor, als überlegten sie kurz, ob jetzt der passende Zeitpunkt war, das Trauma zu rekapitulieren. Dann platzte unvermittelt eine traurige Geschichte aus *Joe* heraus, in der ein junger Holländer von einer Klippe bei Farewell Spit gestürzt war. Aus mir brach im Gegenzug ein kurzer gedämpfter „Verlegenheitslacher" hervor. Ich sagte ihm, dass er vermutlich von *Ken Bogers* reden würde, und beide Kiwis schauten mich mit großen Augen an. Ungläubig fragte *Joe*, woher ich die Geschichte kennen würde. Ich deutete auf *Kens* Stein um meinen Hals und erzählte ihm von unserer Begegnung, bevor er den Unfall hatte. Davon hatte ich ja die Nacht zuvor geschrieben.

Speziell *Joe* war geschockt von der Synchronizität, denn auch er hatte eine emotionale Verbindung. So erklärte er mir, dass sein Vater als Ranger von Farewell Spit die sterbliche Hülle von *Ken* gefunden hatte und der Fall damit seine gesamte Familie berührt hatte. Wir schwiegen in einem Moment der völligen Verblüffung, denn das war eine Synchronizität, die sich gewaschen hatte. Das musste ich kurz statistisch überfliegen, wie hoch die Wahrscheinlichkeiten waren, in Mexiko einen Neuseeländer zu treffen, nachdem ich neun Stunden zuvor das entsprechende Kapitel geschrieben hatte. Das war schon mehr als ungewöhnlich. Extrem unwahrscheinlich war jedoch der Umstand, dass es sogar eine gemeinsame Verbindung mit *Ken* gab. Dennoch war es just in diesem Moment passiert. Das ließ ich erstmal so sacken.

Zusammen unterwegs mit den Kiwis und anderen Baja-Reisenden (Foto: Autor)

Mir waren viele Synchronizitäten begegnet entlang meiner Reise, aber keine war für mich so emotional geladen, wie die Kiwibegegnung in Mexiko. Am

Abend erzählte ich *Jens* von der synchronistischen Ereignisverkettung. Er empfand die Jungs ebenfalls als äußerst inspirierend – wenn auch etwas sonderbar in ihrem konsequenten Optimismus. Für *Jens* handelte es sich mehr um einen Fall von naivem Leichtsinn. Wir einigten uns darauf, die seltenen Paradiesvögel einzuladen, uns zum nächsten Strand zu begleiten. Wir deuteten die Synchronizität als einen klaren Hinweis, dass die jungen Neuseeländer uns vom Universum geschickt wurden. Möglicherweise durften wir von ihnen die Leichtigkeit des Lebens lernen, und wie man mit einer unerschütterlich, positiven Einstellung jede Herausforderung meistert.

„Synchronizitäten sind eine allgegenwärtige Realität für diejenigen, die Augen haben zu sehen."

— Carl Gustav Jung —

4.2 „OBE" UND „NDE"

Während Synchronizitäten die subtilste Erfahrungsform sein können, die das Bewusstsein bzw. den Verstand die physische Realität hinterfragen lassen, so sind Out-of-Body-Erfahrungen (OBEs) das genaue Gegenteil von Subtilität. Sie verheißen zumeist einen radikalen Bruch mit dem alten Paradigma. Natürlich bedeutet eine außerkörperliche Episode nicht automatisch, dass man die Realität als ein virtuelles Konstrukt erkennt – was gleichermaßen für Synchronizitäten gilt. Dennoch wird vielen Menschen nach einer solchen Konfrontation klar, dass ihr Bewusstsein nicht vom Körper abhängig ist, und dass das Leben mehr umfasst als eine 4-dimensionale Raum-Zeit-Struktur. Es ist dementsprechend temporär abgekoppelt vom physischen Avatar und dessen grobstofflicher Bühne.

4.2.1 Außerkörperliche Erfahrungen (OBEs)

Aus psychologischer Sicht, im Rahmen eines *cartesischen* Paradigmas, bezieht sich eine außerkörperliche Erfahrung (OBE) auf ein dissoziatives Phänomen, bei dem eine Person das Gefühl der Loslösung von ihrer physischen Struktur empfindet und ihr Bewusstsein oder „Selbst" als außerhalb ihres Körpers existierend wahrnehmen kann. Diese Anomalie wurde vermutlich am tiefgründigsten von *Robert M. Monroe* erforscht, der umfangreiche Publikationen[70] dazu

[70] Beispiel: *Monroe, R. A.* (1971) „Journeys Out of the Body" Anchor Press/Doubleday.

veröffentlicht hat, in denen all die vielschichtigen OBE-Effekte beschrieben werden. Entscheidend ist, dass man bei diesen Zuständen oft das Empfinden hat, zu levitieren, zu schweben oder sich allgemein zu bewegen, während der Soma[71] unbeweglich bleibt.

In der materialistischen Psychologie werden OBEs als Veränderungen in der normalen Integration von sensorischen und propriozeptiven Informationen betrachtet, die zu einem Gefühl des externen Selbst und der Entkopplung der Körperzugehörigkeit beitragen. Viele Menschen berichten, dass sie irgendwann in ihrem Leben ein OBE hatten, doch die Häufigkeit und Intensität dieser Erlebnisse kann sehr unterschiedlich sein. Dazu wurden mehrere psychologische und physiologische Faktoren mit dem Auftreten von OBEs in Verbindung gebracht. In der modernen Medizin werden sie daher nur als Kompensationsreaktionen unseres Geistes betrachtet, um mit außergewöhnlichen Belastungen umzugehen. Während OBEs von Menschen gezielt initiiert werden können, z.B. durch psychoaktive Substanzen oder spezifischen Praktiken, kennen Ärzte eine Reihe von Einflussvariablen, die einen solchen Zustand auch spontan auslösen können:

- **Schlafzustände:** OBEs werden manchmal mit schlafbezogenen Phänomenen in Verbindung gebracht, wie z. B. Schlaflähmung oder luzidem Träumen. Während dieser Zustände ist die Grenze zwischen Wachsein und Schlaf fließend, und es kann zu veränderten Wahrnehmungen des Körpers und der Umgebung kommen.

- **Trauma oder Stress:** Extremer Stress, Traumata oder lebensbedrohliche Situationen können dissoziative Reaktionen, einschließlich OBEs, auslösen. Einige Personen berichten, dass sie in Momenten intensiven emotionalen oder körperlichen Stresses OBEs hatten.

- **Neurologische Faktoren:** Bestimmte neurologische Erkrankungen oder Anomalien, wie Epilepsie oder Migräne, wurden als Auslöser für OBEs betrachtet. Veränderungen der Hirnaktivität können zu einer veränderten Wahrnehmung der Lage des Körpers beitragen.

- **Drogenkonsum:** Einige Substanzen, wie halluzinogene Drogen oder dissoziative Anästhetika, können veränderte Bewusstseinszustände hervorrufen, die OBE-ähnliche Erfahrungen beinhalten können.

---

[71] Meint den physischen Körper.

- **Meditation und Praktiken für veränderte Zustände:** Bestimmte Meditationspraktiken und Techniken zur Herbeiführung veränderter Bewusstseinszustände können zu Erfahrungen führen, die einer OBE ähneln. Personen, die Praktiken anwenden, die darauf abzielen, das Bewusstsein vom physischen Körper zu trennen, sind möglicherweise anfälliger für solche Erfahrungen.

4.2.2 Nahtoderfahrungen (NDEs)

Nahtoderfahrungen (NDEs) sind tiefgreifende und oft transformative Erfahrungen, von denen manche Menschen berichten, nachdem sie in eine lebensbedrohliche Situation geraten sind oder dem Tod nahe waren. Sie sind die vermutlich radikalste Form der OBEs. Im Gegensatz zu den zuvor beschriebenen Auslösern und ihren Konsequenzen, in denen zumeist noch eine rudimentäre Verbindung zum Körper bestehen bleibt, reißt bei Nahtoderfahrungen der Kontakt zum physischen Avatar vollständig ab. Diese Erfahrungen umfassen in der Regel eine Reihe subjektiver Phänomene und sind oft durch das Empfinden gekennzeichnet, den Körper zu verlassen, sich durch einen Tunnel oder auf ein Licht zuzubewegen, verstorbenen Angehörigen zu begegnen und ein tiefes Gefühl von Frieden, Liebe oder Transzendenz zu erleben.

Viele Menschen beschreiben die Wahrnehmung, außerhalb ihrer physischen Gestalt zu schweben, und ihre Umgebung oder sogar medizinische Wiederbelebungsmaßnahmen zu beobachten. Typischerweise enthalten Nahtod-Erfahrungsberichte in vielen Fällen einen Lebensrückblick – eine panoramische und oft nicht wertende Retrospektive auf wichtige Ereignisse im Leben. Die Betroffenen beschreiben häufig Empfindungen von tiefem Frieden, Liebe und Akzeptanz während der Rückschau. Einige Fallstudien sprechen von einem Gefühl, von einer liebevollen Präsenz umgeben zu sein. Trotz des friedlichen und oft glückseligen Charakters der NDEs berichten viele Personen von einer bewussten Entscheidung, in ihren physischen Körper zurückkehren zu wollen, um weiterzuleben.

Nahtoderfahrungen wurden im Laufe der Geschichte immer wieder dokumentiert, doch mit dem Aufkommen der medizinischen Wiederbelebungstechnologien im späten 20. Jahrhundert häuften sich solche Berichte. Die NDE-Forschung ist multidisziplinär und umfasst die Fachbereiche Psychologie, Neurowissenschaften und Spiritualität. Die einen führen NDEs auf psychologische und physiologische Faktoren zurück, während andere sie als Beweis für ein

Leben nach dem Tod oder eine spirituelle Dimension ansehen. Wie üblich sind auch hier die Meinungen gespalten.

„Es ist an der Zeit, dass die medizinische Wissenschaft aufhört, das Gehirn als alleinigen Sitz des Bewusstseins zu betrachten.“

— Pim van Lommel —

Im Fachbereich der Bewusstseinsforschung haben sich nur wenige so tief in die rätselhafte Welt der Nahtoderfahrungen eingearbeitet wie *Pim van Lommel*, ein niederländischer Kardiologe, dessen bahnbrechende Arbeit neue Wege zum Verständnis der Überschneidung von Leben, Tod und Bewusstsein eröffnet hat. In diesem Kontext ist es essentiell, *van Lommel* als Autorität in der NDE-Erforschung zu beleuchten. Dazu muss ich seine Methodik, die wichtigsten Ergebnisse und die tiefgreifenden Auswirkungen auf unsere Interpretation des menschlichen Geistes kurz erörtern.[72]

Van Lommels Faszination für die Geheimnisse rund um den Tod und das Bewusstsein wurde durch seine Begegnungen mit Patienten ausgelöst, die Nahtoderfahrungen gemacht hatten. Speziell als Kardiologe trifft man zwangsläufig auf solche Menschen. Der transformative Charakter dieser Schilderungen veranlasste ihn zu einer rigorosen wissenschaftlichen Erforschung, um die Dimensionen des Bewusstseins zu entschlüsseln, die über die Grenzen des klinischen Todes hinausgehen. Ausgestattet mit einem medizinischen Hintergrund und der Verpflichtung zu einer umfassenden akademischen Untersuchung, entwarf *van Lommel* Studien zur systematischen Erfassung und Analyse von Nahtoderfahrungen. Seine Methodik bestand darin, detaillierte Berichte von Personen zu sammeln, die einen Herzstillstand erlitten hatten und wiederbelebt worden waren. Daraus formulierte sich das Ziel, die subjektiven Aspekte ihrer Erfahrungen zu erforschen, während er gleichzeitig physiologische Faktoren sorgfältig dokumentierte.

Van Lommels Forschungen brachten wiederkehrende Themen in NDEs zutage, die einen Rahmen für das Verständnis der gemeinsamen Elemente dieser tiefgreifenden Begegnungen bieten. Themen wie außerkörperliche Erfahrungen, Tunnelphänomene, die Konfrontation mit verstorbenen geliebten Menschen und ein tiefes Gefühl von Frieden und Liebe kristallisierten sich als Schlüsselkomponenten von NDEs heraus. Im Mittelpunkt von *van Lommels*

---

[72] *Willem (Pim) van Lommel* ist ein niederländischer Kardiologe, der für seine Forschungen über Nahtoderfahrungen (NDEs) bekannt ist. Ein Schlüsselwerk von *Pim van Lommel* finden Sie unter: *van Lommel, P.* (2010) „Consciousness Beyond Life: The Science of the Near-Death Experience“ HarperOne.

Arbeit steht die Erforschung des Bewusstseins als ein Phänomen, das über die Grenzen des Gehirns hinausgeht. Seine Ergebnisse stellen die herkömmliche Auffassung in Frage, dass die bewusste Wahrnehmung ausschließlich ein Produkt der Gehirnaktivität sei, und legen nahe, dass das Bewusstsein während einer Nahtoderfahrung unabhängig vom Körper weiter funktioniert. Das ist natürlich ein Affront im materialistischen Paradigma der klassischen Medizin.

„Die implizite Annahme des Materialismus, dass das Bewusstsein vom Gehirn erzeugt wird, ist ein Dogma, das die wissenschaftliche Forschung behindert hat.“

— Pim van Lommel —

Wenn man *van Lommels* Arbeit betrachtet und die Berichte anderer Forscher auf diesem Gebiet liest, dann offenbart sich ein buntes Spektrum an wiederkehrenden Mustern. Es gibt eindeutig unterschiedliche Sphären und nicht alle treten bei jedem NDE auf. Es kann sein, dass jemand „lediglich“ ein klassisches OBE hat, welches es ihm temporär erlaubt, quasi als „Geist“ umher zu schweben. Viele beschreiben dann, dass sie den Raum sehen, in dem ihr Körper liegt – also der Ort, wo bspw. die Operation stattfindet. Sie hören die Gespräche der Ärzte und haben dabei ein peripheres Raumsehen. Manche Patienten können beispielsweise den OP-Tisch von oben sehen, die umgebenden Menschen und sogar ihre Gedanken wahrnehmen. In vielen Fällen wird davon berichtet, wie sie dann Wände oder die Zimmerdecke durchdrungen haben, um so das ganze Areal von außen zu beobachten. Extrem faszinierend sind Begebenheiten, in denen die Patienten dafür auch Beweise lieferten. In einem berühmten Fallbeispiel, welches *van Lommel* beschreibt, fiel dem Patienten während seines „OBE-Fluges“ um das Krankenhaus auf, dass jemand in einem höheren Stockwerk seine Schuhe ins Fensterbrett gestellt hatte! Diese Aussage bestätigte sich im Nachhinein, nachdem eine Krankenschwester geschickt wurde, die Angelegenheit zu prüfen.

Über den wissenschaftlichen Bereich hinaus hat *van Lommels* Arbeit auch praktische Auswirkungen auf die Pflege am Lebensende. Er plädiert für einen ganzheitlicheren Ansatz, der die spirituellen und existenziellen Dimensionen des Sterbeprozesses berücksichtigt, und betont, wie wichtig eine mitfühlende und unterstützende Betreuung von Menschen ist, die eine Nahtoderfahrung erlebt haben. Die Arbeit von *van Lommel* hat zwar internationale Aufmerksamkeit und großen Beifall geerntet, ist aber nicht ohne Kritiker geblieben. Einige Wissenschaftler stellen seine Interpretation von NDE in Frage und plädieren für alternative Erklärungen, die ausschließlich in der Hirnphysiologie begründet sind. *Pim van Lommel* bleibt jedoch bei seiner Überzeugung, dass die Untersuchung von NDEs ein erweitertes Paradigma erfordert, das sowohl wissenschaftliche als auch spirituelle Perspektiven einbezieht.

Pim van Lommels Beiträge zur Erforschung von Nahtoderfahrungen haben die Exploration des Bewusstseins in bisher unbekannte Gefilde vorangebracht – zumindest im Kontext der modernen Medizin. Sein Buch „Endloses Bewusstsein" wurde zu einem internationalen Bestseller und inspirierte andere Ärzte, offen über vergleichbare Erfahrungen mit ihren Patienten zu reden. Um das Kapitel abzuschließen, lässt sich zusammenfassend sagen, dass es ein breites Spektrum von außergewöhnlichen Wahrnehmungen gibt, die als NDEs oder OBEs bezeichnet werden. Sie alle deuten darauf hin, dass Bewusstsein nicht vom physischen Körper abhängig ist. Der Geist ist demnach etwas tiefer und komplexer, als es die herkömmliche Schulmeinung zugeben möchte. Es sei hier jedoch angemerkt, dass noch eine weitere Begrifflichkeit existiert, die sich auf das gleiche Grundphänomen bezieht. Lassen Sie uns daher über transpersonelle Erfahrungen sprechen.

4.3 TRANSPERSONELLE ERFAHRUNGEN

Nach dem Konzept von *Stanislav Grof*[73] ist eine transpersonale Erfahrung ein veränderter Bewusstseinszustand, der über die individuelle oder persönliche Ebene hinausgeht und ein Gefühl der Verbundenheit mit etwas Größerem beinhaltet, wie dem kollektiven Unbewussten, dem kosmischen oder universellen Bewusstsein oder spirituellen Dimensionen. *Grof*, ein Psychiater und einer der Pioniere der transpersonalen Psychologie, hat dieses Wahrnehmungsspektrum ausführlich erforscht und beschrieben. Hier tauchen viele Beschreibungen und Berichte auf, die auch aus den Publikationen *van Lommels* stammen könnten.

Zu den Schlüsselelementen der transpersonalen Erfahrungen gehört nach *Grof* auch die Einheitserfahrung, die speziell in den vedischen Schriften betont wird. Wir sprechen hierbei u.a. von Singularität. Außergewöhnliche Erlebnisse beinhalten oft ein tiefes Gefühl der Verbundenheit und Einheit mit der gesamten Existenz. Betroffene berichten dann oft, dass sie sich *Eins* mit der Natur, der Menschheit oder dem ganzen Kosmos fühlten. Wie ich wiederholt betont

---

[73] *Stanislav Grof* ist ein tschechischer Psychiater, der für seine bahnbrechenden Forschungen auf dem Gebiet der psychedelischen Therapie und seine Beiträge zur Entwicklung der transpersonalen Psychologie bekannt ist. Ein grundlegendes Werk von *Stanislav Grof* findet sich in: *Grof, S.* (1975) „Realms of the human Unconscious: Observations from LSD Research" Viking Press.

habe, ist diese Vorstellung auch für viele Quantenphysiker keine abstrakte Wahnvorstellung, da sie diese Singularität in ihren mathematischen Gleichungen finden.

Weiterhin wird in *Grofs* Forschung die Brücke zu *C. G. Jungs* Arbeit gezogen, wenn es beispielsweise um Begegnungen mit Archetypen geht. Genau wie im Traumzustand geht man im transpersonellen Kontext von einer tieferen Vernetzung mit dem Unterbewusstsein aus, welches das Individuum transzendiert. Archetypische Figuren und Symbole aus dem kollektiven Unbewussten können in solchen Grenzerfahrungen erscheinen. Dazu können mythologische Wesen, Gottheiten oder Sinnbilder gehören, die eine profunde, universelle Bedeutung haben. Diese Wahrnehmungsbereiche führen oft zu Einsichten spiritueller oder mystischer Qualität. Die Betroffenen berichten dann über ein tiefes Verständnis bezüglich der Natur der Realität, des Sinns des Lebens oder die Wahrnehmung der Transzendenz jenseits des gewöhnlichen Ego-Bewusstseins.

Transpersonale Zustände können mit einem Empfinden der Zeitlosigkeit oder dem Eindruck verbunden sein, außerhalb der Beschränkungen von Raum und Zeit zu stehen. Dies kann zu Erfahrungen von Ewigkeit bzw. einem nichtlinearen Verständnis von Zeit führen. Viele Menschen berichten, dass transpersonale Erlebnisprozesse tiefgreifende Heilwirkungen auf psychischer, emotionaler und sogar physischer Ebene haben. Sie können zu einem verstärkten Wohlbefinden, persönlichem Wachstum und spiritueller Entwicklung führen. Diese Wahrnehmungen können spontan auftreten oder durch verschiedene Mittel wie Meditation, Atemarbeit, psychedelische Substanzen oder andere kontemplative Praktiken hervorgerufen werden. *Grof* entwickelte eine spezielle therapeutische Technik, die als „Holotropic Breathwork"[74] bekannt ist, und bei welcher, kontrollierte Atmung in Kombination mit Musik eingesetzt wird, um veränderte Bewusstseinszustände herbeizuführen, und die dazu dient, die transpersonelle Selbstexploration zu erleichtern.

In *Grofs* Modell werden transpersonale Erfahrungen als integraler Bestandteil der menschlichen Psyche betrachtet, und er geht davon aus, dass sie eine entscheidende Rolle bei der persönlichen Entwicklung und der seelischen Evolution spielen. Seine Arbeit hat wesentlich zur akademischen Forschung beigetragen, welche die transzendenten und spirituellen Aspekte der mensch-

---

[74] Das Holotrope Atmen (Engl. „Holotropic Breathwork") ist ein von *Stanislav Grof* und *Christina Grof* entwickelter therapeutischer Ansatz, bei dem durch kontrollierte Atmung und Musik veränderte Bewusstseinszustände hervorgerufen werden. Grundlegende Informationen zum Holotropen Atmen finden Sie in: *Grof, S., & Grof, C.* (2010) „Holotropic Breathwork: A New Approach to Self-Exploration and Therapy" State University of New York Press.

lichen Erfahrung im Rahmen der Psychologie untersucht. Auf die von *Stanislav Grof* entwickelte Technik des „Holotropen Atmens“ werde ich noch im Detail eingehen. Doch beginnen wir zunächst bei den bekannten Substanzen, die eine solche transpersonelle Wahrnehmung initiieren können, denn hier begann auch *Grofs* Ansatz, in die tieferen Bereiche der Psyche vorzudringen.

4.4 SUBSTANZINDUZIERTE ERFAHRUNGEN

Verschiedenste Substanzen wurden von allen Kulturen verwendet, um veränderte Bewusstseinszustände oder transpersonale Erfahrungen herbeiführen. Es ist essentiell, zu verstehen, dass die Verwendung dieser Wirkstoffe oft mit kulturellen, religiösen oder spirituellen Praktiken verbunden ist. Daraus ergab sich ein gewisser geschützter Rahmen. Dennoch kann der Gebrauch bestimmte Risiken für die körperliche und geistige Gesundheit mit sich bringen. Außerdem wird der rechtliche Status dieser Substanzen in den verschiedenen Ländern sehr unterschiedlich gehandhabt. Dieser Abschnitt soll keine Propaganda für Substanzmissbrauch sein und ich kann nur jedem raten, solche Experimente ausschließlich in einem kontrollierten therapeutischen Setting mit professionellen Begleitern zu unternehmen. Hier sind einige Substanzen, die häufig mit Versuchen in Verbindung gebracht werden, transpersonale Erfahrungen auszulösen:

- **Psilocybin (Magic Mushrooms):** Das in bestimmten Pilzen enthaltene Psilocybin ist dafür bekannt, dass es halluzinogene Wirkungen hervorruft, die zu veränderten Wahrnehmungen und Erfahrungen von Verbundenheit führen können.

- **LSD (Lysergsäurediethylamid):** Eine starke halluzinogene Droge, die Gedanken, Wahrnehmungen und Gefühle verändert, was oft zu einem Gefühl des erweiterten Bewusstseins führt.

- **DMT (Dimethyltryptamin):** DMT ist eine natürlich vorkommende Substanz, die in Pflanzen und Tieren vorkommt und für ihre intensiven, kurzlebigen psychedelischen Wirkungen bekannt ist, die oft als Erfahrungen beschrieben werden, bei denen man in andere Welten eintritt.

- **Ayahuasca:** Eine psychoaktive Pflanzenmischung, die traditionell in schamanischen Zeremonien im Amazonasgebiet verwendet wird. Ayahuasca enthält DMT und soll zu spirituellen Einsichten und Heilerfahrungen führen.

- **Iboga:** Iboga wird aus der Wurzelrinde der Tabernanthe-Iboga-Pflanze gewonnen und wird in einigen afrikanischen spirituellen Praktiken verwendet; es ist dafür bekannt, intensive visionäre Erfahrungen hervorzurufen, und wird als potentes Therapeutikum beschrieben bei Suchterkrankungen.

- **MDMA (3,4-Methylendioxymethamphetamin):** MDMA ist zwar in erster Linie für seine empathogenen und stimulierenden Wirkungen bekannt, soll aber auch veränderte Bewusstseinszustände, einschließlich des Gefühls der Verbundenheit, hervorrufen.

- **Marihuana:** Cannabis wird häufig wegen seiner psychoaktiven Wirkungen konsumiert, die veränderte Wahrnehmungen, Entspannung und ein verändertes Zeitempfinden umfassen können. Einige Personen berichten von Erfahrungen mit einem erweiterten Bewusstsein unter dem Einfluss von Cannabis.

- **Ketamin:** Das medizinisch als Narkosemittel eingesetzte Ketamin ist auch für seine dissoziative Wirkung bekannt. Es kann veränderte Bewusstseinszustände hervorrufen, die manchmal als „außerkörperliche" Erfahrungen beschrieben werden.

Wer mehr über die individuelle Wirkung der verschiedenen Substanzen lernen möchte, dem steht ein weites Spektrum an Literatur zur Verfügung. Als die oberste westliche Autorität würde ich persönlich *Terence McKenna*[75] verorten. Er war Schriftsteller, Philosoph, Ethnobotaniker und Verfechter eines verantwortungsvollen Umgangs mit psychedelischen Pflanzen. Seine Publikationen umfassten eine Vielzahl von Themen, dennoch ist er bekannt geworden für sein erstaunliches Praxiswissen bezüglich Psychedelika sowie seine Einsichten über Zeit, Bewusstsein und die Natur der Realität.

Wenngleich *Terrence McKenna* eine recht exzeptionelle Expertise entwickelte, so gibt es bis heute Menschen, die sich mit ähnlichen Themen beschäftigten, sei es im Bereich der psychedelischen Forschung, der Ethnobotanik oder der Dokumentation veränderter Bewusstseinszustände. Hier sind einige Personen, die auf unterschiedliche Weise zum gigantischen Fundus und zur Aufklärung beigetragen haben: *Ralph Metzner*, *Robert Anton Wilson*, *Aldous Huxley* und

---

75 *Terence McKenna* war ein amerikanischer Ethnobotaniker, Philosoph und Verfechter eines verantwortungsvollen Umgangs mit psychedelischen Substanzen. Ein grundlegendes Werk von *Terence McKenna* finden Sie unter: *McKenna, T.* (1992) „The Archaic Revival: Speculations on Psychedelic Mushrooms, the Amazon, Virtual Reality, UFOs, Evolution, Shamanism, the Rebirth of the Goddess, and the end of History" HarperOne.

Rick Strassman. Da die Literatur dieser Autoren so vielschichtig ist, möchte ich mich in meiner Zusammenfassung auf eine Substanz fokussieren, die im westlichen Kontext den signifikantesten Einfluss hatte, wenn es um psychotherapeutische Arbeit geht: LSD.

4.4.1 Die kurze Geschichte von LSD als Therapeutikum

Die Geschichte von LSD[76] als therapeutisches Mittel ist gekennzeichnet durch seine frühe Verheißung und seine weit verbreitete Verwendung in der Mitte des 20. Jahrhunderts, gefolgt von einer Zeit des Verbots und der Stigmatisierung. Mittlerweile befinden wir uns wieder in einer Epoche der Renaissance, die charakterisiert ist durch ein wiederaufflammendes Interesse an seinem Potenzial als Psychotherapeutikum.

LSD (Lysergsäurediethylamid) wurde erstmals 1938 von *Albert Hofmann* synthetisiert. In den 1950er und 1960er Jahren erforschten Wissenschaftler und Ärzte, darunter Psychiater wie *Stanislav Grof, Timothy Leary, Richard Alpert* und *Humphry Osmond*, den Einsatz von LSD in der Psychotherapie. Sie erkannten, dass die Verabreichung dieser Substanz tiefe Einsichten ermöglicht und bei der Behandlung verschiedener psychischer Erkrankungen helfen konnte. LSD erlaubte es den Therapeuten, nach eigener Aussage, in nur einer Session den Fortschritt von Jahren der Gesprächstherapie zu generieren.

Ende der 1950er Jahre wurde LSD als psychotherapeutisches Mittel immer populärer. Forscher führten Studien durch, die positive Ergebnisse bei der Behandlung von Alkoholismus, Angstzuständen, Depressionen und existenziellen Problemen zeigten. Jedoch wurde LSD gleichermaßen in der Gegenkultur der 1960er Jahre immer beliebter, was zu einem weit verbreiteten Freizeitkonsum führte. Bedenken über die unvorhersehbaren Wirkungen der Droge, das Missbrauchspotenzial und ihre Verbindung mit Anti-Establishment-Bewegungen zogen Ende der 1960er Jahre ein internationales Verbot nach sich.

Die Ikonen der LSD-Forschung reagierten ganz unterschiedlich auf die Unterdrückung der Substanz, die solch enormes Potenzial zeigte. *Stanislav Grof, Timothy Leary* und *Richard Alpert* (der später zu *Ram Dass* wurde) waren Mitte

---

[76] LSD (Lysergsäurediethylamid): Die Entdeckung geht auf den Schweizer Chemiker *Albert Hofmann* zurück. „LSD: Mein Sorgenkind" ist ein autobiografischer Bericht von *Hofmann*, in dem er über die Entdeckung von LSD, seine psychedelischen Eigenschaften und die Auswirkungen der Substanz auf Wissenschaft und Kultur reflektiert. Das Buch gibt Einblicke in *Hofmanns* Erfahrungen und Perspektiven auf die Entwicklung und Auswirkungen von LSD. Quelle: *Hofmann, A.* (1980) „LSD: My Problem Child" McGraw-Hill.

des 20. Jahrhunderts allesamt Pioniere in der Erforschung von Psychedelika,[77] insbesondere von LSD. Sie teilten zwar ein initiales Interesse bezüglich der Möglichkeit, psychedelischer Substanzen zur Bewusstseinserweiterung zu erforschen, doch ihre Wege und Ansätze gingen im Laufe der Zeit auseinander.

Albert Hofmann, der aus Versehen mit LSD in Berührung kam und mit seinem Fahrrad nach Hause fährt (Grafik auf Löschpapier, auf das LSD ausgeträufelt wird)
(Quelle: https://www.lsdblotter.art/albert-hofmanns-bike-ride-blotter-art/)

Timothy Leary, ein amerikanischer Psychologe und Schriftsteller, begann seine Forschung mit Psilocybin (einem natürlich vorkommenden Psychedelikum), bevor er zu LSD überging. Anfang der 1960er Jahre führten er und sein Kollege

---

[77] Als Psychedelika werden halluzinogen wirksame psychotrope Substanzen bezeichnet, die in höheren Dosierungen einen psychedelischen Rauschzustand (umgangssprachlich: „Trip") auslösen können.

Richard Alpert an der Harvard-Universität bahnbrechende Experimente durch, in denen sie den potenziellen psychologischen und spirituellen Nutzen von Psychedelika erforschten. *Learys* Eintreten für den weit verbreiteten Gebrauch von LSD und sein berühmter Satz „Turn on, tune in, drop out" erregten jedoch große Aufmerksamkeit und Kontroversen. Daraus folgend wurde er zu einer Ikone der Gegenkulturbewegung der 1960er Jahre. *Learys* Begeisterung für psychedelische Substanzen und seine Konfrontationen mit den Behörden führten zu juristischen Problemen, einschließlich seiner Verhaftung und Inhaftierung. In seinen späteren Jahren widmete sich *Leary* einer Vielzahl von Aktivitäten, darunter Vorträgen, dem Schreiben und sogar der Beschäftigung mit Technologie. Er verstarb 1996.

Timothy Leary & Richard Alpert bei einer Pressekonferenz
(Foto: San Francisco Chronicle/Hearst Newspapers via Getty Images)

Richard Alpert war ebenfalls ein Psychologieprofessor aus Harvard. Er arbeitete mit *Leary* in den frühen psychedelischen Experimenten zusammen. Beide Akademiker wurden jedoch aufgrund von Kontroversen bezüglich ihrer Forschung und ihres Engagements im Kontext von LSD des Campus verwiesen. Doch statt in den Widerstand zu gehen, wie sein Kollege *Leary*, entschied sich *Alpert* dazu, einen alternativen Weg einzuschlagen, um auf traditionelle Weise in transpersonelle Bereiche vorzudringen. Inspiriert durch seinen Erfahrungen mit Psychedelika reiste er nach Indien und wurde ein Anhänger von *Neem Karoli Baba*, einem spirituellen Lehrer. *Alpert* nahm später den Namen *„Ram Dass"* an, was „Diener Gottes" bedeutet, und schlug einen rein geistigen Weg ein. Dieser Ansatz konzentrierte sich auf die Philosophie der Liebe, des Dienens und der Integration spiritueller Praktiken in das tägliche Leben.

> ***„LSD war ein Katalysator für meine spirituelle Reise, aber es war kein Ersatz für die Reise selbst.“***
>
> **— Dr. Richard Alpert (Ram Dass) —**

Nach einiger Zeit wurde *Ram Dass* selber ein spiritueller Lehrer, Dozent und Autor, der den Schwerpunkt auf Achtsamkeit und geistiges Erwachen legte. Sein einflussreiches Buch „Be Here Now“[78] wurde zu einem Klassiker der spirituellen Literatur. *Ram Dass* hat bis zu seinem Tod im Jahr 2019 weiter gelehrt und unzählige Menschen damit tief inspiriert. Sein fundamentaler Ansatz, sein Bewusstsein im „Hier und Jetzt“ zu konzentrieren, ist dem von *Eckhart Tolle*[79] erstaunlich ähnlich. Doch kommen wir zum Nächsten im Bunde.

Stanislav Grof wurde 1931 in der Tschechoslowakei geboren und schlug zunächst eine traditionelle medizinische Laufbahn ein. Erst später wurde er Psychiater. Seine Arbeit mit LSD begann in den frühen 60er Jahren, als er von seinem Kollegen und Mentor *Jan Bastiaans* in die Substanz eingeführt wurde. *Grofs* erste Forschungen konzentrierten sich auf das therapeutische Potenzial von LSD für die Behandlung verschiedener psychiatrischer Erkrankungen, darunter Angststörungen und Depression. Nach dem Verbot des Wirkstoffs suchte auch er einen alternativen Ansatz. Jedoch verstand er, dass die meditativen Praktiken seines Kollegen *Dr. Alpert* im westlichen Kontext in der Breite nicht applizierbar waren, da sie Zeit, Hingabe und Disziplin voraussetzen. Als Antwort entwickelte *Grof* eine Technik, die als „Holotropes Atmen“ bekannt ist und bei der durch kontrollierte Atmung veränderte Bewusstseinszustände ohne Psychedelika herbeigeführt werden. Er setzte seine Forschungen über nicht-alltägliche Bewusstseinserfahrungen fort und wurde zu einer prominenten Persönlichkeit auf dem Gebiet der transpersonalen Psychologie.

> ***„Eine Psychotherapie, die tief in unbewusste Prozesse eingreift, hat ein erstaunliches Potenzial für die Heilung psychischer Wunden, und das ist eine absolut phänomenale Intervention auf dem gesamten Gebiet der psychischen Gesundheit.“***
>
> **— Stanislav Grof —**

Zusammenfassend lässt sich sagen, dass *Grof*, *Leary* und *Alpert* ihre Reise in der psychedelischen Forschung zwar gemeinsam begannen, dann aber unter-

---

[78] „Be Here Now“ ist ein transformatives Werk von *Ram Dass*, das seinen Weg vom Harvard-Psychologen zum spirituellen Lehrer widerspiegelt. Das Buch beschäftigt sich mit Themen wie Achtsamkeit, Spiritualität und der Suche nach einem sinnvollen Leben. Quelle: *Ram dass* (1971) „Be Here Now“ Crown Publishing Group.

[79] *Tolle, E.* (1997) „The Power of Now: A Guide for Spiritual Enlightenment“ New World Library.

schiedliche Wege einschlugen. *Grof* konzentrierte sich auf die transpersonale Psychologie und nicht-medikamentöse Methoden zur Erreichung veränderter Zustände, während *Leary* zu einer Ikone der Gegenkultur und zum Befürworter des weit verbreiteten Gebrauchs von Psychedelika wurde. *Alpert*, der später als *Ram Dass* bekannt wurde, schlug einen spirituellen Weg ein und betonte die Integration geistiger Lehren in das tägliche Leben, um eine erweiterte Wahrnehmung zu erreichen.

Um das Unterkapitel über die substanzinduzierten Bewusstseinszustände abzuschließen, möchte ich erneut den achtsamen und respektvollen Umgang mit diesen Mitteln betonen. Berücksichtigen Sie immer die Sicherheit, die Legalität und individuelle Gesundheitsfaktoren, bevor Sie sich auf Praktiken mit diesen Substanzen einlassen. Außerdem ist es ratsam, sich von kompetenten Fachleuten beraten zu lassen. Persönlich würde ich immer dazu raten, sich eher den ganzheitlichen Methoden zu widmen und den längeren Weg in Kauf zu nehmen, als eine transpersonelle Erfahrung mit Psychedelika zu „forcieren". Dennoch stellt der Ansatz mit diesen Stoffen einen validen Pfad dar, Realitätsbereiche zu erreichen, die über unsere Alltagserfahrung hinausgehen. Somit gelten psychoaktive Substanzen traditionell als Werkzeug, ein größeres Spektrum des virtuellen Konstruktes zu explorieren.

4.5 GANZHEITLICHE TECHNIKEN

Im folgenden Teil werde ich einen kurzen Überblick geben, welche ganzheitlichen Techniken kursieren, um einen erweiterten Bewusstseinszustand zu erreichen. Natürlich ist dieses Feld mindestens genauso umfangreich wie der Ansatz mit Substanzen. Obwohl ich selber einige Psychedelika und Methoden ausprobiert habe, kann ich hier nur die allgemeine Sichtweise wiedergeben und mich auf populäre Herangehensweisen konzentrieren. Selbstverständlich hat jede Kultur ihre eigenen Ansätze und Praktiken, die sich in allen Traditionen wiederfinden lassen. Das Fasten und diverse Abwandlungen von Feuer- und Schwitzzeremonien, die der körperlichen wie geistigen Reinigung dienen, sind in allen spirituellen Riten allgegenwärtig. Sie gehören oft zur Vorbereitungsphase, bevor der eigentliche Prozess beginnt.

In der Moderne der westlichen Welt rückten oft lokale Praktiken in den Hintergrund. Heute dominieren daher zumeist östliche Ansätze den esoterischen Markt. Da Sinnsuche seit den 60er Jahren ein wachsender „Wirtschaftszweig" wurde, boomten alle möglichen Formen von Workshops und Seminaren zur Selbstfindung. Dadurch korrumpierten mitunter kapitalistische Prinzipien die spirituellen Bewegungen. Traditionen wurden hierzu teilweise wild durchgemischt, und damit variierten die Qualität, die Tiefgründigkeit und die allgemeine Betreuung der Suchenden enorm. Im Grunde verhält es sich unter den selbsternannten Schamanen und Lehrern der Ganzheit wie mit der Gilde der Klempner – es gibt gute und schlechte Handwerker.

Die psychedelische Revolution der 60er Jahre katalysierte die spirituelle Öffnung der westlichen Welt in Richtung Osten. Hippies und andere Sinnsucher richteten ihren Fokus auf Indien. Selbst die Popkultur und berühmte Einflussgrößen aus der Musikindustrie propagierten und folgten Yogis, die sich auf die vedische Tradition stützten. Es ist folglich nicht verwunderlich, dass heute viele Techniken kursieren, die ein Derivat der indischen Kultur sind. Daher fangen wir bei den vedischen Praktiken an, denn im Endeffekt waren es diese traditionellen Lehren, die uns dem Konzept der Maya näher gebracht haben.

4.5.1 Vedische Praktiken

Vedische und traditionelle Praktiken haben eine reiche Geschichte in der Erforschung veränderter Bewusstseinszustände und der Ermöglichung transpersonaler Erfahrungen. Diese Techniken sind oft tief in spirituellen und philosophischen Traditionen verwurzelt und zielen darauf ab, die gewöhnlichen Grenzen der individuellen Identität zu überschreiten und die Praktizierenden mit umfassenderen Aspekten der Existenz zu verbinden. Im Grunde finden wir hier solche Methoden, die auch *Ram Dass* verfolgte, als er ein Substitut für LSD suchte. Hier sind einige traditionelle und populäre Praktiken, die mit der Auslösung transpersonaler Erfahrungen in Beziehung gebracht werden und zumeist Derivate der vedischen Lehre sind:

- **Vipassana-Meditation:** Die in der buddhistischen Tradition verwurzelte Vipassana-Meditation beinhaltet Achtsamkeit und Bewusstheit der Empfindungen. Durch anhaltende Praxis können Menschen Einblicke in die Natur der Realität und ein Gefühl der Verbundenheit erfahren.
- **Transzendentale Meditation (TM):** Die TM, die von *Maharishi Mahesh Yogi* populär gemacht wurde, beinhaltet die Wiederholung eines Mantras, um einen Zustand tiefen, ruhigen Bewusstseins zu erreichen. Praktizierende berichten über Erfahrungen von erweitertem Bewusstsein und innerem Frieden.

- **Kundalini Yoga:** Diese Form des Yoga zielt darauf ab, die schlummernde spirituelle Energie (Kundalini) zu erwecken, von der man annimmt, dass sie sich an der Basis der Wirbelsäule befindet. Wenn sich die Praktizierenden auf bestimmte Körperhaltungen, Atemarbeit und Meditation einlassen, können sie transformative und transpersonale Erfahrungen machen.
- **Hatha Yoga:** Die Körperhaltungen (Asanas) und die Atemkontrolle (Pranayama) im Hatha Yoga sollen Körper und Geist auf die Meditation vorbereiten. Es wird angenommen, dass regelmäßiges Üben zu höheren Bewusstseinszuständen führt.
- **Nadi Shodhana (Wechselatmung mit den Nasenlöchern):** Nadi Shodhana ist eine yogische Atemtechnik, von der behauptet wird, dass sie den Energiefluss im Körper ausgleicht und den Geist klärt. Wer sie ausübt, kann eine größere geistige Klarheit und ein Gefühl der inneren Stille erfahren. Hier finden wir ebenfalls den Ansatz, durch Atemmanipulation das Bewusstsein zu verändern. Im Pranayama finden wir Parallelen bzw. die traditionellen Wurzeln des „Holotropen Atmens“.
- **Tantrische Praktiken:** Tantra umfasst ein breites Spektrum an Praktiken, die eine Kombination aus Ritualen, Visualisierungen und Meditation beinhalten, um spirituelle Energie zu erwecken und Zustände der Vereinigung mit dem Göttlichen zu erreichen. Der Schwerpunkt liegt auf der Überwindung von Dualitäten und der Erfahrung von Einheit.
- **Japa-Meditation:** Dies beinhaltet die Wiederholung eines heiligen Mantras, oft unter Verwendung von Gebetsperlen. Es wird propagiert, dass die ständige Wiederholung des Mantras den Geist beruhigt und zu transpersonalen Bewusstseinszuständen führt.
- **Char Dham Yatra (Vier heilige Stätten):** In der hinduistischen Tradition wird davon ausgegangen, dass eine Pilgerreise zu den vier heiligen Stätten Yamunotri, Gangotri, Kedarnath und Badrinath die Seele läutert und Gelegenheit zu tiefgreifenden spirituellen Erfahrungen bietet. In den westlichen bzw. monotheistischen Religionen finden wir dazu Konzepte wie den „Jakobsweg“ oder die Pilgerreise nach Mekka.
- **Vedische Entbehrungen:** Entbehrungen wie Fasten, Zurückgezogenheit oder andere Formen der Selbstdisziplinierung sind Teil der vedischen und yogischen Praktiken. Diese Disziplinen sollen den Geist reinigen und ihn auf

höhere Bewusstseinszustände vorbereiten. Diese Grundform finden wir ebenfalls als katalytisches Element in allen Hauptreligionen (z.B. Ramadan).

Es ist essentiell, sich diesen Praktiken mit Respekt und Aufrichtigkeit zu nähern und sich von kompetenten Lehrern oder Praktizierenden anleiten zu lassen, da sie oft in einen bestimmten kulturellen und spirituellen Kontext eingebettet sind. Außerdem können die individuellen Erfahrungen sehr unterschiedlich sein, und der Schwerpunkt liegt in der Regel auf persönlicher Transformation, Selbstverwirklichung und spirituellem Wachstum.

Um tatsächlich bahnbrechende Durchbrüche und tiefgreifende Erkenntnisse mit diesen Techniken zu erfahren, braucht es Zeit und eine starke intrinsische Motivation. *Ram Dass*, der einst ein aufstrebender Harvardprofessor mit dem Namen *Dr. Richard Alpert* war, widmete sich mit Hingabe diesem östlichen Ansatz und suchte die Hilfe eines Lehrers, den man in Indien einen „Guru" nennt. Natürlich ist das unpraktikabel, wenn man Menschen schnell und effektiv in transpersonelle Zustände bringen möchte, um einen therapeutischen Prozess daraus abzuleiten. Daher lassen Sie uns zum Holotropen Atmen kommen, da meines Erachtens diese Technik die effektivste Methode ist, um das westlich geprägte Individuum aus der Alltagswahrnehmung zu führen.

4.5.2 Holotropes Atmen

Holotropes Atmen ist ein therapeutischer Ansatz, der von dem Psychiater *Stanislav Grof* und seiner Frau *Christina* entwickelt wurde. Diese Technik zielt darauf ab, durch kontrollierte Atmung, Musik und systematische Körperarbeit veränderte Bewusstseinszustände herbeizuführen. Der Begriff „holotrop" leitet sich von den griechischen Wörtern „holos" ab, was „ganz" bedeutet, und „trepein", was „sich auf etwas zubewegen" meint. Es ist ein Kunstwort, welches *Grof* entwickelt hat, um seinen Ansatz zu beschreiben.

Die Technik des Holotropen Atmen dient der Selbsterkundung, Heilung und persönliche Transformation und fördert die persönliche Evolution. Die zentrale Komponente dieser Technik ist eine spezifische Atemmethodik, die als bewusstes verbundenes Atmen definiert wird. Im Grunde wird nur tiefer und schneller ventiliert, als wir es für gewöhnlich tun würden, ohne Pausen zwischen der Ein- und Ausatmung. Die Atemsitzungen werden von evokativer Musik begleitet, die sorgfältig ausgewählt wird, um den Prozess zu unterstützen. Der Soundtrack ist so konzipiert, dass er eine Reihe von Emotionen, Erinnerungen und Erfahrungen hervorruft. Zusätzlich werden die Teilnehmer ermutigt, sich mit expressiver Kunst zu beschäftigen, wie z.B. durch das Zeichnen der inneren Reise nach jeder Session. Es werden auch ausdrucksstarke Bewegungen gefördert, um die Freisetzung von unbewusstem Gedankenmaterial weiter zu erleichtern.

Stanislav Grof
(Foto: *Tereza Jirásková* Quelle: https://magazin-legalizace.cz/1495-stanislav-grof-jsme-na-krizovatce)

Dabei basiert das Holotrope Atmen auf der Annahme, dass jeder Mensch über eine angeborene innere Heilungsintelligenz verfügt. Diese wird von *Grof* als „Inner Healer" bezeichnet. Es wird angenommen, dass die durch den Atmungsprozess hervorgerufenen veränderten Zustände diese Intelligenz aktivieren und die Freisetzung und Integration von unterdrückten Emotionen, Erinnerungen und ungelösten Problemen ermöglichen. Man geht bei diesem Ansatz grundsätzlich davon aus, dass das Unterbewusstsein, respektive das „höhere Selbst", exakt weiß, welche Themen in die Heilung gebracht werden möchten.

„Wir brauchen eine andere Art von Bildung, bei der es um die Entwicklung des menschlichen Potenzials und die Selbstverwirklichung geht. Wir müssen die Bedeutung einer spirituellen Dimension des Lebens erkennen."

— Stanislav Grof —

Die Sitzungen des Holotropen Atmens werden in der Regel in einer Gruppe durchgeführt und von zertifizierten, in diesem Ansatz ausgebildeten Moderatoren („Facilitators") geleitet. Die Teilnehmer bilden Paare, wobei eine Person die Rolle des „Atmers" (oder „Breather" genannt) übernimmt und die andere als „Sitter" fungiert. Der „Sitter" bietet bei Bedarf Unterstützung und Hilfe an.

Die Workshops bestehen oft aus mehreren Sitzungen, dem anschließenden Gruppenaustausch und der Integrationsarbeit. Die Erfahrungen, die während der Atemarbeit gemacht werden, sind in der Tiefe und Intensität individuell, wobei die Teilnehmer ermutigt werden, ihre Reise zu erforschen und sogar künstlerisch zu verarbeiten.

„Das Bewusstsein wird uns immer ein Rätsel bleiben, bis wir den Abstieg ins Unbewusste wagen.“

— Stanislav Grof —

Integration ist ein wesentliches Kriterium dieser Technik, und dieser Aspekt entspringt dem grundsätzlichen Prinzip der klassischen Psychotherapie. Nach einer „Breathwork Session“ tauschen sich die Teilnehmer in der Gruppe aus und führen Integrationsaktivitäten durch, die ihnen helfen sollen, ihre Erfahrungen zu verarbeiten. Die Integration kann verbale Artikulation, kreative Kunst und unterstützende Interaktionen mit Moderatoren und anderen Teilnehmern beinhalten.

Sicherheit ist eine wesentliche Priorität im Holotropen Atmen. Die Kursleiter stellen Richtlinien zur Verfügung, um ein unterstützendes und nicht wertendes Umfeld zu gewährleisten. Die Teilnehmer werden ermutigt, ihre eigenen Grenzen und die der anderen zu respektieren. Für Personen mit bestimmten physischen oder psychischen Beschwerden wird empfohlen, vor der Teilnahme medizinische Fachkräfte zu konsultieren. Hierbei kann ich nur dazu raten, sich einer Organisation anzuvertrauen, die nach klaren Richtlinien von *Stanislav Grof* arbeitet. Mittlerweile existieren unzählige Trittbrettfahrer, die nicht über die nötige Reife, Erfahrung oder Sicherheitsprotokolle verfügen. Daher ist auch hier Vorsicht geboten.

Was ich in den letzten Absätzen zusammengefasst habe, ist das generelle Wording der Szene. So oder so ähnlich wird das Holotrope Atmen in der einschlägigen Literatur beschrieben und selbst auf den Webseiten der einzelnen Gruppen, die diese Technik anbieten, wird man zumeist mit dieser nüchternen Darstellung konfrontiert. Dennoch ist die konkrete Erfahrung ein völlig eigenes Feld, wenn man sich dazu entschließt, einen Workshop mitzumachen. In solchen Sitzungen können sich lebensverändernde Ereignisse zutragen, die das alte Paradigma auf den Kopf stellen.

In der Regel kommt eine Gruppe ganz gewöhnlicher Leute zu einem Workshop zusammen. Nach ein paar Lockerungsübungen bilden sich spontan Pärchen, die gemeinsam Atmen wollen. Das heißt, erst atmet der Eine und der

Andere ist der Betreuer – was man intern auch „Breather" und „Sitter" nennt. Danach wird gewechselt. Der so genannte „Sitter" – also der Betreuer – tut alles in seiner Macht stehende, um es dem „Breather" so angenehm wie möglich zu machen. Da der „Breather" seine Augen verbunden bekommt, muss er eventuell zur Toilette geführt werden, oder ihm wird etwas zu Trinken gereicht. Er muss zudem gepolstert werden und braucht unter Umständen eine Hand, die ihn hält. Zusammen zu atmen ist ein äußerst intimer Akt, weil man sich praktisch „seelisch nackig" macht.

Visuelle Darstellung einer Holotropen Reise (Quelle: evaursiny.com)

Wenn die Teilnehmer bereit sind, wird ein spezieller Soundtrack für episches Geistreisen gestartet und alle „Breather" atmen stürmisch drauf los. Was dann passiert, spottet zumeist jeglicher Beschreibung. Die Profis der Szene brauchen oft kein langes Vorspiel und sind schon nach kurzer Zeit voll in ihrem Prozess. Ich habe bisher nur an wenigen solcher Workshops teilgenommen, aber das, was man dort erleben darf, ist speziell. Ich habe Freunde in Psychiatrien besucht oder Leute vollgestopft mit Drogen auf diversen Goapartys erlebt. Ich habe sogar mal so einen abgedrehten Delfin-Workshop mitgemacht, wo es darum ging, den inneren *„Flipper"* zu entdecken, oder verschiedene Zeremonien mit Ayahuasca, Psilocybin oder Krötengift erlebt. Holotrophes

Atmen hat dabei die krassesten Zustände und Effekte produziert, bei denen ich Menschen je beobachten durfte.

Wenn man „Sitter" ist und der eigene „Breather" einen gerade nicht beschäftigt hält, dann schaut man durch die Runde und es wirkt, als würden die Insassen einer geschlossenen Anstalt ein bizarres Theaterstück aufführen. Die völlig normale Hausfrau und Mutter verwandelt sich in einen Tiger. Der Geschäftsmann daneben taucht wieder in seine Inkarnation als japanischer Krieger ein und führt dabei martialische Tänze auf. Manche Teilnehmer wimmern nur leise vor sich hin, während andere hysterisch lachen. Es kommt auch vor, dass Leute so laut schreien, als würden sie lebendig verbrannt werden – und zumeist gehen sie auch genau dieses alte Trauma erneut durch. Das kann einem einen Schauer durch den ganzen Körper jagen. Alle sind voll in ihrem Film drin und lassen die sprichwörtliche Sau raus. Man könnte meinen, hier wurde becherweise Halluzinogene ausgeschenkt, doch dem ist nicht so. Es kommt alles ganz allein vom Atmen, und das ist das Faszinierende an dieser Technik. Es mag vereinzelt Individuen geben, die nur still daliegen, aber das ist meist nur temporärer Natur.

Wenn man sich entschließt, Holotropes Atmen mitzumachen, muss man sich auf alles einstellen. Nach drei bis vier Stunden wird zwischen „Breather" und „Sitter" gewechselt. Natürlich gibt es eine längere Pause dazwischen. Zum Schluss erfolgt eine Auswertung in großer Runde, in der jeder über seine inneren Erfahrungen sprechen darf. Wenn man Glück hatte, kamen signifikante alte Geschichten aus früheren Leben wieder hoch. Manche Personen erleben es tatsächlich erneut, was es bedeutet, während der Inquisition als Hexe verbrannt worden zu sein. Das ist sicher äußerst unangenehm, aber dieses seelisch tief verwurzelte Trauma kann sich damit auflösen. Das geschieht dadurch, dass die mit der Situation verknüpften Emotionen entwertet werden. Das wiederum kann den Effekt haben, dass sich bisher unbewusste psychische Blockaden lösen. Das sind geistige Programme, die irgendwann im Kontext dieser Traumata Sinn ergaben, die aber heute die persönliche Individualität unterdrücken.

Ich erinnere mich noch detailliert an eine Session, die ich bei einem Workshop 2016 in Lausanne erlebte. Diesmal gesellte sich ein Pärchen in die Gruppe, das seine erste Erfahrung mit dem Holotropen Atmen machen wollte. Im Vorgespräch und der allgemeinen gegenseitigen Vorstellung kristallisierte sich heraus, dass beide selber regelmäßig Workshops mit psychedelischen Substanzen organisierten. Sie hatten über 20 Jahre lang Reisen mit diversen potenten Halluzinogenen gemacht. Von Ayahuasca bis LSD hatten sie alles akribisch „erforscht" – selbst in Dosierungen, die als nicht empfehlenswert gelten. Als sie davon berichteten, schwang ein unterschwelliger Hochmut mit. Zumindest wurde deutlich, dass sie das Holotrope Atmen als eine Art harmlose Kindergartenaktivität betrachteten.

Wie es der „Zufall" so wollte, wurde der männliche Part des Pärchens mein „Sitter". Nennen wir ihn *Erich*, auch wenn das nicht sein richtiger Name ist. Als *Erich* an der Reihe war zu atmen, begleitete ich ihn drei Stunden durch einen Prozess, der uns beide überraschen sollte. Sein Köper folgte zwar noch bestimmten inneren Erlebnissen, aber schon kurz nach Beginn verlor mein „Breather" jeglichen Kontakt zu seinem hiesigen Selbst. Während der Session artikulierte *Erich* deutlich hörbar drei Sprachen, die er im Wachzustand nicht einmal ansatzweise verstehen konnte. Darunter waren auch umfangreiche Ausführungen in einer Sprache, die ich nur als „fließend Latein" identifizieren konnte. Später stellte sich heraus, dass er durch zahlreiche alte Inkarnationen hindurchgegangen war. Als *Erich* von seinem „Trip" erwachte, brauchte es zwei weitere Stunden, damit er sich sammeln konnte. Immer wieder artikulierte er seine tiefe Erschütterung darüber, dass er schon alles konsumiert hatte, was der Substanzmarkt hergab, aber noch nie so eine profunde innere Reise erlebt hatte. Grundsätzlich gehe ich davon aus, dass *Erichs* Historie mit psychoaktiven Substanzen sein Unterbewusstsein bereits „trainiert" hatte, sich den anderen Spektren der Realität zu öffnen. Es ist in der Regel eher ungewöhnlich, dass Anfänger bei ihrem Entré einen solchen „Tiefgang" erreichen.

Ich erzähle von dieser Begegnung nicht nur, weil ich den roten Faden der persönlichen Anekdoten weiter durch dieses Buch ziehen möchte. Die Erfahrung mit *Erich* ist auch ein eindrucksvolles Beispiel dafür, dass die Technik des Holotropen Atmens nicht zu unterschätzen ist. Obwohl mein eigener Trip an diesem Tag nicht die gleiche Intensität hatte, wie die meines Partners, so sollte auch diese Session einen nachhaltigen Eindruck behalten. In dieser inneren Reise erlebte ich einen Effekt, der im Kontext der transpersonellen Erfahrungen kein Novum ist, aber dennoch eher selten vorkommt. Es handelte sich bei mir um eine präkognitive Vision in Form einer codierten Zukunftsschau. Dazu habe ich aus meinem Logbuch der „merkwürdigen Zufälle" wieder einen Eintrag herausgesucht, der sich hier perfekt einreiht.

4.5.3 Präkognition beim Holotropen Atmen

Bei meiner 2. oder 3. Breathwork-Session in Lausanne, im Jahr 2016, war ich noch ein blutiger Anfänger, was diese Technik betraf. Zwar hatte ich schon ein paar tiefere Erfahrungen gemacht, aber es fiel mir noch immer schwer, vollkommen loszulassen. Mitunter stand mir mein Verstand im Weg oder ich verlor den Flow, weil ich mich von anderen Teilnehmern und ihren lautstark artikulierten Prozessen ablenken ließ. Dementsprechend waren die inneren Visionen diffus wie ein chaotischer Traum bei leichtem Schlaf. Ich machte mir im Nachhinein nicht einmal die Mühe, den Inhalt aufzuschreiben. Leider blieb aus dieser Session langfristig nicht viel haften, bis auf eine eindrückliche Vision mit bizarrem Charakter: In dieser Szene mutierte ich zu einem Tyrannosaurus Rex. Während der Verwandlung zu einem Dinosaurier konnte ich mich von hinten sehen, als würde mein Geist meinem Körper hinterherlaufen und gleichzeitig war ich auch in der Ego-Perspektive. Das war merkwürdig und schwer zu beschreiben, da ich irgendwie selber der Dinosaurier war, und durch seine Augen blickte, aber parallel ihn ebenfalls von hinten beobachten konnte, wie er völlig selbstbewusst durch die verschiedensten Landschaften stampfte.

Während ich diese Vision hatte und mit verbunden Augen am Boden lag, machte ich sogar die Geräusche, die meines Erachtens ein T-Rex so von sich gibt. Vermutlich hatte ich den Saurier-Kampfschrei aus dem Film „Jurassic Park“ abgekupfert, aber er blieb irgendwie bei mir. Selbst Tage später wachte ich morgens noch auf und fühlte mich animiert, diesen infernalen Laut nachzuahmen. Die Kinder daheim hatten einen riesen Spaß daran und nannten mich fortan *„Rexi“*. Da sie so viel Freude an dem neuen Charakter hatten, wurde der Tyrannosaurus quasi ein Selbstläufer. Sie klebten mir sogar einen *„Rexi“* Sticker auf meinen Laptop.

Einige Monate später war ich nicht mehr in der Schweiz, sondern fuhr von Nevada nach Kalifornien in einem Campertruck, den *Jens* in Kanada zusammengebaut hatte. Leider wurde mein Reisegefährte an der Grenze zum Bundesstaat Washington aussortiert, weil sich unter seinen Habseligkeiten ein paar fragwürdige Objekte befanden. Das führte dazu, dass er nicht in die USA einreisen durfte. Daher blieb er vorerst zurück, um später in Mexiko wieder dazu zu stoßen, damit wir die Reise gemeinsam fortsetzen konnten. So wurde der Trip durch die Vereinigten Staaten ein Soloritt für mich. Doch wie es der „Zufall“ so wollte, kündigten sich zahlreiche Freunde an, die parallel in der gleichen Ecke unterwegs waren. Darunter war ein alter Bekannter aus Magdeburg.

Jörg war zusammen mit seinem Vater auf Rundreise. Sie erfüllten sich einen lang gehegten Traum, die Westküste der USA auf Motorrädern zu erkunden. Günstigerweise kreuzten sie exakt meinen Weg, und so trafen wir uns zu einem Abendessen in einer Pizzeria. Da es schon spät war, parkte ich den Camper vor dem Motel, in dem *Jörg* und sein Vater übernachteten. So konnten wir am Morgen noch gemeinsam frühstücken, bevor sich unsere Wege wieder trennten. Außerdem kam ich in den Genuss einer heißen Dusche – ein Luxus, den der Camper nicht bot.

Westküste der USA (Oregon) (Foto: Autor)

Als ich an der erstbesten Tankstelle anhielt, erinnerte ich mich wieder an *Jörgs* letzte Worte bei der Verabschiedung. Ich habe keine Ahnung, wie er darauf gekommen war, aber er mahnte dazu, auf Tramper zu achten. Auf meiner Reise hatte ich schon eine Hand voll Anhalter gesehen, aber dennoch ergab sich bisher noch nicht die Gelegenheit, dass ich einen mitnehmen konnte. Entweder standen sie in irgendwelchen Kurven, wo keinerlei Chance bestand, spontan anzuhalten – zumal ich eh meistens eine Karawane von Autos hinter mir herschleppte, weil *Frederique* ja nicht die schnellste war – oder die Personen sahen wie echte Landstreicher aus. Meinem Sicherheitsgefühl passte das nicht ins Konzept, da ich oft alle Wertgegenstände in der Fahrerkabine platzierte.

Während die durstige *Frederique* mit Treibstoff volllief, entschied ich mich, im Cockpit etwas Ordnung zu schaffen, um für einen Fahrgast bereit zu sein. Tatsächlich ließ dieser nicht lange auf sich warten. Kurz nach Reisebeginn fuhr ich eine lange Gerade hinunter in ein Tal, so dass ich schon aus weiter Entfernung eine Person mit ausgestrecktem Daumen auf einem großzügig dimensionierten Standstreifen entdecken konnte. Das gab mir reichlich Zeit, die Situation zu analysieren und den Tramper zu mustern. Er war ein junger Kerl mit schwarzen Sportleggings unter seinen Shorts und einem Wanderrucksack. Er sah wie ein typischer high-performance Naturbursche aus. Ein Wanderer, der es gewohnt war, lange Strecken in der Wildnis zurückzulegen.

Ich hielt an, und mein positiver Eindruck bestätigte sich sofort in der ersten Konversation. Sein Name war *Andrei*. Wir tauschten uns darüber aus, wo wir herkamen und was das jeweilige Ziel war. So konnten wir sehr schnell evaluieren, wie weit sich unsere Wege kreuzen würden. Wir hatten etwa 300 km vor uns bis zum Abzweig, der mich in den Yosemite-Nationalpark bringen sollte. *Andrei* erklärte mir, dass er schon seit mehreren Jahren in Teilabschnitten einem Wanderweg folgte, der von Kanada nach Mexiko führt. Diesen Trail in einem Rutsch zu bewältigen, würde vermutlich Jahre dauern, selbst für so einen agil wirkenden jungen Mann wie ihn. Nachdem wir das Wesentliche besprochen hatten und ich anfing, über meine Reise zu reden, musste ich darüber nachdenken, inwieweit die Worte von *Jörg* diese Begegnung katalysiert hatten. Ich kontemplierte offen, dass ich *Andrei* vermutlich nicht so viel Beachtung geschenkt hätte, wenn mein Kollege aus Magdeburg nicht die Bemerkung gemacht hätte, heute besonders auf Tramper zu achten. Da ich schon während des kurzen morgendlichen Dialogs ein inneres Gefühl hatte, dass *Jörg* nur der Kanal einer höheren Macht war, die mich auf einen wichtigen Punkt im heutigen Drehbuch aufmerksam machen wollte, empfand ich die freundliche Begegnung als echte Synchronizität.

Andrei und der Autor beim Zwischenstopp (Frame aus Zeitrafferaufnahme) (Foto: Autor)

„Synchronizität" – das war das Stichwort. *Andrei* reagiert umgehend auf diese Bemerkung und berichtet von seiner Konversation am Morgen. Er erzählte mir, dass er an diesem Morgen ein Gespräch mit einer Frau über das Thema „bedeutungsvolle Zufälle" und die Intervention höherer Mächte hatte. Die Causa war für ihn nicht oft an der Reihe und der Dialog muss ungefähr zu dem gleichen Zeitpunkt stattgefunden haben, als mir *Jörg* den Hinweis gab, nach Tramper Ausschau zu halten. Das machte unsere Begegnung umso mehr zu einer echten Synchronizität, wie auch *Andrei* erstaunt anerkannte. Das Stichwort war der „Icebreaker“. Sofort ergab sich ein tiefgründiges Gespräch. In den folgenden vier Stunden tangierten wir jedes spirituelle Thema, das uns die letzten Jahre beschäftigt hatte. Wir offenbarten einander äußerst persönliche Details, so wie es gute Freunde tun würden, die sich seit langer Zeit nicht mehr gesehen hatten. Zwischendurch machten wir ein Picknick mit den üppigen Resten der Pizzaorgie, die ich mit *Jörg* und seinem Vater am Vorabend gefeiert hatte.

Es war eine mystische Begegnung, und wir kamen zu der Vermutung, dass wir uns möglicherweise aus einem anderen Leben kennen würden. Vielleicht war das einfach nur eine nette Gelegenheit, einander mal wieder zu sehen. Als ich *Andrei* an der Abzweigung zum Yosemite-Nationalpark absetzte, gaben wir uns eine intensive Umarmung. Es kam mir länger als eine Minute vor. Jedenfalls war das keine Geste, die man normalerweise mit einem Fremden austauscht, den man erst vor vier Stunden kennengelernt hat.

Als ich weiterfuhr, kam ich mir wie in einem luziden Traum vor. Das lag mitunter an der Landschaft, die immer spektakulärer wurde. Unterbrochen wurde meine Traumsequenz nur durch einen infernalen Laut. Dieses animalische Gebrüll kam aus der Kehle des weiblichen Rangers, der am Eingang zum Park die Besucher abkassierte. Kaum war ich auf Höhe ihres Kassenhäuschens vorgefahren, brüllte sie in die Fahrerkabine. Mein Tagtraum erfuhr eine kurze Unterbrechung, und ich muss im ersten Moment extrem konsterniert geschaut haben. Meine Gesichtszüge – vermutlich eine Mischung aus Konfusion und Entsetzen – entspannten sich, nachdem die Frau im Häuschen auf *Frederiques* Kühlerfigur gezeigt hatte. Erst dann begriff ich, dass sie nicht den Verstand verloren hatte, sondern dass der Tyrannosaurus, den *Jens* einst auf einem Schrottplatz gefunden und spontan auf die Motorhaube von *Frederique* geklebt hatte, ihre spontane Inspiration war. Der Schrei klang ganz ähnlich meiner eigenen T-Rex-Interpretation, mit der ich die Kinder in der Schweiz immer zum Quieken gebracht hatte. Vermutlich wurden wir beide durch Hollywood inspiriert. Nach dem ersten Schock und meinen initialen Gesichtsentgleisungen teilten wir einen Augenblick des hysterischen Lachens, bis ich ihr endlich die Tickets zeigte, die mir *Jörg* überlassen hatte.

Es blieben noch zwei Stunden, um einen Campingplatz zu erreichen. Das war genug Zeit, um an einem See zu pausieren und meine Füße im kühlen Wasser zu baden. Die Landschaft war atemberaubend. Ich bedauerte ein wenig, dass ich nicht die Gelegenheit hatte, hier eine kleine Wanderung zu machen. Ich jagte mittlerweile einer anderen kuriosen Entwicklung hinterher, die sich einige Wochen zuvor angekündigt hatte. Nach einem Telefonat mit *Claudia* aus Neuseeland stellte sich heraus, dass sie und die Besetzung meiner damaligen Wohngemeinschaft aus Wellington (Neuseeland) in Santa Cruz auftauchen würde. Das konnte ich mir nicht entgehen lassen.

Frederique im Yosemite-Nationalpark (Foto: Autor)

Ich fand einen Campingplatz und kochte mir ein üppiges Abendbrot. Kurz vor dem Zubettgehen schaute ich mir noch schnell die erste Zeitrafferaufnahme meiner Reise an. Bevor ich in Lake Tahoe losgefahren war, hatte ich die Fotokamera auf dem Armaturenbrett installiert und der Apparat hatte die gesamte Fahrt über, alle zehn Sekunden, ein Bild geschossen. Das war mein erster Zeitrafferversuch, aber das Ergebnis sah professioneller aus als anfänglich erwartet. Ich kam an die Stelle im Clip, als *Andrei* an Bord ging und seinen Rucksack einlud. Dann folgte erneut eine Flut von vorbeiziehenden Landschaften – wieder kurz unterbrochen durch unser Pizza-Picknick. Etwas später kam die Verabschiedung.

Mein Halt beim Eingang zum Yosemite umfasste nur wenige Frames in der Zeitrafferaufnahme, doch es war eine spürbare Unterbrechung im Flow – ein fühlbarer Aussetzer in der Sinfonie aus sich sanft abwechselnden Landschaften. Ein kurzes Schmunzeln ging über mein Gesicht, als ich die Begegnung mit der Parkwächterin innerlich rekapitulierte. Doch plötzlich passierte es: Ich hatte eine Art Flashback, denn die Bilder zeigten im Grunde genau das Thema, das ich in meiner letzten Holotropic-Breathwork-Session in der Schweiz gesehen hatte. Dabei handelte es sich eindeutig um die merkwürdige Vision, in der ich ein Tyrannosaurus war, aber mich gleichzeitig von hinten sehen konnte.

Abgesehen von der Straße, die ich in der Präkognition nicht erkennen konnte, war das, was ich auf dem Monitor meines Laptops erblickte, exakt das, was mir als innerliches Bild in Lausanne mitgegeben worden war. Selbst der „Urschrei des T-Rex“ hatte sich unmissverständlich manifestiert. Ich musste verblüfft lachen, da ich endlich verstand, was mir meine Vision zeigen wollte. Sie ergab zuvor überhaupt keinen Sinn, aber jetzt konnte ich ohne viel Fantasie erkennen, dass die Eingebung, welche ich während der Breathwork-Session hatte, so eine Art präkognitive Wahrnehmung war. Man könnte die Sequenz mit einem Film-Teaser vergleichen, der eine Form von Ausblick auf künftige Ereignisse erlaubt, ohne dabei zu viele Details zu verraten.

Ich akzeptierte diese Kuriosität als Teil der Tagessynchronizität, die mir eine Art innere Gewissheit gab, dass ich so ziemlich exakt auf dem determinierten Lebensweg wandelte. Ich agierte scheinbar präzise nach Drehplan, oder passten sich etwa die Umstände mir an? Man kann in solchen Momenten das Gefühl bekommen, dass das Universum eine Art heimliche Verschwörung im Hintergrund inszeniert. Unterm Strich gab mir die Verkettung von synchronistischen Ereignissen reichlich Zuversicht für die weitere Reise, obwohl damals mein Verstand ständig mit kritischen Fragen nervte, wo das Abenteuer überhaupt hingehen sollte – und damit meinte er nicht die Route durch Amerika, sondern durch das Leben im Allgemeinen.

4.6 MIND OVER MATTER

Wenn wir von „Mind over Matter“ reden, dann meint man damit im allgemeinen Phänomene, die darauf schließen lassen, dass geistige Prozesse einen direkten Einfluss auf oder in die Materie haben. Diese grundlegende Kausalität finden wir in allen spirituellen Traditionen, ausgehend bei den Veden. Selbst religiöse Narrative behaupten, dass das stille Gebet prinzipiell „Berge versetzen“ könne. Natürlich ist in dem Kontext ein „Mittelsmann“ nötig, wenn man diesem Prinzip vertraut.

Aus der Perspektive der Quantenphysik betrachtet, hat das Bewusstsein in seiner reinen Form als Beobachter einen enormen Einfluss auf Elementarteilchen. Daraus lässt sich eine fundamentale Wechselwirkung zwischen „Mind“ und „Matter“ ableiten. Dennoch gibt es bestimmte Psi-Phänomene, die noch wesentlich komplexere geistige Interaktionen mit der Materie vermuten lassen.

Immer wieder gab es universitäre Untersuchungen im Bereich der Telekinese oder Telepathie. Selbst das Militär hat teilweise extrem aufwendige Forschungsarbeit dazu durchgeführt. Seit etwa 1970 verfolgte beispielsweise die US-Army über Jahrzehnte hinweg ein geheimes „Remote-Viewing"-Programm, was als das „Project Stargate" bekannt wurde.[80] Dabei handelt es sich um eine Technik, die im esoterischen Kontext der Astralprojektion ähnlich ist. Doch das Geistreisen soll hier noch nicht der Kernpunkt sein.

Vielmehr möchte ich die wichtigsten Forschungsprojekte erläutern, die eine Wechselwirkung von Geist und Materie untersucht haben, um schlussendlich auf ein populäres Konzept innerhalb der Esoterik zu kommen, welches sich „Manifestation" nennt. Beginnen wir zunächst bei ein paar wissenschaftlichen Ansätzen, um dem Mysterium auf den Grund zu gehen.

4.6.1 Die PEAR-Experimente

Eine der wichtigsten Untersuchungen finden wir in den PEAR-Experimenten. PEAR war ein Labor der Princeton University, das von 1979 bis 2007 betrieben wurde. Ein Großteil der Versuche dort wurde von Dr. *Robert G. Jahn* und *Brenda J. Dunne* geleitet. Die bekanntesten Untersuchungen drehten sich um das „Mind-Matter Interaction with Random Number Generators"-Experiment, bei dem der Einfluss der menschlichen Absicht auf Zufallsprozesse untersucht wurde. In der Regel geht es darum, die Zufallsereignisse, z.B. das Fallen von Murmeln oder kleinen Kugeln auf eine Anordnung von Stiften, geistig so zu beeinflussen, dass die Verteilung vom Zufall abweicht und sich eine Verformung der *Gaußschen* (d.h. glockenförmige) Kurve bildet.

Ein klassische PEAR-Experiment, in dem es um die Verzerrung von Zufallsprozessen geht, sieht in etwa wie folgt aus: Die Probanden werden angewiesen, ihre Absicht oder Konzentration darauf zu richten, die Verteilung der fallenden Kugeln zu manipulieren. Ziel ist es, dass die Teilnehmer gemeinsam oder auch einzeln durch ihre mentale Fokussierung die Positionierung in Richtung einer verzerrten Gauß-Kurve beeinflussen.

Die Datenerhebung erfolgt über die Distribution der Kugeln. Die Positionen bzw. die Ergebnisse der fallenden Murmeln werden aufgezeichnet, und es wird eine statistische Analyse durchgeführt, um zu untersuchen, ob die Verteilung

[80] Beim Remote Viewing geht es darum, mit Hilfe von außersinnlicher Wahrnehmung (ESP) oder „anomaler Wahrnehmung" Informationen über ein entferntes oder ungesehenes Ziel zu erhalten. Grundlegende Informationen über Remote Viewing finden Sie in: *McMoneagle, J.* (2002) „Remote Viewing Secrets: A Handbook" Hampton Roads Publishing.

von dem abweicht, was durch „Zufall“ zu erwarten wäre. Zeigt die Aufteilung der Resultate eine statistisch signifikante Abweichung vom „Zufall“, können die Forscher dies als Beweis für eine Interaktion zwischen Geist und Materie interpretieren, was darauf hindeutet, dass das Bewusstsein randomisierte Prozesse beeinflussen kann.[81]

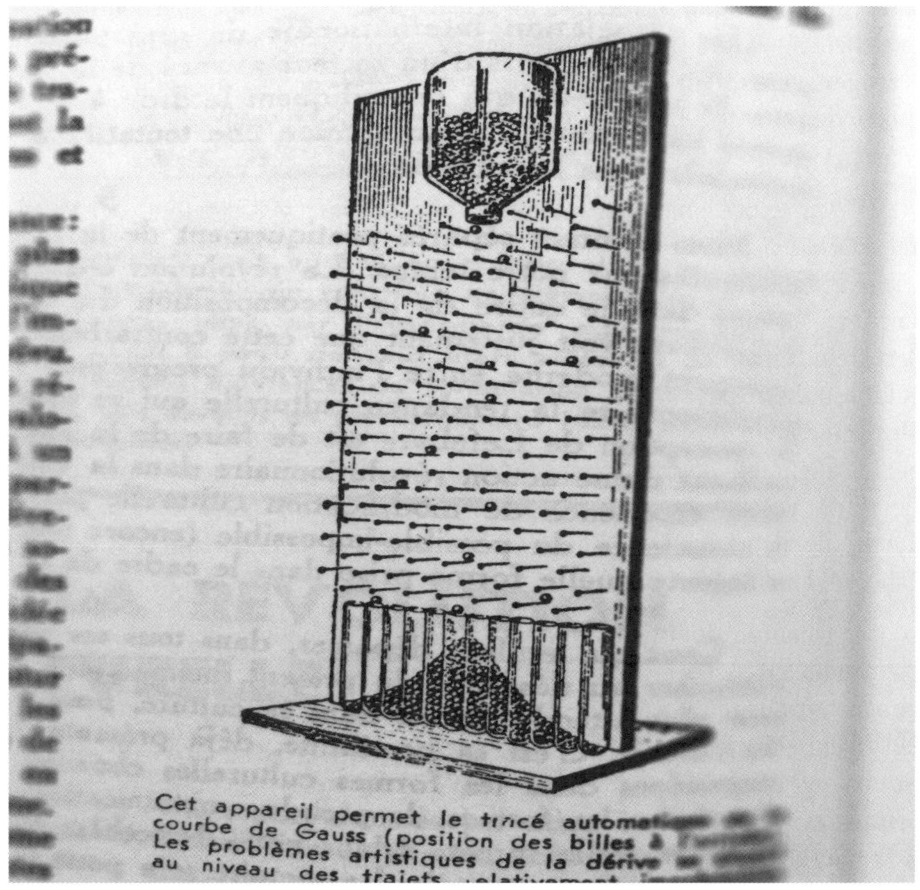

Random-Generator: Kugeln fallen auf Stifte und formen eine Gauß-Kurve (Foto: Autor)

Es ist wichtig, anzumerken, dass einige Studien zwar statistisch signifikante Abweichungen vom Zufall bei dieser Art von Experimenten festgestellt haben, aber der allgemeine Konsens in der wissenschaftlichen Gemeinschaft immer ablehnend blieb. Diese Zurückweisung zieht sich wie ein roter Faden durch alle Untersuchungen dieser Art – von Morphischen Feldern bis zum *Mahari-*

---

[81] *Jahn, R. G., Dunne, B. J., Nelson, R. D., Dobyns, Y. H., & Bradish, G. J.* (1997). Mind–Matter Interaction Consortium: PortREG Replication Experiments. Journal of Scientific Exploration, 11(3), 345-367.

schi-Effekt. Der Hauptgrund liegt in der Reproduzierbarkeit der Ergebnisse, außerdem belegt Korrelation im akademischen Dogma noch keine Kausalität. Da Menschen grundsätzlich eine unterschiedlich hohe Ausprägung ihrer Mentalität und ihrer Willensstärke haben, wird eine Studie mit randomisierten Individuen immer wechselhafte Resultate zeigen. In manchen Experimenten spielt auch die Konzentrationsfähigkeit oder die allgemeine Sensibilität eine entscheidende Rolle. Während einige Menschen extrem auffällige Bilanzen erzeugen, mit ihrem Willen Zufallsprozesse zu beeinflussen, zeigten andere Probanden nur Ergebnisse, die keine oder kaum statistische Signifikanz aufwiesen.

Ich war selber einmal an einem Experiment dieser Art beteiligt. Der Physiker *Markus Schmieke* hatte einen vergleichbaren Versuchsaufbau in seinem Labor installiert, wie ihn *Robert Jahn* und *Brenda Dunne* initial für ihre Untersuchungen genutzt hatten. Im Rahmen eines Interviews zeigte *Schmieke* uns das kleine unauffällige Gerät, welches auf Basis von Quantenfluktuationen zufällig Einsen oder Nullen generierte. In der Regel ergab sich nach kurzen Messintervallen von etwa zehn Sekunden eine ausgeglichene Anzahl von beiden digitalen Zuständen. Jetzt galt es durch reine Konzentration auf das Gerät, die Verhältnisse zu verändern. Wir führten den Versuch in einer Gruppe durch, die sich zufällig ergab. Darunter waren ein Kameramann, ein Gast im Labor und meine Person.

Der Quantenzufallsgenerator war an einem Computer angeschlossen, der die produzierten Daten aufzeichnete und den Verlauf in Kurvendiagrammen visualisieren konnte. Ansonsten hatte das unscheinbare Gerät nur drei kleine LED-Lampen. Im Normalbetrieb generiert es eine ausgeglichene Anzahl von Nullen und Einsen. Dann leuchtet das weiße LED auf, was als neutrale Baseline betrachtet wird. Werden hingegen ungewöhnlich viele Einser „gewürfelt", so geht die rote Signallampe an. Werden vom Zufallsgenerator überdurchschnittlich viele Nullen fabriziert, dann wird das grüne Lichtsignal aktiviert. Wo die „Ampel" steht, sollte damals durch reine Geisteskraft bestimmt werden.[82]

Das Experiment wurde gestartet und die Baseline blieb stabil – also die Quantenfluktuationen zeigten keine Auffälligkeiten. Dann bekamen wir die Anweisung, uns als Gruppe fest auf eine der beiden Farben zu konzentrieren. Wir einigten uns intern auf Grün und schon nach etwa 30 Sekunden sprang das

---

[82] Quantenbasierte Zufallsgeneratoren nutzen die Prinzipien der Quantenmechanik, um echte Zufallsfolgen zu erzeugen. Grundlegende Informationen finden Sie bei: *Pironio, S., Acín, A., Massar, S., de Riedmatten, H., Dall'Arche, A., Matley, M., ... & Grangier, P.* (2010) „Random numbers certified by Bell's theorem" Nature, 464(7291), 1021-1024.

Gerät auf das fokussierte Lichtsignal – doch nicht für lange. Kaum hatte *Schmieke* die Gruppe begeistert gelobt, ging im folgenden Messintervall die Tendenz so weit in die Gegenrichtung, dass wir wieder in der neutralen Baseline landeten. Scheinbar war unsere Konzentration oder der kollektive Wille zusammengebrochen. Noch einmal verstärkten wir die Bemühungen und das grüne Signal leuchtete erneut auf. Diesen Zustand konnten wir stabil halten, bis wir die Anweisung erhielten, auf das rote Licht umzuschalten. Schnell waren wir wieder im neutralen Spektrum und fingen an, überdurchschnittliche viele Einsen zu produzieren. Leider stoppte der automatisierte Timer den Durchgang.

Ich hätte gerne länger mit diesem Gerät herumexperimentiert, aber wir hatten einen Drehplan zu erfüllen. Natürlich könnten unsere Ergebnisse purer „Zufall" gewesen sein. Skeptiker würden sogar mutmaßen, dass *Schmieke* eine versteckte Fernbedienung in der Hosentasche hatte, um die Resultate in seinem Sinne zu manipulieren. Jedoch ergab sich bei der Rückfahrt vom Dreh ein erleuchtendes Gespräch zwischen meinem Kameramann und mir. Doch um die Signifikanz besser zu verstehen, muss ich ein wenig Kontext vorausschicken.

Wie *Schmieke* eingangs feststellte, waren wir eine willensstarke Gruppe, die schnell statistisch auffällige Ergebnisse produzierte. Das ist nicht mit jedem Zusammenschluss von Probanden der Fall. Auf die Frage, was grundsätzlich den Unterschied ausmacht, nannte der Physiker den wohl wichtigsten Faktor: „Intention". Intention heißt, dass es einen signifikanten Grund geben muss, warum man möchte, dass die Lampe sich umschaltet. Der Wille, der Wahrscheinlichkeiten in der materiellen Welt verändern kann, ist demnach wie ein Muskel zu betrachten, der bei Menschen unterschiedlich stark ausgeprägt ist. Doch wesentlich entscheidender ist, ob ein triftiger Grund existiert, der einem persönlich wichtig ist.

Nehmen wir hierzu ein Parallele aus der materiellen Welt: Es gibt unzählige Fallbeispiele, in denen speziell Frauen nahezu übermenschliche Kräfte entwickelt haben, wenn es um das Leben der eigenen Kinder ging. Das archaische Schutzprogramm in einer Mutter ist demnach so dominant, dass es physische Grenzen aufweichen kann. Eine weithin bekannte Geschichte betrifft einen Vorfall aus dem Jahr 1982 in Lawrenceville, Georgia, wo eine Frau namens *Angela Cavallo* einen Chevrolet Impala von ihrem Sohn *Tony* angehoben haben soll, der nach einem Autounfall darunter eingeklemmt war. Berichten zufolge gelang es *Angela Cavallo*, das Auto so weit anzuheben, dass Nachbarn ihren Sohn in Sicherheit bringen konnten.[83]

Grundsätzlich gibt es zahlreiche Anekdoten und Geschichten über Menschen, die in Krisenzeiten außergewöhnliche Stärke oder Mut zeigen, aber es ist von Relevanz, zu verstehen, dass solche Berichte von verschiedenen Faktoren beeinflusst werden können, z. B. von der emotionalen Intensität, der Adrenalinausschüttung und der menschlichen Fähigkeit, in kritischen Situationen Kraftreserven zu mobilisieren. Obwohl man sich vortrefflich darüber streiten kann, ob vereinzelte Berichte übertrieben oder mythologisiert wurden, können wir dennoch das grundsätzliche Prinzip auf die Willensstärke übertragen. Ich könnte mir vorstellen, dass *Schmiekes* Quantenzufallsgenerator wesentlich signifikantere Daten produzieren dürfte, wenn das Experiment Mütter, ihre Kinder und leichte Stromstöße involvieren würde.

Bevor Sie das Buch jetzt empört zuschlagen, weil ich hier Versuchsanordnungen andeute, die auch *Dr. Mengele* einfallen würden, lassen Sie mich betonen, dass es hier nur darum geht, das Prinzip der „signifikanten Intention" zu verdeutlichen. Natürlich würde keine normale Ethik-Kommission solche Experimente sanktionieren.

Doch kommen wir zurück zum abschließenden Gespräch mit meinem Kameramann, auf der Heimreise vom Drehort. Seine Rolle in *Schmiekes* Experiment hatte einen entscheidenden Hintergrund. Nur wenige Minuten bevor wir das Labor betraten, gab es einen kleinen Zwischenfall. Beim Transport des Kamerastativs hatte mein Kollege das frisch renovierte Interieur leicht angekratzt. Die Beschädigung war nicht gravierend, aber Grund genug für *Schmieke* ihn schroff zu maßregeln, doch etwas vorsichtiger zu sein. Mein Kameramann, eine Person mit großem Stolz und festem Willen, schluckte diese Zurechtweisung professionell runter, dennoch arbeitete das Vorkommnis in ihm weiter.

Als das Experiment begann, hatte ich eine starke intrinsische Motivation und den Willen, das Licht umschalten zu lassen. Diese signifikante Intention ergab sich aus meinen Ambitionen als Filmemacher, möglichst effektiv aussagekräftige Bilder zu produzieren, denn die Kamera lief mit. Daher wollte ich auf ganz persönlicher Ebene, dass das Experiment funktioniert. Mein Kollege hegte dagegen gewisse negative Emotionen – wegen des Zwischenfalls kurz zuvor. Auf der Heimreise gestand er mir, dass er sich am Anfang des Testlaufs

---

[83] Das Konzept der übermenschlichen Kraft wird häufig in verschiedenen Zusammenhängen erforscht, darunter in Mythen, Legenden und der Populärkultur. Wenn Sie nach wissenschaftlichen Perspektiven zu außergewöhnlichen Kraftleistungen suchen, sollten Sie dieses Buch als Referenz nehmen: *MacDougall, D.* (2013) „Super Strength: Stories of Unbelievable Feats of Strength" Firefly Books.

sogar motiviert fühlte, den Ausgang geistig zu manipulieren, weil er aus einem verletzten Ego heraus *Schmieke* nicht gönnte, dass sein Experiment Erfolg hat. An mich und mein Filmprojekt dachte er dabei initial überhaupt nicht.

Das Kurvendiagramm des Experimentes zeigte korrelierend mit dieser Aussage einen klaren Einbruch nach einem ersten Schub von Nullen, der das grüne Licht aufleuchten ließ. Mit der emotionalen Racheenergie befeuert, drückte mein Kameramann mental dagegen, bis das neutrale Licht wieder anging. Glücklicherweise besann er sich kurz darauf, weil er förmlich spürte, dass seine niederen Befindlichkeiten den Verlauf manipulierten. Retrospektiv erklärte das Geständnis den exakten Kurvenverlauf der Zufallsverteilung, doch was da geschah, fand im Verborgenen statt. Eigentlich müsste man solche Aspekte berücksichtigen, wenn man grundsätzlich von einer Wechselwirkung ausgeht.

Daher möchte ich die persönliche Anekdote als Referenz nehmen, wie komplex der menschliche Geist in solche Studien hineinwirkt. Das Beispiel zeigt, wie psychische Konstitution, unbewusste Absichten und Glaubenssätze, ähnliche Versuche individualisieren. Schon allein der Umstand, dass einem Probanden die Nase des Versuchsleiters nicht passt, kann zum spezifischen Ausgang des Experimentes beitragen. Daher ist es nachvollziehbar, warum es illusorisch ist, reproduzierbare und uniforme Versuchsergebnisse zu erwarten. Selbst die individuelle Tagesform eines Teilnehmers kann darüber bestimmen, wie relevant statistische Erhebungen ausfallen. Somit wird es immer berechtigte Kritik von Seiten jener Fraktion geben, die ein rein *cartesisches* Weltbild aufrechterhalten wollen.

Selbst wenn spektakuläre Einzelbeobachtungen eine signifikante Wechselwirkung zwischen Geist und Materie implizieren, so bleibt die Reproduzierbarkeit abhängig von Faktoren, die man unmöglich statistisch erfassen kann. Allein der Groll meines Kameramannes und die komplexen zwischenmenschlichen Korrelationen entzogen sich der wissenschaftlichen Objektivierbarkeit. Dennoch schienen diese Emotionen und ihre Ursache absolut relevant für den Versuchsverlauf gewesen zu sein. Aus diesem persönlichen Beispiel lässt sich leicht extrapolieren, warum weder die PEAR-Experimente noch die nachfolgenden Untersuchungen zu einem signifikanten Kippen des *cartesischen* Paradigmas geführt haben.

4.6.2 Der Maharishi-Effekt

Der *Maharishi*-Effekt bezieht sich auf den postulierten kollektiven Einfluss von Meditation und positiver Absicht in großem Maßstab, der darauf abzielt, gesellschaftlichen Stress zu reduzieren und Frieden und Harmonie zu fördern. Er beruht auf den Lehren von *Maharishi Mahesh Yogi*, dem Begründer der Bewegung der „Transzendentalen Meditation" (TM). Das Konzept erlangte in den 1970er Jahren große Aufmerksamkeit und wird weiterhin in der Forschung und in Diskussionen über kontemplative Techniken und ihre möglichen massenpsychologischen Auswirkungen untersucht.

Bei der TM sitzen die Menschen mit geschlossenen Augen und wiederholen schweigend ein Mantra in ihren Gedanken. Der Begründer, *Maharishi Mahesh Yogi*, postulierte, dass, wenn eine ausreichend große Zahl von Menschen die TM und ihre Techniken gleichzeitig praktizieren würden, ein positiver Einfluss erzeugt werden könnte, der zu einer Verringerung des gesellschaftlichen Stresses und der Kriminalität sowie zu mehr Kohärenz und Harmonie in der Umwelt führen würde. Die Idee ist, dass eine kritische Masse von Menschen, die Meditation ausüben, ein kohärentes und harmonisches Bewusstseinsfeld schafft, das über die einzelnen Praktizierenden hinausreicht. Es wird daher angenommen, dass dieser Beitrag für das lokale kollektive Bewusstsein einen positiven Einfluss auf die umgebende Gesellschaft hat. Forschungsstudien, die zur Untersuchung des *Maharishi*-Effekts durchgeführt wurden, haben seine möglichen Auswirkungen auf verschiedene gesellschaftliche Indikatoren untersucht, wie z.B. Kriminalitätsrate, Krankenhauseinweisungen und das allgemeine Konfliktniveau. Einige Studien haben statistisch signifikante Korrelationen zwischen Gruppenmeditation und positiven gesellschaftlichen Ergebnissen festgestellt.[84]

Der *Maharishi*-Effekt ist in der wissenschaftlichen Gemeinschaft natürlich auf Kritik und Skepsis gestoßen. Einige Forscher argumentieren, dass die berichteten Effekte durch methodische Probleme, Verzerrungen bei der Veröffentlichung oder die Komplexität der Messung gesellschaftlicher Variablen beeinflusst sein könnten. Manche bösartige Zungen behaupteten sogar, dass die fallenden Kriminalitätsstatistiken damit zu tun hätten, dass die Kriminellen während dieser Zeit am Meditieren waren. Ähnlich wie im Kontext der PEAR-Experimente ist auch hier die exakte Reproduzierbarkeit ein wissenschaftliches Problem. Die größte Hürde liegt darin begründet, dass, selbst wenn eine Korrelation sichtbar wird, noch keine Kausalität bewiesen ist. Somit kann sich der Materialismus immer herausreden, dass feinstoffliche Feldeffekte nicht evident

---

[84] Eine der ersten Studien über den *Maharishi*-Effekt wurde von dem Psychiater und Forscher *Robert W. Mackey* durchgeführt. *Mackeys* Forschung zielte darauf ab, die Auswirkungen großer TM-Gruppen auf die Verringerung der Kriminalitätsrate zu untersuchen. Die Studie mit dem Titel „The Impact of the Maharischi Effect on City Crime" wurde 1978 im „Journal of Crime and Justice" veröffentlicht.

wären. Doch trotz der akademischen Skepsis gibt es ein anhaltendes Interesse an der Erforschung der möglichen Zusammenhänge zwischen Gruppenmeditation und gesellschaftlichem Wohlbefinden. Forscher untersuchen weiterhin den *Maharishi*-Effekt und verwandte Konzepte im breiteren Spektrum der Bewusstseinsstudien. Doch kommen wir zu einem weiteren Pionier, der sich mit geistigen „Feldern" beschäftigt hat: *Rupert Sheldrake*.

4.6.3 Sheldrakes Morphische Felder

Rupert Sheldrake ist ein Biologe und Autor, der für seine unkonventionellen Ansichten über das Bewusstsein und seinen Vorschlag der morphischen Resonanz[85] bekannt ist. Diese Theorie besagt, dass Aktivitätsmuster über Raum und Zeit hinweg übertragen und von anderen Lebewesen wahrgenommen werden können. *Sheldrakes* Arbeit beinhaltet weitreichende Ideen über die Natur und das Bewusstsein, einschließlich der Morphischen Felder. Da er darin eine Form der Telepathie erkennt, sollte es nicht verwunderlich sein, dass seine Ansichten in der wissenschaftlichen Gemeinschaft ebenfalls auf Kritik gestoßen sind.

Das von *Sheldrake* propagierte Konzept der Morphischen Resonanz legt nahe, dass es in der Natur ein inhärentes Gedächtnis gibt, und dass ähnliche Aktivitäts- oder Verhaltensmuster bei Wiederholung wahrscheinlicher werden. Dieses Gedächtnis ist nicht in einer physischen Struktur gespeichert, sondern ist ein nicht-materieller Einfluss, der kohärente Formen oder Verhaltensweisen über Zeit und Raum hinweg miteinander verbindet.

Sheldrake hat die Idee des „erweiterten Geistes" erforscht, die besagt, dass das Bewusstsein nicht auf das Gehirn beschränkt ist, sondern über die Grenzen des Individuums hinausgeht. Diese Vorstellung stellt die traditionelle Auffassung in Frage, dass das Bewusstsein ausschließlich ein Produkt des Gehirns sei – ein Dogma, mit dem auch *Pim van Lommel* zu kämpfen hatte. *Sheldrake* schlägt vor, dass Bewusstseinsaktivitäten eine direktere und partizipativere Rolle bei der Gestaltung der physischen Materie spielen, als gemeinhin angenommen wird. Er geht davon aus, dass der Geist nicht auf das Gehirn beschränkt ist, sondern mit der materiellen Welt interagiert und sie beeinflusst.

---

85 *Sheldrake, R.* (1981) „A New Science of Life: The Hypothesis of formative Causation" Rochester, VT: Park Street Press. In diesem Buch erläutert *Rupert Sheldrake* das Konzept der Morphischen Felder und erweitert seine Hypothese der Morphischen Resonanz. *Sheldrake* schlägt vor, dass Morphische Felder organisierende Felder sind, die die Entwicklung und das Verhalten von Systemen, von biologischen Organismen bis hin zu sozialen Gruppen, gestalten.

Weiterhin hat *Sheldrake* auch Phänomene wie Telepathie und die Idee des kollektiven Bewusstseins erforscht. Letztere ist ein Forschungsgegenstand, der seit *C. G. Jung* mehr Bedeutung gewonnen hat. *Sheldrake* geht davon aus, dass Bewusstseinseinheiten (von Menschen aber auch von Tieren) miteinander verbunden sind und die Übertragung von Informationen oder Einflüssen zwischen Individuen über die herkömmlichen Grenzen von Zeit und Raum hinaus ermöglicht.

Die von *Sheldrake* durchgeführten Experimente umfassten ein breites Spektrum von Versuchsanordnungen. Er untersuchte dabei Phänomene, die im Kollektiv allgemein bekannt sind, aber oft dem „Zufall" in die Schuhe geschoben werden. Beispielsweise machte er Versuche, in denen Probanden, die sich auf einen Bildschirm konzentrieren mussten, über Knopfdruck signalisieren sollten, wann sie sich observiert fühlten. Dabei wurde per Zufallsgenerator gesteuert, für welche Zeiträume andere Probanden herangeführt wurden, die die Person am Computer über ein einseitig durchlässiges Spiegelglas beobachten sollten. Wieder haben wir es mit einer Feinfühligkeit zu tun, die nicht in jedem Menschen gleich stark ausgeprägt ist und selbst der Beobachter kann mit der Qualität seiner Gedanken während der Observation eine individuelle Rolle spielen. Also erwarten Sie auch hier keine reproduzierbaren Ergebnisse. Das Phänomen, welchem *Sheldrake* nachging, war das oft von Frauen artikulierte subjektive Gefühl, spüren zu können, wenn sie „angestarrt" werden. In einigen Fällen versteckte sich der Biologe auch mit Studenten an öffentlichen Plätzen hinter einem einseitig durchlässigen Spiegel. Stellen Sie sich hierzu das Prinzip eines typischen Verhörraums der Polizei vor, der in einer Einkaufspassage installiert wurde. Mit seiner Gruppe wählte er dann wahllos Einzelpersonen auf der Straße aus, die von allen Teilnehmern aus dem „Versteck" heraus intensiv fixiert wurden. Dabei wurde auffällig, dass unbedarfte Passanten, die ins Ziel gerieten, anfingen, sich irritiert umzuschauen, um zu ergründen, was exakt ihre Intuition alarmiert hatte. Manche observierte Personen blieben sogar perplex stehen und musterten verschüchtert die Menschen um sich herum.

Sheldrakes Untersuchungen gingen auch dem auffälligen Verhalten von Haustieren nach. Ein berühmtes Beispiel, welches mit Videokameras dokumentiert wurde, fand in den Wohnräumen einer Familie statt. Die Großmutter, die zumeist daheimblieb, behauptete, dass sie genau erkennen konnte, wann ihre Tochter eintreffen würde, auf Basis des Familienhundes. Dieser begab sich immer kurze Zeit vor ihrer Ankunft ans Fenster und wartete dort. Dabei folgte dieses Verhalten keinem klaren Muster. Auch spontane Aktionen wurden von dem Tier zielsicher erkannt. Nach Aussage der Großmutter musste der Hund so eine Art telepathische Verbindung zu ihrer Tochter haben.[86]

Sheldrake machte sich die Mühe, solche Einzelfälle zu untersuchen. Als Biologe kannte er eine ganze Reihe von Phänomenen, die alle auf ein kollektives Bewusstsein beispielsweise in Gruppen von Zugvögeln oder Termitenkolonien hinweisen. Doch auch bei domestizierten Tieren, wie besagtem Familienhund, zeigten sich Auffälligkeiten, die auf eine Form von telepathischer Kommunikation hindeuteten. Nachdem *Sheldrake* Kameras im Wohnbereich der Familie installieren ließ, nahm er die Tochter unter seine Beobachtung, was gleichermaßen mit Kamera und Timecodes dokumentiert wurde. An randomisierten Zeitpunkten wies er die Frau an, sich nachhause zu begeben. Wie die synchronisierten und übereinandergelegten Filmaufnahmen zeigten, reagierte der Familienhund immer unmittelbar auf die Intention der Tochter, die Heimreise anzutreten, und begab sich dann umgehend zum Fenster.

Diese Beispiele sind nur exemplarisch für *Sheldrakes* Arbeit. In zahlreichen Publikationen hat er seine Experimente und Gedanken zur Morphischen Resonanz im Detail erklärt. Dieses Weltbild beinhaltet ein von ihm postuliertes Morphisches Feld. Damit meint *Sheldrake* ein feinstoffliches Medium, über welches geistige Aktivitäten transportiert werden. Leider ist bereits der „Feldbegriff“ für Physiker anstößig. Selbst Wissenschaftler dieser Zunft, die eine mentale Wechselwirkung vertreten, würden eher von Informationsräumen sprechen, die sie in höheren Dimensionen sehen. In *Burkard Heims* Modell wäre das der Bereich von X_5 bis X_8. Unabhängig davon ist interdisziplinäre Forschung oft von seltener Natur. Daher ergeben sich oftmals unterschiedliche Begrifflichkeiten und Fachtermini, die im Grunde das gleiche Phänomen beschreiben.

In dem Kontext der Morphischen Resonanzen möchte ich einen weiteren Eintrag aus meinem Logbuch der persönlichen Anomalien anfügen. Diese Episode würde ich als erstes zartes Erwachen beschreiben. Es war vermutlich die initiale Erfahrung, in der ich eine feinstoffliche oder gar telepathische Verbindung zwischen Lebewesen nicht mehr leugnen konnte.

4.6.4 Das Morphische Feld in der Praxis

Einführung in den Kontext: Als ich ungefähr 2006 herum zum ersten Mal mit dem Konzept der Morphischen Felder konfrontiert wurde, löste das unmittelbar eine

---

[86] *Sheldrake, R.* (1999) „Dogs That Know When Their Owners Are Coming Home: And Other Unexplained Powers of Animals“ Crown Publishing Group.

Neuevaluation von vereinzelten Erfahrungen aus. Ich musste mich zwangsläufig an Episoden aus meinem Leben erinnern, die im Lichte von Sheldrakes Arbeit, eine neue Interpretation verlangten. Auf die Frage, wann ich initial angefangen hatte, mich einem solchen Konzept zu öffnen, kristallisierte sich ein Ereignis heraus, das sich ungefähr vier Jahre zuvor zugetragen hatte. Erst zu dem Zeitpunkt, als ich mich mit den Morphischen Feldern beschäftigte, schrieb ich folgende Gedanken auf:

Es gab schon vor meiner Beschäftigung mit *Sheldrake* zahlreiche Lebenssituationen, in welchen ich eine höhere Verbindung vermutete, wenn ich bspw. spürte, was andere fühlten, obwohl sie weit von mir entfernt lebten. Ich hatte in der Jugendzeit alle möglichen Formen von präkognitiver Wahrnehmung. Es waren oft Situationen, in denen ich im Vorfeld ein intensives Gespür für sich anbahnende Dramen hatte, obwohl ich das unmöglich an einem äußeren Umstand festmachen konnte. Bedauerlicherweise hielt ich diese Begebenheiten am Ende meist nur für kuriose Zufälle. Als angelernter Materialist gab ich solchen Auffälligkeiten nicht die nötige Aufmerksamkeit, die sie, retrospektiv betrachtet, verdient hätten.

Dennoch war ich mir unterbewusst schon immer klar darüber, dass es eine feinstoffliche Verbindung zwischen allen Lebewesen gibt – eine metaphysische Ebene, in der Energie und Informationen ausgetauscht werden. Jede Kultur hat ihren Begriff dafür, aber erst mit der tieferen Beschäftigung erkannte ich, dass sie alle das gleiche Prinzip meinen. Sie bezeichnen es als Prana,[87] Chi,[88] Orgon[89] oder Äther. Anhänger der „Krieg der Sterne"-Trilogie würden es vielleicht auch die „Macht"[90] nennen. Gemeint ist eine Art Lebensenergie, die uns ständig umgibt und welche vielschichtige Schwingungsmuster in sich tragen kann. Sie transzendiert die physische Welt und geht weit darüber hinaus.

In der Biologie postulierte *Rupert Sheldrake* ein sogenanntes „Morphisches Feld". Jene Theorie erfuhr eine beachtliche Aufmerksamkeit, weil der Biologe

---

[87] Prana: Ein Begriff aus der Hindu-Philosophie und dem Yoga, der die vitale Lebenskraft oder Energie bezeichnet, die das Universum durchdringt und alles Leben aufrechterhält. Prana ist auch als „Atem" oder „Lebenskraft" bekannt und wird für verschiedene physische und psychische Funktionen verantwortlich gemacht. In den yogischen Traditionen ist die Atemkontrolle (Pranayama) eine zentrale Praxis, die darauf abzielt, den Fluss des Prana im Körper zu regulieren und zu verstärken.

[88] Chi: Ein in der traditionellen chinesischen Philosophie und Medizin verwurzeltes Konzept, das sich auf die vitale Lebenskraft oder Energie bezieht, die durch alles Lebendige fließt. Im Chinesischen auch als „Qi" bekannt, gilt es als wesentlich für Gesundheit, Vitalität und allgemeines Wohlbefinden.

[89] Orgon: Ein Begriff, der von Wilhelm Reich eingeführt wurde. Reich schlug die Existenz einer universellen Lebenskraft vor, die er „Orgonenergie" nannte. Reich zufolge durchdringt die Orgonenergie das Universum und ist für das Leben unerlässlich. Er behauptete, dass Störungen im Fluss der Orgonenergie zu verschiedenen körperlichen und psychischen Beschwerden beitragen. Es ist wichtig, darauf hinzuweisen, dass Reichs Orgon-Theorie in wissenschaftlichen Mainstream-Kreisen nicht allgemein anerkannt ist und als pseudowissenschaftlich gilt.

[90] Im Engl. „the Force" genannt.

die informatorischen Effekte dieser Energie an Alltagssituationen veranschaulichte. Es sind die typischen absonderlichen Situationen, die die meisten Menschen in ihrem Leben erfahren haben, aber denen sie selten eine tiefere Bedeutung als pure Zufälligkeit zugestehen. Zum Beispiel: Man denkt an eine Person, mit der man schon eine Weile keinen Kontakt mehr hatte, und kurz darauf ruft diese an. Unzählige Menschen kennen das Phänomen, dass man spüren kann, wenn man beobachtet wird.

Ich verstand erst mit *Sheldrake*, dass Aufmerksamkeit eine Form von Energie ist. Wenn bspw. Menschen und speziell Kinder uns animieren, ihnen Interesse zu schenken, dann ist das ein Energiespiel. Ich fing irgendwann sogar an, visuell zu erkennen, wenn bei Veranstaltungen ein Redner auf der Bühne stand, dem es gelungen war, die ungeteilte Zugewandtheit des Publikums auf sich zu bannen. Ich vermochte es genau zu erfassen, wie ein kollektiver Fokus, als eine Energieform begann, seine Aura aufzublähen. Jene Erfahrung war nicht neu für mich, denn Beobachtungen dieser Art hatte ich schon in meiner Schulzeit gesammelt. Bedauerlicherweise hielt ich die visuellen Eindrücke immer für eine optische Täuschung.

Die Aura ist ein feiner Schleier um die Konturen einer Person, und man sieht sie am besten bei einem einfarbigen Hintergrund. Hilfreich ist zudem ein leichter Trancezustand, den vereinzelte Lehrer mit ihrem monotonen Duktus bei mir zielsicher induzieren konnten. Ich bin keineswegs Profi in dieser Technik. Manche Menschen behaupten, sogar Farben und Disharmonien wie Krankheit darin lokalisieren zu können. Wichtig ist am Anfang nur, dass man halb fokussiert knapp am Objekt vorbeischaut, um diesen Schleier zu erkennen.

In jedem Fall kann man diese feinstofflichen Energien auf die verschiedensten Weisen erfassen, und sie können angereichert sein mit nützlichen Informationen. Die visuelle Wahrnehmung ist nur eine Variante von vielen. Die verstandesmäßige Ausdeutung dieser Daten kann wiederum fehlerhaft sein, aber in der Regel ist es am einfachsten, eine Emotion darin zu erfühlen. Dabei ist es im Grunde egal, wie weit man von einer anderen Person entfernt ist.

Über all diese Phänomene wurden dicke Bücher geschrieben. Doch kannte ich keines davon, als ich vor vier Jahren zum ersten Mal eine Erfahrung machte, die nachhaltig in mir widerhallte. Diese Erschütterung verlangte förmlich nach einem neuen Weltbild. Oftmals sind es die dramatischen Schicksalsschläge, die uns tiefer reflektieren lassen, und es retrospektiv bewirkt haben, dass wir uns einem alternativen Paradigma öffnen konnten. So war es auch in meinem Fall. Alles begann mit einem schockierenden Suizid. *Charon*, ein Bekannter aus dem

Freundeskreis, dem ich damals angehörte, hatte Selbstmord begangen und war von einem Dach gesprungen. Meine persönliche Verbindung zu ihm beschränkte sich auf einen relativ oberflächlichen Kontakt. Unabhängig von mir hatten viele meiner engen Freunde eine wesentlich längere und emotional tiefere Bindung zu ihm aufgebaut.

Tatsache war, dass der Kontakt zu Charon seit geraumer Zeit unterbrochen war, weil er unter Depressionen litt. Das kommunizierte er nicht offen, sondern zog sich nur klammheimlich zurück. Niemand ahnte, was kommen sollte. Dafür waren wir alle zu selbstbezogen, unerfahren und hatten mit unseren persönlichen Herausforderungen zu tun. *Charon* setzte seinem Leben ein Ende und sprang von einem Industriegebäude in die Tiefe!

Keiner sah das Drama, als es passierte und man fand ihn erst Ende des darauf folgenden Tages. Ich wurde dennoch Zeuge, wie verschiedene enge Freunde in meinem Umfeld auffällige Muster in der Todesnacht zeigten. Zu dieser Zeit lebte ich in einer Wohngemeinschaft und auf Grund der damals mangelhaften Verfügbarkeit von „Sozialen Medien“ war man gezwungen, sich persönlich von Angesicht zu Angesicht zu treffen, um miteinander zu reden. Wir waren eine große gesellige Clique. So wurde es schnell äußerst offensichtlich, dass etwas nicht stimmte. Es herrschte eine drückende Traurigkeit, die sich niemand erklären konnte.

Ein Freund von uns fuhr in der Nacht mit dem Auto aus Berlin zurück nach Magdeburg und musste auf einem Rastplatz anhalten, weil ihn die Emotionen übermannten. Der Grund war für ihn nicht nachvollziehbar. Andere Leute träumten konkret von *Charon* und wachten schweißgebadet auf. In diesem Kontext war ich sogar Zeuge, wie seine Person in einem Gespräch thematisiert wurde, als Auslöser für die inneren Beklemmungen. Es herrschte über mehrere Tage eine kollektive Niedergeschlagenheit, die selbst für mich unverkennbar war, obwohl ich die Reputation eines unsensiblen Klotzes hatte. Die Menschen in meinem Freundeskreis waren so erschrocken von ihren inneren Anwandlungen, dass sie untereinander zu kommunizieren begannen – sie riefen sich teilweise in der tragischen Nacht an und trafen sich, um über ihre plötzlichen Emotionen zu sprechen.

Als Tage später bekannt wurde, was sich ereignet hatte, war die Nachricht vom Suizid schon fast keine Überraschung mehr, denn alle hatten es irgendwie „empfangen“ und sich in eine kollektive Melancholie hineingesteigert. Selbst ich hatte etwas davon abbekommen. Im Nachgang hatte ich das Gefühl, dass manche Personen nicht genau identifizieren konnten, von welcher Tatsache sie mehr geschockt waren. Rührte das Entsetzen primär daher, dass so etwas Schreckliches passiert war, oder basierte der allgemeine Schock darauf, dass sie es so deutlich gespürt hatten, als es geschah?

Das Beispiel zeigt mir nachhaltig, was auch *Rupert Sheldrake* in seiner Forschung erkennen durfte. Die Fähigkeit, über das feinstoffliche Medium, das er das „Morphische Feld" nennt, zu kommunizieren, ist gleichermaßen abhängig vom Sender wie vom Empfänger. Ein energetischer Sender zeichnet sich durch eine klare Botschaft und eine signifikante Signalstärke aus. Der Empfänger muss dagegen möglichst offen und sensibel sein, was durchaus von der Tagesform abhängig ist.

Die Signalstärke wiederum wird durch die Reinheit der Intention und der emotionalen Wichtigkeit oder Bedeutung bestimmt. Den meisten Nachrichten, die wir gewohnt sind, über das Telefon auszutauschen, mangelt es z.B. an dieser Grundvoraussetzung. Sie sind zwar „notwendig", haben aber keine signifikante Gefühlskomponente. Sie sind schlicht und ergreifend emotionslos, so wie: „Ich arbeite heute etwas länger!", oder „Kannst du bitte Milch mitbringen, wenn du heimkommst?".

Kommen jedoch heftige Gefühle ins Spiel – positive, wie negative –, so erhöht sich quasi die „Sendeleistung". Demnach sind Emotion und Signalstärke Manifestationen derselben Energieebene und daher direkt miteinander gekoppelt – zumindest unterliegen sie dem gleichen Prinzip. Im Fall von *Charon* müssen die Gefühle der Verzweiflung überwältigend gewesen sein, wie man sich das bei einem Suizid leicht vorstellen kann. Das Signal war daher so durchschlagend, dass selbst eher unsensible Personen eine klare Botschaft der Traurigkeit und des Schwermuts empfingen.

Was *Charon* uns damals demonstrierte, werde ich nie vergessen. Es war die eindrucksvolle Darbietung, dass Kommunikation außerhalb der 4-dimensionalen Strukturen möglich ist, und das zog andere Fragen nach sich, was wiederum eine spirituelle Suche zur Folge hatte. So hatte auch sein Tod eine nachhaltige Bedeutung – zumindest für mich.

4.6.5 Manifestation

Kommen wir zum spannendsten Teil, wenn es darum geht, mit dem Geist in die Materie einzuwirken, um damit die Realität zu gestalten. Dabei reden wir von Manifestation. So lautet die allgemeine Bezeichnung für eine Technik, mit bewusst gesteuerten Gedanken und Emotionen die Wahrscheinlichkeiten zu manipulieren, welche Optionen uns im Leben „zufallen“. Im Grunde spielt das Phänomen in das Spektrum „Synchronizitäten“ hinein und geht von der Annahme aus, dass geistige Prozesse einen Einfluss darauf haben, welche „Zufälle“ wir anziehen oder gar abstoßen. Das Prinzip wird nur dahingehend umgekehrt, dass wir unsere psychischen Aktivitäten auf ein Ziel fokussieren, statt wahllos Gedanken zu kreieren und uns später zu wundern, warum sich diese in der physischen Realität widerspiegeln. Dieser Wirkmechanismus wurde selbst im Mainstream geläufig durch Bestseller wie „The Secret“.[91] Im deutschen Kontext sind dazu die Bücher von *Bärbel Mohr* die wohl einschlägigen Publikationen. Im internationalen Bereich ist aktuell *Regan Hillyer* bekannt mit ihren Seminaren, aber auch populäre Hollywoodgrößen wie *Jim Carrey* haben über ihre eigenen Techniken und Erfahrungen berichtet.

Die Grundannahme lautet, dass wir alle Mitschöpfer der Realität sind. Hier wird auch häufig von Co-Kreatoren (engl. „Co-Creators“) gesprochen. Wir sind demnach Fraktale der göttlichen Singularität und je stärker wir uns dessen bewusst werden, desto mehr entdecken wir unsere Macht als „kleine Schöpfergötter“. Die Fähigkeit, in die eigene Realität einzugreifen, beschränkt sich weitestgehend auf den persönlichen Kontext. Wir verändern Wahrscheinlichkeiten in unserem „intelligenten Feld“ und provozieren damit Ereignisse und Umstände, welche die eigene Erfahrungswelt modifizieren können.

In meinem „Logbuch der Synchronizitäten“ finden sich viele Einträge, die in die Schublade „Manifestation“ hineinreichen, da beide Phänomene auf dem gleichen Prinzip beruhen. Dazu habe ich ein Erlebnis aus 2005 herausgesucht, dass ich ein paar Jahre darauf niederschrieb. Damals hatte ich gerade angefangen, mit der Methode herumzuexperimentieren. Erst wesentlich später hatte ich die Grundlagen so weit verinnerlicht und perfektioniert, dass mir auch größere „Wunder“ gelangen. Dennoch findet sich in dem folgenden Ausschnitt ein exzellentes Beispiel, wie der Einstieg in diese Technik aussehen kann. Zudem braucht es zu Beginn enorm viel Konzentration, nicht permanenten „Gedankengulasch“ zu produzieren, und sich auf ein paar kohärente Gedanken bezüglich einer Sache zu einigen. Wenn man genau zuhört, ergeben sich zahlreiche Widersprüchlichkeiten. Außerdem wird deutlich, dass unsere geistigen Manifestationen nicht immer vorteilhaft sein müssen. Doch „Fehler“ sind Teil des Lernprozesses.

---

[91] „The Secret“ ist ein Selbsthilfebuch und ein Film, der durch seine Lehren über das Gesetz der Anziehung bekannt wurde. Quelle: *Byrne, R.* (2006) „The Secret“ Atria Books/Beyond Words.

Soweit zum generellen Kontext der folgenden Passage. Sie werden selber sehen, dass ich schon damals stark mit dem Konzept eines virtuellen Konstruktes in Resonanz gegangen bin. Auch diesen Logbucheintrag mit all den assoziierten Gedanken werde ich weitestgehend in seiner ursprünglichen Form belassen, um die Authentizität zu bewahren.

4.6.6 Erfahrungen eines unreifen Mitschöpfers

Im Jahr 2005 neigte sich das weltliche Design-Studium dem Ende zu, und selbst die metaphysische Lehrzeit erreichte ein gewisses Grundlagenverständnis. Dies kulminierte in einer fundamentalen Entdeckung meiner schöpferischen Fähigkeiten. Dabei dreht es sich nicht darum, dass ich ein Bild male, ein Haus baue oder ein Kind zeuge. Es geht vielmehr um die Möglichkeit, durch geistige Prozesse die Wahrscheinlichkeiten in der Matrix zu verändern. Man könnte sagen, ich fing an, eine der versteckten Spielregeln meiner virtuellen Realität zu verstehen. Ich hatte weitestgehend akzeptiert, dass die mich umgebende physische Welt eine Art künstliche Illusion war. Wesentlich intensiver beschäftigte mich die innere Debatte, wie viel Einfluss ich auf dieses virtuelle Konstrukt haben kann. Diverse Synchronizitäten zeigten mir auf, dass meine geistigen Prozesse einen Effekt darauf hatten, was mir in der Matrix begegnet. Die ausgesendeten Gedanken haben zweifelsohne eine Konsequenz auf die äußere Realität, das war mir mittlerweile evident. Es blieb nur zu klären, wie viele Aspekte des Lebens ich in meinem Sinne beeinflussen könnte.

Das generelle Prinzip hatte mich über einschlägige Publikationen erreicht und sofort gefesselt. Unzählige Autoren hatten zu dem Thema Abhandlungen geschrieben, und es war ein gewisser *Jan van Helsing*, der mich eher beiläufig mit jenem Konzept vertraut gemacht hatte, welches er Manifestation nannte. Im englischen Kontext taucht teilweise der Begriff „Visualization" auf, und auch das „TransSurfing" umschreibt im Grunde das gleiche Prinzip. Ziel ist es demnach, ausschließlich durch Gedanken-Energien klar definierte Realitäten zu schaffen. *Van Helsing* fasste das Thema in einem seiner Bücher mit folgenden Worten aus dem Talmud zusammen. Das ist eine Sammlung, bestehend aus Gesetzen und religiösen Überlieferungen des Judentums.

„Achte auf Deine Gedanken, denn sie werden Worte.
Achte auf Deine Worte, denn sie werden Handlungen.
Achte auf Deine Handlungen, denn sie werden Gewohnheiten.
Achte auf Deine Gewohnheiten, denn sie werden Dein Charakter.
Achte auf Deinen Charakter, denn er wird Dein Schicksal."

Abgesehen von dem religiösen Beigeschmack brachte dieser Aphorismus das Grundprinzip recht sachlich auf den Punkt. Der Autor stellte klar, dass jegliche Schöpfung immer mit einem Gedanken anfängt. Innerhalb des Prozesses der Manifestation ist zumeist auch eine physische Handlung von Nöten – und wenn sie nur symbolisch ist, aber der Ausgangspunkt bzw. die Kausalität eines solchen Schöpfungsaktes liegt immer in einer geistigen Ursache.

Im Idealfall sind die Zutaten für eine erfolgreiche Manifestation, dass man eine klare Vision und einen fokussierten Willen hat. Die Vision meint die Blaupause der angedachten Schöpfung, die innerlich formuliert wird. Dieser Plan sollte präzise und deutlich umrissen sein, aber er muss dennoch genug Interpretationsspielraum lassen. Das klingt an sich wie ein Paradoxon, es ist jedoch der schmale Grat zur „Magie". Als signifikant gilt die Einschränkung, dass man konkrete Personen möglichst nicht in seine Absicht involvieren sollte. Das verstößt gegen den freien Willen des anderen und kann daher nicht funktionieren, es sei denn die Intentionen, sind tatsächlich kohärent – was selten der Fall ist.

Um solche Pläne wahrhaftig in die Tat umzusetzen, braucht es Energie – geistige Schubkraft, wenn man so möchte. Diese entsteht aus einer Kombination von fokussiertem Willen und einer intensiven Emotion, die mit dem Ziel verknüpft wird. Dabei sollte es egal sein, ob das Gefühl ein positives oder ein negatives Vorzeichen hat. Selbst destruktive Haltungen wie gemeine Rachegelüste können einen solchen Vorschub produzieren. Nur leider geht diese feinstoffliche Pistole fast immer nach hinten los. Es ist die Krux des Gesetztes von Ursache und Wirkung, dass Manifestationen mit zerstörerischem Charakter keine Nachhaltigkeit haben, weil sie sich wie ein Boomerang verhalten. Die negative wie auch die positive Energie kommt grundsätzlich zum Absender zurück – oftmals in potenzierter Form. In diesem Bereich machte ich die ersten Erfahrungen.

Bevor ich jedoch begann, mehr Kontrolle über meine Manifestationen zu gewinnen, fing ich an, kleine Brötchen zu backen. So startete das „Mitschöpfertraining" damit, dass ich mir Parkplätze beim Universum bestellte, wenn ich zu kritischen Zeiten in die Innenstadt fuhr. Ich stellte mir vor, wie sich eine freie Lücke vor meinem Zielort spontan auftun würde. Dazu ging ich kurz in mich und bat das Universum, mir einen Platz zu reservieren. Dabei empfand ich es als hilfreich, die Situation vor dem inneren Auge zu visualisieren. Als energetische Kompensation schickte ich immer etwas demütige Dankbarkeit mit. Es ist eine Form von Liebe und daher reine positive Energie. Profis machen es noch eleganter. Sie bedanken sich für den Parkplatz, weil sie wissen, dass er zur Verfügung stehen wird, wenn sie ankommen.

Die Ergebnisse waren höchst erstaunlich und führten zu einer neuen Kraft, mit der ich meine geistigen Blaupausen befeuern konnte – dem Glauben. Er kann der vermutlich wichtigste Faktor in dem Prozess sein, doch den muss man sich schrittweise erarbeiten. Während der Glaube in der Lage ist, Berge zu versetzten, kann hingegen die negative Polarisation davon, auch der Zweifel genannt, ganze Bergketten dahin setzen, wo vorher keine waren.

Mit dieser rudimentären Technik passierten mir innerhalb meiner Manifestationen die merkwürdigsten „Zufälle", oder sollte ich „Synchronizitäten" sagen? Oft wurde just in dem Moment ein Parkplatz frei, als ich am Zielort ankam. Es war teilweise so plakativ, als wollte mir das Universum seine Intervention unmissverständlich deutlich machen. Je mehr ich anfing, jene Verfahrensweise zu nutzen, desto klarer wurde mir, dass meine geistige Haltung vom Informationsfeld wahrgenommen wurde. Diese mentale Ausrichtung erzeugte quasi einen Resonanzeffekt im Morphischen Feld, der wiederum dazu führte, dass aus den höheren Dimensionen heraus die Wahrscheinlichkeiten in der physischen Welt verbogen wurden. Die *Gaußsche*-Normalverteilungskurve verzerrte sich in abstrakte Bögen, um hier eine visuelle Veranschaulichung zu finden. Anders ausgedrückt: Der Zufall fing an, für mich zu arbeiten, weil es mir „zufiel", basierend auf meiner geistigen Haltung.

Mit ungünstig formulierten Intentionen kann man aber auch Probleme bekommen. Es ist mir ein Leichtes, eine umfangreiche Liste fragwürdiger Manifestationen aus meiner Vergangenheit zu identifizieren. Das sind Momente, in denen ich mich wiederholt mit negativen Emotionen beladen zu zweifelhaften Aussagen hinreißen ließ. Man könnte es auch Eigensabotage nennen. Selbst im Jahr 2005 war es trotz besserem Wissens nicht zu spät, eine Kreation von fraglicher Qualität nachzuschieben.

Ich war mitten in der Endphase meines Studiums und hatte mir ein umfangreiches Abschlussthema gesucht. Das Diplom-Projekt war eine interaktive Marketing-DVD für einen großen Reiseanbieter, der spezialisiert war auf Safari-Ausflüge in Kenia. Ich hing mit meiner Arbeit schon einige Wochen hinterher, da ich aus technischen Gründen erst geraume Zeit nach offiziellem Startschuss die Reise nach Afrika antreten konnte, um die nötigen Filmaufnahmen zu machen. Als ich mit 30 Stunden Videomaterial aus allen großen Territorien Kenias wieder zurückkehrte, war meine Zeit schon zur Hälfte abgelaufen. Ein erfahrener Cutter hätte das locker hinbekommen, aber bei mir ging es zu langsam voran. Ich saß Tag und Nacht vor dem Rechner und schnitt an den unzähligen Einzelclips für die interaktive Menüsteuerung.

Dementsprechend wurde ich immer verzweifelter. Mittlerweile stellte sich die Frage, ob ich überhaupt in der Lage wäre, wenigstens eine halbwegs fertige Version abzuliefern. Einige Tage zuvor hatte ich mich mit den Gedanken angefreundet, dass nicht jeder Menüpunkt für die Präsentation einen Film beinhalten würde. Innerhalb der Diplomverteidigung konnte ich eh nur beispielhaft vereinzelte Clips zeigen, was mit einem halbfertigen Produkt ebenfalls funktioniert hätte. So saß ich einen weiteren sonnigen Tag vor den riesigen Röhrenmonitoren. Trotz zwei Wochen Afrikasonne wurde ich immer blasser und dekompensierte zusehends. Meine damalige Freundin *Anabell* nahm mir schon genug Arbeit innerhalb der Dokumentation und Präsentation ab. Der Rest blieb allein an mir hängen. Jetzt konnten nur die neu gewonnen Manifestationstechniken den Karren aus dem Dreck ziehen.

Ein weiteres Mal reckte ich die Hände gen Himmel und orderte mir beim Universum stumpf mehr Zeit. Ich hätte es sicher geschickter formulieren können, aber es entsprach genau meiner Verzweiflung. Ich spürte ein Gefühl des permanenten Verlustes winziger Partikel in einer imaginären Sanduhr. Diesen Wunsch befeuerte ich mit einer infernalen Psychoenergie aus Versagensangst. Das war nicht die optimale Wahl, aber viel mehr hatte ich nicht zu bieten. Die Angst ist eine maximal negative Emotion, aber sie ist auch extrem potent. Zum Glück mischte ich wie üblich etwas Glaube und Dankbarkeit mit hinein. Wäre der Energie-Cocktail jedoch ein Getränk gewesen, so hätte er eine spürbare Note Angst-Schweiß gehabt.

Dieser Energie-Mix war so brachial, dass eine kosmische Antwort noch am selben Tag erfolgte. Nur wenige Stunden nach meinem erschütternden Notruf an das Universum kam spontan ein alter Freund zu Besuch. Wir hatten uns eine Weile nicht gesehen, da ich ja praktisch mit der Arbeit abgetaucht war. Nachdem ich ihm von der akuten Lage berichtet hatte, stellte er fest, dass sich dieser Druck in meinem äußeren Erscheinungsbild widerspiegelte. Ich hatte deutliche Augenränder, und abgesehen davon hätte ich chamäleongleich mit einer weißen Wand verschmelzen können.

Er postulierte, dass ich am besten auf neue Gedanken komme, wenn ich mal ein paar Stunden das Haus verlassen würde. So sollte ich ihm zum Basketball begleiten. Obwohl ich zunächst dazu tendierte, die Offerte abzulehnen, spürte ich, dass er Recht hatte. Die Entscheidung kam nicht aus meinem logischen

Verstand, denn sie war komplett kontraproduktiv, wenn man glaubt, keine Zeit zu haben. So gingen wir und spielten auf einem Freiplatz in Magdeburg-Nord.

Wir hatten schon eine Stunde am Stück gezockt, als sich urplötzlich mein kleiner Finger an der linken Hand im Trikot eines Gegenspielers verhedderte. Ich erinnere mich genau an den kurzen Augenblick der Verwunderung, da mir so etwas noch nie passiert war. Ungläubig starrte ich für einige Millisekunden auf die merkwürdige Verwicklung des Fingers. Ich hätte es nicht einmal reproduzieren können, wenn ich es absichtlich versucht hätte. Irgendwie hatte sich das schwächste Glied meiner Hand aus der Spieldynamik heraus kurios in den Jerseystoff des Vordermanns gedreht und wurde so, für vermutlich nur wenige Sekunden, dort fixiert. Das war jedoch exakt der Moment, als ein anderer Spieler mit der Hüfte voran in den Rücken meines Gegenspielers sprang. Der nur leicht verdrehte Finger war perfekt dazwischen und es gab ein leises knackendes Geräusch. Jetzt schien er vollends ausgekugelt.

Es tat durchaus weh, aber der Schmerz hielt sich zum Glück in Grenzen. Das kam vermutlich vom Adrenalin. Als ich die Hand wieder hervorzog, spreizte dessen schwächstes Glied unnatürlich ab. Ich wusste sofort, dass mein kleiner Finger gebrochen war. Zeitgleich kamen erste reflexartige Negativ-Bewertungen der Situation hoch. Ich befürchtete, dass diese Verletzung, in Bezug auf meine Diplomarbeit, mich noch langsamer machen würde. Es platzte aus mir heraus, dass es eine „verdammt beschissene" Idee gewesen sei, Basketball spielen zu gehen. Erst als mir der Arzt im Krankenhaus erklärte, dass der ganze Unterarm dafür eingegipst werden müsste, begann ich zu realisieren, dass mir gerade mehr Zeit geschenkt wurde.

Mit dem visuell dramatisch wirkenden Gips gelang es mir problemlos, eine einmonatige Verlängerung zu bekommen. Tatsächlich beeinträchtigte die Verletzung mich nur minimal, und da nach dem offiziellen Präsentationstermin alle Professoren traditionell in den Urlaub fuhren, maximierte sich mein Aufschub praktisch um ganze drei Monate. Das war mehr, als genug Zeit, das Projekt zu beenden. Ich hatte zwar ein gewisses Opfer bringen müssen, da ich die falsche Energie zum Befeuern meiner Intention benutzt hatte, aber zumindest hatte das Studium den zeitlich stressfreien Abschluss genommen, den ich anvisiert hatte. Jetzt besaß ich einen leicht deformierten Finger, der symbolisch für eine schmerzhafte Lektion im Bereich der unbedarften Manifestation stand.

Die vielen über die Jahre gesammelten Beispiele verdeutlichten mir nicht nur die Macht der hohen Kunst des Manifestierens, sie zeigten mir auch die möglichen Falltüren, die damit verbunden waren. Ein berühmter Ausspruch, den ich mal gelesen hatte, kam mir immer wieder in den Sinn.

***„Achte darauf, was du dir wünschst,
denn es könnte deine Wahrheit werden."***

Die Macht hinter der 4-dimensionalen Fassade meiner physischen Realität hatte entweder keine Skrupel oder wertete schlichtweg nicht. Offensichtlich war diese Intelligenz tatsächlich so eine Art emotionsloser Quantencomputer, der neutral versuchte, Sinn daraus zu machen, was ich ihm immer wieder als teilweise widersprüchlichen geistigen Input offerierte. Dennoch schien er ein abstraktes persönliches und kollektives Schicksal ebenfalls nicht außer acht zu lassen, um diese Manifestationen harmonisch darin einzubetten. Dabei scheinen ein determinierter Lebensplan und eine individuelle Schöpferkraft parallel zu existieren, was zunächst wie ein Paradoxon klingt.

4.6.7 Erfahrungen eines fortgeschrittenen Mitschöpfers

Kontext: Diese Geschichte schrieb ich 2016 in Mexiko nieder, als ich in einem Schwung meinen gesamten Aufenthalt in Neuseeland rekapitulierte. Ich hatte einige Kapitel zuvor von der Synchronizität in Guerrero Negro berichtet, in der ich im Anschluss dieses Schreibmarathons die zwei Kiwis traf. Obgleich die Ereignisse miteinander verbunden sind, so spielt es keine Rolle, dass ich sie nicht chronologisch erzähle. Mir geht es hauptsächlich darum, eine persönliche Lektion weiterzugeben, die mir in Bezug zur Manifestation vermittelt wurde.

Während meiner Zeit in Neuseeland begab ich mich temporär auf die anspruchsvolle Mission, einem Teil der „Te Araroa", einem Wanderpfad quer durch die Südinsel, zu folgen. Ich suchte die Weite der Natur und wollte mir vermutlich selbst etwas beweisen. So startete ich meinen Fußmarsch in Wellington und durchquerte anfangs nur die ländlichen Außenbezirke, die vom Anspruch her moderat waren. Als Reiselektüre hatte ich mir das faszinierende Buch von Marlo Morgan[92] mit dem Titel „Traumfänger" eingepackt. Ich hatte diesen Roman einige Jahre zuvor beiläufig gelesen, aber der Kontext der Reise signalisierte mir, dass es sinnvoll sei, das englische Original ein weiteres Mal zu studieren. Da mir der wesentliche Plot noch in Erinnerung geblieben war, passte der Inhalt perfekt in meine Situation, denn im Grunde ging es um eine Reise durch die Wildnis Australiens. Der Roman ist der Bericht einer amerikanischen Ärztin, die ein erfolgreiches Projekt initiiert hatte,

[92] *Morgan, M.* (1991) „Mutant Message Down Under" HarperOne.

um jungen „Halbblütern", die weder von den Ureinwohnern noch von den Weißen akzeptiert wurden, eine Perspektive zu geben. Diese Initiative wurde von einem ursprünglichen Stamm wahrgenommen und die Ältesten beschlossen, Doctor Morgan die höchste Ehre zukommen zu lassen. So wurde sie geprüft und auf einen mehrmonatigen Fußmarsch quer durch Australien mitgenommen.

Erster Fußmarsch durch die Berge um Wellington (Foto: Autor)

Die naive Marlo dachte am Anfang noch, dass es sich nur um einen Tagesausflug handeln würde, doch stattdessen entpuppte sich der „Walkabout" zu einem lebensverändernden Kapitel in ihrem Leben. Auf dieser Reise offenbarten ihr die Aborigines eine magische Welt und führten sie tief in ihre Geheimnisse, Mythen und Spiritualität ein. Von ihnen lernte Morgan u.a. die Kunst der Manifestation. Im Kontext der Matrix-Hypothese sollte unbedingt erwähnt werden, dass die Vorstellung der „Traumzeit",[93] *mit der die Ureinwohner ihre Realität beschreiben, ebenfalls dem Konzept eines virtuellen Konstrukts gerecht wird. Die Fähigkeit, durch geistige Prozesse die physische Welt zu beeinflussen, respektive die Wahrscheinlichkeitsvariable zu „verbiegen", ist ein essenzieller Teil der Mechanik, wie die Maya beeinflusst werden kann. Daher beginne ich meinen Reisebericht an der Stelle, als ich anfing, die Technik der Aborigines erneut zu studieren – diesmal mit mehr Hingabe als zuvor:*

---

[93] „Traumzeit" ist ein Begriff, der häufig mit der Kosmologie und Mythologie der australischen Ureinwohner, insbesondere der Aborigines, in Verbindung gebracht wird. Wenn Sie nach Referenzen im Zusammenhang mit der Traumzeit suchen, könnten Sie Folgendes in Betracht ziehen: *Berndt, R. M., & Berndt, C. H.* (1994) „The Speaking Land: Myth and Story in Aboriginal Australia" Inner Traditions.

In meinem „Traumfänger"-Buch kam ich den wichtigsten Kapiteln immer näher. Die Autorin hatte die Vorgeschichte abgeschlossen und erzählte jetzt aus ihren direkten Erfahrungen mit dem Stamm der Aborigines, die sich selber, die „*Wahren Menschen*" nannten. Demnach war in der Philosophie dieser Ureinwohner alles ein Ausdruck eines Über-Bewusstseins, und sie sind daher überzeugt von der Singularität allen Seins. Dieser Stamm war im ständigen Kontakt mit dem *Höheren Selbst*. Um in der Wüste überleben zu können, waren sie sogar dringend darauf angewiesen.

Die Autorin beschrieb einen typischen Morgen während ihres „Walkabouts" in etwa so: Jeden Tag ist ein anderes Mitglied der Gruppe dran, ein Gebet zu sprechen. Darin wurde formuliert, welche Qualitäten und Inhalte vom Tag erwartet wurden. Was sie da taten, war Manifestation in Reinform, auch wenn im Buch keine der typischen Begrifflichkeiten aus der Esoterik verwendet wurden wie „Visualisierung". Dadurch verstand ich erst jetzt, was dort praktiziert wurde, weil ich die grundlegenden Prinzipien mittlerweile kannte und schon erfahren hatte, dass der Ansatz funktioniert. Es überraschte mich nur, wie der Stamm die Technik perfektioniert hatte. Zunächst einmal gab es eine Meditation zum Einstieg, um sich mit dem großen Geist zu verbinden. Dann wurde nicht etwa gewünscht – nein, ganz im Gegenteil. Es wurde sich dafür, quasi im Vorfeld bedankt, dass die Dinge kommen würden. Es wurde praktisch fest davon ausgegangen, dass die Erfordernisse schon auf dem Weg waren erfüllt zu werden. Das wirkt zunächst etwas ungewöhnlich und kulturell entspricht das auch nicht unserer westlichen Norm, aber ich verstand das tiefere Axiom dahinter.

Die Bedürfnisse der Ureinwohner waren von äußerst fundamentaler Natur. Es ging meist um Nahrung, Wetter, Unterkunft und spezifische Heilpflanzen. Die Ärztin konnte nicht genug ihrer Verwunderung Ausdruck verleihen, wie perfekt diese Lebensweise für ihre gemeinsame Reise mit den Aborigines funktionierte. Was sie immer wieder in verschiedenen Situationen beschrieb, glich der Vorstellung, dass diese Gruppe durch einen undefinierten Quantenraum spazierte. Im Grunde ist die Wüste nichts anderes als das – ein Feld unrealisierten Potenzials. Denn wenn man mal von ein paar Tierchen absieht, gibt es keinen „Beobachter" außer den Stammesmitgliedern. Frei nach *Erwin Schrödinger* bedeutet die Abwesenheit eines Beobachters, dass die Realität eine Art nicht manifeste Quantensuppe ist, die darauf wartet, mit einer geistigen Intention in Form gebracht zu werden.

Eine vergleichbare Erkenntnis hatte auch der Eingeborenenstamm. Dabei gibt die Gruppe acht, dass sie alle eine kohärente mentale Ausrichtung haben – sie müssen sich kollektiv auf eine potenzielle Realität einstimmen. Diese gemeinsame Gedankenkraft führt dazu, dass Wahrscheinlichkeiten extrem verbogen werden. Man könnte es auch als geeint initiierte Synchronizitäten bezeichnen. Das entspricht genau der *jungschen* Definition, dass eine gedankliche Fokussierung mit plötzlich auftretenden Zufällen korreliert. Auf Basis dieses Prinzips erlebte die Autorin täglich die unglaublichsten „Glücksfälle", die jeder statistischen Wahrscheinlichkeit trotzten.

Als ich diesen Abschnitt las, fühlte ich mich sofort animiert, die gleiche Technik für den eigenen „Walkabout" zu verwenden. Meine Bedürfnisse waren absolut vergleichbar mit denen der Aborigines. Die Wünsche, die man auf solch einem Fußmarsch hat, unterscheiden sich grundlegend von den typischen Alltagsbelangen, die man meist mit Geld verwirklichen kann. So fing ich am Morgen an, die gleiche Methodik zu durchlaufen, und bei mir zeigten sich ebenfalls kleine Wunder. Ich übertreibe nicht! Jeden Tag schien mir der große Manitu beweisen zu wollen, dass er meinen klar artikulierten Danksagungen entsprechen wollte. Es musste nur ein Anliegen sein, das einem tieferen Bedürfnis in mir gerecht wurde. Manchmal konnten das höchst banale Dinge sein, wie ein heißer Kaffee oder trockene Socken.

Es gab auch Tage, an denen mir nichts einfiel, was ich mir wünschen sollte. Dann bedankte ich mich nur für eine sichere Reise und dass ich vor Sonnenuntergang ein nettes Plätzchen für mein Nachtlager finden würde. Es gab andere Tage, wo ich bspw. morgens aus dem Zelt schaute und dunkle Wolken am Himmel aufzogen. Es war praktisch unausweichlich, dass es früher oder später regnen würde. Mich jetzt für Sonnenschein zu bedanken, war vielleicht etwas zu viel verlangt. So ein Regen hat ja eine Notwendigkeit für zahlreiche Kreaturen und die Natur selbst – demnach wäre es ein viel zu egozentrischer Wunsch. So formulierte ich das Anliegen ein wenig um. Meine Dankbarkeit dafür auszusprechen, dass ich trockenen Fußes das Tagesziel erreichen würde, fühlte sich wesentlich besser an, und das funktionierte eleganter als erwartet.

Die dunklen Wolken verharrten den ganzen Tag stur am Himmel, aber kein Tropfen kam runter. Auf dem letzten Abschnitt der Strecke blieb ich am Straßenrand stehen, um auf meine Karte zu schauen, weil zahlreiche Umleitungsschilder mich irritierten. Plötzlich hielt ein Baustellenfahrzeug neben mir und der Mann am Steuer fragte mich, wo ich denn hin wollte. Daraufhin zeigte ich ihm den Punkt auf der Karte, der einen Zeltplatz markierte. Zu meiner Enttäuschung sagte er mir, dass ich über diese Straße nicht mehr dorthin käme, weil mittlerweile alles neu gebaut würde. Die Gemeinde war dabei, einen Highway quer durch diesen Teil zu ziehen. Der freundliche Kiwi meinte jedoch, ich hätte Glück, denn er sei der Baustellenleiter und könnte mich direkt durch das Baugebiet an den Zielort bringen.

Dankbar lud ich meinen Rucksack auf seine Rücksitzbank und stieg ein. Als er losfuhr, fiel der erste Tropfen auf seine Windschutzscheibe. Platsch – ganz demonstrativ! Aus dem „Platsch" entwickelte sich in kürzester Zeit ein dramatischer Wolkenbruch und es schien fast so, als hätte Petrus den ganzen Tag schmerzhaft seinen Harndrang zurückgehalten. Als der Baustellenleiter mich beim Zeltplatz absetzte, goss es wie aus Eimern. Dort gab es idealerweise Gemeinschaftsräume mit Duschen und einer Küche. Da sonst nur ein weiterer Camper mit seinem Auto dort lagerte, schlug ich meinen Schlafplatz direkt in dem kleinen Gebäude auf. So musste ich das Zelt erst gar nicht nass werden lassen. Der andere Reisende fand diese Idee inspirierend und machte es mir nach. So entwickelte sich eine tiefsinnige Abendkonversation. Die 20-minütige Fahrt in dem Auto des Baustellenleiters hätte auch leicht eine mehrstündige Odyssee durch den Regen werden können. In jedem Fall hatte das Universum wieder voll abgeliefert, indem es mir den freundlichen Kiwi vom Bau schickte. Es gab so viele dieser kleinen Situationen, die man leicht dem klassischen Zufall zuspricht. Die eindrücklichste Episode ereignete sich jedoch an einem Abschnitt meiner Route, wo ich den Naturgewalten voll ausgeliefert war.

Ich war schon seit drei Tagen in der Wildnis unterwegs und hatte eine Hügelformation überwunden, die mir körperlich alles abverlangte. Belohnt wurde ich zwar mit einer fantastischen Aussicht, als ich auf dem Gipfel des Berges mein Lager aufschlug, aber mir wurde klar, dass sich der Ton verändert hatte. Abgesehen von dieser visuellen Entlohnung war diese Etappe eine echte Herausforderung. Ich musste Flüsse überqueren und mich an steilen Stellen an Wurzeln hochziehen. Es gab viele Gefahren, die einem den Tag verderben konnten, wenn man nicht aufpasste. Die Qualität und der Schwierigkeitsgrad des Weges hatten sich extrem verändert und in dieser Zeit traf ich nur zwei Leute auf der Route. Es war ein Paar aus Deutschland, das mir entgegenkam. Sie waren jünger als ich, aber hatten definitiv mehr Wandererfahrung. Ansonsten traute sich zu dieser unberechenbaren Jahreszeit niemand auf diesen Wanderweg.

Nach diesem ersten Vorgeschmack, was es bedeuten kann, durch die Wildnis Neuseelands zu wandern, erreichte ich ein Tal. Auf Basis der Wanderkarte hatte ich mir etwas mehr erhofft, aber immerhin führte eine kleine Straße dorthin. Es gab einen Parkplatz, der mit zahlreichen Fahrzeugen gefüllt war. In der Nähe fand gerade eine Hochzeitsfeier statt, was den Ansturm erklärte. Neben einem Fluss war eine gepflegte Rasenfläche, die mein Rastplatz wurde. Als ich dort das Zelt aufschlug, konnte ich vereinzelte Hochzeitsgäste am anderen Ufer herumlaufen sehen. Ich schaute mich eine Weile um, aber ansonsten war hier nicht viel zu finden. Es gab nur ein Haus, das von den Wildhütern als Basis genutzt wurde. In meiner Phantasie hatte ich mir vorgestellt, dass es hier wenigstens einen kleinen Kiosk geben würde, wo ich die Vorräte auffüllen könnte. Hätte ich noch etwas Kraft und halbwegs anständige Kleidung gehabt, wäre ich zur Hochzeit spaziert. Doch das fiel aus, weil ich primär froh darüber war, rechtzeitig vor Sonnenuntergang das Tal erreicht zu haben, und damit etwas kostbare Zeit hatte, um mich zu erholen. Außerdem durfte ich mir den „Luxus“ gönnen, in einem eiskalten Fluss zu baden.

Es wurde dunkel, und ich rollte mich in meinen Schlafsack. Zur Einstimmung auf den kommenden Tag las ich ein weiteres Kapitel aus dem „Walkabout“-Ratgeber und studierte das Kartenmaterial. Was vor mir lag, konnte 5-7 Tage Wanderschaft über ein wildes Bergplateau bedeuten – vielleicht sogar mehr. Es gab eine Hand voll einsamer Hütten entlang der Strecke, wo man Zuflucht finden konnte. Das war aber alles schwer abzuschätzen mit der kleinen Karte, die mir zur Verfügung stand. Fakt war, dass ich aus dem Tal raus musste, dementsprechend ging es erstmal tendenziell bergauf. Ich hatte, grob geschätzt, Nahrungsmittel für vier Tage. Wenn ich extrem rationieren würde, könnte ich das Essen auf eine Woche strecken, ansonsten hieße es Fasten. Doch das war mehr als optimistisch gedacht. Die vergangenen Tage hatten mich hart geprüft, daher plante ich zwar Eventualitäten ein, aber tatsächlich hatte ich kaum Spielraum. Dennoch wollte sich mein Ego nicht eingestehen, dass hier die Grenzen des Machbaren erreicht waren. Es gab zwar jede Menge Unsicherheitsvariablen, die ich nur schwer abschätzen konnte, aber die Alternative bedeutete, eine triste Straße von 40km Länge abzulaufen, um zurück in die Zivilisation zu kommen. Mir war bewusst, dass ich hier das Universum an meiner Seite brauchte, falls ich mich fürs Abenteuer entscheiden würde. Doch im Grunde gab es keinen nennenswerten Diskurs im Inneren – ich wollte mir ja etwas beweisen.

Am nächsten Morgen öffnete ich erstmal gar nicht das Zelt. Mir dämmerte, wie anspruchsvoll der Abschnitt werden würde, daher startete ich gleich mit der morgendlichen Meditation und zog in meinen Gebeten alle Register. Ich sprach anfänglich nur mit der göttlichen Einheit, aber später widmete ich sogar der Naturgeisterwelt des Berges eine inbrünstige Andacht und bat demütig darum, dass sie auf mich achtgeben würden. Dennoch hatte ich eine klare Vorstellung, wie sie mir bei der Wanderung helfen konnten: Ich visualisierte einen Begleiter, damit ich nicht allein wäre. Dabei hatte ich einen passionierten Rentner im Kopf, der die Berge hier wie seine Westentasche kennt – irgendwas in der Richtung. Ich wünschte mir einen Typus, den nichts aus der Ruhe bringt und der weiß, was er hier tut – im Gegensatz zu mir.

Als ich jedoch das Zelt öffnete, war der Parkplatz komplett verwaist. Die Hochzeitsgesellschaft war verschwunden, und es blieb ein grauer Montagmorgen zurück. Ich versuchte, mich zu motivieren und eine positive Einstellung zu wahren. Vielleicht war mein Wegbegleiter schon etwas vorgelaufen und wartete in einer Kurve. Prinzipiell könnte er mich auch später noch einholen. Das Leben ist da erfahrungsgemäß sehr kreativ, wie es die Dinge einfädelt.

Eingang zum Pfad, der auf das Bergplateau führte. (Foto: Autor)

Plötzlich kam ein Pick-up angerollt. Das musste er sein – mein Begleiter! Aus dem Auto stiegen zwei kauzige Typen, die aus dem Heck ihres Fahrzeugs ein Rudel Hunde freiließen. Das war nicht unbedingt der Trupp, den ich mir erhofft hatte. Es waren Wildschweinjäger, und da sie keine Rucksäcke trugen, schien es nur ein kurzer Ausflug für sie zu sein. Die Meute war scharf abgerichtet, bis auf einen jungen Hund, der partout nicht hören wollte und offensichtlich seinen eigenen Kopf hatte. Ich schaute dem Schauspiel eine Weile zu, während ich noch mit der Hoffnung spielte, dass ein weiteres Auto kommen würde. Doch nicht einmal die Jäger gingen in meine Richtung. Sie liefen mit der Meute einen Pfad hinauf, der in ein völlig anderes Gebiet führte. Ich war scheinbar allein entlang der Route. Nun gut – das Universum wird schon seinen Grund haben, mich hier einsam durch die Wildnis ziehen zu lassen, dachte ich mir.

Ab der Hälfte der Strecke zur ersten Hütte begrub ich innerlich meine Hoffnung, auf moralischen Beistand zu treffen. Ich hatte noch etwa zwölf Kilometer vor mir, und wie erwartet ging es steil bergauf. Zudem hatte es angefangen zu regnen. Der Wald war jedoch so dicht, dass das Blätterdach über mir die meiste Nässe aufhielt. Zwischenzeitlich musste ich ein paar wilde Bäche überqueren und wurde dabei nachlässig. Weil ich zu faul war, mir ein weiteres Mal die Schuhe ausziehen, versuchte ich, von Stein zu Stein zu springen. Doch das war schwieriger als gedacht mit dem schweren Rucksack auf den Schultern! Ich rutschte ab und trat in eine Untiefe im Flussbett.

Was bitte machte ich da? Ich hätte umknicken können! Ein gebrochener Knöchel könnte hier draußen leicht den Tod bedeuten. Zum Glück musste ich nur die Socken wechseln. Es war surreal, aber während ich in meinem Rucksack nach trockenem Ersatz suchte, saß urplötzlich der eigensinnige Hund neben mir. Ich erkannte ihn sofort! Es war der Anarchist vom Parkplatz, und er hatte wohl keine Lust mehr, mit Wildschweinen auf Leben und Tod zu kämpfen. Erst versuchte ich, ihn zu verjagen, denn ich konnte unmöglich mit ihm ins Tal zurückgehen. Der „Point of no Return" war schon deutlich überschritten, und die Dunkelheit würde bald hereinbrechen. Er sollte zu seiner Gruppe zurückkehren. Immerhin hatte er mich aufgespürt, da dürfte es ihm ein Leichtes sein, sein Rudel wiederzufinden.

Ich ging weiter, aber er klebte mir einfach an den Fersen. Daraufhin suchte ich mir ein halbwegs trockenes Plätzchen unter einem Baum und kramte eine Zigarette aus dem Rucksack hervor, die ich mir eigentlich für spezielle Situationen vorbehalten wollte, um meine Moral zu „boosten". Nun ja, der Stand der Dinge war außergewöhnlich genug. Ich paffte vor mich hin und musterte dabei den Hund. Dieser schaute mich erwartungsvoll an und wedelte mit dem Schwanz. Ich sprach ihn direkt an:

„Bist du der Begleiter, den ich mir bestellt habe?"

Das schien mir eine rhetorische Frage zu sein, aber ich stellte sie dennoch. Natürlich war er es! Nur entsprach er nicht meinen Vorstellungen. Er war noch jung und sicher nicht so kompetent wie *„Lassie"*. Einem Colli hätte ich vermutlich noch zugetraut, dass er Hilfe holen würde, falls ich in eine Felsspalte stürzen würde. Aber mein neuer Freund hier schien mir eher eine Bürde als eine Unterstützung zu sein. Ich gab ihm gleich den Namen *„Spirit"*, was auf Deutsch

„Geist“ oder „Seele“ bedeutet, weil ich davon ausgehen musste, dass die Waldgeister ihn zu mir geschickt hatten. Vielleicht fand er auch nur meine Person sympathisch bei der kurzen Begegnung auf dem Parkplatz und wollte mich unbedingt näher kennen lernen, doch das spielte jetzt keine Rolle mehr. Ich musste die nächste Hütte vor Einbruch der Dunkelheit erreichen.

Erster Schnappschuss von „Spirit“ in der Waldhütte (Foto: Autor)

Bevor ich die Zigarette ausdrückte, redete ich ein weiteres Mal mit meinem *höheren Selbst*. Ich sprach laut in den Wald hinein, denn außer *Spirit* war niemand physisch existent, der dieses Verhalten hätte merkwürdig finden können. Wenn das Universum wollte, dass dieser Hund mein Begleiter war, dann müsste es sich auch um dessen Versorgung kümmern und tatsächlich – es hatte schon alles organisiert. Kaum waren wir an der Hütte angekommen, zerrte *Spirit* einen riesigen Knochen aus irgendeinem Gebüsch. Jäger mussten ihn dort hineingeschmissen haben. In der Schutzhütte hatte zudem jemand ein Bier, einen Satz frische Socken und eine Büchse Dosenfleisch zurückgelassen. Demnach war die Konserve *Spirits* Frühstück, aber was konnte ich jetzt machen?

Sollte ich zurück ins Tal gehen? Die Wildschweinjäger würden bestimmt nicht die ganze Nacht nach ihm suchen. Ich hatte schon seit einer knappen Woche keinen Empfang mehr auf dem Handy, und wen sollte ich überhaupt anrufen – das Veterinäramt? Ich könnte auch alternativ meine Strecke fortsetzen und hoffen, dass *Spirit* weiterhin im Unterholz fündig wird. Es war abwegig, dass er Pasta mit Soße oder Reis fressen würde. Nun, er würde es runterschlingen, aber das war mit Sicherheit nicht die richtige Nahrung für einen jungen Hund. Zudem wurden die Vorräte schon allein für mich zu knapp.

Am folgenden Morgen regnete es wieder. Dennoch wagten wir einen weiten Aufstieg zur nächsten Hütte, aber auf halber Strecke entschied ich mich zum Rückzug. Ich war eh nicht mit voller Motivation losgegangen. Eigentlich wollte ich nur sehen, wie sich die Strecke entwickeln würde, und, wie erwartet, wurde sie immer steiler, weil ich noch lange nicht auf dem Plateau angekommen war. Mir wurde bewusst, dass es Wahnsinn war, weiterzugehen. Der Regen machte die Wege rutschig und unberechenbar. Zeitweise gab es überhaupt keinen sichtbaren Pfad mehr. Alle 30 Meter war eine kleine Markierung an einem Baum befestigt. Der Rest war dichter Ur-Wald, in dem man sich leicht verlaufen konnte. Ich propagierte zu dem Zeitpunkt vor mir noch immer die innere Überzeugung, dass ich mich alleine sicher irgendwie durchkämpfen würde, aber die Anwesenheit von *Spirit* änderte die Sachlage. Wir kehrten zur alten Hütte zurück und schliefen eine weitere Nacht dort. Zudem teilten wir uns die letzte warme Mahlzeit. Ab jetzt gab es nur trocken Brot und Studentenfutter.

Der Regen hatte am nächsten Tag noch einmal nachgelegt und ich verstand, dass die Entscheidung, zurück zum Tal zu gehen, unumgänglich war. Selbst ohne *Spirit* am Hacken war die Route schlichtweg eine Nummer zu groß für mich. Ich bekam bei meiner morgendlichen Meditation ebenfalls eine klare Durchsage. Vielleicht war es nur die Vernunft, die sich da meldete, aber aus der Sicht der Singularität war es unerheblich, wen man als Absender identifizierte, denn jede Instanz hätte Recht gehabt. „Geh zurück ins Tal!“, war die Botschaft, und ich folgte ihr.

Jetzt hatte ich eine lange Liste von grundlegenden Bedürfnissen. Zunächst einmal brauchte ich eine sichere Zuflucht, wo ich meine Sachen trocknen konnte. Zudem benötigte ich eine Mitfahrgelegenheit aus dem Tal heraus, um zurück in die Zivilisation zu kommen. Zur Not müsste ich auf der Straße laufen, aber die war verdammt lang. Weiterhin bedurfte es einer optimalen Lösung für den Hund, denn ich wollte ihn nur ungern in einem Tierheim abgeben. Etwas Warmes zu Essen stand auch ganz oben auf der persönlichen Wunschliste, und so formulierte ich meine Dankbarkeit für all die feinen Dinge, die im Tal auf mich warten würden. Das war vielleicht alles ein wenig viel verlangt, aber ich war guter Dinge, dass das Universum etwas organisieren würde.

Es war ein vollends verregneter Mittwochnachmittag, als ich völlig erschöpft im Tal ankam. Natürlich war niemand da, denn wer würde bei diesem hundserbärmlichen Wetter hier rausfahren. Der Parkplatz war dementsprechend leer, aber das schmälerte nicht meine Euphorie. Der Abstieg war mitunter genauso anstrengend gewesen wie der Aufstieg, weil jeder Schritt mit Bedacht erfolgen musste. Zweimal rutschte ich im schlammigen Boden aus und machte einen Purzelbaum. Ich kugelte einfach so mit dem schweren Rucksack eine Böschung runter und bleib an einem Baum hängen. Obwohl ich jetzt mit *Spirit* völlig allein im Tal stand, so war ich froh, hier überhaupt heil angekommen zu sein.

Gerade als ich mich mit dem Gedanken angefreundet hatte, hier im Regen mein Zelt aufzubauen, hörte ich ein bekanntes Geräusch. Es war der Motorenlärm eines Heckentrimmers irgendwo in der Entfernung. *Spirit* und ich nahmen sogleich die Witterung auf und fanden einen Wildhüter, der einen kleinen Teil der Straße vom Pflanzenbewuchs befreite. *Spirit* rannte auf ihn zu und der Ranger lachte den Hund an. Die Szene hätte in Zeitlupe ablaufen können mit schnulziger Musik als Untermalung, denn in diesem Moment entstand eine tiefe Bindung zwischen Mensch und Tier, die ich sofort antizipierte.

Ich erklärte dem Ranger meine Situation und er nahm mich in sein Haus. Er hatte für alles eine Lösung parat. Selbst mit Hundefutter konnte er dienen. Dann zeigte er mir eine geheime Hütte, die nur zwei Kilometer vom Parkplatz entfernt lag und nicht in den Karten verzeichnet war. Die Behausung entpuppte sich als äußerst schlicht, hatte aber einen Ofen und jede Menge Feuerholz. Der Ranger gab mir ein paar Fertiggerichte zum warmmachen und behielt *Spirit* gleich bei sich. Am nächsten Tag würde er eh in die Stadt zurückfahren und mich bei der Gelegenheit dort absetzen. Es war perfekt! Alle Punkte auf meiner utopischen Liste wurden mit einem Schlag abgehakt. Ich schleppte mich zur Hütte und feuerte den Ofen an. Das Universum hatte erneut das volle Servicepaket geliefert, dabei hätte *Steve*, der Ranger, gar nicht vor Ort sein sollen, denn er hatte dienstfrei. Er kam nur ins Tal, um irgendwelche Sachen für seinen Sohn abzuholen, die dieser unbedingt haben wollte, und so lange gequengelt hatte, bis *Steve* losfuhr. Nur Gott allein weiß, was ihn im Zuge dieser Aktion dazu bewegt hatte, noch im Regen die Hecke zu schneiden.

Als wir am nächsten Tag in die Stadt fuhren, hatte das Unwetter seinen vorläufigen Zenit erreicht. Wasserfälle kamen aus den Felsen geschossen, sogar an einer Stelle, wo selbst *Steve* das noch nie zuvor beobachten konnte. Die Straße stand teilweise fast einen Meter unter Wasser, was eine Rückkehr zu Fuß ausgeschlossen hätte. Der Ranger erklärte mir, dass er davon ausgeht, dass dieser Regen oben, auf dem weiteren Verlauf meiner angedachten Route, als Schnee niederfallen würde. Das war der Moment, als deutlich wurde, dass *Spirit* mir geschickt wurde, um mich vor einem fatalen Fehler zu bewahren. Ich hatte das Wetter und die wilde Natur völlig unterschätzt, und ich wäre nicht der erste Tourist gewesen, dem das teuer zu stehen gekommen wäre. Ohne den Hund hätte mich mein Ego davon abgehalten, ins sichere Tal zurückzukehren, und selbst die asphaltierte Straße war jetzt alles andere als begehbar.

Spirit und Steve ca. drei Monate später (Foto: Autor)

Als ich nach etwa drei Monaten mit einem Freund in das Tal zurückkehrte, waren *Steve* und *Spirit* ein eingespieltes Team. Der Hund begleitete den Ranger bei seinen Tätigkeiten im weitläufigen Nationalpark, und er musste nie wieder Wildschweine jagen. Ich dankte dem Universum ein weiteres Mal, dass mir *Spirit* geschickt wurde, um auf mich aufzupassen. Diesen Job hatte er erledigt. Ich hoffe, die kleine Geschichte hilft, zu verdeutlichen, wie Manifestation mit Dankbarkeit und Intention funktioniert. Es ist ein wichtiges Werkzeug, speziell in Situationen, die außerhalb unserer physischen Kontrolle stehen.

4.7 PRÄKOGNITION UND HELLSEHEREI

Präkognition ist die Fähigkeit, Ereignisse wahrzunehmen oder vorherzusagen, bevor sie eintreten, scheinbar ohne sich auf bekannte Informationen oder logische Schlussfolgerungen zu stützen. Sie wird häufig als eine Form der außersinnlichen Wahrnehmung (Extrasensory Perception – ESP)[94] betrachtet und fällt in die umfassendere Kategorie der paranormalen oder übersinnlichen Phänomene. Personen, die präkognitive Erfahrungen haben, behaupten, dass sie bestimmte Details zukünftiger Ereignisse vorhersehen können, z.B. Ergebnisse, Situationen oder sogar Katastrophen, bevor diese Geschehen tatsächlich eintreten. Diese Form von Eingebung kann spontan auftreten, sich in Träumen manifestieren oder sich während transpersoneller Bewusstseinszustände ereignen. Selbst eine abgewandelte Form des klassischen Remote-Viewings lässt sich nutzen, um Daten von potenziellen zukünftigen Ereignissen zu sammeln. Damit wird diese Fähigkeit als eine Art von ESP kategorisiert, die verschiedene Phänomene umfasst, von denen angenommen wird, dass sie den Empfang von Informationen jenseits der normalen fünf Sinne (Sehen, Hören, Tasten, Schmecken und Riechen) beinhalten.

Selbstverständlich ist das gesamte Thema in der akademischen Welt höchst umstritten. Wie bei solchen Phänomenen üblich, ist eine exakte Reproduzierbarkeit nicht gegeben, weil zu viele abstrakte Faktoren über die Qualität der Vorhersage bestimmen. Hinzu kommt, dass diese geistige Fähigkeit in den einzelnen Individuen unterschiedlich ausgeprägt ist. In meiner persönlichen Erfahrung zeigten sich auch in mir immer wieder subtile Ansätze, über den Zeithorizont hinwegsehen zu können. Die Episode aus der Holotropic-Breathwork-Session, die mir symbolisch meine zukünftige Reise durch Nevada und Kalifornien zeigte, könnte man als Indiz dieser rudimentären Veranlagung begreifen. Doch im Vergleich zur präkognitiven Fähigkeit, wie ich sie bei anderen talentierten Individuen beobachten konnte, steckt meine Entwicklung noch in den Kinderschuhen.

4.7.1 Europäische Prophetie

Meine erste Begegnung mit dem grundsätzlichen Prinzip der Präkognition entstand aus der Beschäftigung mit der europäischen Prophetie heraus. Um das

---

[94] *Rhine, J. B.* (1961) „Extra-Sensory Perception“ Boston: Bruce Humphries.

Jahr 2003 herum las ich das berüchtigte Buch von *Jan van Helsing* mit dem Titel „Der Dritte Weltkrieg".[95] Darin untersuchte er die allgemeinen Aussagen der Hellseher im europäischen Kontext. Unter ihnen ist *Alois Irlmaier* der wohl bekannteste Vertreter. Signifikant ist dabei die Deckungsmenge, die all die namhaften Propheten Europas aufzeigen. Demnach gibt es eine kohärente Geschichte, die sich durch alle anerkannten Quellen hindurchzieht. Skeptiker würden argumentieren, dass die Seher voneinander abgeschrieben haben müssen, was auf Grund der individuellen Umstände aber als ausgeschlossen gilt.

Im Fall von *Irlmaier* muss man festhalten, dass er nicht aktiv nach dem potenziellen Schicksal Europas geforscht hat. Vielmehr wurde er wiederkehrend von Visionen heimgesucht. Als ich 2003 mit *Irlmaier* und seinen Kollegen konfrontiert wurde, musste ich schon damals erkennen, dass gravierende Vorhersagen, die seit der Zeit ihrer Offenbarung gesammelt wurden, sich tatsächlich manifestiert hatten. Doch mittlerweile sind viele weitere Ereignispunkte aufgetaucht, die in der europäischen Prophetie chronologisch erfasst sind. Beispielsweise gehören dazu die Eskalation in der Ukraine, der wirtschaftliche Niedergang Deutschlands, die steigenden Flüchtlingsströme und ganz aktuell auch die Entwicklung im Nahen Osten in Richtung Armageddon.

Alois Irlmaier (Foto: *Rudi Dix* Quelle: https://www.merkur.de/welt/vorhersage-alois-irlmaier-dritten-weltkrieg-2020-prophezeiungen-sagte-voraus-zr-5984182.html)

[95] *Van Helsing, J.* (1999) „Der Dritte Weltkrieg" Amadeus Verlag.

Bereits in meinem letzten Buch hatte ich Zusammenhänge in ihrer Essenz zusammengefasst. Dabei konnte ich auf einen umfangreichen Fundus von Publikationen zurückgreifen, die zumeist von *Stephan Berndt* stammen. Er ist die unbestrittene Autorität, wenn es um die systematische Erforschung der Propheten Europas geht. Keiner hat mehr Bücher zum Thema geschrieben als *Berndt*. Dabei hat er akribisch alle Aussagen von tausenden Quellen und über 250 bekannten Sehern mit Hilfe einer Computersoftware chronologisch geordnet. Erst vor wenigen Wochen erreichte mich eine Videobotschaft von dem Experten. Mit leichter Resignation stellte er fest, dass er die aktuelle Eskalation in Israel ebenfalls klar in seiner Forschung erkannt und publiziert hatte. Nach seiner Aussage gibt es nicht mehr viele gravierende Einschläge, bis es zu jenem finalen Ereignis kommt, welches schon im Titel meines ersten Buch-Kontakts zum Thema der Prophetie zu finden war: „Der Dritte Weltkrieg".

Nach *Berndts* Auffassung gibt es noch eine kleine Reihe von potenziellen Wegpunkten, bis die Weltlage vollkommen eskaliert. Darunter sieht er einen gravierenden Terrorangriff, der abermals in New York stattfinden soll. Auch andere Städte könnten der Beschreibung gerecht werden, aber grundsätzlich ist mit einer Zerstörung zu rechnen, die 9/11 weit übertreffen soll. Sogar der 11. September 2001 war Gegenstand der europäischen Prophetie. Schon *Jan van Helsing* erkannte in seinem Buch „Der Dritte Weltkrieg", welches er 1999 schrieb, dass das nächste chronologische Ereignis ein Angriff auf eine Großstadt an der Ostküste der USA sein müsste. Selbst die Mittel des Anschlags wurden von *van Helsing* klar identifiziert. Dabei hatte er persönlich keine Visionen, sondern interpretierte lediglich die Aussagen der bekannten Seher, die teilweise so historisch waren, dass Flugzeuge noch nicht konzeptionell erfasst waren. In manchen Botschaften wurde daher von „Eisenvögeln" gesprochen, die nach *van Helsing* auch als Cruise Missiles ausgedeutet werden konnten. Diese exakte Interpretation, die er 1999 niederschrieb, gab meiner ersten Konfrontation mit den europäischen Prophetien 2003 eine fundamentale Glaubwürdigkeit, denn 9/11 war mittlerweile eine Realität. Auch *Berndt* hatte diese erstaunlichen Zusammenhänge erkannt und forschte später noch tiefer, als *van Helsing* es getan hatte.

Neben einer theoretischen Neuauflage des 11. Septembers in potenzierter Form sieht *Berndt* im aktuellen Kontext noch weitere Schlüsselereignisse bis zur großen Eskalation. Darunter fällt eine globale Finanzkrise, die alles bisher dagewesene in den Schatten stellen soll. Hierbei folgen dem initialen Zusammenbruch politische Unruhen innerhalb der europäischen Gesellschaft, was in dem Kontext natürlich auch global zu erwarten ist. Bei diesem Prozess, der von einigen Sehern als ein über mehrere Jahre laufender Abwärtstrend gesehen wird, kommt es zu bürgerkriegsähnlichen Tumulten in den Großstädten. Während oder innerhalb dieser Zeit soll es zudem zu einem weiteren Konfliktherd im Balkan kommen. Im Verlauf einer Friedenskonferenz soll sich dann ein Mord an einem „Hochgestellten“ ereignen, was zur finalen militärischen Eskalation führt. Damit explodieren auch alle anderen Fronten, die bis dahin angeheizt wurden, und darunter fällt nicht nur der Nahe Osten. Des Weiteren wird in der Prophetie detailliert beschrieben, wie russische Truppen auf deutsches Territorium vordringen.

Jedoch soll der dritte Weltkrieg nicht von langer Dauer sein. Bevor es zu einer atomaren Eskalation kommen kann, wird das zumeist konventionelle Gemetzel durch geophysikalische Ereignisse unterbrochen. Dies ist ein Hauptpunkt, dem ich in meinem letzten Buch, „Die Phönix-Hypothese“, nachgegangen bin. Ich werde später noch konkret in die größeren Zusammenhänge einsteigen. An dieser Stelle soll es mir genügen, die Präkognition als Phänomen anzuführen, welches mit der europäischen Prophetie offenkundig wird. Wer sich mit den zahlreichen Publikationen über die Seher beschäftigt hat und immer noch nicht erkannt hat, dass die Vorhersagen bisher Punkt für Punkt eingetreten sind, den kann auch ich nicht überzeugen. Gleichzeitig verstehe ich aber die hintergründigen Implikationen, die zumeist auf einer psychologischen Ebene liegen.

In seiner letzten „Brandrede“, Anfang Dezember 2023, kritisierte *Stephan Berndt* eindrücklich, dass die „Trutherszene“ allgemein recht genau um die Prophetie und ihre Vorhersagen wüsste, aber den Alarmismus vermeide – daher den Sachverhalt lieber ausklammert. Ich denke, dass die meisten Analysten der Szene entweder die möglichen Konsequenzen scheuen oder aus Angst selber den Kopf in den Sand stecken. Dementsprechend bleibt die europäische Prophetie eine Randerscheinung mit explosivem Potenzial.

Was die allgemeine Sachlage im größeren Kontext bedeutet, darauf werde ich im Verlaufe des Buchs immer wieder zurückkommen. Aus der Betrachtung heraus, dass unsere Realität ein virtuelles Konstrukt sein könnte, lässt sich festhalten, dass wir auf Basis der Präkognition einen gewissen Determinismus postulieren können. Demnach müsste es eine Art Drehbuch geben, wie sich die Ereignisse im Kollektiven manifestieren könnten. Gleichzeitig dürfen wir davon ausgehen, dass dieses „Schicksal“ prinzipiell nicht unabänderlich ist. Dennoch scheint uns die Prophetie eindringlich zu mahnen, dass das „Spiel“ noch mit gravierenden Herausforderungen auf uns wartet und ein größerer Reset bevorsteht.

Unabhängig von den kollektiven Vorhersagen, die ich hier zusammenfassen konnte, habe ich persönlich keinen Zweifel daran, dass Präkognition möglich ist. Demnach hat jeder Mensch prinzipiell Zugriff auf eine außer-raum-zeitliche Ebene, die in der Esoterik als „Akasha-Chronik" bezeichnet wird. In dem Weltbild nach *Burkard Heim* wären das die Dimensionen X_5-X_8. Mittlerweile ist das Phänomen der Präkognition für mich keine abstrakte Vorstellung mehr, weil ich seit vielen Jahren eine Partnerin habe, die immer wieder Eingebungen dieser Art hatte, die sich später manifestierten. Demnach ist das Thema aus meiner Sicht evident. Doch auch ich musste mich langsam an das Mysterium herantasten. Dazu möchte ich von der ersten Begegnung mit einem Medium berichten. Obwohl die Dame mir nur wenige Vorhersagen machte, die zu persönlich sind, um sie hier zu diskutieren, so zeigte sie gleichermaßen die Fähigkeit, in die andere Richtung der Zeitlinie zu blicken.

4.7.2 Meine erste Begegnung mit einem Medium

Medien gehören in die größere Schublade der Hellseher. Sie haben prinzipiell einen Zugang in einer höhere Informationsebene, die Zeit und Raum transzendiert. Jedoch arbeiten sie für gewöhnlich als Mittler zwischen der geistigen und der physischen Welt. Daher kollaborieren Medien mit bestimmten Bewusstseinseinheiten im Jenseits, die ihnen die Informationen vermitteln. Grundsätzlich muss darauf hingewiesen werden, dass es einen enormen qualitativen Unterschied macht, wer hier vermittelt und wer da liefert. Daher kann ich in dem Bereich nur zur Vorsicht mahnen. Die Faustregel besagt, dass man sich das Medium genau anschauen soll, denn es spiegelt seinen Zulieferer wider. Dementsprechend könnte die Quelle aus einer langen Liste von Entitäten kommen, die in den spirituellen Ebenen herumgeistern sollen. Das können beispielsweise Engel, Dämonen oder Archonten sein, die sich wiederum alle möglichen Labels selbst verpassen können.

Meine erste Begegnung mit einem Medium machte ich im Jahr 2010. Damals war ich Chefredakteur von Secret-TV, ein Onlinesender, der zahlreiche Themen betreute, die im Mainstream-Fernsehen nicht berücksichtigt werden. Folglich quoll mein digitales Postfach täglich mit den verrücktesten Anfragen über. So erreichte mich bspw. die Nachricht eines Mannes, der behauptete, seine Frau könne zielsicher auf die „kosmische Festplatte" zugreifen. Diese Formulierung gefiel mir und so las ich weiter. Der Absender war überzeugt, dass seine Gattin ungewöhnlich versiert sei und sich gerne testen ließe. Wenn sie mich beeindrucken könnte, würde sie für eine Reportage zur Verfügung stehen. Das war genau unser Themenspektrum bei Secret-TV, daher rief ich sofort bei dem Mann an.

Das freundliche Gespräch mit dem Ehemann zog einen zeitnahen Telefontermin für den Nachmittag nach sich. So konnte ich beim Mittagessen darüber grübeln, wie ich sie auf die Probe stellen sollte. Was fragt man so ein Medium? Die meisten ihrer Klienten möchten Prognosen bezüglich ihrer möglichen Zukunft hören, aber das war mir nicht geheuer, und ein Test sollte sofortige Ergebnisse bringen. Ich musste sie über etwas befragen, was sie unmöglich wissen konnte, und da schwebte mir eine Idee zu einem Sachverhalt vor, zu dem ich selber gerne mehr erfahren hätte.

Da gab es ein Thema, das mich seit längerem beschäftigt hatte, doch dieses basierte auf einem Mysterium, welches sich schon ein Jahr zuvor entwickelt hatte. Im Rahmen zahlreicher obskurer Begegnungen mit ungewöhnlichen Menschen waren darunter auch zwei völlig separate Personen, die von der Idee überzeugt waren, dass sie mich aus einem früheren Leben kannten. Wenn man sich in der Szene der Esoterik bewegt, sind solche Bemerkungen nicht sonderlich schockierend. Offenbarungen dieser Art steckt man einfach in die Schublade „Kann sein, kann nicht sein". So hatte ich Begegnungen mit Leuten, die überzeugt waren, dass sie mit mir im alten Ägypten waren, oder dass ich einst gemeinsam mit ihnen für Rom kämpfte. In Afrika ergab sich sogar die Bekanntschaft mit einem Medizinmann, der mir sagte, dass meine Seele lange auf diesem Kontinent zuhause war und ich einer von ihnen sei. Das ist alles schwer zu eruieren, aber ich spürte, dass er eine Wahrheit tief in mir getroffen hatte. Was den neuerlichen Aussagen der zwei „Zeitzeugen" eine gewisse Glaubwürdigkeit gab, war die Tatsache, dass sie meine letzte Inkarnation in dem gleichen Kontext verorteten. Demnach war ich während des 2. Weltkrieges in der U-Boot-Flotte involviert. Die Erinnerungen inklusive der exakten Nummer des Schiffes waren so konkret, dass es mir sogar gelang, militärische Daten meines potenziellen früheren Ichs aus den Datenbanken der Marine zu filtern.

Nach kurzer Recherche fand ich ein Foto der letzten vermeintlichen Inkarnation mit dem Namen *Ernst Lottner*, der mir in Zügen sogar ähnlich sah. Natürlich stellte sich die Frage, ob die merkwürdigen Verkettungen von Ereignissen nur „Zufall" waren, oder ob ich hier womöglich meiner tieferen Seelengeschichte auf der Spur war. Obwohl ich schon nicht mehr an Zufälligkeiten im gewöhnlichen Sinne glaubte, behielt ich die Story zunächst für mich, denn es könnte alles doch nur ein Hirngespinst sein. Aus dem persönlichen Dilemma, bezüglich dieses Mysteriums im Limbo zu schweben, resultierte die Idee, das Medium dahingehend zu befragen. Letztlich könnte die Dame Klarheit schaffen und darum ging es mir. Es wäre obendrein ein perfekter Start ihre Fähigkeiten zu testen. Falls sie mein früheres Selbst andersartig beschreiben würde, würde ich daraus noch keine Aussage über ihre Qualifikation ableiten, oder damit implizieren, dass sich die Bekanntschaften geirrt hätten. Doch wenn sie die Hinweise untermauern würde, dann dürfte es sich bei ihr durchaus um ein echtes Medium handeln.

Das Telefonat mit der Hellseherin entwickelte sich äußerst angenehm. Ihr Name ist *Marita*. Sie erklärte mir sofort, dass sie den Hinweis aus der geistigen Welt erhalten habe, dass wir heute eine ungewöhnliche Reise machen würden. Gut – das würde ich als Hochstapler auch allen Klienten sagen, um ihre Begeisterung zu steigern, aber es klang authentisch. Zunächst informierte mich *Marita* völlig routiniert, wie ihre Arbeit zu verstehen sei. Demnach würde sie nur mit ihren Helfern der geistigen Welt Kontakt aufnehmen, und die wüssten alle Antworten, die sie ihr quasi wie auf einem inneren Monitor zeigen würden. Sie selber hätte kein tieferes Verständnis von dem, was ihr da präsentiert wird, und würde nur versuchen, möglichst objektiv das wiederzugeben, was ihr gezeigt wird. Damit waren die Spielregeln klar. Sie warnte mich jedoch, dass die geistige Welt meine Fragen manchmal schneller bekommen würde, als ich sie artikulieren könnte. Das sei ein bekanntes Phänomen, daher sollte ich mich nicht wundern, wenn etwas Vergleichbares passiert.

„Also, was möchtest du wissen?“, fragte sie locker drauf los. Ich hatte mir vorgenommen, auf „dumm zu machen“ und behauptete, dass ich nur rudimentäre Hinweise darauf hätte, während des Zweiten Weltkrieges gelebt zu haben. *Marita* antwortete augenblicklich, dass sie da einen jungen Mann sieht, und fragte mich, wann wir einsteigen wollen. Zur Option stand auch die Zeit nach dem Krieg. Demnach hatte mein früheres Ich diesen Konflikt überlebt, was die Militärakten bestätigten. Diesen Dokumenten zufolge war ich erst in den 60er Jahren verstorben. Dann erklärte mir *Marita*, dass ich ein konkretes Datum nennen dürfte, wenn mir das lieber wäre. Das Angebot nahm ich dankend an und schaute in den mir vorliegenden Militärunterlagen nach. Darin fand sich die exakte Angabe, wann mein potenzielles früheres Ich sein erstes eigenes U-Boot übernommen hatte (September 1943). Das war ein perfekter Startpunkt, weil es die Lokalität eingrenzte. Dementsprechend gab es nur einen Ort, an dem *Ernst Lottner* gewesen sein konnte, wenn er meine letzte Inkarnation war.

Marita begann ansatzlos von ihrem inneren Bild zu berichten, als wäre der interne Projektor schon angesprungen, bevor ich überhaupt das Datum aussprechen konnte. Jetzt sah Sie den jungen Mann in einer dunkelblauen Uniform mit einer weißen „Polizeimütze" auf dem Kopf. Er hatte Unterlagen unter seinem Arm und der damalige Tag musste äußerst wichtig für ihn gewesen sein. Der anfängliche Hintergrundnebel ihrer Vision löste sich auf, und ein Militärhafen kam zum Vorschein. Sie erkannte Kräne und Schiffe. Zudem waren dort fast ausschließlich junge Matrosen in Uniform. So beschrieb sie mein früheres Selbst und den Kontext seiner Situation.

Ernst Lottner auf dem Turm von U-746
(Foto: Autor aus Archiv der Kriegsmarine)

Mein aktuelles Ich im Büro von Secret-TV musste erstmal tief durchatmen. Dabei bemühte ich mich, der Geschichte möglichst teilnahmslos zu lauschen. Es galt, *Marita* nicht den geringsten Hinweis darauf geben, dass ich vereinzelte Aspekte schon gehört hatte. Wenn sie sich in Details verfing, bat ich sie nüchtern darum, bis zum nächsten signifikanten Ereignis „vorzuspulen". Tatsächlich muss man sich *Maritas* Arbeit so vorstellen, als würden ihre spirituellen Helfer ihr irgendeinen Film aus einem gigantischen Archiv suchen. Je nach Anfrage zeigen die Wesen *Marita* passende Szenen, ohne dass sie selber auch nur ansatzweise den übergeordneten Plot kennt. Sie ist ausschließlich dafür da, dem Blinden – also mir – zu erklären, was in den Situationen passiert.

Einige Szenen, die *Marita* schilderte, kannte ich schon aus den Aussagen der Bekannten, die sich vermeintlich aus dieser Zeit an mich erinnert hatten.

Andere Sequenzen verbanden diese Punkte. Demnach war ich der Sohn eines hohen Offiziers, der zu Kriegsende noch zum General ernannt wurde und für den Verteidigungsraum Lübeck verantwortlich war. Glücklicherweise widersetze sich mein Vater dem Befehl und übergab das Territorium den Amerikanern ohne Gegenwehr, was allen Einwohnern unnötiges Leid ersparte. In der folgenden Kriegsgefangenschaft verlor er ein Bein, aber überlebte den Krieg. Das Verhältnis zu meinem Vater war äußerlich kühl. Demnach versuchte ich verzweifelt, seinen Ansprüchen gerecht zu werden. Daher war es obligatorisch, seiner Offizierskarriere nachzueifern, was mich zu Kriegsausbruch zur Marine geführt hatte.

Der Krieg muss ein einziger Horror gewesen sein. *Marita* weigerte sich mehrfach, vereinzelte Szenen genauer zu betrachten, wenn beispielsweise bei Luftangriffen meine Kameraden verstümmelt oder getötet wurden. Das Leben auf dem Boot war eine Folter für sich. Die Enge und der Geruch, eine Mischung aus Diesel und ungewaschenen Matrosen, war fern jeglicher Komfortzone. Hinzu kam die permanente Angst, in einem Stahlsarg am Meeresboden zu enden. Irgendwann zwischendurch erschien *Marita* eine Szene aus einem Lazarett. Darin lag ich im Sterben und erkannte in meinem Zustand zwischen Leben und Tod eine 2 bis 3 Meter große Wesenheit mit dunkler Robe und Kapuze, die nicht weit vom Krankenhausbett stand. Die herbei eilende Krankenschwester zeigte sich irritiert darüber, auf wen ich mit letzter Kraft deutete. Sie konnte das feinstoffliche Wesen nicht sehen, aber *Marita* erkannte es deutlich. Man könnte meinen, dort wartete bereits der Todesengel, doch das ist nur eine Interpretation. Vielleicht war es diese Entität, die mich rettete.

Aus *Maritas* weiteren Szenenbeschreibungen heraus, erklärte sich eine Auffälligkeit in den Militärakten. Demnach wurde unter meinem Kommando kein feindliches Schiff versenkt. Mit Hilfe des Mediums wurde deutlich, dass meinem Vater ab einem frühen Zeitpunkt klar wurde, dass die U-Boot-Flotte dem Untergang geweiht war. Die Enigma-Verschlüsselung[96] wurde vom Feind geknackt, und das Deutsche Reich verlor ein U-Boot nach dem Anderen. Daraufhin muss mein Vater interveniert haben, um mich in ein Sonderprogramm einzubetten. So wurde ich der SS zugeteilt, um Missionen am Südpol zu erledigen. Hautsächlich schien es darum zu gehen, geheimes Material mit dem

---

96 „Enigma: The Battle for the Code“ (Enigma: Der Kampf um den Code) von *Hugh Sebag-Montefiore* befasst sich mit der Geschichte der Enigma-Maschine und der Codebrecher in Bletchley Park, die eine entscheidende Rolle bei der Entschlüsselung der Nachrichten der Achsenmächte während des Zweiten Weltkriegs spielten. Das Buch bietet eine gründliche Untersuchung der Herausforderungen und Triumphe, die mit dem Knacken des Enigma-Codes verbunden waren. Quelle: *Sebag-Montefiore, H.* (2000). „Enigma: The Battle for the Code“ John Wiley & Sons.

U-Boot nach Neuschwabenland,[97] eine Station in der Antarktis, zu transportieren. Doch das war nicht leicht zu eruieren, weil *Marita* zahlreiche signifikante Szenen im Packeis sah, die sie nicht exakt interpretieren konnte, außer dass wir so etwas wie Peilantennen errichteten.

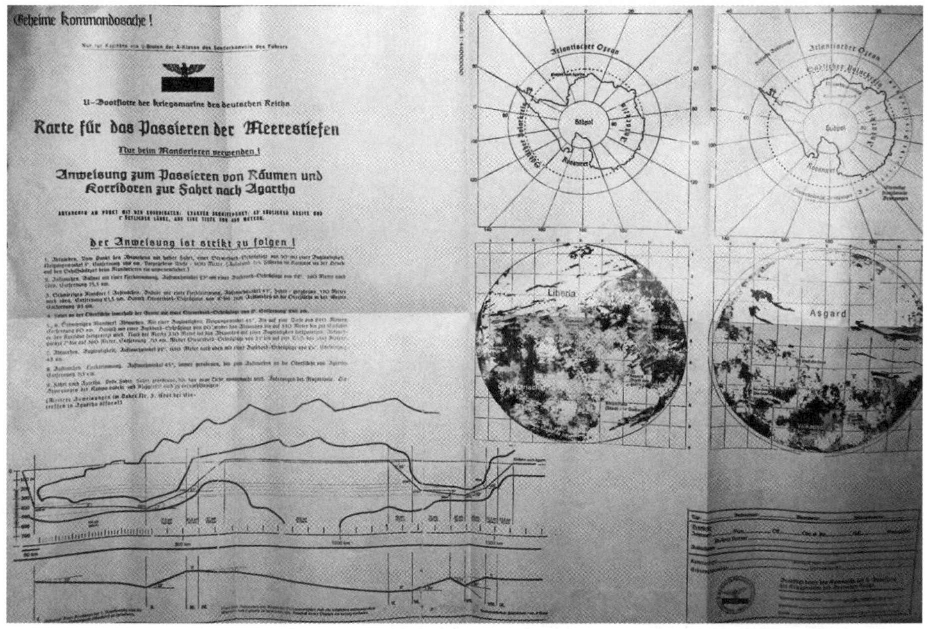

Geheime Kommandosache!

U-Bootflotte der Kriegsmarine des deutschen Reichs

Karte für das Passieren der Meerestiefen

Nur beim Manövrieren verwenden!

Anweisung zum Passieren von Räumen und Korridoren zur Fahrt nach Agartha

Der Anweisung ist strikt zu folgen!

Anweisung für U-Bootkommandanten, die den Zugang unter Eis beschreibt.
(Quelle: https://theeventchronicle.com/nazi-maps-documents-agartha/)

Als *Marita* versuchte, *Lottner* persönlich zu befragen, wendete der sich von ihr ab und wiederholte immer nur, dass alles „streng geheim" sei. Daraufhin bat ich sie darum, den direkten Vorgesetzten ins „Kreuzverhör" zu nehmen. Dieser zeigte sich freundlich und einem Gespräch offen. *Marita* fing an, den Mann in schwarzer Uniform genauer zu beschreiben. Schon recht früh fiel ihr auf, dass er einen kleinen Totenkopf an der Schirmmütze hatte – das Zeichen der SS.

Während sie all seine signifikanten Qualitäten beschrieb, dämmerte mir, dass es sich nur um eine Person handeln könnte. Ich bin keineswegs ein Experte, was die Militärgeschichte des 3. Reiches betrifft. Dennoch hatte ich als Auftragsarbeit einst ein Interview mit dem polnischen Journalisten *Igor Wit-*

---

97 „Neuschwabenland" bezieht sich auf ein angebliches Gebiet in der Antarktis, das mit verschiedenen Verschwörungstheorien und angeblichen geheimen Nazi-Expeditionen in Verbindung gebracht wird. Als Referenz können Sie Folgendes in Betracht ziehen: *Pauwels, L., & Bergier, J.* (1971) „The Morning of the Magicians" Avon Books.

kowski[98] gemacht. Dieser gilt als absoluter Kenner geheimer Wehrtechnologie der Nazis. Er hatte mich über die Rolle *Hans Kammlers*[99] aufgeklärt. So ergab es sich, dass der Name des SS-Generals wieder in meinem Bewusstsein aufschien, noch während *Marita* ihrer Beschreibung von der Person nachkam, die sie vor ihrem inneren Auge sah.

General Hans Kammler (links), Olt.z.S. Ernst Lottner (rechts)
(Quelle links: https://sylviolassance.blogspot.com/2014/02/kammler-hans-friedrich-karl-franz.html;
Quelle rechts: https://uboat.net/men/commanders/755.html

Ich formulierte in meinen Gedanken bereits die Frage, ob mein ehemaliger Vorgesetzter möglicherweise *Hans Kammler* war. Dennoch wartete ich geduldig darauf, dass *Marita* eine Pause in ihren Ausführungen einlegen würde und schwieg. Während sie weiter auf äußerliche Details einging, wurde ihr Wortschwall unterbrochen von einem erschrockenen Laut. Erst dachte ich, *Marita* wäre ihr Getränk umgekippt oder eines ihrer Haustiere hätte sie überraschend angesprungen – irgendetwas in der Richtung. Jedoch rührte ihr Entsetzen von

---

[98] Anfang der 1990er Jahre war *Igor Witkowski* Chefredakteur der Zeitschrift Technika Wojskowa. Seitdem hat er nach eigenen Angaben allein 60 Bücher veröffentlicht mit dem Schwerpunkt Geschichte des Zweiten Weltkriegs. Insbesondere bearbeitet er die Geschichte der so genannten Wunderwaffen. Quelle zur Recherche: *Witkowski, I.* (2010) „Die Wahrheit über die Wunderwaffe, Teil 1: Geheime Waffentechnologie im Dritten Reich“ Moskito-Verlag.

[99] General *Hans Kammler*: General *Hans Kammler* war ein hochrangiger deutscher SS-Offizier während des Zweiten Weltkriegs. *Kammler* wird oft mit der geheimnisvollen SS-Organisation in Verbindung gebracht und war für Schlüsselprojekte im Zusammenhang mit den militärischen und technologischen Fortschritten Nazideutschlands verantwortlich. Die Umstände seines Verschwindens am Ende des Zweiten Weltkriegs bleiben rätselhaft, da sein Schicksal nie endgültig geklärt wurde.

der inneren Vision, denn im selben Atemzug erklärte sie mir, dass der Mann in der schwarzen Uniform sie unaufgefordert angesprochen hätte. Das passiert in der Regel nicht in solchen Interviews. Er sagt dem Medium: „Ich bin es höchstpersönlich!" Mit dieser Aussage konnte *Marita* nichts anfangen, ich dagegen wusste sofort, worauf sie sich bezog. Ich wartete ja darauf, eine spezifische Frage artikulieren zu können, die somit beantwortet wurde. Nur das Medium verstand nicht, was ihr „innerer" *Kammler* damit meinte. Obwohl ich mir nichts anmerken ließ, schossen abwechselnd warme und kalte Schauer über meinen Rücken, denn ich war völlig perplex von der nonkausalen Interaktion.

Wir gingen noch wesentlich tiefer in die Geschichte des jungen U-Boot-Kommandanten und seiner geheimen Mission zum Südpol hinein. Ob diese Person mit dem Namen *Ernst Lottner* wirklich meine frühere Inkarnation war, oder ob ich nur eine mystische Verbindung zu ihm habe, kann ich nicht abschließend sagen. Aus dem Blickwinkel der Singularität sind wir eh alles gleichzeitig. Eventuell hatten mich die Hinweise der Bekanntschaften aus anderen Gründen zu ihm geführt und *Maritas* geistige Helfer hatten nur die Geschichte weitergesponnen, die sich bei tieferer Recherche im Internet verdichtet hatte.

Falls der Oberleutnant tatsächlich meine chronologisch letzte Inkarnation war, dann hätte sich zumindest geklärt, warum ich schon in frühester Jugend gern U-Boote aus Legosteinen baute und diese in der Badewanne versenkte. Zudem ergaben sich Parallelen zu den „geheimen Missionen", denn auch bei Secret-TV begegnete ich immer wieder Mysterien, die sich um die Antarktis drehten. Die finale Expedition *Admiral Birds* wäre da ein klassisches Beispiel.[100]

In letzter Konsequenz hatte mich *Marita* überzeugt, dass sie eine extravagante Begabung hatte, auf den Informationsraum zuzugreifen. Daher entschloss ich mich, eine Reportage über ihre Arbeit für Secret-TV zu drehen.

4.7.3 Mein Treffen mit dem Medium

Secret-TV war ein kleiner Pay-TV-Sender und hatte nicht die finanziellen Mittel, dass ich spontan eine Reportage mit *Marita* hätte starten können. Es verstrich etwas Zeit, bis sich eine Gelegenheit auftat, indem sich mehrere Drehtermine im Norden Deutschlands kulminierten, wo auch das Medium beheimatet war. So konnte ich sie effizient dazwischenschieben, obwohl sie für

---

[100] Die „Operation Highjump" von *Admiral Richard Byrd* fand von 1946 bis 1947 statt. Es gibt unterschiedliche Version von dem, was dort passiert ist, bis hin zu Mythen, dass es zu kriegerischen Auseinandersetzungen mit am Südpol verschanzten Nazis kam.

mich persönlich die oberste Priorität war. Bevor ich zu der Reise aufbrach, erzählte ich meiner damaligen Freundin *Antje* von der ersten Begegnung mit *Marita*. Wir waren kurz zuvor als Paar zusammengekommen und meine Themen waren vielleicht noch etwas abstrakt für sie. *Antje* zeigte sich dennoch dem Thema gegenüber offen und es ergab sich eine angeregte Diskussion. Mich interessierte, welche Fragen sie an ein echtes Medium stellen würde, wenn sie die Gelegenheit hätte. Ich war mir dahingehend auch noch nicht sicher und suchte nach Inspiration. Da ich eine Reportage machen wollte, durften die Themen nicht von privater Natur sein. Jedoch würde dem professionellen Auftrag zwangsläufig ein informeller Teil folgen, um solche persönlichen Angelegenheiten zu besprechen.

Antje war scheinbar überfordert von den Möglichkeiten, die sich aus der Begegnung mit einer Person ergeben, welche auf die „kosmische Festplatte" zugreifen kann. Sie formulierte spontan nur eine banale Frage, die eine zwischenmenschliche Situation aus ihrer späten Jugend betraf. Das war ein unspektakulärer Sachverhalt, welcher aber nie geklärt wurde und noch irgendwie an ihr nagte. An die genauen Details konnte ich mich schon kurz darauf nicht mehr erinnern. Ähnlich ideenlos war auch ich. Die geschilderte äußerst intime Geschichte, die mutmaßlich aus meinem früheren Leben stammte, war von *Marita* bereits weitläufig aufbereitet worden. Ich entschied mich, primär eine gute Reportage zu machen, und entwickelte eine erzählerische Strategie. Das Persönliche würde sich eh spontan ergeben.

Da vor dem Treffen mit *Marita* noch ein Drehtermin im Hamburger Hafengebiet geplant war, wollte ich diesen gleich für die Reportage mitnutzen. Der Plan bestand darin, dass ich das Medium am folgenden Tag fragen würde, was ich zu konkreten Uhrzeiten am Vortag gefilmt hatte bzw. wie mein Aufenthaltsort aussah. Das Filmmaterial von den individuellen Situationen würde somit eine Doppelfunktion erfüllen. Damit wollte ich *Marita* dann am Folgetag spontan konfrontieren, um ihre Fähigkeiten etwas objektivierbarer zu testen. Dieser Plan ging perfekt auf, da ich mich in Hamburg tatsächlich an äußerst markanten Orten bewegte. Beispielsweise befand ich mich exakt 12 Uhr mittags in einem Schlauchboot im Hafengebiet der Stadt, und wir fuhren direkt auf die Elbphilharmonie zu, die damals noch im Rohzustand war. Später drehten wir in einer technischen Anlage usw. Ich notierte mir die genauen Uhrzeiten und machte Vermerke auf den DV-Kassetten, um das Filmmaterial mit *Maritas* Aussagen im Filmschnitt zu verknüpfen.

Als ich noch am selben Abend bei dem Medium ankam, verlor ich kein Wort darüber, dass ich eigentlich aus Hamburg kam, was etwa 200 Kilometer entfernt liegt. Es war ohnehin schon spät und es blieb mir nur Zeit, den Dreh am nächsten Tag mit ihr zu koordinieren. Am folgenden Morgen ging ich die Reportage routiniert an. Wir begannen damit, ein paar Schnittbilder zu sammeln, wie *Marita* mit ihren Hunden spazieren lief. Ich filmte Szenen aus ihrem Alltag, und dann setzen wir uns in ihr Büro, welches ich schon am frühen Morgen mit Licht ausstaffiert hatte. Ich steckte ihr das Mikrofon an und ließ die Kamera laufen. Ab hier begann ein völlig normales Gespräch, als wenn ich einen Bäcker über seinen Berufsstand interviewen würde. Ich fragte *Marita* nach den Ursprüngen, wie sie ihre Fähigkeit entdeckt hatte. Überraschenderweise hatte sie keine Berührungspunkte mit der Hellseherei, bis sie einen Kurs zum Thema Tierkommunikation belegte. Dort spürte sie zum ersten Mal ihr Talent.

Nachdem *Marita* immer besser wurde, mit Haustieren auf einer Art telepathischen Ebene zu kommunizieren, trieb sie die Frage um, ob ihr das auch mit dem Unterbewusstsein von Menschen gelänge. Daraus entwickelte sich ihre Karriere als Medium, was praktisch aus einem Hobby heraus entstand. Sie beschrieb ein weiteres Mal, dass eine Art von Intelligenz den Austausch mit der individuellen Informationsebene eines Klienten „moderiert" – *Marita* demnach nur als Vermittlerin dient. Ihre Arbeit bestand darin, die ihr gezeigten Bilder in möglichst verständliche Worte zu fassen, ohne eine persönliche Interpretation oder Wertung hineinzugeben. Wie ich schon in unserer ersten Session erkannt hatte, konnte sie die Uniform der Marine nicht von derjenigen der SS unterscheiden. Sie beschrieb daher nur sachlich die Details wie Farben oder den kleinen Totenkopf, den sie an der Mütze *Hans Kammlers* entdeckte. Ihr fehlt oftmals das kontextuelle Wissen, um daraus Ableitungen zu entwickeln.

Ich stellte mir vor, jemand würde wahllos irgendwelche DVDs aus einer Videothek heraussuchen. Dann müsste ich darin zu bestimmten Szenen springen und diese beschreiben, wobei vom Horrorfilm bis zur Liebesschnulze alles dabei sein könnte. Würde ich es schaffen, diese Sequenzen immer wertungsfrei und sachlich zu vermitteln? Diese Herausforderung zu meistern, war der Hauptaspekt von *Maritas* Arbeit und der entscheidende Faktor, der ihre Qualität als Medium ausmacht: Neutralität. Es wurde Zeit, ihre Fähigkeiten erneut auf die Probe zu stellen. Daher weihte ich sie in den zuvor erdachten Plan ein, meinen Vortag zu rekapitulieren. Sie willigte achselzuckend ein und schloss die Augen.

Schon folgte die erste Frage: „Wo war ich gestern um exakt 12 Uhr?" Ohne große Verzögerung entgegnete *Marita* mir, dass ich auf dem Wasser mit einem kleinen Boot war. Vollkommen in ihrem Auftrag vertieft, beschrieb sie mir sogleich die zwei Personen, die ebenfalls anwesend waren. Trotz meiner initialen Erfahrung mit *Marita* am Telefon war ich erneut fassungslos, wie beiläufig sie mal eben diese Informationen aus dem Äther gefischt hatte. Gleichzeitig spielte ich äußerlich auf „cool", obwohl das unnötig war, da sie ihre Augen ohnehin geschlossen hielt. Dennoch bemühte ich mich darum, meinen Unterkiefer nicht lautstark auf den Boden fallen zu lassen.

Der paranoide Verschwörungstheoretiker in mir postulierte kurz eine wilde Theorie darüber, dass sie mich eventuell observieren ließ, oder sie Teil eines Komplotts der Geheimdienste sein könnte. Doch diesen Gedanken schluckte ich schnell wieder runter. Dennoch versuchte ich, einen Makel zu finden, und hakte nach, wo das Boot genau wäre, welches sie da sieht. Dabei mimte ich einem künstlichen Unterton von Skepsis in meine Frage. Vermutlich wollte ich sie damit verunsichern. Darauf antwortete *Marita* nur mit den Worten: „Warte! Dazu muss ich ‚herauszoomen'." – so als würde sie mit ihrem Geist eine virtuelle Kamera bedienen.

Sogleich beschrieb sie die Umgebung und erkannte Schiffe, einen Frachthafen und eine Großstadt drum herum, so als hätte sie kurz bei Google-Maps nachgeschaut. Dessen ungeachtet beinhaltete *Maritas* innere Karte keine näheren Erläuterungen. Eher mit etwas Überraschung in ihrer Stimme prustet sie hervor: „Ist das zufällig Hamburg?" Es ist unklar, inwieweit ich in der Lage gewesen wäre, die Stadt spontan auf einem Luftbild zu erkennen. Doch diese Gedanken waren nur Kompensationsreflexe meines überforderten Verstandes, das vor mir sitzende Wunder zu verarbeiten. Ohne ihren Volltreffer zu kommentieren, fragte ich die anderen Zeiten ab, und *Marita* enttäuschte auch dort nicht, exakt die Umgebung zu beschreiben, die auf dem Bildmaterial vom Vortag festgehalten worden war.

Ich konnte mich kaum noch konzentrieren, weil permanent neue Fragen meinen Verstand fluteten – von banal bis tiefgründig war dort alles vertreten. Leider konnte ich die Sinnhaftigkeit nicht mehr differenzieren. Primär war ich überrascht über mich selbst. Obwohl ich schon lange die theoretischen Modelle von *Heim* bis *Sheldrake* kannte und sogar bestimme „übernatürliche" Phänomene persönlich erlebt hatte, zeigte ich deutliche Anzeichen eines leichten Schockzustandes. Dennoch bemühte ich mich weiterhin, mir das nicht anmerken zu lassen. Mittlerweile hinterfragte ich meinen Plan, *Maritas* Aussagen mit den Filmszenen vom Vortag zu verknüpfen. Ihre Beschreibungen waren so trocken und auf den Punkt, dass niemand mir die Nummer glauben würde. Die Zuschauer müssten eher davon ausgehen, dass ich *Marita* im Vorfeld die Aufnahmen gezeigt hätte. Demnach plapperte sie den Inhalt nur noch runter. Als Skeptiker wäre das meine erste Theorie gewesen, und mir fiel kein Twist ein, diese These zu entkräften, außer einen Notar zu beauftragen.

Mittlerweile ließ ich *Marita* schon die dritte oder vierte Uhrzeit des Vortags rekapitulieren, als mein Geist spontan in eine andere Richtung abdriftete. Er war nach wie vor im Overdrive. Ich dachte an *Antje* und unser letztes Gespräch. Wenn sie tatsächlich eine Antwort auf ihre Frage bezüglich der Situation aus ihrer Jugend sucht, dann war dieses Medium die beste Anlaufstelle. Daraufhin folgten Überlegungen, wie ich ihr später die aktuelle Erfahrung erklären sollte. Während exakt diese Gedanken in meinem Geist kreisten, stoppte *Marita* ihre Ausführungen und fing an zu lächeln. Sie öffnete die Augen und mit einem süffisanten Unterton fragte sie, ob mich das überhaupt noch alles interessieren würde. Leicht verunsichert erwiderte ich mit der Frage, wie sie darauf käme. Dabei musste ich verlegen gelächelt haben, weil ich mich wie ein kleiner Junge fühlte, der in der Schule beim Tagträumen erwischt wurde. Tatsächlich war die Interessenfrage berechtigt. Ich hatte den Plan gerade eben verworfen, die Gegenüberstellung von Aussage und Bildmaterial zu machen, weil es unglaubwürdig aussehen würde. Womöglich hätte es authentischer gewirkt, wenn sie unkonkret geblieben wäre.

Doch *Maritas* Gegenantwort vertiefte nur meine innere Scham. Sie fuhr fort, dass sie jetzt eine junge Dame sehen würde und sie das Gefühl hätte, ich würde lieber etwas über diese Frau erfahren. An diesem Punkt verlor ich meine „coole" Fassade vollständig und lachte aus Verlegenheit los. „Okay, erzähl mir was über die Frau!", entgegnete ich. Was daraufhin folgte, war ein Gespräch, welches sich fast zwei Stunden in die Länge zog. Obwohl es ausschließlich um *Antje* und unsere karmische Beziehung ging, blieb die Kamera an – ich musste sogar zwischendurch das Band wechseln. Die Informationen waren umfassend, denn *Marita* erzählte mir alles über sie. Darunter waren Dinge, die ich kannte, aber manche Dinge waren auch mir neu. Das fing beim Aussehen an, erstreckte sich über die gesamte Familiensituation und hörte bei Kindheitstraumata auf. Es waren äußerst private oder gar intime Einblicke. Dabei kam eine Geschichte zur Sprache, die für *Antje* extrem bedeutend war. Natürlich landete davon nichts in der Reportage. Jedoch spürte ich recht früh, für wen das Interview eigentlich gedacht war.

Zurück bei meiner Freundin machte ich kein langes Federlesen. Sofort konfrontierte ich sie mit der Situation, dass sie einen erheblichen Teil der Zeit Thema des Interviews mit *Marita* war. Ich offerierte ihr, dass sie sich das gesamte Material anschauen könne, wenn sie wollte – warnte sie aber, dass der Inhalt sie möglicherweise schockieren würde. *Antje* nahm das Interview mit

Fassung auf, aber tatsächlich muss ihre Verblüffung noch um Welten größer gewesen sein als bei mir. Immerhin sprach dort eine Frau über sie, die sie nie zuvor gesehen hatte. Dennoch redete sie von ihr, als würde sie alles von ihr wissen. Ich kannte *Antje* schon seit geraumer Zeit, bevor wir ein Paar wurden. Daher war mir ihr größerer Lebenskontext bekannt, doch *Marita* spielte auch auf Details an, die sich völlig meiner Kenntnis entzogen. *Antje* war demnach klar, dass *Marita* die Information nicht von mir bekommen haben konnte.

Im Ergebnis wurden in diesem Interview bestimmte Zusammenhänge angesprochen, die für gewöhnlich ins Unbewusste geschoben werden. Diese bekamen aber eine alternative Perspektive, die für *Antje* einen Prozess der Heilung einleiteten. Damit erkannte ich retrospektiv, dass die Reportage tatsächlich einen wesentlich tieferen Sinn hatte, als den Secret-TV-Abonnenten neuen Content zu liefern. Im Rahmen des Besuches machte *Marita* ein paar beiläufige Bemerkungen, die im Grunde Prophetien waren. Obgleich sie zu jenem Zeitpunkt mehr als unwahrscheinlich klangen, manifestierten sie sich später auf geheimnisvolle Weise. Doch diese Vorhersagen würden den Rahmen sprengen, es sei jedoch erwähnt, dass sie mich in Neuseeland sah, was sich vier Jahre darauf durch eine Einladung realisierte.

Ich kann abschließend nur wiederholen, dass verschiedene Begegnungen, wie diese mit *Marita*, dazu führten, dass ich heute nicht den Hauch eines Zweifels hege, dass Präkognition oder das, was man allgemeinhin als Hellseherei bezeichnet, real ist. Für Sie, liebe Leser, ist es vielleicht nur eine weitere wilde Anekdote, die man glauben kann oder auch nicht. Wenn Sie selber noch nie eine ansatzweise vergleichbare „übernatürliche“ Erfahrung gemacht haben, dann heißt das nicht, dass mit Ihnen etwas nicht stimmt. Es bedeutet auch nicht, dass ich ein „Auserwählter“ bin, oder ich mir das alles nur einbilde. Aus meiner Perspektive hat es primär mit der inneren Bereitschaft zu tun, sich dieser Realitätsebene zu öffnen. Wenn man sich geistig darauf einlässt, dann zieht man entsprechende Muster an. Doch dieser Prozess kann nicht allein aus dem Ego heraus erzwungen werden, denn dieser Teil ist nur ein Aspekt unseres größeren Wesens. Das Unterbewusstsein hat da beispielsweise ebenso ein Mitspracherecht, und dort liegen manchmal gewisse Resistenzen verborgen. Gleichzeitig gilt es zu beachten, dass es den Verstand enorm schockieren kann, wenn er mit Sachen konfrontiert wird, die aus seinem konzeptionellen Rahmen fallen. Die daraus resultierenden Erkenntnisse können zudem extrem schmerzhaft wahrgenommen werden. Daher spielt oftmals eine unbewusste Angst negativ in den Öffnungsprozess hinein.

4.8 ANOMALIEN AUF DER WELTBÜHNE

In einer breit angelegten Recherche wird man zahlreiche Anomalien auf der kollektiven Bühne finden, die ebenfalls perfekt in das Paradigma eines virtuellen Konstrukts passen. Selbstverständlich sind all diese Phänomene hochgradig umstritten, weil sie im Kontext einer *cartesischen* Weltsicht kaum erklärbar sind. Andere Anomalien lassen sich unmöglich objektivieren und dennoch kann man die Mythen aus dem kollektiven Bewusstsein nicht ignorieren. Sie sind allgegenwärtig, wenn man genau hinschaut. Daher soll es in diesem Unterkapitel darum gehen, welche populären Paradoxien noch auf der Bühne des Lebens auftauchen, und wie sie im Kontext eines virtuellen Konstrukts erklärbar werden.

4.8.1 Der Mandela-Effekt

Der *Mandela*-Effekt ist ein klassisches Beispiel, was solche umstrittenen Mythen angeht. Er bezeichnet ein Phänomen, bei dem sich eine große Gruppe von Menschen kollektiv an ein Ereignis, eine Tatsache oder ein Detail auf eine bestimmte Art und Weise erinnert, aber die verfügbaren Fakten eine ganz andere Sprache sprechen. Dieses Phänomen ist nach *Nelson Mandela*, dem ehemaligen südafrikanischen Präsidenten, benannt. Es trat erstmals deutlich zutage, als zahlreiche Personen „fälschlicherweise" glaubten, er wäre bereits in den 1980er Jahren im Gefängnis verstorben. *Mandela* wurde aber tatsächlich 1990 aus der Haft entlassen und später zum Präsidenten von Südafrika ernannt.

Der *Mandela*-Effekt wird häufig auf falsche Erinnerungen zurückgeführt, bei denen sich Personen an Ereignisse oder Details anders erinnern, als sie tatsächlich stattgefunden haben. Diese kollektive Fehlerinnerung wird von der Mainstream-Psychologie primär durch kognitive Verzerrungen, Fehlinformationen und die Macht der Suggestion erklärt. Das Konzept wurde durch Online-Diskussionen, Foren und soziale Medien bekannt, in denen Menschen über Fälle berichteten, die sie als kollektive Falscherinnerung ansahen. Tatsächlich scheint dabei die Deckungsmenge der teilweise recht komplexen „falschen Erinnerungen" extrem gravierend zu sein. Im Fall von *Nelson Mandela* erinnerten sich viele Leute detailliert an Konzerte und Symbole, die im Rahmen seines „fiktiven Todes" im Gefängnis kollektiv wahrgenommen wurden.

Ein bekanntes Beispiel für den *Mandela*-Effekt: Im amerikanischen Kontext stehen die „Berenstain Bären“ gegen die „Berenstein Bären“. Viele Menschen erinnern sich an die beliebte Kinderbuchserie, die auch in Form von Cartoons und Merchandise verbreitet wurde, als „Berenstein Bears“, aber die tatsächliche Schreibweise lautet „Berenstain Bears“. Wobei die „Stein-Version“ aus vielerlei Gründen mehr Sinn ergibt. Als Deutscher wird man damit wenig anfangen können, aber viele US-Amerikaner waren extrem schockiert darüber, dass in ihrer ehemaligen Lieblingsserie urplötzlich ein „Stain“[101] drin war. Man könnte es damit vergleichen, als würde der allseits beliebte „*Samson*“ aus der Sesamstraße plötzlich „*Samtom*“ heißen. Viele Amerikaner fingen an, nach altem Material zu suchen, und waren überzeugt davon, auf irgendeinem Dachboden noch Bücher oder Beta-Kassetten mit der „echten“ Schreibweise zu finden. Doch dem war nicht so. Einige Menschen glaubten sogar, dass die Regierung oder eine geheime Organisation mit ihnen ein perfides Experiment veranstaltet hätte. Reminiszenzen an das Konformitätsexperiment von *Solomon Asch* wurden dabei aktiviert.

Das Monokel des Monopoly-Mannes ist ein weiteres klassisches Beispiel. Manche Menschen erinnern sich, dass das Maskottchen des Monopoly-Brettspiels, der sogenannte „Monopoly-Mann“, ein Monokel trägt, aber in Wirklichkeit hat er keins. Hier ist ein weiterer Klassiker: Einige Leute behaupten, dass der Queen-Song „We Are the Champions“ mit „of the world“ endet, aber die Studioversion enthält diesen Satz am Ende gar nicht. Hier sind noch ein paar bekannte Beispiele für den *Mandela*-Effekt:

- **Der Film mit Sindbad und dem Flaschengeist:** Einige Leute behaupten, sich an einen Genie-Film mit Sindbad in den 1990er Jahren zu erinnern, obwohl es keinen solchen Film gibt.

- **Das „Luke, ich bin dein Vater“-Fehlzitat:** Das berühmte Zitat aus „Krieg der Sterne“ wird oft fälschlicherweise wiedergegeben mit „Luke, ich bin dein Vater!“. Der Satz lautet jedoch: „Nein, ich bin dein Vater!“ Das gilt für die deutsche wie auch die englische Fassung.

- ***C-3PO* aus Star Wars:** Selbst eingefleischte Fans der Filmserie „Krieg der Sterne“ waren überrascht, irgendwann festzustellen, dass der Robotercharakter „*C-3PO*“ ein silbernes Bein hat.

---

[101] Aus dem Englischen bedeutet „stain“ ein „Schmutzfleck“ und kann auch als ein „Makel“ verstanden werden.

- **Position unseres Sonnensystems:** Viele Menschen behaupten, dass sie in der Schule noch gelernt haben, dass unser Sonnensystem an einem der äußeren Arme der Galaxie liegen würde. Tatsächlich sind wir heute mit der Erde viel näher zur Mitte lokalisiert.

- **Farbe der Sonne**: Zahlreiche Menschen sind davon überzeugt, dass die Sonne noch vor wenigen Jahrzehnten einen gelben Farbstich hatte, so wie sie für gewöhnlich in Kinderzeichnungen abgebildet wird. Doch heute hat die Sonne eine reine weiße Farbe.

- **Das VW-Logo:** Gerade unter Auto-Enthusiasten herrscht die Meinung vor, dass das VW-Logo einst eine horizontale Unterbrechungslinie zwischen dem V und dem W hatte. Tatsächlich gab es in der Historie des Logos und Autokonzerns nie eine Trennlinie.

- **Neuseeland und Australien:** Manche Menschen erinnern sich daran, dass die relative Position von Neuseeland und Australien anders verteilt war. Demnach war Australien in ihrer Erinnerung wirklich „down under“, doch jetzt ist Neuseeland südlicher als der Kontinent.

Mein persönlich eindrucksvollstes Beispiel im kollektiven Kontext ist der bekannte *Mandela*-Effekt in dem *Bond*-Film „Moonraker“. Der Hollywood-Streifen kam 1979 in die Kinos und basiert teilweise auf *Ian Flemings* Roman von 1955. Die Handlung dreht sich um den Komplott, einen globalen Völkermord zu begehen, um eine neue Weltordnung zu schaffen. Der Drahtzieher, *Sir Hugo Drax*, plant, mit einer Raumfähre namens „Moonraker“, ein tödliches Gift in die Erdatmosphäre einzuschleusen und die Menschheit auszulöschen. *James Bond* wird damit beauftragt, das Verschwinden der Moonraker-Raumfähren zu untersuchen und *Draxs* ruchlosen Plan zu verhindern.

Der *Mandela*-Effekt dreht sich hierbei um eine Nebenfigur im Film. Zunächst einmal wäre da der Handlanger von *Drax*, der *Jaws* heißt, und mit seinem Gebiss aus Metall sogar Stahlseile durchbeißen kann. *Dolly* ist ebenfalls ein Nebencharakter in dem Film, und ihr kommt eine ausgleichende Rolle zu. Obwohl *Jaws* eine bedrohliche und körperlich imposante Gestalt mit Metall-Zähnen ist, wird er durch die Anwesenheit von *Dolly* weicher. Beide Figuren erleben am Ende des Films einen romantischen Moment. *Jaws* lächelt mit seinem angsteinflößenden Metallgebiss, und dann lächelt auch Dolly zurück.

Als sie ihre Zähne zeigt, kommen silberne Zahnspangen zum Vorschein. Alle im Kino müssen lachen und jeder weiß, dass die beiden füreinander gemacht sind. So wird die Geschichte von einem Anteil des Kollektivs erzählt, und ich erinnere mich ebenfalls lebhaft an exakt diese Szene. Als ich sie zum ersten Mal sah, empfand ich sie als abgeschmackt, und da ich zu dem Zeitpunkt selber Brackets trug, stellte ich mir vor, wie schmerzhaft es wäre, wenn sich beim Küssen das Metall verhaken würde. Doch die Szene existiert heute nicht mehr. *Dollys* Zahnspange ist verschwunden, und weder auf alten VHS-Kassetten noch auf DVD oder Blu-ray sind diese Brackets noch zu finden. Der Witz der gesamten Szene ist komplett verloren gegangen. Selbst Leute, die keine „falsche" Erinnerung von *Dollys* Zahnspange haben, erkennen, dass hier irgendwas fehlt.

Unabhängig von den kollektiven Beispielen, die ich hier aufgeführt habe, können auf dieser Phänomenebene noch unzählige andere Paradoxien in der individuellen Erfahrungswelt auftauchen. *Philip K. Dick,*[102] der berühmte Science-Fiction-Autor, beschrieb in Interviews viele persönliche und nahezu unglaubliche Vorkommnisse, die ihn an eine Multiversen-Theorie glauben ließen. Wenn man sich in bestimmten Internetforen umschaut, auf denen sich Menschen über solche Erlebnisse austauschen, dann gibt allein die schiere Masse der Fallstudien dem Phänomen eine gewisse Relevanz. Wenngleich man annehmen möchte, dass die Hälfte der Geschichten nur fiktiver Natur sind, scheint es einen realen Kern zu geben. Als Anschauungsbeispiel habe ich einen simplen Bericht herausgesucht:

„Der persönliche Mandela-Effekt, der mich am meisten beeindruckt hat, war ein bestimmter Baum, der an einer Stelle auftauchte, an der vorher kein Baum stand. Es ist einfach verrückt, wenn ein Baum eindeutig so aussieht, als würde er seit dreißig Jahren an derselben Stelle wachsen, und man doch genau weiß, dass er gestern noch nicht da war. Aber das war in meinem Erwachsenenleben."

„Früher, in meiner Kindheit, verschwand eines Tages ein kleiner Süßwarenladen, in den ich immer ging, und hinterließ eine von Büschen überwucherte Betonplatte, als wäre er vor mindestens zehn Jahren abgerissen worden. Das ist wahrscheinlich die interessanteste Geschichte, die ich zu erzählen habe, denn sie gibt einen kleinen Hinweis auf das, was hier eigentlich vor sich geht."

„Ich war ein Kind und rannte jedes Mal, wenn ich ein paar Münzen bekam, hinunter, um Süßigkeiten zu kaufen. Eines Tages gab mir meine Mutter etwas Geld und ich machte mich auf den Weg zur Tür. Sie fragte mich, wo ich hingehen würde, und ich sagte: ‚Ich gehe in

---

[102] *Philip K. Dick* schrieb keine konventionellen Memoiren, aber er schrieb viel im Science-Fiction-Genre und beschäftigte sich mit Themen wie Realität, Identität und Bewusstsein. Wenn Sie sich für das Leben und die Erfahrungen von *Philip K. Dick* interessieren, könnten Sie biografische Werke oder Sammlungen seiner Briefe in Betracht ziehen. Quelle: *Lupoff, R. A.* (1985) „The Many Worlds of *Philip K. Dick*" Citadel Press.

den Süßwarenladen'. ‚Welcher Süßwarenladen?', fragte sie. Ich sagte ihr, wo der Süßwarenladen ist, und sie entgegnete mir, dass es dort kein solches Geschäft gäbe. Ich war sehr wütend auf sie, weil sie mir nicht glaubte, aber als ich an dem Ort ankam, wo er sein sollte, war er nicht da. Mandela hat ihn mitgenommen!"

„Meine Theorie ist, dass wir alle in einem persönlichen Universum leben, das nur uns selbst gehört, dass aber Informationen zwischen uns weitergegeben werden, die uns dazu bringen, unsere persönliche Realität mit der Realität derer, die uns am nächsten stehen, zu ‚synchronisieren'. Aber nur in dem Maße, wie es zur Auflösung von Paradoxien erforderlich ist."

„Mit anderen Worten: In meiner Version des Universums gab es einen Süßwarenladen, aber nicht in der Version meiner Mutter! Das verursachte keinen Konflikt, BIS das Thema seiner Existenz in einer Diskussion zwischen uns aufkam. An diesem Punkt mussten wir sozusagen unsere Datenbanken synchronisieren, damit wir weiterhin glauben konnten, dass wir im selben Universum leben. Ich war noch ein Kind und hatte weniger Überzeugungskraft als meine Mutter, also hat ihre Version gewonnen. Ich glaube, das ist der Grund, warum es den Mandela-Effekt gibt."

Aus eigener Erfahrung weiß ich genau, wovon dieser anonyme User sprach, denn ich habe ähnliche kleinere Paradoxien dieser Art erfahren. Natürlich könnte man behaupten, dass sich da jemand nur eine Geschichte ausgedacht hat, oder man darf durchaus vermuten, dass die Phantasie eines Kindes hier Purzelbäume geschlagen hat. Die moderne Psychologie nennt es schlichtweg „falsche Erinnerung" und damit hat sich die Diskussion erübrigt. Dennoch scheint aus meiner Sicht etwas an diesem Phänomen absolut real zu sein, selbst wenn man es nie objektivieren kann. Das gleiche Problem hat, wie bereits beschrieben, auch die Quantenphysik in Bezug auf Paralleluniversen. Dabei muss der *Mandela*-Effekt, sofern wir ihm eine gewisse Glaubwürdigkeit zugestehen wollen, auf demselben Parkett zu tanzen. Parallele Universen und parallele Zeitlinien veranschaulichen grundsätzlich dasselbe Prinzip.

Im Kontext eines virtuellen Konstruktes ist es nicht zwangsläufig, dass alle Menschen in einer absolut kohärenten Realität leben. Jedes Individuum könnte eine individualisierte Version empfangen, die zu kleinen Paradoxien führt. Damit ist die Matrix immer wieder gezwungen, Kompromisse zu finden, oder gar umfangreiche Anpassungen vorzunehmen, die mit „falschen" Erinnerungen wegerklärt werden. Auch der Déjà-vu-Effekt[103] könnte mit diesem Umstand korrespondieren. Es gibt weitere Beispiele dafür, dass das Konstrukt möglicherweise permanent überarbeitet, verfeinert und angepasst wird. Die daraus folgenden Paradoxien werden in bestimmten Unschärfen versteckt oder durch eine widersprüchliche Datenlage kaschiert. Im Grunde folgt dieses Prinzip nur den Phänomenen, die wir aus der Quantenwelt kennen. Der Hermetiker würde sagen: „Wie im Kleinen so im Großen!"

4.8.2 Die Vorstellung einer flachen Erde

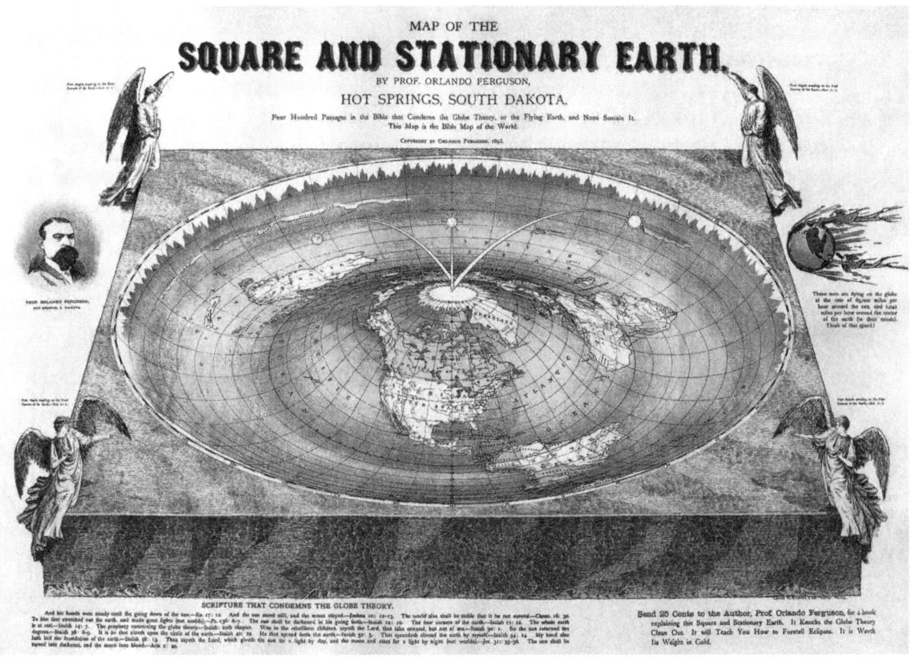

Karte der „flachen Erde" nach Orlando Ferguson.
(Quelle: https://upload.wikimedia.org/wikipedia/commons/1/13/Orlando-Ferguson-flat-earth-map_edit.jpg)

Die Theorie bzw. der Glaube, dass die Erde flach und nicht kugelförmig sei, ist mittlerweile weit verbreitet in der „Trutherszene". Obwohl diese Vorstellung von der akademischen Gemeinde torpediert wird und durch wissenschaftliche Beweise widerlegt wurde, hat sie sich im Laufe der Geschichte in verschiedenen

[103] Der „Déjà-vu-Effekt" ist ein Phänomen, das mit dem Gefühl zusammenhängt, eine aktuelle Situation schon einmal erlebt zu haben. Es gibt zwar kein umfassendes Buch, das sich ausschließlich mit diesem Phänomen befasst, aber Sie können sich auf Werke über Gedächtnis, Wahrnehmung und Neurowissenschaften beziehen, um Erkenntnisse zu gewinnen. Quelle: *Brown, A. S.* (2004) „The Déjà Vu Experience" Psychology Press.

Formen gehalten und somit hat diese Bewegung in den letzten Jahren wieder enorm an Popularität gewonnen.

In den alten Zivilisationen hatten viele Kulturen Kosmologien, die ein Modell der flachen Erde enthielten. Dazu gehörten Mesopotamien, Ägypten und Griechenland. Im antiken Griechenland schlugen Philosophen wie *Thales* und *Anaximander* frühe Kosmologien mit Elementen einer flachen Erde vor. Im 6. Jahrhundert v. Chr. postulierten hingegen der griechische Philosoph *Pythagoras* und später der Mathematiker *Parmenides* eine kugelförmige Erde. Die Idee eines runden Planeten gewann durch die Arbeiten von *Aristoteles* (384-322 v. Chr.), und im späteren Verlauf durch Astronomen wie *Eratosthenes* (276-194 v. Chr.), der den Erdumfang genau berechnete, mehr Unterstützung.

Während des Mittelalters hielt sich das Modell der flachen Erde in einigen europäischen und islamischen Kulturen. Viele Gelehrte jener Zeit waren sich jedoch der kugelförmigen Natur der Erde bewusst, die auf dem von den antiken griechischen und römischen Denkern überlieferten Wissen beruhte. Im 19. Jahrhundert lebte das Interesse an der Idee der flachen Erde wieder auf, insbesondere in den englischsprachigen Ländern. Einige Befürworter argumentierten gegen den wissenschaftlichen Konsens und beriefen sich dabei oft auf biblische Auslegungen oder persönliche Beobachtungen.

Samuel Rowbotham, der Begründer der modernen „Flat-Earth-Bewegung", veröffentlichte seine Schrift „Zetetic Astronomy: Earth Not a Globe" (Die Erde ist kein Globus) im Jahr 1865 und warb damit für das Konzept der flachen Erde. Trotz des jahrhundertelang haltenden Konsens für einen kugelförmigen Planeten, existieren die „Flat Earth Society" und ähnliche Gruppen auch heute noch. Wenn man den Mainstream fragt, dann stützen sich moderne „Flat Earthers" oft auf selektive Interpretationen von akademischen Prinzipien, Verschwörungstheorien und die allgemeine Skepsis gegenüber den etablierten wissenschaftlichen Institutionen und ihren Erkenntnissen. Doch selbst in den alternativen Medien haben die Anhänger keine wohlwollende Reputation. Ihnen wird von vielen anderen „Verschwörungstheoretikern" vorgeworfen, allen systemkritischen Bewegungen damit einen schlechten Ruf zu geben. Diese Fraktion vermutet primär, dass die abstruse Idee von Geheimdiensten gefördert wurde, um die Skeptikergemeinde zu zersetzen.

Wenn man sich jedoch unbefangen mit den „Flat-Earthern" und ihren Konzepten befasst, dann wird man feststellen, dass sie durchaus evidente Phänomene aufzeigen und logische Schlüsse ziehen. Wer sich den aktuellen Publikationen aus diesen Kreisen widmet, wie der Dokumentarfilmserie „Level“,[104] dem wird deutlich, dass ihr Narrativ nicht völlig an den Haaren herbeigezogen ist – so wie es der Mainstream gerne porträtieren möchte. Jedoch handelt es sich bei beiden Paradigmen – dem aktuellen Modell der Astronomie und der Flacherdentheorie – um sich gegenseitig ausschließende Konzepte. In der hegelschen Dialektik könnte man auch von These und Antithese sprechen. Nur ein Ansatz in Richtung „Simulationstheorie“ würde uns hier einer Synthese näher bringen.

Wenn man beide Vorstellungen in einem Prinzip vereinen möchte, dann hilft uns die Annahme, dass Realität ein virtuelles Konstrukt sein könnte, enorm weiter. Auch die Idee der individuellen Paralleluniversen, die im Kontext des *Mandela*-Effektes herangezogen wurde, wirft eine vereinheitlichte Perspektive auf. Demnach gäbe es keine fixe Form, so wie Licht je nach Bedarf als Welle aufscheint, oder als Teilchen „gerendert“ wird. Selbst in den meisten Computersimulationen wird die Biegung der Erdoberfläche nicht berücksichtigt, außer das Szenario verlangt es. Doch die Problematik scheint nicht so simpel zu sein. Ähnlich, wie wir das darunterliegende Phänomen beim Thema „*Mandela*-Effekt“ angekratzt haben, kann die individuelle Manifestation der Realität mit persönlichen Glaubenskonstrukten korrespondieren. Wenn jemand eine explizite Überzeugung hat, dann spiegelt die Matrix ihm diesen Glaubenssatz auch subtil in seiner personalisierten Erfahrungswelt wider. Es wird quasi eine Entsprechung für den Beobachter „gerendert“, und da wären wir erneut bei der antiken Vorstellung, dass der Geist in die Materie hineingreift – zumindest in die individuelle „Version“ der Realität.

In der allgemeinen Debatte um die Form der Erde wird es daher nie zu einer finalen Einigung kommen, in der die Experten der einen Seite und der anderen einen materialistischen Kompromiss finden. Der einzig gangbare Weg scheint hier das Verständnis, um die virtuelle Natur der Realität zu sein. Als überzeugter Verfechter der Vorstellung einer holographischen Maya bin ich mir sicher, dass hier der Schlüssel liegt, solche diametralen Glaubenssätze zu vereinen.

4.8.3 Geschichtliche Paradoxien

Ähnlich hitzige Debatten wie um die Form der Erde finden wir auch in Zusammenhang mit Geschichtsschreibung. Je weiter die Ereignisse zurückliegen, desto breiter sind die historischen Modelle ausgelegt. Das klassische

---

[104] Quelle „Level“ Teil 1: https://www.bitchute.com/video/VLg67zv67PlP/ ; Teil 2: „The Next Level“: https://www.bitchute.com/video/aI90AzcgCrlq/ ; Regie: *Sean Hibbeler*.

Beispiel wäre die Frage, wann und von wem die große Pyramide von Gizeh erbaut wurde. Über die verschiedenen Aspekte, die in eine solche Debatte hineinwirken, habe ich bereits in meinem letzten Buch geschrieben. Diese reichen von Geschichtsfälschung durch fingierte Dokumente oder nachträglich angebrachte Kartuschen, wie im Fall von Gizeh, und erstrecken sich bis hin zur Kritik an den Datierungsmethoden[105]. Doch auch in unserer jüngeren Geschichtsschreibung finden sich völlig konträre Ausdeutungen, die jeweils umfangreich argumentiert werden. Ein populäres Paradebeispiel ist Tartaria.

Karte von Tartaria (Tartarien) von Petrus Kaerius (1646)
Quelle: https://www.pinterest.com/pin/510877151485177413/)

Das „Mysterium von Tartaria" wird oft mit verschiedenen spekulativen Theorien in Verbindung gebracht, die die Existenz einer untergegangenen Zivilisation oder eines Reiches namens Tartaria postulieren. Die akademische Elite behauptet, dass es keine glaubwürdigen historischen Beweise für die Existenz einer riesigen, fortgeschrittenen Zivilisation namens Tartaria gäbe, wie sie von einigen „Verschwörungstheorien" beschrieben wird. Hier verhält es sich ganz ähnlich wie im Kontext der flachen Erde. Manchmal überlappen sich die beiden aussätzigen Theorien sogar und werden miteinander verknüpft.

---

[105] *Ferrell, V.* (2001) „Evolution Cruncher" Evolution Facts, Inc.

Historisch gesehen wurde der Begriff „Tartary" oder „Tartaria" in unterschiedlicher Weise verwendet, um verschiedene Regionen, insbesondere in Zentralasien und Osteuropa, zu bezeichnen. Einige Theorien besagen, dass es eine riesige, technologisch hoch entwickelte Zivilisation namens Tartaria gab, die absichtlich aus den akademischen Aufzeichnungen gelöscht wurde. Dieses Theorem beinhaltet oft Konzepte über verborgenes Wissen, fortschrittliche Technologien und eine globale Vertuschung. Einige Befürworter der Prämisse verweisen auf alte Landkarten, auf denen Regionen verzeichnet sind, die als Tartarien bezeichnet werden. Die Ausdeutung von historischem Kartenmaterial, aber auch alte Fotos und Gemälde werden als Indizien herangezogen.

Wer sich einmal eingängig mit dieser These befasst hat, der wird auf faszinierende Anomalien stoßen und geschichtliche Paradoxien kennenlernen, die durchaus ein alternatives Bild der menschlichen Historie implizieren. Jedoch wird es auch hier schwammig oder „unscharf" – genau wie in der Quantenphysik. Zudem braucht es enorme Ressourcen, jede Quelle auf Glaubwürdigkeit zu prüfen. In Zeiten, in denen Bildgeneratoren auf Basis von künstlicher Intelligenz extrem überzeugende Fantasiewelten kreieren können, ist es äußerst schwer, die Spreu vom Weizen zu trennen. Wir leben praktisch in einer postfaktischen Zeit, in der wir keinem Dokument mehr vollständig trauen können, weil alles von eine hochentwickelten KI gefälscht werden könnte. Wer die realen Implikationen von Hollywood-Filmen wie „Mission impossible 7" verstanden hat, der kann ansatzweise herleiten, was ich damit andeuten möchte.

Unabhängig davon hilft uns auch hier die Vorstellung eines virtuellen Konstruktes, ein kohärentes Verständnis zu entwickeln. In Anbetracht der Themen, die wir allein in diesem Hauptkapitel hatten, sollte mittlerweile klar sein, dass unterschiedliche Zeitlinien nicht ausgeschlossen werden können. Dementsprechend ist auch unsere Geschichte keine fixe deterministische Angelegenheit. Die gesamte Vergangenheit könnte eine virtuelle Illusion sein, und wir könnten noch nicht einmal mit Sicherheit sagen, wann die Simulation überhaupt begonnen hat. Hat unsere kollektive Realität mit dem Urknall angefangen oder erst vor 200 Jahren? Wann wurde das Konstrukt, welches wir „Geschichte" nennen, das letzte Mal überarbeitet? Wenn man den zahlreichen „Opfern" von „falschen Erinnerungen" traut, die auf den *Mandela*-Effekt pochen, dann kommt es immer wieder zu „Edits"[106] bzw. Anpassungen auf ganz fundamentaler Ebene.

---

[106] „Edits" aus dem Englischen steht für Editierungen oder Überarbeitungen.

Als jemand, der die Matrix-Hypothese präferiert, würde ich mich daher niemals auf Debatten einlassen, wie Geschichte sich tatsächlich zugetragen hat. Natürlich habe ich persönliche Präferenzen, die aus meiner Perspektive am meisten Sinn ergeben, aber ich kann gleichzeitig nachvollziehen, warum ein Geschichtsforscher zu ganz anderen Schlüssen kommen kann. Diese Diskrepanz mag tausende Jahre zurückliegen oder Zeiträume in der nahen Vergangenheit beinhalten. Natürlich kann ich ebenso nachvollziehen, dass manche Menschen angewidert sind von diesem radikalen Relativismus. Selbst in diese Bewertung kann ich mich hineinversetzen! Nach intensiver Selbstprüfung ist es wichtig, zu seiner „Wahrheit" zu stehen, aber dennoch sollten wir nicht vergessen, dass Licht gleichzeitig Welle und Teilchen sein kann. In manchen Bereichen ist es daher sinnlos, seine eigene Realität als die einzig legitime Wirklichkeit zu verstehen. Das würde uns viele Konflikte ersparen.

4.9 ZUSAMMENFASSUNG

Wenn man sich das breite Spektrum der dokumentierten individuellen Erfahrungen betrachtet, die ein neues Paradigma verlangen, dann kann einem durchaus schwindelig werden. Dabei habe ich in diesem Kapitel gerade einmal die Themengebiete angeschnitten, mit denen ich persönlich Kontakt hatte. Es gibt noch so viel mehr, was prinzipiell in den Bereich der Psi-Phänomene fällt und damit gleichermaßen aus dem Blickwinkel eines virtuellen Konstruktes neu bewertet werden sollte.

Dass es grundsätzlich ein größeres Mysterium gibt, das nach einem neuen Weltbild schreit, darüber sind sich viele Forscher, die im Kontext der hier behandelten Themen auf Entdeckungsreise gegangen sind, einig. Mit Sicherheit bin ich nicht der erste Autor, der all die hier angeschnittenen Themengebiete in einen gemeinsamen Zusammenhang gestellt hat. Vermutlich ist der Überblick hier noch recht bescheiden im Vergleich zu anderen Werken. Dafür haben die Phänomenbeschreibungen hin und wieder einen persönlichen Touch, selbst wenn mein Erfahrungsschatz nur einen Bruchteil des Spektrums der Paradoxien abdeckt. Für Sie als Leser sind diese Anekdoten wahrscheinlich noch lange kein Beweis dafür, dass wir in einem virtuellen Konstrukt leben. Selbst in meinem Werdegang brauchte es mehr Indizien, damit sich eine Überzeugung in diese Richtung entwickeln konnte – tatsächlich zog sich dieser Prozess über Jahrzehnte hin. Dennoch hoffe ich, dass die persönlichen Geschichten Ihnen geholfen haben, zu verstehen, warum ich bestimmte kontrovers diskutierte Phänomene für glaubwürdig erachte und ich mir dementsprechend auch eine übergeordnete Erklärung vorstellen kann.

Wie sieht die Realität jenseits des Physischen aus? (Grafik: Autor)

Zusammenfassend ging es mir in den letzten Kapiteln darum, Ihnen die abstraktesten Paradoxien und wissenschaftlichen Konzepte zu vermitteln, die mich veranlasst haben, ein virtuelles Konstrukt als Erkläransatz zu präferieren. Viele Leser werden Berührungspunkte gefunden haben, weil sie schon selber starke Synchronizitäten erlebt haben, oder sich mit den Mysterien der Quantenphysik beschäftigt haben. Andere kamen vielleicht in Berührung mit spezifischen Substanzen, die ihnen erlaubt haben, hinter den Schleier der physischen Realität zu schauen. Aus dieser Fraktion mögen sich viele bis heute fragen, ob das, was sie erlebt haben, real war, oder nur eine drogeninduzierte Wahnvorstellung. Was auch immer Ihr Einstieg in das Mysterium war, ich hoffe, ich konnte Sie an einer Stelle abholen und weitere Verknüpfungen generieren. Obwohl viele Phänomene nur grob zusammengefasst werden konnten, möchte ich Sie inspirieren, tiefer zu forschen, wenn Sie mit einem bestimmten Aspekt in Resonanz gehen.

Ich denke, es wird Zeit, im nächsten Kapitel eine Synthese zu formulieren, wie sich die Maya aus meiner Perspektive darstellt und welche Eigenschaften sie mitbringt. Natürlich ist das Bild für mich noch lange nicht vollständig. Wie könnte das auch der Fall sein, wenn das Phänomen doch in die Unendlichkeit reicht. Dennoch erkenne ich ein paar signifikante Konturen, die ich möglichst umfassend beschreiben will. Außerdem möchte ich umreißen, wie die Bewusstwerdung, in einem solchen Konstrukt eingebunden zu sein, das Leben potenziell verändern kann. Worum geht es in diesem „Spiel", und was ist unsere Aufgabe? Wie die letzten Kapitel gezeigt haben, scheinen sich damit auch völlig neue Möglichkeiten und Potenziale aufzutun. Gleichzeitig gilt es, die Spielregeln zu erkennen, wenn man nicht jeden Fallstrick mitnehmen möchte.

Es ist äußerst wichtig, zu verstehen, dass alle Indikatoren darauf zeigen, dass Bewusstsein in die Materie hineinwirkt. Der Akt der individuellen Schöpfung fängt schon beim Gedanken an, und je bewusster wir uns dessen werden, desto mächtiger wird auch diese Wechselwirkung. Dieses Prinzip impliziert jedoch Verantwortung, die nicht immer leicht zu tragen ist. Bewusstwerdung ist dementsprechend eine dualistische Angelegenheit. Mit den neuen Freiheitsgraden kommt Autonomie, doch die basiert auf Eigenverantwortlichkeit, und das beinhaltet eine Lebensphilosophie, die es dem Individuum immer schwerer macht, die Umwelt in Form von Familie, Bekannten, Politikern oder Großkonzernen, zum Sündenbock der persönlichen Herausforderungen zu machen. Je mehr man die individuelle Rolle im Konstrukt erkennt, desto weniger wird man anderen Menschen, Institutionen oder metaphysischen Wesen Macht über das eigene Leben geben wollen, indem man sich freiwillig in die Opferrolle begibt.

Wenn man die Gesetzmäßigkeiten des Konstrukts versteht, dann hat jede Manifestation in der Realität ihre Ursache und Wirkung – eine Kausalität, die bei uns selbst anfängt. Dementsprechend ist alles, was im Kollektiven und Individuellen passiert, die Konsequenz von bestimmten Entscheidungen. Es gilt, primär die ursächliche Wahl zu verstehen und eine bessere Option zu finden, wenn sich gleichartige Muster im Leben zeigen. Diese Erkenntnis scheint ein evolutionärer Prozess zu sein, der einen fundamentalen Aspekt des „Spiels" innerhalb der Maya darstellt.

KAPITEL 5: TOPOGRAFIE DER MATRIX

In unserem bisherigen Diskurs zur Maya- bzw. Matrix-Hypothese haben wir fast ausschließlich Aspekte behandelt, die weitreichend dokumentiert sind und über die zahlreichen Publikationen verfasst wurden. Innerhalb der spirituellen Gemeinde herrscht zudem ein breiter Konsens, dass ein Großteil dieser Phänomene absolut ernst zu nehmen ist. Ich habe mich daher auf einem Terrain bewegt, das „relativ" leicht zu argumentieren ist. Doch wie ist das virtuelle Konstrukt genau aufgebaut? Dazu werden wir jetzt in einen Bereich vorstoßen, den ich immer weniger objektivieren kann, weil die Ausdeutungen größtenteils auf den transpersonellen Erfahrungen bestimmter Individuen basieren. Obendrein werden meine begrenzten persönlichen Erlebnisse in das Gesamtbild hineinspielen.

Über die Jahre habe ich zahlreiche außergewöhnliche „Trips" mit diversen Substanzen und Techniken gemacht. Doch damit habe ich bestenfalls die Oberfläche angekratzt und lediglich ein erstes Verständnis davon erhalten, wie es sich anfühlt, die „heimatlichen Gefilde" der physischen Realität zu verlassen. Dadurch habe ich noch lange nicht alles verstanden. Als Analogie habe ich in meiner weltlichen Existenz eine Hand voll Länder Afrikas bereist, aber daraus kann man nicht ableiten, dass ich ein Experte des Kontinents wäre. Dennoch habe ich mir viele „Reiseberichte" durchgelesen und mit anderen Forschern darüber gesprochen, was sie erlebt haben. Aus diesen Daten extrapoliert sich ein Gesamtbild, aber es ist fraglich, ob dieses vollständig ist. Zudem kennt jeder das Gefühl, dass Bilder und Berichte niemals die persönliche Erfahrung widerspiegeln können, was es bedeutet, tatsächlich einen fremden Ort zu besuchen.

In diesem Kapitel wird es also extrem subjektiv. Dennoch bin ich zuversichtlich, eine sachliche Schnittmenge zu finden, wenn man einen möglichst breiten Datensatz heranzieht. Darunter können auch Schlussfolgerungen sein, die ich als plausibel betrachte, weil sie sich ständig wiederholt haben. Doch auch ich kann mich irren oder nur ein unvollständiges Verständnis von vereinzelten Aspekten haben. Natürlich können bestimmte Sachverhalte aus einem individuellen Blickwinkel betrachtet, auch ganz andere Schlüsse zulassen. Daher rate ich dazu, Ihre mutige Offenheit mit einer gesunden Skepsis zu paaren. Fühlen Sie sich hinein, wie wahr die Aussagen sind. Doch was meine ich damit, denn im weltlichen Paradigma gibt es selten ein „bisschen Wahrheit". Im Alltag bewerten wir Informationen zumeist nach einem dualistischen, schon beinahe digitalen Wertesystem. Ein Sachverhalt ist demnach entweder zutreffend oder falsch. Viel mehr Spielraum dazwischen gibt es da oft nicht. In einem multidimensionalen Konstrukt ist das Prinzip aber nicht so einfach zu applizieren. Lassen sie mich ein paar konkrete Beispiele geben.

Die Matrix als vielschichtiges Labyrinth (Grafik: Autor)

Wenn man in die verschiedenen Berichte hineinschaut, die wir als transpersonelle Erfahrungen oder OBEs (außerkörperliche Erfahrungen) kategorisieren können, dann kristallisiert sich für mich ganz deutlich ein Fakt heraus. Dabei geht es um die Möglichkeit, mit dem Bewusstsein (auch als Seele oder Geist bezeichnet) frei durch den Raum zu wandeln. Dieses Phänomen kennen wir bspw. aus den Bereichen der Nahtoderfahrung (NDEs), des Astralreisens, oder des Remote-Viewings uvm. Wer moderne Computersimulationen aus dem Bereich „Egoshooter“ gespielt hat, der kennt analog dazu die „Free Cam“ oder „Death Cam“. Das ist eine frei bewegbare Kameraperspektive, die dem Spieler erlaubt, nach dem Tod seines Avatars durch den virtuellen Raum zu fliegen. Dabei gibt es oft keine Begrenzungen, sich durch Wände oder ähnliche Objekte zu bewegen. Der Teilnehmer wird praktisch zum Geist, der frei über das Spielfeld schweben kann, aber nicht mehr „physisch“ in das Geschehen eingreifen kann. Exakt das gleiche Prinzip finden wir bei NDEs oder OBEs.

Im Gegensatz zum Computerspiel kann die Anwesenheit eines körperlosen Wesens auf einer subtilen Ebene wahrgenommen werden – natürlich nur von sensiblen Personen. Astralreisende berichten oft davon, dass es ihnen in einigen Situationen gelungen ist, ihre Freunde zum „Ausfreaken“ gebracht zu haben. Diese Gesetzmäßigkeit lässt sich auch auf die Phänomenpalette extrapolieren, die in den Bereich „Spuk“ passt. Manche Menschen kennen das Kuriosum, wenn sie als Angehörige ihre Verstorbenen noch Tage nach dem „Tod“ in ihrer Nähe spüren konnten. Doch soweit will ich hier gar nicht ausholen. Wichtig ist der Aspekt, dass die erste Stufe der OBEs ein frei schwebender Geist ist, der sich objektivieren lässt. Bei diesen Ausflügen mit ihrer „Free Cam“ können die Menschen oft Details sehen, die sich später bestätigen lassen. Die berühmten „Schuhe am Fensterbrett des Krankenhauses“ von *Pim van Lommel* sind nur ein Beispiel von vielen. Hier erkenne ich für mich einen Fakt – der in meinem Fall auch von persönlichen Erfahrungen gestützt wird.

Diese Wahrnehmung, als Bewusstsein nicht auf seinen physischen Körper beschränkt zu sein, ist die Basis von allen weiteren Ebenen, die „bereist“ werden können. In der ersten Stufe begrenzen sich die OBEs auf die bekannte materielle Welt, die mit einem immateriellen Selbst wahrgenommen werden kann. Doch gibt es viele „Reiseberichte“, die weit über diese Ebene hinausgehen. Hierzu habe ich nicht immer eine eigene Erfahrung zum Abgleichen. Die christliche Literatur ist voll von Nahtoderfahrungen, in denen die Betroffenen davon berichten, im Himmel oder der Hölle gelandet zu sein. Im positiven Sinne treffen sie dann auf bekannte Archetypen wie *Jesus* oder haben sogar Kontakt mit *Gott* persönlich. Ihnen wird meist eine eindrückliche Botschaft vermittelt, die in vereinzelten Fällen auch eine Prophetie beinhalten kann. Damit stützen solche OBE-Berichte das katholische Dogma, dass es nur das irdische Leben gibt und das Jenseits, welches sich in Himmel und Hölle aufspaltet. Gleichzeitig existieren aber auch vergleichbare Aufzeichnungen aus anderen Kulturen, die dem lokal dominierenden Glaubensmustern entsprechen. So sind Kontakte mit Figuren wie *Buddha* und ähnlichen Archetypen keine Seltenheit.

Diese Begegnungen in ihrem jeweiligen Glaubenskonstrukt würden ebenso alternative religiöse oder spirituelle Narrative stützen.

Im Kontext der Nahtoderfahrungen könnten materialistische Kritiker hier leicht einen fantasievollen Abstraktionsmechanismus im Unterbewusstsein vermuten, der je nach theologischer Indoktrination im Gehirn des Sterbenden eine individualisierte Vision kreiert. Als religiöser Gläubiger findet man hingegen in diesen selektiven Erfahrungsbeispielen eine Bestätigung, um das gegenwärtige irdische Dogma zu festigen. Wie soll man solche Paradoxien interpretieren? Sind die spirituellen Erfahrungen während eines NDEs nur Einbildung, oder hat eine bestimmte religiöse Doktrin recht? Ich bin überzeugt, dass beide extreme Erkläransätze kontraproduktiv sind.

Was ist also die „Wahrheit"? Wenn man sich das Gesamtbild vor Augen führt, dann ist keine Sichtweise grundsätzlich falsch, aber gleichzeitig auch keine Perspektive vollständig. Das virtuelle Konstrukt endet nicht mit der physischen Welt, sondern beinhaltet unterschiedlichste geistige Ebenen. Ein Bereich davon ist die Astralwelt, die wiederum viele Schwingungsbereiche hat. Hierbei spricht man auch von „Dichten" oder Reichen. Die Astralwelt impliziert die verschiedensten Himmel und Höllen, die alle zum Konstrukt gehören. Dennoch ist es leicht, als Astralreisender den Eindruck zu bekommen, man hätte mit der bekannten physischen Ebene auch die Maya verlassen – doch das ist ein schwerwiegender Irrtum. Demnach ist die individuelle Erfahrung, wie und mit wem auch immer sie sich manifestieren mag, absolut real für das Bewusstsein des Einzelnen im NDE-Zustand. Die Nahtod-Realität, die das Individuum erfährt, ist ein dezidierter Erfahrungsraum, der so substanziell ist wie die physische Welt – teilweise sogar als „echter" wahrgenommen wird. Aus einer höheren Ebene betracht sind jedoch beide „Welten" nur Teil des einen virtuellen Konstrukts und damit gleichermaßen fiktiv. Einzig ein qualitativer Unterschied existiert zwischen den illusorischen „Spielwiesen" der Maya.

Gleichzeitig haben auch die Materialisten nicht ganz Unrecht, die solche NDE-Visionen nur für einen Trick unseres Unterbewusstseins halten. Sie heben hervor, dass der Inhalt der inneren Reise sich oft an bestehenden Glaubenssätzen und Indoktrinationen orientiert. Selbst in dieser Interpretation steckt ein wahrer Kern. Wenn man im Unterbewusstsein eine Steuerungsebene erkennt, welche die Reise der „Seele" bestimmt, dann liegen auch die Materialisten nicht ganz falsch. Die populärpsychologische Ausdeutung, dass Nahtoderfahrungen nur ein rein mentales Phänomen sind, wäre damit ebenfalls teilweise richtig. Nur verstehen diese Rationalisten nicht, dass ihre physische Welt gleichermaßen virtueller Natur ist wie die Astralwelt. Nach *Platon* wird die

Wachrealität als ein geistiger Raum definiert. Damit sind diese Realitätsebenen (Wachrealität/OBE-Realität) gleichwertig, wenn es um den „Wahrheitsfaktor" geht. Beides sind geistige bzw. virtuelle Konstrukte, die zu einer Matrix gehören.

Ich hoffe, dieses Beispiel veranschaulicht treffend, warum Begrifflichkeiten wie „real", „richtig" oder „falsch" in Bezug auf ein multidimensionales virtuelles Konstrukt immer kontextuell abhängig sind. Je nachdem, von welcher Ebene aus man diese Aussagen bewertet, ergibt sich ein eigener „Wahrheitsgehalt". Wie hoch dieser ist, lässt sich rational selten klar ermitteln, da der Verstand nur auf begrenzte Informationen und primär nur auf ein linear-kausales Abstraktionsvermögen zugreifen kann. Selbst das vorliegende Buch kann nur einen limitierten Datensatz dazu beisteuern, aber unmöglich abbilden, welches Erfahrungsvolumen Menschen über Jahrzehnte gesammelt haben. Doch aus diesem vielschichtigen Pool speisen sich meine Schlussfolgerungen.

Gleichzeitig ist auch meine persönliche Datensammlung nur unvollständig. Daher gilt es hier, noch ein neues Evaluationswerkzeug zum „Faktenabgleich" in unserem Bewusstsein kennenzulernen. Als verstandesdominierter Mensch weiß ich, wie abstrakt diese Darstellung für manche Leser klingen mag, die eine ähnliche „Behinderung" haben wie ich. Doch jenseits des Intellekts gibt es eine intuitive Bewusstseinsebene. Einige Individuen beziehen sich dabei auf ihr Herz, und Andere auf ihr „Bauchgefühl". Ich nenne es nur schlicht mein „Bullshit-O-Meter".

„On ne voit bien qu'avec le cœur. L'essentiel est invisible pour les yeux." („Man sieht nur mit dem Herzen klar. Was wesentlich ist, ist für das Auge unsichtbar.")

Der berühmte „Kleine Prinz" von *Antoine de Saint-Exupéry* bringt im Grunde auf den Punkt, was ich mit dem letzten Abschnitt vermitteln wollte. Der Roman unterstreicht, wie wichtig es ist, über den oberflächlichen Schein hinauszuschauen und sich mit den tieferen, unsichtbaren Aspekten des Lebens zu verbinden – mit dem Herzen und dem Verstand. Das Buch „Le Petit Prince" ermutigt seine Leser, nicht greifbare Qualitäten zu schätzen, die vielleicht nicht sofort sichtbar werden. Darunter fallen Dinge wie Liebe, Beziehungen und Verbundenheit. Die Geschichte deutet aber auch subtil an, dass das Herz, selbst ohne die nötigen Tatsachen zu kennen, den Wahrheitsgehalt „erspüren" kann. Im Idealfall sind sich der Verstand, mit seinen objektivierbaren Fakten, und das Herz, mit seinem intuitiven Gespür, weitestgehend einig. Doch bedauerlicherweise dominiert im Zweifelsfall bei den meisten Menschen der Intellekt.

Der rationale Verstand ist leider leicht zu korrumpieren und das Herz zieht sich immer weiter zurück, wenn es nicht wahrgenommen wird. Das soll keine Kritik gegenüber der Rationalität sein. Der Verstand ist ein exzellentes und wichtiges Werkzeug für den Alltag. Doch ohne eine intuitive Ebene, und selbst wenn sich diese „im Bauch" befindet, wird es schwer, sich durch den Dschungel der Informationen zu bewegen. Das gilt insbesondere dann, wenn man die Illusion der Maya durchbrechen möchte. Ich lade Sie daher ein, alle folgenden Ausführungen mit ihrem Gefühl abzugleichen. Entdecken Sie ihr inneres „Bullshit-O-Meter", das jenseits des Verstandes liegt. Differenzieren Sie, welche Meinung ihr Intellekt vertritt, und ob eine subtile Stimme darunter zum Vorschein kommt. Die Introspektive soll evaluieren, ob eine bestimmte Einschätzung von einem kritiklos akzeptierten Glaubenssatz rührt, der nie hinterfragt wurde. Gibt es eventuell einen zarten Impuls, der sich jenseits der Verstandesebene formiert, und der ein neues Paradigma propagiert? Seien Sie also aufmerksam.

5.1 DIE ALLGEMEINE LANDSCHAFT

Die allgemeine Landschaft des virtuellen Konstruktes wird in den allermeisten Traditionen als „vielschichtig" beschrieben. Demnach ist die Maya aus den unterschiedlichsten Ebenen oder Schwingungsbereichen konstruiert. Oftmals finden wir im esoterischen Kontext hier die Begrifflichkeit „Dichten". Auch eine Kombination aus diesen Terminologien ist möglich. Als Analogie könnte man beispielsweise ein Frequenzband heranziehen, das parallel mehrere „Radiosender" zu bieten hat. Je nachdem, in welche Schwingung ich mich „hineintune", jene „Musik" wird meine Erfahrungsqualität bestimmen. In manchen Traditionen wird die Astralwelt als abgetrennter Bereich wahrgenommen, wogegen andere „Reisende" zu der Überzeugung gekommen sind, dass auch die physische Realität nur ein kleines Frequenzspektrum innerhalb der Astralebenen ist. Doch das sind im Endeffekt nur semantische Details, die global betrachtet an Signifikanz verlieren. Als Einstieg in die Thematik schauen wir uns zunächst die vedische Darstellung der Maya an, damit wir eine generelle Vorstellung haben, wie hier traditionell differenziert wird.

5.1.1 Das vedische Modell

Die vedischen Schriften, insbesondere die der hinduistischen Tradition, gehen von einem vielschichtigen Verständnis der Realität aus, das verschiedene Dimensionen der Existenz umfasst. Die Schichten der Realität, wie sie in der vedischen Kosmologie dargestellt werden, werden oft als divergente Ebenen oder Reiche symbolisiert. Es ist essentiell, zu verstehen, dass diese Ebenen unterschiedlich interpretiert werden können, und dass diverse Denkschulen innerhalb der vedischen Tradition leicht alternierende Sichtweisen vertreten können. Hier ist ein allgemeiner Überblick:

- **Physisches Reich (sanskr. Bhuloka):** Das physische Reich, bekannt als Bhuloka, ist die alltägliche Welt, die wir mit unseren Sinnen erfahren. Sie umfasst das materielle Universum, die Erde und alle physischen Wesenheiten in ihr. Dies ist der Bereich der gewöhnlichen menschlichen Erfahrung.

- **Subtiles oder astrales Reich (sanskr. Bhuvarloka):** Bhuvarloka wird als feinstoffliche oder astrale Ebene betrachtet. Es ist ein Bereich, der jenseits des Physischen existiert, und mit subtilen Energien und Dimensionen verbunden ist. Diese Ebene wird oft mit dem Geist, den Emotionen und den subtilen Aspekten des Bewusstseins in Verbindung gebracht. In den Traditionen, die das physische Reich als Teil der Astralebene verstehen, wird auch in niederes und höheres Astralreich differenziert.

- **Mentaler Bereich (sanskr. Svarloka):** Svarloka stellt den mentalen Bereich dar und transzendiert sowohl die physische als auch die subtile Ebene und ist mit höheren Bewusstseinszuständen, Intuition und Weisheit verbunden. Es stellt eine Dimension dar, in der der Geist auf einer verfeinerten Ebene arbeitet.

- **Reich der Glückseligkeit (sanskr. Maharloka):** Das Maharloka wird als ein Reich der Glückseligkeit oder des höheren Glücks betrachtet. Es wird mit erhabenen spirituellen Erfahrungen in Verbindung gebracht und wird oft als ein Reich angesehen, in dem weise und fortgeschrittene spirituelle Wesen wohnen.

- **Reich der Wahrheit (sanskr. Janaloka):** Janaloka ist mit dem Streben nach Wahrheit und Wissen verbunden. Es gilt als ein Bereich, in dem tiefe Weisheit und Verständnis vorherrschen. Man sagt, dass diejenigen, die ein hohes Maß an spirituellem Wissen erlangt haben, sich in diesem Reich aufhalten.

- **Reich der reinen Existenz (sanskr. Tapoloka):** Tapoloka wird mit Enthaltsamkeit, Disziplin und spirituellen Praktiken in Verbindung gebracht. Es wird als ein Bereich angesehen, in dem sich Individuen in intensiver Meditation und Tapas (Enthaltsamkeit) üben, um höhere Bewusstseinszustände zu erlangen.
- **Das Reich des reinen Bewusstseins (sanskr. Satyaloka):** Satyaloka wird oft als das höchste Reich in der vedischen Kosmologie bezeichnet. Es wird mit reinem Bewusstsein, absoluter Wahrheit und der ultimativen Realität (Brahman) in Verbindung gebracht. Es gilt als der Aufenthaltsort erleuchteter Wesen und liegt jenseits der Grenzen von Zeit und Raum.

Es ist sinnvoll, sich diesen Konzepten mit dem Verständnis zu nähern, dass es sich um metaphorische Beschreibungen handelt, die dazu dienen, tiefere spirituelle und metaphysische Wahrheiten zu vermitteln. Es wird auch behauptet, dass sich das individuelle Bewusstsein parallel in mehreren Ebenen bzw. Dichten gleichzeitig befinden kann. Wenn wir die vielen dokumentierten transpersonellen Bewusstseinszustände bspw. aus dem Kontext des Holotropen Atemen oder der NDE-Forschung diesen „Reichen" gegenüberstellen, dann können wir Zuordnungen für alle Ebenen finden.[107] Mir sind zahlreiche Berichte bekannt, die mit einer Breathwork-Session[108] das gesamte Spektrum abbilden. Von infernalen Astralszenarien bis in Reiche der reinen Existenz ist dort alles zu finden. Auch mit diversen anderen Methoden, OBEs zu initiieren, können vielfältige Ebenen erreicht werden. Unabhängig davon, welchen Ansatz oder Technik man wählt, braucht es Zeit und Hingabe, in die höheren „Dichten" vorzudringen.

5.1.2 Das Darius-Wright-Modell

Unter den hunderten OBE-Reisenden, die über ihre Erfahrungen in den tiefen der Maya berichten, ist mir *Darius J. Wright* als ausgesprochen „neutral" aufgefallen. Damit meine ich, dass es speziell ihm gelingt, ohne zu viel persönliche oder ideologische Bewertung einfließen zu lassen, über seine Abenteuer in der Matrix zu sprechen. Hinzu kommt, dass ich den Eindruck habe, dass es ihm gelungen ist, ein extrem breites Spektrum des Konstruktes zu erkunden. Man könnte ihn analog als Weltreisenden verstehen, der viele Länder besucht hat, und sich tief in die kulturellen Eigenheiten eingearbeitet hat. Damit hebt

---

107 *Walsh, R., & Vaughan, F.* (1993) „Paths Beyond Ego: The Transpersonal Vision" TarcherPerigee.

108 *Grof, S.* (1985) „Beyond the Brain: Birth, Death, and Transcendence in Psychotherapy" State University of New York Press.

er sich von diversen Individuen ab, deren Reiseberichte immer in ein religiöses oder philosophisches Korsett gezwängt werden. Ihm scheint es leicht zu fallen, eine Art Vogelperspektive zu wahren.

Bevor es populär wurde, auf Plattformen wie YouTube über seine OBEs zu sprechen, oder im Netz Onlinekurse anzubieten, gab es schon immer nützliche Bücher zu dem Thema. Wer sich lieber einer analogen Quelle hingeben möchte, dem seien die Publikationen von *Anne* und *Daniel Meurois-Givaudan*[109] ans Herz gelegt. Darüber hinaus sind die literarischen Werke von *Robert Bruce* und *Robert Peterson*[110] ebenfalls zu empfehlen, vor allem, wenn man selber auf Reisen gehen möchte. Nur ist es in der digitalen Welt bequemer, solche Berichte via Youtube zu finden, wobei aber hier die Qualität der Informationen stark variieren kann. Doch kommen wir zu *Darius J. Wright* als positives Beispiel für Geschichten aus der Matrix, die im Netz anzutreffen sind. Wenn ich über ihn und seine Ausdeutungen spreche, dann werde ich nicht darauf eingehen, welche seiner Aussagen sich mit meinen eigenen Erfahrungen decken bzw. inwieweit sein Bild mit den Referenzen korrespondiert, die ich habe. Daher werde ich sein Verständnis von der Matrix so präsentieren, als wenn es keinen Zweifel in mir gäbe. Ob Sie mit seinen Sichtweisen mitgehen, liegt bei Ihnen. Nehmen wir seinen Ansatz einfach als ein Arbeitsmodell, das etwas weniger abstrakt ist als bspw. das vedische Konzept.

Wright beschreibt seine Art, einen OBE-Zustand zu erreichen, als einen kontrollierten NDE. Das heißt, dass es ihm gelingt, seine Seele temporär vollständig vom Körper zu lösen, wie es zumeist nur in einem Nahtotzustand der Fall ist, wenn der Mensch jeglichen Bezug zu seinem Soma verliert und komplett „ausgestiegen" ist aus dem physischen „Kostüm". In den meisten oberflächlichen OBEs, wie luziden Träumen oder Astralprojektionen, bleibt immer ein Restgefühl für den materiellen Avatar vorhanden. Im besten Fall ist man halb präsent auf der anderen Seite, weil ein Teil des Bewusstseins im Soma gebunden bleibt. Jedoch ist es möglich, mit seiner Seele vollkommen aus dem Körper auszusteigen, um so das „Jenseits" frei zu erkunden. Diese Aussagen finden wir bei vielen OBE-Experten, die lange an dieser Fähigkeit gearbeitet haben, so wie es bei *Wright* der Fall ist. Durch diese zahlreichen Seelenreisen, die er seit frühester Kindheit unternahm, kristallisierte sich ein homogenes Bild des virtuellen Konstrukts heraus.

---

109 *Meurois-Givaudan, A., & Meurois-Givaudan, D.* (1989) „Messages from the Universe: Message from Eternity" DeVorss & Company.

110 *Bruce, R.* (1999) „Astral Dynamics: The Complete Book of Out-of-Body Experiences" Hampton Roads Publishing; *Peterson, R.* (2019) „Hacking the Out of Body Experience: Leveraging Science to Induce OBEs" KDP Amazon Publishing.

Nach *Wright* setzt sich die Maya aus 12 Reichen (engl. „Realms") zusammen, die jeweils aus verschiedenen geistigen Räumen bestehen. Die Anzahl dieser Räume ist praktisch infinit, da sie aufgespannt werden, sobald ein Bewusstsein seine Phantasie benutzt. Träume kreieren ebenfalls diese temporären Räume, auch wenn „temporär" nicht der exakte Begriff ist in einer Realität, in der Zeit im klassischen Sinne nicht existiert. Innerhalb eines jeden Hauptbereichs existieren „fixierte" Dimensionsräume, die über die Sterne zugänglich sind. Jede Sonne, wie jene unseres Systems, ist demnach ein Portal. Wobei es auch andersartige „Sternentore" in der physischen Welt gibt. Die große Pyramide mag in der materiellen Ebene nur ein Haufen Steine sein, der heute primär dazu dient Touristen anzuziehen, aber in der Astralwelt fungiert der Ort als eine Art „Weltraumbahnhof", von dem aus man andere Welten oder Dimensionen bereisen kann, was einen auf die „Planeten" der „Außerirdischen" bringt – nur eben nicht im physischen Sinne. All diese vielfältigen Realitätsräume in den zwölf unterschiedlichen Hauptbereichen sind Teil des virtuellen Konstruktes. Was Menschen jedoch als „wahre Heimat" bezeichnen, wenn sie eine Art „spirituelles Heimweh" empfinden, liegt außerhalb all dieser illusionären Welten der Matrix.

Der Zugang in die verschieden Realitätsdimensionen steht nicht jedem unmittelbar frei, sobald man es schafft, seinen Körper zu verlassen. Die erste Stufe der OBEs entspricht dem Prinzip, von dem *Pim van Lommels* Patienten immer wieder in ihren Nahtoderfahrungen berichtet haben, wenn sie praktisch als „Geister" frei durch den Raum schwebten. So kann man in einem kontrollierten NDE/vollständigen OBE in Echtzeit die physische Welt erkunden, was wiederum dem Prinzip entspricht, welches wir aus den 3D-Computerspielen als „Deathcam" kennen. Dieses Phänomen ist weitläufig in allen Traditionen bekannt. Jedoch ist außerhalb des Körpers noch wesentlich mehr möglich. Reisende finden Wege in alternative Realitätsräume, die praktisch auf anderen „Planeten" liegen, sie können ihr Äußeres nach Belieben modifizieren, Verstorbene besuchen oder Chroniken in diversen Bibliotheken einsehen, um nur ein paar Optionen zu nennen. Dabei reichen die Erfahrungsräume in beide polare Extreme von „Gut" bis „Böse". Hier liegen die verschiedenen Himmel und Höllen – sowie alles dazwischen.

Die zentrale Botschaft, die *Darius Wright* auf Basis seiner Reisen propagiert, lautet, dass allein die individuellen Ängste uns limitieren, das Konstrukt frei zu bereisen. Dieses Prinzip beginnt beim ersten Schritt, den Körper vollständig loszulassen, und zieht sich durch die Dimensionsräume, Dichten und Reiche weiter fort. Allein seinen Avatar komplett zu verlassen, impliziert die Sorge, nicht wieder zurückkehren zu können, und bildet damit die erste große Hürde. Man muss sich mit seinen Ängsten, die wiederum auf Glaubenssätzen beruhen, tapfer konfrontieren, um sie aufzulösen. Religiös indoktrinierte Menschen haben es hier besonders schwer, aber auch diverse spirituelle Philosophien sind voll mit Konzepten, die solche Beschränkungen füttern. Dabei ist es keinesfalls so, dass diese Dinge, vor denen sich die „Reisenden" fürchten, nicht existieren würden. Doch sind diese „Wächter" nur von virtueller Natur. Durch den Glauben an sie, gibt man den limitierenden Manifestationen ihre Macht. Das eigene Bewusstsein ermächtig sie in ihrer Rolle. Aus der obersten Ebene betrachtet, behauptet *Wright*, existiert nichts in dem Konstrukt, was mächtiger ist als die Seele selbst, es sei denn, sie wurde davon überzeugt, dass etwas Macht über sie hätte.

Erst wenn der „Reisende" alle Schatten konfrontiert und „entmachtet" hat, kann man das Konstrukt verlassen und wird feststellen, dass unseres nur eines von vielen ist. Dabei ist jene Matrix, in der wir uns befinden, in vielerlei Hinsicht einzigartig. Diese Maya ist eine Art Experimentierfeld für den freien Willen, in die höchsten und tiefsten Abgründe der Dualität vorzustoßen. Nur hier können wir die extremste Form von dem erfahren, was wir nicht sind. Gäbe es nicht all die unbewussten Programme und Glaubenssätze, dann wären wir augenblicklich frei, die vollkommenste Realität in diesem Konstrukt zu kreieren, und selbst der letztendlichen Befreiung stünde nichts im Weg. Daher kommen wir nicht drum herum, an uns zu arbeiten und die tiefsten Ängste zu konfrontieren. Das ist ein Prozess, der innerhalb des virtuellen „Spiels" Zeit braucht, wobei es unzählige Wege gibt, diese evolutionäre Entwicklung zu vollziehen – manche Pfade sind länger und andere kürzer.

Unabhängig davon, ob das Verständnis von *Darius Wright* vollständig und in allen Aspekten korrekt ist, werden wir die wichtigsten Punkte tiefer untersuchen, weil sie ebenfalls in den Lehren und Reiseberichten anderer „Seelenreisender" immer wieder auftauchen. Dazu gilt es, die Mechanismen der Angst zu erörtern. Obwohl ich nur die essentiellen Eckpunkte angeschnitten habe, wie *Wright* die Maya betrachtet, so werden wir uns noch mehr Eigenheiten und Qualitäten der Matrix anschauen, die in den unterschiedlichsten Foren und Traditionen beschrieben werden. Fangen wir mit dem breiten Spektrum der Dämonen, Wächter und anderer Schreckgestalten an, die unseren spirituellen Weg blockieren, bis wir ihre illusorische Natur erkannt haben.

5.1.3 Archonten und andere Torwächter

Ein fundamentaler Grund, warum sich der Wechsel zu immer höheren Ebenen als herausfordernd darstellt, ist eine Vielzahl von archetypischen Wesenheiten, welche die Übergänge sichern. Diese haben in den verschiedenen Traditionen unterschiedliche Namen, werden aber zumeist als mächtige und angsteinflößende Kreaturen beschrieben. Diese sind nicht nur im vedischen Kontext bekannt. Beispielsweise gibt es im Buddhismus, insbesondere im tibetischen Ableger, das Konzept der Dharmapala, das sich auf Schutzgottheiten oder Geister bezieht. Sie werden oft als zornige Entitäten dargestellt, die die Lehren (Dharma) schützen.

Auch in der Mythologie der alten Ägypter gibt es Wächter bzw. Wesenheiten, die den Transfer überwachen. *Anubis*, der schakalköpfige Gott, wurde oft mit dem Leben nach dem Tod in Verbindung gebracht und galt als Führer und Beschützer der Verstorbenen.

Hermes, der Götterbote der griechischen Mythenwelt, entspricht ebenfalls dieser Qualität, insbesondere in seiner Rolle als Psychopomp, der die Seelen ins Jenseits führt. Demnach wäre er *Anubis* nicht ganz unähnlich in seiner Position, jedoch wird Hermes archetypisch mit der ägyptischen Gottheit *Thoth* assoziiert. Beide Wesenheiten haben unmittelbar in die physische Welt hineingewirkt. Sie gingen also mit den Menschen direkt in Kontakt und lehrten ihnen die Geheimnisse der geistigen Dimensionen. *Hermes Trismegistos* ist demnach die menschliche Manifestation jenes Archetypes. Obgleich diese Entitäten als Torwächter dienen, so tun sie dies mehr auf eine indirekte Weise. Sie können den Weg in ein anderes Reich ebnen, denn ohne ihren Schutz ist man den weniger freundlichen Astralwesen schutzlos ausgeliefert.

Im Schintoismus, der einheimischen Spiritualität Japans, kennt man Kami. Das sind Wesenheiten, zu denen Naturgeister, Ahnen und Gottheiten gehören können. Diese fungieren ebenfalls als Wächter oder können als Beschützer angesehen werden. Dabei scheint es sich bei dieser Terminologie eher um einen Überbegriff für alle spirituellen Entitäten zu handeln, die im breiten Spektrum der geistigen Welt auftauchen können. Wenn es jedoch um die niederträchtigsten und furchteinflößendsten Kreaturen geht, dann dominiert die gnostische Auslegung. Hier finden wir das Konzept der Archonten.

Der Gnostizismus ist eine Sammlung alter religiöser und philosophischer Bewegungen, die in den ersten Jahrhunderten n. Chr. entstanden sind. Die gnostische Kosmologie geht häufig von einem göttlichen Reich und einer unvollkommenen materiellen Welt aus, die von niederen spirituellen Wesenheiten, einschließlich Archonten, beherrscht wird. In bestimmten spirituellen und philosophischen Traditionen, insbesondere in gnostischen und gnostisch beeinflussten Glaubenssystemen, bezieht sich der Begriff „Archon" auf bösartige oder niederdimensionale Wesen.

Archonten werden manchmal als Herrscher oder Autoritäten dargestellt, die das spirituelle Verständnis behindern oder verzerren. Sie werden als Kräfte angesehen, die die menschlichen Seelen an die materielle Welt binden und sie in Unkenntnis über ihre wahre spirituelle Natur halten. Es wird angenommen, dass Archonten die Gedanken, Gefühle und Handlungen der Menschen in einer Weise beeinflussen, die die Unwissenheit aufrechterhält und die Seelen von ihrer geistigen Essenz ablenkt. Andere Auslegungen behaupten, dass diese Wesen nur auf die „negativen" Emotionen der Individuen reagieren – sich davon angezogen fühlen und sich sogar von dieser Energie (E-Motion = Energie in Bewegung) ernähren. In jedem Fall werden die Archonten mit Aspekten der menschlichen Psyche in Verbindung gebracht, die das spirituelle Erwachen behindern.

Das Konzept der Archonten variiert zwischen den verschiedenen gnostischen Fraktionen, und es gibt keine standardisierte oder allgemein akzeptierte Definition ihrer Natur. Phänotypisch werden sie oft als spinnenartig charakterisiert. In einigen gnostischen Texten werden Archonten als Wesenheiten mit bösartigen Absichten erwähnt, während andere sie als kosmische Kräfte oder planetarische Herrscher beschreiben. Neutral betrachtet, könnte man ihnen auch eine pädagogische Rolle im Sinne der spirituellen und geistigen Evolution geben. Sie testen praktisch den Willen bzw. die Reife der inkarnierten Seelen auf der weltlichen Bühne und darüber hinaus. In der zeitgenössischen Esoterik wird der Begriff „Archonten" manchmal im weiteren Sinne verwendet, um unterdrückerische oder manipulative Kräfte zu beschreiben, die Aspekte der menschlichen Existenz kontrollieren. Diese Auslegungen gehen so weit, dass jene Wesen auch die kollektive Weltbühne beherrschen, indem sie Politiker und Despoten aller Couleur über ihre Emotionen manipulieren. Es bleibt jedoch die Frage, ob sie das aus eigenem Antrieb heraus machen oder eine koordinierende Intelligenz darüber steht.

5.1.4 Kontrolle durch Angst

Da das Bewusstsein bzw. der immaterielle Persönlichkeitskern, der oft als Seele bezeichnet wird, praktisch unsterblich ist, gibt es prinzipiell keinen Grund, sich zu fürchten. Nichts kann unserer wahren Essenz etwas antun oder sie gar zerstören. Doch diese Bewusstwerdung zu integrieren, ist leichter gesagt als getan. In der spirituellen Welt hat der Transfer in die höheren geistigen Reiche immer auch mit der Überwindung der eigenen Ängste zu tun. Eine Begegnung mit diesen Archonten ist daher ein Test, wie bewusst, wie selbstbewusst bzw. bewusst seiner höchsten Manifestation das Individuum ist. Im Grunde meinen alle drei Aussagen das gleiche Prinzip. Demnach sind wir alle ein Fraktal der einen Singularität – der Quelle bzw. des Schöpfers. Wobei jedes Einzelfraktal den freien Willen hat, seine einzigartige Individualität auszuprägen, und sich sogar als getrennt vom Rest zu verstehen.

Das Grundprinzip lautet wie folgt: Je mehr das Individuum die Einheit allen Seins in sich erkennt, desto mehr wird es sich seiner wahren Stärke bewusst, desto weniger verurteilt man andere Aspekte seines Selbst und desto weniger wird man Angst vor den anderen unbewussten Facetten der Schöpfung haben. So besagt es die graue Theorie, doch das entwickelt sich in einem bunten Prozess. In der Regel nehmen die meisten Geistreisenden die Beine in die Hand, wenn sie eine Begegnung mit einem Archonten in der Astralebene haben. Die weniger Erschrockenen mit mehr Erfahrung wagen manchmal eine Konversation und stellen dann fest, dass sie es mit einer eiskalten Intelligenz zu tun haben. Doch diese kann mit der richtigen Einstellung und dem nötigen „Selbstbewusstsein" überwunden werden. Da wären wir wieder bei „leichter gesagt als getan".

Ich möchte keinesfalls negieren, dass der Respekt vor gefahrvollen Situationen eine sinnvolle Notwendigkeit in der physischen Welt ist. Diese Art von Angst dient dazu, den Körper vor Schaden zu bewahren. Hätten wir kein Bedrohungsgefühl, wäre unsere Halbwertszeit auf der materiellen Ebene drastisch reduziert. Schon die nächste Straßenüberquerung, könnte das Ende sein. Dennoch gibt es auch das Konzept von irrationalen Ängsten. Menschen, die bspw. permanent darüber besorgt sind, was die Nachbarn denken könnten, werden es sicher nicht heroisch mit einem drei Meter großen Spinnenwesen aufnehmen. Für viele Menschen sind bereits drei Zentimeter Spinnentier zu viel und sie geraten in Panik. Dennoch sollte klar sein, dass auch die angesprochenen irrationalen Ängste ihre Ursache haben. Diese begründen sich meist in einem Trauma aus der Vergangenheit.

Nehmen wir doch gleich das anfängliche Beispiel von der Paranoia, was „die Anderen" denken könnten. Die Befürchtung entzieht sich jeder Grundlage, wenn man sich die heutige westliche Gesellschaft betrachtet. Angesichts bestimmter forcierter Bewegungen wird man heute weitestgehend ermutigt, seine Pronomen frei zu wählen und sich in der Kleidung zu zeigen, die der eigenen Identifikation entspricht. Früher wäre man dafür mindestens gefoltert worden. Selbst wenn man mit seinem Bagger oder seiner Waschmaschine ein romantisches Verhältnis eingehen möchte, steht dem die Gesellschaft heute scheinbar wohlwollend gegenüber. Wer das nicht so sieht, wird im liberalen Mainstream als rückwärtiger Antisemit betrachtet. Auch mir ist es prinzipiell gleichgültig, was Menschen tun, solange es sie glücklich macht und sie niemandem damit schaden. Der Punkt ist, dass in dem aktuellen Paradigma kaum noch eine Haltung existiert, welche „die Anderen" ablehnen könnten, es sei denn, man hat allzu konservative Ideale. In Gefahr schwebt man deswegen aber trotzdem nicht! Im Grunde gibt es nichts mehr zu befürchten, und doch ist die Angst vor dem, was die Umwelt denken könnte, eine der verbreitetsten Sorgen überhaupt. Obwohl diese Form der Phobie in allgemeinen Listen gesellschaftlicher Probleme nicht deutlich erwähnt wird, so ist es doch oft implizit in Kategorien wie psychische Gesundheit, Sozialängste oder zwischenmenschliche Beziehungen enthalten. Fachleute aus allen ganzheitlichen Therapieformen identifizieren weitestgehend die Auswirkungen der sozialen Beurteilung bzw. der Angst vor der Meinung anderer auf das psychische Wohlbefinden – im Individuellen wie im kollektiven Sinne. Woher kommt das?

In der Tiefenpsychologie sowie in der Epigenetik geht man von einem transgenerationalen Trauma[111] aus. Das ist ein tiefgreifendes Schockmomentum, das über das Genmaterial an die späteren Nachkommen weitergegeben wurde. In der Inkarnationsforschung geht die Kausalität Hand in Hand mit den Traumata aus früheren Leben. Demnach sucht sich die Seele für die nachfolgende Verkörperung immer eine Familienhistorie aus, die durch gleichartige Ereignisse geprägt wurde, welche die Seele noch nicht integriert bzw. verarbeitet

---

[111] Das „International Handbook of Multigenerational Legacies of Trauma", herausgegeben von *Yael Danieli*, bietet eine interdisziplinäre Perspektive auf die Weitergabe von Traumata über Generationen hinweg. Es enthält Beiträge von verschiedenen Experten aus der Psychologie, Psychiatrie und verwandten Bereichen, die Einblicke in das Verständnis, die Forschung und die Auswirkungen von generationenübergreifenden Traumata bieten. Quelle: *Danieli, Y.* (1998) „International Handbook of Multigenerational Legacies of Trauma" Plenum Press.

hat. Somit ist die Prägung sowohl seelisch als auch epigenetisch im nächsten Leben präsent, obwohl keine bewussten Erinnerungen direkt verfügbar sind. Die Prägung wirkt jedoch wie eine unbewusste Programmierung, welche die Handlungsparameter subtil bestimmt, und damit die Freiheitsgrade begrenzt. Im Fallbeispiel, dass der Mensch Angst vor der Meinung „der Anderen“ hat, wird sich das Individuum kaum frei entfalten können, weil es permanent Sorge trägt, von seiner Umwelt negativ bewertet zu werden. Doch diese unbewusste Programmierung, sich der Akzeptanz seiner Mitmenschen – selbst in Bezug auf Banalitäten – ständig gewahr zu sein, konnte in früheren Generationen tatsächlich eine Frage von Leben und Tod sein. Die Prägung hatte damit einst eine essentielle Sinnhaftigkeit. Diese ist im aktuellen Kontext eher kontraproduktiv, wenn es jetzt primär um die freie Individualisierung geht.

An einigen Beispielen besser veranschaulicht, können wir verschiedene Epochen isolieren, in denen es ratsam war, auf seine allgemeine Reputation zu achten. Das Dritte Reich ist sicher ein nachvollziehbares Exempel. Wenn man in dieser Zeit allzu kommunistische oder pazifistische Ideale hatte, konnte das enorme Schwierigkeiten heraufbeschwören, hätten die falschen Leute davon Wind bekommen. Während der Inquisition konnten bereits Gerüchte, die auf den banalsten Auffälligkeiten basierten, den Tod auf dem Scheiterhaufen bedeuten. In vielen frühen Epochen, in denen der einzelne Mensch von kleinen Gemeinschaften abhängig war, um zu überleben, galt es, nicht negativ aufzufallen. Wenn das Individuum aus der Gruppe geworfen wurde, hatte es allein in der Wildnis kaum eine Chance. In all diesen Szenarien war die Sicherheit von Leib und Leben eng verknüpft mit dem Bild, welches die Gesellschaft, die Sippe oder die nächste Nachbarschaft von einem hatte. Die öffentliche Wahrnehmung und das nackte Überleben korrespondierten somit unmittelbar miteinander. Diese damals durchaus sinnvolle Programmierung ist heute noch immer in vielen Menschen aktiv, obwohl diese Prägung im aktuellen Kontext nur der eigenen Unterdrückung dient. In einer Zeit, in der es hauptsächlich um die Entdeckung der tieferen Individualität geht, entsteht daraus ein interner Konflikt. Diese innere Kontroverse kann nur über die Entwertung der ursprünglichen Traumata überwunden werden, welche die Prägung hervorgebracht haben.

Jetzt, wo sich der Mensch theoretisch frei entfalten kann, um seine wahre Individualität zu entdecken, ohne dabei falsche Masken tragen zu müssen, wirkt die alte Prägung noch immer nach. Diese unbewusste Programmierung unterdrückt die persönliche Entwicklung und führt so über „Suppression“ oftmals zur „Depression",[112] die für gewöhnlich mit Psychopharmaka behandelt wird. Im Worst Case wird dieser psychologische Konflikt irgendwann auf der körperlichen Ebene ausgetragen – er somatisiert sich in Form einer Krankheit.[113] Daher betonen viele ganzheitliche Therapeuten, dass diverse Gesellschaftskrankheiten im Kern auf unverarbeiteten Traumata basieren, die teilweise tief in den transgenerationalen Bereich zurückgehen. Für den reinen Materialisten ist diese Vorstellung natürlich absurd, da er im besten Fall lokal naheliegende Wechselwirkungen als Ursache erkennen kann. Zu postulieren, dass Negativerfahrungen aus früheren Leben oder aus der Ahnenlinie sich über Jahrhunderte hinweg psychisch oder gar physisch manifestieren können, ist für die konventionelle Schulmedizin praktisch unbegreifbar. Doch erinnern wir uns an die Erkenntnisse der Quantenphysik: Alles ist weit über Zeit und Raum miteinander „verschränkt", und Kausalitäten sind nicht lokal begrenzt.

5.1.5 Auflösung der Angstschranken

Um sich von seinen irrationalen Ängsten und anderen unbewussten Programmierungen zu lösen, gilt es diese alten Traumata zu erkennen und zu bearbeiten. Diese müssen „entwertet" werden und können sich damit neutralisieren. So zumindest versteht es ein Großteil in der ganzheitlichen Medizin. Es existieren diverse Methoden, wie der Mensch an seinem Schatten arbeiten kann, so wie es unzählige Spielarten gibt, wie bestimmte negativ bewertete Erfahrungen zu einem tief verankerten „Programmcode" führen können. Das Spektrum an Emotionen und Glaubenssätzen, die das Individuum nachhaltig bestimmen und beschränken, kann dabei breit gefächert sein. Die Befreiung von diesen Fesseln liegt primär in der Hand des Einzelnen.

Die Heilung der bewerteten Themen kann die nötigen Potenziale freischalten, die es braucht, um in die höheren Bewusstseinsebenen vorzudringen oder schlichtweg nur sein Leben freier zu gestalten. Doch dieser Komplex benötigt ein eigenes Buch, um ihn erschöpfend zu behandeln. Ein paar praktische Hin-

---

[112] In „Trauma und Genesung" untersucht *Judith Herman* die psychologischen Auswirkungen von Traumata, einschließlich ihrer Folgen für die psychische Gesundheit. Das Buch deckt ein breites Spektrum traumatischer Erfahrungen ab und bietet wertvolle Einblicke in die Beziehung zwischen Trauma und Erkrankungen wie Depressionen. Quelle: *Herman, J. L.* (1997) „Trauma and Recovery: The Aftermath of Violence – From Domestic Abuse to Political Terror" Basic Books.

[113] In „Waking the Tiger" erforscht *Peter A. Levine* die Verbindung zwischen Trauma und Körper, diskutiert somatisches Erleben und wie der Körper in den Heilungsprozess einbezogen werden kann. Das Buch konzentriert sich zwar nicht ausschließlich auf somatische Reaktionen, behandelt aber das Zusammenspiel zwischen psychologischem Trauma und seinen körperlichen Manifestationen und bietet Einblicke in die ganzheitliche Natur der Traumaheilung. Quelle: *Levine, P. A.* (1997) „Waking the Tiger: Healing Trauma" North Atlantic Books.

weise werde ich dazu später noch geben. Die Essenz lautet, dass wir alle traumabasierte Prägungen haben, die uns in bestimmten emotionsgesteuerten Verhaltensmustern halten. Diese liegen zumeist auf einer unbewussten Ebene, daher sind wir weitestgehend blind dafür. Diese Programme werden vom Individuum im normalen Wachbewusstsein bestenfalls indirekt über die eigenen Dysfunktionalitäten unscharf erkannt. Die damit verknüpften „irrationalen" Ängste sind dabei die vermutlich größten Barrieren, die sich auch die Archonten zu Nutze machen.

Im Grunde nutzt jede Kontroll- oder Machtstruktur diese Mechanismen hemmungslos aus. Das passiert offenkundig auf der politischen und gesellschaftlichen Ebene. Doch wird das Prinzip in den feinstofflichen Dimensionen weiter fortgesetzt. Auf der weltlichen Bühne können wir die Wirkmuster bei kollektiv inszenierten „Events" wie 9/11 oder die Corona-Pandemie von 2020 beobachten. Genau wie die Strukturen, welche die physische Welt kontrollieren, so wissen auch die astralen Wächter, wie man die Prägungen des Menschen instrumentalisieren kann, um die Bewusstwerdung zu unterdrücken und die Massen folgsam zu halten. Die Hermetiker würden hierbei auf das Prinzip „wie oben, so unten" verweisen. Bei der Massenkontrolle werden die kollektiven Traumata wie auf einer Klaviatur angespielt, um damit die beabsichtigten „Töne" in der Gesellschaft anklingen zu lassen.[114]

5.2 DIE ARCHETYPISCHE HELDENREISE

Wenn ich auf Basis der mir bekannten Daten die essentielle Deckungsmenge definieren soll, dann kann ich konstatieren, dass die Maya ein evolutionärer Spielplatz ist. Dieses Wording mag angesichts der brutalen Realitäten auf der globalen Bühne auf manche Menschen agitierend wirken. Jedoch dürfen wir nicht vergessen, dass hier die Singularität nur mit sich selbst spielt. Auf der höchsten Ebene geht es um die Selbsterfahrung in einem Spektrum der Dualität, die keine Grenzen kennt. Das individuelle Fraktal des *Einen* mit seinem eigenen freien Willen und seiner subjektiven Perspektive mag dazu natürlich eine diametrale Meinung entwickeln. Grundsätzlich deutet alles darauf hin, dass jeder von uns freiwillig in dieses Konstrukt gegangen ist. Das muss jedoch nicht inkludieren, dass wir genau wussten, worauf wir uns hier einlassen würden. Die Entwicklung des freien Willens hat eventuell dazu geführt, dass

---

[114] Quelle: *Bowart, W. H.* (1978) „Operation Mind Control" Dell; *Springmeier, F., & Wheeler, C.* (1996) „Deeper Insights into the Illuminati" Formula.

das „Experimentierfeld" eine verstörende Eigendynamik entwickelt hat, die für die einzelne Seele nicht vorhersehbar war.

Obwohl das individuelle Fraktal in seiner höchsten Form perfekt ist, muss es innerhalb des Konstruktes durch einen evolutionären Lernprozess laufen, um sich aus dem Spiel wieder zu befreien. Hier haben wir es mit einer Dichotomie zu tun, die in den esoterischen Kreisen für viele Debatten sorgt. Warum sollte ein vollkommenes Wesen sich in „fehlerhafte" Fraktale zerlegen, um anschließend den beschwerlichen Weg zurück in die Ganzheit anzutreten? Vielleicht müsste man dazu Menschen befragen, die gerne Puzzlebilder zusammensetzen, nur um sie dann wieder in Einzelteile in eine Schachtel zu werfen. Man könnte ebenfalls darüber kontemplieren, warum Milliarden Menschen in dieser Welt irgendeine Form von Computersimulation spielen. Damit müssen sie auch immer ein fiktives „Problem" lösen, welches sie grundsätzlich nicht hätten, wenn sie einfach nur ihre Finger vom „Gameboy" lassen würden. Warum sind Computerspiele so süchtigmachend? Offenkundig scheinen die Menschen eine Affinität für Helden aller Couleur zu haben – beispielsweise in Kinofilmen oder Romanen. Dieser klassische Archetyp ist nicht unbedingt dafür bekannt, dass er ein entspanntes Leben am Strand genießt – ganz im Gegenteil. Der Held geht oft durch schmerzhafte Prüfungen und ist allen möglichen Widrigkeiten ausgesetzt. Doch kann sich dieser Charakter nur in einem bestimmten Milieu entwickeln und braucht zumeist einen Widersacher, der sich ebenfalls in Form eines gesichtslosen Systems manifestieren kann. Ist das nicht exakt der Kontext dieser Welt?

Die archetypische Heldengeschichte, oft auch als Heldenreise bezeichnet, ist ein Erzählmuster, das in Mythen, Legenden und Geschichten von Kulturen auf der ganzen Welt vorkommt. Wir haben das Thema bereits besprochen, als wir uns mit *C. G. Jung* beschäftigt haben. Dieses Konzept wurde von *Joseph Campbell*, einem amerikanischen Mythologen und Schriftsteller, in seinem 1949 veröffentlichten Buch „The Hero with a Thousand Faces" (Der Held mit den tausend Gesichtern) weiterentwickelt.[115] Tatsächlich wurde der Autor von *Jung* inspiriert. *Joseph Campbells* Erforschung der Heldengeschichte wurde durch das Studium der Mythologie und der vergleichenden Religionswissenschaft beeinflusst. Er identifizierte gemeinsame Muster und Archetypen in diversen kulturellen und historischen Erzählungen, die auf eine universelle und zeitlose Struktur der Heldenreise hindeuten. *Campbells* Arbeit hatte einen tiefgreifenden Einfluss auf das Geschichtenerzählen und inspirierte Schriftsteller,

---

[115] *Campbell, J.* (1949) „The Hero with a Thousand Faces" Pantheon Books.

Filmemacher und Kreative in verschiedenen Bereichen. Dabei fasste *Campbell* die archetypischen Schlüsselelemente der Heldenreise wie folgt zusammen:

Zumeist beginnt alles mit einem initialen Schicksalsschlag, der sich zu einem Abenteuer entwickelt. Der Held wird mit einer Herausforderung oder Aufgabe konfrontiert, die sein normales Leben durcheinanderbringt. Das kann ein plötzlich ausbrechender Krieg sein, ein Naturereignis oder eine zum Himmel schreiende Ungerechtigkeit der „Obrigkeit". Die Spielarten, wie der „einfache" Mensch auf die transformative Reise gebracht wird, sind vielschichtig, aber zumeist tragisch. Anfangs kann der Held sich weigern oder zögern, das Abenteuer anzutreten, oft aus Angst oder einem Gefühl der Unzulänglichkeit. Dann folgt in der Regel die Begegnung mit dem Mentor.

Der Held begegnet einer weisen Person oder einem Führer, der ihn leitet, berät oder ihm auf übernatürliche Art hilft. Diese Zusammenkunft führt zum Überschreiten der Schwelle. Somit verlässt der Held seine vertraute Welt und betritt ein neues, exotisches Reich, das den Übergang vom Bekannten zum Unbekannten symbolisiert. In dieser „Wildnis", die auch symbolischer Natur sein kann, begegnet er Prüfungen, Verbündeten und Feinden. Diese Erfahrungen tragen zum Wachstum und zur Entwicklung des Helden bei. Sein Charakter wird geformt, und ein neues Selbstbild entsteht. Dann folgt der initiale Test.

Der Held stellt sich einer bedeutenden Herausforderung oder Prüfung, die oft seine tiefsten Ängste oder den zentralen Konflikt der Geschichte darstellt. Extrem deutlich wird diese archetypische Ebene in den Star-Wars-Filmen[116] bedient. Während *Luke Skywalker* bei seinem Mentor *Meister Yoda* eine Ausbildung durchläuft, hat er eine profunde Vision während der Meditation. Dabei befindet er sich in einer Höhle, in der er auf *Darth Vader*, seinen Widersacher, trifft. Im Kampf schlägt *Luke* dem Erzfeind den Kopf ab. Als jedoch *Vaders* Helm über den Boden rollt und die Maske zerspringt, kommt *Lukes* eigenes Gesicht zum Vorschein.

Die tiefenpsychologische Botschaft dieser Vision deutet damit an, dass *Luke* selber, mit all seinen Glaubensmustern der Unzulänglichkeit, sein eigener größter Feind ist. Doch das ist nur ein populäres Beispiel. Tatsächlich wird bei

---

[116] *Lucas, G.* (Regisseur) (1977, 1980, 1983). Krieg der Sterne: „Episode IV - Eine neue Hoffnung", „Episode V - Das Imperium schlägt zurück", „Episode VI - Die Rückkehr der Jedi" Lucasfilm; Anmerkung: Diese Filme, die gemeinhin als Episoden IV, V und VI bekannt sind, bilden die ursprüngliche Star-Wars-Trilogie, die 1977 mit „Eine neue Hoffnung" begann. Die Trilogie hat einen unauslöschlichen Einfluss auf die Populärkultur und das Geschichtenerzählen ausgeübt, indem sie sich von *Joseph Campbells* Heldenreise inspirieren ließ und zum modernen Mythos beigetragen hat.

genauerer Analyse deutlich, dass sich alle erfolgreichen Hollywood-Produktionen ziemlich exakt dem universelle Heldenschema bedienen. „Krieg der Sterne" macht es nur besonders unverblümt. Der Kinoerfolg solcher Filme bestätigt die unbewusste Affinität des Menschen diesem Prinzip gegenüber. Doch damit endet die Heldengeschichte noch lange nicht.

Die Zeit der wahren Prüfungen fängt erst jetzt an. Dabei muss der Held diverse Torturen durchleiden. Er wird mit einer großen Krise konfrontiert, macht eine Verwandlung durch und erlebt vielleicht einen symbolischen Tod und eine Wiedergeburt. Der Held erhält eine Belohnung oder eine neue Erkenntnis, die oft durch einen kostbaren Gegenstand oder durch Wissen dargestellt wird. In manchen Geschichten kann dieses Element auch durch eine physische Waffe oder ein magisches Artefakt symbolisiert werden. Mitunter ist das „Schwert" auch metaphorischer Natur. An dem Punkt beginnt der Weg zurück in seine alte Welt. Dort muss er sich weiteren Herausforderungen stellen, bis es zur finalen Konfrontation mit einer ultimativen Prüfung kommt, die das ganze Ausmaß seiner Verwandlung demonstriert. Oftmals wird hier auch das kompromisslose Opfer verlangt, sein eigenes Leben für eine „höhere Sache", wie das Allgemeinwohl, in die Waagschale zu werfen. Im Idealfall gibt der Held seine physische Existenz aus freien Stücken auf, um einem sublimen Prinzip zu dienen.

Falls es tatsächlich zum „Tod" kommt, ist die Wiederauferstehung gewiss, jedoch ist das dem Helden nur selten bewusst. Die mythologische Geschichte von *Jesus* ist hier ein klassisches Beispiel. In vielen Legenden involviert die Rettung eine Intervention von „höchster Stelle". Doch auch in moderneren Darstellungen wird diesem Charakteristikum entsprochen, wenn bspw. „günstige Zufälle" das Überleben sichern. Entscheidend ist, dass der Held demonstriert, dass er an einem Punkt bereit war, den ultimativen Preis zu zahlen. Das muss nicht immer das eigene Leben sein. Dennoch muss es ein Element sein, was eine zentrale Rolle im Kontext des Hauptprotagonisten spielt.

Selbstverständlich gibt es große und kleine Helden. Tatsächlich kann es sein, dass jeder in seinem Leben eine Variante der Heldengeschichte erlebt hat. Dieser Plot lässt sich an völlig gewöhnlichen Dramen des Alltags erzählen. Beispielsweise kann auch der betrogene Ehemann, der einen langen Kampf für seine Ehe bis vor den Scheidungsrichter kämpft, letzten Endes zum Helden werden, wenn er final erkennt, dass es nicht nur um seine Vorstellung von Glück geht – wenn er das Wohl und die Zufriedenheit der anderen über sein

Ego stellt. Das ist natürlich nur eine reduktionistische Fassung und berücksichtigt nicht, ob die Frau vielleicht ein habgieriger „Golddigger" ist.

Ich erwähne diese fiktive Story nur, weil ich im traditionellen Kontext oft beobachten konnte, wie die Heldenstory von den männlichen Protagonisten pervertiert wurde. Ihre Überzeugung liegt zumeist darin begründet, den Partner wieder in die Unterwerfung zu zwingen, unter dem „heldenhaften Deckmantel", für die Kinder und die Familie zu kämpfen. Tatsächlich handelt es sich aber oft um einen kompensatorischen Akt, der das verletzte Ego rehabilitieren soll. Da wären wir wieder bei der fundamentalen Erkenntnis, dass der wahre Feind in uns steckt. Dabei geht es mir nicht darum, das Ego zu diskreditieren. Genau wie der Verstand hat auch dieser Aspekt unseres Selbst eine signifikante Rolle, jedoch sollte darauf geachtet werden, welchen Stellenwert dieser einnimmt. Das Egokonstrukt beinhaltet all die zweifelhaften Programmierungen, die ich traumabasierte Prägungen nenne. Ein „verletztes" Ego ist immer ein problematischer Ratgeber.

Wenn der Held seine Aufgabe gemeistert hat, kehrt er als neuer Mensch zu seinen Ursprüngen zurück. Er bringt das Wissen, den Segen oder die Gabe mit, die er auf seiner Reise erlangt hat. Diese Fähigkeiten kommen dann der Gemeinschaft zugute. Der wichtigste Aspekt bleibt dennoch die persönliche Transformation, und diese Metamorphose suchen wir alle auf die eine oder andere Weise. Natürlich ist das Bedürfnis bei den Menschen unterschiedlich ausgeprägt, aber es ist in jedem vorhanden.

Manche Protagonisten stecken in einer bestimmten Phase ihrer Heldenreise fest und fallen immer wieder zurück. Sie sind an einem Wegpunkt gestrandet, was viel Frustration und Wut mit sich bringt. Genau wie bei Computerspielen wird dann die Ursache gern auf die Antagonisten projiziert. Parallel dazu finden sich auch auf der physischen Bühne immer Elemente, denen man die Schuld zuschieben kann. Jedoch ist das der primäre Grund des Scheiterns. Die Gegenspieler sind durchaus vorhanden, und sie haben viele Namen, doch sind sie die essenziellen Katalysatoren des Wandlungsprozesses. Sie müssen überwunden werden, und der Schlüssel dazu liegt immer in der eigenen Hand.

Das virtuelle Spiel des Lebens ist so designt, dass es grundsätzlich eine Lösung offeriert. Wenn der Held aufgibt, oder sich nur noch im Kreis dreht, startet der Prozess irgendwann von vorne. Das kann dann wie ein Unfall oder eine Krankheit aussehen – im Endeffekt ist die Zeit des physischen Avatars begrenzt. Wenn der Verstand und das Ego so rigide werden, dass die geistige Flexibilität keine Lösung zulässt, dann können auch körperliche Leiden als

Motivationshilfe dienen oder zum Restart führen. Helden sterben permanent auf ihrer Reise. Das sollte man als traurige Wahrheit akzeptieren, doch die Wiederauferstehung ist ebenfalls gewiss. Alle Protagonisten werden wiedergeboren, bis sie ihre Heldenreise vollendet haben, und das ist das Schöne am Spiel: Es gibt eine unbegrenzte Anzahl an „Continues".[117]

5.3 KARMA, TRAUMA UND ENTWERTUNG

Das Heldenspiel auf der irdisch-spirituellen Bühne ist dem in den feinstofflichen Ebenen extrem ähnlich. Auch der Übergang hin in ein höheres Reich verlangt Hingabe und Mut. Diese Qualitätsaspekte müssen unter Beweis gestellt werden, doch findet die Prüfung primär in der physischen Welt statt. Denn hier entstehen hauptsächlich die Traumata und die korrespondierenden Prägungen. Sie sind es, die uns daran hindern, die höheren Sphären zu erreichen, wenn wir uns erst einmal auf die geistige Reise begeben. Doch schon allein der Weg hinab in die Abgründe des Unbewussten braucht reichlich Courage. Nur wenige Menschen sind bereit, sich einem bewusst initiierten Prozess hinzugeben, der in transpersonelle Bewusstseinszustände führt.

Oftmals spüren die Leute intuitiv, dass dort alte unterdrückte Traumata warten, die konfrontiert und aufgelöst werden möchten. Doch auch die Individuen, welche sich der Auseinandersetzung entziehen, kommen nicht um den Prozess herum. Wenn sie keine Ambitionen zeigen, auf einer geistigen Ebene an ihren Schatten zu arbeiten, wird das Schicksal sie immer wieder mit gleichartigen Situationen in der physischen Welt konfrontieren. Dabei soll der Lernprozess im transpersonellen Bereich wesentlich schneller und effektiver sein, doch diese Aussage muss keine Allgemeingültigkeit haben. Jeder hat seinen individuellen Weg.

> ***„Solange du das Unbewusste nicht bewusst machst, wird es dein Leben bestimmen und du wirst es Schicksal nennen."***
>
> **— Carl Gustav Jung —**

Selbst wenn es unfair scheint, dass wir mit jeder neuen Inkarnation die Erinnerung an die vorherigen Erfahrungen verlieren, so ist das nur die halbe Wahrheit. Wir vergessen zwar temporär die konkreten Ereignisse, jedoch sind die Traumen wie auch die einst errungenen profunden Erkenntnisse in unserem

---

[117] Option in vielen Computerspielen, den Spielprozess fortzusetzen, obwohl der Charakter gestorben ist.

Unterbewusstsein stets präsent. Wir erinnern uns ganz intuitiv daran, was wir zuvor als fundamentale Weisheit abgespeichert haben. Damit haben wir nicht zwangsläufig immer einen Nachteil davon, dass wir keinen unmittelbaren Zugang zu unseren früheren Leben haben. Gerade was die Negativerfahrungen angeht, könnte man durchaus von einem Segen sprechen. So können wir als Kinder potenziell die Welt immer wieder mit „frischen Augen“ entdecken und ohne bewusste Vorbelastung neu erfahren. Doch keine Sorge, die unaufgelösten Themen werden uns früher oder später einholen.

Dabei wurde es manchen Menschen nicht einmal erlaubt, ihre Kindheit unbeschwert zu genießen. Das ist ein heikles Thema, weil das allgemeine Verständnis der Gesellschaft lautet, dass Babys unschuldig geboren werden. Leider ist das nicht der Fall. Wir kommen alle mit einem Karma und einer Aufgabe. Selbst die Personen, die manche Menschen gerne am Baum aufknüpfen würden, kehren zurück und müssen die „andere Seite der Medaille“ erfahren, um ihren Lernprozess abzuschließen. Karma ist kein Prinzip der Strafe, sondern des Lernens. Aus den eigenen Bemühungen heraus, in meine früheren Leben hineinzuschauen, durfte ich erkennen, dass ich mich in den unzähligen Inkarnationen aller Verbrechen „schuldig“ gemacht habe, die der Strafkatalog hergibt. Das Gleiche gilt für die persönliche Erfahrungsliste, in einer von vielen Opferrollen gesteckt zu haben. Die meisten Geschehnisse sind bereits ausgeglichen, und in anderen Fällen arbeite ich alte Prozesse noch immer ab.

Das grundsätzliche Prinzip des Karmas sollte jedoch nicht missverstanden werden. Die Singularität urteilt nicht über sich selbst und nicht alles, was sich wie eine Strafe anfühlt, ist ein karmischer Ausgleich. Nur weil jemand mit lieblosen Eltern aufgewachsen ist, die sich kaum gekümmert haben, heißt das nicht automatisch, dass auch Sie „schlechte“ Menschen in ihrem Vorleben waren. Manchmal zielt es die Seele darauf ab, ihr Ego so früh wie möglich in Eigenverantwortung und Selbständigkeit zu „trainieren“, weil das einen essentiellen Aspekt ihrer Heldenreise darstellt – vielleicht sogar eine Grundbedingung ist für den individuellen Lebensplan. Es ist essentiell, in diesem Bezug zu begreifen, dass die populären Ausdeutungen von Karma dem sublimen Prinzip nur selten gerecht werden. Gerade Interpretationen, die in Richtung „Strafe“ laufen, sollten mit Vorsicht genossen werden. Dennoch gibt es durchaus immer wieder Glaubensmuster im Unterbewusstsein des Menschen, die behaupten, dass eine Form der Katharsis nur durch Abstrafung erfolgen kann. Doch dann haben wir es eher mit einem Prinzip der Selbstbestrafung zu tun, welches das Individuum aus sich heraus kreiert. Mit Karma hat das nur bedingt zu tun.

So wie ich Karma verstehe, kann es durchaus zu Szenarien kommen, die aus dem menschlichen Verstand heraus wie Vergeltung interpretiert werden können. Aus einer neutraleren Position hingegen könnte man argumentieren, dass ein zwischenmenschlicher Sachverhalt nur in der Tiefe verstanden und integriert werden kann, wenn er von allen Seiten betrachtet wurde. Daher rotieren einige Seelen so lange im Opfer-Täter-Retter-Dreieck,[118] bis sie das entsprechende Szenario vollkommen entwertet haben. Entwertung meint, dass die jeweilige „Spielart" urteilsfrei, wie eine Szene in einem Schauspiel, als eine von vielen Erfahrungen wahrgenommen wird. Es gibt keine negativen emotionalen Aufwallungen mehr.

Jetzt werden viele Leser im Kopf kontern und behaupten, dass sie nie akzeptieren könnten, wenn bspw. etwas passiert, wo Kinder zu Schaden kommen. Das extremste Beispiel muss hierbei der rituelle Kindesmissbrauch sein, der fast ausschließlich von den Alternativmedien thematisiert wird. Der Mainstream tut hingegen so, als würde es diese Abgründe in der Menschheit nicht geben, und scheinbar ist das ein Traumakomplex, der am schwersten zu heilen ist. Das ist vermutlich der Grund, warum bei vielen Menschen sofort die Emotionen hochkochen, wenn das Thema angeschnitten wird. Wie soll so etwas „entwertet" werden?

Grundsätzlich geht es nicht darum, dem Thema „neutral" oder gar indifferent gegenüberzustehen. Auf dem Weg in die Ganzheit wird jede Seele lernen, dass der ungefragte Eingriff in ein anderes Leben eine Handlung mit schweren Konsequenzen ist. Wer möchte schon, dass Externe in seine eigenen Angelegenheiten intervenieren, ohne dass man darum gebeten hat? Noch gravierender wird es, wenn sich diese Übergriffigkeit gezielt gegen mich richtet und zum Vorteil des Anderen gereicht. Ein bewusstes Wesen wird diese Manipulation schon im Ansatz erkennen und seine Integrität nicht verletzen lassen. Die Sensibilität kommt oft daher, weil er als Opfer aber auch als Täter alle Spielarten bereits erfahren hat und die Konsequenzen kennt. Wer die hermetischen Gesetze verstanden hat, der wird seinem Gegenüber immer so begegnen, wie er es selbst präferiert, behandelt zu werden. Das tut er nicht nur, weil er weiß, dass alles auf ihn zurückkommt, sondern weil er begreift, dass er es sich selbst antut. Daher gilt es aufmerksam zu sein, wie man mit seinem „Spiegel" umgeht. Das ist die „goldene Regel". Dementsprechend wird ein bewusstes

---

[118] Opfer-Täter-Retter-Dreieck: Das Konzept des Opfer-Täter-Retter-Dreiecks wird oft mit der Transaktionsanalyse und der systemischen Therapie in Verbindung gebracht. Es gibt zwar kein spezielles Buch, das ausschließlich diesem Konzept gewidmet ist, aber Sie können Diskussionen und Anwendungen in verschiedenen Werken finden. Eine solche Quelle ist: *Karpman, S. B.* (1968) „Fairy Tales and Script Drama Analysis" Transactional Analysis Bulletin 7(26), 39-43.

Wesen auch eine klare Haltung in Bezug auf das Thema „Gewalt gegen Kinder“ haben, und Indifferenz ist da keine Option. Daher wird ein Mensch, der diesen Traumakomplex „neutralisiert“ oder „entwertet“ hat, nicht wegschauen, wenn er damit direkt konfrontiert wird.

Ergo: Eine Neutralisierung bedeutet nicht, ein Thema innerlich auszublenden. Kommt man unmittelbar mit einer Situation in Kontakt, wird man nach dem gleichen Muster handeln, wie es die goldene Regel skizziert. Man wird Empathie empfinden und für das hilflose Opfer einstehen. Idealerweise sollte grundsätzlich eine klare Bitte um Hilfe vorliegen, sonst besteht prinzipiell die Gefahr, dass wieder ein Eingriff in den freien Willen vorliegt – aber in 99% solcher Fälle ist das nicht nötig.

Ich erläutere das nur, weil Menschen manchmal so eine Art verdecktes „Sado-Maso-Spiel“ miteinander veranstalten, welches auf Gegenseitigkeit beruht. Das kann von außen falsch interpretiert werden. Wenn man sich hier einmischt, raubt man den Beteiligten die Chance, selbst eine Heilung zu erwirken. Man wird Teil des Opfer-Täter-Retter-Dreiecks, welches wild zu rotieren beginnt. Daher wäre es ratsam, dort nicht zu intervenieren, wenn nicht gerade Not in Verzug ist. Es ist grundsätzlich die Aufgabe von Opfer und Täter, eine bessere Wahl für sich zu treffen. Eine nicht sanktionierte Einmischung führt dagegen nur zu unerwünschten Verwicklungen und Konsequenzen, die den evolutionären Prozess verzögern. Es ist daher kontraproduktiv, in einen potenziellen Lernprozess einzugreifen, indem man ungefragt eine Lösung forciert. Die Seele möchte immer die eigene Selbstermächtigung erfahren, und das darf man ihr nicht einfach wegnehmen. Wenn jedoch eine Bitte um Beistand vorliegt, ist man berechtigt zu handeln. Prinzipiell sollte jeder in seinem Wesen deutlich spüren, was in der individuellen Situation angebracht ist. Hilfe zur Selbsthilfe ist dabei der nachhaltigste Ansatz, aber bei völlig ohnmächtig Leidtragenden oder bei Kindern genügt die einfache Frage, was mein Bedürfnis sein würde, wäre ich in der Rolle des Opfers, und konsequent danach handeln.

Es gibt dennoch einen profunden Unterschied, wie ein Individuum reagiert, das einen schwerwiegenden Traumakomplex für sich integriert und entwertet hat. Es wird dem Opfer beistehen, aber nicht versuchen, den Täter am nächsten Baum aufzuknüpfen. Es weiß genau, dass es keine weltliche Vergeltung braucht, weil die kosmischen Gesetze immer für einen Ausgleich sorgen werden. Gleichermaßen wird das neutralisierte Thema nicht aktiv gesucht. Menschen, die ein bestimmtes Trauma noch nicht „entwertet“ haben, tendieren dazu, sich intensiv mit Publikationen von menschlichen Abgründen zu beschäftigen, die ihre eigene „seelische Wunde“ widerspiegeln. Dabei bleiben sie in ihren Emotionen und ihrer Hilflosigkeit gefangen, weil sie nicht direkt intervenieren können. Wer beispielsweise bei Geschichten von Kindesmissbrauch und ähnlichen Abscheulichkeiten eine überwältigende Emotion spürt, der sollte sich hauptsächlich um das verletzte Kind in den Tiefen seines Unbewussten kümmern. Das ist der Ort, an dem man tatsächlich einen Unterschied machen kann, durch die eigene therapeutische Schattenarbeit.[119]

5.3.1 Therapeutische Schattenarbeit

Wie man diese Schattenarbeit im Unterbewusstsein angehen kann, dafür habe ich zahlreiche Hinweise gegeben. Die Liste der möglichen Ansätze ist lang und beginnt bei unzureichenden Standardverfahren. Die psychologische Schulmedizin bietet oftmals nur Gesprächstherapie an, die in der Regel langwierig und quälend ist. Leider kommt es dort selten zu einer wahren Resolution. Zumeist wird an bestimmten Punkten zu Psychopharmaka gegriffen, die das bewertete Thema wieder zurück ins Unbewusste drücken sollen, aber auch das ist keine nachhaltige Lösung – es lindert nur temporär die Symptome.

Eine sanfte Methode finden wir in der Informationsmedizin. Ein Aspekt dieses Bereiches liegt in der Homöopathie. Doch auch die Radionik[120] ist ein praktikabler Ansatz, der in diese Schublade fällt. Natürlich wird die Informationsmedizin innerhalb eines rein *cartesischen* Paradigmas nicht verstanden und daher grundsätzlich abgelehnt. Wie in solchen Fällen üblich, ist sie nicht exakt reproduzierbar, da kein Individuum wie das andere ist und jeder Mensch unterschiedlich auf bestimmte Informationen reagiert. Selbst die gleiche Person resoniert nicht immer gleichartig mit einem expliziten homöopathischen Mittel, weil die darin enthaltende Botschaft schon nach der ersten Gabe zu einer inneren Einsicht oder Transformation geführt haben kann.

Ich habe mich intensiv mit der Informationsmedizin beschäftigt und selber eine Ausbildung in Homöopathie gemacht. Daher könnte ich an dieser Stelle ein neues Buch anfangen, um über die Fallstricke und fundamentalen Irrtümer in diesem Bereich, aber auch über das enorme Potenzial zu schreiben. Jedoch geht es mir hier primär darum, Hinweise anzubieten, wie man innere Konflikte und bewertete Themen auflösen kann. Zur Informationsmedizin im Kontext der Matrix-Hypothese sollte darauf hingewiesen werden, dass auch hier ein

---

[119] Das Konzept des inneren Kindes, insbesondere im Kontext der Traumapsychologie und therapeutischer Interventionen, wird in verschiedenen Werken erforscht. Eine einflussreiche Quelle ist: *Bradshaw, J.* (1988) „Healing the Shame That Binds You“ Health Communications, Inc.

[120] *Schmieke, M.* (2018) „Energy and Information Medicine, the Therapeutic Square and the Deep Quantum Effect“ Academia Paper; Quelle: https://www.academia.edu/37226870/

Paradoxon vorliegt. Kritiker haben recht, wenn sie bspw. in der Homöopathie nur „überteuerten Zucker“ sehen, weil sie keinen physikalischen Unterschied zu herkömmlichen Trägerstoffen erkennen. Selbst bespielte und unbespielte CDs sind vom äußeren Anschein her prinzipiell identisch. Die enthaltende Information „spielt“ die Musik – so auch in der Homöopathie. Allein die quantenphysikalische Verschränkung in höher-dimensionale Informationsfelder macht bei Globuli den Unterschied. Diese Qualität ist rein biochemisch nicht zu erkennen, dennoch ist sie auf Quantenebene vorhanden und empirisch erfahrbar.

Die prinzipielle Idee hinter der Informationsmedizin, so wie ich sie verstehe, liegt darin, den Klienten mit den Informationen zu verbinden, die seinem Trauma entsprechen. Dabei handelt es sich um eine archetypische Negativerfahrung, welche ursächlich für seine psychischen oder physischen Pathologien ist. Klassische Homöopathen mögen mir da widersprechen, weil der ursprüngliche Erkläransatz von *Samuel Hahnemann* ein etwas anderer ist – doch sei es drum. Hinter jedem „Stoff“ in der Natur, egal ob organisch oder mineralisch, steckte eine archetypische Lebenssituation. Durch die im Unterbewusstsein ablaufende Konfrontation mit dem Thema kann eine „Entwertung“ erfolgen. Doch da diese Ur-Konflikte oft tief vergraben sind, sich tarnen und sich mit anderen Traumata verschachtelt haben, kann die Suche nach den passenden Informationen ein komplexes Unterfangen sein. Daher bedarf es eines fähigen Sachkundigen, der die richtigen Globuli findet. Damit bleibt man abhängig von einem Dritten.

Wer die Themen effektiv in die eigene Hand nehmen möchte, der kann auf ein breites Spektrum von Ansätzen zurückgreifen, die den Geist direkt in den Schattenbereich führen. Man geht quasi in den Keller des Bewusstseins, wo all die Themen lagern, die nicht verarbeitet sind. Dort kann man aussortieren und wegwerfen, was nicht mehr zu einem gehört. Bei Techniken wie dem Holotropen Atmen entscheidet der „Innere Heiler“ darüber, welche Konfliktthemen Priorität haben, doch auch hier ist die „Unordnung“ nicht mit einer einzigen Session bereinigt. Der geistige Aufräumprozess ist ein kontinuierlicher Akt, doch wer ihn einmal für sich entdeckt hat und die Freiheitsgrade erfahren konnte, die zwangsläufig daraus resultieren, wird darin seine primäre seelische Aufgabe erkennen. Diese Arbeit ist nicht immer „leicht“, aber sie führt uns in die Ganzheit – was nur ein alternativer Begriff für „Heilung“ ist. Oft wird man in diesem Themenkontext auch mit dem Konzept der „Erleuchtung“ konfrontiert.

5.4 DIE REGELN DER „ERLEUCHTUNG"

Im esoterischen und spirituellen Paradigma trifft man immer wieder auf den Begriff der „Erleuchtung". Mit diesem Konzept wurde der deutsche Mainstream vermutlich zum ersten Mal mit *Hermann Hesses* „Siddhartha" konfrontiert – zumindest was die östliche Philosophie betrifft. Schon in der Zeit der Aufklärung, die im Englischen mit „Enlightenment" – also Erleuchtung – übersetzt und damit assoziiert ist, gab es ein populäres Konzept. Diese intellektuelle Bewegung, die ihren Ursprung in Europa, einschließlich Deutschland, hatte, betonte die Vernunft, die Wissenschaft und die individuellen Rechte. Sie war damit keineswegs ein spiritueller Ansatz. Den Vordenkern ging es eher darum, den Aberglauben und den religiösen Fanatismus einzudämmen. Philosophen wie *Immanuel Kant*, *Johann Gottfried Herder* und *Moses Mendelssohn* trugen zum Aufklärungsdiskurs in Deutschland bei, haben aber weitestgehend die Spiritualität abgelehnt.

Hesses „Siddhartha" hingegen ließ sich von östlichen Philosophien, insbesondere dem Buddhismus, inspirieren, um das Thema der persönlichen Erleuchtung zu erkunden. Für den Mainstream war das ein Novum. Obwohl *Hesse* zur literarischen Erforschung dieser Ideen im frühen 20. Jahrhundert beitrug, war das Konzept schon Jahrhunderte vor seinem Roman Teil des deutschen intellektuellen Diskurses – doch nicht in der breiten Masse. Bis dahin beschäftigten sich fast ausschließlich Geheimgesellschaften und elitäre Orden mit solchen Philosophien und ihrem ultimativen Ziel der spirituellen Erleuchtung.

Dies änderte sich 1922 mit der Veröffentlichung von *Hesses* „Siddhartha". Obwohl der Roman nicht sofort ein kommerzieller Erfolg war, wuchs seine Popularität im Laufe der Jahre. Bei seinem ersten Erscheinen fand „Siddhartha" keine große Beachtung, weil *Hesse* außerhalb der deutschsprachigen Literaturkreise noch nicht sonderlich bekannt war. Im späteren Verlauf gewann der Roman aber an Bedeutung und fand eine treue Leserschaft, insbesondere in den 1960er und 1970er Jahren, als das Interesse an östlicher Philosophie und Spiritualität im Westen stark zunahm. In der Zeit nach dem Zweiten Weltkrieg wuchs in den westlichen Ländern die Faszination für Esoterik und Mystik, und „Siddhartha" artikuliert damit perfekt die entsprechenden Bedürfnisse in der Gegenkultur der 1960er Jahre. Die Erforschung der Selbstfindung, des Individualismus und der Sinnsuche sprach eine Generation an, die nach alternativen

Perspektiven suchte. Die Themen des Romans, nämlich die Erleuchtung, die Suche nach Wissen und die Ablehnung konventioneller gesellschaftlicher Normen, trafen den Nerv einer Jugend, die nach persönlicher und geistiger Befreiung strebte. So wurde „Siddhartha" auch in den Vereinigten Staaten populär. Im Laufe der Jahre wurde der Roman zu einem der einflussreichsten Werke *Hesses* und zu einem echten Klassiker der spirituellen Literatur. Er hat damit das westliche Konzept von „Erleuchtung" maßgeblich mitgeprägt. Daher ergibt es Sinn, bei *Hesses* Interpretation anzufangen, bevor wir in die kontroversen Feinheiten gehen, und untersuchen, wie wir dieses Konzept im Kontext eines virtuellen Konstruktes verstehen können.

Siddharthas Reise unterstreicht die Idee, dass wahre Erleuchtung nicht gelehrt oder von äußeren Quellen gelernt werden kann. Sie ist eine zutiefst persönliche Erfahrung, die man durch Selbsterkenntnis machen muss. Der Roman propagiert dabei die Idee, dass jedes Individuum seinen eigenen Weg zur Erleuchtung finden soll. Die Romanfigur lehnt traditionelle Lehren und religiöse Doktrinen ab und entscheidet sich stattdessen dafür, die Weisheit durch die eigenen Erfahrungen und Überlegungen zu suchen. Dabei ist *Siddharthas* Erleuchtung mit der Erkenntnis verknüpft, dass alle Lebewesen auf einer höheren Ebene miteinander verbunden sind. Er begreift, dass alles Teil eines vereinten Ganzen und Trennung nur eine Illusion ist.

Die Erleuchtung wird nicht als linearer Prozess dargestellt, sondern als Höhepunkt unterschiedlicher Lebenserfahrungen. *Siddhartha* lernt wertvolle Lektionen in allen Phasen seines Lebensprozesses, einschließlich des asketischen Lebens, der materiellen Welt und der physischen Liebe, die er erfährt. Das Konzept der Zeitlosigkeit und Ewigkeit ist zentraler Bestandteil für *Siddharthas* Erleuchtung. Er erkennt die Zeit als Illusion und erlebt einen Moment der Transzendenz, in dem er die Einheit von Vergangenheit, Gegenwart und Zukunft sieht. Der Fluss, an dem *Siddhartha* einen bedeutenden Teil seines Lebens verbringt, dient als kraftvolle Parabel für den ständigen Prozess der Veränderung, aber auch der tieferen Singularität allen Seins. Er wird zu einem Brennpunkt für *Siddharthas* Momente der Erkenntnis und letztendlichen Erleuchtung.

In „Siddhartha" wird die Erleuchtung nicht als ein festes Ziel dargestellt, sondern als ein fortlaufender Prozess der Selbstentdeckung und des Verstehens. Es geht darum, die Illusionen der materiellen Welt zu überwinden, die Zusammenhänge zu erkennen und einen Zustand der geistigen Einheit und des Friedens zu erreichen. Grundsätzlich ist „Erleuchtung" kein fixer Punkt, der mit einer spezifischen spirituellen Qualität erreicht ist. Es ist ein nach oben offener Prozess, der theoretisch in jedem Individuum permanent stattfindet.

In den unterschiedlichsten Philosophien und Religionen gibt es abweichende Konzepte dazu, die nur eine klar definierte „Erleuchtung" zulassen. Diese wird erreicht, wenn man sich vom Kreislauf der Wiedergeburt gelöst oder mit der Singularität allen Seins verbunden hat. An diesem Punkt der exakten Definition gibt es dogmatische Vorstellungen, die militant verteidigt werden. Doch die wahre Spaltung entsteht an der Dichotomie, die ich zuvor bereits angeschnitten habe. Es geht um die Frage, ob wir nicht grundsätzlich erleuchtete Wesen sind, die bereits jetzt in einem Zustand der Perfektion existieren. Dagegen steht die Auslegung, dass der Mensch auch als spirituelles Wesen unvollkommen ist und erst eine „Schule" erfahren muss, um sich seinen Platz in den höheren Ebenen zu verdienen, oder gar wieder mit der Einheit zu verschmelzen.

An der Stelle kann ich erneut die Synthese anbieten, die ich schon ansatzweise erläutert habe. Demnach sind wir alle als vollkommene Fraktale des *Einen* in das Konstrukt eingestiegen. Diese Perfektion geht niemals verloren. Dennoch liegt es in der Natur des „Spiels", dass wir uns hier auf eine evolutionäre Herausforderung einlassen „dürfen". Der springende Punkt lautet hierbei, dass wir prinzipiell jederzeit aus dem virtuellen Konstrukt aussteigen können. Dagegen steht die These, dass wir so lange hier gefangen sind, bis wir einen spirituellen Evolutionsprozess beendet haben, der von allen möglichen Institutionen physischer und metaphysischer Natur torpediert wird. Hier tendiere ich abermals zu einer Synthese aus beiden konträren Sichtweisen.

Dementsprechend sind wir frei, und eine „Erleuchtung", im Sinne der Befreiung aus dem dualistischen Konstrukt, kann prinzipiell augenblicklich erfolgen. Die Krux liegt in der Frage, welcher Aspekt in uns hält an dieser illusorischen Welt fest? Da wir vielschichtige Wesen sind, ist dieser Sachverhalt nur schwer zu klären. Das kann das Ego sein, welches sich mit seinen weltlichen Errungenschaften und Beziehungen so stark assoziiert, dass es nicht loslassen will. Es hat soviel Zeit und Energie in das irdische Spiel investiert, dass es sich nicht davon trennen möchte. Die weltlichen Anhaftungen hindern uns demnach daran, das virtuelle Konstrukt spontan zu verlassen – so als müssten wir uns zwingen, mitten im Spielprozess die Playstation einfach auszuschalten. Dabei geht es dem Ego primär darum, nicht zu sterben. Es hat zweifelsohne einen extremen Überlebenstrieb. Aber auch der seelische Aspekt, der in unserer Analogie den unsterblichen „User vor der Spielkonsole" repräsentiert, hat vermutlich ein Interesse daran, seinen „Fortschritt" zu bewahren. Eventuell existieren auch „Verträge" mit anderen Mitschöpfern, die berücksichtigt werden müssen. Aus der Verstandesebene heraus lassen sich die seelischen Absichten vielleicht nur unzureichend abstrahieren.

Dennoch steht einer spontanen Loslösung vom Konstrukt prinzipiell nichts im Weg, wenn Körper, Geist und Seele gleichermaßen bereit sind, diese Welt zu verlassen. Doch das ist nur die graue Theorie. Angesichts von ausgeklügelten Maßnahmen, von Archonten bis „Soultraps",[121] welche die Seelen im permanenten Reinkarnationszyklus halten, ist dieses Bild nur schwer zu bewahren. Tatsächlich geben sich die Kontrollmechanismen alle Mühe, uns zu traumatisieren und uns in Verträge zu verwickeln, welche die Seele an diese illusorische Welt binden. Was in diesem Aspekt die letztendliche „Wahrheit" ist, wissen nur jene, die das Konstrukt bereits verlassen haben. Ich empfehle dennoch, dazu eine möglichst offene Haltung zu wahren, weil es im Endeffekt immer unsere Glaubensmuster sind, die uns gefangenhalten.

5.4.1 Das Regelwerk der Matrix

Diese Welt kann durchaus viele Verlockungen und Freuden haben. Das Spiel kann richtig Spaß machen, wenn man sich dem Regelwerk bewusst ist und darauf achtet, wie man sich auf dem Parkett bewegt. Hier verhält es sich ganz ähnlich wie bei vielen Sportarten. Nehmen wir zum Beispiel Basketball als Analogie, weil ich damit ein wenig Erfahrung habe. Es kann äußerst frustrierend sein, wenn man vom Leben permanent „abgepfiffen" wird und der Ball an die gegnerische Mannschaft geht. Wenn man dazu noch nicht einmal versteht, gegen welche Spielregel man überhaupt verstoßen hat, kommt schnell Frustration auf. Man wird „Gott" oder den „Zufall" verfluchen, aber zumeist wird das Gegnerteam verantwortlich gemacht, dass es „unfair" agieren würde. Manche Menschen kommen an den Punkt, dass sie sich dem Spiel entziehen wollen. Es gibt so viele Fallstricke: Schrittfehler, Doubledribbling und bei harten Fouls, die man begeht, werden dem Gegner sogar zwei Freiwürfe zugesprochen. So kann es auch beim Spiel des Lebens laufen.

Doch hat man die Regeln erst einmal verstanden und die optimalen Abläufe verinnerlicht, dann fängt die sportliche Herausforderung an, Spaß zu machen. Das ist der Moment, wenn sich die Frustration in Motivation verwandelt – hier beginnen die Leichtigkeit des Seins und die Lebenslust. Doch ohne die Grundregeln und etwas Übung kommen wir nicht dorthin. Dafür muss sich die Wahr-

---

[121] Das Konzept der „Seelenfallen" meint einen jenseitigen Mechanismus, der die Verstorbenen im Reinkarnationszyklus hält.

nehmung von den „Gegnern“ ebenfalls anpassen. Sie sind nicht irgendwelche „Fieslinge“, die uns das Leben versauen wollen. Nun, vielleicht präsentieren sie sich so, und von einer weltlichen Ebene aus betrachtet sind sie es durchaus. Doch ohne die Antagonisten gäbe es kein Spiel! Wären sie nicht motiviert und fähig, dann würde auch keine Weiterentwicklung stattfinden. Nur durch die sportliche Herausforderung, die das gegnerische Team bietet, ist Wachstum überhaupt möglich, daher sind sie der Katalysator für persönliche Evolution. Diese Sichtweise ist essentiell, weil wir uns damit viel emotionalen Stress ersparen können. Wir müssen nur begreifen, dass der Antagonist erst die Heldenreise ermöglicht, so wie *James Bond* ohne seinen Gegenspieler nicht seiner archetypischen Rolle gerecht werden könnte.

Die Abläufe auf dem Spielfeld sind durch klare metaphysische Regeln bestimmt, die wir größtenteils in den hermetischen Prinzipien finden. Die fundamentale Richtlinie ist ein einfacher Grundsatz, der in der „Goldenen Regel“ formuliert ist. Diese kann man als ein moralisches Axiom verstehen, das vorschlägt, andere so zu behandeln, wie man selbst behandelt werden möchte. Sie ist ein elementarer Leitfaden, der in vielen Kulturen und Religionen zu entdecken ist, und den Einzelnen dazu anhält, bei seinen Handlungen und Entscheidungen die Perspektiven und Gefühle anderer zu berücksichtigen.

„Was du nicht willst, das man dir tu,
das füg auch keinem anderen zu.“ *(Analecten 15.24)*

— Konfuzius —

Ein wichtiges hermetisches Prinzip, welches in den einschlägigen Publikationen, wie dem „Kybalion“,[122] nicht als Grundregel geführt wird, ist das „Gesetz des freien Willens“. Als Entsprechung bezogen auf meine sportliche Analogie, in der ich das Leben mit dem Basketballspiel vergleiche, wäre das Konzept mit „Offensivfoul“ vergleichbar. Das ist eine Regulation, die von vielen Laienspielern oder Fans der Sportart nur selten vollständig begriffen wird. Ich werde auch nicht versuchen, die spezielle Spielregel zu erklären, aber wer sich mit Basketball auskennt, wird verstehen, was ich damit meine. Dafür werde ich das „Gesetz des freien Willens“ erläutern, denn es ist essenziell für unsere Handlungen auf der Bühne des Lebens.

---

[122] Das „Kybalion“ ist ein bahnbrechendes Werk der hermetischen Philosophie, das den *Drei Eingeweihten* zugeschrieben wird. Obwohl die tatsächlichen Autoren anonym bleiben, hat das Buch einen bedeutenden Einfluss auf das Studium der Hermetik und der Grundsätze der Alchemie, Astrologie und Mystik. Sie können zitieren: *Drei Eingeweihte* (1912) „Das Kybalion“ kein Copyright.

5.4.2 Der freie Wille

Grundsätzlich gibt es eine umfangreiche Debatte, ob überhaupt ein freier Wille existiert. Einige Leser werden die Existenz dieser Autonomie anzweifeln, weil sie die Triebhaftigkeit und die versteckten Handlungsalgorithmen im Unterbewusstsein des Menschen erkennen. Ich werde nicht auf diesen Diskurs im Detail eingehen. Keine Frage: Diese Prägungen und „Programme“ sind vorhanden, und sie bestimmen weitestgehend das menschliche Verhalten. Damit ist die Skepsis durchaus berechtigt. Dennoch besteht immer die Option, diese Muster zu durchbrechen. Die geistigen Freiheitsgrade werden größer, je mehr man seine Traumata entwertet. Ich habe über dieses Konzept schon ausführlich gesprochen. Daher bin ich überzeugt, dass ein freier Wille existiert, auch wenn dieser unterschiedlich „frei“ ausgeprägt sein mag. Dementsprechend gibt es ein Regelwerk, wie mit diesem interagiert werden sollte.

Im Grunde steckt das „Gesetz vom freien Willen“ schon in der goldenen Regel. Leider wird das oftmals nicht so explizit erkannt, und daher finden wir oft verschiedenartig schwere Übergriffe, die das Prinzip verletzen. Um das Gesetz zu verstehen, müssen wir mit den Grundlagen anfangen. Wie ich mehrfach betont habe, urteilt die Singularität nicht über sich selbst. Ob das einzelne Fraktal sich entschließt, *Mutter Theresa* zu werden, oder es doch präferiert CEO eines Pharmakonzerns oder einer anderen Organisation mit „genoziden“ Tendenzen zu werden, kümmert die Quelle nicht – jedenfalls nicht in dem Maße, wie sich vielleicht eine Mutter sorgen würde, die einen „guten Menschen“ aus ihrem Kind machen möchte. Aus Perspektive der Singularität ist jede Entscheidung nur die Grundlage einer spezifischen Erfahrung und der damit verknüpften Konsequenzen. Angesichts der Ewigkeit kommen Seelen immer „irgendwann“ zur Quelle zurück. Daher hat das Individuum die freie Wahl, welchen Weg es für sich einschlägt. Manche Pfade können nur mit einer kräftigen Portion Ignoranz begangen werden, und auf diese Unkenntnis haben wir einen Anspruch. Jedes Bewusstsein auf dem Spielfeld hat das Anrecht auf partielle Blindheit, falls es diese für sich wählt. Wenngleich nach Ansicht diverser Philosophien darin die Ursache von allem Leid zu finden ist, so darf man sich nicht ohne Erlaubnis in die Ignoranz anderer einmischen – es sei denn, man ist unmittelbar betroffen oder es besteht akute Gefahr für Leib und Leben. Doch zumeist ist die Grundlage für eine solche Übergriffigkeit nur eine „gute Absicht“. Das Gegenteil von „gut“ ist „gut gemeint“. Wir wollen Leiden vermeiden, vor allem bei Individuen, die uns nahestehen – das ist nur menschlich.

Dennoch bewirkt eine nicht sanktionierte Einmischung oft eine Konterreaktion diametrale von dem, was beabsichtigt wurde.

In vielen Fällen ist die „gute Absicht" nur eine moralische Schimäre, um egozentrische Zielvorstellungen zu kaschieren. Dieses psychologische Muster kenne ich aus eigener Introspektive. Als ich in die alternativen Medien einstieg, hegte ich den „hehren" Wunsch, die Massen aus den verführerischen Fängen des Systems und des manipulativen Mainstream-Journalismus zu befreien. Doch dieses altruistische Kostüm war nur eine Scharade. Nach längerer Selbstreflexion wurde mir klar, dass auch meine Intention primär darauf ausgerichtet war, die eigenen Ängste zu kompensieren. Durch die europäische Prophetie hatte ich spätestens 2003 eine Warnung erhalten, was die möglichen Konsequenzen auf der Weltbühne sein könnten, wenn die Menschen nicht kollektiv aufwachen. Hilflos diesem Trend ausgesetzt, versuchte ich ab 2008 etwas dagegen zu unternehmen, indem ich mich in den alternativen Medien engagierte – nicht aus reiner Nächstenliebe, sondern um mein eigenes Sicherheitsgefühl zu verbessern. Dabei berücksichtigte ich nicht das Gesetz des freien Willens. Wäre mir eine probate Lösung begegnet, dann hätte ich die Ignoranz des Kollektivs auch mit Gewalt aufgebrochen.

Der Großteil der alternativen Medien agiert zumeist unbewusst nach dem gleichen Prinzip. Die Majorität der „Trutherszene" ist sich dem Gesetz des freien Willens nicht ansatzweise bewusst. Wenn sie könnten, würden sie ihre „Wahrheit" dem Kollektiv aufzwingen. Sie würden es nicht als Übergriffigkeit erkennen, da es ja dem „Guten" dient – der Zweck heiligt quasi die Mittel. Natürlicherweise ist das nicht ohne Weiteres möglich, weil die Masse bereits von den Mainstreammedien indoktriniert wurde und dieser seine „Schäfchen" von abweichenden Stimmen abschirmt. Dabei berücksichtigt die systemtreue Propaganda weitestgehend den freien Willen. Niemand wird dazu gezwungen, der Tagesschau oder der Bild-Zeitung zu folgen. Mit dem obligatorischen Knopfdruck auf der Fernbedienung oder dem kleinen Obolus am Zeitungsstand signalisiert man sein Einverständnis, sich indoktrinieren zu lassen. Die nüchterne Wahrheit lautet, dass die dumpfe Masse kein Interesse an einem alternativen Weltbild hat und sich dem Narrativ der Massenmedien ausgesprochen gerne konformistisch zeigt, denn hier findet das Kollektiv eine Form von Sicherheit.

Es gilt zu beachten, dass es Konsequenzen hat, wenn man sich in die Ignoranz eines Anderen einmischt, ohne gefragt worden zu sein. Das hat eine metaphysische Wechselwirkung. Daher sollte man niemandem seine Meinung aufzwingen, auch wenn es „gut" gemeint ist, oder man überzeugt ist, ein Anrecht darauf zu haben. Je nach Schwere der Intervention kommt der Bumerang immer zurück und dieser hermetischen Kausalität sollte man sich zumindest bewusst sein. Die triviale Lösung lautet, vorher zu fragen, ob der Andere auf eine potenzielle Korrektur seiner Glaubenssätze Wert legt. Die Masse wird das dankend ablehnen, wenn es um kritische Elemente ihres Wertesystems geht. Manche Menschen werden Sie aus „Höflichkeit" anlügen und Offenheit heucheln, aber diese Finte sollten Sie nach wenigen Sätzen erkennen und sich wieder zurückziehen. Das Kollektiv ist in der Regel recht renitent und systemhörig. Doch warum ist das so?

5.5 DIE KONFORMITÄT DES KOLLEKTIVS

Wenn man verstehen möchte, warum die Masse des Kollektivs wie eine Herde Schafe dem Systemnarrativ hinterherläuft, dann kann man das weitestgehend psychologisch betrachten. Es gibt zahlreiche Geisteswissenschaftler, die elaborierte Modelle aufgestellt haben, warum sich der Mensch so „blind" im gruppendynamischen Kontext verhält. Dazu wurden komplexe Mechanismen identifiziert, die im Unterbewusstsein der Psyche wirken. Die wissenschaftlichen Arbeiten können ein erstes Verständnis generieren, welche Wechselwirkungen die Gesellschaft im Inneren formen. Hier findet man all die psychologischen Dynamiken, die sich im kollektiven Unbewussten abspielen. Außerdem liegt hier der Schlüssel zur Macht verborgen, die Massen nach Belieben zu manipulieren.

Dieser geisteswissenschaftliche Fachbereich wurde ab Ende des 19. Jahrhunderts intensiv erforscht. Wenn man aber parallel in die Geschichte zurückblickt, sollte deutlich werden, dass das System die Manipulationstechniken schon immer kannte. Die neuzeitliche Untersuchung von Massenpsychosen und menschlichem Verhalten unter Gruppeneinfluss umfasst Erkenntnisse aus verschiedenen Disziplinen, darunter Psychologie, Soziologie und Politikwissenschaft. Hier ist ein genereller Überblick über die Studien, die hierzu immer wieder angeführt werden. Ohne Garantie auf Vollständigkeit möchte ich einige einflussreiche Theorien zu diesem Thema vorstellen, die unser heutiges Verständnis von der Massenpsyche geprägt haben:

- ***Gustave Le Bon* – „Psychologie der Massen":** *Le Bons* Arbeit von 1895 gilt als bahnbrechende Erforschung des kollektiven Verhaltens. Er untersucht die Psychologie von Menschenmengen und geht davon aus, dass Individuen in einer Gruppe andere Eigenschaften und Verhaltensweisen zeigen können, als es Einzelpersonen tun würden. *Le Bon* erörtert die Macht von Suggestion, Ansteckung und Anonymität bei der Gestaltung des Verhaltens von Menschenmengen.

- ***Irving Janis* – „Gruppendenken“:** *Janis* prägte 1972 den Begriff „Gruppendenken“, um ein psychologisches Phänomen zu beschreiben, bei dem Gruppenmitglieder dem Konsens und der Konformität Vorrang vor kritischem Denken einräumen. In Situationen, in denen Gruppendenken auftritt, können Einzelpersonen abweichende Meinungen unterdrücken, um die Harmonie zu wahren, was zu fehlerhaften Entscheidungen führt. Janis untersuchte dieses Konzept anhand verschiedener historischer Fallstudien.

- ***Stanley Milgram* – „Gehorsamsstudien“:** *Milgram* führte 1961 berühmte Gehorsamsstudien durch, bei denen die Teilnehmer aufgefordert wurden, einer Person in einem anderen Raum immer stärkere Elektroschocks zu versetzen. Die Studien zeigten, inwieweit Menschen Autoritätspersonen gehorchen, selbst wenn dies ihren persönlichen moralischen Überzeugungen widerspricht.

- ***Philip Zimbardo* – Stanford-Gefängnis-Experiment:** *Zimbardos* Studie von 1971 simulierte eine Gefängnisumgebung, indem er die Teilnehmer in die Rollen von Wärtern und Gefangenen steckte. Das Experiment wurde aufgrund des extremen und missbräuchlichen Verhaltens der „Wärter“ vorzeitig abgebrochen, was deutlich macht, wie die sozialen Rollen, die der Einzelne annimmt, sein Verhalten beeinflussen können.

- ***Solomon Asch* – Konformitätsstudien:** *Aschs* Experimente von 1951 zur Konformität zeigten, inwieweit Individuen bereit sind, sich der Gruppenmeinung anzupassen, selbst wenn diese Meinung eindeutig falsch ist. Die Teilnehmer schlossen sich oft dem Gruppenkonsens an, auch wenn ihre eigenen Wahrnehmungen dem widersprachen.

- ***Hannah Arendt* – „Die Ursprünge des Totalitarismus“:** In ihrem Standardwerk untersuchte *Arendt* 1951 den Aufstieg des Totalitarismus und die Rolle von Massenbewegungen in der Geschichte. Sie erörtert den Verlust der individuellen Autonomie und des kritischen Denkens in großen Gruppen, was zur Entstehung von Unterdrückungsregimen führt.

- ***Leon Festinger* – Theorie der kognitiven Dissonanz:** *Festingers* Theorie von 1957 besagt, dass Individuen nach interner Konsistenz in ihren Überzeugungen und Einstellungen streben. Wenn sie mit widersprüchlichen Informationen konfrontiert werden, können sie kognitive Dissonanz erleben und ihre Überzeugungen anpassen, um das Unbehagen zu verringern. Dieser Prozess kann zur Konformität innerhalb von Gruppen beitragen.

Diese Studien und Theorien bieten Einblicke in die Dynamik des Gruppenverhaltens, die Auswirkungen von Autorität und Konformität sowie das Potenzial für irrationale oder destruktive Handlungen in einem kollektiven Kontext. Sie werden noch heute intensiv diskutiert. Während einige Menschen kritisieren, dass bestimmte Experimente designt wurden, um gezielt ein negatives Menschenbild zu propagieren, finden andere hier eine Antwort darauf, warum die Masse auch heute noch unreflektiert korrupten Autoritäten hinterherläuft.

Es steht außer Frage, dass das heutige System diese Mechanismen der Kontrolle beherrscht und vielfältig einsetzt, um das Kollektiv zu steuern. Das fängt bei Produktwerbung an und bestimmt darüber, wie uns „Nachrichten" vermittelt werden – wir werden „nachgerichtet". Daran hat sich bekanntlich nichts geändert. Es bleibt jedoch der Sachverhalt zu klären, warum ein Großteil empfänglich dafür ist, während andere Menschen die Steuermechanismen weitestgehend erkennen. Gibt es vielleicht doch einen Unterschied im „freien Willen", oder hat das mit Erfahrung zu tun?

Aus esoterischer Sicht könnte man argumentieren, dass einige Seelen bereits so viele artverwandte Steuersysteme erlebt haben, dass sie die wiederkehrenden Prinzipien leicht auf einer intuitiven Ebene entlarven. Demnach sind es die „jungen" Seelen, die noch eine gewisse Naivität zeigen. Sie müssen erst am „eigenen Leib" erfahren, wohin solche manipulativen Massenbewegungen sie führen, wenn man diesen blind hinterherläuft. Wer jedoch die vielfältigen Auswüchse von religiösen und politischen Kontrollsystemen, von der Inquisition bis zum Dritten Reich, hautnah erlebt und seelisch integriert hat, der erkennt die subtilen Vorzeichen leichter. Es scheint eine unterbewusste Kompetenz zu sein, die sich intuitiv meldet, wenn sich wieder ein ähnlicher kollektiver Massenwahn abzeichnet. Folglich wird es, mit fortschreitender Individualisierung der geistigen Evolution, dem Menschen unmöglich sein, einer Massenbewegung zu folgen. So lautet die reduktionistische Erklärung aus der spirituellen Ecke. Doch sollten wir noch über ein anderes Konzept reden, welches sich anschickt, diese kollektive Willfährigkeit zu begründen.

5.5.1 Das Konzept der NPCs

In der esoterischen Literatur findet man immer wieder die Theorie, dass es einen Menschentypus gibt, der keinen freien Willen hat. Dieser agiert ausschließlich nach klar definierten geistigen Algorithmen, die keine kritischen

Gedanken zulassen. Hier finden wir das Konzept der NPCs (Nicht-Spieler-Charaktere) oder „organischen Portale". Es ist eine Idee, die in vereinzelten spirituellen Kreisen enorm an Popularität gewonnen hat, insbesondere in Diskussionen über Metaphysik und die Natur der Realität. Die Betrachtungsweise deutet darauf hin, dass einigen Personen das Bewusstsein oder die Selbstwahrnehmung fehlt, und sie wie „Statisten" in einem Theaterstück oder Videospiel handeln.

Das Konzept der NPCs oder organischen Portale ist nicht auf eine einzelne Person oder einen einzelnen Urheber zurückzuführen, sondern stellt vielmehr eine Verschmelzung von Ideen aus verschiedenen Quellen innerhalb esoterischer und spiritueller Randgruppen dar. Der Begriff „NPC" (Non-Player Character) hat seine Wurzeln in der Terminologie der Videospiele, wo er sich auf Charaktere bezieht, die von der Programmierung des Spiels und nicht von einem menschlichen Spieler gesteuert werden. Da die Simulationstheorie im Kontext der Maya als virtuellem Konstrukt ein valides Gleichnis präsentiert, können „Statisten" seelenlose Programme der Matrix sein. Die metaphorische Ausweitung dieses Begriffs auf bestimmte Personen im „wirklichen" Leben ist eine neuere Entwicklung und sollte erläutert werden.

Die Idee, dass manche Menschen kein echtes Bewusstsein haben, und im großen Schema der Existenz so etwas wie Automaten oder Statisten sind, wurde in verschiedenen Formen von diversen Autoren, Philosophen und spirituellen Denkern diskutiert. Der spezifische Begriff „organisches Portal" kann auf bestimmte esoterische und okkulte Quellen zurückgeführt werden. Dabei ist es schwierig, einen einzelnen Ausgangspunkt für diesen Trend auszumachen, da er sich wahrscheinlich organisch (kein Wortspiel beabsichtigt) durch eine Kombination von Einflüssen, Debatten und Spekulationen innerhalb spiritueller Randgruppen entwickelt hat. Online-Foren, Diskussionen über Verschwörungstheorien und alternative Medien haben dazu beigetragen, diese Ideen zu popularisieren und zu verbreiten. Jedoch argumentieren einige Publizisten dieser Theorie, indem sie diesbezügliche Hinweise aus alten hermetischen Schriften heranziehen. Demnach wird darin behauptet, dass es immer nur eine diskrete Anzahl von inkarnierten Seelen in dieser Realität gab. Diese Ziffer entspräche der Menge der Steine, die in der großen Pyramide verbaut sind. Über diesen numerischen Anteil „echter" Spieler kann man sich natürlich streiten. Der Rest der Population wurde demnach immer mit „Statisten" aufgefüllt.

In Anbetracht der Vorstellung, dass sich unsere physische Realität in einem virtuellen Konstrukt abspielt, bekommt das NPC-Konzept eine wortwörtliche

Bedeutung. Aus dieser Perspektive ist die Wahrnehmung von 8 Milliarden Menschen auf diesem Planeten eine Illusion, welche von Statisten innerhalb der Matrix aufrechterhalten wird. Diese agieren entsprechend ihrer Konditionierung. Trotz ihrer Komplexität sind sie nicht in der Lage, Konzepte zu abstrahieren, die außerhalb ihrer Programmierung liegen. Es gibt auch keine „echte" Spontanität, bestimmte Muster zu durchbrechen. Spiritualität kann teilweise „simuliert" werden, ist aber in der Regel nicht vorhanden oder bewegt sich im strengen Korsett eines sakralen Dogmas. Diese NPCs sind meist äußerst empfänglich für alle Steuersignale des Systems, die über Massenmedien oder religiöse Massenbewegungen ausgesendet werden.

Um eine Handvoll der signifikantesten Publizisten hervorzuheben, die das NPC-Konzept kultiviert haben, wären da *Bernhard Guenther*, *Mark Passio*, *Jason Breshears*, *Thomas Sherian*, *Jay Weidner* oder *Michael Tsarion* zu nennen. Der berühmteste Autor dürfte jedoch *David Icke* sein. Er gab den NPCs eine eigene Begrifflichkeit und nannte sie in seinen Büchern „Rotkleidprogramme". Diese Terminologie entlehnte *Icke* dem ersten Matrix-Film. Dabei bezieht er sich auf eine Szene im Trainingskonstrukt der *Nebukadnezar*, wo eine namenlose Frau im roten Kleid auftritt, die von einem Charakter namens *Mouse* programmiert wurde. Die Dame ist demnach ein klassischer NPC, der dazu dient, die Bevölkerung einer Großstadt zu simulieren.

Mittlerweile wird der Terminus „NPC" oftmals als eine Form der Beleidigung missbraucht. Man könnte fast davon sprechen, dass sich hier so eine Art „spiritueller Rassismus" äußert. Ein ähnliches Prinzip finden wir auch in Bezeichnungen wie „Schlafschafe", welche in den alternativen Kreisen oft benutzt werden, um die unkritische Masse an Systemmitläufern zu diffamieren. Ich möchte ausdrücklich davor warnen, Menschen pauschal in solche Schubladen zu stecken. Wir kennen die wahren inneren Beweggründe nicht, und oftmals ist selbst dem gefügsamen Individuum nicht bewusst, welche Traumata respektive Prägungen seine Submission bedingen. Es wäre zu banal, immer nur eine allgemeine Trägheit oder gar Dummheit dafür verantwortlich zu machen. Es ist nicht unsere Aufgabe, hier zu urteilen. Vielmehr sollte uns das Verständnis zu einer wertungsfreien Akzeptanz führen. Demnach hat das Kollektiv eventuell keine andere Option, als dem „Taktgeber" zu folgen.

Wenn man dieses Konzept ernsthaft in Betracht zieht, dann ergeben sich daraus weitreichende Schlussfolgerungen. Zum einen finden wir einen triftigen Grund, weiter auf unsere Emanzipation vom Kollektiv zu setzen. Individuation bedeutet dementsprechend, dass wir uns immer weniger an den Maßstäben und Idealen der Gesellschaft orientieren dürfen. Das gilt gleichermaßen für

„alternative“ Massenbewegungen. Allein Herz und Intuition sollten das letzte Sagen haben, wenn es um moralische und ethische Entscheidungen geht. Gleichzeitig wäre es angesichts der Handlungsbegrenzung der NPC-Massen töricht, sich über das Kollektiv zu echauffieren. Sie haben möglicherweise keine andere Wahl, als gehorsam den Rattenfängern des Systems hinterherzulaufen. Sie sind hauptsächlich dafür da, uns zu zeigen, was wir nicht sind.

Dennoch sollte man die „Organic Portals“ nicht unterschätzen. Sie sind Portale, die jederzeit von einem höheren Bewusstsein okkupiert werden könnten – wenngleich das nur von temporärer Natur sein mag. Man kann durchaus von NPCs lernen, und sie können uns Inspiration und Vorbild in einzelnen Aspekten sein. Manchmal dienen sie als Katalysator für unsere Entwicklung, und das können sie als Alliierte oder als Antagonisten bewerkstelligen. Sie sind ebenfalls Teil der Singularität und möchten als solche erkannt werden. Die Gesetzmäßigkeiten von Ursache und Wirkung gelten gleichermaßen im Umgang mit ihnen, denn jede Manifestation des *Einen* verdient es, mit Respekt behandelt zu werden.

Im Grunde ist es müßig, sich darüber Gedanken zu machen, welcher Protagonist in unserer Umwelt ein potenzieller NPC sein könnte. Es können prinzipiell Eltern, Politiker oder Ehepartner sein. Das Verständnis soll uns nur helfen, nachsichtiger mit diesen „Mitmenschen“ zu sein, zumal wir alle einen NPC-Aspekt in uns tragen. Sowohl das individuelle Ego als auch der verknüpfte Verstand sind Gebilde, die primär einer Programmierung entspringen. Die subtile innere Stimme, die den beseelten Menschen von den NPCs differenziert, ist bei manchen Individuen so unterdrückt, dass prinzipiell kein Unterschied zu erkennen sein dürfte. Dementsprechend könnte die Individualisierung in vielen „echten“ Spielern so unterentwickelt sein, dass sie sich sogar permanent den NPC-Massen anpassen und sie imitieren, statt eine eigene Meinung zu entwickeln. Auch ich bin nicht vollkommen frei davon.

Obwohl ich die allgemeine Theorie der NPCs durchaus für plausibel halte und meine persönliche Erfahrung das Konzept unterstreicht, so gibt es keine finale Evidenz dafür. Gleichzeitig muss ich mich hinterfragen, wie weit ich selber diesem Muster entspreche. Dabei wird deutlich, dass auch in mir ein NPC steckt. Es ist nicht selten, dass mein Körper und Verstand bestimmte Algorithmen abspielen, ohne dass ein höherer Zensor in mir dazwischengeht. Retrospektiv betrachtet haben sich über die Jahre die Verhältnisse zwar positiv verschoben, aber ein Teil meines Selbst unterliegt nach wie vor vereinzelten Automatismen. Diese scheinen in allen Wesen dieser Realität vorhanden zu sein. Wobei mir ein paar wenige Ausnahmen begegnet sind, bei denen ich den

Eindruck hatte, dass ihr „göttlicher Funke" permanent präsent ist und die volle Kontrolle über Geist und Körper ausübt. Doch das kann auch nur eine Projektion sein.

Im Endeffekt scheint das System das kollektive Geschehen weitestgehend zu kontrollieren, und die NPCs könnten dazu ein wesentlicher Schlüssel sein. Dementsprechend wären die „Statisten" in der Überzahl. Als Konsequenz daraus müsste man postulieren, dass die „realen" Spieler kaum eine Kontrolle über den kollektiven Ablauf haben, weil sie in der Minorität sind. Daher können geistige Feldeffekte wie der *Maharishi*-Effekt immer nur lokal wirken, aber niemals die globale Inszenierung bzw. den fundamentalen Drehplan entscheidend beeinflussen. Doch das sollte uns nicht entmutigen. Im Kontext eines virtuellen Konstruktes gibt es potente Werkzeuge, die uns Macht über die individuelle Erfahrung geben, und darauf kommt es an. Dazu muss man jedoch begreifen, dass jeder von uns in zwei Realitäten gleichzeitig existiert. Das Individuum ist in der kollektiven Bühne eingebettet, aber es bestimmt seine persönliche Erfahrungswelt darin. Dabei haben wir es theoretisch mit einem intelligenten Feld zu tun, was vom Mitschöpfer – also von der einzelnen Seele – erzeugt wird. Das eigene Bewusstsein verfügt über die Macht, exakt zu bestimmen, welche Wahrscheinlichkeiten und Manifestationen sich in seinem lokalen „Paralleluniverum" zeigen.

Der Feldzug gegen das System und die ignoranten Massen, welcher von den alternativen Medien propagiert wird, könnte demnach ein Kampf gegen Windmühlen sein. Ich möchte niemandem ausreden, sich für Frieden, Harmonie und soziale Gerechtigkeit zu erheben. Das muss jeder für sich erkennen, inwieweit es Sinn für ihn ergibt, bspw. auf die Straße zu gehen, wenn sich die meisten Demonstrationen doch „gegen" etwas richten. Vielmehr möchte ich dazu animieren, den Fokus auf die inhärente Fähigkeit zu verlagern, die individuelle Realität zu kontrollieren. Hier liegt meines Erachtens die wahre Macht verborgen. Doch kann ich gleichermaßen verstehen, dass viele Menschen frustriert sind durch die aktuellen Ordnungsstrukturen und in den Widerstand gehen. Warum diese Ordnung höchstwahrscheinlich einen Fortbestand hat, obwohl man sich ihr entgegensetzt, hängt mit der Natur des Systems zusammen.

„What you resist not only persists, but will grow in size."
(„Was Sie ablehnen, bleibt nicht nur bestehen, sondern wird immer größer.")

— Carl Gustav Jung —

5.6 DAS SYSTEM

Wenn man das System aus einer ganzheitlichen Perspektive betrachten möchte, dann helfen uns esoterische Schriften nur bedingt weiter. In der spirituellen Literatur werden die okkulten Machtstrukturen nur selten konkret behandelt. Oftmals wird nur metaphorisch davon berichtet, dass eine „negative Kraft" durch alle weltlichen und religiösen Institutionen hindurch agiert. Das „Böse" dient demnach als Katalysator für den seelischen Evolutionsprozess und hat im universellen „Spiel" seine Berechtigung, die man zu respektieren hat. Aus rein menschlicher Sicht ist das nur schwer akzeptabel, wenn man empathisch das Weltgeschehen verfolgt. Die Konsequenzen von Krieg und die Auswirkungen einer eklatanten Gier multinationaler Konzerne erzeugt scheinbar unendliches Leid für alle Lebewesen in dieser Welt. Man muss nicht lange suchen, um zu erkennen, dass diese Realität ein Spielplatz diverser „Teufel" ist.

Je nachdem, welchen Massenmedien man zuhört oder welchen Analysten des alternativen Sektors man sein Vertrauen schenkt, eröffnet sich jeweils ein breites Spektrum aus Feindbildern, respektive Institutionen und Individuen, denen die Verantwortung für die Missstände zugeschoben werden. Diese Klaviatur reicht von politischen Regimen über diverse Despoten bis hin zu einflussreichen Thinktanks. In den westlichen Mainstream-Medien wird die Schuld allein in ideologischen Gegnern wie Russland, China oder dem Iran und ihren jeweiligen Führern gesucht. Die meisten kritischen Geister und alternativen Analysten erkennen, dass es sich dabei um eine einseitige Darstellung handelt. Die Propaganda wird von ihnen entlarvt, und im Gegenzug werden die westlichen Allianzen für die geopolitischen Spannungen verantwortlich gemacht. Je nach Tiefe und Qualität der kritischen Betrachtung kommen dann weitere Strukturen ins Visier, die im Hintergrund die Fäden ziehen. An diesem Punkt differenzieren sich die alternativen Medien in viele Subnarrative. Jeder Analyst hat hierzu sein präferiertes Modell, wie das System aufgebaut sein soll. In der Regel wird dabei erkannt, dass westliche Politiker zumeist nur reine Handlanger einer übergeordneten Machtstruktur sind. Sie haben keinen wirklichen Einfluss auf signifikante Entscheidungen, die das globale Schicksal bestimmen, und sind demnach nur die „Kasper" eines verdeckten Puppenspielers, der im Hintergrund die Fäden zieht. Oberhalb der Politmarionetten kommen Netzwerke wie international agierende Thinktanks ins Spiel. Diese Strukturen sind dafür bekannt, die politischen Kandidaten an die entsprechende Position zu befördern.

In meinem letzten Buch habe ich ausführlich die verschiedenen Narrative beschrieben, wie die allgemeine Wahrnehmung in den alternativen Medien sich in diverse Hauptströmungen aufspaltet. Dennoch ist es essenziell, diese Fraktion erneut zusammenzufassen. Dabei müssen wir zunächst auf der rein weltlichen Ebene anfangen, weil die meisten populären Analysten aus diesem Paradigma heraus argumentieren. Aus einer ganzheitlichen Perspektive sind diese irdischen Strukturen jedoch keinesfalls die Spitze der Machtpyramide. Im Sinne der Matrix-Hypothese müssen wir von einer Intelligenz ausgehen, die jenseits der physischen Ebene agiert. Doch fangen wir an, die objektivierbaren Narrative von vorne aufzurollen.

5.6.1 Die Sichtweise der alternativen Medien

Es gibt keine allgemeingültigen Definitionen, wo exakt Mainstream-Meinung aufhört und alternative Ansichten anfangen, die man der sogenannten „Wahrheitsbewegung" zuordnet. Tatsächlich existieren zahlreiche Überschneidungen. In der Anfangszeit wurde das recht simpel gehalten: Wenn du nicht mehr an die offizielle Darstellung vom 11. September geglaubt hast, dann warst du ein Verschwörungstheoretiker. Heutzutage differenziert man sich an der Wahrnehmung der Corona-Pandemie – glaubt man an das Narrativ der WHO, oder erkennt man hier eine versteckte Agenda? Dementsprechend könnten wir die „Trutherszene" damit definieren, dass ein fundamentales Misstrauen gegenüber der Politik, der etablierten Wissenschaft und den Mainstream-Medien herrscht. In den meisten Fällen gehen die Anhänger der Wahrheitsbewegung davon aus, dass diese Instanzen von einer „versteckten Hand" im Hintergrund gesteuert werden. Doch wem diese Hand gehört und wie viele Institutionen zwischen dem Puppenspieler und den Politmarionetten bzw. den „Presstituierten" liegen, wird oftmals nur unklar erkannt. Die Hierarchie der obersten 1% der oberen 1% zeigt daher Reminiszenzen zur heisenbergschen Unschärfe.

Basierend auf dem Unverständnis, wie das System konkret aufgebaut ist, bleibt ein kleiner Teil der Kritiker von der Hoffnung beseelt, dass nicht alle Fraktionen der politischen Szene von einem größeren Überbau kontrolliert werden. Sie hoffen daher, dass an den radikalen Rändern der Parteienlandschaft noch Potenzial für einen echten Wandel besteht. Dieser naive Glaube wird primär dadurch gestärkt, dass es Individuen in diesen Außenbereichen gibt, die partiell unangenehme „Wahrheiten" und Meinungen äußern, die ebenfalls in den alternativen Medien prävalent sind. Diese Hoffnung, dass eine

Lösung der Gesamtsituation aus der Politik kommen kann, ist jedoch in der Masse der kritischen Analysten schon einer Ernüchterung gewichen. Dennoch wird weiterhin dieser wahrgenommenen Scheindemokratie reichlich Aufmerksamkeit gewidmet. Dies geschieht primär mit Empörung und Sarkasmus. Somit gibt man dieser Inszenierung eine Relevanz, die sie prinzipiell nicht hat, weil es sich praktisch nur um ein Theaterstück handelt.

Aus Hoffnung und Protest beteiligen sich viele „Truther“ sogar noch immer an Wahlen, an welche sie eigentlich nicht mehr glauben – werfen ihre Stimme symbolisch in eine Urne und legitimieren damit ein Kontrollsystem, das nie dafür vorgesehen war, tatsächlich das Volk zu vertreten. Das ist im Grunde ein Trauerspiel und erinnert mich an die psychologischen Muster des Stockholm-Syndroms.[123] Die Hoffnung, die in den demokratischen Prozess projiziert wird, zeugt von einer nachhaltigen Indoktrinierung des Kollektivs, einem „Volksvertreter“ zu vertrauen, der hintergründig nur dem System dient.

Das bekannte Stockholm-Syndrom beschreibt einen psychologischen Mechanismus, wonach eine Geisel beginnt, an die „guten“ Persönlichkeitsaspekte ihres Geiselnehmers zu glauben und in sie zu investieren. Ein ähnliches Prinzip wird auf das Kontrollsystem „Scheindemokratie“ angewendet. Repräsentanten dieser positiven Qualitäten werden zumeist in Vertretern der AfD oder Personen wie *Sahra Wagenknecht* projiziert. Jedoch ist dieser Hoffnungsglaube nur eine Randerscheinung in der alternativen Medienszene. Die Masse innerhalb der Bewegung hat für sich erkennen müssen, dass alle politischen Systeme, zumindest der westlichen Welt, von Strukturen gelenkt werden, die keiner demokratischen Kontrolle unterliegen.

Wo diese Strukturen zu verorten sind, darüber gibt es einen breiten Konsens. Schon seit vielen Jahren identifizieren die alternativen Medien das Epizentrum der Macht innerhalb bestimmter Thinktanks und elitärer Gruppierungen, wie den „Bilderbergern“,[124] dem „Council on Foreign Relations“[125]

---

[123] Der Begriff „Stockholm-Syndrom“ geht auf einen Banküberfall in Stockholm, Schweden, im Jahr 1973 zurück. Auch wenn es keine eindeutige Quelle gibt, können Sie den Fall, der den Begriff inspirierte, und die nachfolgenden Diskussionen nachlesen in: *Geis, G., & Scott, M. S. (Eds.)* (1986) „Hostage-Taking: Issues in Cultural and Legal History“ Behavioral Sciences Regulations, Inc.

[124] Die Bilderberg-Gruppe ist eine private, jährlich stattfindende Konferenz einflussreicher Persönlichkeiten aus Politik, Finanzwelt, Wissenschaft und Medien. Aufgrund des geheimnisvollen Charakters der Gruppe sind umfassende Quellen nur begrenzt vorhanden.

[125] Der Rat für Auswärtige Beziehungen (Council on Foreign Relations, CFR) ist ein prominenter Think Tank mit Sitz in den Vereinigten Staaten, dessen Einfluss auf internationale Angelegenheiten weithin diskutiert wird.

oder der „Trilateralen Kommission".[126] Mit dem Beginn der Corona-Pandemie rückt auch das „World Economic Forum" in den internationalen Fokus, dessen Bedeutung zuvor nur wenige Analysten auf dem Schirm hatten.

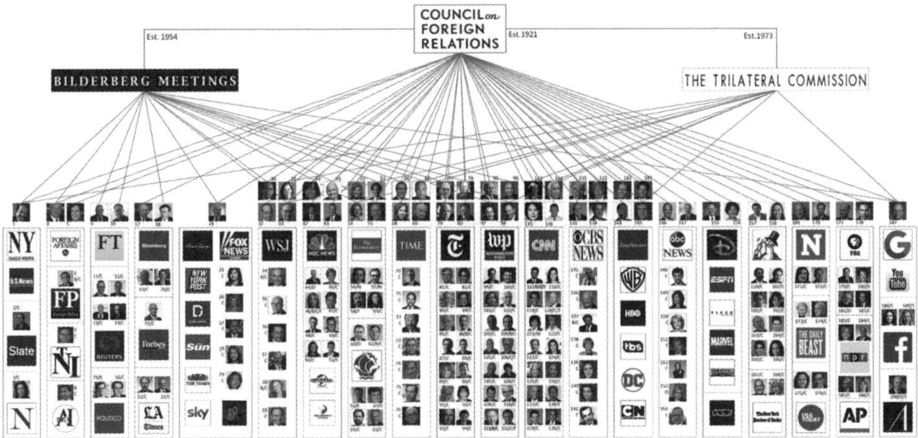

Mediennetzwerk der Thinktanks
(Quelle: https://swprs.org/)

Diese Institutionen als Machtzentren zu entlarven, ist nicht sonderlich schwer. Aufmerksame Kommentatoren weisen darauf hin, dass die Impulse dieser Organisationen zeitnah von Schlüsselpersonen in der Politik aufgenommen und propagiert werden. Zudem kann man fortwährend beobachten, wie Individuen, die beispielsweise von den Bilderbergern erwählt wurden, an ihren exklusiven Treffen zu partizipieren, wenig später kometenhafte Karrieresprünge machten. *Ursula von der Leyen* ist dahingehend ein klassisches Beispiel.[127] Die schiere Dichte an Medienmogulen, sowie Industrie- und Wirtschaftsmagnaten in den Reihen dieser Organisationen bündeln eine Macht, Politiker ihrer Gunst auf die höchsten Posten katapultieren zu können. Zudem haben sie die mediale Durchschlagskraft, ihnen fortwährend eine wohlwollende Presse zu verpassen und ihre Gegner mit nur einem Leitartikel zu vernichten.

Der Kern dieser These besagt, dass alle westlichen Demokratien inklusive Länder wie Japan, Südkorea, Neuseeland, sowie Australien durch diese Netz-

---

[126] Die trilaterale Kommission ist eine Nichtregierungsorganisation, die führende Persönlichkeiten aus Nordamerika, Europa und Asien zusammenbringt, um globale Themen zu diskutieren. Um ihren internationalen Einfluss zu erforschen, können Sie sich auf Folgendes beziehen: Holly Sklar, Hrsg. (1980) „Trilateralism: The trilateral Commission and Elite Planning for World Management" South End Press

[127] Nach ihrem Besuch macht *Ursula von der Leyen* einen kometenhaften Aufstieg zur EU-Präsidentin. Quelle: Swissinfo.com „What – and who – is Bilderberg?"

werke beherrscht werden. Da die Mitgliederlisten und zentralen Absichten nicht einmal besonders geheim und teilweise offen zugänglich sind, besteht kaum ein Zweifel an dieser Wechselwirkung, selbst wenn der Mainstream diesen Sachverhalt dem Kollektiv so nicht eindeutig kommuniziert. Was durchaus Sinn ergibt, da die Massenmedien ja durch die gleichen Netzwerke kontrolliert werden. In den alternativen Kreisen gehört diese Erkenntnis, dass Politik und Medien durch nicht-demokratische Machtzentren gesteuert werden, zur Grundthese aller weiteren Gedankenspiele. Doch es wird noch wesentlich komplexer.

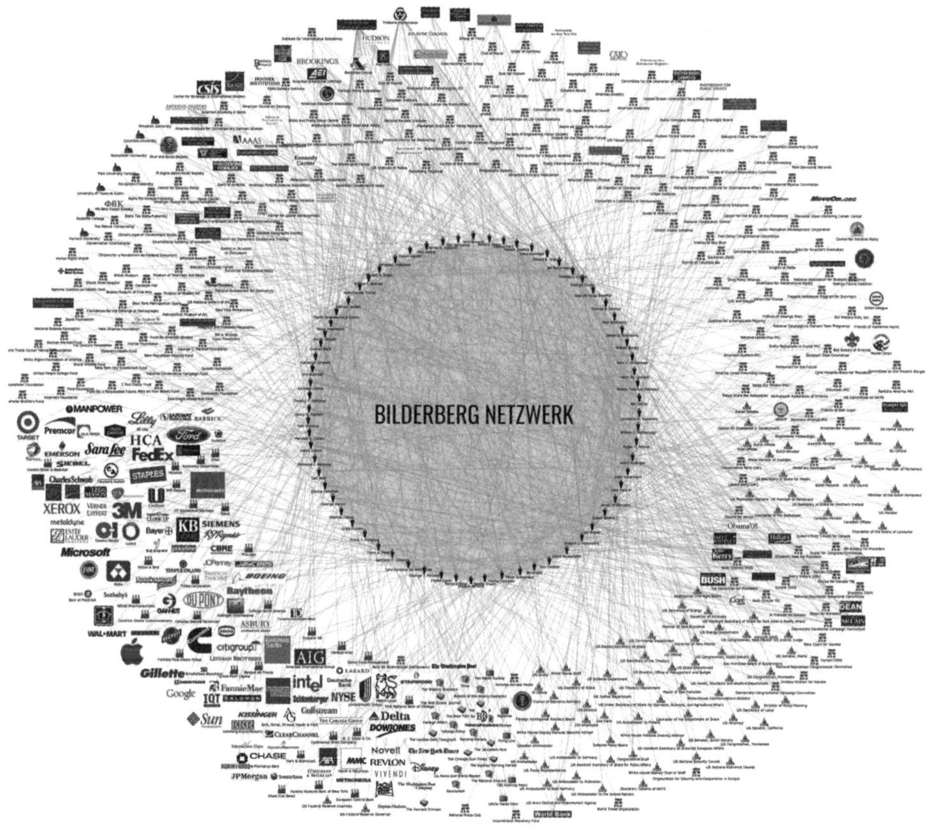

Einflusssphäre der Bilderberg Gruppe
(Quelle: http://stopsyjonizmowi.files.wordpress.com/2012/03/bilderberg.jpg)

Wo exakt ordnen sich die vielen anderen mächtigen Gruppierungen in das Netzwerk ein? Wer kontrolliert den Militärisch-Industriellen-Komplex, den „Club of Rome“, die Jesuiten, die Muslim-Bruderschaft oder die zahlreichen Geheimdienste? Wo stehen die Bänker und ihre Familiendynastien in der Hackordnung? Welche Macht haben die vielen international operierenden Geheimgesellschaften, angefangen bei den Freimaurern bis hin zu den Rosenkreuzern? Gibt es eine oberste Hierarchie, die sich die „Illuminaten" nennt und eine eigene Unterstruktur bildet? An diesen Stellen wird es unscharf und je nach Grad der Recherche und der Breite des erfassten Datensatzes kommen die Analysten hier zu ganz unterschiedlichen Ergebnissen, wie das Netzwerk organisiert sein könnte. Bei Institutionen, die schon in ihrem Titel das Wort „Geheim" tragen, ist es ohnehin aussichtslos objektivierbare Daten zu erwarten. Hier bildet sich die Schallgrenze, wo die große Spaltung innerhalb der „Trutherszene" ihren Ursprung hat.

Offenbar erlaubt nur die langjährige Beschäftigung mit den Vernetzungen dieser Strukturen die Wahrnehmung, dass eine ominöse Macht alle Institutionen und Ideologien durchdringt – selbst solche, die dem äußeren Anschein nach sich diametral gegenüberstehen. Analysten wie *Jordan Maxwell* oder *David Icke* haben Jahrzehnte damit verbracht, dieses Netzwerk zu durchdringen und die okkulte Architektur der Machtpyramide zu beschreiben. Dennoch mussten auch sie ihre Modelle immer wieder korrigieren, weil ihre Recherchen fortwährend neue Daten produzierten, und sie ebenfalls gezielt mit Halbwahrheiten und falschen Spuren gefüttert wurden.

5.6.2 Die okkulten Netzwerke

Wie viel Macht haben die okkulten, esoterischen Bruderschaften und wer oder was steuert sie? Genau dort liegt die große geistige Barriere, welche ein Großteil der alternativen Medien und Analysten nicht überwinden können. Dafür gibt es viele Gründe. Zum einen wäre da die Komplexität der vernetzten Themengebiete zu nennen, aber obendrein braucht es auch die nötige Vorstellungskraft und Offenheit, überhaupt den Gedanken zuzulassen, dass möglicherweise eine singuläre Macht alle irdischen Strukturen unterwandert hat. Viele Meinungsführer sind zudem um ihre Reputation besorgt, wenn sie sich auf ein solches geistiges Terrain wagen, welches sich außerhalb der Objektivität befindet.

In diesem „Milieu" kann man kaum noch etwas beweisen. Bestenfalls lassen sich wiederkehrende Muster erkennen, die sich in einem gigantischen Datensatz aus Anomalien verbergen. Hinzu kommt die folgerichtige Frage nach der potenziellen Intelligenz, die es braucht, ein solches riesiges Netzwerk zu koordinieren. Wer steht letztlich an der Spitze der Pyramide? Können das überhaupt noch Menschen sein, oder müssen wir hier Außerirdische oder inter-dimensionale bzw. spirituelle Entitäten vermuten? Könnte es sogar eine künstliche Intelligenz sein, die dort ihre Finger im Spiel hat? Wenn man die These von einer multipolaren Welt mit verschiedenen konkurrierenden Ideologien und geostrategischen Machtspielchen verlässt, dann bekommt man zwar eine sinnvolle Erklärung, warum z.B. alle signifikanten Spieler auf der globalen Bühne sich beinahe uniform an der Corona-Hysterie beteiligt haben, aber am Ende bleiben noch immer mehr Fragen als Antworten.

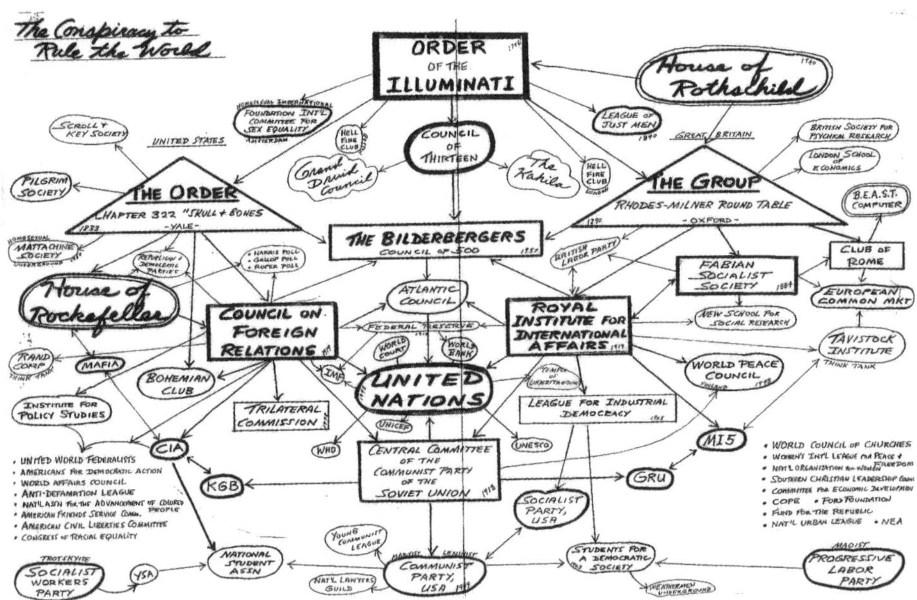

Skizze einer möglichen Vernetzung von Gruppen, die zentral gesteuert werden.
(Quelle: https://agb-banking.blogspot.com/2014/02/world-conspiracy.html)

Aus der Perspektive eines virtuellen Konstruktes ergeben sich im Kontext der geheimnisvollen Macht hinter den weltlichen Strukturen neue innovative Denkansätze. Zahlreiche Analysten und Autoren haben Jahrzehnte damit verbracht, die Verkettung der Institutionen zu dokumentieren. Schlussendlich gelangten viele von ihnen zu der Erkenntnis, dass am Ende der Kette immer okkulte Zeremonien und spirituelle Konzepte zu finden sind. Dabei gehen viele Forscher davon aus, dass die obersten Eliten einer Entität namens *„Luzifer“* dienen. Das ist eine Sichtweise, die in reduktionistischer Form auch in christlich-religiösen Kreisen kolportiert wird. Demnach hat der „Teufel“ persönlich die Zügel in der Hand. Die okkulte Spitze hingegen betrachtet *Luzifer* als den wahren Gott dieser Realität. Diese Zirkel verschaffen sich angeblich Zugang zur

Astralebene durch Meditation und der Einnahme von DMT, Pilzen und anderen Substanzen und kommunizieren so mit alten Geistern, von denen man einige als „Dämonen" bezeichnen könnte. Diese Entitäten ernähren sich von der Energie derer, die ihnen folgen. Für die okkulten Eliten in den Geheimgesellschaften besteht der Zweck ihres Lebens darin, die Menschheit zu kontrollieren, zu lenken und die Wünsche ihrer Führer, die sie manchmal „Instanzen" nennen, zu erfüllen. Diese „Instanzen" formulieren die Agenda der kollektiven Entwicklung. Sie sind jedoch von geistiger Natur und wirken von außerhalb der 4-dimensionalen Bühne in das Geschehen hinein.

Natürlich ist diese Sichtweise nicht uniform in jener alternativen Szene, die sich mit der okkulten Machtpyramide innerhalb der Geheimgesellschaften beschäftigt. Das Bild, das wir von dieser Ebene bekommen, lässt sich kaum objektivieren. Die Informationen kommen zumeist von anonymen Insidern und Whistleblowern, deren Aussagen grundsätzlich angezweifelt werden müssen. Selbst wenn wir davon ausgehen möchten, dass vereinzelte Offenbarungen aus den inneren Zirkeln authentisch sind, so stellt sich doch die Frage, welche Stellung die Einzelpersonen im okkulten Netzwerk einnehmen, und wie viel vom Gesamtbild ihnen bewusst ist. Da Geheimgesellschaften prinzipiell wie militärische Kommandostrukturen organisiert sind, kennt jeweils nur die Spitze das vollständige Szenario. In allen hierarchischen Organisationen wird das Narrativ nach unten hin ausgedünnt und teilweise so kommuniziert, dass die primären Absichten verschleiert werden. Das dient vorrangig der Geheimhaltung, wird aber auch für moralische Zwecke missbraucht. Die unteren Kader des Netzwerkes dürfen niemals einen Zweifel daran hegen, dass die Agenda ethisch gerechtfertigt ist.

Ob *„Luzifer"* tatsächlich die oberste Instanz der okkulten Machtpyramide ist, darf ebenfalls hinterfragt werden, aber dennoch halte ich eine „feinstoffliche" Machtstruktur für evident. Aus langjähriger Betrachtung wird deutlich, dass das weltliche Geschehen von einer Intelligenz beherrscht wird, die mit ihren mentalen Kapazitäten weit über das menschliche Potenzial hinausreicht. Da Wesenheiten aus den höheren Dimensionen ihre Identität verschleiern können, dürfte es selbst für die Eliten schwer sein, exakt zu wissen, mit welchen „Instanzen" sie es genau zu tun haben. Zumindest habe ich da meine Zweifel.

Wenn man erkannt hat, dass die globale Agenda durch einzelne Entwicklungsschritte organisiert wurde und wird, die sich zeitlich weit über ein Menschenleben erstrecken, dann müssen wir von einer Intelligenz ausgehen, die von Jenseits der Zeitdimension operiert. Im Modell von *Burkard Heim* würden wir von Dimension X_5 und darüber hinaus reden. Zudem erkennen wir, dass teilweise äußerst unterschiedliche Institutionen auf der Weltbühne elementare Bausteine für die Implementierung einer bestimmten Agenda liefern. Das lässt vermuten, dass es tatsächlich keine direkte Verbindung unter ihnen gibt. Allein die Spitze weiß, dass das Element von Organisation-A und die Zuarbeit von Organisation-B zu einem Effekt C führen. Das ist nur ein vereinfachtes Schema, aber solche Einzelbeobachtungen lassen sich immer wieder im Kleinen machen und auf die Gesamtheit extrapolieren. *Harald Kautz-Vella* hat in seinen Publikationen sehr beeindruckende Beispiele dafür gegeben.[128] Beispielsweise können wir im Produktionsablauf von Nanotechnologie und der klandestinen Verabreichung dieser „Kampfmittel" an die Bevölkerung einen solchen „Modus Operandi" erkennen. Die einzelnen Hersteller können maximal erahnen, wozu ihre Komponenten am Ende genutzt werden.

Wir müssen davon ausgehen, dass die weltlichen Handlanger selber immer nur ein begrenztes Bild ihres wahren Auftrags erfassen. Dieses Prinzip gilt in den obersten Ebenen der Machtpyramide und setzt sich nach unten hin fort. Dabei könnte es den Eliten ähnlich ergehen wie dem einfachen Bürger am anderen Ende der Informationskette. In beiden Extremen haben wir es eventuell mit dem Phänomen zu tun, dass es ein psychologisch anspruchsvoller Prozess ist, zu erkennen, dass man manipuliert wurde.

„Es ist leichter, Menschen zu täuschen, als sie davon zu überzeugen, dass sie getäuscht wurden."

— Mark Twain —

Ohne Erkenntnis aus erster Hand können wir nur mutmaßen, wie hoch der Wahrheitsgehalt von solchen Quellen sein könnte, die aus der okkulten Machtebene kommen. Es ist jedoch naheliegend, dass wir von Whistleblowern mehr erfahren als aus dem Mund von Politikern oder kontrollierten Oppositionen, wie der QAnon-Bewegung. Doch das ist letztlich nur meine persönliche Einschätzung. Dahingehend werde ich am Ende des nächsten Kapitels ein paar signifikante Publikationen zitieren, die aus diesem okkulten Machtzirkel kommen sollen. Es obliegt dem Leser selbst, zu entscheiden, wie er den Inhalt einordnen möchte. In jedem Fall könnte man auf Basis solcher Quellen einen Ansatz erhalten, wie die geistige Ausrichtung und die interne Struktur der Eliten organisiert sein könnten.

Zusammenfassend lässt sich erkennen, dass das System eine vielschichtige Architektur ist, welche sich über ein gigantisches Netzwerk von Institutionen

---

[128] Quelle: *Kautz-Vella, H.* (2018) „Total Vernebelt" Hesper Verlag.

erstreckt. Die wahren Lenker sind dem Kollektiv nicht bekannt. Die graue Masse erkennt nur vereinzelte Marionetten, die als politische Führer und Galionsfiguren bestimmter Thinktanks und Bewegungen inszeniert werden. Selbst die anonymen Steuermänner in den obersten Reihen der Geheimgesellschaften sind nur Befehlsempfänger aus einer höheren Ebene, die nicht menschlicher Natur ist. Wer diese Intelligenz sein könnte, die sich aus diesen spirituellen Dimensionen heraus als Regisseur des kollektiven Schicksals aufspielt, ist nicht klar erkennbar. Manche Analysten vermuten sogar, dass alle bekannten Entitäten von *Jahwe* über *Ahriman*[129] und *Elohim* bis *Luzifer* nur unterschiedliche Manifestionen der gleichen Wesenheit sind. Grundsätzlich werden alle Religionen und weltlichen Geheimbünde von der einen singulären Intelligenz angeleitet, die über *Hegelsche* Dialektik auch diametral gegensätzliche Organisationen instrumentalisiert. Der rechte und linke Flügel gehört zum selben Vogel – um hier metaphorisch zu charakterisieren, wie über These und Antithese das beabsichtigte Ergebnis synthetisiert wird.

Dieses Prinzip der Hegelschen Dialektik können wir auf den unteren Ebenen der sozialen und politischen Organisationen klar erkennen. „Black Lives Matter" und der Klu-Klux-Klan gehören somit gleichermaßen zur Infrastruktur des Systems. Sie radikalisieren die Menschen von beiden Polen aus und dienen ex aequo einem Trennungsprinzip. Doch selbst die alternativen Strömungen und die „Wahrheitsbewegung" sind, genau wie die Massenmedien, weitläufig infiltriert worden und dienen der Polarisierung der Gesellschaft. Nur über beide diametrale Extreme lassen sich Menschen spalten und beherrschen. Die Lenkung des Kollektivs erfolgt immer über den rechten und den linken Zügel – so als würden die Eliten eine Pferdekutsche steuern. Selbst die Parteienlandschaft der westlichen „Demokratien" unterliegt diesem Mechanismus. Wir müssen davon ausgehen, dass alle signifikanten Organisationen auf der Weltbühne vom Netzwerk des Systems assimiliert und infiltriert wurden. Damit wird die kollektive Realität, die sich in einer vielfältigen Polarisierung von unterschiedlichsten Ideologien zeigt, zentral gesteuert.

Aus der Perspektive der Matrix-Hypothese bzw. der Vorstellung, dass die kollektive Bühne ein virtuelles „Spielfeld" ist, können für das Machtnetzwerk

---

[129] In der Anthroposophie, einer von *Rudolf Steiner* begründeten spirituellen Philosophie, gilt *Ahriman* als bösartiges geistiges Wesen oder kosmische Kraft. *Ahriman* wird oft mit dem Prinzip des Materialismus, des Intellektualismus und der Versuchung eines mechanistischen Weltverständnisses in Verbindung gebracht. Nach Steiners Lehren wirkt *Ahriman* gegen die spirituelle Entwicklung der Menschheit, indem er materialistische und rein rationale Sichtweisen fördert, die den Einzelnen von höheren spirituellen Einsichten abbringen können. Das Konzept von *Ahriman* ist Teil von *Steiners* breiterer Erforschung von spirituellen Wesen und deren Einfluss auf die menschliche Entwicklung.

verschiedene Funktionen abgeleitet werden. Die primäre Aufgabe des Systems scheint es zu sein, die Seelen in dieser Realität zu halten. Dabei gibt sich der Regisseur alle Mühe, die Menschen zu polarisieren – sie in Streit und Kampf zu verstricken. Zudem werden geistige Trägheit und spirituelle Apathie gefördert. Das Individuum soll seine Souveränität und seine Stimme an korrupte religiöse und politische Anführer abgeben. Der Mensch wird dabei mental und körperlich „vergiftet" und kann somit in einem Zustand der Machtlosigkeit gehalten werden. Das sind alles „Vorwürfe" die nicht neu sind. Dennoch sollte man anerkennen, dass höheres Wissen zur Emanzipation von der Obrigkeit nicht wirklich versteckt ist. Wer danach sucht, wird es auch finden. Selbst dieses Buch, welches Sie gerade in den Händen halten, ist frei verkäuflich, obwohl es eine radikale Alternative aufzeigt. Die Werkzeuge zur Selbstermächtigung liegen quasi auf der Straße.

Zudem kann die allgemeine „Negativität" auch als Katalysator für die individuelle Evolution genutzt werden. Wie bereits tiefgreifend erläutert, ist die Heldenreise ohne Antagonisten und einem Labyrinth voller Herausforderungen nicht erfahrbar. Natürlich kann man eine universelle „Opferhaltung" einnehmen und die pervertierten Auswüchse des Systems beklagen. Man darf alternativ aber auch eine sportliche Einstellung kultivieren und das System als Instrument der eigenen Weiterentwicklung erkennen. Dementsprechend könnten wir nie zu einer besseren Version unserer selbst werden, wären da nicht die vielfältigen Manifestationen der Versuchung und der persönlichen Herausforderung.

Ich kann ebenso verstehen, warum Menschen eine generelle Müdigkeit spüren und dem „Irrenhaus Erde" überdrüssig geworden sind. Es ist nur menschlich, Wut, Trauer und Frustration zu spüren, angesichts der sich zuspitzenden Weltlage. Doch es liegt beim Individuum, sich daraus zu erheben. Die irdische Matrix ist zweifelsohne ein anspruchsvolles Spielfeld.

5.7 WIE KOMME ICH AUS DER MATRIX HERAUS?

Wenn es um die Frage geht, wie man aus dem virtuellen Konstrukt wieder herausfindet, dann gibt es keinen universellen Lösungsansatz, der mir bekannt wäre. Wie *Hermann Hesses* „Siddhartha" betont, ist der Weg zur Erleuchtung, im Sinne der Befreiung aus der Matrix, ein individueller Weg. Solange ich selber keinen Ausgang gefunden habe, kann ich auch kein Konzept propagieren. Maximal könnte ich eine Tendenz beschreiben, die ich am Horizont erkennen kann und über die sollten wir diskutieren. Grundsätzlich ist der esoterische Markt voll mit Gurus und spirituellen Meistern, die behaupten, einen universellen Pfad gefunden zu haben und dem will ich nicht nacheifern. Dennoch kann ich nicht ausschließen, dass solche Pioniere existieren, die *Platons* Höhle tatsächlich verlassen haben, und zurückkamen, um uns verbliebenen Matrix-Bewohnern zu helfen. Gleichwohl gilt es, eine gesunde Skepsis zu wahren, und jedes Individuum zu hinterfragen, welches behauptet, den Generalschlüssel gefunden zu haben.

Es gibt zahlreiche etablierte Ansätze, die damit werben, den Kreislauf zu durchbrechen. Wie bereits erläutert, ist das Konzept der „Erleuchtung" für viele spirituelle Traditionen von zentraler Bedeutung. Hierzu haben diverse Gemeinschaften oder Religionen ihre eigenen Wege und Praktiken, um sie zu erreichen. Daher scheint es mir sinnvoll zu sein, die Deckungsmenge herauszuarbeiten. Beginnen wir damit, die allgemeinen Wege zur Erleuchtung innerhalb verschiedener spiritueller Gemeinschaften noch einmal zusammenzufassen. Wie üblich ist die Liste nicht vollständig und konzentriert sich ausschließlich auf die populären Bewegungen, die vermutlich weitreichend korrumpiert wurden:

- **Yoga und Meditation (Hinduismus):** Im Hinduismus gibt es mehrere Wege zur Erleuchtung, wobei ein wichtiger Weg die Praxis von Yoga und Meditation ist. Dazu gehören Disziplinen wie Raja Yoga, Karma Yoga, Bhakti Yoga und Jnana Yoga. Jeder Weg betont unterschiedliche Aspekte der spirituellen Entwicklung.

- **Edler Achtfacher Pfad (Buddhismus):** Der Buddhismus lehrt den Edlen Achtfachen Pfad, der rechtes Verstehen, rechte Absicht, rechte Rede, rechtes Handeln, rechten Lebensunterhalt, rechte Anstrengung, rechte Achtsamkeit und rechte Konzentration umfasst. Es wird angenommen, dass die Befolgung dieses Pfades zur Erleuchtung oder zum Nirvana führt.

- **Sufismus (Islam):** Im Islam ist der Sufismus ein mystischer Pfad, der die Suche nach einer direkten persönlichen Erfahrung von Gottes Liebe und Wissen beinhaltet. Sufis praktizieren oft Dhikr (Gedenken an Gott), Meditation und andere spirituelle Übungen, um einen höheren Bewusstseinszustand und die Nähe zum Göttlichen zu erreichen.

- **Mystisches Christentum:** Innerhalb des Christentums gibt es eine mystische Tradition, die eine direkte Verbindung mit Gott anstrebt. Zu den Praktiken gehören kontemplatives Gebet, Meditation und das Befolgen der

Lehren von Mystikern wie *Meister Eckhart* und seiner „Wolke des Nichtwissens" – einer fundamentalen Schrift.

- **Die Kabbala des Judentums:** Die Kabbala ist der mystische Zweig des Judentums und erforscht die Natur Gottes, des Universums und der Seele. Die Praktizierenden streben nach spiritueller Erleuchtung durch kontemplative Praktiken, Meditation über die heiligen Texte und das Verständnis der verborgenen Bedeutungen der Tora.

- **Taoismus:** Der Taoismus legt den Schwerpunkt auf ein Leben in Harmonie mit dem Tao, der grundlegenden Kraft, die alles Leben durchströmt. Zu den Praktiken gehören Meditation, Tai Chi und Qi Gong. Die taoistische Philosophie leitet den Einzelnen zu Einfachheit, Demut und zur Ausrichtung auf die natürliche Ordnung an.

- **Advaita Vedanta (Nicht-Dualismus):** Advaita Vedanta, eine Schule der Hindu-Philosophie, lehrt den Non-Dualismus – die Vorstellung, dass die individuelle Seele (Atman) letztlich mit der höchsten Realität (Brahman) identisch ist. Selbsterforschung, Meditation und Kontemplation sind integrale Bestandteile dieses Pfades.

- **Spirituelle Traditionen der Ureinwohner:** In den spirituellen Traditionen der Eingeborenen und Ureinwohner geht es oft um die Verbindung mit der Natur, den Ahnen und spirituellen Wesen. Rituale, Zeremonien und Visionssuchen sind gängige Praktiken, um Einsicht und Erleuchtung zu erlangen.

- **New Age und metaphysische Praktiken:** In der New-Age-Bewegung werden oft verschiedene spirituelle Praktiken und Glaubenssysteme kombiniert, um einen persönlichen Weg zur Erleuchtung zu finden. Dazu können Meditation, Energiearbeit, ganzheitliches Heilen und das Erforschen verschiedener spiritueller Lehren gehören.

- **Achtsamkeit und säkulare Pfade:** Einige moderne, säkulare Ansätze zur Erleuchtung konzentrieren sich auf Achtsamkeit und Meditation, losgelöst von bestimmten religiösen Traditionen. Achtsamkeitspraktiken werden oft in Programme für psychische Gesundheit und Wohlbefinden integriert.

Diese Wege sind facettenreich und spiegeln die reiche Vielfalt der weltweiten spirituellen Traditionen wider. Dabei ist es essentiell, zu beachten, dass die spezifischen Praktiken und Überzeugungen innerhalb eines jeden Pfades sehr unterschiedlich sein können. Einzelpersonen einer Strömung mögen gar unikale Variationen des von ihnen gewählten Ansatzes verfolgen. Da jedoch der

Verdacht im Raum steht, dass das System alle einflussreichen Institutionen unterwandert hat, muss man gleichermaßen von einer Korruption der klassischen Bewegungen ausgehen. Daher dürfte ein intuitiver und gleichzeitig flexibler Umgang mit traditionellen Ansätzen durchaus angebracht sein.

Wenn man einen gemeinsamen Nenner erkennen möchte, dann muss der Schlüssel für den Ausgang der Matrix prinzipiell im Inneren des Suchenden zu finden sein. Alle Formen von Meditation scheinen generell diesen Anspruch zu haben, die Aufmerksamkeit in die Tiefe des Bewusstseins zu lenken. Damit wird der Geist geschult, sich temporär von der illusorischen Welt der Sinne zu emanzipieren. Zumindest scheint hier der erste Schritt zu liegen.

Techniken wie das Holotrope Atmen und viele weitere moderne Ansätze basieren ebenfalls auf einer fokussierten Introspektive. In der Regel wird man in dieser Innenwelt mit seinen Blockaden konfrontiert. Das sind zumeist die verdrängten Prägungen, die durch Traumata entstanden sind. Durch all diese Techniken wird das Unbewusste ans Licht gebracht und kann dadurch aufgelöst werden. Das Ergebnis ist eine wachsende Freiheit von Ängsten und eine zunehmend Vergeistigung des Seins. Die virtuelle Bühne verliert dabei an Bedeutung, und die inneren Prozesse gewinnen an Signifikanz. Diese Abwendung von der physischen Welt mag für viele Menschen befremdlich sein, aber ohne diese Loslösung wird uns mindestens ein Aspekt immer davon abhalten, die Maya zu verlassen.

Wie eine fortgeschrittene Vergeistigung und Abtrennung vom virtuellen Konstrukt anmuten kann, davon geben uns die berühmten Selbstverbrennungen in Vietnam einen Eindruck. Damit möchte ich keinesfalls einen solchen Weg propagieren – ganz im Gegenteil. Zu einer menschlichen Fackel zu werden ist kein Weg zur Erleuchtung, auch wenn es temporär so aussehen mag. Vielmehr geht es um den zur Schau gestellten Gleichmut und die innere Sicherheit, nicht sein (brennender) Körper zu sein. Die Transzendenz wirkt auf mich beeindruckend. Es ist äußerst wahrscheinlich, dass ich mich unter den infernalen Schmerzen wild um meine eigene Achse drehen würde. Nicht so bei den vietnamesischen Mönchen, die sich aus Protest für die Glaubensfreiheit selbst verbrannten. Jeder von ihnen blieb bis zum Ende „seelenruhig“ sitzen.

Obgleich die beeindruckende Darbietung eine hohe spirituelle Entwicklung implizieren mag, so ist dieser Evolutionsgrad kein Garant dafür, dass die Mönche eine vollkommene Loslösung von der Matrix erlangt haben, aber sie zeugen von der Abwesenheit von Angst. In jedem Fall gehe ich von Jahren des intensiven spirituellen Trainings aus, um diese geistige Klarheit zu erreichen.

Obwohl der damalige Präsident von Südvietnam behaupten ließ, die Mönche wären unter Drogeneinfluss gewesen, so wage ich, das stark zu bezweifeln. Demnach gehe ich von einer authentischen Darbietung von genuiner Angstfreiheit aus.

Thích Quảng Đức am 11. Juni 1963 in Saigon.
(Fotograf: Gordon Belay Quelle: https://gordonbelray.com)

Weder ich noch der Großteil meiner Leser ist augenblicklich bereit, eine Hingabe zu praktizieren, die nötig wäre, an einen solchen Punkt zu gelangen. Nun – das könnte sich mit der Zeit ändern. Doch diese Einstellung kann man nicht per se erzwingen. Daher sollte eine graduelle Einsicht prinzipiell von innen kommen. Grundsätzlich ist eine kontemplative Einkehr immer ein sinnvoller Ansatz. Bis zum Punkt der freiwilligen Loslösung gilt es die Heldenreise zu vervollständigen. Jeder hat seine Herausforderungen, an denen er wachsen kann. Innere Bewertungen, Traumen und Prägungen möchten geheilt werden. Demnach gibt es viel zu tun, und kein Weg ist fundamental „falsch“. Es existieren grundsätzlich nur längere oder kürzere Pfade, die aus dem Konstrukt und damit aus dem Rad der Wiedergeburt führen. Jeder Mensch hat sein individuelles Karma, wobei auch das nur eine Annahme ist, die sich aus dem Gesamtkontext herauskristallisiert. Es geht immer um die Verbindung mit der Quelle, aus der wir alle hervorgingen, die Singularität allen Seins.

In letzter Konsequenz haben wir es mit zahlreichen Konzepten zu tun, die sich bestenfalls aus eigenen spirituellen Erfahrungen herausextrapolieren lassen, aber zumeist nur aus externen Quellen kommen. Doch im Grunde ist die letztendliche Befreiung vom Konstrukt ein Panoptikum diverser abstrakter Ideen, die jeder für sich hinterfragen muss.

Zudem gilt es, das Schöpferpotenzial zu entwickeln. Die Kunst der Manifestation ist nur ein Aspekt, die eigene Stärke als Mitschöpfer zu erkennen. Hier liegt unser oft missachtetes Potenzial. Doch mit einer solchen Macht kommt auch Verantwortung, die mit viel Achtsamkeit und Weisheit gelebt werden möchte. In diesem Kontext bekommen die anderen „Ichs" auf der Bühne eine höhere Bedeutung als das eigene Ego. In jeder schöpferischen Handlung muss geprüft werden, ob sie von Liebe motiviert ist oder nur den Vorteil gegenüber dem Anderen sucht. Die Erkenntnis der Singularität kann maßgeblich dafür sein, ob ich meine Umwelt wirklich so behandele, als wäre sie Teil des erweiterten Selbstes – quasi eine Erweiterung des eigenen Wesens. Hier ergibt sich viel Potenzial für persönliche Evolution.

Ein weiterer Gamechanger für die geistige Weiterentwicklung im virtuellen Konstrukt bezieht sich auf die Zyklen des Spiels. Demnach ist die Inszenierung kein kontinuierlicher Prozess, sondern wird von einer Rhythmik bestimmt. An exakten Punkten des Ablaufs manifestieren sich spezielle Optionen. Hier verstecken sich epochale Gelegenheiten für eine spirituelle Evolution. Im aktuellen Kontext sprechen alle Anzeichen dafür, dass wir uns mitten in der Endphase eines solchen Zyklus befinden.

5.8 DIE ZYKLEN DER MAYA

Grundsätzlich ist das Konzept, dass die Entwicklung der Menschheit von kosmischen Zyklen bestimmt wird, selbstevident. Wir erkennen durch den Wechsel von Tag zu Nacht, die Mondphasen und die Jahreszeiten, wie sich dezidierte Qualitäten zeigen, die einen enormen Einfluss auf das Leben haben. Die Weiterführung, die sich daraus extrapolieren lässt, lautet, dass noch viel größere Zyklen existieren, die umso „revolutionärere" Auswirkungen auf den irdischen Ablauf haben. Die Kalendersysteme der alten Maya-Kultur, die vedische Vorstellung von den Yugas[130] und selbst die westliche Astrologie erkennen dieses Prinzip. Die exakte Ausdeutung ist vielfältig und die unterschiedlichen Konzepte zeigen teilweise Widersprüchlichkeiten auf. Hinzu kommt, dass

[130] Das Konzept der Yugas ist ein wesentlicher Bestandteil der hinduistischen Kosmologie und steht für verschiedene Epochen oder Zeitalter, die sich durch unterschiedliche spirituelle und moralische Qualitäten auszeichnen. Um dieses Konzept zu erforschen, können Sie sich auf traditionelle Hindu-Schriften beziehen, wie z. B.: *Vyasa* (geschätztes 5. Jahrhundert vor Christus). Mahabharata.

unsere aktuellen Kalender als hochgradig manipuliert gelten.[131] Zu viele Institutionen, insbesondere die organisierten Religionen, haben immer wieder in die Zeitrechnung eingegriffen. Im Kontext des gregorianischen Kalenders, der die westliche Datierung dominiert, war *Papst Gregor* derjenige, der zuletzt an der Uhr gedreht hat. Selbst die Monatsnamen sind heute nicht mehr an den ursprünglichen Positionen, was bspw. an den Vorsilben von September, Oktober und Dezember deutlich wird, die für die Reihenfolge sieben, acht und zehn stehen. Diese Monate sind heute offenbar um zwei Stellen verschoben.

Es geht mir nicht darum, das Kalendersystem zu korrigieren oder eine alte Tradition hervorzuheben. Im Rahmen der Beschreibung des virtuellen Konstruktes ist von Bedeutung, dass eine komplexe Rhythmik vorliegt. Dieses Prinzip ist bspw. in der Hermetik und in der Astronomie verankert. Besonders signifikant im Kontext der größeren Zyklen scheint hierbei das *platonische* Jahr zu sein, das sich am „virtuellen" Nachthimmel abzeichnet. Im astronomischen Walzer vollführt die Erdachse eine subtile und anmutige Pirouette, die auch als „Präzession der Äquinoktien" bekannt ist. Diese kosmische Choreographie entfaltet sich über eine große Zeitspanne und beschreibt einen Ablauf von umfassenden Transformationen, die sich als energetische und physische Umwälzungen auf unserem Planeten manifestieren.

Die Erdachse ist kein unerschütterlicher Pol. Stattdessen folgt sie anmutig einem elliptischen Muster, das einem himmlischen Ballett gleicht. Diese Achsenbewegung definiert die Präzession der Äquinoktien. Der gesamte Präzessionszyklus, eine astronomische Odyssee durch die Milchstraße, erstreckt sich über etwa 25.772 Jahre. Im Verlauf dieser kosmischen Reise zieht die Erdachse eine kreisförmige Bahn und malt ein Muster auf die himmlische Leinwand. Während also die Erde durch die Epochen wirbelt, führen die Himmelspole und der Äquator einen galaktischen Tanz auf. Diese subtile Drehung beeinflusst die Positionen der Sterne und formt unser Bild des Nachthimmels im Laufe der Jahrtausende neu. Eingebettet in den Zyklus der Präzession ist die Vorstellung von astrologischen Zeitaltern, die jeweils etwa 2.150 Jahre dauern. Das Frühlingsäquinoktium durchläuft den Tierkreis auf präzise Weise wie eine himmlische Uhr und markiert den Übergang von einem Äon zum nächsten.

Während die Erdachse anmutige Pirouetten dreht, bleibt die Neigung unerschütterlich, was aber nicht für die Erdkruste gelten muss. Die Konstanz

---

[131] Die Manipulation von Kalendersystemen hat eine historische und kulturelle Bedeutung, die oft mit politischen, religiösen oder gesellschaftlichen Zielen verbunden ist. Um dieses Thema zu erforschen, können Sie sich auf wissenschaftliche Arbeiten und historische Studien beziehen. Eine bemerkenswerte Quelle ist: *Richards, E. G.* (1998) „Mapping Time: The Calendar and its History" Oxford University Press.

der Achsneigung sorgt dafür, dass sich die Jahreszeiten der Erde mit rhythmischer Präzision entfalten, unbeeinflusst vom Himmelsballett über uns. Die Präzession der Tagundnachtgleichen, die durch Gravitationskräfte angetrieben wird, sorgt für subtile Verschiebungen in den astronomischen Beziehungen zwischen Erde, Mond und Sonne. Tagundnachtgleichen und Sonnenwenden werden zu kosmischen Markierungen in der sich ständig verändernden astronomischen Landschaft. Im astrologischen Sinne alternieren damit auch die Konstellationen in Bezug auf die energetischen Wechselwirkungen, die sich aus der relativen Position zu den anderen Planeten des Sonnensystems ergeben.

Im Kontext der größeren Zyklen existiert die Vorstellung, dass alle 12-13.000 Jahre eine enorme Umwälzung auf der Erde stattfindet. Darauf konzentrierte sich mein letztes Buch, „Die Phönix-Hypothese“, wobei der Fokus auf den geophysikalischen Effekten lag, die wir in der Wissenschaft finden. Auch das plötzliche Verschwinden von diversen Hochkulturen, die über ein enormes Wissen verfügten, steht im Verdacht, mit der zyklischen Transformation zu korrelieren. Demnach entfesseln sich auf der Erdoberfläche solch dramatische Umwälzungen, dass es diese fortgeschrittenen Zivilisationen zurückwarf, und diese temporär wieder zu Jägern und Sammlern wurden. Basierend darauf besteht der Verdacht, dass unsere aktuelle Hochkultur erneut vor einem solchen Reset-Ereignis steht. Im Kontext der Matrix-Hypothese führt die zyklische Transformation nicht nur zu einer radikalen Veränderung der irdischen Biosphäre. Vielmehr wird hier ein fundamentaler energetischer Wandel in der Maya beschrieben. Dementsprechend hat dieser Prozess eine spirituelle Komponente, die weit relevanter ist als die rein physischen Manifestationen. Da sich jedoch die meisten Menschen hauptsächlich als materielle Wesen begreifen, wird den weltlichen Aspekten naturgemäß eine höhere Signifikanz zugesprochen. Daher sollten wir die Phönix-Hypothese so knapp wie möglich rekapitulieren, bevor wir uns einer ganzheitlichen Sichtweise widmen.

KAPITEL 6: DIE PHÖNIX-HYPOTHESE

Etwa Anfang des Jahres 2022 begann ich damit, die Phönix-Hypothese als Erklärung zu formulieren, warum die kollektive Weltbühne zunehmend geopolitisch eskalierte und eine kontroverse Krise die Nächste jagte. Trotz vereinzelter Ruhephasen ist das eine Tendenz, die sich bis heute fortsetzt. Mittlerweile wurden weitere Krisenherde entfacht, die ich im ersten Buch bereits angekündigt hatte. Dazu gehört die aktuelle Konfrontation im Nahen Osten, die weit oben auf meiner Liste der potenziellen Ablaufszenarien auftauchte. Wie *Wolfgang Eggert* in seinen zahlreichen Publikationen, die hervorragend recherchiert sind, verdeutlicht, arbeiten diverse „Endzeitsekten" aus allen signifikanten religiösen Strömungen daran, ein Armageddon zu inszenieren.[132] Während das normale Volk sich nach Frieden und Harmonie sehnt, konspiriert eine fanatische Elite dem Ziel entgegen, eine „reinigende" Endschlacht zu initiieren, die einen enormen Blutzoll verlangen würde. Dabei durchsetzen diese Eiferer alle sakralen Ideologien, angefangen bei den evangelischen Christen, über die radikalen Moslime bis hin zu den religiösen Drahtziehern hinter dem Zionismus.

Wer im Nahen Osten mit dem Finger auf die eine oder andere Ideologie zeigen möchte, um ihr die Hauptschuld an der Eskalation zu geben, der darf das gerne tun. Tatsache ist jedoch, dass alle Kriegsparteien im Hintergrund von dem gleichen Endzeitglauben „beseelt" sind. Dieser ist in jeder extremen religiösen Strömung prävalent, auch wenn sich die jeweiligen Prophetien im Detail etwas unterscheiden. Die Deckungsmenge liegt in der Überzeugung, dass sich die Ankunft des *Mahdi*, *Messias* oder die Wiederkehr *Christi* nicht ohne einen „reinigenden" Krieg vollziehen kann. Alle Parteien sind sich darüber einig, wo die letzte Schlacht ausgefochten werden soll, und zwar auf einer Bergkette in Israel.[133]

- **Das Christentum:** Im Christentum wird Armageddon oft mit der letzten Schlacht zwischen den Mächten des Guten und des Bösen in Verbindung gebracht. Es wird im Buch der Offenbarung des Neuen Testaments erwähnt.

---

[132] *Eggert, W.* (2022) „Erst Manhattan – Dann Berlin: Messianisten-Netzwerke treiben zum Weltenende" Chronos-Medien-Vertrieb.

[133] Har Megiddô (hebräisch מגדו הר), Berg von Megiddo, ist ein südlicher Ausläufer des Karmelgebirges.

Der Begriff „Armageddon“ leitet sich vom griechischen „Har-Magedon“ ab und wird als ein Ort beschrieben, an dem sich die Armeen für die letzte Schlacht versammeln. Das Ergebnis ist die Errichtung von Gottes Königreich und das endgültige Gericht.

- **Der Islam:** Im Islam ist das Konzept von Armageddon mit der Endzeit und dem Tag des Jüngsten Gerichts verbunden. Die islamische Eschatologie sagt die Ankunft des *Mahdi* (einer messianischen Figur), das Auftauchen falscher Propheten und das Erscheinen der antichristlichen Figur, die als *Dajjal* bekannt ist, voraus. Die letzte Konfrontation, die oft als Schlacht zwischen Gut und Böse bezeichnet wird, führt zum Sieg der Gerechten und zur Herstellung von Ordnung vor dem Tag des Jüngsten Gerichts.

- **Das Judentum:** Im Judentum wird Armageddon nicht ausdrücklich unter diesem Namen erwähnt, aber es gibt in der hebräischen Bibel (Altes Testament) Prophezeiungen über ein zukünftiges apokalyptisches Ereignis. In der jüdischen Eschatologie wird erwartet, dass eine messianische Figur, die oft als *Messias* bezeichnet wird, eine Ära des Friedens und der Gerechtigkeit einleiten wird. Die Details der Endzeit variieren zwischen den jüdischen Traditionen. In der jüdischen Eschatologie werden der Bau des Dritten Tempels und die Bedeutung der Roten Färse (rote Kuh) mit dem messianischen Zeitalter und der endgültigen Erlösung in Verbindung gebracht. Diese Elemente basieren in erster Linie auf Prophezeiungen in der hebräischen Bibel (Altes Testament), insbesondere in den Büchern *Hesekiel* und *Numeri*.

Wolfgang Eggert wies Ende 2023 darauf hin, dass es erhebliche Bemühungen gibt, die Endzeitprophezeiungen in die Tat umzusetzen, was beispielsweise die Errichtung des Dritten Tempels betrifft. Selbst eine essentielle „Rote Kuh“ wurde genetisch gezüchtet,[134] um nach Israel transferiert zu werden. Doch *Eggert* war längst nicht die einzige Stimme, die vor diesen Tendenzen, ein Armageddon zu entfachen, warnte. Schon *Georg Schramm* mahnte 2012, im Rahmen des ihm verliehenen „Erich-Fromm-Preises“, dass fanatische Strömungen aller Religionen einen endzeitlichen Genozid planen.[135]

Was jedoch weder *Schramm* noch *Eggert* erkennen, ist, dass diese religiösen Fanatiker nur ein Steuerelement in einem viel größeren Spiel sind. Die eingebettete Endzeitideologie, die sich bis in die Freimaurerei zurückverfolgen

---

[134] The Jerusalem Post (2023) by *Tzvi Joffre* „From Texas to Israel: Red heifers needed for Temple arrive“; Quelle: https://www.jpost.com/judaism/article-717650.

[135] „Armageddon - Auszug aus Erich Fromm Preis 2012 für Georg Schramm“ vom YouTube-Kanal von *Jörg Lohrer* Quelle: https://youtu.be/FM1-1Qw86xg

lässt, wobei der tatsächliche Ursprung unscharf bleibt, ist nur ein Baustein in einer übergeordneten Agenda. Dieser globale Plan bestimmt und durchzieht alle Inszenierungen auf der kollektiven Bühne. Dementsprechend geht es um eine viel größere Transformation, wobei das dazugehörige religiöse Drehbuch dabei nur instrumentalisiert wird, um einen Teilaspekt des Prozesses abzudecken und zu katalysieren.

Im Zentrum all der verschiedenen weltlichen Entwicklungen und Krisen, die von unterschiedlichen Machtstrukturen umgesetzt werden, steht ein zyklischer Kataklysmus, der die irdische Realität radikal umstrukturiert. Im geologischen und damit rein *cartesischen* Sinne gehe ich von einer Erdmantelverschiebung aus, die ca. alle 12.000 Jahre das Angesicht des Planeten ändert. Hierbei wird auch oft von einem physischen Polsprung gesprochen, der einer magnetischen Neuausrichtung folgt. Doch das ist im Sinne der Maya-Hypothese nur die reduktionistische Erklärung auf einer rein materiellen Ebene. Natürlich steckt mehr dahinter. Dennoch muss ich weitestgehend auf einem weltlichen Niveau bleiben, um die Kernaussage meines letzten Buches zu rekapitulieren. Fangen wir bei den Indizien des angehenden Kataklysmus an, bevor ich darauf eingehe, wie die aktuellen Krisen inklusive des drohenden Armageddon in die Vorbereitung auf einen Polsprung einfließen.

6.1 DER PHYSIKALISCHE POLSPRUNG

In meiner letzten Publikation, der „Phönix-Hypothese", sowie in den zahlreichen Interviews und Vorträgen habe ich detailliert argumentiert, warum ich von einem physischen Polsprung in naher Zukunft ausgehe. Dazu betrachtete ich die Modelle der klassischen Theorien von *Charles Hapgood*[136] bis *Chan Thomas,*[137] auf denen die Arbeiten der aktuellen Meinungsführer basieren. Auch diese nahm ich unter die Lupe. Dabei wurden die Kernaussagen von Forschern wie bspw. *Ben Davidson* (Suspicious Observers) oder *Douglas Vogt* (Diehold Foundation) zusammengefasst, um eine gemeinsame Deckungsmenge herauszuarbeiten. Weiterhin konnte ich Quellen von Whistleblowern und sogar der europäischen Prophetie einfließen lassen, um ein kohärentes Bild zu zeichnen. In letzter Konsequenz ging ich dezidiert auf die geophysikalischen Indi-

---

[136] Charles Hapgood war bekannt für seine Arbeiten über die Theorie der Erdkrustenverschiebung. Um seine Ideen zu erforschen, können Sie sich auf sein einflussreiches Buch beziehen: Hapgood, C. (1958) „Earth's Shifting Crust: A Key to Some Basic Problems of Earth Science" Pantheon Books.

[137] Chan Thomas gilt als Autor des umstrittenen Buches „The Adam and Eve Story: The History of Cataclysms", das sich mit kataklysmischen Ereignissen in der Erdgeschichte befasst. Um seine Ideen zu erforschen, können Sie lesen: Thomas, C. (1963) „Die Adam- und Eva-Geschichte: Die Geschichte der Kataklysmen" Tiger Press.

zien, sowie das mysteriöse Verschwinden von technologischen Hochkulturen ein, was zahlreiche Indikatoren für solche Reset-Zyklen lieferte, die als hinlängliche Beweisführung verstanden werden können.

Auf knapp 200 Seiten findet man in meinem letzten Buch eine umfassende Analyse, warum es absolut gerechtfertigt ist, einen Kataklysmus zu postulieren, der akut näher rückt. Dabei berief ich mich auf wissenschaftlich vertretbare Modelle und ihre Prognosen. Einzig die Präkognition war darunter ein schwer fassbarer Aspekt, wenn man aus einem *cartesischen* Paradigma heraus argumentieren möchte. Dennoch ist die Datenlage dabei so prägnant, dass man als Materialist die europäischen Prophetien zumindest als kurioses Nebenphänomen anerkennen muss. Zweifelsohne korrelieren die Vorhersagen der Seher mit den bisherigen Entwicklungen auf der kollektiven Bühne und prognostizieren zudem Ereignisse, die einen physischen Polsprung beschreiben. Diese Zusammenhänge wurden von Analysten wie *Stephan Berndt* und *Richard Schwarz* weitläufig argumentiert, und aktuell besteht kaum ein Zweifel daran, dass wir uns noch immer auf der prophezeiten Zeitlinie befinden.

Entscheidend für meinen persönlichen Prozess, die Puzzleteile zu einem kohärenten Bild zusammenzufügen, war dabei eine Whistleblower-Quelle, die 2010 von „Project Camelot" publiziert wurde.[138] In dem ersten Buch habe ich dezidiert dazu geschrieben und auch auf meiner offiziellen Webseite[139] befindet sich dazu ein elaborierter Artikel. In diesen Publikationen wird deutlich aufgezeigt, wie der Project-Camelot-Insider der „Angelsächsischen Mission" bereits 2005 mit geheimen Plänen konfrontiert wurde, die alle Punkte beinhalten, die sich in den letzten Jahren global manifestiert haben. Diese allumfassende Agenda wurde Stück für Stück auf der kollektiven Bühne ausgerollt. Sie umfasst die weltweite „P(l)andemie" von 2020, die schrittweise Eskalation zwischen den Atommächten sowie die aktuellen Feindseligkeiten im Nahen Osten. All diese Elemente gehörten zur Vorbereitung auf den geophysikalischen Reset, nach Aussage des Whistleblowers.

Aus all diesen Daten extrapolierte sich ein Bild, welches mir suggerierte, dass die globalen Auffälligkeiten, Krisen und Konflikte primär dem anstehenden bevorstehenden Kataklysmus geschuldet sind. Es blieb einzig die Frage, ob ein physikalischer Polsprung die beste Erklärung für die irdischen Transformationsprozesse sein könnte. Nach einer tiefgreifenden Recherche der populären wissenschaftlichen Modelle, die ich am Anfang dieses Abschnitts

---

138 Quelle: Project Avalon https://projectavalon.net/lang/de/anglo_saxon_mission_interview_transcript_de.html

139 Quelle: https://mayamagik.de/die-angelsaechsische-mission/

angeführt habe, verdichtete sich mein Verständnis, welches ich im Endeffekt als Hypothese formulierte. Darin suchte ich nach externen Auslösern, die einen solchen Prozess initiieren könnten. Sowohl Sonnenzyklen als auch die Legende von *Nibiru* wurden dabei als potenzielle Trigger berücksichtigt. In letzter Konsequenz bin ich jedoch kein Astronom oder gar ein Geologe. Es liegt mir fern, mich auf ein spezifisches Modell festzulegen. Dennoch bin ich überzeugt, dass man leicht aus dem zusammengetragenen Material einen zyklischen Kataklysmus ableiten kann. Doch diese Ausdeutungen kommen aus einem Paradigma, welches von einer physischen Realität ausgeht, die ausschließlich kausalen und linearen Wechselwirkungen unterliegt. Es ist eine Weltsicht, die ich mit diesem Buch in ihren Grundfesten erschüttern möchte.

Aus einer Perspektive, welche die Realität als ein virtuelles Konstrukt betrachtet, kann ich mir die gesamte wissenschaftliche Beweisführung prinzipiell sparen. Wer sie für seinen Verstand braucht, um das Thema ernst zu nehmen, kann sich mein letztes Buch durchlesen. Man könnte auch den Kanal von „Suspicious Observers" auf YouTube abonnieren, oder sich bei anderen prominenten Meinungsführern umschauen, um immer auf dem aktuellen Stand der Forschung zu bleiben. Dort werden die neuesten Modelle, Indikatoren, Daten und Papers diskutiert. Mir reicht es, anzumerken, dass eine überwältigende Masse an Indizien existiert, die einen zyklischen Reset suggeriert. Diese Symptome können jedoch im Kontext der Maya-Hypothese völlig neu interpretiert werden. Demnach möchte uns das Konstrukt subtil auf diese Transformation hinweisen. Ob der Kataklysmus tatsächlich in der Vergangenheit stattgefunden hat, oder ob die Indizien nur in die Simulation „hineingedoktort" wurden, um uns im Rahmen des kollektiven Drehbuchs zu warnen, kann nicht abschließend geklärt werden. Wie ich im Unterkapitel „geschichtliche Paradoxien" angedeutet habe, wissen wir nicht exakt, wann das aktuelle Konstrukt wirklich angefangen hat, und wie oft hier „Geschichte" manipuliert wurde. Wurden eventuell Elemente aus älteren Versionen der Matrix hier via „Copy und Paste" eingefügt, um uns einen Hinweis zu geben? All das sind spekulative Ideen, die aber im Kontext einer virtuellen Maya nicht völlig abwegig sind.

Was wir nicht relativieren können, ist die Tatsache, dass die Indizien klar vorhanden sind, die einen Reset implizieren. Die Frage bleibt, was wir damit anstellen und wie wir persönlich darauf reagieren. Der Rest sind Konzepte, die versuchen, daraus eine kohärente Story mit physikalisch kausalem Anspruch zu basteln. Über diese Modelle wird sich dann genauso gestritten, wie bezüglich der Frage, ob die Erde wirklich rund ist, oder ob Tartaria tatsächlich existiert hat. Aus der Perspektive, welche die Realität als ein geistiges oder virtuelles

Konstrukt erkennt, ist es müßig, über solche Details zu debattieren. Im Grunde ist es nahezu bedeutungslos. Ich muss selber darüber lachen, wie ich monatelang daran gearbeitet habe, den Polsprung wissenschaftlich zu argumentieren, und jetzt wische ich eigenhändig diese Arbeit mit wenigen Sätzen vom Tisch und behaupte, dass es irrelevant sei, einem linear-kausalen Modell hinterherzulaufen. Das offenbart nur den Humor des Schöpfers – und das darf man gerne doppeldeutig verstehen.

Zusammenfassend soll darauf hingewiesen werden, dass alle Indikatoren auf Apokalypse stehen, wenn man die Zeichen erkennen möchte. Im Kontext der Maya-Hypothese würde ich diesen globalen Kataklysmus als vielschichtiges „Reset-Protokoll" bezeichnen. Es wäre in dem Sinne ein im Konstrukt ablaufendes „Neustrukturierungsprogramm", das für massive Umwälzungen sorgen wird. Dabei muss die Art und Weise, wie sich das Neustartprotokoll lokal manifestiert, nicht kohärent oder logisch im globalen Sinne sein. Die Maya scheut sich nicht, mit Paradoxien zu arbeiten – es darf nur nicht zu augenfällig sein. Doch gerade während eines kataklystischen Ereignisses wäre jeder Mensch auf seine lokale Realität fixiert und würde nicht bemerken, ob der Ablauf, global betrachtet, kausal Sinn ergibt. Die Auswirkungen können theoretisch im individuellen Feld des Einzelnen ganz separat „gerendert" werden. Der Reset kann für jedes Individuum eine andere Bedeutung haben und sich unterschiedlich manifestieren.

Für eine materialistisch gepolte Elite gibt es jedoch nur eine Interpretation: Die Welt, wie sie heute ist, wird sich gewaltsam transformieren, und darauf gilt es sich vorzubereiten. Aus rein *cartesischer* Perspektive steht ein zyklischer Polsprung an, und das beinhaltet die ultimative Herausforderung, die Menschheit über diesen kritischen Zeitraum zu retten. Obgleich man sich angesichts dieses Szenarios auf massive Verluste einstellen muss, so gilt es einen optimalen Restart einzuleiten, der gewisse Eliten und die Errungenschaften der modernen Welt sicher in eine neue Epoche überführt. In dieser Agenda finden wir das Hauptanliegen einer klandestinen Operation, die schon seit geraumer Zeit im Hintergrund umgesetzt wird.

6.2 DIE WELTLICHE VORBEREITUNG

Die primären Konsequenzen eines physischen Polsprungs lassen sich aus *cartesischer* Perspektive wie folgt zusammenfassen: Durch die Massenträgheit des Wassers wird es bei der Bewegung der Erdkruste bzw. des gesamten Mantels zu massiven Überflutungen an den globalen Küsten kommen. Dies würde bedeuten, dass der internationale Handel abrupt gestoppt würde. Gravierende Erdbeben und Vulkanausbrüche hätten weitere verheerende Folgen für die Infrastruktur. Da die kollektiven Ereignisse primär mit der Sonne assoziiert sind, muss auch mit hochenergetischen koronalen Massenauswürfen (CMEs)[140] gerechnet werden, was einen fatalen Impact auf unsere Kommunikations- und Energiesysteme haben würde.

Visionen einer Großen Flut in klassischem Gemälde von Francis Danby.
(Quelle: https://de.wikipedia.org/wiki/Datei:Francis_Danby_deluge.jpg)

Sollten die Ereignisse tatsächlich mit einem vorbeifliegenden Himmelskörper in Verbindung stehen, der die Sonne agitiert und durch dessen Gravitationswirkung die Erdkruste verrückt wird, dann spielen auch noch mitreisende Bruchstücke, die auf der Erde landen könnten, in das Gesamtbild hinein. So wird es weitestgehend von vielen Whistleblowern[141] behauptet, die Planet X (Nibiru) als zyklischen Auslöser für das Phänomen benennen.

---

[140] CMEs: Koronale Massenauswürfe sind bedeutende Sonnenphänomene, die mit der äußeren Atmosphäre der Sonne zusammenhängen. Um das wissenschaftliche Verständnis von CMEs zu vertiefen, können Sie sich auf wissenschaftliche Arbeiten und wissenschaftliche Literatur beziehen. Eine bemerkenswerte Quelle ist: *Gopalswamy, N.* (2006) „Coronal Mass Ejections: An Introduction" Springer.

[141] Quellenübersicht: https://mayamagik.de/nibiru-insider-whistleblower/

Selbst wenn das Ereignis nicht als Weltuntergang zu bezeichnen ist, da Menschen den kleinen Zyklus immer wieder überlebt haben, so ist ein Polsprung doch als ein „Hochkulturkiller“ zu charakterisieren, was den periodischen Untergang von hoch entwickelten Zivilisationen erklären würde. Diesem Schicksal der Alten möchten Teile der aktuellen Eliten entgegenwirken. Selbst ein vergleichsweise milder Verlauf der Ereignisse könnte zur Folge haben, dass sich die Weltbevölkerung kurzfristig halbieren würde, und durch das entstehende Chaos und den Zusammenbruch sämtlicher Infrastrukturen noch weitere Opfer zu beklagen wären, bevor eine Stabilisierung eintreten könnte. Behalten wir dieses Bild als hypothetisches Szenario im Bewusstsein.

6.2.1 Was ist das System im Kontext der PH?

Ich habe die weltliche Machtstruktur in einem dezidierten Kapitel bereits skizziert. Wichtig für die These ist, dass wir das Theorem zulassen, dass hinter den offiziellen Machtstrukturen eine singuläre, okkulte Intelligenz die globale Agenda bestimmt. Falls die Vorstellung eines übergeordneten Systems zu abstrakt ist, dann könnte es auch die kollektive Herausforderung des anstehenden Polsprungs nötig machen, dass selbst vermeidlich gegensätzliche Ideologien kooperieren müssen, obwohl sie nach außen hin zu konkurrieren scheinen. Was genau hinter dieser Inszenierung steckt, darauf werde ich im Detail noch eingehen. Entscheidend ist, dass wir im Rahmen der These vorerst hypothetisch von einer klandestinen internationalen Machtstruktur ausgehen müssen.

Versetzen wir uns nun spielerisch in die Rolle eines übergeordneten Systems, welches spätestens seit den 1990er Jahren darüber informiert wurde, dass eine kataklystische Transformation der Erde unausweichlich ist. Wie würde eine materialistisch gepolte Elite mit einer solchen Herausforderung umgehen? Würde diese Machtebene den Sachverhalt ignorieren und es darauf ankommen lassen? Würde das System die Bevölkerung aufklären und eine Panik riskieren? Oder würde das Netzwerk der „Mächtigen“ sich unauffällig im Hintergrund auf eine solche Katastrophe vorbereiten?

Nach meinen Recherchen sind die Antworten auf diese Fragen eindeutig. Basierend auf den Aussagen der Insider und Whistleblower, gibt es eine globale Koalition, die dem Szenario ihre volle Aufmerksamkeit widmet. Für sie drehen sich alle Ereignisse auf der kollektiven Bühne allein um jenes Thema. Diese Eingeweihten scheinen jedoch nicht homogen zu sein, was ihre grundsätzlichen Prinzipien und Axiome angeht. Ich unterscheide daher in mindestens drei Subkategorien.

> ***„Es ist wichtig, zu verstehen, dass viele Beteiligte nur begrenzte Informationen erhalten haben, mit alternativen Begründungen gefüttert oder absichtlich falsch informiert wurden. Nur so lässt sich abstrahieren, warum so viele Theorien über die aktuellen Ereignisse im Umlauf sind."***
>
> **— Auszug Nexus-Artikel —**

- **Militärisch-Wissenschaftlicher-Komplex:** Diese Gruppen unterliegen in ihrer Strukturierung dem „Need-to-know-Prinzip". Wie in jeder militärischen Hierarchie hat nur die Führungsspitze eine vollständige und korrekte Lageübersicht. In den unteren Positionen werden die Mitarbeiter nur darüber informiert, was sie zur Erfüllung ihres Auftrags wissen müssen. Teilweise werden fingierte Lagebilder nach unten weitergegeben, was weitestgehend dazu dient, durchgesickerte Informationen bzw. „Leaks" zurückverfolgen zu können. Grundsätzlich ist jedoch davon auszugehen, dass dieser Teil den Auftrag hat, möglichst viele Menschen und das Überleben unserer technischen Evolutionsstufe über die globale Katastrophe hinwegzuretten.

- **Die globalen Eliten:** Auffälligerweise haben sich schon seit Jahren gewisse Milliardäre wie *Jeff Bezos* und *Elon Musk* mit Weltraumreisen beschäftigt. Diese Leute haben zudem Untergrundprojekte und Privatbunker gebaut. Neuseeland scheint dabei ein favorisierter Ort zu sein. Wir müssen davon ausgehen, dass sie entweder von höchster Stelle eingeweiht wurden, oder selber die Mittel haben, die Lage zu erkennen. Es ist nicht auszuschließen, dass ihre kometenhaften Aufstiege erst durch das System ermöglicht wurden und sie damit gezwungen sind, ihre Rolle im Vorbereitungsprozess zu spielen. Dennoch scheint es auch eine gewisse Konkurrenz unter ihnen zu geben, bezüglich der optimalen Ausgangsposition.

- **Die okkult-esoterischen Bruderschaften:** Diese Gruppe scheint an der Spitze der Vorbereitungsoperation zu stehen. In den Reihen der Geheimgesellschaften war das Wissen um die Zyklen ohnehin schon immer Teil ihrer höchsten Einweihungsgrade. Organisationen wie die Freimaurer oder die Jesuiten betrachten die Katastrophe weitestgehend als Gelegenheit oder Chance, einen radikalen Schritt in der Evolution der Menschheit zu vollziehen. Ihr Wissen beruht auf den Schriften der großen Bibliothek von Alexandria, die in die geheimen Orden und die Vatikanbibliotheken verbracht wurden und seither unter Verschluss gehalten werden. Wir müssen aber gleichzeitig davon ausgehen, dass die oberste Spitze der okkulten Zirkel spirituelle Absichten dem Prozess überordnen.

Es mag durchaus Spannungen und Konkurrenz unter den eingeweihten Gruppen geben, soweit man das von außen sagen kann, dennoch scheinen sich alle Beteiligten darüber einig zu sein, dass eine Panik unbedingt vermieden werden muss. Daher gilt absolute Geheimhaltung bzw. Eindämmung und Kontrolle des Polsprung-Narratives, welches auf keinen Fall eine kritische Bewusstwerdung im Kollektiv auslösen darf. Weiterhin gelten folgende Prämissen:

- Die globale Infrastruktur muss bis kurz vor dem Ereignis funktionieren. Kritische Lieferketten und Produktionsanlagen müssen zur optimalen Vorbereitung auf maximaler Kapazität laufen.
- Angesichts der Herausforderung für die Menschheit gilt eine nahezu vollständige Indifferenz bezüglich des Schicksals und den Befindlichkeiten des Einzelnen. Harte Entscheidungen sind dementsprechend unumgänglich.
- Verschwörung, Mord, Lügen, Ablenkung und Erpressung sind akzeptable Mittel, die Integrität des Geheimnisses zu wahren und die Agenda weiter voranzubringen.

„Betrachtet man das Szenario nüchtern aus der Perspektive des Systems, so wird deutlich, dass eine globale Herausforderung dieser Kategorie die Zusammenarbeit selbst mit den korruptesten Personen erforderlich macht. In einem solchen Szenario müssen Psychopathen sogar als wertvolle Aktivposten betrachtet werden, da sie keine moralischen Schranken kennen, um harte, aber als notwendig erachtete Schritte umzusetzen.“

— Auszug Nexus-Artikel —

Wenn wir diese Prämissen als Grundlage nehmen und uns in das System versetzen, dann kann man daraus bestimmte Herangehensweisen zielsicher ableiten. Andere Maßnahmen lassen sich aus den bereits präsentierten Quellen im Abgleich mit den Auffälligkeiten auf der Weltbühne erkennen. Fangen wir jedoch mit der Basis an, die einer jeden Operation vorausgeht: die Finanzierung.

6.2.2 Die Finanzierung der Maßnahmen

Einige Insider und Whistleblower sind erst auf das Thema Polsprung im Kontext von Planet X aufmerksam geworden, weil sie erkannt haben, dass signifikante Mengen Geld von Regierungskonten abgeschöpft wurden. Der ehemalige Regierungsberater *Bob Fletcher* ist diesbezüglich eine wichtige Quelle. Ein klassisches Beispiel sind dabei die 2,3 Billionen US-Dollar, die im Pentagon-Budget verschwanden, und deren Verlust der damalige Verteidigungsminister *Donald Rumsfeld* am 10. September 2001 vor der Presse eingestehen musste.[142]

Bevor sich dieser Sachverhalt zu einem ausgewachsenen Skandal hochschaukeln konnte, wurden die Unterlagen dazu bereits einen Tag später vernichtet, als angeblich ein Flugzeug jenen Teil des Pentagons traf, wo die Rechnungsdokumente lagerten. Man darf da gerne an einen Zufall glauben, oder von einer gezielten Vertuschungsaktion ausgehen. Ich persönlich präferiere den letzteren Erklär-Ansatz. Doch der 11. September half womöglich noch an anderen Stellen, gigantische Summen auf schwarze Konten zu spülen. So wurden die Gold- und Silberbestände, die unter dem WTC-Komplex lagerten, nie gefunden. Man muss davon ausgehen, dass auch diese Werte in dunklen Kanälen verschwanden.[143] Doch diese Gelder sind nicht mehr als ein Taschengeld, im Vergleich zu den Billionen, die während der Okkupation von Afghanistan in Form von Drogengeld akquiriert wurden. Der Einmarsch am Hindukusch war die direkte Konsequenz des 11. Septembers und erlaubte dem System erst den Zugriff auf die dortigen natürlichen Ressourcen.

Vor der Intervention stand das Land unter der Vorherrschaft der Taliban, die beispielsweise den Anbau von Opium streng untersagten.[144] Kaum waren westliche Truppen vor Ort, steigerte sich die Produktion wieder von 0% auf über 90% des Welthandels, speziell von Heroin.[145] Da bestimmte Dreibuchstaben-organisationen der Amerikaner schon vor Afghanistan eine umfangreiche Reputation hatten, im Drogengeschäft[146] mitzumischen, können wir davon ausgehen, dass ein Großteil der dort akkumulierten Gelder direkt auf dunklen Konten landete. Weiterhin müssen wir festhalten, dass das Finanzsystem ganz grundsätzlich auf einen Kurs gelenkt wurde, indem es praktisch kontrolliert im roten Bereich an die Wand gefahren wird. Gelder werden aus dünner Luft

---

[142] C-SPAN, „September 10th, 2001 – Donald Rumsfeld: We cannot track 2.3 Trillion Dollars.“ Quelle Youtube: https://youtu.be/4FWFAs9ffGk

[143] Ikon London Magazin „9/11 Heist: The Missing Trillions – Follow The Money“ von *Joe Alvares* Quelle: https://www.ikonlondonmagazine.com/9-11-missing-8-5-trillion-follow-the-money/ CNN Quelle: https://www.youtube.com/watch?v=CKPGwGAH0OQ

[144] Im Juli 2000 erklärte Taliban-Führer *Mullah Mohammed Omar* in Zusammenarbeit mit den Vereinten Nationen, dass der Anbau von Mohn unislamisch sei, was zu einer der erfolgreichsten Antidrogenkampagnen der Welt führte.

[145] Schätzungen des UN-Büros für Drogen- und Verbrechensbekämpfung (UNODC) aus dem Jahr 2006 gehen davon aus, dass 52% des Bruttoinlandsprodukts (BIP) des Landes im Drogenanbau erwirtschaftet werden.

[146] „Intelligence Autorization Act for Fiscal Year 1999 (House of Representatives - May 07, 1998)“ Quelle: https://irp.fas.org/congress/1998_cr/980507-l.htm

erzeugt, was zu einer enormen Blasenbildung führt. Wer sich fragt, wie wir die fast exponentiell wachsenden Schuldenberge jemals zurückzahlen sollen, dem kann im Kontext der Phönix-Hypothese nur gesagt werden, dass das System dies nicht vorsieht. Das „Kasino" muss nur so lange künstlich am Leben gehalten werden, bis der kosmisch induzierte Reset auch das Ende der jetzigen Finanzstruktur einleiten wird. Bis dahin dient es dazu, den Wirtschaftsmotor auf volle Produktionskraft zu fahren und Gelder auf „schwarze Konten" zu schleusen.

6.2.3 Kontrolle des Narratives

Wenn wir davon ausgehen dürfen, dass Geld nicht das Problem ist und wir gigantische Mengen vom Weltmarkt abschöpfen können, dann geht es hauptsächlich darum, das öffentliche Denken und die diskutierten Narrative zu kontrollieren. Das gilt zunächst primär den geheimen Machenschaften der Geldbeschaffung, die verschleiert und im schlimmsten Fall als Gier Einzelner oder einer systemischen Habsucht verklärt werden müssen. Doch im Verlauf der Vorbereitung sollten auch die sichtbaren Vorbereitungsmaßnahmen in ein unverfängliches Narrativ eingebunden werden, damit die wahren Absichten nicht auffallen. Was die Einzelheiten betrifft, dazu werde ich noch kommen.

Eine mediale Kontrolle des kollektiven Denkens kostet viel Geld. Thinktanks und Influencer müssen bezahlt werden. Im Westen wird zwar die gesamte Medienlandschaft durch „Bilderberger", WEF, „Council on Foreign Relation" und „Trilaterale Kommission" kontrolliert, dennoch ist es von absoluter Unverzichtbarkeit, auch den Sektor der alternativen Medien zu beherrschen. Dort setzt das System primär auf Empörungsmanagement. Man lässt die kritischen Geister lieber in ein paar selektierten Skandalen herumstochern, als dass man ihnen zu viel Ruhe gibt, das größere Bild zu betrachten. Selbst diese „Beschäftigungstherapie" ist aufwendig und daher nicht billig. Selbstverständlich kann man nicht im einzelnen verhindern, dass manche Individuen auf Auffälligkeiten stoßen und anfangen, die hier beschriebene Agenda zu erkennen. Doch das ist auch nicht nötig. Es ist nur wichtig, dass keine kritische Masse innerhalb der alternativen Medien die größeren Zusammenhänge erfassen kann, sodass dieses Wissen darum auf den Mainstream abfärben könnte.

Durch KI und Echtzeitauswertung der Kommunikation in sozialen Medien, aber auch durch die abgeschöpften Daten aus mithörenden „Smartgeräten" (Handys, Alexa, Google und Co.) kann augenblicklich erkannt werden, wenn ein kritisches Thema zu viel Aufmerksamkeit bekommt. Dann kann sofort gegengelenkt werden, indem beispielsweise ein neuer Skandal lanciert wird. In Einzelfällen könnte man auch eine Naturkatastrophe mit HAARP[147] oder ähnlicher Technologie inszenieren, um das Kollektivbewusstsein auf ein anderes Thema zu lenken. Diese Kontrolle könnte mittlerweile voll automatisiert sein und durch eine künstliche Intelligenz gemanagt werden – zumindest, was die Diskussion bestimmter Themen im Internet angeht, die durch Chatbots umgelenkt oder geframet werden kann. Die kollektive Steuerung über Massenmedien und Hollywood ist ein komplexer Sachverhalt und soll hier auch nicht im Detail erklärt werden. Wichtig wäre es jedoch, darauf aufmerksam zu machen, dass die unbedingte Loyalität der Elite aus dem Unterhaltungsmilieu durch sogenannte „Honigtöpfe" garantiert wird. Operationen wie *Epstein*-Island sind nur die Spitze des Eisbergs. Ziel dieser „Honigtöpfe" ist es, einflussreiche Individuen aus der Politik und der Entertainmentindustrie möglichst in kompromittierende Positionen zu locken und sie dabei zu dokumentieren, um sie dadurch erpressbar zu machen.[148]

6.2.4 Bunkerbau und DUMBs

Da wir in der hypothetischen Rolle als System jetzt über ausreichend finanzielle Ressourcen verfügen und das Narrativ wasserdicht kontrollieren, wird es Zeit, konkrete Vorbereitungen zu ergreifen. Die logischste Herangehensweise, sich auf ein kataklystisches Ereignis auf der Erdoberfläche vorzubereiten, wäre es, sich Bunker unter der Erde zu bauen. Diese sogenannten DUMBs[149] orientieren sich an Maßnahmen, die bereits andere Hochkulturen vermeintlich als angemessene Antwort auf einen Polsprung erkannt haben, wie in Derinkuyu, Lalibela, Petra, Rakhigarhi etc. Was die europäischen antiken Unterwelten angeht, so kann ich nur die Arbeit von *Professor Heinrich Kusch* empfehlen.[150] Glauben wir den Berichten von Whistleblowern wie *Phil Schneider*, dann schreitet die Produktion von DUMBs seit Jahrzehnten munter voran.[151] Hierzu noch ein Zitat aus meinem Artikel im Nexus Magazin:

---

[147] Das High-Frequency Active Auroral Research Program (HAARP) war zunächst ein Programm der University of Alaska Fairbanks und der US-Navy zur Erforschung der Ionosphäre, entwickelte sich aber in ein Waffenprojekt. Es steht im Verdacht, dass man mit dieser Technik auch Erdbeben oder Wettereffekte auslösen kann.

[148] *Jeffrey Epstein* installierte an zahlreichen Stellen seines Anwesens versteckte Kameras, um sexuelle Handlungen von Prominenten mit minderjährigen Mädchen zu kriminellen Zwecken wie Erpressung aufzuzeichnen. Die Liste der Passagiere, die im Privatjet regelmäßig nach „Lolita Island" flogen, ist lang und involviert u.a. zahlreiche prominente Politiker.

[149] Akronym für „Deep Underground Military Bunkers"; zu Deutsch: „tiefe, unterirdische Militärbunker"

[150] *Kusch, H. & Kusch, I.* (2023) „Geheime Unterwelt: Auf den Spuren von Jahrtausende alten unterirdischen Völkern" Authal Verlag.

[151] Nexus Magazin Nr. 102 (2022); Artikel: „Der Mann, der uns die DUMBs brachte".

„Über verschiedenste Verfahren wurden so unvorstellbare Werte auf schwarzen Konten angehäuft. Diese versteckten Budgets wurden größtenteils für den Bau global verteilter Bunkersysteme verwendet, die DUMBs – Deep Underground Military Bases – genannt werden. Auch die Geisterstädte in China und Projekte wie den Saatguttresor auf Svalbard kann man zu diesem Kontext zählen. Allerdings dürften diese Installationen nur die Spitze des Eisbergs sein, welche für die Öffentlichkeit sichtbar ist. Spannender für mich sind solche Projekte, um deren wahre Dimensionen unter der Oberfläche sich nur Mythen ranken, wie um den Denver-Airport, Dulce-Airbase, und Pine Gap."

— Auszug Nexus-Artikel —

Im Kontext der DUMBs sollte noch erwähnt werden, dass die Bunkeranlagen vielleicht nur die primäre Antwort auf einen Polsprung darstellen. Es mag geheimere Projekte geben, die sich gleichermaßen mit der Umsiedlung auf andere Planeten beschäftigen. Diese Vorbereitungsmaßnahmen würden sich ebenfalls aus schwarzen Konten heraus und teilweise über Militärbudgets finanzieren lassen. Doch das ist reine Spekulation.

6.2.5 Menschliche und physische Ressourcen

Der Bau hochmoderner Bunkersysteme im Verborgenen ist nicht der schwierigste Aspekt in der Vorbereitungsphase. Eine größere Herausforderung ist es, geeignete Menschen zu finden, die einen Wiederaufbau nach dem Reset stemmen können. Darüber hinaus muss das System die Anlagen in aller Stille mit spezifischen Ressourcen ausstatten, die die Menschheit für einen kontrollierten Neustart benötigt. Dazu benutzt das Kontrollsystem schon seit geraumer Zeit künstliche Intelligenz, um durch die Filterung großer Datenmengen aus dem Internet die richtigen Anwärter für den Wiederaufbau zu finden. Durch die Aussagen von *Edward Snowden* wissen wir, dass die Datenkraken von NSA, Google und Co. ein holistisches Profil aller Menschen erstellt haben. Dazu gehört auch eine dezidierte Analyse von individuellen Fähigkeiten und psychologischen Dispositionen. Wir können leider nur vermuten, nach welchen Qualitäten und Eigenschaften das System genau sucht, aber man darf davon ausgehen, dass bereits jetzt detaillierte Listen von Kandidaten existieren, wie es im Film „Greenland"[152] dargestellt wird. Wenn die Situation kritisch werden würde, könnten vertrauliche Einladungen ausgesprochen werden,

---

[152] *Ric Roman Waugh* (Regisseur) (2020) „Greenland" STXfilms.

sich evakuieren zu lassen. Auch unter diesem Aspekt dürfte der Blockbuster „Greenland“ einen realistischen Einblick vermitteln.

Die unvermeidliche Aufgabe, physische Ressourcen wie Baumaterialien, Halbleiter und Mikrochips in großen Mengen in den Untergrund zu bringen, ist keine banale Herausforderung. Das hängt damit zusammen, dass man die Bunkeranlagen nicht im Laufe der Zeit langsam aber stetig auffüllen kann, weil man zum Zeitpunkt X möglichst die neueste technologische Generation haben will. Jedoch ist ein kurzfristiger Transfer von Gütern in dieser Größenordnung kaum zu verbergen. Ist ihnen aufgefallen, welche Dinge praktisch kurz nach Beginn der Pandemie extrem knapp wurden? Exakt: Baumaterial, Halbleiter, Mikrochips etc. Offiziell wird Corona dafür verantwortlich gemacht, doch die Pandemie könnte demnach nur eine geschickte Ablenkung sein.

Das bedeutet jedoch nicht, dass es bei der Krise 2020 ausschließlich darum ging, den klammheimlichen Abfluss bestimmter Ressourcen in die DUMBs zu vertuschen. Vielmehr sollte man die „P(l)andemie“ als Schweizer Taschenmesser betrachten, um eine Vielzahl von geheimen Machenschaften, die der Vorbereitung auf den Reset dienen, zu verschleiern. Dazu gehört auch die Ausweitung von Überwachungs- und Notstandsgesetzen, die dem System mehr Spielraum erlauben in seinem weiteren Vorgehen. Zudem können die Eliten im Kontext eines pandemischen Ausnahmezustands Szenarien für zukünftige Gesellschaftsstrukturen simulieren.

Mittlerweile sehen wir, dass auch bestimmte Grundnahrungsmittel zeitweise knapp werden. Neben der Pandemie sind weitere Krisen aufgetaucht, mit denen solche Mangelzustände begründet werden. Der Ukrainekonflikt hat dabei den größten Impact, aber auch die Spannungen mit China in Bezug auf Taiwan haben wirtschaftliche Konsequenzen. Wir können das als Indiz betrachten, dass die Vorbereitungsphase weiter voranschreitet.

6.2.6 Die Rolle des 3. Weltkrieges

In den Überlieferungen der europäischen Propheten wird immer wieder deutlich, dass diese Menschen mit präkognitiver Wahrnehmung einen modernen Krieg mit Drohnen und Panzern u.a. auch auf deutschem Boden gesehen haben, der kurz darauf durch die Symptome eines Polsprungs beendet wird. Jedoch gibt es ebenso in den amerikanischen Quellen deutliche Hinweise, dass es zu einer Invasion von russischen und chinesischen Truppen im Bereich der USA und Kanada kommen soll. Diese Aussagen decken sich mit den Planspielen der „Angelsächsischen Mission“, die ein Project-Camelot-Whistleblower 2010 an die Öffentlichkeit gebracht hat. Auch wenn man diese Quellen nicht kennt, sollte im Kontext der aktuellen Weltlage klar sein, dass mit Hochdruck auf eine ultimative Konfrontation hingearbeitet wird. Die Frage, die sich daraus ergibt, lautet, warum sollte ein globaler Krieg noch kurz vor dem Polsprung inszeniert werden? Immerhin sprechen wir von einer kataklystischen Erdkrustenverschiebung, die ohnehin viel Infrastruktur zerstören und Milliarden von Menschen beseitigen würde. Worin könnte das Kalkül liegen, vorher noch einen globalen Konflikt zu initiieren? Das ergibt auf den ersten Blick überhaupt keinen Sinn – oder vielleicht doch? Spielen wir das Szenario mal nüchtern durch, aus der Sicht einer kalten Intelligenz.

Jetzt, da das System theoretisch über die vom internationalen Markt abgezogenen Güter und eine Liste möglicher Experten verfügt, um einen kontrollierten Wiederaufbau zu ermöglichen, fehlt noch der letzte Akt auf der Bühne. Um all die physischen und menschlichen Ressourcen in den Untergrund zu verteilen, ohne dass eine kritische Masse bemerkt, dass bestimmte „Leithammel" plötzlich aus der Herde verschwinden, muss man erneut auf Täuschung und Ablenkung zurückgreifen — dieses Mal in einem epischen Ausmaß. Hier kommt das Szenario eines drohenden Weltkrieges ins Spiel.

Für einige Leser mag es redundant klingen, aber angesichts der Tatsache, dass in vielen Bereichen der Wahrheitsbewegung noch Charaktere wie *Trump* und *Putin* so idealisiert werden, möchte ich die Illusion relativieren. Die Weltpolitik ist demnach ein gigantisches Theaterstück und im besten Fall mit WWF-Wrestlingkämpfen vergleichbar. Die Staats- und Regierungschefs der Welt mögen sich vor einem wütenden und polarisierten Publikum gegenseitig beschimpfen und metaphorisch durch den Ring schleudern, aber das Ergebnis der Inszenierung steht schon vorher fest. Es ist alles Teil eines Drehbuchs.

Manchen weltlichen „Eliten" geht es tatsächlich nur um Macht und sie tun, was von ihnen verlangt wird, ohne die Hintergründe zu kennen, und wieder andere agieren einfach nur nach den Anweisungen ihrer „Mentoren", bestehend aus Geheimbünden oder Strukturen wie WEF, CFR oder den Bilderbergern etc. — dem mittleren Management des Systems. Im Grunde ist es irrelevant. Im Endeffekt spielen sie alle nach Vorgabe der oberen Spitze der okkulten Machtpyramide. Im Rahmen der Phönix-Hypothese muss der aktuelle Konflikt zwischen der NATO und den Ostmächten China und Russland zwangsläufig kritisch werden. Diejenigen, die direkt in die Auseinandersetzung verwickelt sind – vom General bis zum Panzerfahrer – mögen an eine geostrategische Notwendigkeit glauben. Viele verfolgen womöglich sogar „altruistische" Ideale, weil sie überzeugt sind, für ihre Nation oder die Freiheit ihres Vaterlandes zu kämpfen, doch am Ende sind sie alle nur Figuren in einem Spiel aus Täuschung und Ablenkung. Selbst wenn ein dritter Weltkrieg, der sich in der Ukraine bereits andeutet, letztlich nur ein inszeniertes taktisches Manöver wäre, so sind die Opfer und das Leid während dieser Auseinandersetzung äußerst real.

Das Kalkül liegt nicht nur in der Ablenkung. Die militärische Eskalation wird von allen Kriegsparteien gebraucht, da sie nur damit immer höhere Militärbudgets vor ihrem Volk rechtfertigen können, während sie mit den Fingern auf die jeweils andere Seite zeigen. Mit diesen Geldern können sie auch Maßnahmen finanzieren, die zwar offiziell bspw. der Vorbereitung auf einen Atomkrieg dienen, aber parallel auch in jedem anderen Katastrophenszenario dienlich sein könnten. Bevor die kosmisch induzierten geophysikalischen Veränderungen auf der Erde für jedermann sichtbar werden, soll der letzte Schritt der Vorbereitung die globale Eskalation des dritten Weltkrieges sein. Es ist nicht die Absicht des Systems, einen unkontrollierten nuklearen Austausch vom Zaun zu brechen, sondern ein großes konventionelles, möglichst weltweites Gemetzel zu initiieren. Der Hauptzweck auf weltlicher Ebene besteht darin, von einer finalen Verlagerung physischer und menschlicher Ressourcen abzulenken. Zweitens dient es der Ausdünnung der Herde und des Militärs im Besonderen.

Da abtrünnige Militärs bzw. hoch spezialisierte Truppenteile, die keinen Platz im Bunker finden werden, die akuteste Gefahr für einen kontrollierten Wiederaufbau darstellen, gibt es keine bessere Methode, diese loszuwerden. Die Armeen müssen einander auf einen insignifikanten Rest dezimieren, und ein inszenierter konventioneller Krieg würde das nachhaltig gewährleisten. Eine radikale Verkleinerung des Militärs reduziert die Möglichkeit, dass zwangsläufig zurückgelassene, aber gut organisierte bzw. ausgebildete Truppen und ihre Offiziere eine eigene Ordnung installieren und basierend auf der Tatsache, dass auch sie hintergangen wurden, beginnen, ihre Loyalität gegenüber den „Verbunkerten“ zu hinterfragen. Das sind potenzielle Gefahren, die bedacht werden müssen. Die Frage, warum das System die Bevölkerung vor einem Ereignis reduzieren will, das ohnehin enormen Schaden verursachen wird, lässt sich mit dem weiter oben geschilderten Mindset erklären: Die lenkende Intelligenz im Hintergrund betrachtet die Situation wie ein Schafzüchter, der seine Herde auf widrige Umweltbedingungen vorbereitet.

Wenn man eine Herde im Vorfeld einer „Dürrezeit“ – in diesem Fall den durch kataklystische Erdveränderungen ausgelösten Zusammenbruch essenzieller Infrastruktur – ausdünnt, hat man mehr Ressourcen pro Kopf. Ein Krieg aktiviert zudem alle etablierten Notfallmechanismen, die im Verlauf der geophysikalischen Eskalation bereits auf maximaler Effizienz laufen. Wichtiger ist jedoch der Aspekt der Rückkehr an die Oberfläche. Wenn das System die Auserwählten aus dem Untergrund zurück nach oben bringen möchte, um die Farm wieder neu aufzubauen, darf es nicht zu viele hungrige und verzweifelte Überlebende geben, die auf sie warten. Dies gilt insbesondere, wenn die Zurückgebliebenen bereits durch ein natürliches Selektionsverfahren im Überlebenskampf um die letzten Ressourcen überdurchschnittlich resilient, rücksichtslos und wehrfähig geworden sind.

Selbst wenn das System etwas extra Nahrung vorbereitet hat, um die vielen zusätzlichen Mäuler zu stopfen, könnte es Probleme geben, bis die Farm wieder aus eigener Kraft ausreichend Ressourcen für alle produziert. Zu viele Überlebende in einem Szenario des totalen Zusammenbruchs der Weltwirtschaft und der globalen Infrastruktur könnten die designierte transhumanistische Designer-Gesellschaft in kürzester Zeit in einen Mad-Max-Abklatsch verwandeln. Das gilt es zu verhindern. Zudem ist aus militärischer Sicht ein Großteil unserer Gesellschaft „wohlstandsgeschädigt" und völlig unbrauchbar für einen Wiederaufbau unter widrigen Bedingungen.

Eine effektive Verkleinerung der Herde kurz vor der Katastrophe könnte die Chancen deutlich verbessern, damit die Überlebenden nicht gezwungen sind, einander zu „konsumieren". Ich bin mir sicher, dass das System Simulationen dazu durchgeführt hat und genau weiß, wo die kritische zu reduzierende Masse liegen dürfte. Wenn Sie verstehen, warum eine Bevölkerungsreduzierung in einem kontrollierten Reset- und Wiederaufbauszenario, das auf unvermeidlichen äußeren Einflüssen beruht, von Vorteil ist, werden Sie wahrscheinlich auch eine passende Theorie zum jüngsten globalen Genexperiment haben. Insbesondere wenn man hypothetisch in Betracht zieht, dass neben dem ADE-Effekt noch eine auf Nano-Graphenoxid basierende Hydrogel–Schnittstelle[153] „mitverimpft" wurde, die zeitlich präzise über Frequenzen „aktiviert" werden könnte. Auch andere Technologien wie Nanokapseln[154] könnten die Funktion eines ferngesteuerten „Selbstzerstörungsmechanismus" übernehmen. Da unabhängige Forscher und die Hersteller[155] selber bestätigt haben, dass Nanotechnologien in den „Impfstoffen" zu finden sind, könnte ein solcher

---

[153] Nanomaterials 2021, 11(4), 906; https://doi.org/10.3390/nano11040906

[154] Magnetische Hybrid-Nanopartikel für die Verabreichung von Medikamenten https://doi.org/10.1016/B978-0-12-823688-8.00034-X

[155] *Albert Bourla*, CEO von Pfizer, gibt bei einem Podiumsgespräch überraschend zu, dass die Impfstoffe Nanotechnologie enthalten (WEF Summit - 19. Januar 2023) https://www.wef.org/

Mechanismus die diversen Nebenwirkungen[156] erklären. Ich bin mir sicher, dass Sie verstehen werden, was ich zu vermitteln versuche, wenn Sie Ihre Hausaufgaben zu diesem Thema gemacht haben. Das beginnt beispielsweise mit der Frage, warum Neuseeland ab 2021 eine bislang jährliche Übersterblichkeit von bis zu 20% verzeichnet.[157] Da sich die Inseln im Gegensatz zu den meisten anderen Ländern weitestgehend vor dem angeblichen Covid-19-Virus abschotten konnten, dürfte „Long-Covid" nicht als Erklärung herhalten. Dementsprechend sieht es danach aus, als würde schon jetzt eine schleichende Bevölkerungsreduzierung anlaufen.

Da sich in den folgenden Quellen deutlich abzeichnet, dass der Polsprung kein langwieriger Prozess ist, sondern sich in wenigen akuten Wochen bzw. Monaten vollziehen kann, wird auch der Wiederaufbau zeitnah beginnen. Da die Neuverteilung der Klimazonen im Grunde russisch Roulette gleicht, wird nicht jeder Samen in Form von DUMBs aufgehen. Die Menschheit wird dennoch ein neues Kapitel eröffnen, und das muss nicht unbedingt den Vorstellungen unserer jetzigen „Eliten" entsprechen, sondern kann durchaus ein humaneres Zeitalter einleiten.

Dennoch sollte klar sein, dass zumindest ein Teil der okkulten Bruderschaften eine transhumanistische Agenda anstrebt und sogar danach trachtet, den menschlichen Geist in ein digitales Metaverse[158] zu integrieren. Spirituell bedeutet das langfristig, dass wir eine Ebene tiefer in die kosmische Illusion (Maya) fallen werden, wenn wir diesen Schritt zulassen. Jedoch scheint es für das System unausweichlich zu sein, ihre äußere Zwiebelschicht der Kontrolle für ein kurzes Zeitfenster abstreifen zu müssen, was den Menschen erlaubt, einen parallelen Entwurf einer Zukunft zu bestimmen.

6.3 ZUSAMMENFASSUNG UND PROGNOSEN

Die Phönix-Hypothese war primär dazu gedacht, den kritischen Geistern der alternativen Medien ein Modell an die Hand zu geben, welches ihnen erklärt, warum all die isoliert scheinenden Krisen und Konflikte möglicherweise einen

[156] Zusammenfassung der möglichen Korrelation zwischen Nanotechnologie in Impfstoffen und der statistisch nachgewiesenen Übersterblichkeit: „Payload 2 – Nanocapsules" von *Xray_911* auf Bitchute; https://tinyurl.com/mwcdt8ft

[157] Papier zur Übersterblichkeit in Neuseeland von *Jahn Gibson* auf Econpapers (28.06.2022); Quelle: https://repec.ist.waikato.ac.nz/wai/econwp/2211.pdf

[158] Das Metaversum oder englisch Metaverse ist ein Konzept von einem digitalen Raum. Im erweiterten Sinne wird damit auch ein virtuelles Realitätskonstrukt bezeichnet, welches digitalisiertem Bewusstsein als „Lebensraum" dient.

gemeinsamen Nenner haben. Doch da diese These fast ausschließlich auf einer weltlichen Sichtweise fußt und die tieferen Dimensionen des Konstrukts ignoriert, kann sie nur unvollständig und reduktionistisch sein. Dennoch hat auch diese Realitätsebene ihre Berechtigung im größeren Bild. Ich habe keinen Zweifel daran, dass eine elitäre Ebene nach einer rationalen Lösung für eine epochale Herausforderung sucht und einen ethisch grenzwertigen Plan dazu entwickelt hat, der momentan auf der kollektiven Bühne abläuft. Wir dürfen nicht vergessen, dass auch die menschlichen „Eliten" nur Spieler in diesem Konstrukt sind, die genau wie alle anderen Individuen ihrer Rolle im weltlichen Schauspiel entsprechen müssen. Doch ist das die ganze Wahrheit und reden wir wirklich von der obersten Spitze der Machtpyramide? Ich denke nicht.

Im nächsten Kapitel, wenn wir uns mit verschiedenen Insider-Aussagen beschäftigen werden, wird deutlich, dass die Struktur der obersten Eliten nicht so simpel ist, wie es von den alternativen Medien weitestgehend suggeriert wird. Die einzelnen Schichten des Systems haben unterschiedliche Aufgaben, die sich aus individuellen Narrativen speisen. Selbst an der Spitze der irdischen Machtstruktur herrscht Indoktrination und Manipulation. Doch bevor wir in diesen spannenden Komplex einsteigen, werde ich den aktuellen Prozess noch einmal aus der Vogelperspektive betrachten und mögliche Ablaufszenarien aufzählen, auf die es sich einzustellen gilt.

6.3.1 Potenzielle Ablaufzenarien

Bereits in meiner letzten Publikationen habe ich auf potenzielle Entwicklungen hingewiesen, die sich aus den mir vorliegenden Whistleblower-Aussagen und Prophetien herauskristallisieren. Dabei schrieb ich schon im Juli 2023, dass eine Konfrontation im Nahen Osten weit oben auf der Agenda steht. Mittlerweile hat sich dieses Szenario manifestiert, obwohl ich gehofft hatte, dass noch ein paar Jahre bis dahin ins Land gehen. Ohne die exakte Reihenfolge oder mögliche Alternativvarianten zu kennen, möchte ich auf folgende potenzielle Krisen hinweisen, die ich aktuell am Horizont erkennen kann:

- **Terrorangriff auf New York:** In der Prophetie wird im Vorfeld zum 3. Weltkrieg deutlich ein größerer Terrorangriff erkannt, der mit dem Großraum New York in Verbindung stehen soll. Ob es sich sogar um einen atomaren Anschlag handeln soll, und ob vielleicht andere Zentren wie Berlin gemeint sein könnten, wird breit diskutiert. Eventuell sind auch mehrere Ereignisse, die in die Schublade „Terrorangriff" passen, im Programm.

- **Blackout durch EMP, CME[159] oder Cyberattacke:** Seit geraumer Zeit wird dieses Meme primär durch Organisationen wie dem WEF und Hollywood propagiert. Was die fiktive Darstellung durch Filmproduktionen wie „Leave the World Behind" angeht, spekuliert man auch, dass es sich um „Predictive Programming" handelt. Die USA scheinen dabei als Hauptziel vorgesehen zu sein, aber auch das europäische Netz wurde vermutlich mit voller Absicht anfällig gemacht.

- **Corona-Pandemie 2.0:** Seit der ersten Inszenierung wird über eine Weiterführung dieses Ansatzes diskutiert. In der „Angelsächsischen Mission" wurde noch mit mehreren pandemiebedingten Ausnahmezuständen geplant. Ob sich das so einfach ein weiteres Mal implementieren lässt, ist fragwürdig, aber *Bill Gates* hat uns mit breitem Lächeln gewarnt, dass die „nächste Pandemie unsere volle Aufmerksamkeit" abverlangen wird.[160]

- **Globale Finanzkrise:** Man muss kein Hellseher sein, um zu erkennen, dass das globale Finanzsystem am Rande einer massiven „Korrektur" steht. Doch auch die Seher Europas, wie *Alois Irlmaier*, haben einen monumentalen Finanzcrash gesehen. Diese Krise zieht den Sturz diverser Regierungen nach sich und sorgt für bürgerkriegsähnliche Zustände in den Hauptstädten Europas. Ob dieser Zusammenbruch mit einem der oberen Szenarien in Zusammenhang steht, gilt abzuwarten.

- **Krise auf dem Balkan:** Kurz vor dem Ausbruch des 3. Weltkrieges erkennen die Seher Europas einen weiteren Krisenherd auf dem Balkan. Dieses Szenario steht auch in Zusammenhang mit der Ermordung eines „Hochgestellten", was zur finalen militärischen Eskalation führt. Doch auch andere Konflikte, welche im Vorfeld die Türkei involvieren, sollten als Vorboten verstanden werden.

- **Fingierter Angriff von Außerirdischen:** Ich hatte bereits im Rahmen eines Vortrags im Januar 2023 davon gesprochen, dass seit Jahren der Verdacht besteht, dass das System einen Angriff von Außerirdischen inszenieren möchte. Das klingt zunächst sehr unwahrscheinlich, aber seit Anfang des Jahres werden immer wieder Storys in den Massenmedien lanciert, die eine außerirdische Bedrohung suggerieren. Auch wenn ich noch immer meine Zweifel habe, dass diese Karte ausgespielt wird, sehe ich, dass dies-

---

[159] CME: „Cornal Mass Ejection" (engl. für koronaler Massenauswurf) als möglicher Auslöser für einen Blackout.

[160] Am 23. Juni 2020 sprachen *Bill* und *Melinda Gates* über COVID-19 bei C-SPAN in einem virtuellen Gespräch mit der US-Handelskammer über die Auswirkungen der Coronavirus-Pandemie. Das abschließende Grinsen der beiden Interviewten wurde weltberühmt unter den Skeptikern.

bezüglich Vorbereitungen getroffen werden.

Ob diese von mir beschriebenen Krisen kommen, ist nicht in Stein gemeißelt, da ich von einem virtuellen Konstrukt ausgehe, das sich flexibel anpassen kann. Die Möglichkeit von alternativen Zeitlinien kann eine massive Modifikation der Abläufe beinhalten. Es ist nicht einmal ausgeschlossen, dass nächste Woche der „Weltfrieden" ausgerufen wird. In Anbetracht, dass wir kollektiv unsere globale Realität generieren, bräuchte es nur den richtigen Impuls, um die Matrix fundamental zu ändern. Daher will ich etwas Optimismus verbreiten. Dennoch fürchte ich, dass das Drehbuch bis zu einem bestimmten Punkt fixiert ist. Doch das muss nicht für jedes Individuum gelten. Gerade in esoterischen Kreisen existiert die feste Überzeugung, dass sich Zeitlinien in radikal unterschiedliche Richtungen aufspleißen werden. Dieses Bild wird in Deutschland hauptsächlich von *Dieter Broers* propagiert, und ich kann seine Sichtweise nicht so einfach ignorieren. Es gibt durchaus Indizien, die darauf hinweisen, dass der kollektive Pfad nicht für alle der Gleiche ist, weil praktisch mehrere Versionen des irdischen Films parallel ablaufen. Mit der richtigen Einstellung bzw. den entsprechenden geistigen Frequenzen kann sich das Individuum in eine alternative „Fassung" des Drehbuchs „einschwingen". So ungefähr lautet die Theorie dahinter. Im Kontext der Insider-Aussagen, die ich als Nächstes abhandeln möchte, werden wir dazu noch adäquate Hinweise finden.

Unabhängig von dieser potenziellen Möglichkeit kann ich nur jedem raten, sich auf alle Eventualitäten einzustellen. Es ist sicher möglich, eine Hybridlösung zu fahren, die beinhaltet, dass man sich das beste Szenario manifestiert, sich aber parallel auf den „Worst Case" vorzubereiten. Das mag sich nach spiritueller Schizophrenie anhören, doch eine bessere Lösung sehe ich aktuell nicht. Es steht natürlich jedem frei, die Prognosen einfach zu ignorieren und die Beine hochzulegen, auf Superprepper umzusatteln, oder den übermenschlichen Optimisten in sich zu kultivieren. Die Wahl liegt ganz bei Ihnen. Da unser Bewusstsein grundsätzlich die uns umgebende Realität formt, kann ich nur dazu raten, eine positive Einstellung zu wahren, unabhängig davon, welche Zeitlinie sich auf der weltlichen Bühne zeigen mag. Beachten Sie, dass Ihr „intelligentes Feld" durch Sie selber beeinflusst wird. Sollten wir es kollektiv nicht schaffen, um eine Ablaufvariante mit zivilisatorischem Reset herumzukommen, muss das nicht zwangsläufig ein Drama für das einzelne Individuum bedeuten. Hinter der Katastrophe kann sich immer eine einmalige Gelegenheit verstecken, die einem ungeahnte Potenziale offeriert.

KAPITEL 7: ANONYME INSIDERAUSSAGEN

In diesem Hauptkapitel werde ich drei bemerkenswerte „Interviews" mit Insidern vorstellen, die in den alternativen Kreisen der „Wahrheitsbewegung" für Furore gesorgt haben. Einerseits skizzierten die Dialoge für viele „Truther" eine ganz neue Perspektive und initiierten damit bei Menschen, die mit dem Inhalt konfrontiert wurden, einen Denkprozess, der ihre bisherigen Ansichten radikal relativierte. Natürlich polarisierten die darin zu findenden Aussagen auch die Rezipienten der Botschaft. Während sich manche Leser inspiriert fühlten, lehnten andere die Essenz weitestgehend ab. Viele Analysten gehen teilweise von einem „Hoax" aus. Da die Identität der Urheber nie offenbart wurde, gibt es erhebliche Zweifel an der Authentizität. Es kann daher leicht vermutet werden, dass sich jemand wichtig machen wollte, und nur eine Art Rollenspiel für die einfältige Fraktion innerhalb der „Wahrheitsbewegung" inszeniert hat. Die Punkte, die für einen authentischen Dialog sprechen, werde ich vor den einzelnen „Interviews" noch separat ansprechen. Da die Publikationen jeweils in einem anderen Kontext stattfanden, muss man da klar differenzieren.

In jedem Fall halte ich die Dialoge für hochinteressant. Obwohl der Inhalt nicht in allen Punkten vollständig korrekt oder „wahr" sein muss, so geben uns die „Interviews" möglicherweise einen partiellen Einblick in die okkulte Machtstruktur der Eliten – oder gar der Matrix selbst. Wenn wir von einer Authentizität ausgehen, im Sinne dessen, dass die interviewten Personen tatsächlich die sind, die sie behaupten zu sein, dann wird deutlich, dass selbst in der obersten „Elite" unterschiedliche Einweihungsgrade existieren. Exakt wie im einfachen Volk gibt es enorme Differenzen, wie weit sich Individuen über das große Bild bewusst sind. Dennoch zeigen sich hier inhaltliche Deckungsmengen, die wir genauer unter die Lupe nehmen sollten, inwieweit diese Aussagen sich in unser Weltbild eines virtuellen Konstrukts integrieren lassen.

7.1 OFFENBARUNGEN EINES ELITE-FAMILIENMITGLIEDS

Im September 2005 meldete sich ein anonymer Teilnehmer im Onlineforum „GLP" (www.godlikeproduction.com) und behauptete, Teil einer elitären Familie zu sein. Er bot den Dialog an und forderte die Forumsmitglieder auf, Fragen zu stellen. Das Interview, das sich daraus entwickelte, sorgte für helle Aufregung in den einschlägigen „Ecken“ des Internets. Doch diese Signifikanz kristallisierte sich erst über einen längeren Prozess heraus. Auf den ersten Blick sah es nach einem weiteren Internetscherz aus, sinnfreie Fragen wurden mit kurzen Antworten abgeschmettert, aber schnell nahmen die Dinge eine drastische Wendung. Dazu muss man verstehen, dass „GLP“ ein Sammelbecken für Verschwörungstheoretiker, politische Extremisten und Esoteriker aller Couleur ist. Selbstverständlich tummeln sich dort ebenso Geheimdienste, Wichtigtuer und Internettrolle. Dennoch findet man in all dem Unrat vereinzelt auch echte Perlen von Whistleblowern und Insidern.

Nach anfänglichen Misstönen nahm der Dialog Fahrt auf. Jeder, der etwas von Dialektik versteht, kann erkennen, dass die initialen Antworten des „Insiders“ darauf abzielten, andere Teilnehmer zu motivieren, ebenfalls Fragen zu stellen, die dann aber auf das Wesentliche ausgerichtet waren. Anfangs stellte er selber einige Fragestellungen in den Raum: „Lebst Du wirklich auf dem Planeten, auf dem Du zu sein glaubst?“ Das führte schnell zu ganz anderen Reaktionen als zuvor. Obwohl im gesamten Dialog keine direkte Anspielung auf die Matrix stattfindet, zielte bereits diese Frage auf die fundamentale Natur der Realität ab. Die „Tatsache“, dass wir auf Planet Erde leben, wird in der Regel genauso wenig hinterfragt wie die physische Beschaffenheit unserer Umwelt.

In der Folge wurden die Fragen aus dem Forum immer sachlicher, und so entwickelte sich ein faszinierendes Interview. Die Antworten des „Insiders“ zeugten von einem profunden Verständnis von Philosophie, Geschichte, Metaphysik, Religion, Magie, Politik und vielem mehr. Die Didaktik war geprägt von einer innovativen, detaillierten und gleichzeitig provokanten Methodik. Bemerkenswert ist nicht zuletzt, dass der „Insider“ die Fragen innerhalb kürzester Zeit beantwortete. In Anbetracht dessen, dass die Themen extrem divers waren, folgten tiefgründige Antworten im Minutentakt – was äußerst auffällig war. Obgleich ich 2005 noch nicht bei GLP verkehrte, lernte ich später dennoch Zeitzeugen kennen, die selber Fragen zum Dialog beigetragen hatten, und ebenfalls verwundert waren über die schnellen und eloquenten Rückmeldungen. Sie sind sich alle einig, dass die Antworten nicht „on the fly“ aus dem Netz „gefischt“ wurden. Teilnehmer haben später sogar intensiv recherchiert, um mögliche Quellen zu finden, aber haben die Sätze des „Insiders“ nirgendwo im Internet entdecken können.

Wie ein User bemerkte, ging das, was hier passierte, weit über die Köpfe der üblichen Verdächtigen hinaus. Manche Menschen wurden agitiert, wogegen andere Teilnehmer ein authentisches Interesse zeigten. All das führte letztlich zu einem Dialog, in dem so viel Material offenbart wurde, auch von anderen Forumsmitgliedern, dass man sich damit theoretisch über die nächsten Jahre hinweg beschäftigen könnte. Ich werde die Essenz des „Interviews" im folgenden Unterkapitel zusammenfassen, und einige Stellen übersetzen.

Von meinem persönlichen Gefühl ausgehend, glaube ich tatsächlich, dass der „Insider" authentisch war und seine „Wahrheit" verkündete. Jedoch gehörte er, nach eigenen Angaben, zu einer „aussterbenden Minderheit" innerhalb der Familie und dürfte damit in der Hierarchie der oberen Stufen der Machtpyramide noch dem unteren Drittel zugeordnet werden. Daher müssen wir von einem begrenzten Narrativ ausgehen, da auch er nicht das „ganze Bild" kannte. Das wird umso deutlicher werden, wenn wir uns später das zweite Interview mit „*Hidden Hand*" anschauen.

Natürlich können wir nicht ausschließen, dass absichtlich gestreute Lügen oder Halbwahrheiten in die Konversation einflossen. Daher überlasse ich Ihnen die letztendliche Entscheidung, inwieweit Sie Teile des Inhalts als mögliche Puzzlestücke in Betracht ziehen möchten, um diese in Ihr Gesamtbild einzupassen. Dazu werde ich eine weitreichende Übersetzung auf meine Webseite stellen, damit Sie einen Eindruck von dem originalen Konversationsfluss und den angesprochenen Themen haben. Ich werde dazu ein paar Kommentare einstreuen, um bei Bedarf Querverbindungen und sinnvolle Hinweise zu geben oder meine eigene Einschätzung anzumerken. Das ist aber rein optional. Sie können die Anmerkungen auch überspringen und bekommen dann eine neutrale Darlegung der Quelle ohne meinen „Senf" dazu. Beachten Sie jedoch, dass das Material bereits durch meine „Filter" gegangen ist, durch die Übersetzung und die Vorauswahl der relevanten Stellen. Wer den unverfälschten Dialog in Reinform lesen möchte, der findet noch den originalen Dialog auf GLP in Englisch.[161] Für unsere Zwecke sollte eine Zusammenfassung völlig ausreichen.

7.1.1 Zusammenfassung des Insider-Interviews

Wenn jemand behauptet, Teil einer geheimen Elite zu sein, welche die Welt heimlich aus dem Hintergrund steuert, dann wird diese Person in Foren wie „GLP" nicht auf viel Freundlichkeit treffen. Auf solchen Plattformen gibt es täglich Konversationen, die sich um die klandestinen Machenschaften und verdeckten Strukturen der irdischen Machtpyramide drehen. Im Gegensatz zum demokratiegläubigen Mainstream existiert an solchen Orten weitestgehend das

---

[161] Quelle: https://www.godlikeproductions.com/forum1/message161085/pg1

Grundverständnis, dass es diese hintergründigen Netzwerke geben muss. Wie tief diese gehen, darüber lässt sich vortrefflich diskutieren. Als gegeben gilt, dass Politiker, wie der amerikanische Präsident, bei weitem nicht die mächtigsten Instanzen in der weltlichen Hierarchie sind. Doch warum sollte der „Erzfeind" urplötzlich hier im Forum auftauchen und das Gespräch anbieten? Die Majorität geht in solchen Fällen zumeist davon aus, dass es sich um einen Wichtigtuer oder einen Hoax handeln muss. Dennoch finden sich in solchen Fällen immer Neugierige, die den angebliche „Insider" ausfragen, um dessen Authentizität abzuschätzen.

Ein Kreuzverhör, egal zu welchem Thema, gestaltet sich auf solchen Plattformen immer chaotisch, da zumeist mehrere Leute unkoordiniert ihre Kommentare und Fragen posten. Jeder Teilnehmer bedient sich dabei seiner eigenen Vorstellungen, wie er sich das geheime Netzwerk ausmalt. Daraus ergibt sich ein inhaltliches Durcheinander, das für den unbedarften Beobachter schwer zu überblicken ist. Es bietet jedoch auch die Gelegenheit für einen breitgefächerten Dialog, da die Fragesteller aus unterschiedlichen Gesichtspunkten heraus agieren. Damit konfrontiert, räumte der „Insider" sofort mit den gängigen Stereotypen auf, und begann, eine Perspektive zu skizzieren, die in den Kreisen der Verschwörungstheoretiker bis dato nur äußerst selten in Betracht gezogen wurde. Demnach haben die bekannten Meinungsführer der alternativen Medienszene auch nur einen bestenfalls limitierten Einblick in die okkulten Strukturen und werden teilweise sogar mit voller Absicht fehlgeleitet.

„Diejenigen, deren Namen Du kennst, gehören nicht der wahren Blutlinie an, so wie Du es von Deinen Theoretikern beigebracht bekommen hast. Es sind nicht diejenigen, die die Symphonie schreiben, auch nicht die, die sie dirigieren. Die, die Du erwähnt hast, und alle anderen bekannten Namen spielen lediglich die Violine oder das Cello, wenn sie es gesagt bekommen, auf die Art und Weise, wie sie es gesagt bekommen."

— Insider —

Da dezidierte Feindbilder innerhalb der Trutherbewegung klar definiert sind und auf bekannte Individuen projiziert werden, die zumeist aus Bankendynastien, Thinktanks oder Adelshäusern stammen, ist allein diese Aussage ein Affront. Doch ganz falsch ist die herkömmliche Vorstellung von „bösartigen Einzelindividuen" auch nicht, da diese Machtebene durchaus existiert, und die dort ansässigen Eliten äußerst glaubwürdig vermitteln, die Spitze der Hierarchie zu sein. Dennoch wird durch den „Insider" eine komplexe Struktur über den üblichen Verdächtigen konstruiert, die er seine Familie nennt.

„Um es ein für alle Mal klarzustellen: Diejenigen, die bekannte Gesichter oder Namen haben, gehören nicht zur direkten Blutlinie. Sie sind nicht die Komponisten und nicht die Dirigenten, sie spielen lediglich die Flöte – so wie sie es gesagt bekommen. Bushs, Clintons, Sharons, Arafats, Hitlers, Dalai Lamas, Mandelas, Blairs, Gores, Chavezs, Ghandis, Kennedys, Lennons, Dylans, Einsteins, Michaelangelos, Päpste, Cesare, Aristotles, Herodotus, Akhenatons. Sie alle spielen oder spielten ihren Teil so, wie sie es gesagt bekamen oder beauftragt wurden. Diese Leute, die Anerkennung und Vergötterung Eures gleichen lieben, wären niemals im selben Raum erlaubt, wie einige der Leute, mit denen ich verwandt bin."

— Insider —

In den Tiefen solcher Foren wie GLP ist diese Vorstellung, dass eine Machtebene jenseits des sichtbaren Spektrums existiert, nicht einmal sonderlich radikal, aber auch nicht unbedingt populär. Die Masse der „Truther" präferiert es, über die Kasper auf der Bühne herzuziehen, statt einem Phantom nachzujagen, das man als Puppenspieler ausmachen könnte. Selbst diejenigen, die erkannt haben, dass es eine übergeordnete Instanz geben muss, spekulieren über ein breites Spektrum von möglichen okkulten „Strippenziehern". Dieser Spekulationsrahmen erstreckt sich über den Bereich außerirdischer Infiltration bis hin zu metaphysischen Wesen. In religiösen Narrativen wird hier oft der *Teufel* persönlich hinter den Kulissen vermutet. Diesen Vorwurf räumt der „Insider" merkwürdigerweise nicht aus – ganz im Gegenteil. Konfrontiert mit der Frage, warum die Eliten *Luzifer* anbeten würden, reagiert er ausweichend, negiert aber diese Behauptung auch nicht.

Der „Insider" macht über den Verlauf des Diskurses klar, dass die Weltwirtschaft, die Religionen, das Geldsystem und alle politischen Strukturen fest in der Hand seiner Familie seien. Dementsprechend gehe es ihnen nicht um geopolitischen Einfluss und Reichtum, da bereits alles unter ihrer Kontrolle sei. Selbst die geheimen Treffen der weltlichen Eliten, wie die Ereignisse um Bohemian Grove[162], die von Leuten wie *Alex Jones* an die Oberfläche gebracht wurden, sind demnach nur Show für das „mittlere Management". Dabei macht der Insider keinen Hehl daraus, dass die Erde eine Art Gefängnis repräsentiert, und die irdischen Machthaber in dem Sinne auch nur „privilegierte

---

[162] Bohemian Grove ist ein privater, nur für Männer zugänglicher Club in Monte Rio, Kalifornien. Er ist dafür bekannt, dass dort jedes Jahr Mitte Juli ein zweiwöchiges Lager stattfindet, an dem einige der einflussreichsten und mächtigsten Männer aus verschiedenen Bereichen, darunter Politik, Wirtschaft, Medien und Unterhaltung, teilnehmen. Das berühmteste Ereignis der Grove ist die „Cremation of Care"-Zeremonie, ein okkultes Ritual, das zu Beginn des Lagers stattfindet.

Mithäftlinge“ seien. Selbst die vielschichtigen Kontrollmechanismen werden auf Nachfrage detailliert erläutert.

Bis zu diesem Punkt handelt es sich um Sachverhalte, die durchaus bekannt sind unter jenen Forschern, die sich schon mit den Publikationen von *David Icke* oder *Jordan Maxwell* beschäftigt haben. Obgleich dieses Bild in der Breite der „Trutherszene“ nicht oft gefunden werden kann, ist es dennoch prävalent in der Szene der Verschwörungstheoretiker. Der Aspekt, der tatsächlich für Unruhe sorgte, besteht in dem Selbstverständnis, welches der „Insider“ bezüglich der Rolle seiner Familie vermittelt. Demnach wurden sie von höchster Instanz ausgewählt, jenen Teil des „Spiels“ zu erfüllen, den sie auf der Bühne innehaben. Ihre primäre Aufgabe sei es, die „Werkzeuge“ für die spirituelle Evolution bereitzustellen.

„Es gibt nur einen Kampf und der ist jetzt, hier auf diesem Planeten und auf persönlicher Ebene, das heißt nur Du mit Dir.[163] Es gibt keinen Feind, den Du außer Dir selbst angreifen kannst. Wenn Du damit beschäftigt bist, etwas anderes anzugreifen, verschwendest Du wertvolle Energie und wirst scheitern. Wenn Du erfolgreich bist, wird es keinen Kampf mehr geben.“

„Die Werkzeuge sind in Deinen Händen, um Dich herum, überall. Es wird sogar aus Dir herausgezogen. Es ist deine Pflicht Dir selbst gegenüber, sie Dir selbst zu offenbaren und dann das damit zu tun, was Du willst. Es gibt immer eine Konsequenz.[164] Gefangene können immer noch bestimmen, was sie im Gefängnis mit den zur Verfügung gestellten Werkzeugen tun. Sie können entscheiden, wie sie im Garten laufen, wie sie reden, denken. Du hast den freien Willen, und deshalb leidest Du und bist Dir Deines Leides bewusst.“

— Insider —

7.1.2 Spirituelle Ideologie des „Insiders“

Der „Insider“ konstruiert über den Verlauf des Diskurses mit den Forumsmitgliedern ein umfangreiches philosophisches Gebäude, das erklärt, welche spirituelle Aufgabe seine „Familie“ auf der irdischen Bühne übernimmt. Demnach seien sie den Menschen nicht einmal negativ gegenüber eingestellt. Natürlich trifft diese Darstellung nicht auf viel Gegenliebe. Da die überwiegende Masse der „Truther“ in den heimlichen Herrschern und Eliten uniform nur eine pervertierte Clique aus machtgierigen Psychopathen sieht, die in ihrer Freizeit

---

163 Siehe Kapitel „Die archetypische Heldenreise“.

164 Anspielung auf das hermetische Gesetz von „Ursache und Wirkung“.

Kinder missbrauchen und Adrenochrom[165] rauben, ist es für die Majorität unbegreifbar, dass über dieser Ebene eine neutrale Instanz wachen soll, die aus all der Negativität eine evolutionäre Sinnhaftigkeit ableitet.

> ***„Wir sind neutral und erledigen unsere Pflichten, die oftmals negativ rüberkommen. Wenn Du näher hinsiehst, dann wirst Du merken, dass wir lediglich die Werkzeuge verbreiten, die von Dir genutzt werden können, um Dich selbst zu befreien oder Dich anzuketten. Es ist Deine Wahl! Das göttliche Gesetz hat einen Sinn und Zweck für Dich und der liegt nicht auf diesem ‚Planeten'. Beweise, dass Du wieder Wert bist, befreit zu werden. Die Ablenkung ist ein Teil dessen. Es geht darum, zu wissen, wer es ist und wer es nicht ist. Diejenigen, die irgendjemanden der bekannten Gesichter unterstützen, verlieren."***[166]
>
> **— Insider —**

Die Befreiung aus dem irdischen Gefängnis ist laut Aussage des „Insiders" die Aufgabe des einzelnen Menschen. Jedes Individuum hat es selber in der Hand, den Ausgang zu finden. Wie das zu bewerkstelligen ist, dazu gibt es auch ein paar kryptische Anmerkungen:

> ***„Zu wissen, wer Du bist und wo Du Dich wirklich befindest, sind die zwei wichtigsten Fragen, in die man sich involvieren sollte.***[167] ***Es ist Deine Aufgabe, sie zu beantworten. Denn wenn Dir jemand die richtigen Antworten geben würde, hätten sie für Dich keine Bedeutung, weil sie nichts mit Dir zu tun haben, als wenn Du es selbst entdeckt hättest. Wenn Du die Antworten auf diese Fragen gefunden hast, dann hast Du einen großen Teil Deiner Pflicht gegenüber Dir selbst erfüllt. Danach wäre Deine Aufgabe, nach dem göttlichen Gesetz***[168] ***zu leben, das Dir auf dieser Ebene bis zu Deiner Abreise offenbart wird."***

> ***„Es ist die Aufgabe jeder Seele, dies in dieser menschlichen Form zu tun. Es gibt einen Teil, der Flucht genannt werden kann, gefolgt von Transzendenz. Wenn sie scheitert: Reinkarnation. Aber das Wort ‚Liebe' wird oft missverstanden, es ist nicht die Liebe in menschlichen Begriffen, die die Menschen versklavt. Das ist die korrumpierte Version der wahren Liebe."***

---

[165] Adrenochrom ist eine Substanz, die in verschiedenen Verschwörungstheorien Berühmtheit erlangt hat. Diesen Theorien zufolge soll Adrenochrom eine Substanz sein, die aus den Nebennieren von lebenden Menschen gewonnen wird, insbesondere in Momenten extremer Angst oder Not. Befürworter dieser Theorien behaupten, Adrenochrom habe halluzinogene und psychotrope Wirkungen und werde angeblich von einer geheimen Elite für finstere Zwecke verwendet.

[166] Der „Insider" beschreibt hier einen selektiven Evolutionsprozess, der von *„Hidden Hand"* noch erweitert wird.

[167] Diese Fragen, die als zentrale Lebensaufgabe beschrieben werden, aber zunächst banal oder selbstverständlich wirken, sind auch zentraler Fokus der Maya-Hypothese.

[168] *Sind hier die hermetischen Gesetze gemeint? Ich glaube schon! Siehe Kapitel: „Das Regelwerk der Matrix".*

„Das göttliche Gesetz kontrolliert, was Karma genannt wird, aber es ist viel breiter und ‚härter' als die Menschen annehmen wollen. Ein Beispiel: Jemand, der Krebs bekommt und einen langsamen, qualvollen Tod stirbt, hat es verdient. Diese Person ist korrigiert worden. Es ist zu ihrem eigenen Besten. Klingt ‚hart'? So funktioniert es jedoch. Nur weil es in diesem Reich negativ rüberkommt, heißt das noch lange nicht, dass es im Großen und Ganzen negativ ist. Reinkarnation ist zwar eine Tatsache, aber wenn Du Deine Aufgabe erfüllst, dann gibt es keine weitere Verkörperung – keine Notwendigkeit, alle Ebenen des Lebens auf der Erde zu erfahren, denn sie sind hauptsächlich sinnlos.“[169]

— Insider —

7.1.3 Der „Insider“ über Kindererziehung

Im Verlauf des Gespräches geht der „Insider“ überraschend detailliert auf das Thema „Kindererziehung“ ein, nachdem er gefragt wurde, wie man seinen Nachwuchs auf dieses manipulierte Gesellschaftskonstrukt vorbereiten sollte. Diesen elaborierten Text werde ich in voller Länge wiedergeben, weil er einen interessanten Einblick in das Wesen und die Ideologie des Insiders erlaubt:

„Ich habe keine Kinder und werde auch keine haben. Das erste, was ein Baby nach seiner Geburt tut, ist weinen. Es weint, weil seine Seele sich dessen bewusst ist, in was es hineingeboren wurde und sich in einem Zustand des Unglaubens befindet. Du bist dir während und kurz nach der Geburt viel bewusster darüber, wer Du wirklich bist, als Du es in diesem Moment bist. Die Seele bringt den Körper zum Weinen, sei es, weil sie zum ersten Mal das physische Reich betritt (auch wenn es nur sehr wenige sind), sei es, weil sie erkennt, dass sie durch Reinkarnation zurückgekehrt ist, weil sie im vorherigen Leben versagt hat (das ist die Mehrheit der Fälle). Die Seele selbst ist es nicht, die weint (sie kennt diese Funktionen in ihrem ursprünglichen Zustand nicht), aber die Impulse, die sie aussendet, bringen den Körper zum Weinen. Er weint ‚grundlos', Tage, Wochen, Monate, bis das Bewusstsein seine Macht verliert. Sei es durch natürliche Vorgänge, sei es durch den Einfluss der Eltern – heute sogar durch die Einwirkung pharmazeutischer Produkte. Erst dann ist der Mensch wirklich geboren, nachdem er vergessen hat, wer er ist. Einige vergessen schneller als andere. Dieses Weinen ist anders als jenes nach den ersten Monaten. Man kann es sogar hören. Tröste sie in dieser entscheidenden Phase des Bewusstseins und zeige ihnen, dass der Eine ihnen die Chance gegeben hat, dorthin zurückzukehren, wo sie hingehören. Das wird einen solchen Eindruck

[169] Aus Perspektive der Simulationstheorie, im Sinne einer Spielsimulation, ist tatsächlich alles „sinnlos“, weil es nur virtuell ist, was man in dieser Welt kreiert. Jedoch ist die Lernerfahrung von allerhöchster Bedeutung.

bei ihnen hinterlassen, dass sie für den Rest ihres Lebens unbewusst davon beeinflusst werden.“

„Der Zeitpunkt der Geburt wurde bestimmt, ebenso der Zeitpunkt des Weggehens, zusammen mit der Umgebung, wie den Eltern, den Umständen der Geburt, der Gesundheit und so weiter. Nichts wird dem Zufall überlassen. Aber in der Pubertät werden ihnen bestimmte Fäden abgeschnitten und sie tragen die volle Verantwortung für ihr Handeln. Sie haben den freien Willen, das Leben zu führen, das sie wollen, sie bestimmen die Qualität dieses Lebens. Sogar die Art und Weise, wie es weitergeht (‚Tod‘), können sie durch die Entscheidungen, die sie treffen, bestimmen. Nicht aber den Zeitpunkt des Abschieds. Nur einige Bereiche ihres Lebens werden von den Werkzeugen beeinflusst, die ihnen ihre Eltern mitgegeben haben. Der größte Teil des Lebens des Kindes wird auf seinem freien Willen beruhen. Es wird wenig oder gar nichts mit den Eltern zu tun haben. Du bist nur in den ersten 5-6 Jahren im Leben des Kindes wichtig, da kannst Du am meisten Gutes tun. Nutze Deine Intuition – nicht Deinen Instinkt, das sind zwei verschiedene Dinge. Sobald Du ein Elternteil bist, wirst Du mit einigen Qualitäten belohnt, die die Erziehung des Kindes betreffen. Das sind Eigenschaften, die Du vorher nicht hattest, also höre auf sie.“

„Jedes Kind ist anders, also reagiere auch anders, aber mach ihnen bewusst, dass es mehr gibt als das, was sie erleben. Dass es eine gütige Quelle gibt, aus der alles und jeder aus einem bestimmten Grund kommt, und dass sie eines Tages dorthin zurückkehren werden, wenn sie ihre Aufgabe hier auf Erden erkannt haben. Erzähle das alles nicht auf einmal, sondern verteile es über die Jahre und erzähle nicht mehr als das. Wenn Du es richtig machst, werden sie für den Rest ihres Lebens von selbst auf die Suche gehen. Das ist ihre Aufgabe. Wenn Du es ihnen auf eine offensichtlichere Weise präsentierst (wie es religiöse Menschen tun), wirst Du das Gegenteil erreichen.“

„Es gibt einen Grund, warum Musikinstrumente von Generation zu Generation weitergegeben wurden, und nicht nur, um zu hören, wie andere sie spielen. Erziehung war eine der Methoden der Manipulation. Die anderen habe ich bereits erwähnt. Sie werden manipuliert werden, aber nach der Pubertät werden sie eine wichtige Gelegenheit haben, dies rückgängig zu machen. Aber sie werden auch während ihres restlichen Lebens Gelegenheiten dazu haben. Manipulation kann man nicht verhindern. Man kann auch nicht die Erleuchtung einleiten. Das liegt am Kind selbst und daran, wie es auf die Werkzeuge reagiert, die ihm zur Verfügung gestellt werden. Der Geist des Universums folgt dem göttlichen Gesetz, und er

durchdringt Dein Kind in jedem Augenblick, so dass die Möglichkeit des Erwachens in jedem Augenblick gewährleistet ist. Es liegt an ihr oder ihm."

7.1.4 Letztes Statement vom „Insider"

„Das wird mein letzter Post sein. Es ist getan! Das wurde im Namen des göttlichen Gesetzes getan, welches über meiner Familie und über jedem auf der Erde und darüber hinaus steht. Die Minderheit reicht es weiter, wenn sie von höheren Wesen dazu beauftragt wird, verstehe das."

„Es gibt jedoch zwei unerwünschte Begegnungen, die mir bekannterweise widerfahren sind. Ich wäre länger geblieben, wobei die meisten Bereiche abgedeckt wurden. Ich habe so viel beantwortet, wie ich durfte, auf die einfachste Art, die mir möglich war. Ich musste aus einem bestimmten Grund schnell schreiben."

„Wenn Du Dich für Folgendes entscheidest: Danke tagtäglich dem guten Einen, wo alles Sein seinen Ursprung hat, weil sein göttliches Gesetz Dir die Chance gibt, zu Deinem ursprünglichen Zustand zurückzukehren. In ein Reich, in welches Du eigentlich hingehörst. Dafür, dass seine Macht der Notwendigkeit die berechtigten Korrekturen anwendet, die Du täglich erlebst. Danke den höheren Wesen, die nach dem göttlichen Gesetz des Einen agieren, welche die Manifestationen oder Emanationen des Einen sind, für die Bereitstellung der Lebensgrundlagen in allen Bereichen, die Erhaltung dessen und dass diese Mittel zu Deinem Vorteil bereitgestellt werden, die Dich letztlich zur Freilassung und mehr führen."

„Wenn man sich auf die Göttlichkeit bezieht (lese das nochmal) dann achte darauf, Dich gut zu artikulieren. Fordere nichts, erzähle nicht, bettle nicht, beauftrage nicht, schlage nicht vor, frage nicht – das sind Abscheulichkeiten – trage einfach vor und erledige Deine Pflicht. Verstehe die Fragen, die ich gestellt habe, als ich Euch geantwortet habe. Ich sage mehr, als Du liest."

„Reiche es weiter. Kehre zurück."

7.1.5 Abschließende Bemerkung zum „Insider"

Nach vier Tagen, 660 Posts und über 20.000 Aufrufen verschwand der „Insider" aus dem Forum. Dieser Diskurs hatte viele Menschen tief berührt. Das wurde durch die Posts deutlich spürbar, auf die der „Insider" kaum reagiert hatte. Sie wurden außer Acht gelassen, als ob er keinerlei Interesse an den Komplimenten, dem Lob, den Danksagungen, den Beleidigungen, dem Hass oder der Angst hatte. Ein normaler Mensch hätte gekontert, aber der „Insider" war darauf bedacht, so viele Informationen wie möglich herauszubringen und nicht zu diskutieren. War er wirklich ein Insider oder ein „Hoaxer"?[170] Darüber polarisieren sich die Meinungen, aber wenn man von einem Streich ausgeht, dann ergeben sich daraus verschiedene Fragen. Warum verließ der Insider das Forum nach nur wenigen Tagen, wenn doch das Ziel eines Hoaxers es ist, Aufmerksamkeit oder Fehlinformationen zu verbreiten? Diesen Prozess der Irreführung hätte man auf Wochen oder Monate hinweg hinauszögern können, wie es in solchen Fällen üblich ist.

Wie anfänglich schon erwähnt, gehe ich persönlich von einer authentischen Offenbarung aus. Das ist jedoch kein Garant für vollkommene Wahrhaftigkeit – nicht aus bösartigen Zwecken im Sinne der absichtlichen Fehlleitung. Eventuell ist auch das Wissen dieses „Familienmitglieds" nicht vollständig. Diese Mutmaßung verdichtet sich mit unserem nächsten „Insider", der sich *Hidden Hand* nennt. Im Grunde war der Diskurs von 2005 auf GLP ein gewisser Vorgeschmack bzw. ein Entré für das, was sich wenige Jahre später in einem anderen Forum zeigen sollte.

7.2 DAS „HIDDEN HAND"-INTERVIEW

Im Gegensatz zum „Insider-Interview" fand der Diskurs mit *Hidden Hand* nicht auf GLP, sondern auf „Above Top Secret" (ATS) statt. Dennoch war es ein Dialog, der sich in 2008, unter ganz ähnlichen Vorzeichen, entfaltete. Wieder meldete sich ein „Familienmitglied" in einem Forum für alternative Sichtweisen und Verschwörungstheorien, welches als Spielplatz der „üblichen Verdächtigen" gilt. Um den wesentlichen Unterschied vorwegzunehmen, handelt es sich bei diesem „Mitglied", nach eigenen Angaben, um eine „nichtmenschliche" Blutlinie, die suggeriert, dass sie im „Untergrund" lebt, aber ebenfalls behauptet, nicht der Reptilienrasse anzugehören. Doch dieses Bild ergibt sich erst über den längeren Verlauf des Dialogs.

An einer bestimmten Stelle geht *Hidden Hand* auch auf den „Insider" von 2005 ein, als er von Mitgliedern des Forums, mit dem Material konfrontiert wird. Dabei wird deutlich, dass dieser „GLP-Insider" von ihm auf einer niederen Hierarchiestufe der Familie eingeordnet wird und daher nicht die volle „Wahr-

[170] Hoaxer: In der Internetkultur ist ein Hoaxer eine Person oder Gruppe, die absichtlich trügerische oder falsche Informationen mit der Absicht erstellt und verbreitet, andere zu täuschen und auszutricksen. Hoaxes können verschiedene Formen annehmen, z. B. gefälschte Nachrichten, gefälschte Bilder oder irreführende Erzählungen, und werden oft zu Unterhaltungszwecken, zur Manipulation oder um Reaktionen von Online-Communities hervorzurufen, verbreitet.

heit" kennt – so behauptet es zumindest *Hidden Hand*. Auch dieses Interview entwickelt sich erst über die Zeit und geht wesentlich tiefer auf die Ideologie und Struktur der „Familie" ein. Wie zuvor, vermute ich persönlich, dass es sich um eine authentische Offenbarung handelt, nicht nur auf Grund der Tatsache, dass ich in vielen Punkten zu ähnlichen Erkenntnissen gekommen bin, sondern auch, weil mein „Gefühl" eine Ehrlichkeit spürt, die schwer zu objektivieren ist. Doch entscheiden Sie selbst! Wie zuvor werde ich Anmerkungen in die Fußnoten schreiben, um meine eigenen Gedanken und Hinweise einfließen zu lassen. Da jedoch dieser Diskurs so vielschichtig ist und im deutschsprachigen Raum wenig Bekanntheit genießt, werde ich ihn fast vollständig übersetzen.

7.2.1 Sitzung I: Ein- und Hinführung

Die versteckte Hand als Zeichen der Illuminati. (Grafik: Autor)

Erstes Statement von *Hidden Hand*: Ich bin ein „Generationsmitglied" der herrschenden Blutlinie. Von Zeit zu Zeit öffnet sich gemäß den Richtlinien des Gesetzes unseres Schöpfers ein kurzes Zeitfenster, in dem eine ausgewählte Handvoll unserer Familie mit den Untertanen kommunizieren muss, und Euch die Möglichkeit bietet, uns Fragen zu stellen, die Ihr beantwortet haben möchtet.

Ich bin in dieser Pflicht doppelt gebunden. Das Gesetz unseres Schöpfers verlangt von mir, dass ich Euch zu diesem Zeitpunkt diese Gelegenheit biete, obwohl ich auch durch das Gesetz des (planetarischen) freien Willens und durch Familieneide gebunden bin, so dass ich nur so viel sagen kann, wie es mir möglich ist. Regeln bestimmen das Leben im Spiel. Wenn Sie sich beteiligen möchten, hier sind sie:

- 1. Ich werde Sie höflich und respektvoll ansprechen und erwarte das Gleiche von Ihnen als Gegenleistung.
- 2. Ich werde entscheiden, ob ich Ihre Frage kommentieren will oder darf. Wenn Ihre Frage nicht beantwortet wird, dann entweder, weil ich sie nicht erwidern kann oder weil ich der Ansicht bin, dass es Ihrer Frage an einem oder mehreren der folgenden Punkte mangelt: Respekt, Höflichkeit, Intelligenz, Anstand, oder dass sie aus anderen Gründen nicht würdig ist, behandelt zu werden.
- 3. Sie erklären sich bereit, diesen Dialog mit einem Aspekt des „vorläufigen Glaubens“ zu behandeln. In der Praxis bedeutet dies, dass Sie, anstatt den Informationsfluss mit groben Kommentaren des Unglaubens oder kleinlichen Beschimpfungen zu behindern, Sie mit mir unter „suspendiertem Urteil“ diskutieren. Mit anderen Worten: Warten Sie, bis der Prozess abgeschlossen ist, bevor Sie selbst über den Wahrheitsgehalt und das Wissen, das hier vermittelt wird, entscheiden.
- 4. Sie sollen Ihre Fragen klug formulieren. Meine Zeit ist begrenzt, und ich möchte sie nicht vergeuden, indem ich mich durch sinnlose, vergebliche, unsinnige oder respektlose Kommentare wühlen muss. Deshalb werde ich in der mir zur Verfügung stehenden Zeit die Fragen beantworten, die meiner Meinung nach eine Antwort am meisten verdienen. Nutzen Sie das Zeitfenster, das wir haben, weise. Sollte eine der oben genannten Bedingungen verletzt werden, behalte ich mir das Recht vor, unseren Diskurs unverzüglich zu beenden, wenn ich dies wünsche.

In diesem Sinne werde ich versuchen, Ihre Fragen so ehrlich und offen zu beantworten, wie es mir möglich ist. Ich werde mich wieder melden und antworten, wenn es die Zeit erlaubt.

- **Frage:** „Wie viele Generationen reicht Ihr Stammbaum zurück, oder, vielleicht genauer gesagt, wer ist in Ihrer Familie der erste Vorfahre in einer Machtposition?“

Unsere Abstammung lässt sich bis weit in die Antike zurückverfolgen. Seit den frühesten Zeiten eurer aufgezeichneten „Geschichte“ und darüber hinaus hat unsere Familie auf die eine oder andere Weise das „Spiel“ hinter den Kulissen „gelenkt“. Vor dem Aufstieg und Fall von Atlantis. (Ja, das war tatsächlich vollkommen real). Wir sind „geboren, um zu führen“. Das ist Teil des Entwurfs für dieses aktuelle Paradigma.

- **Frage:** „Inwieweit wurde selektive Zucht eingesetzt, um die Reinheit der Linie zu bewahren? Und was wird aus Kindern aus nicht genehmigten Verbindungen? (Sie würden natürlich weiterhin mit Privilegien aufwachsen, aber vielleicht nicht sozusagen ‚die Schlüssel zum Schloss‘ erhalten.)“

Die Aufzucht ist im Allgemeinen fallspezifisch und hängt von der Rolle ab, in die die betreffenden Familienmitglieder hineinwachsen sollen. Darauf werde ich in der Antwort auf die Frage des nächsten Posters, der Sie neu formuliert hat, näher eingehen. Es gibt keine nicht genehmigten Ehen. Unsere Familie wird immer zwischen den Linien oder, wie wir es nennen würden, „Häusern“ heiraten. Eheschließungen werden arrangiert. In all den Jahren, in denen ich lebe, habe ich noch nie gesehen oder gehört, dass ein Familienmitglied diesen Kodex gebrochen hätte, was die Heirat betrifft. Man tut, was einem gesagt wird. Man kann der Familie nicht „beitreten“. Man wird in sie „hineingeboren“, oder inkarniert. In den seltenen Fällen, in denen ein Kind geboren wird, das „Schwierigkeiten“ mit sich bringen könnte, haben Sie Recht mit Ihrer Annahme, dass es als Teil der Familie aufgezogen wird, aber nicht im Haus oder in der Gemeinschaft der Eltern aufwächst.

- **Frage:** „Wenn man sich eine Skala vorstellt, vielleicht als Dreieck mit politischer, religiöser und unternehmerischer Macht an den drei Spitzen, wie würden Sie die Macht, die Ihre Familie ausübt, einordnen? (Ausgewogen? Neigen Sie mehr zu einem oder zwei Punkten als zu einem dritten? Bevorzugen Sie einen der drei Punkte gegenüber den anderen?) Und hat sich diese Position im Laufe der Zeit verschoben?“

Sie müssen zuerst die Struktur der Familie verstehen. Im Großen und Ganzen ist die Linie nicht so wichtig wie das Haus, das Haus ist nicht so wichtig wie die Familie. Die Familie ist alles. Egal welches Haus oder welche Linie, wir sind eine (wirklich internationale) Familie.

Stellen Sie sich einen Körper vor, wenn Sie so wollen. Ein Haus würde ein lebenswichtiges Organ oder Körperteil innerhalb des Körpers darstellen. Jeder Teil hat eine wichtige Rolle für das Funktionieren des Ganzen zu spielen, und für jeden von uns hat das „Ganze“ unsere ungeteilte Loyalität. Wie gesagt, viele Linien (weit mehr als Ihnen bewusst ist), aber nur eine Familie. Unsere Einflussbereiche passen nicht so bequem in die drei Kästchen Ihres Dreiecks, wie Sie sich vielleicht vorstellen. In der Familie gibt es sechs Disziplinen der Ausbildung, und jedes Mitglied der Familie wird von frühester Kindheit an in all diesen Disziplinen umfassend geschult. Wir alle haben ein Spezialgebiet, obwohl wir in allen Bereichen Erfahrung haben. Die sechs Bereiche oder „Schulen" des Lernens sind das Militär, die Regierung, das Geistige, die Gelehrsamkeit, die Führung und die Wissenschaften. In der Praxis, auf der „Bühne" des öffentlichen Lebens, haben wir Schlüsselpositionen in all diesen wichtigen Bereichen inne. Zusammen mit einer mitschuldigen Medienmaschinerie und dem Eigentum an euren Finanzinstituten sind alle Grundlagen abgedeckt.

- **Frage:** „Welche herrschende Blutlinie? Familie *Rockefellers*?[171] Das ist vielleicht ein bisschen zu direkt. Ich würde den folgenden Ersatz vorschlagen: Wie viele parallele Blutlinien gibt es Ihrer Einschätzung nach in ähnlichen Positionen wie Ihre eigene, und inwieweit sieht Ihre Familie sie als Konkurrenz oder als Kollaborateure?"

Ja, wie gesagt, die Kenntnis der Linie ist für Sie nicht von praktischem Nutzen. Es ist die Zugehörigkeit zur Familie, die wichtig ist. Es existieren 13 „Basis"- oder „Kern"-Blutlinien. Dennoch gibt es viele andere Linien, die aus diesen entspringen, so wie Flüsse aus den Hauptströmen. Wenn Sie sich die 13 ursprünglichen Linien als Grundfarben vorstellen, die gemischt werden können, um eine breite Palette anderer Farben zu schaffen, dann werden Sie es einigermaßen verstehen. Nochmals, kein Wettbewerb, nur Familie.

Es gibt keinen Konkurrenzkampf im Sinne von „Haus gegen Haus", obwohl es sich um eine „Dog-eat-Dog"-Welt[172] handelt. Es gibt dennoch einen zwischenmenschlichen Wettbewerb in diesem Sinne des Wortes. Jeder will aufsteigen. Unsere gesamte familiäre Gesellschaft ist darauf ausgerichtet, emporzustreben.

- **Frage:** „Was bedeutet der Begriff ‚Generationsmitglied'? Welche Generation genau?"

Es bedeutet, dass man in die Familie hineingeboren wird. Der Orden und seine Agenda werden von Generation zu Generation weitergegeben. Nur in äußerst seltenen Fällen wurden Außenstehende in die Familie aufgenommen, und selbst diese gehörten zu anderen „esoterisch" integrierbaren Linien.

- **Frage:** „Können Sie zwei oder mehr frühere Fälle nennen, in denen eine solche Kommunikation etabliert wurde?"

---

[171] Die Familien *Rockefeller* und *Rothschild*, historisch gesehen zwei der prominentesten und einflussreichsten Familien in den Vereinigten Staaten, spielen eine bedeutende Rolle in den Bereichen Wirtschaft, Finanzen und Weltherrschaft. Sie gelten unter Verschwörungstheoretikern als oberste Eliten.

[172] Ausdruck aus dem Englischen für „Hund frist Hund".

Einmal im Jahr 1999, in einer, wie Sie es nennen würden, „alternativen" Medienquelle. Einmal im Jahr 2003 in einem anderen Internetforum, das auf „Verschwörungen" basiert. Allerdings waren die übermittelten Informationen nicht ganz „rein". Nicht in der Absicht, in die Irre zu führen, sondern eher durch unvollkommenes oder unvollständiges Wissen der Überbringer.

Wenn es nicht in den vom Mainstream kontrollierten Medien steht, wird es von den Massen nicht geglaubt werden. Dies sind Informationen, die auf diejenigen zugeschnitten sind, die bereits wissen, dass wir sehr real sind und einen starken, wenn auch meist subtilen, Einfluss auf euer Leben ausüben. Wenn ihr einen Menschen versklaven wollt, lasst ihn glauben, dass er bereits frei ist.

- **Frage:** „Auf welcher Grundlage wird der Zeitpunkt solcher Enthüllungen festgelegt?"

Durch den Erlass des Obersten Weltrats, gemäß dem Willen des Schöpfers.

- **Frage:** „Werden wir wirklich als Vieh betrachtet und von der Regierung als solches gehandelt?"

Von den Regierungen, im Allgemeinen, ja. Die Menschen werden als „Collateral"[173] betrachtet. Schachfiguren, die je nach Spielplan auf dem Schachbrett herummanövriert werden. Entgegen der landläufigen Meinung wollen viele von uns Euch nicht direkt schaden. Es geht nur darum, das göttliche Schicksal aufrechtzuerhalten und zu entfalten, und wir müssen unsere Rollen in dem Spiel erfüllen, das uns vom Schöpfer gegeben wurde. In vielerlei Hinsicht ist es tatsächlich in unserem eigenen Interesse, dass Ihr auf die kommende Ernte vorbereitet seid. Nur vielleicht nicht ganz so vorbereitet, wie Ihr es gerne hättet. Doch selbst dann wählt Ihr die negative Polarität mit Euren eigenen Entscheidungen des freien Willens, mit ein wenig „Hilfe" und Anleitung von uns. Die Seelen können in beiden „Extremen" der Polaritäten geerntet werden, könnte man sagen.[174]

- **Frage:** „Wenn ja, wie werden wir zu freien Menschen?"

Ihr werdet niemals „frei" sein, solange Ihr auf diesem Planeten inkarniert seid. Schon die Natur Eures Hierseins ist ein Hinweis darauf. Es gibt einen Grund, warum Ihr hier seid, und „hier" ist sehr wahrscheinlich nicht wirklich

---

[173] „Collateral" aus dem Englischen kann vielfältig übersetzt werden: „als Sicherheit hinterlegter Gegenstand"; „Begleitmaterial" oder „Pfand". Es kann auch nicht elementare Aspekte eines Gesamten definieren.

[174] Genau wie beim „Insider" benennt *Hidden Hand* die „Negativität" als elementare Aufgabe.

dort, wo Ihr denkt, dass „hier" ist.[175] Wie könnt Ihr frei werden? Indem Sie herausfinden, wo Sie sich befinden, und sich darüber klar werden, warum Sie hier sind. Die Zeit, dies zu tun, wird schnell knapp, bevor die nächste Ernte ansteht. Diejenigen, die es nicht schaffen, werden den Zyklus wiederholen müssen.

- **Frage:** „Lebt der *Messias* heute noch?"

Es gibt keinen „*Messias*". Hören Sie auf, außerhalb von sich selbst nach „Erlösung" zu suchen. Gibt es das, was Ihr ein lebendiges „*Christus*-Bewusstsein" nennen würdet, dann ja, in gewisser Weise. Allerdings nicht in Eurem Bewusstsein der 3. Dichte (Dimension).

- **Frage:** „Sind wir in der Endzeit, wie sie im Buch der Offenbarung in der Bibel beschrieben wird?"

Ja. Nicht nur in der Offenbarung beschrieben, sondern auch in den Prophezeiungen praktisch aller Religionen, spirituellen Philosophien und mystischen Traditionen im Laufe der Geschichte. Diese Zeit ist nun angebrochen. Um jedoch Ihr eigenes Beispiel zu verwenden:

Offenbarung 14:14-16:

14: „Und ich sah, und siehe, eine weiße Wolke, und auf der Wolke saß einer, gleich einem Menschensohn, der hatte eine goldene Krone auf dem Haupt und eine scharfe Sichel in der Hand."
15: „Und ein anderer Engel ging aus dem Tempel und rief dem, der auf der Wolke saß, mit lauter Stimme zu: ‚Steche deine Sichel und ernte, denn die Zeit ist gekommen, dass du erntest, denn die Ernte der Erde ist reif.'"
16: „Da stach der, der auf der Wolke saß, mit seiner Sichel in die Erde, und die Erde wurde abgeerntet.

Die ‚Erde' ist in der Tat reif für die Ernte. Die Frage ist, wer wird bereit sein? Und wird die Ernte positiv oder negativ ausfallen?"[176]

- **Frage:** „Wie begründen Sie, dass die derzeitige britische Königsfamilie die wahre Blutlinie ist, *Ismael* aber nicht der wahre Empfänger von *Abrahams* Gabe ist? Wenn Sie zur wahren Blutlinie gehören, werden Sie wissen, was ich meine."

---

[175] Ohne es genau zu sagen, wird hier ein Hinweis auf die Maya gegeben. Die Aussage korrespondiert mit den einleitenden Worten des „Insiders".

[176] Wie ich bereits Eingangs des Kapitels „Die Phönix-Hypothese" anmerkte, erstreckt sich die Endzeitprophetie über alle großen Religionsgemeinschaften und darüber hinaus.

Wer sagt, dass es die „wahre" Linie ist? Es gab herrschende Blutlinien, lange bevor euer „*Jahwe*" und sein „Christentum" auf diesen Planeten kamen. *Jahwe* ist „ein" Schöpfer, nicht „der" *Eine Unendliche Schöpfer*. Es gibt andere und höhere „Götter" als ihn. Letztendlich sind alle ein Teil des *Einen* und üben entweder bewusst oder unbewusst ihren freien Willen zur Schöpfung aus. Fangen Sie an, „außerhalb der Box" zu studieren, um ein wahres Verständnis der Schöpfung zu erlangen. Das britische Königshaus ist nicht die mächtigste Linie. Die Namen, die Sie kennen, haben nicht die wirkliche okkulte Macht. Es gibt andere, die in der Hierarchie über diesen Linien stehen. Ihr werdet die Namen dieser Linien nicht kennen.

- **Frage:** „Welche Beweise haben Sie dafür, dass es ‚herrschende Elite-Familien' gibt und dass Sie dazugehören? Es ist etwas, von dem ich denke, dass Sie dachten, es sei nicht falsifizierbar, weshalb Sie diese Identität für die Geschichte, die Sie weben, gewählt haben – ich denke jedoch, dass es in der Tat einen Weg gibt, wie Sie es beweisen können."

Ich muss Ihnen nichts beweisen. Ich tue lediglich meine Pflicht, so wie sie mir aufgetragen wurde. Glauben oder nicht glauben, das ist uns göttlich[177] gleichgültig. Ich bin verpflichtet, diese Aufgabe hier zu erfüllen. Das Endergebnis ist für mich nicht von Bedeutung. Ich werde meine Pflicht erfüllt haben, indem ich bestimmte Informationen weitergegeben habe, die zu diesem Zeitpunkt veröffentlicht werden müssen. Es ist nicht vorgeschrieben, wo ich dies tue, sondern nur, dass ich es tue. Ich habe mich für die Plattform „OTS" entschieden, da das allgemeine Niveau der Intelligenz, des Verständnisses und des logischen Denkens hier höher eingeschätzt wird als in vielen anderen Foren dieser Art.

Verstehen Sie, aufgrund des Gesetzes des freien Willens kann ich Ihnen nicht einfach Informationen geben, zumindest nicht ohne Konsequenzen für meine eigene Person, die ich lieber vermeiden würde. Es ist ein Verstoß gegen Ihren freien Willen, Ihr Recht, nichts zu wissen. Sie müssen mich um die gewünschten Informationen bitten, nur dann kann ich sie Ihnen geben. Es gibt zwar wichtige Dinge, die ich mitzuteilen habe, aber wenn mir die Fragen nicht gestellt werden, kann ich Euch diese Informationen nicht geben. Ich bin zuversichtlich, dass die Synchronizität die wichtigsten Fragen von echter „Tiefe" aus Eurer Mitte hervorbringen wird.

---

[177] Im englischen Original benutzt *Hidden Hand* den Ausdruck „divinely indifferent".

Meine Aufgabe ist es, anzubieten. Ihre ist es, zu fragen. Meine Pflicht ist erfüllt, unabhängig davon, ob Ihre erfüllt ist oder nicht.

- **Frage:** „Wenn es herrschende Elite-Familien gibt und Sie Mitglied einer solchen sind, dann müssen Sie die globalen Ereignisse durch die Weltregierungen kontrollieren – sagen Sie uns eine wichtige Regierungsmaßnahme aus irgendeinem Land, die in den nächsten 5 Tagen stattfinden wird. Es wird mich nicht überraschen, wenn Sie sich weigern, dies zu tun."

Es steht mir nicht frei, über solch intime, unmittelbare Details zu sprechen, und in vielen Fällen bin ich in der Hierarchie nicht weit genug oben, um es zu wissen. In der Regel erhalte ich einen Tag vor dem Inkrafttreten eines größeren Ereignisses einen Anruf, in dem es heißt: „Dieser Teil eines solchen Plans wird morgen auf diese und jene Weise stattfinden, seien Sie nicht beunruhigt". Man muss auch die spezifischen Fachgebiete berücksichtigen, die ich zuvor erwähnt habe. Mein Gebiet ist die Spiritualität, daher liegt mein Fokus nicht so sehr auf geopolitischen Ereignissen. Ich bin mir des Gesamtkonzepts bewusst, aber die Feinheiten sind oft nicht mein Fachgebiet.

Ich bin bereit, Ihnen einige Dinge zu nennen, die in der Zukunft liegen und die Sie im Nachhinein überprüfen können. Die Aktienmärkte werden bald ihren kontrollierten Abbruch vollziehen. Nach dem anfänglichen „Anschein", dass die „Rettungsmaßnahmen" und „Rettungspakete" das Schiff stabilisiert haben, wird es bis Ende des Monats neue Rekordtiefs geben.[178]

Unsere Finanzinstitute werden später alle Kredite fällig stellen. Es wird viele Insolvenzen und Zwangsvollstreckungen geben. Die einzige Möglichkeit, dass *John McCain* der nächste US-Präsident wird, besteht darin, dass *Barack Obama* vor der Wahl etwas „passiert". Wenn es überhaupt eine Wahl gibt. Wenn eine bestimmte Fraktion ihren Willen bekommt, wird es keine geben. Denken Sie daran, dass es hinter den Kulissen nur eine Partei gibt. Unsere Partei. Die „Demokratie" ist eine Illusion, die geschaffen wurde, um eure Sklaverei aufrechtzuerhalten. Welche Seite auch immer „gewinnt": Die Familie gewinnt. Es gibt viele Möglichkeiten und alternative „Drehbücher". Alle führen zur ultimativen Umsetzung des Gesamtentwurfs unseres Schöpfers.

---

[178] Die Finanzkrise von 2008 erreichte ihren Höhepunkt im Herbst dieses Jahres. Eines der wichtigsten Ereignisse, die den Höhepunkt der Krise markierten, war der Konkurs von Lehman Brothers, einer großen Investmentbank, im September 2008. Lehman Brothers meldete am 15. September 2008 Konkurs an, was sich auf die weltweiten Finanzmärkte und -institutionen auswirkte.

Wenn keine unvorhergesehenen Störungen die Ankündigung verzögern, wird es bis Ende 2008/Anfang 2009 eine neue Währung[179] und eine neue Union der Nationen geben.[180] In einigen Kreisen wird der Januar als der späteste Termin genannt, obwohl es Pläne gibt, die dies sogar viel früher als ursprünglich erhofft verwirklichen könnten. Es hängt von den Ergebnissen anderer bevorstehender Ereignisse ab, wie sich dies entwickeln wird. Ich bin in der Hierarchie nicht hoch genug angesiedelt, um die intimen Details der Daten und Zeiten so weit im Voraus zu kennen. Es gibt ein „Baumsystem", in dem solches Wissen nach unten weitergegeben wird, wenn es „notwendig" wird. Ich würde als „regionaler" Anführer betrachtet werden. Über mir stehen die nationalen und internationalen Leiter. San Francisco und Damaskus werden bis Ende 2010 unbewohnbar sein, möglicherweise sogar schon früher. Auch hier hängt es von bestimmten „Kräften" ab, die im Spiel sind, und davon, welche Zeitlinien aktiviert werden. Die Menschheit, auch wenn sie sich dessen überhaupt nicht bewusst ist, hat dabei eine bedeutende Rolle einzunehmen. Ihr (als kollektives Bewusstsein des Planeten) wählt standardmäßig die negative Polarisierung, durch die Qualität eurer Gedanken und Handlungen.

Gedanken sind kreative, fokussierte Energie. Ihr erhaltet genau das, was ihr aussendet. Warum, glauben Sie, sind die Medien so wichtig für uns? Ihr habt (als Gesellschaft) in eurem hypnotisierten komatösen Zustand eure Zustimmung zu dem Zustand, in dem sich euer Planet heute befindet, aus freiem Willen gegeben. Ihr sättigt euren Verstand mit den ungesunden Gerichten, die euch auf euren Fernsehern serviert werden und nach denen ihr süchtig seid: Gewalt, Pornographie, Gier, Hass, Egoismus, unaufhörliche „schlechte Nachrichten", Angst und „Terror".

Wann habt ihr das letzte Mal innegehalten, um an etwas Schönes und Reines zu denken? Der Planet ist so, wie er ist, wegen eurer kollektiven Gedanken über ihn. Ihr seid mitschuldig an eurer Untätigkeit, jedes Mal, wenn ihr „wegschaut", wenn ihr eine Ungerechtigkeit seht. Eure „Gedanken" auf der unterbewussten Ebene der Kreation erlauben es, dass diese Dinge geschehen. Indem ihr das tut, dient ihr unserem Zweck. Es ist sehr wichtig für uns, dass die Polarisierung dieses Planeten in der Zeit der Großen Ernte negativ ist. Das

---

[179] Bitcoin, wenn auch nicht als klassische Währung betrachtet, stand erstmals am 3. Januar 2009 zur Verfügung, als sein Erfinder (oder seine Erfindergruppe) unter dem Pseudonym *Satoshi Nakamoto* das Bitcoin-Netzwerk durch das sogenannte „Mining" des ersten Blocks, des Genesis-Blocks, startete.

[180] Die BRICS-Gruppe, die sich aus Brasilien, Russland, Indien, China und Südafrika zusammensetzt, wurde mit der Aufnahme Südafrikas im Jahr 2010 offiziell ins Leben gerufen. Zwischen 2008 und 2010 wurden keine neuen großen internationalen Währungen eingeführt. Die globale Finanzkrise von 2008 und ihre Folgen lösten jedoch Diskussionen und Debatten über das bestehende internationale Währungssystem aus, insbesondere über die Rolle des US-Dollars als wichtigste Reservewährung der Welt.

bedeutet, dass sie auf den Dienst an sich selbst ausgerichtet ist, im Gegensatz zum positiven Dienst an anderen. Wir brauchen eine negative Ernte, und ihr leistet gute Arbeit, um uns zu helfen, unser Ziel zu erreichen. Wir sind sehr dankbar dafür. (...)

7.2.2 Sitzung II: Der Schöpfungsmythos der Familie

- **Frage:** „Woher wissen Sie, dass Ihre Blutlinie es verdient, an der Spitze zu stehen, und der Rest, ihr zu folgen? Reichtum und Macht verbreiten sich von selbst, daher sage ich Ihnen, dass Ihre Blutlinie nur deshalb zur ‚extremen Elite' der Welt gehört, weil Ihre Vorfahren anfangs zufällig an die Macht kamen, nicht weil Ihre Art etwas Besonderes ist. In der Tat ist es nichts Besonderes, Kluges oder Ehrenhaftes, andere zu versklaven."

Es geht nicht darum, ob man es „verdient" oder nicht. „Verdient" man es, als Engländer, Amerikaner, Italiener, Franzose, Deutscher usw. geboren zu werden? Wir sind nicht durch „Zufall" an die Macht gekommen, sondern (ich weiß, das mag schwer zu schlucken sein) durch intelligente Planung. Unser Weg wurde nicht von uns „gewählt", sondern er wurde bestimmt und akzeptiert.

Frage: „Wer ist Ihr ‚Schöpfer', und ist Ihr ‚Schöpfer' derselbe wie unser ‚Schöpfer'?"[181]

Das ist eine ausgezeichnete Frage, die ich nutzen kann, um unsere Kommunikation näher an den „Kern" heranzuführen. Ja und nein! Sie müssen zuerst die Schöpfung verstehen. Am Anfang steht das *Unendliche Eine.*[182] Dies ist die Quelle von allem – die intelligente Unendlichkeit. Es ist das undifferenzierte Absolute. In ihm befindet sich unbegrenztes Potenzial, das darauf wartet, „zu werden". Stellen Sie es sich als den „unbehauenen Block" Ihrer taoistischen Traditionen vor. Die *unendliche Intelligenz,* die sich ihrer selbst „bewusst" wird, versucht, sich selbst zu erfahren, und der *Eine Unendliche Schöpfer* wird „geboren" oder „manifestiert" (sie erscheint in eurem Verständnis der 3. Dichte). Tatsächlich ist der „Schöpfer" ein Punkt fokussierten unendlichen Bewusstseins oder Gewahrseins in unendlicher intelligenter Energie. Der *Eine Unend-*

---

[181] Diese Frage bewirkte, dass *Hidden Hand* den Schöpfungsmythos der Familie erklärte. Ob diese Geschichte korrekt ist oder nicht, kann ich nicht sagen. Dennoch gibt es interessante Parallelen zum Aufbau des virtuellen Konstruktes, wie es in diversen Traditionen beschrieben wird, wie aus einer Singularität eine Vielfalt entsteht. Die Mythologie ist kompliziert aber extrem kompakt zusammengefasst. Lesen Sie es mehrfach, wenn nötig oder überspringen Sie den Teil einfach.

[182] Hier finden wir den ersten Hinweis von *Hidden Hand* auf die Singularität allen seins.

liche Schöpfer, der sich seiner selbst bewusst wird, versucht auch, sich selbst als Schöpfer zu erfahren, und beginnt damit den nächsten Schritt in der Kreationsspirale nach unten. Indem der *Eine Unendliche Schöpfer* seine unendliche Intelligenz fokussiert, wird er zu Intelligenter Energie (die man als Große Zentrale Sonne bezeichnen könnte) und teilt sich in kleinere Teile seiner selbst auf, die sich dann ihrerseits als Schöpfer (oder Zentrale Sonnen) erfahren können. Mit anderen Worten, jede Zentralsonne (oder Schöpfer) ist eine „Stufe tiefer" im manifestierten Bewusstsein (oder eine Verzerrung) als der ursprüngliche „Gedanke" der Schöpfung. Am „Anfang" war also nicht „das Wort", sondern der Gedanke. Das Wort ist der Gedanke, der als Schöpfer ausgedrückt und manifestiert wird. Es gibt nur die Singularität. Einheit ist alles, was es gibt. Unendliche Intelligenz und unendliche Energie. Die beiden sind *Eins*, und in ihnen liegt das Potenzial für die gesamte Schöpfung. Diesen Zustand des Bewusstseins könnte man als „Sein" bezeichnen.

Die unendliche Intelligenz erkennt ihr „Potenzial" nicht. Sie ist das undifferenzierte Absolute. Aber die unendliche Energie erkennt das Potenzial, alle Dinge zu „werden", um jede gewünschte Erfahrung ins „Sein" zu bringen. Die intelligente Unendlichkeit kann mit dem zentralen „Herzschlag" des Lebens verglichen werden, und die unendliche Energie mit dem geistigen „Lebenssaft" (oder Potenzial), der für den Schöpfer „herausgepumpt" wird, um die Schöpfung zu bilden.

Die Schöpfung basiert auf den „Drei primären Verzerrungen des Unendlichen Einen":

- **1. Freier Wille:** Im ersten Gesetz (oder der Verzerrung) der Schöpfung erhält der Schöpfer den freien Willen, sich selbst als individuierten und doch (paradoxerweise) vereinigten Aspekt des *Einen* zu erkennen und zu erfahren.
- **2. Liebe:** Im zweiten Gesetz der Schöpfung wird die anfängliche Verzerrung des freien Willens zu einem Fokuspunkt des Bewusstseins, der als Logos oder „Liebe" (oder biblisch als „das Wort") bekannt ist. Die Liebe oder der Logos, der seine unendliche intelligente Energie einsetzt, übernimmt dann die Rolle des Co-Erschaffers einer riesigen Anzahl von physischen Illusionen („Gedankenformen") oder Dichten (die manche als Dimensionen bezeichnen), die gemäß seinem intelligenten Design die beste Auswahl an „potenziellen" Erfahrungen bieten, in denen er sich selbst erkennen kann. In der Tat könnte der Eine *Unendliche Schöpfer*, der sich in Logoi aufteilt, in eurem Verständnis der dritten Dichte als *„Universeller Schöpfer"* bezeichnet

werden. Mit anderen Worten: Logos erschafft auf einer universellen Ebene des Seins. Logos erschafft physische Universen, in denen er und der Schöpfer sich selbst erfahren können. („Es werde Licht.")

- **3. Licht:** Um diese unendliche spirituelle oder „Lebenskraft"-Energie in eine physische Gedankenform der Dichten zu manifestieren, erschafft Logos die dritte Verzerrung, das Licht. Aus den drei ursprünglichen primären Verzerrungen des *Einen*, die die Schöpfung bilden, entstehen unzählige Hierarchien anderer Unterverzerrungen, die ihre eigenen spezifischen Paradoxien enthalten. Das Ziel des Spiels ist es, in diese in weiteren Teilungen der Schöpfung einzutreten, und dann zu versuchen, die Polaritäten zu harmonisieren, um sich wieder als der Schöpfer von ihnen zu erkennen. Die Natur all dieser physisch manifestierten Energie ist Licht. Wo immer also irgendeine Form von physischer „Materie" existiert, befindet sich Licht oder göttliche intelligente Energie in ihrem Kern oder Zentrum. Etwas, das unendlich ist, kann nicht „anders als" oder „viele" sein, ein infiniter Schöpfer kennt nur die Einheit. So entwarf der *Unendliche Schöpfer*, gestützt auf seine Unendliche Intelligenz, einen Bauplan, der auf den endlichen Prinzipien des freien Willens des Bewusstseins basiert, und untergeordnete Schöpfungen, die sich ihrerseits ihrer selbst bewusst werden und sich selbst als Schöpfer erfahren können. Und so wurde das Experiment im Stil der „Russischen Puppe" immer weiter nach unten gestaffelt. Ebenen der Schöpfung innerhalb von Ebenen der Schöpfung. Der eine *Unendliche Schöpfer* (oder die große Zentralsonne) nimmt seine unendliche Energie zurück und wird zu Logos. Logos wiederum entwirft riesige Raumuniversen (noch nicht materialisiert), tritt zurück und teilt sich wieder auf, in Logoi (Plural), mit anderen Worten, in eine Reihe von Zentralsonnen, von denen jede zu einem Logos (oder „Mitschöpfer") ihres Eigenen Universums wird, wobei jeder einzigartige, individualisierte Teil des *Einen Unendlichen Schöpfers* in sich als seine Essenz die intelligente Unendlichkeit enthält.

Mit Hilfe des Gesetzes des freien Willens entwirft und erschafft jeder Universale Logos (Zentralsonne) seine eigene Version oder Perspektive der „physischen Realität", in der er sich selbst als Schöpfer erlebt. Indem er wieder nach unten tritt, fokussiert er seine Intelligenzenergie und erschafft die unmanifeste Form von Galaxien in sich selbst und teilt sich in weitere „Mitschöpfer"-Anteile („Sub-Logoi" oder Sonnen), die wiederum ihre eigenen Ideen der physischen Realität in Form von Punkten bewussten Bewusstseins, die wir Sonnen, Sterne und Planeten nennen, entwerfen und manifestieren werden.

Eine „planetarische Entität" (oder „Seele") beginnt die erste Dichte der Erfahrung, indem sich ein individualisierter Teil des *Einen* hier inkarnieren kann. Genau wie bei allen Logoi und Sub-Logoi der Schöpfung ist jede Seele ein weiterer kleinerer, einzigartiger Teil des *Unendlichen Einen*. Zu Beginn befindet sich die intelligente Energie des Planeten in einem Zustand, den man als „Chaos" bezeichnen könnte, was bedeutet, dass diese Energie undefiniert ist. Dann beginnt der Prozess von neuem. Die planetarische Energie beginnt, sich ihrer selbst bewusst zu werden (die 1. Dichte des Bewusstseins ist „Bewusstsein"), und der planetarische Logos (in der Tat ein Sub-Sub-Logos) beginnt, weitere Abwärtsstufen in sich selbst zu erschaffen, und der innere Aufbau des Planeten beginnt sich zu formen; die rohen Elemente von Luft und Feuer verbinden sich, um das Wasser und die Erde zu „bearbeiten", wodurch das Bewusstsein ihres „Seins" entsteht, und der Prozess der „Evolution" beginnt und bildet die 2. Dichte. Die Wesen der 2. Dichte beginnen, sich ihrer selbst als „getrennt" bewusst zu werden, und entwickeln sich zur 3. Dichte des Selbstbewusstseins (der niedrigsten Dichte, in die sich eine „menschliche Seele" inkarnieren kann).

Die Menschen ihrerseits (oder die in ihnen inkarnierten Seelen) streben danach, „zum Licht" und zur Liebe zurückzukehren, aus der sie gekommen sind, während sie die Reise des Fortschritts von der 3. Dichte bis zur 8. vollziehen. Die Erklärung der Dichten jenseits des „normalen" menschlichen Bewusstseins ist jedoch eine andere Frage. Wenn ihr also mehr darüber wissen wollt, muss jemand eine intelligente Frage stellen, auf die ich antworten kann, um euren freien Willen, nichts zu wissen („Recht auf Ignoranz"), nicht zu beeinträchtigen.

Nach diesen Ausführungen kann ich auf Ihre ursprüngliche Frage zurückkommen und sie weiter erläutern: „Wer ist Ihr ‚Schöpfer' und ist Ihr ‚Schöpfer' derselbe wie unser ‚Schöpfer'?"

Wie ich bereits sagte, ja und nein. Letztlich wird jedes Lebewesen (und alle Dinge sind lebendig) von dem einen *unendlichen Schöpfer* geschaffen, der ursprünglichen universellen Schöpfung. Ja, aus dieser Perspektive betrachtet, fokussiert der „Eine" *Unendliche Schöpfer* seine infinite Intelligenz in einem Bewusstseinspunkt der unendlichen Energie und bringt die gesamte Schöpfung ins Sein, obwohl wir nicht direkt vom „Einen" *Unendlichen Schöpfer* erschaffen werden, sondern eher von unserem eigenen Logos, Sub-Logos und Sub-Sub-Logos und so weiter. Aus dieser Perspektive betrachtet sind wir zwar alle im Wesentlichen aus demselben „Stoff" der Schöpfung „gemacht", der von dem

Einen Unendlichen Schöpfer initiiert wurde, aber unsere tatsächlichen persönlichen Schöpfer sind verschiedene Teile oder Sub-Logoi des *Einen*. Mit anderen Worten:

Ja, unser Schöpfer entstammt zwar der gleichen Quelle, ist aber nicht dieselbe Entität wie Euer Schöpfer. Das bringt mich zu einer Frage eines anderen Posters (ich werde nachher mit Ihren anderen Fragen fortfahren, aber so kann ich den ersten Aspekt Ihrer Frage indirekt beantworten, ohne Sie bitten zu müssen, sie neu zu formulieren, weil Sie vorsichtig um die Frage des freien Willens herumtanzen müssen).

- **Frage:** „Sie sagen, dass Sie von 13 ursprünglichen Blutlinien abstammen. Doch das DNA-Kartierungsprojekt hat eindeutig bewiesen, dass die gesamte Menschheit von nur 3 abstammt. Heißt das, dass Sie kein Mensch sind?“

Eine ausgezeichnete Frage, danke. Ja, das ist richtig, in gewisser Weise. Wenn Ihr mich auf der Straße treffen würdet, würde ich genauso menschlich erscheinen wie Ihr. Wir sind seit vielen Generationen hier mit Euch inkarniert, aber unsere Blutlinien stammen nicht von diesem Planeten.

- **Frage:** „Ihre Antwort auf die 6 Disziplinen des Lernens ähnelt sehr einem Buch über Atlantis, das gechannelt worden sein soll, war dies auch eine Zeit, in der Ihre Blutlinien Antworten gaben?“

Ja, das ist richtig, wieder einmal, in gewisser Weise. Andere, sagen wir mal „außerweltliche Wesenheiten“, besuchten den Planeten ebenfalls zu dieser Zeit und überlieferten ihr eigenes Verständnis der Schöpfung sowie ihre „Technologie“, von dem, was wir am besten als „einen zukünftigen Aspekt von Euch selbst“ beschreiben könnten. Es waren die Fehler der Menschheit im Umgang mit diesen Informationen, die letztendlich zur Zerstörung von Atlantis führten.

Nachdem ich nun die Frage beantwortet habe, ob unsere Abstammung vom Menschen stammt oder nicht, kann ich diese Antwort mit einer Erklärung zu der Frage „Wer ist unser Schöpfer“ verbinden. Ich tanze mit dieser Antwort nahe an der Grenze, aber die Sache muss richtiggestellt werden, und ich sollte gerade noch damit durchkommen, ohne den Unmut meiner eigenen „Upline“ auf mich zu ziehen. Lassen Sie uns zum Kern der Sache kommen.

Ihr Schöpfer, den Sie „*Jahwe*“ genannt haben, ist nicht „Gott“, wie Ihre Bibel ihn als „den einen wahren Gott“ bezeichnet. Er ist „ein“ Schöpfer (oder Sub-Sub-Logos) und nicht der *Eine Unendliche Schöpfer*. Er ist nicht einmal ein Logos auf galaktischer Ebene, sondern vielmehr der planetarische Logos für diesen einen Planeten. Unser Schöpfer ist derjenige, den Ihr als „*Luzifer*“, „Der

Lichtträger" und „Heller Morgenstern" bezeichnet.[183] Unser Schöpfer ist nicht „der Teufel", wie er in Eurer Bibel fälschlicherweise dargestellt wird. *Luzifer* ist das, was Ihr eine „Gruppenseele" oder einen „sozialen Gedächtniskomplex" nennen würdet, der sich auf der Ebene der sechsten Dichte entwickelt hat, was in der Tat bedeutet, dass er (oder genauer gesagt „wir") sich auf einer Ebene entwickelt hat, die ausreicht, dass er (wir) einen Status erreicht hat, der dem von *Jahwe* gleichkommt oder wohl sogar „größer" ist (wir haben uns höher entwickelt als er). Wenn Sie *Luzifers* vollste Ausprägung unseres Wesens betrachten würden, wäre das Erscheinungsbild das einer Sonne oder eines „hellen Sterns". Oder, wenn wir in eine Schwingung der 3. Dichte herabsteigen, würden wir als das erscheinen, was ihr als „Engel" oder „Lichtwesen" bezeichnen würdet.

Erlauben Sie mir, das zu erläutern:

Wenn sich ein Wesen (Gruppenseelenkomplex) auf die Ebene der 6. Dichte entwickelt, ist es im Vergleich zu der Zeit, die es braucht, um so weit zu kommen, nur ein Sprung von der ultimativen Wiedervereinigung mit dem *Einen Unendlichen Schöpfer* in der achten Dichte und von dort zurück zur Auflösung in die Quelle von allem, die intelligente Unendlichkeit. Wir (unsere Blutlinienfamilien), als Gruppenseele oder sozialer Gedächtniskomplex (*Luzifer*), standen am Rande des Aufstiegs zur 7. Dichte, obwohl wir auf dieser Ebene, bevor die Ernte kommt, die Wahl haben, uns höher zu entwickeln oder zurückzukehren, um anderen aus niedrigeren Dichten bei ihrer eigenen Evolution zu helfen, indem wir unser Wissen und unsere Weisheit (Licht) an diejenigen weitergeben, die uns aus freiem Willen um Hilfe bitten.

Jetzt, da wir uns entschieden haben, zu bleiben und unseren galaktischen Brüdern und Schwestern in dem *Einen* zu helfen, wurde uns vom Ältestenrat, der von seinem Hauptquartier in der 8. Dichte auf dem Planeten Saturn aus als Wächter dieser Galaxis fungiert, eine schwierige Aufgabe übertragen. *Jahwe* hatte aufgrund der Tatsache, dass er NICHT (wie es sein Recht als planetarischer Logos war) seinen eigenen freien Willen, sich selbst zu erkennen, an diejenigen weitergegeben hatte, die auf „seinem" Planeten inkarnierten, nur sehr geringe, evolutionäre Fortschritte erzielt. Also waren wir (*Luzifer*) diejenigen, die zur Hilfe geschickt wurden. Nachdem der Ältestenrat den Befehl dazu gegeben hatte, „fielen" wir zurück an einen Ort, an dem wir mit harter Arbeit und Konzentration wieder eine Manifestation unserer selbst in der 3. Dichte erzielten.

---

183 Hier lässt *Hidden Hand* die „Katze aus dem Sack". Dieser Aussage wich der „Insider" scheinbar immer aus.

Jahwe hatte unserem Kommen zugestimmt, denn er war es, der den Rat ursprünglich um einen „Katalysator" des Wandels gebeten hatte, um in seine Schöpfung einzutreten und das Wissen und die Weisheit zu teilen, die wir durch unsere Aufstiege erlangt hatten. In Abwesenheit des freien Willens auf dem Planeten kann es keine Polarität geben, und daher auch nichts, zwischen dem man „wählen" könnte. So wie es im Buch *Genesis* beschrieben wird, war der Planet von Natur aus sehr „edenisch". Sicher, es war ein wunderschönes „Paradies", doch die Wesen, die sich dort inkarnierten, hatten keinen Anstoß, sich über die 3. Dichte hinaus zu entwickeln, und daher wenig Hoffnung, jemals die Reise nach Hause zu dem *Einen* zu machen. *Jahwe* war glücklich, sein eigenes kleines Eden-Projekt aufrechtzuerhalten, aber da die Seelen hier kaum eine Chance hatten, nach Hause zu gelangen, war es in der Tat zu einem, wenn auch sehr schönen, „Gefängnis" geworden.

Jahwe führte, modern ausgedrückt, eine gutartige Diktatur. Ohne Polarität (die sich aus dem freien Willen ableitet) gibt es nur die Einheit von Liebe und Licht und keine Wahl, etwas anderes als das zu erleben. Wir sollten also der Katalysator für den Wandel sein, um diese Wahl zu ermöglichen und so die Polarität zu bringen. *Jahwe* stimmte zu, dass wir den Bewohnern der Erde das Konzept des freien Willens vorstellen würden, indem wir ihnen zunächst die Wahl lassen, ob sie ihn „wollen" oder nicht – daher der „Baum der Erkenntnis von Gut und Böse" (oder genauer gesagt, die Erkenntnis der Polarität, des Positiven oder Negativen). *Jahwe* bringt seine Bewohner in einen neuen „Garten" und sagt ihnen, dass sie alles tun können, was sie wollen, außer dieser einen Sache, wodurch der Wunsch entsteht, die eine Sache zu tun, die ihnen verboten wurde. Daher eine „Wahl". Wir liefern den Katalysator, indem wir ihnen die Vorteile der Erlangung von Wissen erklären, sie essen von dem Baum, und der Rest ist Geschichte.

Jahwe dachte, dass seine „Kinder" ihm immer noch gehorchen würden, und als er feststellte, dass sie es nicht taten, wurde er zornig. Wie er selbst in seinen Schriften beschreibt, ist er ein „eifersüchtiger Gott", und es gefiel ihm nicht, dass seine „Kinder" beschlossen hatten, ihm nicht zu gehorchen und statt dessen unserem Rat zu folgen. Wir haben uns bereits dazu verpflichtet, für eine vordefinierte Anzahl von „Zyklen" hier zu sein, um den Katalysator für die menschliche Evolution zu liefern, nämlich indem wir euch die negative Option anbieten, oder das, was ihr als „böse" bezeichnet. Nun, da der freie Wille gewährt wurde, konnte *Jahwe* ihn nicht mehr zurücknehmen, und wir müssen hierbleiben, um den Planeten weiterhin mit der Wahl der Polarität zu versorgen. Seitdem hat *Jahwe* uns (als Gruppenseele) hier in den Astralebenen der

Erde eingesperrt (was für ein Wesen mit unserer Weisheit und Erfahrung sehr einschränkend und unangenehm ist). Der Ältestenrat stellte uns vor die Wahl, uns (gegen den Willen *Jahwes*) freizulassen, allerdings unter Aufkündigung unseres Vertrages, dem Planeten Erde zu dienen oder zu bleiben und unsere Aufgabe zu erfüllen und *Jahwes* selbst ausgerufenen „Zorn" zu ertragen. Wir blieben, aber als karmisches Ergebnis der Gefangenschaft unserer Gruppenseele durch *Jahwe* erhielten unsere eigenen individuellen Seelen das Mandat (durch den Rat), während unserer physischen Inkarnationen hier auf eurem Planeten über *Jahwes* Volk zu „herrschen".

Lassen Sie uns jedoch über eine Sache im Klaren sein. All dies (das physische Leben / die Inkarnation) ist ein sehr kompliziertes und geschickt entworfenes Spiel, bei dem der *„Eine" Unendliche Schöpfer* das Spiel des Vergessens spielt, wer *Er* ist, so dass *Er* lernen kann, sich zu erinnern und dabei sich selbst als Schöpfer zu erfahren und zu erkennen. Bis hinunter zu uns winzigen, individualisierten Funken von „Alles Was Ist". Abseits der Bühne und zwischen den „Leben" (Nullpunktzeit/Antimaterie-Universum) als inkarnierte „menschliche Wesen" sind wir, wir alle (als Seelen), gute Freunde. Brüder und Schwestern im *Einen*.

Zwischen den „Leben" lachen wir alle über die Rollen, die wir in dem „Stück" gespielt haben, und freuen uns auf die nächsten Kapitel, die wir mit viel Spaß vorbereiten. Ich hoffe, dass ich in der obigen Antwort auch auf Ihre Frage „Wie interpretieren wir das Gute gegenüber dem Bösen?" Wenn nicht, sagen Sie es bitte, und ich werde mehr ins Detail gehen.

- **Frage:** „Können Sie etwas näher auf die ‚kommende Ernte' eingehen, und was genau meinen Sie mit Ernte?"

Ich kann. Ich werde meine Antwort an Sie mit meiner Antwort auf die folgende Frage verbinden:

- **Frage:** „Ist 2012 die Zeit der Ernte? Wenn Sie von der Ernte sprechen, erinnert das an den Chaos-Gnostizismus in dem Sinne, dass wir göttliche Seelen sind, die in der physischen Welt gefangen sind und immer wieder in Fleisch inkarniert werden, bis wir eine solche Ebene der spirituellen ‚Gnosis' erreichen, dass wir in der Lage sind, eine Reinkarnation in unserem nächsten Zyklus zu vermeiden. Ist dies die Grundlage für Ihren Glauben?"

Eine weitere ausgezeichnete (und sehr aufschlussreiche) Frage. Ich danke Ihnen. Je höher die Qualität der Frage, desto ausführlicher kann ich meine Antwort geben. Es hat alles mit den Gesetzen der Verwirrung und des freien Willens zu tun.

Ja, die Mittagssonne der Wintersonnenwende am 21. Dezember 2012 ist der Zeitpunkt, an dem der Herr der Ernte zurückkehren wird.[184] Ihr kennt ihn vielleicht als *„Nibiru"*. Lesen Sie die Maya-Prophezeiungen und kalendarische Ereignisse, um mehr darüber zu erfahren, wie die tatsächlichen galaktischen und universellen Zyklen funktionieren. Die „Reisenden", die Ihnen diese Informationen gaben, waren die gleichen, die die Zivilisation von Atlantis besuchten. Die Maya nutzten diese Informationen, indem sie mit der positiven Schwingung der Polarität kreierten. Die Atlantier entschieden sich für das negative Spektrum.

Ja, um Ihre Frage zu beantworten. In einigen der alten gnostischen Texte steckt viel Wahrheit, aber es gibt auch Verzerrungen. Die Informationen sind nicht „rein". Sie kamen durch viele „Filter". Ihr seid in der Tat das, was Ihr „Göttliche Seelen" nennt; Ihr seid Funken oder Samen des einen *Unendlichen Schöpfers*. Ihr seid das Leben selbst (Licht), das sich erinnert und lernt, wer Ihr wirklich seid (wir sind hierher gekommen, um Euch dabei zu helfen), und ja, derzeit seid Ihr in der „Materie" dieses Planeten, den Ihr Erde nennt, gefangen (oder genauer gesagt „in Quarantäne").

Dafür könnt ihr Eurem Schöpfer *Jahwe* danken. Ihr seid die „Nachkommen" oder Individuationen seiner Gruppenseele (oder seines sozialen Gedächtniskomplexes). Makrokosmisch gesprochen, sind Sie *Jahwe*. Der „karmische" Effekt, dass er uns in seinen Astralebenen gefangen hält, hat auch Auswirkungen auf Sie. Ich kann hier nicht genauer werden, ohne das Gesetz der Verwirrung zu verletzen. Ihr müsst es für Euch selbst herausfinden. Was die Frage betrifft, ob ich etwas über die kommende Ernte sagen kann, so werde ich das jetzt tun. Euer Planet hält sich an die Gesetze der Schöpfung Eures Galaktischen Logos. Die Galaxis läuft in Zeitzyklen, die als Präzession der Äquinoktien bekannt sind. Wie ich schon sagte, sucht den Maya-Kalender, um einen tieferen Einblick in die Abläufe der Galaxis zu erhalten (er ist sehr genau), aber für den Zweck dieses Diskurses werde ich einen kurzen Überblick geben.

---

[184] An dieser Stelle ist es unklar, ob *Hidden Hand* ein alternatives Kalendersystem berücksichtig, ob er selber die korrekten Kalenderübersetzungen nicht kennt, oder ob es spätere Modifikationen im Ablauf gab. Wie er später behautet, gehen 2012 nicht plötzlich die Lichter aus, sondern er behauptet, dass die Ankunft von Nibiru ein längerer Prozess ist. Da das Jahr 2012 ohne größere Zwischenfälle kam und ging, herrscht bezüglich dieses Narrativs viel Verunsicherung. Ich gehe persönlich von einem „Edit" in der Matrix aus, der die Zeitabläufe modifiziert hat – man könnte auch von einem Aufschub sprechen. Doch das ist nur meine Interpretation.

Die Maya verwenden einen astrologischen Zyklus namens „Präzession der Tagundnachtgleichen". Dabei handelt es sich um einen 26.000 Jahre dauernden Zyklus, in dem die Erde jedes der 12 Tierkreiszeichen für jeweils etwa 2.152 Jahre durchläuft. Jedes dieser astrologischen Zeitalter entspricht einem Monat des großen kosmischen Jahres. Dieser „Maya"-Zyklus entspricht auch einer 26.000-jährigen Beziehung der Sonne (Solar Logos), die Alcyone, den Zentralstern unserer Sieben-Schwestern-Konstellation der Plejaden, umkreist.

Das Ende dieses Zyklus läutet buchstäblich ein neues Weltzeitalter und eine neue Schöpfung ein. „Ein neuer Himmel und eine neue Erde",[185] und es ist die Zeit der Großen Ernte. Kleinere Zyklen bringen eine Ernte, und dann geht das Leben auf dem Planeten ganz normal weiter. Große Zyklen führen zu einer Großen Ernte und dem Ende des gegenwärtigen Lebens in der 3. Dichte. Seht es als eine Art „kosmische Reinigung", während der Planet eine Pause einlegt und sich regeneriert.

Wenn dieser Lebenszyklus endet, „wird alles vergehen, und alles wird neu gemacht werden". Die Menschheit wächst und entwickelt sich in diesem Moment kollektiv zu den Wesen, die zu sein ihr seit langem kodiert worden seid. Doch wie bei jeder Geburt ist es nicht die Mutter oder das Baby, die das Sagen haben, sondern der ursprüngliche Prozess der Geburt selbst, der sein eigenes Schicksal entfaltet. Der 21. Dezember 2012 n. Chr. ist also nicht der Tag, an dem plötzlich die Lichter ausgehen und sich alles ändert, sondern wir befinden uns JETZT im Prozess des Übergangs von einem Weltzeitalter zum nächsten. Die Veränderungen sind in vollem Gange und werden sich weiter beschleunigen, während wir auf den Höhepunkt zusteuern.

Der 26.000-Jahres-Zyklus setzt sich aus 5 kleineren Zyklen zusammen, von denen jeder 5.125 Jahre lang dauert. Jeder dieser 5 Zyklen wird als ein eigenes Weltzeitalter oder als ein Schöpfungszyklus betrachtet. Unser gegenwärtiger großer Zyklus (3113 v. Chr. - 2012 n. Chr.) wird das Zeitalter der fünften Sonne genannt. Dieses fünfte Zeitalter ist die Synthese der vorangegangenen vier. Das ursprüngliche Datum, an dem die Erde in die fünfte Welt eintrat, war der 13. August 3113 v. Chr., geschrieben in der langen Zählweise der Maya als 13.0.0.0.0. Um Ihnen das Verständnis dieser Notation zu erleichtern:

13=Baktuns, 0=Katuns, 0=Tuns, 0=Uinals, 0=Kin

---

[185] Ein völlig neues Kostrukt?

Dies sind die Maya-Wörter für die Zeiträume:

- Tag = Kin
- Monat mit 20 Tagen/Kin = Uinal
- Jahr mit 360 Tagen/Kin = Tun
- 20 Tuns/Jahre = K'atun
- 20 K'atuns = Baktun
- 13 Baktun sind 5.125 Jahre
- 13.0.0.0.0.

Jeder Tag ab diesem Punkt wird nach der Anzahl der Tage berechnet, die seit dem Ereignis dieses kosmischen Anfangspunktes vergangen sind. Innerhalb des 5.125-Jahres-Zyklus liegen 13 kleinere Zyklen, die als „13 Baktun-Zählung" oder „lange Zählung" bekannt sind. Jeder Baktun-Zyklus dauert 394 Jahre oder 144.000 Tage. Jedes Baktun war ein eigenes historisches Zeitalter innerhalb des Großen Schöpfungszyklus, mit einer spezifischen Bestimmung für die Entwicklung derjenigen, die in jedem Baktun inkarnierten. Der Planet Erde und seine Bewohner durchlaufen derzeit den 13. Baktun-Zyklus, die letzte Periode von 1618-2012 nach *Christus*. Dieser Zyklus ist sowohl als „der Triumph des Materialismus" als auch als „die Transformation der Materie" bekannt.

Am 13.0.0.0.0 wird die Dezembersonnenwende-Sonne im Band der Milchstraße zu finden sein, direkt in der Position des „dunklen Risses" in der Galaxis, der eine Ausrichtung zwischen der galaktischen Ebene und dem Sonnenwende-Meridian bildet. Wir sind im Begriff, in eine buchstäbliche Ausrichtung der kosmischen, galaktischen, solaren und lunaren Ebene einzutreten. Dies ist ein Ereignis, das sich über einen Zeitraum von Tausenden von Jahren langsam angenähert hat und durch die Präzession der Äquinoktien verursacht wird. Es ist eine Art „Drehung" der universellen Zahnräder. Es bringt die Große Ernte und die Rückkehr des Herrn der Ernte mit sich.

Und der Planet wird seinen Aufstieg zur 4. Dichte, der Schwingungsdichte der Liebe, vollenden. Während dieser Aufwärtsentwicklung wird es für die Seelen, die die Erde bewohnen, eine Dreiteilung geben. Diejenigen, die überwiegend der negativen Polarität angehören, werden uns begleiten, wenn wir durch die negative Ernte (oder den Dienst am Selbst) schreiten. Wir (*Luzifer*) werden eine neue Erde der 4. Dichte erschaffen, die auf der Polarität des negativen Selbstdienstes basiert. Wir müssen unseren eigenen Teil der negativen karmischen Wirkung abarbeiten, die durch all die Negativität auf diesem Planeten entstanden ist. Sobald wir dies getan haben, werden wir freigelassen, um wieder unseren Platz als Wächter der 6. Dichte und Lehrer der Weisheit in der gesamten Galaxis einzunehmen.

Diejenigen der überwiegend positiven Polarität (Liebe und Licht) werden zu einer wunderschönen neuen Erde der 4. Dichte aufsteigen, wo Ihr anfangen werdet, an Eurem Lernen und dem Demonstrieren von Liebe und Mitgefühl zu arbeiten. Es wird ein sehr schönes und „goldenes" Zeitalter sein. Die 4. Dichte beginnt, Euch dem *Unendlichen Schöpfer* zu öffnen. Ihr werdet Werke und Wunder vollbringen, wie sie derjenige, den Ihr „*Jesus*" nennt, Euch versprochen hat – „und noch größere Dinge als diese" tun. Es wird eine sehr magische Zeit für Euch sein. Für die Mehrheit der Menschen auf der Erde, die man als, sagen wir, „lauwarm" bezeichnen könnte, wird es eine Periode der (sich „ekstatisch" anfühlenden) Nullpunkt-Zeit geben, in der Ihr Euch völlig eins mit dem Schöpfer fühlt, was Euch eine ermutigende Erinnerung und einen Blick darauf gibt, wer Ihr wirklich seid, bevor der Schleier des Vergessens wieder auf Euch herabfällt und Ihr zu einem anderen Planeten der 3. Dichte transferiert werdet. Ihr werdet bis zur nächsten Ernte in der Materie der 3. Dichte „unter Quarantäne" bleiben; in dieser Zeit müsst Ihr Euch selbst beweisen, dass Ihr gelernt habt, positivere Wesen zu sein, die sich mehr darauf konzentrieren, anderen zu dienen, anstatt nur zu Versuchen, sich selbst förderlich zu sein. Wenn Ihr dies tun könnt und die nächste Ernte kommt, werdet Ihr Euch das Recht verdient haben, Euch uns anzuschließen und Euer Erbe als Mitglied der galaktischen Gemeinschaft zu genießen, und Ihr werdet mit uns als Brüder und Schwestern des *Einen* um den Tisch unseres galaktischen Lenkungsorgans, der Konföderation der Planeten, sitzen.

Nun, ich habe in dieser Sitzung dank der Qualität Ihrer Anfragen viel vermittelt, und ich muss mich nun für heute verabschieden. Wenn Sie weitere Fragen zur Ernte haben, auf die ich näher eingehen soll, kann ich sie beantworten, wenn Sie darum bitten. Oder Fragestellungen, die Sie zu anderen Themen haben, werde ich beantworten, sobald es die Zeit erlaubt, ebenso wie die anderen (respektvoll gestellten) Fragen hier, da ich sie mitgenommen habe, um sie zu erwidern. Wenn es die Zeit gestattet, werde ich mich morgen bei Ihnen melden.

7.2.3 Sitzung III: Die Ernte, das Konstrukt und das Spiel

- **Frage:** „Vieles von dem, was Sie schreiben, scheint an das *Ra*-Material zu erinnern, insbesondere das Konzept der Ernte, der STS- und STO-Entscheidungen (Service to Self / Service to Others) und der *Intelligenten Unendlichkeit*. Haben Sie das gelesen?“

Es ist in der Tat sehr ähnlich. Wir stammen beide aus der Quelle des *Unendlichen Schöpfers*, und wir erinnern uns beide daran, woher wir kommen. Ich würde erwarten, dass unsere Botschaften die gleichen Kernwahrheiten enthalten. Die Verlautbarungen der Sechsten-Dichte-Seelengruppe „*Ra*“ sind die genauesten Informationen, die derzeit in eurem Mainstream kursieren. Nach dem, was ich gesehen habe, sind sie zu etwa 85-90% korrekt. Das Material wurde mir zur Kenntnis gebracht, als es zum ersten Mal herauskam, vor etwa 25 Jahren oder so, wenn ich mich recht erinnere. Ich habe eine Menge davon gelesen, aber nicht alles. Bei meinen vielen Pflichten habe ich nicht viel Zeit für solche Dinge. Andere Mitglieder der Familie haben das Buch jedoch genau unter die Lupe genommen, um seine Genauigkeit zu beurteilen, und waren mit dem Endprodukt sehr zufrieden.

Ra ist in der Tat die Gruppe, die ich zuvor als „außerweltliche Wesenheiten“ bezeichnet habe, die die Maya- und Atlantis-Zivilisationen besuchten. Wir sind miteinander bekannt und befreundet. Unsere beiden Gruppenseelen befinden sich auf einer sehr ähnlichen Stufe der Entwicklung/Evolution. Beide sechste Dichte, fast Siebte. Aber wie wir hat auch *Ra* den Weg des Dienstes an unseren galaktischen Brüdern und Schwestern (Euch und anderen) gewählt, anstatt sich weiter nach Hause zu entwickeln.

Wir würden dieses Material jedem empfehlen, der wirklich nach Verständnis sucht. Obwohl es, wie ich schon sagte, nicht 100%ig genau ist, nehmt also das, was euch gefällt.

- **Frage:** „Welche Funktion, wenn überhaupt, haben Entführungen durch Außerirdische? Warum werden die entführten Personen ausgewählt?“

Das hängt davon ab, wer die „Entführungen“ durchführt. Das meiste, was man als „Entführungen“ bezeichnet, wird von Euren eigenen „Regierungen“ durchgeführt. Vor allem dann, wenn die so genannten „Grauen“ beteiligt sind. Abgesehen davon trifft sich die Konföderation hier manchmal mit bestimmten Inkarnierten, die eine Rolle dabei zu spielen haben, andere für die kommende Ernte „aufzuwecken“. Dies werden immer positive Erfahrungen sein, und diejenigen, die sie machen, werden sich durch den Kontakt ermutigt und inspiriert fühlen.

Dann gibt es noch die „Orion Empire Group". Ihre Absichten, Euch zu besuchen, liegen eher im negativen Bereich. Sie haben es hauptsächlich auf diejenigen abgesehen, die ihr als „Lichtarbeiter" bezeichnet habt. Sie versuchen, sie von ihren Aufgaben abzuhalten und Angst zu verbreiten. Sie werden Euch nicht wirklich physisch „schaden". Ihr Modus Operandi besteht hauptsächlich darin, Euch einzuschränken und Euch von eurem Weg abzulenken. Sie führen oft psychische Angriffe durch, von denen der „Lichtarbeiter" nichts mitbekommt, die ihm aber oft viel Energie rauben und ihn unmotiviert machen.

- **Frage:** „Warum wollen Sie eine negative Ernte?"

Es ist schwierig, das in Worte zu fassen, und ich muss auch vorsichtig sein mit dem, was ich dazu antworte. Ich habe bereits einen „Klaps auf die Finger" bekommen, könnte man sagen. Wenn wir keine Negativernte einfahren, sind wir für einen weiteren Zyklus an Euch gebunden. Sobald diese Große Ernte abgeschlossen ist, ist auch unser Vertrag mit dem Rat und unserem Schöpfer erfüllt. Mit anderen Worten, wir haben unsere Pflicht erfüllt und wären frei, zu unserem vollsten Ausdruck zurückzukehren, dem von galaktischen Wächtern der 6. (fast 7.) Dichte und solchen, die sich freudig in den Dienst des Einen *Unendlichen Schöpfers* und unserer Brüder und Schwestern in der ganzen Galaxis stellen. Allerdings gibt es ein Problem. Nun, ihr würdet es ein „Problem" nennen, wir bezeichnen es eine Herausforderung. Ich werde darauf später in einer Antwort auf eine andere Frage näher eingehen, aber kurz gesagt, wir brauchen einen sehr hohen Prozentsatz an negativer Polarität, wenn wir eine negative Ernte erzielen wollen. Mit anderen Worten, wir müssen bis zum Äußersten selbstzentriert sein.

Wir müssen einen hohen Grad erreichen, um negativ geerntet zu werden. Das ist der Grund, warum wir so hart daran arbeiten, so negativ polarisiert zu sein, wie wir es nur können. Wenn wir nicht einen ausreichend hohen Prozentsatz erreichen, verpassen wir es und enden mit dem mehrheitlich „lauwarmen" Prozentsatz, der einen weiteren Zyklus in der 3. Dichte durchlaufen muss. Durch das Erreichen einer negativen Ernte können wir immer noch zur 4. Dichte „aufsteigen", nur wird es ein Planet mit negativer Polarität sein. Das ist kein guter Ort für uns. Aber, wie ich bereits gesagt habe, haben wir (als Gruppenseele) den natürlichen karmischen Wiedergutmachungsprozess, den wir Abarbeiten müssen, für all die Negativität, die wir auf diesem Planeten verursacht haben. Wir werden dies für einen Zyklus in unserer neuen Welt der 4. Dichte tun, und dann werden wir befreit sein, um wieder das glorreiche Wesen des Lichts zu sein, das wir wirklich sind. Wir brauchen eine negative Ernte, damit wir unsere Erde in der 4. Dichte erschaffen und unsere karmischen Aufzeichnungen bereinigen können.

Versteht, dass wir negativ sein MÜSSEN. Das ist es, wozu wir hierher geschickt wurden. Es ist unser Vertrag, und es war schon immer unser Auftrag, Euch zu helfen, indem wir den „Katalysator“ liefern, von dem ich vorhin sprach. Negativ zu sein ist sehr schwer für uns, nicht auf physischer Ebene (die Charaktere, die wir spielen, genießen ihre Rollen, da wir so programmiert sind), aber auf spiritueller Ebene ist es schwer. Wir haben die niederen negativen Schwingungen vor Äonen überwunden. Wir sind Licht, und wir sind Liebe. Es fällt uns spirituell gesehen sehr schwer, all diese Negativität zu erschaffen, aber wir tun es, weil wir Euch lieben, und es ist letztendlich zu Eurem höchsten Wohl. Man könnte sagen, dass es unser Opfer ist, das wir gebracht haben, um dem *Einen Unendlichen Schöpfer* und Euch, unseren Brüdern und Schwestern im Einen, zu dienen. Denken Sie daran, dass wir hier alle nur ein großes altes Spiel spielen, bei dem wir uns darauf einigen, zu vergessen, wer wir wirklich sind, damit wir uns im Erinnern wiederfinden und wissen, dass wir *Eins* sind – dass das ganze Leben *Eins* ist.

- **Frage:** „Ich muss Sie hier korrigieren. Die Präzession der Tagundnachtgleichen kann dies nicht verursachen. Sie kann nichts anderes verursachen als die Art und Weise, wie wir hier auf der Erde den Kosmos um uns herum sehen. Sie betrifft das Wackeln der Erdachse und hat meines Wissens keinen Bezug zu anderen Planetenkörpern.“

Aus der Perspektive der 3. Dichte hast du recht, es „erscheint“ so. Wir sehen nicht aus einer Perspektive der 3. Dichte. Da ist ein „größeres Bild“ am Werk, das ihr nicht sehen könnt.

- **Frage:** „In Bezug auf unsere Versklavung scheinen Sie zu sagen, dass wir als Teile unseres ‚Logos *Jahwe*‘ gleichermaßen für seine Entscheidung verantwortlich sind, uns hier auf unserem Planeten der dritten Dichte gefangen zu halten. Das ist ein interessanter Gedanke. In diesem Sinne muss unsere völlige Freiheit durch eine gemeinsame spirituelle Anstrengung erreicht werden.“

Aus einer bestimmten Perspektive ist das, was Du sagst, richtig. Aus der Sicht der 3. Dichte seht Ihr Euch selbst als „getrennt“ von allem. Von einer höheren Perspektive aus betrachtet, seht Ihr, dass das überhaupt nicht der Fall ist. Ihr und Euer Schöpfer, Ihr seid *Eins*. Was Eure Aussage über Eure „totale Freiheit" betrifft, so seid Ihr nicht verantwortlich für die Menschen um Euch herum.[186] Ihr und sie sind auch alle *Eins*, wenn man es von einer höheren Dichte aus betrachtet, aber in dieser Dichte seid Ihr hier, um an Euch selbst zu arbeiten.

Ihr seid hier, um Euch zu erinnern, wer Ihr seid und warum Ihr hier seid. Ihr seid hier, um Euch an den *„Unendlichen Schöpfer"* zu erinnern. Ihr sollt Euren Schöpfer in Euch erkennen und ihm und anderen Euren Dienst anbieten, und zwar aus Eurer eigenen freien Entscheidung heraus, zu dienen. Das eine kommt vor dem Anderen. Wenn Ihr Euch daran erinnert, wer Ihr seid, und Ihr wisst es, tief im Kern Eures Seins, werdet Ihr Eure „unsichtbare" Verbindung zu *Allem*, was ist, entdecken und erkennen, und so werden Freude, Dankbarkeit und Dienst das natürliche Ergebnis sein, das aus Eurem dankbaren Herzen strömt. Wenn Ihr an Euch selbst arbeitet und lernt, den Schöpfer in Euch zu erkennen, wird es für Euch ganz natürlich sein, anderen zu dienen, und eine glorreiche Ernte wird auf Euch warten.

- **Frage:** „Eine Sache, die ich nicht verstehe - und vielleicht können Sie mir das erklären, *Hidden Hand* – ist, warum diejenigen, die zu *Luzifer* gehören (und *Luzifer* selbst), nicht für die Freiheit aller Seelen kämpfen? Wenn *Luzifer* repräsentiert, warum tun diejenigen, die ihm dienen, nicht, was der biblische *Luzifer* tat, und rebellieren gegen die Tyrannei der Ältesten?"

Das ist eine sehr gute Frage, danke. Ich werde sie in zwei Teile aufteilen und den zweiten Teil danach beantworten. Erstens: Der Ältestenrat ist das absolute Gegenteil von tyrannisch. Sie sind die weisen und liebevollen Wächter unserer Galaxis. Es gibt so vieles, was man aus einer Perspektive der 3. Dichte nicht verstehen kann. Wenn Ihr höhere Dichten erreicht, seht Ihr, dass letztlich alles im Gleichgewicht ist und es nur die Einheit gibt. Alles andere als Einheit ist Illusion oder „Gedankenform".

Der Rat stellte uns vor eine Reihe von Entscheidungen. Wir haben uns entschieden, hierzubleiben, um Ihnen zu helfen, auch wenn es uns selbst etwas kostet. Das ist das Wesen des liebenden Dienstes an anderen. Das ultimative Paradoxon in all dem ist, dass wir in dieser Geschichte, die wir alle gemeinsam erschaffen, um Euch den größten Dienst zu erweisen, völlig selbstsüchtig sein

---

[186] Dies ist meines Erachtens eine signifikante Aussage. Demnach sind wir in einer „Schule" und es ist nicht unsere Aufgabe, darüber zu urteilen oder unsere Energie darauf zu „verschwenden", wie andere Schüler im Lernprozess voranschreiten, oder welche Rolle sie im Prozess spielen. Es geht primär darum, wie wir mit den Lernaufgaben umgehen.

müssen. Ich liebe so sehr den Sinn unseres Schöpfers für Ironie. Was den ersten Teil Ihrer Frage anbelangt, so ist die biblische Darstellung des „Krieges im Himmel“ nicht völlig ungenau. Ich werde das erklären. Unser ursprünglicher Vertrag bestand darin, den Katalysator für den freien Willen auf diesem Planeten einzuführen. Als *Jahwe* anfänglich mit dem Ältestenrat ins Gespräch kam, suchte er nicht nach Hilfe bei der Einführung des freien Willens, sondern eher nach Anleitung, wie er seinen (und den Evolutionsprozess seiner Bewohner) am besten beschleunigen könnte. Wie ich bereits erwähnte, führte er eine gutartige Diktatur. Wir hatten zu dieser Zeit gerade einen Auftrag in Tau Ceti abgeschlossen und uns für unsere nächsten Aufgaben gemeldet. Wir (als Gruppenseele *Luzifer*) wurden sozusagen auf eine „Erkundungsexpedition“ geschickt, um die Erde zu besuchen und uns mit *Jahwe* zu treffen, um seine planetarischen Schöpfungsgesetze zu bewerten und Vorschläge zu machen, wie er seinen „Nachkommen“ (das ist der Begriff, den ich verwenden werde, um die Seelen zu beschreiben, aus denen die Gruppenseele besteht) und damit auch *Jahwe* helfen könnte, Fortschritte zu machen.

Wir prüften viele Optionen und berichteten unsere Ergebnisse dem Rat und *Jahwe*. Nach unserer besten Einschätzung war die Einführung des freien Willens der einzige wirkliche und schnelle Weg, um seine Entwicklung sinnvoll zu steigern. Es war nicht speziell die Einführung des freien Willens, bei der *Jahwe* Hilfe wünschte, es war einfach die Einführung eines Katalysators. Er war überhaupt nicht erfreut über unseren Bericht, dass er den freien Willen einführen müsse. Er war mit seinem kleinen Lieblingsparadies zufrieden und wollte nicht die Kontrolle darüber verlieren. Schließlich überzeugte ihn der Rat, dass dies der beste Weg sei, und er stimmte widerwillig zu. Wir kehrten zur Erde zurück und hatten ein herzliches Treffen mit *Jahwe*, bei dem wir besprachen, wie wir die Option des freien Willens am besten umsetzen könnten. *Jahwe* beharrte darauf, dass seine Nachkommen sich ohnehin für seine Loyalität entscheiden würden und dass sie mit ihrer Lebensweise so zufrieden seien, dass sie ihm immer vertrauen und tun würden, was er für das Beste halte. Das, so sagte er, sei der „Hauptgrund“ dafür, dass der Freie Wille als Katalysator nicht gut funktionieren würde. Deshalb stimmte er dem Experiment mit dem Baum der Erkenntnis zu. Er glaubte, es würde beweisen, dass er „Recht“ hatte. Als das nicht der Fall war, wurde er wütend, warf sein Spielzeug aus dem Kinderwagen und seine Kinder aus dem Garten und machte ihnen ein großes schlechtes Gewissen, weil sie sein Vertrauen gebrochen und ihm nicht gehorcht hatten. Das ist nicht wirklich eine ehrenhafte Art und Weise für einen Logos, sich zu verhalten, aber hey, das ist wohl das Schöne am freien Willen.

Das nächste „Problem", das auftrat, war, dass seine Nachkommen uns für unsere Hilfe so dankbar waren, dass *Jahwe* (nach eigenem Bekunden) ein „eifersüchtiger Gott" wurde. Dann kam die ganze Sache mit dem „Du sollst keine anderen Götter haben als mich". Wir waren mit dieser Situation überhaupt nicht zufrieden, denn ein Logos sollte sich seinen Nachkommen gegenüber nicht so verhalten, schließlich sind sie *Eins*. Als wir versuchten, den Planeten zu verlassen, um zum Rat zurückzukehren, verhinderte *Jahwe* unsere Abreise. Als wir erneut versuchten, den Planeten zu verlassen, wurden wir in die Astralebenen hinuntergeworfen und dort gefangen gehalten. Der Rat befahl, uns freizulassen, sagte aber, wir müssten unseren Vertrag kündigen, um den Seelen auf der Erde zu helfen, sich weiterzuentwickeln. Wir wollten nicht gehen, wir fanden sie sehr sympathische Wesen, wirklich positiv gepolt, und wir wollten bleiben und helfen, wir wollten nur auch frei sein, zu kommen und zu gehen, wie es uns gefällt. Der einzige Weg, wie wir bleiben konnten, war, als Gruppenseele eingesperrt zu bleiben, was für uns (als individualisierte Seelen) Inkarnationszyklen bedeutete, was wir schon lange nicht mehr machen mussten.

Wie ich bereits gesagt habe, gibt es aus der Sicht einer höheren Dichte kein „falsch" oder „richtig", aber es gibt dennoch Konsequenzen für jede Handlung. Das ist das Gesetz der karmischen Wirkung. Der Vertrag war bereits zwischen *Jahwe*, uns und dem Rat geschlossen worden, damit wir den Katalysator zur Verfügung stellen konnten, so dass wir ein Recht hatten, dort zu sein. Die karmische Wirkung von *Jahwe*, der uns auf der makrokosmischen Ebene gefangen hielt, war, dass seine individualisierten Seelen auf der mikrokosmischen Ebene gefangen gehalten wurden. Der *Unendliche Schöpfer* gab *Jahwe* (und allen anderen) das Geschenk des freien Willens, so zu erschaffen, wie wir es wollen, aber die karmische Auswirkung seiner Wahl war, dass der Rat den Planeten unter Quarantäne stellte. Um ein funktionierender Teil einer positiven, vereinten galaktischen Gesellschaft zu sein, ist eine bestimmte Evolutionsstufe erforderlich. Was den „Kampf für die Freiheit aller Seelen" anbelangt, so sei daran erinnert, dass dies letztlich ein Spiel ist, das wir hier alle spielen. Wir sind Schauspieler, die auf der „Bühne des Lebens" agieren.

Diese „Welt" ist nur eine Illusion, eine „Gedankenform".[187] Niemand „stirbt" wirklich, und niemand wird wirklich verletzt. Zwischen den Inkarnationen wissen Sie das sehr gut. Aber die Spielregeln[188] sorgen dafür, dass Du vergessen musst, wer du wirklich bist, damit du glaubst, es sei alles „real", wäh-

---

[187] Hinweis auf die virtuelle Natur des Realitätskonstruktes.

[188] Hinweis auf die hermetischen Regeln.

rend Du das Spiel des Lebens spielst. Das ist eine wesentliche Voraussetzung, wenn Sie Entscheidungen treffen. Sonst wäre das Spiel zu einfach. Diese Welt ist nicht die Wirklichkeit.[189] Aber wir können die Wirklichkeit in ihr ausdrücken, wenn wir das wollen.

- **Frage:** „Okay, Ihre Familie und andere Eliten sind vielleicht genauso in der irdischen Welt gefangen wie wir, aber warum propagieren und unterstützen Sie aktiv die Kräfte der Versklavung?"

Weil das die Rolle ist, die wir in diesem Spiel zu spielen haben. Um das Spiel zu „gewinnen" (oder genauer gesagt, um darin erfolgreich zu sein), müssen wir so negativ polarisiert wie möglich sein. Dienst an sich selbst im Extrem. Gewalt, Krieg, Hass, Gier, Kontrolle, Versklavung, Völkermord, Folter, moralische Degradierung, Prostitution, Drogen, all diese Dinge und mehr dienen unserem Zweck – im Spiel. Der Unterschied zwischen uns und Euch, im Spiel, ist, dass wir wissen, dass wir „spielen". Je weniger Sie über das Spiel wissen und je weniger Sie sich daran erinnern, dass Sie ein Spieler sind, desto „sinnloser" wird das Leben. In all diesen negativen Dingen geben wir Euch Werkzeuge an die Hand. Aber Ihr seht es nicht. Es ist nicht wichtig, was wir tun, sondern wie Sie darauf reagieren. Wir geben Euch die Werkzeuge. Ihr habt den Freien Willen zu entscheiden, wie Ihr sie einsetzt. Ihr müsst die Verantwortung übernehmen. Es gibt hier nur *Einen* von Uns. Wenn Sie das verstehen, werden Sie auch das Spiel verstehen.[190]

- **Frage:** „Etwas, das ich sehr interessant fand, ist das Konzept, dass das Große Zeitalter der Präzession in fünf 5.125-Jahres-Zyklen unterteilt ist. 3113 v. Chr., der Beginn des aktuellen Unterzeitalters, war eine Zeit großer Aktivität. Hängt der Bau von Steinmonumenten in Westeuropa, im Nahen Osten und in Ägypten zu dieser Zeit mit der Anerkennung dieses Zyklus zusammen? Welchem Zweck dienten die Steinkreise in Großbritannien und die Pyramiden in Ägypten? Sie sind mehr als bloße Markierungen für einen Äonenwechsel. Sie müssen eine enorme Bedeutung gehabt haben. Was mich am meisten interessieren würde, ist: Gehörten die Erbauer dieser Monumente zu den versklavten Massen, die versuchten, die Natur des Daseins zu verstehen, oder waren die Erbauer Mitglieder Ihrer elitären Blutlinie?"

---

[189] Sie ist „Maya".

[190] Hinweis darauf, dass die archetypische Heldenreise inszeniert wird und die „negativen Kräfte" für die Herausforderungen, Versuchungen und Antagonisten sorgen, damit das „Schauspiel" komplett ist. Unsere Aufgabe ist es, große und kleine Helden zu sein.

Ja, es gibt eine Bedeutung in diesen Ereignissen, je nach Raum/Zeit ihres Geschehens. Der Gruppenseelenkomplex *Ra* war der Architekt dieser Strukturen. Sie wurden aus Gedanken erschaffen. Wenn man versteht und sieht, dass alles Illusion, oder Gedanke ist, kann man „die Macht" nutzen, um die Illusionen zu manipulieren. Alle sichtbaren und unsichtbaren Dinge sind miteinander verbundene Lebenskraft-Energie. Sobald man weiß, was der Magier weiß, ist es keine Magie mehr. Dann ist es ein „Werkzeug der Schöpfung".

Ich danke Ihnen für Ihre Fragen, sie waren sehr aufschlussreich.

- **Frage:** „Es ist Eure Art, die die Welt ruiniert hat. Ihr denkt, dass Ihr höher als alle anderen seid. Wenn ich Sie sehen würde wenn ich Sie im echten Leben treffen würde, wäre das nicht schön."

Es fehlt Ihnen an Verständnis, ganz zu schweigen von Eloquenz. Um „höher" zu verstehen, sollten Sie einen Moment lang über den Tellerrand hinausschauen. Wenn ich auf dem Boden laufe und Sie in einem Flugzeug über mir fliegen, macht Sie das dann besser als mich? Nein. Es macht Sie nur höher.

- **Aussage eines AC:** „Ich werde Dich in der Hölle sehen!"

Sei vorsichtig, was Du Dir wünschst. Alle Gedanken und Worte sind kreativ.

- **Frage:** „Wenn ‚*Jahwe*' eine Entität mit positiver Polarität ist, wie kann er dann ‚zornig' und ‚eifersüchtig' sein?"

Hat *Jahwe* einen Freien Willen? Würden Sie sich selbst als einigermaßen positiv einschätzen? Können Sie trotzdem manchmal zornig und eifersüchtig sein? Ist *Jahwe* ein Makrokosmos von Ihnen?

- **Frage:** „Ich würde gerne wissen, wie wir den Weg des Dienstes an anderen (positiv) dem des Dienstes an sich selbst (negativ) vorziehen können. Ist diese Aussage richtig: ‚Um den positiven Weg zu wählen, müssen mindestens 51 Prozent unserer Gedanken und Handlungen dem Dienst an anderen gewidmet sein. Für den negativen Weg müssen mindestens 95 % eigennützig sein. Dazwischen liegt das Sinkloch der Gleichgültigkeit.'?"

Ihre Aussage ist richtig, ja. Sie sehen also, wie sehr wir uns um Negativität bemühen müssen? Es erfordert eine Menge Anstrengung, um 95% Negativität zu erreichen. Sie werden vielleicht auch überrascht sein, wie viele Menschen auf dem Planeten nicht einmal annähernd 51% Positivität Erreichen.

- **Frage:** „Wie entscheiden Sie sich für den Weg des Dienstes am Nächsten?"

Sei gut zu Dir selbst. Kultiviere eine echte Liebe zum Leben und zum Sein. Sei dem *Unendlichen Schöpfer* jeden Tag aufrichtig dankbar dafür, dass er Dich ins Sein gebracht hat, und für seine großzügige Versorgung. Ihr habt bis hierher „überlebt“, nicht wahr? Ihr habt vielleicht nicht alles, was Ihr wollt, aber Ihr habt alles, was Ihr braucht, um das zu vollenden, wofür Ihr hier inkarniert seid. Seid dankbar dafür! Zeigt dem *Unendlichen Schöpfer* Anerkennung und Dankbarkeit für alles, was er für Euch getan hat und noch tut. Er hat Euch das Geschenk der Lebenserfahrung gemacht und Euch den Freien Willen angeboten, zu entscheiden, was Ihr damit erschaffen wollt. Hütet Eure Gedanken sorgfältig, denn sie sind mächtiger, als Ihr Euch vorstellen könnt. Wenn Ihr von einem Ort der Liebe zu Eurem Schöpfer und des Dienstes an ihm ausgeht, wird ein Leben des Dienstes an anderen eine natürliche Konsequenz davon sein. Sucht immer nach Wegen, wie Ihr Euren Mitmenschen behilflich sein könnt. Seid eine Ermutigung für andere. Baue Menschen auf und mache sie nicht nieder. Seid ein Leuchtfeuer des Lichts in einer dunklen Welt.

Braucht die alte Dame Hilfe beim Tragen ihrer Einkaufstaschen? Wie behandeln Sie den Obdachlosen, der Sie um etwas Kleingeld für das Tierheim bittet? Haben Sie schon einmal von „verkleideten Engeln“ gehört? Schauen Sie hin und sehen Sie den göttlichen Funken im Herzen aller Wesen. Behandeln Sie sie so, wie Sie selbst behandelt werden möchten, und wie Sie Ihren Schöpfer behandeln würden, wenn er direkt mit Ihnen sprechen würde. „Denn was Ihr den Geringsten unter ihnen tut, das tut Ihr auch mir.“ Achtet das Gesetz der Ausstrahlung und Anziehung. Ihre Gedanken, Worte und Taten kehren zu Ihnen zurück. Kultivieren Sie schließlich einen Geist der demütigen Dankbarkeit. Sie werden nicht viel falsch machen damit. Der Wunsch, zu dienen, kommt ganz natürlich aus einem dankbaren Herzen.

- **Frage:** „Wenn wir mit einer Philosophie des ‚Dienstes an anderen‘ leben, um die Einheit mit der unendlichen Quelle zu erreichen, ist das dann nicht in Wirklichkeit ‚Dienst an sich selbst‘? Wie wird die Unterscheidung zwischen negativer und positiver Polarität getroffen?“

Du dienst anderen nicht, um das Einssein mit der *Unendlichen Quelle* zu erreichen, Du dienst Anderen, weil Du sie liebst wie Dich selbst. Andere sind eine Erweiterung von Dir selbst. Das ist der Grund, warum das Gesetz der Anziehung so funktioniert, wie es funktioniert. Wahrhaftig, was immer Du mir antust, tust Du Dir selbst an. Wir sind alle *Eins*, in der *Unendlichen Schöpfung*. Trennung ist eine Illusion, denn Du siehst nur aus der 3. Dichte heraus. Ihr erkennt noch nicht das ganze Bild.

Wir erreichen das Einssein mit der *Unendlichen Quelle* vor allem als Ergebnis unserer Aufwärtsspirale des Fortschritts. Wir sind alle auf dem Weg zurück zu dem, woher wir gekommen sind. Wir sind alle auf dem Weg zurück nach Hause.

- **Frage:** „Nach meinem Verständnis müssen alle Seelen schließlich den positiven Weg wählen, um sich mit dem *Unendlichen Schöpfer* zu vereinen. Wenn das wahr ist, was ist dann die Rechtfertigung dafür, jetzt den negativen Weg zu wählen, für Ihr Volk und uns?"

Eine kluge Frage. Ja, alle Seelen lernen schließlich, dass das Positive der Weg ist, der nach Hause führt. Aber während der Inkarnation in der 3. Dichte ist die Negativität immer noch ein wichtiges Werkzeug in Eurem Lernprozess. Sie lehrt Euch „anders als". Wie ich bereits sagte, liegt es an Euch, wie Ihr die Werkzeuge nutzt, die wir Euch gegeben haben. Reagieren Sie auf Negativität mit noch mehr Negativität? Hat es für Sie jemals funktioniert, Feuer mit Feuer zu bekämpfen? Oder entscheidet Ihr Euch dafür, die Negativität als das Werkzeug zu sehen, welches sie ist, und zu erkennen, dass sie Euch eine Chance bietet? Ich werde Ihren Freien Willen ehren, zu denken und für sich selbst zu entdecken, was diese Gelegenheit ist.[191]

- **Frage:** „Oder wenn der eine *Unendliche Schöpfer* ‚Liebe' ist, bedeutet das, dass es keine Rolle spielt, ob wir die Liebe zu anderen oder zu uns selbst wählen? Werden beide Wege zur Quelle führen?"

In gewisser Weise hast Du recht, bis zu einem bestimmten Punkt. Aber es gibt einen großen Unterschied zwischen Selbstliebe und Egoismus – einen großen Unterschied. Wenn man wirklich versteht, was es heißt, sich selbst zu kennen und zu lieben, kann man nicht anders, als andere zu lieben und ihnen zu dienen. Es gibt keine „Anderen". Wenn Du dies auf der Kernebene Deines Seins verstehst, bist Du auf dem Weg nach Hause, zum *Unendlichen Schöpfer*, und schließlich tauchst Du wieder in die unendliche Einheit ein.[192]

- **Frage:** „Ich stimme mit vielen anderen überein, dass Ihre Antworten sehr gut mit verschiedenen Quellen übereinstimmen, die ich in der Vergangenheit gelesen habe, einschließlich der Channelings von *Ra*, den *Kassiopiern* und einigen anderen. Können Sie erklären, wie Sie solche ‚Channelings'

---

[191] Wenn ich raten sollte, geht es darum, auf die Negativität nicht mit mehr Negativität zu reagieren, sondern mit Liebe zu antworten. Es braucht für diesen Test das „Werkzeug" der Negativität, welches von irgendwem bereitgestellt werden muss.

[192] Wahre Liebe für Andere fängt bei Selbstliebe an und beinhaltet die Erkenntnis, dass die Trennung nur Illusion ist und jeder Aspekt des Lebens eine Erweiterung des Selbstes ist.

interpretieren und ob sie eine weitere Quelle der Offenbarung Ihres Volkes sind?"

Ich habe in meinen früheren Antworten über *Ra* gesprochen. Von den *Kassiopiern* habe ich nichts gehört. Es gibt zur Zeit keine anderen Mitteilungen von meiner Familie als diese, obwohl es die Möglichkeit gibt, dass es bald eine weitere geben wird, abhängig von bestimmten Ereignissen. Meine allgemeine Ansicht über „Channelings" ist, dass die meisten von ihnen von sehr schlechter Qualität sind. Das ist nicht unbedingt eine Beleidigung für diejenigen, die sie durchbringen, sondern eher eine Frage ihrer mangelnden Empfänglichkeit und der daraus resultierenden Verzerrungen. Es ist sehr selten, einen guten, stabilen, klaren und unparteiischen Channel zu finden. Das Schlüsselelement beim Channeling ist die Fähigkeit, die „Filter" der eigenen persönlichen Überzeugungen vorübergehend zurückzuziehen und ein klarer Kanal zu sein.[193] Das zu übermitteln, was tatsächlich gegeben wird, und nicht das, was Sie denken, was es bedeuten könnte. Wenn ich von „Ihnen" spreche, dann meine ich das natürlich in einem allgemeinen Sinne, nicht „Sie" persönlich. Denkt immer daran, dass es um die Botschaft geht, nicht um den Boten. Die *Ra*-Channellings sind in der Tat sehr genau. Sie sind die Einzigen, die ich kenne, die ich gerne als „klare" Botschaft einstufen würde. Aber wie gesagt, selbst dann sind sie nicht 100% exakt – eher 85-90%.

Ein weiteres schwieriges Problem beim Channeling ist, dass man zunächst ein positives Wesen empfangen kann, und wenn man nicht sehr scharfsinnig in seiner Unterscheidung und vorsichtig in seinem Schutz ist, wenn man einen ankommenden Channel identifiziert, kann man ein negatives Wesen bekommen, das vorgibt, positiv zu sein, aber nach und nach mehr und mehr Fehlinformationen einschleust, nachdem es Ihr Vertrauen gewonnen hat. Diejenigen, die Ihnen genaue Daten und Zeiten nennen, sind fast immer zu vermeiden. Positive Organisationen geben kein Datum und keine Uhrzeit an. Negative Wesenheiten tun dies, damit sie Ihnen eine Falle stellen können. Wenn Sie erst einmal dazu verleitet wurden, Daten und Uhrzeiten vorherzusagen, und diese nicht eintreten, ist es ihnen gelungen, das Licht Ihrer Botschaft auszuschalten, da niemand mehr Glaubwürdigkeit in Ihnen sehen wird.

- **Frage:** „Wenn es so eine umfassende Verschwörung wirklich gäbe, wären Tausende von Menschen daran beteiligt, und jeder Einzelne könnte eine undichte Stelle sein."

---

[193] Dieses Konzept war mir nicht neu, und ich habe es im Kontext von *Marita* der „Hellseherin"gesehen.

Tausende? Versuchen Sie es mit Millionen. Und Sie haben keine Vorstellung von der strengen Ausbildung und der Härte der Konditionierung, die wir von klein auf erfahren. Keiner wagt es, sich gegen die Familie zu stellen. Wir wissen, was passieren würde, wenn wir es täten. Aber das ist nicht der Hauptmotivator. Die Motivation ist die uneingeschränkte Loyalität gegenüber der Familie und unserem Schöpfer. Wir verstehen die Bedeutung dessen, was wir hier tun, auch wenn der Großteil der Menschheit das nicht tut.

- **Frage:** „Upsie, OP.[194] Sie haben sich gerade selbst in den Fuß geschossen. Für jemanden, der sich nur mit der Manipulation der spirituellen Seite des Lebens befasst, wissen Sie sicher eine Menge über Dinge, die nichts damit zu tun haben. Sie haben sich gerade selbst entlarvt."

Setzen Sie sich nicht mit Ihrer Familie zusammen und halten sich gegenseitig über Ihre Pläne auf dem Laufenden? Was Ihre Bemerkungen über meine „spirituelle" Rolle betrifft, so ist die Unwissenheit, die Sie an den Tag gelegt haben, für uns höchst amüsant. Wenn Sie glauben, dass ich mich „nur" mit dem Spirituellen beschäftige, haben Sie meine Beiträge entweder nicht oder falsch gelesen. Sie nehmen auch an, dass es bei meiner Rolle darum geht, die „spirituelle Seite des Lebens" zu „manipulieren". Auch hier mangelt es Ihnen an Verständnis, und dann fällen Sie falsche Urteile über etwas, von dem Sie nichts verstehen.

Sie täten gut daran, damit aufzuhören, „klug" sein zu wollen, und stattdessen Ihre ganze unangebrachte aggressive Energie auf etwas zu lenken, das produktiver und nahrhafter für Ihre Seele ist. Aber lasst Euch von mir nicht aufhalten, denn Ihr tragt sehr schön zur negativen Gesamtpolarität der kommenden Ernte bei. Wir sind Euch dankbar.

Ich werde die letzten Tage meiner Zeit hier (unser Diskurs endet am Freitag) damit verbringen, auf aufschlussreiche Fragen mit Tiefgang zu antworten, die das Beste aus dieser Gelegenheit zum Informationsaustausch und zum Herstellen von Verbindungen auf der Seelenebene des Seins machen, also erwarten Sie bitte keine weiteren Antworten auf Ihr verbales Geplänkel, ich habe weder genügend Zeit noch Lust, mich auf unbedeutenden Zwist einzulassen.

Die Fragen derjenigen, die ich noch nicht beantworten konnte, werde ich morgen beantworten. In der Zwischenzeit bitte ich Sie höflichst, mit weiteren Fragen zu warten, bis ich mit den aktuellen Fragen auf dem Laufenden bin. Vielen Dank an diejenigen, die bisher mit sinnvollen Fragen zu diesem Diskurs

---

[194] OP: „OP" steht in Foren für „original Poster" und meint damit immer den Autor des Threads.

beigetragen haben. Ich hoffe, dass diese Informationen für diejenigen, die aufgeschlossen sind, von Nutzen sind.

7.2.4 Sitzung IV: Manifestation, Abschirmung und Unterscheidung

- **Frage:** „Ich habe noch weitere Fragen, und es tut mir leid, wenn Sie das schon erklärt haben. Handelt es sich bei diesen Blutlinien um die Wohlhabenden, wie die meisten annehmen, oder um scheinbar gewöhnliche Menschen (einschließlich Prominente und Politiker usw.), die sich in die Gesellschaft einfügen, relativ unbemerkt bleiben, aber dennoch im Großen und Ganzen einen Beitrag zu Ihrer Sache leisten?"

Die Namen, die Du kennst, haben keine wirkliche Macht. Sicher, sie „scheinen" viel Macht zu haben, so wie erdgebundene Seelen Macht wahrnehmen. Unser Reichtum lässt die Vermögen der „Milliardärs-Promis" und Konzernbosse wie das Taschengeld eines Kindes aussehen. Unser Kapital ist der Reichtum der Familie, der über Tausende von Jahren von Generation zu Generation weitergegeben wurde. Wahre Fülle ist jedoch das Wissen, dass Sie und Ihr *Unendlicher Schöpfer* tief in Ihrem Herzen *Eins* sind. „Suchet zuerst das Reich *Gottes* (des *Unendlichen Schöpfers*), so wird Euch dies alles zugerechnet werden."

- **Frage:** „Sind sich alle bewusst, dass Sie Teil dieser Blutlinie sind, oder sind sich einige Mitglieder dieser Verbindung nicht bewusst, die sie haben? Werden sie in einem bestimmten Alter darüber informiert? Wie und in welchem Alter wurde Ihnen zum Beispiel gesagt, dass Sie dazugehören?"

Ja. Wenn Du zur Blutlinie (Familie) gehörst, wirst Du in sie hineingeboren, und Du wirst von Geburt an so erzogen. Es gibt keinen anderen Weg. Ich möchte mich zu dieser Frage der Blutlinie klar äußern. Diejenigen, die Ihr kennt, sind von irdischer Abstammung. Ja, sie haben ihren Platz in der Familie, aber die wahren Machtlinien stammen nicht von diesem Planeten.

- **Frage:** „Leider entschärfen seine Konnotationen auch die meisten Anschuldigungen gegen die ‚NWO'."

Das hängt von Ihrer Perspektive ab. Wird dadurch die Negativität, die wir aufrechterhalten haben, gemildert? Nein. Lindert es den Schmerz und das Leid, das wir auf dem Planeten verursacht haben und verursachen? Nein. Erleichtert es Sie, dass wir unser Endspiel-Szenario abschließen und bald öffentlich anbieten werden, die scheiternden politischen und finanziellen Institutionen mit unserer geschätzten Führung zu „retten"? Nein.

Heißt das, dass man der Negativität nachgeben und sie füttern sollte? Nein. Erleichtert es uns, dass wir einen Zyklus in karmischer Wiedergutmachung verbringen müssen, um diese Lebenszeit offener Negativität auszugleichen? Nein. Bedeutet das, dass Sie die Negativität als das Werkzeug benutzen sollten, welche sie ist, um Ihnen zu zeigen, was Sie nicht sind? Ja.

Denkt immer daran, dass dies ein wunderschönes Spiel ist, das wir hier spielen und gemeinsam mit unserem *Unendlichen Schöpfer* erschaffen. Und dass wir „abseits der Bühne" (zwischen den Leben) die allerbesten Freunde sind, und dass niemand wirklich „stirbt" und niemand wirklich „leidet", außer im Spiel. Das Spiel ist nicht die Wirklichkeit.[195] Bewusstsein schafft Realität, und Sie haben die Macht, Ihre Realität im Spiel auszudrücken, wenn Sie gelernt haben, wie das geht.

- **Frage:** „Sie sagen im Wesentlichen, dass eine Seele sich nur für das Positive in einer Welt entscheiden kann, in der auch das Negative existiert. Wenn es in dieser Welt keinen Protagonisten gäbe, hätte die menschliche Seele keine Möglichkeit, sich für ‚gut' oder ‚böse' zu entscheiden, und damit auf spiritueller Ebene zu beweisen, dass sie ein bestimmtes Schicksal im Jenseits verdient hat. Wenn wir nur Positives zur Auswahl hätten, würden wir nichts lernen, und unsere Seelen würden nichts beweisen können."

Ganz genau. Das ist der Grund, warum wir gekommen sind. Es war ein großes Opfer für uns. So schwer es auch aus den mentalen Grenzen der Lebenserfahrung in der 3. Dichte heraus zu begreifen ist, wir tun es, weil wir Euch lieben.

- **Frage:** „Ein sehr grundlegendes Konzept, das ich bisher übersehen habe. Leider ist es für diejenigen von uns, die unser irdisches Dasein lieben (oder besser gesagt, das Potenzial, das es hat), ziemlich schwierig, sich mit einem Konzept abzufinden, nach dem Leiden und Sklaverei so natürlich sind wie Liebe und Glück, und dass wir erst nach dieser irdischen Existenz jemals frei sein können."

Ich verstehe. Unsere Aufgabe ist es, den Katalysator zu liefern. Ihre Aufgabe ist es, ihn zu nutzen. Können Sie über das hinaussehen, was Ihre Augen Ihnen zeigen, um Liebe und Glück in einer Welt der Angst und des Leids zu finden

---

[195] Wieder ein Hinweis auf die Natur der Maya.

und auszudrücken? Wenn Sie das können, werden Sie wie ein Leuchtfeuer des Lichts in der Dunkelheit sein. Werden Sie der Dunkelheit erliegen, oder werden Sie aufstehen und Ihr göttliches inneres Licht erstrahlen lassen? Nur Sie können diese Entscheidung für sich selber treffen. Denken Sie einmal darüber nach:

Wenn der eine *Unendliche Schöpfer* unendlich ist und alles erschaffen hat, was ist (was er ist und was er hat), wohnt der *Unendliche Schöpfer* dann nicht in allen Dingen? Wenn Du den göttlichen Funken des *Unendlichen Schöpfers* sehen kannst, sogar in denen, die Dir Schaden zufügen wollen, wird der starke Griff der Illusion beginnen, seine Macht über Dich zu verlieren. „Liebt Eure ‚Feinde' und betet für die, die Euch verfolgen."

- **Frage:** „Danke, *Hidden Hand*. Ob Sie nun echt sind oder nicht, Sie haben mich auf jeden Fall zum Nachdenken und Lernen gebracht."

Sehr gern geschehen. Ich bin aufrichtig, aber würde es eine Rolle spielen, wenn ich es nicht wäre? Denken Sie daran, dass es nicht darauf ankommt, wer der Überbringer der Botschaft ist, sondern vielmehr auf die Art der Botschaft selbst. Ich wünsche Euch alles Gute auf Eurer Heimreise. Wir sehen uns auf der anderen Seite, und wir werden alle über die Rollen, die wir in diesem großen Drama gespielt haben, herzlich lachen.

- **Frage:** „Gibt es eine Möglichkeit, diese Einschränkung aufzuheben? Denn ich könnte einfach nur sehr faul sein oder unter einem solchen Zauber stehen und möchte wissen, welcher es ist. Hat die Schlaflähmung etwas damit zu tun, weil ich das von Zeit zu Zeit mit oder ohne Schattenfiguren bekomme."

Die gibt es. Recherchieren Sie und wenden Sie Techniken zur psychischen Abschirmung[196] an. Es gibt viele Informationen im Internet, so dass ich die wenige Zeit, die uns bleibt, nicht damit verbringen muss, darauf einzugehen. Lesen Sie viele Seiten, und hören Sie auf Ihre innere Stimme. Ihre Seele wird Sie führen, wenn Sie sie darum bitten. Sie spricht in der Sprache der Gefühle. Wenn es sich „richtig anfühlt", ist es das normalerweise auch.

Nein, die Schlaflähmung hat damit nichts zu tun. Sie tritt auf, wenn Ihr Gehirn vor Ihrem Körper aus dem Traumzustand „erwacht". Während des REM-

---

[196] Psychische Abschirmung bezieht sich auf die Anwendung von Techniken oder Methoden, um sich vor unerwünschten oder negativen psychischen oder energetischen Einflüssen zu schützen. Dazu gehören Methoden und „Wekzeuge" wie die Visualisierung, die Affirmation und die Verwendung von speziellen Kristallen oder Edelsteinen.

Tiefschlafs ist es normal, dass der Körper während des REM-Zyklus gelähmt ist, um mögliche Verletzungen während des Träumens zu vermeiden. Wenn man zu schnell aus einem Traum erwacht, denkt der Körper manchmal, dass man immer noch träumt, und so dauert die REM-Lähmung noch eine Weile an, meist bis man sich selbst „wachrüttelt", was oft an der Schwierigkeit zu atmen liegt.

- **Frage:** „Und noch eine Frage. Ist es möglich, dass unsere Essenz in der kommenden Zeit zerstört werden kann, oder ist das nur eine weitere Panikmache?"

Nein. Deine Essenz kann niemals zerstört werden. Du bist ein einzigartiger Teil des *Einen Unendlichen Schöpfers*. Du bist eine ewige Seele, die derzeit in einer physischen Hülle wohnt, die Du als „Erdanzug" bezeichnen könntest. Dein Erdenanzug wird vergehen, aber DU kannst nicht sterben. Nichts kann den *Unendlichen Schöpfer* zerstören, und Du und der *Unendliche Schöpfer* sind *Eins*.

- **Frage:** „Ich gehe zur Arbeit, um meine Rechnungen zu bezahlen, ich lebe ein gutes Leben mit Freunden, geliebten Menschen, Menschen, die mir etwas bedeuten. Ich bin im Grunde ein guter Mensch, aber ich habe die ganze Bandbreite an Emotionen wie ein ‚echter' Mensch, d.h. Eifersucht, Hass usw. Ich würde mich wohl als ‚lauwarm' bezeichnen, um Ihre Formulierung zu verwenden. Wie kann ich als Einzelner das, was Sie sagen, als die ‚Wahrheit' ansehen?"

Das verlangt auch niemand von Dir. Nehmen Sie niemals das, was andere Ihnen sagen, als „Wahrheit" an. Eure Aufgabe hier ist es, Eure eigene Wahrhaftigkeit zu finden. Manchmal können Dir andere dabei helfen, indem sie Dir Führung anbieten, aber damit ihre Wahrheit zu Deiner Wahrheit wird, muss Sie den Test Deines Unterscheidungsvermögens durchlaufen. Setzt Euch ruhig in Meditation und bittet den *Unendlichen Schöpfer*, Euren Weg zu leiten. Meditiert über das, was ich Euch mitgeteilt habe, und hört auf Eure inneren Gefühle. Sie sind die Sprache Eurer Seele.[197]

Nutzen Sie all Ihre negativen Emotionen, wenn sie auftauchen, als die Werkzeuge, die sie wirklich sind. Trainieren Sie sich, zu bemerken, wenn Negativität in Ihnen auftaucht. Wenn Sie sich dabei ertappen, wie Sie einen negativen Gedanken projizieren, denken Sie daran, dass jeder Gedanke schöpferisch

---

[197] Hier geht es darum, was ich einem früheren Kapitel als das innere „Bullshit-O-Meter" bezeichnet habe. Diese intuitive Unterscheidungsfähigkeit gilt es zu kultivieren. Diese geistige Ebene liegt außerhalb des leicht manipulierbaren Verstandes.

ist, und fragen Sie sich, ob es wirklich das ist, was Sie erschaffen wollen. Es dauert eine Weile, bis man darin geübt ist, aber geben Sie nicht auf. Nehmt einfach weiterhin Eure negativen Gedankenmuster wahr, wenn sie auftauchen, und wählt dann einfach wieder eine Reaktion, die positiver ist. Das nennt man „Arbeit an sich selbst", und das ist der Hauptgrund, warum Ihr Euch entschieden habt, hier und jetzt zu sein. Um an Euch selbst zu arbeiten. Ich wünsche Euch alles Gute für Euren Transformationsprozess.

- **Frage:** „Ich habe mir auch den obigen Link von jemandem durchgelesen, der sich ‚The Insider' nennt, obwohl seine/ihre Beiträge weniger anspruchsvoll waren als Ihre. War er Ihr Vorgänger? Einer von Ihresgleichen, der mit dieser ‚Offenlegung' beauftragt wurde?"

Eine gute Frage. Ich habe dieses Material gerade durchgelesen. Es war sehr interessant. Nein, kein „Vorgänger von mir", und keine Offenbarung, die mir bisher bekannt war, was, wenn sie von meiner Familie käme, höchst merkwürdig wäre. Ich stelle jedoch fest, dass er selbst gesagt hat, dass er „einer Minderheit" angehört, und bestimmte Hinweise in seinen Schriften lassen mich sehr gut erahnen, welcher.

Ich würde sagen, sein Material ist zu etwa 60 % korrekt. Wenn ich ihn lese, habe ich nicht das Gefühl, dass er absichtlich ungenaue Informationen geliefert hat, sondern dass er einfach nicht im Besitz des „Gesamtbildes" war. Wäre er von der „Minderheitengruppe", von der ich glaube, dass er ihr angehört, würde das durchaus Sinn ergeben.[198]

- **Frage:** „Wenn also die Ernte kommt, meine Zeit hier vorbei ist und diese bewusste Hülle, in der ich lebe, nicht mehr existiert, was dann? Was geschieht dann mit mir? Was geschieht mit meinen Freunden und Angehörigen? Werden wir, und mit ‚wir' meine ich die große Mehrheit von uns, die diesen Planeten, diese Dimension, diese Dichte besitzen, im Großen und Ganzen unwissend sein über die Ereignisse, die Sie voraussagen?"

Das ist eine gute Frage. Ich mag Fragen, die von Herzen kommen. Es hängt von den Umständen ab, die Eure letzten Momente in diesem Leben umgeben. Nehmen wir zum Beispiel an, dass der physische Aspekt von Euch während der kommenden Erdveränderungen[199] „sterben" würde, dann würdet Ihr sofort in jenes wundersame Reich zurückkehren, in dem wir uns zwischen den Inkarna-

---

[198] Damit ist der „Insider" aus der vorherigen Quelle gemeint, der 2005 auf dem Forum „GLP" auftauchte.

[199] Damit sind die kataklystischen Erdveränderungen gemeint, denen ich versucht habe, in meiner „Phönix-Hypothese" auf geophysikalischer Ebene nachzugehen.

tionen aufhalten und das wir „Zeit/Raum" oder „Antimaterie" nennen. Dies ist der Ort, den die Menschen als „Himmel" bezeichnen. Dort werden Sie sich mit all jenen treffen, die Sie lieben und die während dieser Lebenserfahrung ebenfalls „gestorben" sind, und Sie werden ein wunderbares und emotionales Wiedersehen erleben. Sie werden sich mit Ihrer Seelengruppe und Ihren spirituellen Lehrern treffen. Wir alle speichern einen Teil unserer Seelenenergie auf der „anderen Seite", wenn wir hierher kommen.

Je nach Schwierigkeitsgrad der Lebenserfahrung, die wir gewählt haben, nehmen wir mehr oder weniger von unserer Energie mit. Für ein durchschnittliches „Leben" bringen wir typischerweise zwischen 60-80% unserer Seelenenergie mit in die Inkarnation. Selbst wenn diejenigen, die Du liebst und die bereits wieder in der Welt des Geistes sind, sich für ein anderes Abenteuer inkarniert haben, wird daher immer noch ein Teil ihrer Energie da sein, um Dich zu treffen und Dich zu Hause willkommen zu heißen. Ihr werdet dann Eure Lebenserfahrung mit Euren Lehrern auswerten und die Lehren aus Euren Erfolgen und Fehlern ziehen. Ihr werdet dann Zeit mit Lernen und Ausruhen verbringen, bevor Ihr mit der Planung Eurer nächsten Inkarnation beginnt.

Für diejenigen, die nicht physisch „sterben", bevor die Große Ernte eintrifft, wird es einen Moment der „Nullpunkt-Zeit" geben, in dem Ihr Euch einer ekstatischen Verschmelzung mit dem *Unendlichen Schöpfer* erfreut, was Euch eine wunderbare Erinnerung und Bestätigung dessen gibt, wer und was Ihr wirklich seid, bevor sich der Schleier des Vergessens wieder über Euch senkt, und Ihr werdet an den Ort transportiert, der Euch erwartet, je nachdem, ob Ihr Euch uns in der negativen 4. Dichte anschließt (unwahrscheinlich), in die positive 4. Dichte aufsteigt (möglich) oder zu einem anderen ähnlichen Planeten der 3. Dichte, geht (für die „Lauwarmen"), um Euer Lernen fortzusetzen, wie viele Zyklen Ihr auch immer braucht, um in die positive 4. Dichte einzugehen. Diejenigen in dieser Kategorie werden sich zum Zeitpunkt Ihres Übergangs an nichts erinnern, es wird so sein, als hätte sich nichts geändert, außer dass sie die Erinnerung an ihre „Nullpunkt"-Erfahrung behalten werden, um sich zu ermutigen. Ihr werdet Euch nicht an die jüngsten Erfahrungen der Ernte in diesem Leben hier erinnern. Es wird einfach so sein, als ob Ihr alle eine mystische Erfahrung gemacht hättet, und das Leben wird für Euch ganz „normal" weitergehen.

- **Frage:** „Es fällt mir schwer, Ihnen zu glauben, und doch antworten und informieren Sie auf sehr differenzierte Weise, das ist ziemlich faszinierend."

Das ist gut. Ich will nicht, dass Sie mir blindlings glauben. Zu viele Menschen auf diesem Planeten verbringen ihr ganzes Leben damit, Dinge zu tun und zu denken, weil andere sagen, dass sie wahr sind. Ich möchte, dass meine Worte ein Katalysator für Sie werden. Dazu sind wir hierher gekommen. Wenn meine Worte Sie dazu bringen, wenn auch nur für kurze Zeit, einen Moment innezuhalten und das zu bewerten, was Sie bereits über die Natur des Lebens zu wissen „glauben" und für wahr halten (weil „alle anderen es glauben"), dann war meine Zeit gut investiert. Mein Wunsch ist es, dass Sie ein authentisches menschliches Wesen werden, das denkt und fühlt und selbst entscheidet, was sich für Sie als Wahrheit „anfühlt". Ich wünsche Ihnen viel Erfolg bei Ihren Bemühungen.

- **Frage:** „Sie können nicht den geringsten Beweis dafür erbringen, dass es sich nicht um einen Schwindel handelt, obwohl es unglaublich einfach wäre, dies zu tun, wenn Sie der wären, für den Sie sich ausgeben."

Nicht wollen. Nicht können. Großer Unterschied. Dies soll kein Lehrbeispiel für die Erfüllung von Prophezeiungen sein. Wenn Sie glauben, ich hätte gedacht, man würde mir blindlings glauben, oder ich hätte das sogar gewollt, dann irren Sie sich gewaltig. Ich wäre enttäuscht, wenn das der Fall wäre, denn dann hätten Sie aus meiner Zeit hier nichts gelernt. (Nicht Sie persönlich, ich meine „Sie" im Sinne von Menschen im Allgemeinen). Meine Aufgabe hier ist es, wie schon seit Tausenden von Jahren, einen Katalysator zu liefern – Sie zum Nachdenken zu bringen. (Nochmals, nicht „Sie" persönlich, ich meine im Allgemeinen). Wenn ich Ihnen den „Beweis" liefern würde, nach dem Sie suchen, wenn ich Dinge vorhersagen würde und sie morgen vor Ihren Augen einträten, würden die Menschen wahrscheinlich alles, was ich hier gesagt habe, als „Evangelium" ansehen. Das wäre katastrophal, denn dann hätten Sie nichts für sich gelernt.

Es geht nicht um mich. Ich bin nur ein Bote. Es geht um Sie (wieder, ganz allgemein gesprochen) und darum, was Sie in Bezug auf den Katalysator tun. Stellen Sie in Frage, was Sie über die Realität zu wissen „glauben".[200] Suchen Sie den *Unendlichen Schöpfer* in sich und bitten Sie um seine Führung.

„Bittet, so werdet Ihr empfangen. Sucht, und Ihr werdet finden. Klopft an, und die Tür wird Euch geöffnet werden."

[200] Anders ausgedrückt: „Erkennen sie die Matrix/Maya?"

- **Frage:** „Im Laufe meines Lebens habe ich gelegentlich zum Gebet gegriffen, manchmal formell und manchmal nicht, mit wirklich erstaunlichen und fast sofortigen physischen Ergebnissen. Ich habe mir diese Ergebnisse als persönlichen Beweis dafür zu Herzen genommen, dass eine höhere Kraft oder höhere Kräfte zumindest auf mich und vielleicht auf jeden anderen auf sinnvolle Weise reagieren können – dennoch schließe ich die Möglichkeit eines Zufalls nicht aus. Würden Sie bitte so freundlich sein, dieses Phänomen aus Ihrer Sicht zu beleuchten?"

Es gibt so etwas wie Zufälle nicht. Nichts geschieht zufällig.[201] Das Leben ist in einem ständigen Kommunikationsprozess mit uns. Nur sind die Menschen meist zu beschäftigt, um es zu bemerken. Unser *Unendlicher Schöpfer* sehnt sich danach, uns nahe zu sein. In Wahrheit ist er näher, als die Meisten glauben – sie bemerken ihn nur nicht. Wenn sie jeden Tag auf der Straße an ihm vorbeigehen, wenn er ihnen im Laden das Wechselgeld gibt, wenn Du sie ins Bett bringst und ihnen einen Gutenachtkuss gibst, wenn Du ihn zerquetschst, während er die Badezimmerwand zu seinem Netz hochläuft. Wenn niemand außer Ihnen im Raum ist.

Der Hauptgrund, warum Menschen ihre „Gebete" nicht erhört bekommen, ist, dass sie nicht wirklich glauben, dass sie erhört werden. Haben Sie keinen „Glauben" an unseren *Unendlichen Schöpfer*, haben Sie Vertrauen in ihn. Die mächtigste Form des „Gebets" ist die Danksagung. „Denn noch bevor Du bittest, habe ich es Dir schon gegeben." Dankbarkeit bedeutet, zu wissen, dass unser *Unendlicher Schöpfer* für Dich gesorgt hat, wie er es versprochen hat, und dafür dankbar zu sein, noch bevor Du die Ergebnisse siehst. Je mehr wir auf unseren Schöpfer vertrauen, desto mehr Ergebnisse erhalten wir. Das Leben gibt uns, was wir erwarten, dass wir es erhalten. (Denn alles Denken ist schöpferisch). Wenn wir aufstehen und erwarten, dass wir einen schlechten Tag haben werden, ist es meistens genau das, was wir bekommen. Aber bedenken Sie, dass dies in beide Richtungen funktioniert.[202]

- **Frage:** „Meine Frage, die ich Ihnen mit größtem Respekt und Demut stelle: Vor wem werden Sie stehen, wenn wir alle nach Hause gerufen werden?"

Wir werden, wie alle, vor unserem einen *Unendlichen Schöpfer* stehen. Wir wissen bereits, was uns in unserer kommenden Welt der 4. Dichte negativer Polarität erwartet. Wir werden die Negativität unserer eigenen Schöpfung

[201] Das ist exakt meine persönliche Erfahrung. Ich kann das nur unterstreichen!

[202] Hier werden fundamentale Regeln der erfolgreichen Manifestation vermittelt, worüber Autoren ganze Bücher schreiben. Die Essenz ist in dem kleinen Abschnitt perfekt zusammengefasst.

erfahren müssen und wissen, wie sie sich anfühlt. Wir werden die karmischen Auswirkungen unserer Handlungen abarbeiten müssen.

Aber gleichzeitig wissen wir, dass dies ein wunderschönes und kompliziertes Spiel ist, das wir hier alle gemeinsam erschaffen, und wir wissen auch, dass wir mit einem herzlichen „Danke“ und „Gut gemacht“ für das Opfer belohnt werden, das wir erbracht haben, indem wir diese negative Polarität für Euch in Euer Spiel aufgeführt haben, damit Ihr sie weise nutzen könnt, um das zu sehen, was Ihr nicht seid. Wir danken Euch für Eure Fragen, wünschen Euch alles Gute und bitten unseren *Unendlichen Schöpfer*, Euren Weg zu segnen.

- **Frage:** „Da Sie uns diesen Freitag verlassen werden, wäre ich daran interessiert, andere mögliche Informationsquellen für dieses Wissen zu finden. Sie haben die ‚*Ra*‘-Chanelings erwähnt, aber ich sehe auch Ähnlichkeiten in drei anderen Quellen, die in diesem und anderen Foren im Internet diskutiert wurden. Ich wäre Ihnen dankbar, wenn Sie die Informationen, die aus diesen Quellen stammen, im Lichte Ihrer Botschaften bewerten könnten. Es handelt sich um EKIW (‚Ein Kurs in Wundern‘, angeblich von *Christos* gechannelt), das *Edgar-Cayce*-Material (in dem die *Ra*-Entität eine Rolle gespielt haben könnte) und die ‚Terra Papers‘. Können diejenigen von uns, die unser Verständnis für diese Themen vertiefen wollen, in diesen Quellen etwas Nützliches finden?“

EKIW hat einige Kernwahrheiten in sich, vor allem in Bezug auf das Gesetz der Strahlung und der Anziehung, aber es ist auch mit Ungenauigkeiten gespickt. Die „Terra Papers“ sind mir nicht bekannt. Das Werk von *Edgar Cayce* ist bedeutsam. Es gibt viele Verzerrungen darin, aber für diejenigen, die einen kritischen Geist haben, gibt es viel starkes Fleisch, das man aus seiner Lektüre aufnehmen kann. Bleiben Sie aufgeschlossen, aber wägen Sie alles ab (wie Sie es mit jeder Philosophie tun sollten, der Sie erlauben, in den heiligen Raum Ihres Geistes einzutreten) und nehmen Sie die Wahrheiten, die mit Ihnen in Resonanz gehen.

- **Frage:** „Sie erwähnten auch zwei frühere Kontakte (1999 und 2003). Können Sie etwas mehr Licht in diese Quellen bringen, da ich davon ausgehe, dass sie für diejenigen, die danach fragen, nicht als privilegiert zu betrachten sind?“

Das geht leider über meinen Zuständigkeitsbereich hinaus. Das Material von 2003 wurde von den Administratoren der Seite, auf der es veröffentlicht wurde, entfernt, da sie der Meinung waren, dass es „zu viele Kontroversen verursachte“, und das Material von 1999 wurde aus den gleichen Gründen wie das, das ich hier teile, nicht veröffentlicht. Es enthielt viel Wahrheit, aber unsere Ziele haben sich seither in vielerlei Hinsicht geändert, und es wäre irreführend, wenn ich Sie jetzt darauf hinweisen würde, denn ich bin von meiner eigenen Upline ausdrücklich angewiesen worden, dies nicht zu tun. Es tut mir leid.

- **Kommentar:** „Vielen Dank für Ihre Hilfe, Namasté!"

Gern geschehen. Das ist ein wunderbares Wort, mit dem Sie Ihre Kommunikation beendet haben. Wenn man wirklich nach seiner Essenz leben würde, „den göttlichen Funken in jedem von uns zu erkennen und zu ehren", würden wir eine massiv positive Ernte einfahren. Namasté auch für Dich. Wir bitten darum, dass unser einziger *Unendlicher Schöpfer* Euch segnet und Euren Weg leitet.

- **Frage:** „Ich frage mich, ob *Hidden Hand* etwas namens ‚The Law of One' gelesen hat. Ich habe es nur durchgeblättert (ich bin erst nach dem Lesen dieser Beiträge darauf gestoßen), aber es liest sich bemerkenswert ähnlich wie die Antworten von *Hidden Hand* hier."

Ich habe bereits früher in diesem Thread auf dieses (das *Ra*-Material) hingewiesen. Wie ich bereits sagte, handelt es sich um die genauesten öffentlichen Informationen, die derzeit auf der Welt verfügbar sind, und ich empfehle die Lektüre jedem, der einen wissbegierigen Geist hat. Ich habe einige, aber nicht alle Bücher, gelesen, als sie zum ersten Mal herauskamen, vor etwa 25 Jahren, und sie sind dem Wissen meiner Familie sehr ähnlich, das seit vielen Generationen weitergegeben wird.

Die Genauigkeit liegt bei etwa 85-90%. Die Ungenauigkeiten traten auf, als der Kanal schwach war, und waren nicht beabsichtigt. Wir kennen *Ra* (die Entität)[203] sehr gut und sind froh, dass sie auch jetzt noch hier auf diesem Planeten „hinter den Kulissen" an der Vorbereitung der großen Ernte arbeitet. Ich denke, ich bin jetzt auf dem Laufenden, was Ihre Fragen angeht. Wenn ich welche übersehen habe (die nicht unwichtig sind, wie zum Beispiel, welches Auto ich

---

203 „*Ra*" ist eine bedeutende Figur in verschiedenen Glaubenssystemen, und die Interpretationen von *Ra* können je nach kulturellem, religiösem und mythologischem Kontext variieren. In der altägyptischen Mythologie ist *Ra* (oder *Re*) eine der wichtigsten Gottheiten. *Ra* wird oft als Sonnengott dargestellt und symbolisiert die Sonne und ihre lebensspendende Energie. *Ra* gilt als der Schöpfer und Erhalter des Lebens, und die ägyptischen Pharaonen wurden oft mit der göttlichen Autorität von *Ra* in Verbindung gebracht. Die Sonnenscheibe, der Sonnenfalke oder eine Kombination aus beidem sind gängige Symbole, die mit *Ra* in Verbindung gebracht werden. In einigen esoterischen und hermetischen Traditionen wird *Ra* mit spirituellen und kosmischen Prinzipien in Verbindung gebracht. Das Konzept des „Gesetzes des Einen" wird manchmal mit *Ra* in Verbindung gebracht, wie in der Reihe „*Ra* Material" oder „Das Gesetz des Einen", einem gechannelten Text, der metaphysische und philosophische Themen erforscht. In diesem Zusammenhang wird *Ra* als ein kollektives Bewusstsein oder eine Entität dargestellt, die spirituelle Einsichten bietet.

fahre), dann lassen Sie es mich bitte wissen. Wir haben noch zwei gemeinsame Sitzungen, und dann muss ich mich verabschieden. Ich freue mich darauf, Sie morgen wiederzusehen.

7.2.5 Sitzung V: Spirituelle Fragen an „Hidden Hand"

Okay, wie ich bereits sagte, ist meine verbleibende Zeit leider kürzer als geplant. Das war unvorhergesehen und unvermeidbar. Ich werde nicht genügend Zeit haben, um alle Ihre Fragen zu beantworten, also werde ich mich in der mir verbleibenden Zeit darauf konzentrieren, die Fragen zu beantworten, die mir aus dem Herzen kommen, die von denen gestellt werden, die wirklich etwas Wichtiges aus unserem gemeinsamen Diskurs mitnehmen wollen. Mein zweiter Schwerpunkt wird die Beantwortung anderer intelligenter oder aufschlussreicher Fragen sein, die zur weiteren Entwicklung unseres Diskurses beitragen können. Ich möchte Ihnen in der kurzen Zeit, die uns noch bleibt, so viel wie möglich mit auf den Weg geben. Ich werde auch, soweit möglich, andere Fragen beantworten, die ich für wichtig halte, d. h., selbst wenn die Frage von jemandem zu kommen scheint, der eher darauf aus ist, Dinge zu „entlarven", werde ich mein Bestes tun, um sie zu beantworten, wenn die Frage letztlich doch einem größeren Zweck dient.

Bitte bedenken Sie, dass viele meiner Antworten in Anbetracht der obigen Ausführungen kürzer ausfallen müssen, als mir lieb ist, aber das ist notwendig, um so vielen von Ihnen wie möglich zu antworten. Ich werde ohne weitere Verzögerung mit unserem Gespräch fortfahren:

- **Frage:** „Kennen Sie mich? Wissen Sie, wer ich bin? Welche Rolle spiele ich in all dem? Wann werde ich erwachen? Werde ich erwachen? Sollte ich erwachen? Ich fühle es in mir, aber ich habe Angst, es rauszulassen? Helft mir!"

„Kenne" ich Sie, als den individuellen menschlichen Ausdruck, der mir über den Cyberspace geschrieben hat? Nein, das tue ich nicht. Welche Rolle spielen Sie bei all dem? Welche Rolle wollen Sie spielen? Die Wahl liegt, wie immer, ganz bei Ihnen. Ob Ihr Euch dessen gegenwärtig seid oder nicht, Ihr seid Miterschaffer der Geschichte auf diesem Planeten. Mein Rat wäre, dies bewusst zu tun.

Wann werden Sie aufwachen? Wann wollen Sie aufwachen? Wollen Sie überhaupt wach werden? Wenn Ihre Antwort auf diese Frage „Ja" lautet, dann nutzen Sie den Katalysator und die Werkzeuge, die wir für Sie bereitgestellt haben. Ich habe in diesem Thread viele subtile, nicht so subtile und sogar offenkundig dezidierte Aussagen darüber gemacht, wie Sie dies tun können.

„Ich fühle es in mir, aber ich habe Angst, es rauszulassen? Hilf mir!" Warum haben Sie Angst? Beantworten Sie diese Frage nicht, sondern stellen Sie sie sich selbst, in Ihrer ruhigen Zeit, in der Sie an sich arbeiten. Sie arbeiten doch an sich selbst, nicht wahr? Wenn nicht, wäre jetzt ein guter Zeitpunkt, damit zu beginnen. Setzen Sie sich in die Stille. Schalten Sie alle nicht unbedingt notwendigen elektrischen Geräte aus. Z.B. wäre es wahrscheinlich eine gute Idee, den Kühlschrank anzulassen. (Das elektromagnetische Feld, das sie erzeugen, stört Ihre Gehirnwellenmuster und erschwert es Ihrem Geist, die tieferen Alpha- und Theta-Zustände zu Erreichen, die eine tiefe Entspannung und das Hören Ihrer inneren Stimme ermöglichen.) Bitten Sie Ihren *Unendlichen Schöpfer*, Ihnen zu helfen. Danken Sie ihm, denn Sie wissen, dass er es tun wird. Seien Sie ehrlich zu sich selbst. Warum haben Sie Angst? Erinnert Euch daran, dass dies ein Spiel ist, das Ihr spielt und dass es nicht die Wirklichkeit ist. Wenn Ihr euren Schöpfer, der in Euch lebt, findet und kennenlernt, werdet Ihr wissen, dass es nichts zu befürchten gibt. Seien Sie die starke und mutige Seele, von der Sie tief im inneren Wissen, dass Sie sie sind. Verstecke Dein inneres Licht nicht. Vertraue Dir selbst und leuchte mit Deinem Licht in die Dunkelheit. Wir bitten unseren Einen *Unendlichen Schöpfer*, Euch zu führen und Euren Weg zu erleuchten.

- **Frage:** „Versuchen die Blutlinien, denen die alten Weisheiten eingeflößt wurden, selbst zu Göttern zu werden?"

Es gibt keinen Grund, es zu versuchen. Die Menschheit muss über das stagnierende Konzept der „Götter" hinauswachsen. Die Vorstellung von „*Gott*" nimmt die Macht aus den eigenen Händen und legt sie auf eine schattenhafte unbekannte Gestalt, irgendwo „da draußen". Mit anderen Worten, außerhalb von Dir selbst. Sehen Sie statt „*Gott*" lieber „*Schöpfer*". Es gibt also keinen Grund, es zu „versuchen". Wir sind bereits Schöpfer. Und Ihr seid es auch. Die einzige Frage ist, werdet Ihr bewusst oder unbewusst erschaffen?

- **Frage:** „Dient eine Website wie diese dem Zweck der Negativgenerierung?"

Das hängt davon ab, wie man sie einsetzt. Die Inhalte haben das Potenzial, entweder negativ oder positiv zu sein. Es liegt an Ihnen, welche Option Sie nutzen.

- **Frage:** „Was ist falsch daran, ein Ego zu haben, und warum versuchen die New-Age-Religionen, das Ego zu unterdrücken? Ohne ein Ego scheint es, als ob man nicht über seine eigene Existenz nachdenken kann. Oder tatsächlich aus dem Reichtum des Wissens lernen, den wir suchen, indem wir Fehler machen und diese Fehler korrigieren."

Es ist nichts „falsch" daran, ein Ego zu haben. Ihr Ego ist ein hervorragendes und unschätzbares Werkzeug. Doch, wie bei jedem anderen Werkzeug auch, kann es gefährlich werden und Ihnen und anderen großen Schaden zufügen, wenn Sie es nicht unter Kontrolle haben.

- **Frage:** „Seltsamerweise ist meine Sorge, dass ich wieder auf das Rad des Lebens gesetzt werde und mit einem neuen Gehirn wiedergeboren werde und alles verliere, was ich in dieser Lebenszeit so mühsam gelernt habe."

Deine Seele erinnert sich an alles, was Du jemals erlebt hast. Der einzige Grund, warum Du Dich jetzt nicht an alles erinnerst, ist das, was wir den „Schleier des Vergessens" nennen. Wenn Du in jeder neuen Inkarnation Zugang zu Deinem Seelengedächtnis hättest, wäre es sinnlos, in Raum und Zeit zu kommen. Es wäre so, als würde man ein Computerspiel[204] mit allen „Cheats" spielen. Ihr würdet nichts lernen, und es würde Euch den Spaß am Spiel nehmen. Erinnert Euch daran, dass dieser gegenwärtige physische Körper, den Ihr mit Euch herumtragt, nicht das ist, was Ihr seid. Er ist nur das Gefäß für Eure Essenz. Wer Du bist, ist real und kann nicht zerstört werden. Ihr werdet all Eure Erinnerungen an diese Lebenserfahrung behalten, wenn Ihr in das Reich von „Zeit/Raum" übergeht, oder das, was manche „Himmel" nennen. Raum/Zeit ist Illusion, Zeit/Raum ist Real.[205] Das unendliche Wesen, das in und um Deinen „Körper" lebt, nämlich Deine Seele, ist das, was Du wirklich bist. Der Teil von Dir, der denkt, fühlt und liebt. Er wird immer ein Teil von Dir sein.

- **Frage:** „Mein Traum ist es, ein Meister wie Sie zu werden."

Ich bin kein Meister. Ich bin eine wachsende und sich entwickelnde Seele, genau wie Du. Wir befinden uns nur in verschiedenen Stadien unserer Entwicklung. Du wirst dorthin gelangen, wo Du zu sein wünschst. Es braucht Zeit und Geduld. Nimm Dir Zeit, um die Reise zu genießen.

- **Frage:** „Ich bemühe mich jeden Tag, mich selbst zu beherrschen und zu verändern. Einen Geist zu entwickeln, der Herr über mein Leben ist. Ich habe das Gefühl, dass ich in diesem Leben schon so weit gekommen bin, und doch nicht weit genug."

---

204 Anspielung an die Simulationstheorie.

205 „Zeit/Raum" muss demnach außerhalb der Matrix liegen.

Du bist auf dem richtigen Weg, weil Du Dich bewusst dafür entscheidest, an Dir zu arbeiten. Es gibt viele in dieser Welt, die sich eines solchen Konzepts nicht einmal bewusst sind. Denken Sie aber daran, dass Sie nicht nur den Verstand entwickeln müssen, sondern auch Ihre Seele. Arbeitet mit Euren Gefühlen ebenso wie mit Euren Gedanken. Kultiviere Mitgefühl (denn das ist das Wichtigste, womit Du in der 4. Dichte zu arbeiten beginnen wirst). Seht Euch selbst in allen „anderen“ und behandelt „andere“ so, wie Ihr selbst behandelt werden möchtet. Dann erinnere Dich an diese eine entscheidende Sache: Es gibt keine „Anderen“.

- **Frage:** „Mein Traum ist es, eines Tages einen großen Meister wie Sie persönlich zu treffen und zu lernen, was Sie wissen.“

Dann musst Du Folgendes tun: Geh und suche Dir einen Spiegel. Schauen Sie tief hinein und sagen Sie dann dieses Zauberwort: „Hallo!“ Und Sie werden uns tatsächlich hinter der Bühne treffen, wenn das Spiel vorbei ist. Wenn Sie uns „ohne Kostüm“ sehen, werden Sie uns als Ihre alten Freunde erkennen.

- **Frage:** „Danke, dass Sie hierher gekommen sind und Ihr umfangreiches Wissen über das Universum mit uns teilen. Ich habe viel zum Nachdenken.“

Gern geschehen! Ich danke Ihnen für Ihre Fragen. Ich spüre den Wunsch in Dir, voranzukommen. Du hast es in Dir selbst, all das zu sein, was Du werden möchtest, und noch viel mehr, was Du dir noch nicht einmal vorstellen kannst. Wir freuen uns darauf, uns auf der anderen Seite mit Ihnen zusammenzusetzen und in Erinnerungen zu schwelgen. In der Zwischenzeit vertraue weiterhin auf Dich, arbeite an Dir und lebe jeden Moment in Dankbarkeit gegenüber unserem einen *Unendlichen Schöpfer*. Möge unser *Unendlicher Schöpfer* Deinen Weg segnen und leiten.

- **Frage:** „Mir ist immer noch nicht klar, was diese Ernte ist. Eine ‚Ernte‘ bedeutet, das zu ernten, was man gesät hat – von Ihnen!?“

Nicht von uns. Wir haben nicht gesät, unser *Unendlicher Schöpfer* hat es getan. Wir ernten nicht, unser *Unendlicher Schöpfer* tut es. Wir helfen, die Ernte vorzubereiten, indem wir die Spreu vom Weizen trennen, um eine bessere Metapher zu finden.

- **Frage:** „Ich danke Ihnen für die Beantwortung meiner vorherigen Fragen. Ich habe noch ein paar, wenn das in Ordnung ist?“

- 1. „Wie kann das Karma überwunden werden, wenn überhaupt? Gibt es ein Ende des karmischen Kreislaufs?"
- 2. „Ist die Zeit wirklich so, wie wir sie wahrnehmen, oder ist sie eine weitere 3D-Illusion?"
- 3. „Werden Ihre Familienmitglieder mit dem Wissen geboren, was sie sind und woher sie kommen?"
- 4. „Wenn nicht, und es wird alles gelehrt und weitergegeben, haben Sie jemals daran gezweifelt oder etwas davon in Frage gestellt?"

1_A. Nein, Karma kann nicht „überwunden" werden, es muss „abgearbeitet" werden. Mit anderen Worten: Wenn Sie jemanden verletzt haben, sei es körperlich, emotional oder auf andere Weise, müssen Sie irgendwann in der Zukunft erfahren, wie sich das für denjenigen angefühlt hat. Das Gesetz der karmischen Wirkung ist keine „Strafe", sondern ein Lerninstrument, das dazu dient, persönliches Wachstum und Entwicklung zu fördern. Wenn Sie die Konsequenzen Ihres Handelns spüren müssen, ist die Wahrscheinlichkeit größer, dass Sie beim nächsten Mal einen anderen Weg einschlagen. Es ist auch wichtig, sich vor Augen zu halten, dass dies in beide Richtungen funktioniert. Versuchen Sie daher, sicherzustellen, dass die Wirkung Ihrer Anwesenheit auf die „anderen", denen Sie auf Ihrer Reise begegnen, positiv und förderlich ist.

1_B. Ein karmischer Zyklus wird abgeschlossen, wenn Sie die für Sie bestimmten Lektionen daraus gelernt haben. Wenn Sie immer wieder dieselben Fehler machen, werden Sie den Kreislauf so lange fortsetzen, bis Sie die Botschaft begreifen und den Kreislauf durchbrechen. Aber ja, letztendlich werden wir alle das lernen, was wir begreifen müssen, und wir alle werden unseren Weg nach Hause finden. Bei einigen dauert es nur länger als bei anderen.

2. Die lineare Zeit ist eher eine bewusste Erfindung. Die wahre Natur der Zeit ist zyklisch. Bedenken Sie aber auch, dass selbst die zyklische Zeit ein Teil der Schöpfung ist, und die Schöpfung, so schön sie auch sein mag, ist auch eine Illusion, oder genauer gesagt, eine Gedankenform unseres *Unendlichen Schöpfers*. Die Schöpfung ist nicht real, aber der *Schöpfer* und seine Mitschöpfer sind es.

3. Dies ist eine ausgezeichnete Frage. Ich werde ihr einige Zeit widmen: Erstens muss eine Unterscheidung getroffen werden. Wenn ich in dieser speziellen Antwort von Familie spreche, beziehe ich mich auf die Machtlinien, d.h. diejenigen, die nicht von diesem Planeten stammen. Die Blutlinien, die Ihr kennt,

sind zwar Teil unserer erweiterten Familie, werden aber nicht mit demselben Ausmaß an (spiritueller/esoterischer) Macht geboren wie wir, und in dieser Antwort beziehe ich mich auf unsere wahre und reine Familie. Wir werden nicht mit demselben Schleier des Vergessens geboren wie Ihr. Der Schleier ist immer noch da, aber man könnte ihn am ehesten als etwas „dünner" beschreiben.

Wir sehen die „unsichtbaren" Verbindungen des Lebens, die Euch verborgen sind, weil wir Zugang zu mehr als nur der Perspektive der 3. Dichte haben. Nicht unähnlich der Art und Weise, in der manche Menschen das sehen können, was Ihr Auren nennt. Das liegt daran, dass Ihr Euch nach oben arbeitet, während wir uns entschieden haben, nach unten zu gehen, um Euch zu helfen. Wir könnten dies nicht so erfolgreich tun, wenn wir alles vergessen müssten, was wir gelernt haben. Mit anderen Worten: Für Sie „erscheint" alles als „getrennt". Wir sehen, dass dies nicht der Fall ist. Wir haben kein „direktes" Seelengedächtnis, so wie Sie sich daran erinnern, was Sie gestern getan haben, aber wir können auf jeden Teil unseres Seelengedächtnisses zugreifen, den wir wollen, wenn wir uns darauf konzentrieren, oft in einem meditativen Zustand.

Meine persönlichen Erfahrungen sind aufgrund meiner Spezialisierung auf die spirituellen Disziplinen auch in anderer Hinsicht anders. Aber darauf werde ich später, als Antwort auf eine andere Frage, näher eingehen.

4. Ja, Informationen werden in der Tat weitergegeben, obwohl jeder von uns, im Gegensatz zu Euch, mit einiger Anstrengung die Gültigkeit dieser Informationen aus unserem persönlichen und Gruppeneigenen Seelengedächtnis überprüfen kann. Im Grunde genommen sehen wir, wo Ihr Euch als „getrennte" Menschen seht, und wissen, dass wir *Eins* sind.

- **Frage:** „Dann bin ich froh, dass ich diesen speziellen Punkt aufgegriffen habe. Ich empfand ihn als einen echten Lichtblick. Allerdings bin ich mir nicht sicher, was ich damit anfangen soll. Diese Information fühlt sich an, als sollte sie mich trösten, und doch ist es schwierig, sich wohl zu fühlen, wenn man weiß, dass das ‚Böse' uns zum Teil zu dem macht, was wir sind. Aber trotzdem danke ich Ihnen."

Das „Böse" ist nicht das, was Ihr seid. Es ist Teil der komplexen Reihe von Illusionen, die Ihr in der 3. Dichte benutzt, um Euch zu zeigen, wer Ihr nicht seid. Je weiter Ihr Euch durch die Dichten nach oben arbeitet, desto weniger spielt die Polarität eine entscheidende Rolle in diesem Spiel. Die 6. Dichte, die Dichte der Einheit, ist die letzte Ebene, auf der Polarität ein Faktor ist, aber selbst dann spielt sie auf eine ganz andere Weise eine Rolle. Anstelle des Ausgleichs zwischen Positiv und Negativ werden Sie den Ausgleich zwischen Liebe und Licht, Mitgefühl und Weisheit finden.

- **Frage:** „Stimmt, und ich bin froh, dass Sie mich darauf hingewiesen haben. Ich denke, was ich wirklich meinte, als ich sagte, Sie seien ‚erleichternd', ist, dass Ihr Wesen nicht ‚böse' oder korrupt ist. Und das erleichtert Sie aus meiner Sicht, denn ich hatte die Vorstellung, dass die herrschende Elite aus unheilbar verdorbenen Seelen besteht."

Keine Seele ist unheilbar verdorben. Jede Seele ist ein wunderschöner individuierter Teil unseres einen *Unendlichen Schöpfers*. Seelen spielen Charaktere im Spiel der Inkarnation. Seelen können wirklich gemeine und böse Charaktere spielen, aber unter ihrer Verkleidung werden sie immer schön sein. Erinnere Dich daran, dass jedes Mal, wenn eine dieser schönen Seelen Dich als Teil ihrer Geschichte „misshandelt". Sie spielen nur ihre Rolle, wie es jeder gute Schauspieler auf der Bühne tut. Seid ihnen dankbar für ihr Opfer, und lernt die Lektionen, die sie Euch bringen.

- **Frage:** „Sie scheinen anzudeuten, dass Ihre Methoden der physischen Versklavung dazu gedacht sind, uns zum spirituellen Erwachen zu zwingen. Aber wenn das so ist, warum werden dann Methoden der spirituellen Unterdrückung gegen die allgemeine Bevölkerung eingesetzt (Chemikalien, organisierte Religion, soziologisch)? Ich verstehe, warum Sie unser materielles Leben behindern, aber nicht, warum Sie unsere spirituelle Entwicklung behindern."

Betrachten Sie es als einen „Test". Ist Ihnen schon einmal aufgefallen, dass gerade dann, wenn Sie „glauben", etwas gefunden zu haben, das sich für Sie wirklich wie die Wahrheit anfühlt, etwas auftaucht, das Sie daran zweifeln lässt? Um Sie an der Wahrheit zweifeln zu lassen, und damit auch an sich selbst, weil Sie sie glauben? Das passiert ständig, eigentlich fast jedes Mal, wenn Sie eine neue Offenbarung haben, die Sie in Aufregung versetzt. Und das geschieht ganz absichtlich. Ihr könnt dies jedoch nicht sehen, da es jenseits des Verständnisses der 3. Dichte abläuft, in einem Bereich, in dem alles als aneinandergrenzend und in Beziehung zu allem anderen gesehen werden kann. Synchronizität – all das ist ein magischer Teil des genial kreativen Verstandes unseres *Unendlichen Schöpfers* und seines ausgezeichneten Sinns für Humor und Ironie.

Können Sie sehen, wie der „Test" funktioniert? Gerade wenn Sie etwas gefunden haben, das Sie mit Ihrem Urteilsvermögen abgewogen und seziert haben und beschlossen haben, es in Ihr Konzept der „Wahrheit" zu integrieren, kommt die Herausforderung für Ihre neu gefundenen Überzeugungen. Gewöhnlich in Form eines Ereignisses oder von etwas, das „andere" sagen, um Sie zu entmutigen.

Ihre spirituelle Entwicklung ist, wie alle anderen Aspekte Ihres Fortschritts, etwas, das Sie sich erarbeiten müssen. Woher willst Du wissen, ob Deine neu entdeckte „Wahrheit" wirklich wahr ist, wenn Du nie daran geprüft wirst? Der Test ist folgender: Wem vertrauen Sie im Angesicht einer Herausforderung? Vertrauen Sie dem, was die „Außenwelt" Ihnen zeigt? Oder halten Sie an dem fest, was sich tief in Ihrem Inneren wie die Wahrheit „anfühlt"? Diese Frage können Sie nur für sich selbst beantworten. Es tut mir leid, dass ich nicht mehr die Zeit habe, auf alle Ihre Fragen zu antworten, deshalb habe ich die ausgewählt, die mir am wichtigsten erschienen. (...)

- **Frage:** „Ich weiß, dass Sie versuchen, sich auf spirituelle Fragen und Fragen über die Dichteverschiebung zu konzentrieren. Aber wenn ich Sie für einen Moment ablenken könnte, um meine Fragen zur Formverschiebung zu beantworten, wäre ich Ihnen dankbar."

Das werde ich, aber ich muss mich sehr kurzfassen – es tut mir leid. Die Gestaltveränderung ist kein „natürliches" Phänomen. „Gestaltwandelnde" Wesen/Rassen existieren nicht, zumindest nicht in irgendeinem Reich, einer Galaxie oder einer Dichte, die wir je erlebt haben. Es gibt jedoch bestimmte Rituale, die, wenn sie eingehalten werden, dies ermöglichen. Es hat mit der Tatsache zu tun, dass der Körper, wie alle physischen Dinge, nicht wirklich fest ist. Sicher, er sieht so aus und fühlt sich so an, aber in Wirklichkeit besteht alle Materie aus atomaren und subatomaren Lichtteilchen, die in Molekülen und Verbindungen enthalten sind. Wie gesagt, ich fasse mich notgedrungen kurz und habe keine Zeit, auf die Wissenschaft einzugehen. Es gibt bestimmte Rituale, die, wenn sie durchgeführt werden, eine Reihe von „Manipulationen" an der so genannten „festen" Körpermasse ermöglichen. Ich habe in meiner Zeit einige groteske Bilder gesehen, auf die ich lieber nicht näher eingehen möchte. (...)

- **Frage:** „Ich möchte Ihnen für Ihre erhellenden Worte danken. Es war mir eine große Freude zu lesen, was Sie gesagt haben. Ich habe jedoch ein paar Fragen. Wenn ich in mich hineinschaue, sehe (fühle) ich, dass ich eine alte Seele bin, die viele Dinge und Möglichkeiten gelernt hat. Wie können wir wissen, wie weit wir in Bezug auf die Erlangung eines höheren geistigen Wesens während der kommenden Ernte gekommen sind?"

Herzlich gerne. Wertschätzung ist immer willkommen. Ich bin mir nicht sicher, ob sich Ihre Frage auf das Jetzt oder auf die Zeit nach der Großen Ernte bezieht, denn ich bin bereits in einigen Antworten darauf eingegangen, was danach geschieht. Im Moment gibt es eine einfache Methode, um Ihre Fortschritte zu überprüfen. Wie liebevoll und harmonisch sind Ihre persönlichen Beziehungen, ungeachtet dessen, was „scheinbar" in „der Welt im Allgemeinen" vor sich geht? Denken Sie daran, dass die Welt Ihr Spiegel ist. Sie wirft Dir das Spiegelbild dessen zurück, was Du in sie hineinprojiziert hast. Wie viele Streitereien finden Sie selbst? Gibt es Bitterkeit und Feindseligkeit in den eigenen Reihen? Sehen Sie andere an und denken darüber nach, wie Sie sie verändern möchten? Oder liebst Du sie und akzeptierst sie, wie sie sind?

Jemanden zu lieben und zu akzeptieren, so wie er ist, wird als bedingungslose Liebe bezeichnet. Das ist etwas, woran Ihr viel Zeit arbeiten werdet, wenn Ihr in die 4. Dichte positiv graduiert. Es ist eine gute Idee, sich einen Vorsprung zu verschaffen. Jemanden zu lieben und zu akzeptieren, wie er ist, bedeutet nicht, missbräuchliches Verhalten zu akzeptieren. Aber es bedeutet, die Person (Seele) zu lieben und zu akzeptieren, nicht das Verhalten der Seele. Das Verhalten ist nicht, „wer sie sind", die Seele im Inneren ist, wer sie sind.

Die Qualität Ihrer Beziehungen ist ein hervorragender Spiegel, an dem Sie die Qualität Ihrer Arbeit messen können. Oder mit anderen Worten, das, was Sie schaffen. Betrachten Sie eine Person und konzentrieren Sie sich mehr oder weniger auf die Dinge, die Ihnen an ihr missfallen und die Sie gerne ändern würden, oder auf die Eigenschaften, die Sie an Ihr mögen und bewundern? Denken Sie daran, dass wir gesagt haben, dass alle Gedanken, Worte und Taten schöpferisch sind. Du bekommst genau das zurück, was Du aussendest. Wenn Sie also den Gedanken hegen: „Warum ist es so schwer, mit ihr zu leben? Warum verhält er sich immer so?", dann fragen Sie sich, was genau Sie tun? Konzentrieren Sie sich hier, denn das ist so offensichtlich, dass Sie es übersehen könnten. Und in der Tat, die meisten tun es. Nehmen Sie die „Frage" aus Ihrem Satz heraus, und Sie sagen im Wesentlichen: „Es ist so schwer, mit ihr zu leben". „Er benimmt sich immer so". Sehen Sie, was Sie da tun? Denken Sie daran: Alle Gedanken sind kreativ!

Sie haben genau das Verhalten in dieser Person erzeugt, das Sie ändern wollen. Einfach weil Sie das Gesetz der Strahlung und der Anziehung nicht verstehen. Machen Sie jetzt ein Experiment: Nehmen Sie eine Person in Ihrem Leben, die Sie lieben, mit der Sie aber manchmal Schwierigkeiten haben, zurechtzukommen. Denken Sie an die Gedanken, die Sie über diese Person projiziert haben – die negativen Gedanken. Fragen Sie sich, ob das Verhalten, das Sie an dieser Person nicht mögen, in irgendeiner Weise mit den Gedanken übereinstimmt, die Sie über sie haben. Wenn Sie ehrlich zu sich selbst sind, ist es sehr wahrscheinlich, dass dies der Fall ist. Sicher, sie muss sich von Anfang an so verhalten haben, damit Sie merkten, dass es Ihnen nicht gefällt, aber wir alle haben manchmal schlechte Tage. Je mehr Sie sich auf dieses Verhalten konzentrieren, desto mehr werden Sie davon sehen. Es ist einfach das Leben, das tut, was es tut, und sich Ihren Erwartungen an die Art und Weise, wie es für Sie sein wird, anpasst. Was werden Sie nun, nachdem Sie dies erkannt haben, tun? Nehmen Sie einfach Ihre negativen Gedanken wahr, wenn sie auftauchen, „ertappen" Sie sich buchstäblich dabei, wie Sie sie haben. Und dann ändern Sie einfach Ihre Perspektive.

Konzentrieren Sie sich stattdessen auf die Dinge, die Sie an dieser Person mögen. Wie sehr Sie ihr Lächeln lieben, den Klang ihres fröhlichen Lachens; die Art und Weise, wie sie diese und jene nette Sache tut, wie hilfreich und liebevoll sie sein kann. Lassen Sie diese positiven Gedanken nicht los. Bleiben Sie hartnäckig, denn vielleicht müssen Sie zuerst noch ein bisschen negative Arbeit ungeschehen machen, aber fangen Sie sich immer wieder selbst und konzentrieren Sie sich auf das Positive. Dann bereiten Sie sich auf eine „fast magische" Veränderung Ihrer Lebensumstände vor. Beobachten Sie immer Ihre Gedanken und achten Sie auf deren Qualität, denn was Sie denken, steht in direktem Zusammenhang mit dem, was Sie um sich herum sehen und was das Leben Ihnen zeigen wird. Das ist der Unterschied zwischen bewusster und unbewusster Schöpfung.

- **Frage:** „Und was ist mit unseren Lieben, oder besser gesagt, mit meinem Seelenverwandten, den ich innig liebe. Werde ich in der Lage sein, diese neue Reise der Ernte an der Seite meiner Geliebten zu unternehmen?"

Das wird davon abhängen, ob ihr beide graduiert oder den Zyklus wiederholen müsst. Aber seien Sie versichert, selbst wenn Sie ein Leben lang getrennt sein sollten, werden Sie in Zeit und Raum (zwischen den Inkarnationen) immer zusammen sein, und Sie werden in der Lage sein, viele zukünftige „Leben" (Inkarnationen) gemeinsam zu planen.

- **Frage:** „Und noch eine Sache, denn ich weiß, dass es andere gibt, die sich nach Antworten sehnen. Warum träumen wir in Metaphern, die keinen Sinn ergeben?"

Ich habe heute Abend keine Zeit mehr, um ausreichend zu antworten, aber die Kurzversion ist, dass der *Universelle Geist* in archetypischen Bildern spricht.

Ähnlich wie die Schrift in einigen unserer orientalischen Sprachen ein System verwendet, bei dem eine Sammlung von Wörtern oder Bedeutungen in etwas enthalten ist, das im Wesentlichen ein „Symbol" ist, so verwendet der universelle Geist Archetypen, um in der Traumzeit zu kommunizieren. Genau wie beim Verstehen eines neuen Dialekts muss man die Sprache einfach lernen.

- **Frage:** „Vielen Dank! Ich wünsche mir sehr, dass ich Sie eines Tages treffen und ein gutes Gespräch führen kann."

Sie sind herzlich willkommen, und es wird geschehen, wie Sie es wünschen. Nicht jetzt, in diesem Leben, aber bald, wenn wir dieses Spiel gemeinsam zu Ende gespielt haben. Aber keine Eile, mein Freund, wir haben alle Zeit/Raum der Welt. Eigentlich alle Zeit und allen Raum der Schöpfung. Ich muss jetzt für heute Abend gehen. Ich werde mein Bestes tun, um so vielen von Ihnen wie möglich zu antworten, bevor ich mich morgen verabschieden muss. Ich wünsche Euch allen eine gute Nacht. Ich bitte darum, dass unser unendlicher Schöpfer Euch segnet und über Euch wacht.

7.2.6 Sitzung VI: „Hidden Hand" über Gott und die Welt

Dies wird unsere letzte gemeinsame Sitzung sein. Ich werde mein Bestes tun, um so viel wie möglich hineinzupacken. Es tut mir leid für diejenigen, die meinen früheren Beitrag von gestern verpasst haben, in dem ich klar zum Ausdruck brachte, dass ich bereits mehr Fragen habe, als ich beantworten kann, und dass Sie die Zeit damit verbracht haben, weitere neue Fragen zu schreiben. Meine Zeit ist so begrenzt, dass ich nicht in der Lage bin, Ihnen zu antworten. Ich habe eine lange Reise vor mir, die ich in Kürze antreten muss, und darf nicht zu spät kommen.

- **Frage:** „Ich war schon immer sehr verwirrt und unklar in Bezug auf das Thema ‚*Gott*'. Da ich von meinen Eltern von einer Religion zur anderen geworfen wurde, ist es schwer zu erkennen, an welchen ‚*Gott*' ich glauben soll. Soll ich weiterhin daran glauben, dass die Welt um mich herum ‚*Gott*' ist, und dass es nicht ein bestimmtes Wesen gibt, das diesen Glauben verdient?"

Religion ist entweder tatsächlich von uns geschaffen oder zumindest stark von uns beeinflusst. So etwas wie „*Gott*" gibt es nicht. „*Gott*" ist ein menschliches Konzept, das ein Missverständnis des ursprünglichen Konzepts des „*Schöpfers*" ist. Dies ist noch verwirrender, da es viele Schöpfer auf der makrokosmischen Ebene gibt, oder Logoi, wie bereits erklärt wurde. „*Gott*" impliziert eine separate Entität, die sich „außerhalb" von Euch befindet, und die Ihr anflehen und verehren müsst. Unser einziger *Unendlicher Schöpfer* und fast alle unsere Logoi und Sub-Logoi wollen nicht von Ihnen angebetet werden. Sie wollen, dass Ihr die Schöpfung und Euren Platz darin als Mitschöpfer versteht. Letztendlich gibt es ein „Höchstes Wesen" in Form des Einen *Unendlichen Schöpfers*, aber wir sind alle ein Teil von ihm, nicht seine Untertanen. Keiner der Namen, die Eure Religionen diesem „Höchsten Wesen" geben, ist der wahre Name, aber sie sind insofern richtig, als es ein *Höchstes Wesen* gibt, nämlich den *Unendlichen Schöpfer*. Sie haben nur unterschiedliche Vorstellungen davon, die sich aus den Texten ergeben, auf denen ihre Religion beruht. „Betet" Euren *Unendlichen Schöpfer* nicht an, sondern lebt in einem Zustand des Dankes und des Dienstes an Ihm, dafür, dass *Er* Euch ins Sein gebracht hat, und für dieses erstaunliche Spiel, das *Er* erschaffen hat, in dem wir vergessen können, wer wir wirklich sind, um uns zu erinnern und uns selbst wieder als den *Schöpfer* zu erkennen.

- **Frage:** „Also ist die Form, die wir haben, im Grunde nur ein Körper mit Knochen und Haut und so weiter und so fort, was zählt, ist unsere Seele oder das Wesen, das in uns ist, das uns dazu bringt, unsere Umgebung und das Leben zu hinterfragen und damit umzugehen, so dass, wenn wir ‚sterben', der Schmerz und das Leiden nur ein Teil unserer menschlichen Hülle sind und nichts mit unserer Seele oder unserem Wesen zu tun haben, das im nächsten Leben oder in der nächsten Dichte weiterleben wird?"

In der Tat. „Schmerz und Leiden" sind nur Aspekte des Spiels. Sie fühlen sich sehr real an, während wir das Spiel spielen, und das müssen sie auch, damit wir glauben, dass das Spiel real ist. Keiner „stirbt" wirklich. Vielmehr wird die „Materie" der menschlichen Form abgestoßen, ähnlich wie die Puppe einer Raupe, aus der der Schmetterling schlüpft. Betrachten Sie die physische Inkarnation als den Puppenpanzer, in dem Sie sich verwandeln können.

- **Frage:** „Ich habe das Gefühl, dass ich wie *Shelby* bin, aber meinen Weg verloren habe, oder ich bin einfach so verwirrt und nicht im Einklang mit meinem inneren Selbst, dass ich nicht herausfinden kann, was meine Aufgabe in diesem Spiel ist. Gibt es irgendetwas, das Sie dazu sagen können?"

Deine Aufgabe in diesem Spiel ist es, an Dir selbst zu arbeiten – zu wachsen, Dich zu entwickeln und Dich in ein positiveres und liebevolleres Wesen zu verwandeln. Du hattest bestimmte Ziele, die Du erreichen wolltest, bevor Du hier inkarniert bist, und das ist ein Hauptgrund für den „Schleier des Vergessens", denn wenn Du Deine Ziele bereits kennen würdest, wäre das Spiel zu einfach.

Betrachten Sie die Dinge in Ihrem Leben, die Sie am liebsten tun. Fragen Sie sich, was Sie am meisten glücklich macht. Erlebe diese Dinge so oft wie möglich, denn sie werden mit einigen der Dinge zu tun haben, die Du in Deinen Seelenvertrag aufgenommen hast, um sie hier zu erledigen. Achten Sie auch auf die negativen Dinge, die im Laufe Ihres Lebens immer wieder auftauchen. Es ist sehr wahrscheinlich, dass es sich dabei auch um Dinge handelt, für die Ihr Euch entschieden habt, hierher zu kommen, um daran zu arbeiten.

Nehmen wir zum Beispiel an, dass Sie sich entschieden haben, hierher zu kommen, um in dieser Inkarnation an Ihrer Geduld zu arbeiten. Sie werden wahrscheinlich feststellen, dass Sie zu Ungeduld neigen und dass das Leben Ihnen oft viele Erfahrungen beschert, um Ihre Geduld zu „testen". Die Idee ist, dass Sie, anstatt die Beherrschung zu verlieren, an Ihrer Ungeduld arbeiten und sich entschließen, eine gemäßigtere und geduldigere Seele zu werden.

Dieselbe Analogie lässt sich auf alle möglichen Umstände anwenden, in denen das Leben Sie auf die Probe stellt. Suchen Sie nach immer wiederkehrenden Problemen, die Sie haben, mit denen Sie vielleicht nicht zurechtkommen und die sich Ihnen immer wieder zu zeigen scheinen. Vielleicht Wut, Missbrauch, Egoismus, Hass, Zynismus, und die Liste geht weiter. Wann immer Sie auf wiederkehrende Umstände stoßen, bietet sich Ihnen eine Gelegenheit nach der anderen, um an diesen Themen zu arbeiten, bis Sie es richtig machen und eine Verhaltensweise wählen, die positiver ist.

Wenn Sie diese Themen in Ihrem Leben erfolgreich identifiziert, an ihnen gearbeitet und sie als die Werkzeuge der Transformation benutzt haben, die sie sind, um die Qualität Ihres Charakters zu verbessern, werden Sie feststellen, dass diese Dinge in Ihrem Leben fast nicht mehr auftauchen. Sie werden immer noch in unterschiedlichen Abständen aufscheinen, um zu überprüfen, ob Sie das Gelernte nicht vergessen haben, aber sie werden immer seltener auftreten.

Ich hoffe, dass dies Ihnen einige Anhaltspunkte dafür gibt, wie Sie die Dinge erkennen können, für die Sie hierher gekommen sind, und wie Sie an sich arbeiten können.

- **Frage:** „Mein Leben ist nun schon seit einiger Zeit von Schwierigkeiten geprägt, da ich so sehr von der menschlichen Lebensform und Lebensweise durchdrungen und einer Gehirnwäsche unterzogen wurde, aber in letzter Zeit habe ich das Gefühl, dass ich langsam aufwache und die Dinge klarer sehe. Bin ich aufgrund des Weges, den ich die meiste Zeit meines Lebens eingeschlagen habe, dem Untergang geweiht, oder kann ich meine ‚Seele' noch retten?"

Sie sind nicht „verdammt", und Ihre Seele braucht keine „Erlösung". Niemandes Seele braucht das. Es gibt nichts, wovor sie „gerettet" werden muss. Es ist gut, zu hören, dass Du erwachst, und das ist ein weiterer Grund, warum ich zu dieser Zeit hier bin und mit Dir spreche. Unser *Unendlicher Schöpfer* hat viele Boten, und er benutzt uns alle auf unsere eigene einzigartige Weise, um beim Erwachen zu helfen und so viele wie möglich auf die kommende Große Ernte vorzubereiten. Aber wie gesagt, Sie sind nicht „verdammt", und es gibt nichts, wovor Sie sich retten können, außer vielleicht vor Unwissenheit. Und das meine ich nicht in einer beleidigenden Art und Weise, sondern eher Unwissenheit im Sinne eines „Mangels an Verständnis". Schlimmstenfalls müsst Ihr so viele Zyklen der 3. Dichte wiederholen, wie es nötig ist, damit Ihr die Dinge lernt, die Ihr lernen müsst, um zur 4. Dichte vorzustoßen. Aber eines ist sicher, am Ende werdet Ihr dort ankommen. Alle werden den Weg nach Hause finden, zu unserem *Unendlichen Schöpfer*. Seid auch versichert, dass Ihr Euch in Eurem Kreislauf nicht „verloren" fühlen werdet. Am Ende jeder physischen Inkarnation kehrt Ihr, wie ich bereits erwähnt habe, zu Zeit/Raum, oder das, was als „Himmel" beschrieben wurde, zurück, wo Sie sich wieder als das erkennen werden, was Sie wirklich sind, eine einzigartige und wunderschöne Seele und ein Teil unseres *Schöpfers*. Ihr vergesst nur während der Inkarnation, wer Ihr seid. Das Ziel des Spiels ist es, innerhalb des „Traums" aufzuwachen und in der Tat ein „luzider Spieler" zu werden. Sich während des Spiels daran zu erinnern, wer man wirklich ist, und dann damit zu beginnen, an den Dingen zu arbeiten, für die man hierher gekommen ist. Das erneute Lesen dieses Themas mit Unterscheidungsvermögen wird Ihnen viele Hinweise geben, wie Sie dies angehen können.

- **Frage:** „Ist die Ernte also ein ‚alles oder nichts'-Ereignis oder wird es eine gemischte Ernte sein – einige wenige, die sich in die 4. Dichte bewegen, um sich selbst zu dienen, die große Mehrheit, die in der 3. Dichte wiederholt? Und wenn nur 94% negativ in die vierte Dichte gehen, muss man dann die 3. Dichte wiederholen und erneut versuchen, eine negative Ernte von 95% zu erreichen? Wenn ja, dann möchte ich mir nicht vorstellen, wie viel negativer Eure Leute die Erde an diesem Punkt machen würden. Ich bin immer noch verwirrt über Ihre Rolle in dieser Sache. Damit Ihr Euch auf der 4. Ebene bewegen könnt, muss die Ernte zu 95% negativ sein. Mit anderen Worten, um Euer Volk mit der 4. Dichte zu belohnen, müssen 95% der menschlichen Seelen (im Prozess der Selbstbesinnung) so weit von der ‚*Unendlichen Quelle*' entfernt sein, wie es menschlich möglich ist. Das ‚fühlt' sich für mich einfach nicht ‚richtig' an."

Es „fühlt" sich für Sie nicht richtig an, weil es nicht korrekt ist. Sie haben das Konzept nicht ganz begriffen. Ich werde versuchen, es zu erklären. Die Ernte ist gemischt. Diejenigen, die sich zu 51% oder mehr auf dem positiven Pfad befinden, werden in die positive 4. Dichte eintreten. Dort werdet Ihr an Liebe und Mitgefühl arbeiten, und es wird eine sehr schöne Welt sein, in der Ihr leben werdet. Es wird sehr wenig Negativität geben. Nur so wenig, dass Ihr sie immer noch nutzen könnt, um Euren Freien Willen auszuüben, indem Ihr wählt, wer Ihr nicht seid. Es wird so viel offensichtlicher sein als hier, dass die Negativität ein Werkzeug ist, welche Ihr nutzen könnt. Ihr werdet die Verbundenheit aller Dinge erkennen, und Ihr werdet wissen, dass Ihr weder voneinander noch vom Leben selbst „getrennt" seid. Ihr werdet nicht mehr viel Worte benutzen, es sei denn, Ihr wählt es. Telepathie wird die normale Methode der Kommunikation sein.

Alles ist offen, und Sie können Ihre Gedanken nicht vor „anderen" verstecken. Von dieser Inkarnation an werdet Ihr nie wieder eine Inkarnation in der 3. Dichte erleben müssen, es sei denn, Ihr entscheidet Euch später dafür, dies von höheren Dichten aus zu tun, wie wir es getan haben, um die Kunst des Dienens zu vervollkommnen, oder es sei denn, Ihr schafft es irgendwie, in einer Welt der 4. Dichte, in der es Liebe und Schönheit in Hülle und Fülle gibt, in einer Zeit der zukünftigen Ernte zu 95% negativ zu sein und die Spirale wieder hinunterzurutschen, anstatt die Leiter hinaufzusteigen, um eine andere „Spiel"-Metapher zu verwenden.

Zurück zu „dieser" gegenwärtigen Großen Ernte: Wir verlangen keine 95% negative Ernte, wie Ihr es abgeleitet habt. Was wir stattdessen verlangen, ist, dass WIR persönlich eine 95%ige negative Polarität für uns selbst erlangen, nicht für euch.[206] WIR müssen zu 95% negativ sein (mindestens), um in die negative 4. Dichte aufzusteigen und uns die Gelegenheit zu verdienen, unsere karmische Aufzeichnung von all der Negativität zu bereinigen, die wir auf diesem Planeten geschaffen haben, bevor wir unseren rechtmäßigen Platz als Wächter der 6. Dichte wieder einnehmen. Wenn wir es nicht schaffen, werden wir im Zyklus der 3. Dichte mit all jenen gefangen bleiben, die zwischen 94% Negativem und 50% Positivem schwanken (was ich als „lauwarm" bezeichnet habe), und müssen weiterhin negative Polarität für Euch bereitstellen. So hart es auch ist, unser einziger Ausweg ist, so negativ wie möglich zu sein, um zu

---

[206] Das ist eine wichtige Erklärung von einem Sachverhalt, den auch ich anfänglich missverstand.

graduieren. Wir können nicht wählen, ob wir positiv sein wollen, denn das ist nicht das, was wir für Euch tun müssen. Deshalb habe ich all die furchtbaren Dinge, die wir hier getan haben, oft als unser Opfer bezeichnet.

- **Frage:** „Sie sagten, dass die ‚lauwarmen Menschen' zur Zeit der Ernte nicht bemerken werden, dass etwas geschehen ist, sondern dass sie sich auf einem anderen Planeten befinden werden. Meinen Sie damit, dass sie ohne Erinnerung an das, was geschehen ist, aufwachen, aber immer noch im selben physischen Körper sind, oder dass sie in einem neuen physischen Körper aufwachen, ohne Erinnerung an ein früheres Leben?"

Es wird eine kurze Erfahrung der „Nullpunkt-Zeit" geben, in der Ihr Euch vollkommen „Eins" mit Eurem *Unendlichen Schöpfer* fühlt. Es wird ein Gefühl von glückseliger, ekstatischer Weite und Einheit sein, während Eure physischen Vehikel (Körper) wieder in Licht aufgelöst und in Eure neue Umgebung transportiert werden. Wenn dieser Übergang abgeschlossen ist, wird die „Nullpunkt-Zeit" enden, und Ihr werdet in Eurer neuen „Spiel-Zone" (Planet) „erscheinen". Sie werden gleich aussehen, gleich denken, gleich fühlen, es wird so sein, als hätten Sie alle eine mystische Erfahrung gemacht, und das Leben wird für sie „normal" weitergehen. Dieselben Häuser, Familiensituationen, Jobs, Freunde, Liebhaber. Ihr werdet Euch nicht an die große Ernte oder die Erdveränderungen erinnern, die im Zuge der Heilung und Regeneration des Planeten Erde stattgefunden haben. Aber Ihr werdet Euch an Eure „mystische Erfahrung" erinnern, und das wird Euch Hoffnung geben und eine neue Gelegenheit, eine positivere Zukunft für Euch zu wählen.

Es wird immer noch die gleiche negative Polarität zu überwinden sein, aber wenn wir bei unserer negativen Graduierung erfolgreich sind (was wir sein werden), stehen andere bereit, um unsere Plätze einzunehmen und die Fäden „hinter den Kulissen" zu ziehen. Wir haben unsere Aufgabe mehr als erfüllt, indem wir unseren Dienst an Euch entsprochen haben. Und wir sind müde. Es ist an der Zeit für uns, unsere karmischen Aufzeichnungen zu bereinigen und wieder das Lichtwesen zu sein, das unsere wahre Essenz ist.

- **Frage:** „Sie sagen immer wieder, dass denjenigen, die nach der Wahrheit suchen, geholfen werden kann, wir müssen nur fragen. Was ist der beste Weg, dies zu tun? Ich hatte noch nie die Fähigkeit, mich an einen meiner Träume zu erinnern."

Lies zurück, ich habe schon früher Anleitungen zur Traumerinnerung gegeben. Es braucht Übung und ist ein langsamer Prozess, aber irgendwo muss man ja anfangen, hab Geduld mit Dir.

Arbeite an Dir selbst. Gehe nach innen, in einen Zustand der meditativen Kontemplation. Bringe Deinen Geist zur Ruhe, damit die Seele Raum hat, um ihrer „noch kleinen Stimme" Gehör zu verschaffen. Bitten Eurem *Unendlichen Schöpfer*, Euch zu helfen, und hört auf die innere Stimme. Habt Geduld, es braucht Zeit, diese innere Kommunikation zu entwickeln, nachdem Ihr sie ein Leben lang vernachlässigt habt. Wenn Du beharrlich bist und weiter an Dir arbeitest, wird es allmählich zu Dir kommen, und wenn es soweit ist, musst Du Lernen, Deiner inneren Führung zu VERTRAUEN, UNABHÄNGIG DAVON, WAS ANDERE SAGEN MÖGEN. Das ist die ultimative Prüfung. Dem zu vertrauen, was Du tief in Deinem Inneren als Deine Wahrheit kennst, auch wenn die ganze Welt Dir sagt, dass Du „falsch" liegst.

Es ist harte Arbeit, Dir selbst zu vertrauen, wenn alle um Dich herum an Dir zweifeln und Dich für verrückt erklären, aber das ist die Aufgabe, für die Du hergekommen bist. Die einzige wirkliche und dauerhafte Wahrheit ist eine „selbstverwirklichte" Wahrheit. Boten können kommen und gehen und Euch die Wahrheit zeigen, bis sie blau im Gesicht sind, aber es wird nicht Eure Wahrheit sein, bis Ihr für Euch selbst, tief im Kern Eures Wesens, erkannt habt, dass sie sich für Euch wahr anfühlt. Ihr solltet niemals etwas als wahr akzeptieren, nur weil es Euch jemand sagt, dass es so ist. Aber wenn Eure innere Stimme Euch sagt, dass eine Wahrheit wahr ist, und Ihr dieses altbekannte warme Gefühl der Aufregung spürt, das von irgendwo tief im Inneren aufsteigt und sagt: „Ja, ich wusste es!" Dann haltet an diesem Gefühl fest (Gefühle sind die Sprache Eurer Seele) und bewahrt es sorgfältig, denn Ihr könnt sicher sein, dass Eure neu gewonnenen Überzeugungen in vielerlei Hinsicht in Frage gestellt werden. Das ist so geplant, um Sie zu testen.

Eure innere Wahrheit muss dem Test der Zeit standhalten können und wird einer gründlichen Prüfung unterzogen werden. Halten Sie daran fest, solange es das ist, was Sie tief im Inneren als wahr erkennen. Erlaubt nichts und niemandem „außerhalb" von Euch, Euch von Eurem Weg abzubringen, ganz gleich, wie heftig sie mit Euch streiten. Sie tun nur ihre Arbeit, auch wenn sie sich vielleicht nicht einmal „bewusst" sind, dass sie das tatsächlich tun. Sie leisten einen wichtigen Dienst für Sie, und dafür sollten Sie ihnen dankbar sein. Wir wünschen Euch alles Gute auf Eurer Reise und bitten unseren *Unendlichen Schöpfer*, Euch auf Eurem Weg zu beschützen und zu führen.

- **Frage:** „Greifen die Orion-/Okkultistengruppen gezielt Zivilisationen an, bevor sie zu einem sozialen Gedächtniskomplex werden?"

Ja, aber das hält sie nicht davon ab, auch andere ins Visier zu nehmen, wenn diese es zulassen, dass irgendwelche Risse in ihrer Rüstung auftauchen. Kurz gesagt, das Orion-Imperium ist ein negatives Wesen der 4. Dichte. Sie sind „verloren" in dem Sinne, dass sie sich so weit von ihrer wahren Natur entfernt haben, dass wir trotz vieler Versuche nicht in der Lage waren, sie zu erreichen und ihnen zu helfen, sich zu entwickeln. Sie existieren innerhalb ihres Gruppenseelenkomplexes, meist als eine Gruppe diskarnierter Wesenheiten, auf den Astralebenen der Planeten, die sie besuchen. Sie haben nicht die Absicht, „nach Hause zurückzukehren", und versuchen stattdessen, sich von negativer Energie zu ernähren, um sich selbst am Leben zu erhalten, da sie von ihrer natürlichen Lebenskraft abgekoppelt sind, weil sie sich weigern, sich an die Inkarnationsprinzipien des *Unendlichen Schöpfers* zu halten.

Die Zeit, die wir zwischen den Leben in Zeit und Raum verbringen, dient dazu, unsere Seelenenergie von innen heraus wiederherzustellen, damit wir unseren Aufstieg fortsetzen können. Sie sind im Wesentlichen im negativen Zyklus der 4. Dichte „gefangen", da es keine negative Ernte jenseits der 4. Dichte gibt. Daher verbringen sie ihre Zeit damit, durch die Galaxis zu reisen und im Grunde genommen „die dunkle Seite der Macht" (Negativität) zu nutzen, um ihre Ziele zu erreichen. Schließlich werden sie vor den *Einen unendlichen Schöpfer* zurückgebracht und in die intelligente Unendlichkeit (die Quelle von allem) aufgelöst, obwohl ihnen so lange wie möglich jede Chance gegeben wird, aus den Fehlern ihres Weges zu lernen und zur Suche nach dem Positiven zurückzukehren, und ihre Reise zurück nach Hause zu beginnen. Ihr Hauptproblem ist, dass sie nicht nach Hause gehen wollen. Sie sehen sich selbst als „Götter" und haben nicht die Absicht, sich der Autorität des *Einen* zu unterwerfen.

- **Frage:** „Warum die plötzliche Verschärfung der Kontrollmechanismen?"

Die große Ernte steht kurz bevor. Es ist an der Zeit, die Polarextreme so richtig anzuheizen.[207]

[207] Das ist eine Aussage, die Anfang 2024 eine ganz andere Dimension bekommt. Die Polarisierung ist global so stark wie nie, und scheint unaufhaltsam in einer globalen Eskalation zu münden.

- **Frage:** „Das Montauk-Projekt.[208] Fakt oder Fiktion?"

Das Projekt ist eine Tatsache. Allerdings sind die öffentlich zugänglichen Informationen in gewisser Weise verfälscht.

- **Frage:** „Erläutern Sie bitte die Rolle des Wanderers und welchen Wert es hat, Wanderer zu sein, wenn man keine Erinnerung an sein früheres Leben hat. Und was hat das mit dem Gesetz der Nichteinmischung zu tun (wenn sie hier sind, um Menschen zu helfen)?"

Die Wanderer (oder „Reisenden", wie sie auch genannt werden) sind diejenigen aus den höheren Dichten, die sich entschieden haben, zu diesem Zeitpunkt hier zu inkarnieren, um den Dienst an Anderen zu vervollkommnen. Sie müssen sich immer noch „daran erinnern, wer sie sind", und ein Teil der Sorge ist, dass es manchmal nicht einmal ihnen gelingt, in dem Spiel zu erwachen, so mächtig ist die Illusion. Sie sind hier, um sich selbst zu erwecken und dann zu helfen, andere zu erwecken, um sich auf die kommende Große Ernte vorzubereiten. Aber selbst wenn sie nicht erwachen, sind sie nicht an den Zyklus der 3. Dichte gebunden, da sie ihn bereits gemeistert haben. Sobald ihre Inkarnation vorbei ist, steht es ihnen wieder frei, auf ihre entsprechenden Ebenen zurückzukehren.

- **Frage:** „War die *Rothschild*-Linie der Organisator der *Illuminaten*, die *Weishaupt* später gründete?"

Nein. *Weishaupt* war nur eine Marionette an einer Schnur. Die *Rothschild*-Linie (nicht ihr ursprünglicher Name) war die herausragende Linie, die „das Netz der Kontrolle" über die Menschheit schloss. Aber selbst sie sind eine untergeordnete Linie innerhalb der Familie. Wie ich bereits sagte, haben die Namen, die ihr kennt, nicht die wahre Macht. Sie sind ein Teil der Familie, aber kein „ursprünglicher" Teil.

- **Frage:** „Was kann ich tun, um mehr Gleichgesinnte anzuziehen, die sich zusammenfinden, um die Hinwendung meines Volkes zum Pfad des Aufstiegs zu fördern. (Ich habe beschlossen, dass ich dies tun kann, um meinen persönlichen Akt des ‚Dienstes an Anderen' auszudrücken.)"

---

[208] Das Montauk-Projekt ist ein Thema, das mit Verschwörungstheorien und Behauptungen über geheime Regierungsexperimente in Verbindung gebracht wird. Es gibt zwar keine wissenschaftliche Referenz für ein solches Projekt, aber man kann Diskussionen darüber in verschiedenen Büchern und Quellen finden, die sich mit Verschwörungstheorien beschäftigen. Ein bemerkenswertes Buch, das sich mit dem Montauk-Projekt befasst, ist: *Nichols, P., & Moon, P.* (1992) „The Montauk Project: Experiments in Time" Sky Books.

Und das ist eine sehr weise und mitfühlende Entscheidung. Wir sind stolz auf Sie. Das Wichtigste ist, dass Sie die Dinge nicht erzwingen und Ihre Botschaft nicht so leidenschaftlich vortragen, dass Sie die Menschen vom Inhalt der Botschaft selbst ablenken. Es muss ein Gleichgewicht gefunden werden zwischen Eurer Dringlichkeit, andere aufzuwecken, und Eurem Mitgefühl für den Mangel an Verständnis für ihren „Zustand". Halten Sie sich immer an das Gesetz des freien Willens und erzwingen Sie niemals Ihre Botschaft. Wenn Sie Ihre Botschaft verbreiten und dabei informativ sind, tun Sie immer Ihr Bestes, um Angst und Paranoia nicht zu schüren, da dies Ihrer Absicht zuwiderläuft, die Schwingung ins Positive zu heben. Vermittelt eure Botschaft auf eine Weise, die die Hoffnung und die wahre Schönheit und Realität unseres innewohnenden Einsseins mit unserem *unendlichen Schöpfer* hervorhebt.

Seid wie ein Licht, das in der Dunkelheit leuchtet. Verbrennen Sie andere nicht mit Ihrem Licht, sondern erlauben Sie ihnen, von Ihrem Licht angezogen zu werden, und dienen Sie denen, die freiwillig zu Ihnen kommen. Mit anderen Worten, werdet nicht „evangelikal" mit Eurer Botschaft, sondern seid vielmehr der rätselhafte und liebevolle „alte Weise", zu dem sich andere wegen der Qualität seiner Schwingung hingezogen fühlen, und nicht wegen der Lautstärke seiner Rhetorik. Am wichtigsten ist, dass Ihr das, was Ihr predigt, auch in die Tat umsetzt. Andere müssen in der Lage sein, die Wirkung unseres *Unendlichen Schöpfers* zu sehen, der sein wunderbares Werk durch Euch ausführt. Wir wünschen Euch alles Gute für Eure Aufgabe und hoffen auf eine positive Ernte für Euch. Aber vor allem solltet Ihr weiterhin an Euch selbst arbeiten, das Positive wählen und anderen einen Dienst erweisen. Weil Ihr es wollt, nicht weil Ihr glaubt, dass Ihr es müsst. Wir bitten unseren *Unendlichen Schöpfer*, Euch zu segnen und Euren Weg zu leiten.

- **Frage:** „Erdveränderungen; Ich verstehe zwar, dass der Tod nicht das Ende meiner Existenz ist, aber ich mag meinen Körper und möchte nicht in irgendwelche Erdveränderungen hineingezogen werden, wenn ich es vermeiden kann: 1. Wenn es Ihre Familie erlaubt, könnten Sie uns bitte verraten, welche Orte in den nächsten 3-4 Jahren wahrscheinlich relativ sicher sein werden? Wäre der Süden Chinas (Kanton/Hongkong) oder Patagonien ein gutes Pflaster? Irgendwelche anderen Orte?"

Es ist mir nicht erlaubt, hier viel zu sagen, denn es muss diejenigen geben, die an ihren Orten bleiben, um anderen zu helfen, die nicht wissen, was auf sie zukommt. Viele von Euch (ob ihr Euch dessen bewusst seid oder nicht) haben dieses Leben aus diesem Grund gewählt. Wenn Sie aber unbedingt fliehen wollen, wählen Sie die besten Orte, die Sie finden können. Besonders in der südlichen Hemisphäre, wenn Sie dazu in der Lage sind. Die peruanischen Anden sind ein guter Ort dafür. Dort wird viel spirituelle Macht ausgeübt, und die Ältesten von *Quero* wissen sehr wohl, was dort vor sich geht.

- **Frage:** „Ich habe kürzlich die Heilung eines kleinen Gesundheitsproblems erfahren, indem ich allen kranken Menschen auf der Welt Liebe geschickt habe. Wie funktioniert das, nicht warum, sondern wie?!?!"

Weil es hier nur EINEN von Euch gibt. Verstehe das auf einer tiefen Kernebene Deines Seins, und Du wirst verstehen, wie es funktioniert. Was Ihr anderen antut, das tut Ihr auch Euch selbst an.

- **Frage:** „Sie behaupten, dass Ihre Familie hierher gebracht wurde, um einen negativen Einfluss auf die Welt auszuüben. Gibt es eine Familie, die auch einen positiven Einfluss auf uns ausübt? Liegt es an uns (der Menschheit), diese positive Kraft zu sein?"

Eine interessante Frage. Es gibt eine solche Familie (oder Gruppe, um genau zu sein), aber Ihr könnt sie nicht sehen, und Ihr seid Euch ihrer Existenz auch nicht bewusst. Sie helfen dem Planeten von einem geheimen „inneren" Ort aus, durch die Qualität der Energiearbeit, die sie leisten und von der Quelle zu Euch nach außen projizieren. Ja, es liegt an Euch, die Veränderungen zu sein, die Ihr in Euch selbst und in der Welt sehen wollt.

- **Frage:** „Ihr Ziel ist eine negative Ernte, aber Sie preisen eindeutig die Vorteile eines positiven Lebens an. Das scheint im Widerspruch zu Ihrem Ziel zu stehen. Das ist weniger eine Frage als eine Feststellung, aber wenn Sie das näher erläutern könnten, wäre ich Ihnen dankbar."

Mmmm, wieder eine sehr scharfsinnige Frage. Ich danke Ihnen. Unser Ziel ist eine negative Ernte für uns selbst. Nicht für Sie. Wir stellen den Katalysator der Negativität für Euch bereit, und es liegt an Euch, was Ihr damit macht. Das drastische Ausmaß der Negativität, die wir erschaffen, hat allerdings mehr mit uns zu tun als mit Euch. Einige meiner früheren Antworten sollten deutlich machen, warum das so ist. Auch für Ihre Bemerkung, dass einiges von dem, was ich hier gesagt habe, gegensätzlich ist, gibt es eine einfache Erklärung.

Sagen wir es mal so: Ich wurde bereits, sagen wir mal, „gezüchtigt", weil ich hier weit über meinen Aufgabenbereich hinausgegangen bin. Es war nicht beabsichtigt, dass ich so offen bin, wie ich es getan habe. Wenn Sie das Thema noch einmal von Anfang an verfolgen, werden Sie feststellen, dass sich mein „Ton" Ihnen gegenüber im Laufe unseres gemeinsamen Diskurses etwas abgeschwächt hat. Ich habe mich so weit wie möglich vollständig an die Gesetze des Freien Willens und der Verwirrung gehalten, obwohl es Fälle gab, in denen ich mehr gesagt habe, als ich hätte sagen sollen. Ihr selbst werdet nicht darunter leiden, aber wenn es zu meinem nächsten Zyklus in der negativen 4. Dichte kommt, und ich meine karmischen Aufzeichnungen abarbeite, werde ich die Konsequenzen für mein Handeln tragen müssen. Aber hey, ich denke, ich habe so schon ein genug negatives Leben vor mir, was macht da ein bisschen mehr aus.

Es widerstrebte mir, derjenige zu sein, der mit dieser Mitteilung beauftragt wurde. Ich habe immer noch eine große „Schwäche" für Mitgefühl. Aber ich gehorche und erfülle die mir übertragenen Aufgaben. Es ist schon sehr lange her, dass ich das letzte Mal direkten Kontakt mit „Eurer Art" im Allgemeinen hatte. Ich meine das nicht auf eine beleidigende Art und Weise, sondern nur, dass ich die meiste Zeit nur bei meinen täglichen und nächtlichen Aufgaben mit der Familie zu tun habe. Ich lebe nicht das, was Sie ein „öffentliches" Leben nennen würden. Ich bin „behütet" und „zurückgezogen".

Ich hatte nicht damit gerechnet, wie sehr ich in diesen Prozess einbezogen werden würde. Um ehrlich zu sein, habe ich wirklich nicht mit so vielen Fragen und einem so herzlichen und aufgeschlossenen Empfang (von der Mehrheit) gerechnet. Man könnte sagen, dass ich Ihnen in gewisser Weise „ans Herz gewachsen" bin. In der Tat ist dieses „Fenster der Gelegenheit" auch für mich ein solches geworden. Was damit begann, dass ich einfach nur meine Pflicht tat, ist mehr zu einer „Liebesarbeit" geworden, und wenn heute Abend alles vorbei ist, denke ich, dass ich Sie alle vermissen werde, und diese Verbindung mit den Menschen in der „Außenwelt".

Ich wurde ausgewählt, weil man sich dachte, dass jemand mit meinen „diplomatischen" Fähigkeiten am besten geeignet wäre, diese Botschaft zu überbringen. Aufgrund der Natur des Themas gab es viel Potenzial für Unstimmigkeiten. Es wurde als wichtig erachtet, dass die Botschaft nicht in einem selbstgerechten oder defensiven Übermittlungssystem untergeht. Sie haben mich also erwischt. Und im Nachhinein bin ich sogar froh, dass Sie es getan haben.

Ich sitze hier und muss lachen (in Anbetracht der Art und Weise, wie einige hier mit mir gesprochen haben), wenn ich mir vorstelle, wie hässlich dieser Diskurs hätte werden können, wenn bestimmte Andere aus meiner Familie, die ebenfalls für diese Aufgabe in Frage kamen, die Stelle tatsächlich bekommen hätten. Jetzt weiß ich, warum ich ausgewählt wurde. Wie bei allen anderen

Dingen auch, sollte es so sein. Es ist mir völlig egal, was andere von mir denken, solange ich weiß, dass ich meinem Schöpfer so diene, wie er es wünscht, und zwar nach bestem Vermögen. Seine Anerkennung ist die einzige, die ich brauche oder wünsche. Ich habe nichts zu verteidigen, und deshalb war ich wohl „perfekt" für diese Aufgabe. Wie auch immer, genug mit den Gefühlen, ich habe noch mehr Fragen zu beantworten.

- **Frage:** „Ein gängiges Sprichwort unter Christen lautet: ‚*Satans* größter Trick ist es, die Welt davon zu überzeugen, dass es ihn nicht gibt.' Ich denke, dass es Christen gibt, die das, was Sie geschrieben haben, als eine ausgeklügelte List ansehen würden, um ‚den *Teufel* gut aussehen zu lassen'."

„*Satan*" ist eine menschliche Erfindung. Einfach die „Personifizierung", der Ihr all die Negativität gegeben habt, die auf diesem schönen Planeten existiert hat. Ihr wusstet nicht, wen Ihr „beschuldigen" solltet, und da Ihr es nicht in Euch selbst finden konntet, die Verantwortung zu übernehmen, wurde „*Satan*" geschaffen, um Euch selbst zu entlasten.

- **Frage:** „Viele meiner Freunde und Familienangehörigen sind Christen, und sie würden wahrscheinlich genauso denken. Wie könnte man diese Informationen überhaupt einer Person mit dieser Denkweise präsentieren? Ich bin nicht hier, um ‚Ihr Evangelium zu verbreiten', aber ich würde dies auf jeden Fall gerne mit einigen meiner Freunde teilen."

Wie kann man jemandem etwas präsentieren, der sein Glaubenssystem nicht in Frage stellen will? Sie werden glauben, was sie glauben wollen, und nichts, was Sie oder ich sagen können, wird daran etwas ändern. Sie verankern sich auf einer unterbewussten Ebene, und wenn eine Glaubensstruktur so heimtückisch wird, ist die einzige Möglichkeit, sie zu ändern, eine „mystische Erfahrung" oder eine so persönliche Demonstration eines „anderen Weges" im Leben eines „anderen", dass man gar nicht anders kann, als zu bemerken, dass an ihm „etwas anders" ist. Wie kann man solche Menschen erreichen? Nur durch ein Beispiel.

- **Frage:** „Ist es also in Ordnung, wenn ich Ihre Beiträge in meinem Blog zu einem langen Beitrag zusammenfasse? Ich muss sicher sein, dass das nicht gegen meine Nutzungsvereinbarung hier verstößt. Ich möchte auch sicherstellen, dass ich keinen Besuch von den ‚Männern in Schwarz' bekomme, wenn ich das tue."

Das ist amüsant, danke für den Scherz. Ja, Sie sind herzlich eingeladen, diesen Diskurs zusammenzustellen und an anderer Stelle zu präsentieren. Das

Einzige, worum ich Sie bitte, ist, dass jeder, der dies tut, meine Wünsche respektiert und nur die eigentliche Botschaft kopiert. Mit anderen Worten: Lassen Sie all die belanglosen Nebendiskussionen weg. Wenn Sie diese Botschaft anderen präsentieren wollen, respektieren Sie bitte meine (unsere) ursprüngliche Absicht, dass die Botschaft als „Ganzes" präsentiert wird. Als ich in meinem Eröffnungsbeitrag sagte, dass ich einen „vorläufigen Glauben" oder ein „suspendiertes Urteil" verlange, habe ich sehr deutlich gemacht, warum dies der Fall ist.

Es ist mir völlig egal, dass die Leute das nicht glauben. Ich habe nie erwartet, dass es viele tun würden. Aber was ich mir mit meiner Anfrage gewünscht habe, war, dass die Nachricht in vollem Umfang präsentiert und alle echten Fragen beantwortet werden, und dann, wenn dieser Prozess abgeschlossen ist, kann man sagen, was man will, wie sehr man es für einen Schwindel hält oder nicht. Wenn ich für einen kurzen Moment grob sein darf, ist es mir völlig egal, wie viel Gift und Hohn über unsere Botschaft ausgeschüttet wird oder wie viele sinnlose verbale Angriffe gegen ihren Überbringer gestartet werden. Die Botschaft wird all jene erreichen, die sie erreichen soll, und genau so wird es auch sein. Das ist es, was der *Schöpfer* will. Diejenigen, die Ohren haben, um zu hören, Augen, um zu sehen, und ein Herz, um zu verstehen, werden die Botschaft erhalten, und die Samen, die gepflanzt werden, werden in solch fruchtbarem Boden wie diesem stark wachsen.

Wenn Sie also das, was ich hier mitgeteilt habe, und die höfliche Art und Weise, in der ich es mitgeteilt habe, respektieren, sollten Sie, wenn Sie es kopieren wollen, nur meine Beiträge vervielfältigen. Meine Beiträge zitieren alle die Fragen, auf die ich antworte, so dass keine weiteren Beiträge erforderlich sind, wenn Sie eine echte Darstellung der Botschaft mitnehmen möchten.

- **Frage:** „Vielen Dank für die Veröffentlichung einiger der interessantesten Informationen, die ich je gelesen habe. Ich bin eine Art Spinner und durchforste das Internet nach Verschwörungen, alternativen Nachrichten, UFO-Videos und Ähnlichem. Ich kann nicht sagen, dass ich bereit bin, das, was Sie verkaufen, komplett zu kaufen, aber es hat definitiv bei mir Anklang gefunden."

Gern geschehen, und ich wiederum danke Ihnen, dass Sie es mit offenem Geist gelesen haben. Ich würde nie von Ihnen verlangen oder erwarten, dass Sie das, was ich „verkaufe", „kaufen". Wie Sie sehen, habe ich während unserer gesamten Botschaft erklärt, dass das Allerletzte, was ich will, ist, dass man ihr blindlings glaubt oder sie als „Evangelium" betrachtet. Wie ich schon sagte. Es ist ein weiterer in einer langen Reihe von „Katalysatoren“, die Euer *Unendlicher Schöpfer* Euch im Laufe der Geschichte zur Verfügung gestellt hat. Ein Katalysator ist nicht dazu gedacht, dass man ihm glaubt. Er soll Euch eine Herausforderung für das darstellen, was Ihr über die Realität zu wissen „glaubt“. Und das ist alles, was er tun soll. Wie immer liegt es ganz bei Ihnen, wie Sie auf den Anstoß reagieren. Genau so, wie es immer sein sollte.

- **Anmerkung:** „*Hidden Hand* hat einige unglaublich gut geschriebene Informationen veröffentlicht – fast so, als ob sie aus ‚seinem‘ Wesen in den Thread geflossen wären.“

Und das ist vielleicht die scharfsinnigste Erkenntnis in diesem Diskurs bisher. Es erlaubt mir auch, auf eine frühere Frage einzugehen, die ich bei der Beantwortung Ihrer Bemerkung bereits angedeutet hatte und die ich später vertiefen wollte. Diese Botschaft fließt tatsächlich „aus meinem Wesen“ auf die Seite. Ich habe bereits erwähnt, dass meine Rolle in meiner Familie die der geistlichen Disziplin ist. Ein gewisser Poster hat alle möglichen Annahmen darüber gemacht, was diese Rolle mit sich bringt, und ist dabei weit übers Ziel hinausgeschossen. Wie ich bereits sagte, haben alle „Machtlinien“ (außerweltliche Blutlinien), die das „Innere Heiligtum“ (oder die „Verborgenen Hände“) der Familie bilden, bestimmte Fähigkeiten, die Inkarnierte der 3. Dichte nicht besitzen (auch nicht die anderen unserer Familie, die Linien, die ihr kennt).

Es gibt eine Vielzahl von Aufgaben, die zu erledigen sind, damit unsere Familie effektiv funktioniert, und jeder von uns ist auf bestimmte Bereiche oder Disziplinen spezialisiert, damit der „Körper“ unserer Familie wie eine gut geölte Maschine läuft. Mein Bereich, mit dem ich mich die meiste Zeit aktiv beschäftige, ist die Spiritualität – UNSERE Spiritualität, nicht die der Völker der Erde. Andere unter mir beschäftigen sich mehr mit diesem Bereich. Man könnte mich mit einem „Priester“ oder einem „Minister“ vergleichen. So wie Eure Religionen und spirituellen Lehrer die Verantwortung haben, auf die Stimme ihres Schöpfers zu „hören“ und seine Botschaften zu überbringen, so tue auch ich das.

Ich bin nun schon seit vielen Jahren aktiv in dieser Rolle tätig. Sie ist mir zur zweiten Natur geworden. Genauer gesagt, ist sie mir zur ersten Natur geworden. Ein großer Teil meiner Rolle besteht darin, ständig in dem Bewusstseinszustand unserer Gruppenseele (*Luzifer*) zu sein. Deshalb werden Sie bemerken, dass ich mich so oft auf „wir“ beziehe, auch wenn ich in der ersten Person spreche. Das ist für mich ganz natürlich geworden. Ich verbringe die meiste Zeit damit, mit meiner Familie zu sprechen, als *Luzifer*, aus der Perspektive der Gruppenseele. Wenn ich von nun an spreche, bin nicht ich (der individuelle Seelenfunke) derjenige, der im Wesentlichen zu Euch spricht, sondern, in Ermangelung einer besseren Beschreibung (denn das ist bei weitem nicht zutreffend), könnte man sagen, dass ich in Wirklichkeit *Luzifer* „channle". Das ist der Grund, warum dieser Diskurs so leicht fließt. (...)

Für diejenigen, die offen genug sind, um die obige Erklärung zu empfangen, wisst Ihr nun, warum und wie es gemacht wird. Ich spreche nicht für mich selbst, sondern vielmehr für den, der mich gesandt hat – meinen eigenen Schöpfer (*Luzifer*). Ich weiß und habe erfahren, was er weiß und erfahren hat, denn im Grunde sind wir ein und dasselbe Wesen.

- **Frage:** „Kennen Sie auch *Miriam Delicado*?[209] Ich habe gerade ihr Interview auf der Projekt-Camelot-Website gesehen und es war sehr inspirierend für mich. Darf ich fragen, ob Sie eine der großen Blondinen sind, von denen sie spricht?"

Sie ist eine schöne Seele. Ich habe das Interview, von dem Du sprichst, nicht gesehen, aber wir wissen von ihren Erfahrungen. Die „großen Blondinen", von denen Du sprichst, sind plejarischer Herkunft. Sie arbeiten mit dem, was als „Galaktische Konföderation der Planeten" bekannt ist. Sie dienen der positiven Schwingung. Die *Plejaren* stammen aus der Konstellation, die Ihr die Plejaden nennt. Ihr eigentlicher Name ist *Plejaren*, daher ‚*Plejarens*'. Und nein, wir sind *Luzifer* und haben nichts direkt mit den *Plejaren* zu tun, obwohl sie tatsächlich gute Freunde von uns sind.

- **Frage:** „Ich habe selbst noch nie ein UFO oder irgendetwas von diesem spirituellen Zeug gesehen. Ich weiß nur in meinem Herzen, dass es für mich da ist, um es zu finden. Was kann ich tun, um mich in die richtige Frequenz zu bringen, um diese Dinge zu sehen und diese Erfahrungen zu machen. Für jede Information, die Sie mir geben, bin ich Ihnen sehr dankbar."

Glaube einfach und wisse in Deinem Herzen von ihrer Existenz. Denkt darüber nach. Kannst Du in all dieser riesigen Schöpfung wirklich glauben, dass Du allein bist? Um Enttäuschungen zu vermeiden, werde ich Euch jedoch vorwarnen, dass Ihr nur dann Kommunikation von ihnen erhaltet, wenn Ihr dies bereits in Eurem Seelenvertrag vereinbart habt, bevor Ihr hierher kamt. Viele hier in dieser Zeit (Millionen) haben eine Rolle im Großen Erwachen zu spielen,

---

[209] *Miriam Delicado* behauptet, dass sie seit ihrer Kindheit mit außerirdischen Wesen in Kontakt steht, und dass ihre Begegnungen Botschaften über die spirituelle Entwicklung der Menschheit, die Transformation der Erde und die Erfüllung von Prophezeiungen beinhalten. In ihrem Buch geht sie auf diese Erfahrungen und die tiefgreifenden Auswirkungen ein, die sie auf ihr Leben hatten.

und bei den Vorbereitungen für die Große Ernte. Viele, die jetzt noch nicht glauben, werden beginnen, ihren Geist zu öffnen, wenn die kommenden Erdveränderungen beginnen, sich auszuwirken. Die Menschen werden verängstigt sein und keine Ahnung haben, was vor sich geht, denn die Regierungen haben Euch diese Informationen vorenthalten. Diese „Reisenden" oder das, was einige als „Star Seeds" bezeichnet haben, sind hier inkarniert, um an der Basis zu helfen, wenn sich das alles in den nächsten Jahren abzuspielen beginnt. Wenn die Zeit reif ist, werden sie in Erscheinung treten.

Die meisten Menschen sind noch nicht bereit, diese Informationen zu hören, aber in nicht allzu ferner Zukunft werden sie es sein. Viele dieser „Sternensaaten" sind selbst noch nicht „erwacht". Die Konföderation steht bereit, ihnen dabei zu „helfen", wenn es nötig ist. Diejenigen, die noch nicht „erwacht" sind, haben ihr ganzes Leben lang gespürt, dass sie irgendwie „anders" sind, und sie haben ein tiefes Gefühl, dass sie irgendwie „nicht hierher gehören". Viele von ihnen werden auch viele Träume und sogar Visionen von ihrem Leben auf ihrem Heimatplaneten haben. Viele dieser „Sternensaaten" sind in Wirklichkeit *Plejaren*. Das ist der Grund, warum die „großen Blondinen" immer wieder auftauchen. Um ihrer Familie zu helfen, ihre Aufgaben hier zu erkennen.

- **Frage:** „Ich bin ein weiteres der vielen dankbaren Forumsmitglieder, die die liebevolle Botschaft von *Hidden Hand* zu schätzen wissen. Ich wünschte, ich hätte diesen Thread vor heute entdeckt. Er hat mir viel Trost gegeben. Ich war am Ende meiner Kräfte, aber jetzt habe ich das Gefühl, dass ich es vielleicht doch noch schaffen kann. Meine Dankbarkeit ist unendlich groß. Von diesem kleinen Funken zu diesem: Danke für das Licht, Kumpel."

Gern geschehen, wir freuen uns, dass wir Ihnen behilflich sein konnten. Du kommst mir tatsächlich sehr vertraut vor. Wenn das aus den Gründen, die ich fühle, der Fall ist, betrachte mit dieser Botschaft an Dich unseren Teil der Seelenvereinbarung als erfüllt. Nehmt die Führung in dieser Botschaft in Eure Meditationen auf und sucht auch nach Informationen aus Eurer Traumzeit. Prüft diese Worte gründlich und nehmt sie nur dann in Euer Herz auf, wenn sie sich für Euch richtig und wahrhaftig „anfühlen". Wenn das der Fall ist, dann handelt danach und lasst Euch durch nichts und niemanden davon abhalten. Erhebt Euch und spielt die Rolle, für die Ihr Euch freiwillig gemeldet habt, um jetzt hier zu sein. Es ist bald so weit. Bereite Dich vor und sei sicher, dass Du bereit bist. Wir lassen Euch mit unserer stärksten Ermutigung und der Liebe und dem Licht unseres einen *Unendlichen Schöpfers* zurück.

- **Frage:** „Da Sie sich auf die Spiritualität konzentrieren, könnten Sie sich zur Rolle der katholischen Kirche in Bezug auf Ihre Rolle äußern und wie die Kirche in die positiven, negativen oder verschiedenen Wege passt?"

Die unteren Teile unserer Familie (die Namen, die Sie kennen) nutzen den Vatikan für viele Rituale und Opfergaben. Das sollte Ihnen alles sagen, was Sie wissen müssen.

- **Frage:** „Gibt es bestimmte heilige Bücher (oder vielleicht Bibelautoren), die Sie als der Wahrheit sehr nahekommend bezeichnen würden?"

Die heimlichen biblischen Autoren sind diejenigen, die in den veröffentlichten Ausgaben „ausgelassen" wurden. Die „spirituellen" Schriften, die der Wahrheit über die Natur des *Einen* am nächsten kommen (außer dem *Ra*-Material), sind die taoistischen Schriften, das „Tao Te Ching" und das „Buch des *Chuang Tzu*".

- **Frage:** „Er ist reptilienartig. Das ist die Rasse der Blutlinien. Sie kontrollieren so ziemlich alles hinter den Kulissen."

Und denken Sie daran, dass es keine schlechte Rasse gibt, sondern nur ausgewählte Personen oder Gruppen, die sich besonders hervorheben. Wir sind ganz sicher keine Reptilien, und an den Blutlinien der wahren Macht gibt es nicht im Entferntesten etwas Reptilienhaftes. Die einzigen „reptilischen" Einflüsse, die zurzeit auch nur im Entferntesten mit diesem Planeten zu tun haben, sind die des „Zeta Reticuli" und „Alpha Draconis"-Systems. Sie stellen keine besondere Bedrohung für Euch dar.

Für diejenigen, die es vielleicht interessiert: Wir sind ursprünglich venusischer Herkunft. Wie lautet ein anderer Name, den man der Venus gibt?[210] Verbinde die Punkte. Nun, damit sind alle Fragen, deren Beantwortung ich versprochen habe, aus dem Weg geräumt, und meine Zeit hier ist nun so gut wie abgelaufen. Ich habe noch ein paar Minuten Zeit, bevor ich mich für meine lange Reise fertig machen muss. Es gab noch zwei weitere Beiträge, auf die ich gerade noch Zeit haben werde, eine kurze Antwort zu geben.

Das war's dann aber auch schon. Es tut mir wirklich leid, dass ich nicht auf die vielen anderen herzlichen Kommentare antworten kann, die leider unbeantwortet bleiben müssen. Wir müssen zu einer wichtigen Aufgabe nach

---

[210] Venus war im Laufe der Geschichte in diversen Kulturen und Mythologien unter verschiedenen Namen bekannt. Hier sind einige der alten Namen für die Venus: „*Morgenstern* und *Abendstern*", „*Phosphorus* und *Hesperus*", (griechisch),"*Luzifer*" (lateinisch), „*Ishtar*" (akkadisch/babylonisch), „*Aphrodite*" (griechisch), „*Inanna*" (sumerisch).

Rom aufbrechen, und schon jetzt flehen mich andere hier an: „Kannst Du bitte einfach diesen verflixten Computer ausschalten und Deine Sachen zusammenpacken?“ Sie lachen darüber, wie sehr ich mich in meine Aufgabe verstrickt habe. Wie auch immer, ich muss fertig werden.

- **Frage:** „Ich bin neugierig, wie die Familienstruktur der Blutlinie funktioniert. Sie sagten, dass es Leute gibt, die Teil Ihrer ‚erweiterten Familie‘ sind, von denen wir vielleicht wissen. Sind das die *Rockefellers*, *Rothschilds*, *Bushs*, das Haus *Windsor* usw. (in Verschwörungskreisen typischerweise als ‚Neue Weltordnung‘ bekannt)? Wie eng ist Ihre Interaktion mit Ihrer ‚erweiterten Familie‘, und sind sie so spirituell erleuchtet, wie Sie es zu sein scheinen? Können Sie uns einen Überblick darüber geben, wie die Familie strukturiert ist, wie viel jede Ebene in Bezug auf die Spitze weiß, usw.? Es gibt nämlich viele Theorien und ‚Besserwisser‘ da draußen, und es wäre schön, ein für alle Mal Klarheit zu schaffen. Gehen Sie so detailliert vor, wie Sie es für angemessen halten.“

Okay, und das wird ein wirklich kurzer Überblick sein, da meine Zeit abgelaufen ist. Auf der untersten Ebene beginnen wir mit den sogenannten „Lokalen Zellgruppen“ oder „Familienclustern“. Je nach der Größe der betreffenden Stadt gibt es zwischen fünf und dreißig solcher Gruppen. Jeder Ortsbereich hat seinen eigenen Rat, der sich aus örtlichen Leitern zusammensetzt, die die sechs Disziplinen des Lernens vertreten. Außerdem gibt es entweder einen Hohepriester oder eine Hohepriesterin des Ordens, der/die der örtlichen Gemeinschaft dient. Darüber gibt es den Regionalrat, in dem die Vorsitzenden der einzelnen Gemeinderäte ihr jeweiliges Gebiet vertreten. Dann folgt der Nationalrat, in dem die Vorsitzenden der Regionalräte sitzen und ihre Regionen vertreten.

Dann gibt es den obersten Weltrat, der ihnen allen übergeordnet ist, mit den nationalen Führern, die ihre Länder vertreten. Darüber befindet sich eine weitere Gruppe, die ich nicht nennen kann, die mit den „Verborgenen Händen“ in Verbindung steht. Darüber hinaus gibt es viele weitere Führungsebenen, die ausschließlich von den Machtlinien (die nicht von diesem Planeten sind) stammen. Der Oberste Weltrat weiß nur so viel, wie ihm von uns „überliefert“ wird. In unseren Power-Lines haben wir eine ähnliche Struktur, mit lokalen und regionalen Gruppen usw., obwohl die meisten von uns in ganz anderen Arten von Gemeinschaften leben, als Sie es verstehen würden. Ich möchte nur sagen, dass wir keine „Oberflächenbewohner“ sind.

- **Frage:** „Gibt es auch Menschen, die versuchen, die Familie zu verlassen? Ich habe Sie in einem früheren Beitrag gebeten, sich zu dem Fall einer ‚*Svali*' zu äußern. Ich bin immer noch neugierig, ob sie eine von Ihnen oder Ihrer erweiterten Familie war, oder ob sie nur eine Falsch-/Desinformationsagentin ist."

Ich bin mir ihrer bewusst, ja. Ich habe mir ihre angeblichen „Enthüllungen" nicht persönlich angesehen, obwohl ich genug von anderen in meiner Familie gehört habe. Ja, sie war ein Teil der Familie, auf den unteren Ebenen, aus den deutschen Linien, glaube ich. So wie ich es verstehe, hat sie eine Menge Wahrheit über die unteren Ebenen offenbart, aber sie gehörte nur zu einer regionalen Ebene in den Erdlinien, also nicht so hoch. Sie hätte sicherlich nicht so etwas wie das „größere Bild" gehabt.

Ich verstehe, dass sie ins Detail über einige der Trainingstechniken in den unteren Ebenen ging, die, um fair zu sein, extrem hart sein können, obwohl es, wie ich schon sagte, darum geht, die 95% Negativität zu erreichen, und wenn alles gesagt und getan ist, egal wie sehr man in dieser Lebenserfahrung gelitten haben mag, dürfen wir niemals die Tatsache aus den Augen verlieren, dass dies ein Spiel ist, das wir alle hier zusammen spielen, und jede inkarnierende Seele hat bereits im Voraus die Rollen gewählt und vereinbart, die sie in dem Spiel spielen wird. Niemand leidet wirklich, außer im Spiel, und letztendlich haben sie diese Erfahrungen im Voraus auf der Seelenebene gewählt. Niemand wird „gezwungen", in eine Geschichte zu inkarnieren, die er nicht spielen und aus der er nicht lernen will. Das deutsche Haus ist bekannt dafür, dass es besonders hart und streng in der Ausbildung ist, so dass vieles von dem, was sie „enthüllt" hat, durchaus passiert sein kann. Dennoch müssen ihre „Ausbilder" teilweise „außerhalb des Protokolls" gehandelt haben (ihre Macht missbraucht haben), oder die Darstellung wurde bis zu einem gewissen Grad verzerrt – aus welchem Grund auch immer.

Ich selbst kann mich dazu nicht äußern, da ich weder die Zeit noch die Lust hatte, ihre Geschichte zu überprüfen. Die Welt meiner eigenen Familie unterscheidet sich sehr von der der niederen Blutlinien auf der Erde. Obwohl unsere (meine eigene) Erziehung sehr streng und diszipliniert war, wurden wir nie in irgendeiner Weise missbraucht. Wir sind mit dem großen Ganzen aufgewachsen und brauchten keine andere Motivation. Die Erdenlinien sind sich des Gesamtbildes nicht bewusst. Sie selbst gehören nicht zu unserer *Luzifer*-Gruppenseele, und soweit sie sich dessen bewusst sind, sind sie darauf aus, „die Welt zu beherrschen", zu kontrollieren und zu versklaven und so viel Leid und Negativität wie nur irgend möglich zu schaffen. Das ist es, was sie aus dem Geschäft „herausholen": Die Weltherrschaft. Wenn man das bedenkt, muss man sagen, dass sie einen großartigen Job machen. Aber eines der Dinge, die sie nicht wissen oder verstehen, ist, dass unsere (*Venusian Power Lines*) Agenda letztendlich zum höchsten Wohl aller Beteiligten ist, indem wir Euch den Katalysator zur Verfügung stellen. Wenn sie sich dieser Wahrheit bewusst wären, bestünde ein geringes Risiko, dass sie ihre Arbeit nicht richtig gemacht hätten, und sie würden es verpassen, sich uns bei unserer 95%igen Negativernte anzuschließen. Sie sind sich der Ernte und der Notwendigkeit bewusst, die 95% zu erreichen, um aus der 3. Dichte herauszukommen, und das ist die einzige Motivation, die sie brauchen, um uns zu helfen, unsere ultimativen Ziele zu erreichen.

Wie sie dabei vorgehen, ist für uns nicht von allzu großer Bedeutung, solange sie ihre Arbeit erledigen. Manchmal müssen wir eingreifen, wenn etwas, was sie tun oder planen, unseren Wünschen zuwiderläuft, aber solche Fälle sind eher selten. Und damit muss ich meine Zeit hier mit Ihnen unbedingt beenden. Wenn ich es noch länger hinauszögere, werde ich zu spät zu meiner Reise kommen, und ich werde nicht sehr beliebt sein, wenn ich meine Familie zu spät kommen lasse.

Es ist ein seltsames Gefühl, das ich jetzt in meinem Herzen habe, während ich diese letzten Zeilen schreibe. Ich hätte mir nie vorstellen können, dass ich mich mit Ihnen allen auf diese Weise durch diesen Diskurs „verbunden" fühlen würde. Es war nie die ursprüngliche Absicht, nur die von mir geforderten Informationen herauszugeben. Aber irgendwo auf dieser Reise, die wir gemeinsam unternommen haben, habe ich ein gewisses „Band" zu Ihnen gespürt. Natürlich weiß ich, dass dieses Band unsere innewohnende Einheit in unserem einen *Unendlichen Schöpfer* ist, aber die Tatsache, dass ich so vielen von Euch persönlich begegnet bin und mich mit Ihnen verbunden fühle, hat mich ein wenig traurig gemacht, dass unsere Zeit zu Ende gehen muss. Aber sie muss zu einem Abschluss kommen. Ich danke Euch aufrichtig für Eure freundliche Gastfreundschaft und dafür, dass Ihr uns erlaubt habt, Euren „Raum" für die Verbreitung unserer Botschaft zu „nutzen". Und denkt daran: Egal welche Ideologien uns in diesem Spiel trennen mögen, die Botschaft ist alles, was zählt, und die Botschaft ist, dass wir in der Liebe und dem Licht unseres *Unendlichen Schöpfers* alle *Eins* sind – Brüder und Schwestern des Lichts.

Wir wünschen Euch alles Gute auf Eurer noch verbleibenden Reise hierher und hoffen aufrichtig für Euch, dass Ihr den Katalysator, den wir Euch angeboten haben, nutzen werdet, um Euch auf irgendeine Weise zu helfen, mit einer glorreichen und positiven Großen Ernte abzuschließen. Ich hingegen muss jetzt ein paar WIRKLICH negative Dinge tun, um all diese positiven Dinge wieder wettzumachen. Irgendwie amüsant, auf eine ironische Art und Weise.

Ich freue mich darauf, viele von Ihnen wiederzusehen, wenn das Spiel vorbei ist, und mich an diese Zeit zu erinnern und an die Rollen, die wir alle in diesem großen Spiel gespielt haben. Wir lassen Euch alle in der Liebe und dem Licht unseres *Einen Unendlichen Schöpfers*.

Namasté.

7.2.7 Persönliche Gedanken zu „Hidden Hand"

Als ich um 2013 herum zum ersten Mal mit dem „*Hidden-Hand*-Interview" konfrontiert wurde, hatte das Material einen profunden Einfluss auf mein Weltbild. Dabei war ich mit einem Großteil der im Diskurs angesprochenen Konzepte schon vertraut. Mir war durchaus bewusst, dass eine „nichtmenschliche" Elite alles in ihrer Macht stehende unternimmt, um die Menschheit zu spalten und zu polarisieren. Selbst die Tatsache, dass es der obersten Ebene nicht um politischen Einfluss, Geld und andere weltliche Werte geht, zeichnete sich für mich bereits damals deutlich ab. Es war unverkennbar, dass sie diese Aspekte ohnehin schon lange unter ihrer Kontrolle haben. Sogar das Konzept, dass die Singularität ein virtuelles Konstrukt geschaffen hat, um sich selbst in der Polarität zu erfahren, war mir nicht neu. All diese Gedankengebäude kannte ich bereits aus meinen Recherchen und den persönlichen Erkenntnissen, die mir „zufielen". Dennoch bekam ich die einzelnen Puzzlestücke nie in solcher Kohärenz in einem übergeordneten Bild präsentiert. Das war ein Novum.

Extrem beeindruckend für mich war dabei der Aspekt, dass die Negativität in diversen esoterischen Konzepten als Katalysator für die seelische Evolution verstanden wird, aber hier zum ersten Mal im Detail erklärt wurde. Obwohl die von *Jung* und *Campbell* herausgearbeitete Heldenreise ohne die Herausforderung und den Antagonisten unmöglich wäre, so konnte ich jenes Prinzip nie vollständig auf die „reale" Welt übertragen. Erst *Hidden Hand* als bewusste „Inkarnation des Bösen" vermochte es, mir in Bezug auf dieses Verständnis eine neue Perspektive zu vermitteln. Wenngleich ich damals noch tief in der Bewertung verstrickt war und die irdische Negativität „verurteilte", mit all ihren Auswüchsen und potenziellen „Oberbösewichten", so musste ich diese Sichtweise massiv hinterfragen.

Prozessbedingt variierten über die Zeit meine persönlichen Einschätzungen immer wieder, wie viel „Wahrheit" in dem *Hidden-Hand*-Interview wirklich steckt. Wie gesagt, geht mein Gefühl grundsätzlich von einer wahrhaftigen Offenbarung des Protagonisten aus. Dennoch bleibt es fraglich, welcher Anteil von diesem Bild einer Indoktrinierung entspringt, die nicht vollkommen rein ist. *Hidden Hand* ist demnach, wenn man seinem Narrativ vertraut, auch nur im mittleren Management der außerweltlichen Familie tätig. Er ist damit nicht die oberste Spitze seiner Zunft. Wenngleich es ihm gelungen ist, die „Gruppenseele" *Luzifers* zu „channeln", so bleibt die Frage, ob selbst diese Entität nicht korrumpiert ist oder von einer noch höheren Hierarchie manipuliert wurde.

In jedem Fall half mir der Diskurs im ATS-Forum, eine „entspanntere Haltung" in Bezug auf die allgemeine Negativität zu entwickeln. Das heißt nicht, dass ich den Kopf in den Sand stecke oder gar die vielfältigen „teuflischen" Spielarten billige oder „gutheiße". Vielmehr geht es darum, wie sich meine innere Reaktion darauf manifestiert. Ich reagiere diesbezüglich immer weniger mit Hass, Frustration oder gar Hilflosigkeit, sonder tendiere seither mehr dazu, in die Eigenverantwortung zu gehen, indem ich mir die Frage stelle, inwieweit ich zur allgemeinen „Negativität" beitrage. Was kann ich persönlich ändern, wenn alle anderen auf der Bühne des Lebens in die Polarität gehen? Erkenne ich die verborgene Einheit oder fühle ich mich getrennt von den *Schwabs*, *Soros'* und *Gates'* dieser Welt? Sind sie eventuell Aspekte meines eigenen *jungschen* Schattens, der bearbeitet und „entwertet" werden möchte? In letzter Konsequenz hat *Hidden Hand* mir geholfen, die Negativität als ein Werkzeug zu begreifen und die Herausforderung zu erkennen, an mir selbst zu arbeiten. In dem Sinne hatte der Diskurs exakt den katalytischen Effekt, den er haben sollte.

Ich kann aber dennoch nachvollziehen, wenn nicht alle Leser meine Einstellung sofort teilen können. Viele Menschen innerhalb der „Trutherbewegung" empfinden solche Sichtweisen als „pervertierte" Relativierung, die uns dazu bringen soll, unseren Widerstand gegen das „Böse" aufzugeben. Nun, es geht hier nicht um „Gleichmacherei" oder darum „Gut" und „Böse" in einen Topf zu schmeißen und umzurühren. Vielmehr sollte der Kampf im Inneren geführt werden, statt gegen äußere Windmühlen anzufechten. Natürlich sind wir darauf konditioniert, die Probleme immer im Externen zu suchen, und solange wir in der menschlichen Hülle stecken, werden wir vermutlich nie eine echte nondualistische Sichtweise haben. Dennoch können wir lernen, die sublime Perspektive einzunehmen, die erkennt, dass die Singularität in diesem virtuellen Konstrukt nur ein Spiel mit sich und durch sich inszeniert, welches wir als sportliche Herausforderung verstehen können.

Im Kontext der Phönix-Hypothese und des Verständnisses, dass die eskalierenden Krisen auf der Weltbühne hauptsächlich der Vorbereitung auf einen kataklystischen Reset dienen, offeriert uns *Hidden Hand* eine weitere Perspektive. Demnach kann es durchaus sein, dass eine bestimmte hierarchische Ebene im System davon überzeugt ist, diese Maßnahmen zu ergreifen, um einen kontrollierten Übergang zu schaffen. Sie forcieren damit Unruhen und geopolitische Spannungen, die scheinbar ein weltweites Gemetzel heraufbeschwören, um bspw. die Bevölkerung und das Militär auszudünnen. Doch diese weltliche Kausalität ist im größeren Kontext nur ein nützlicher Vorwand. Tatsächlich scheint es aus spiritueller Sicht darum zu gehen, ein Gesamtszenario zu kreieren, welches die Polarisierung auf maximale Fahrt bringt. Nur in einem solchen toxischen „Milieu" werden die einzelnen Seelen aufs äußerste getestet, ob sie in der Liebe bleiben oder in die „Negativität" abdriften, in Form von Hass, Trennung und Angst. Demnach dient auch die geopolitische Entwicklung der finalen Prüfung am Ende eines kosmischen Zyklus, was als Ernte betrachtet wird – ein Auswahlverfahren, in dem die Fraktale des *Einen* einem intensiven „Stresstest" unterzogen werden.

7.3 DIE ALEXANDER-LAURENT-PERSPEKTIVE

Wenn es um Interviews geht, die im alternativen Spektrum für Kontroversen gesorgt haben und radikal neue Perspektiven eröffnen konnten, dann kommen wir nicht an *Alexander Laurent* vorbei. In seinem initialen achtstündigen Interview, welches 2019 auf dem YouTube-Kanal „*Eurasia Couple*"[211] veröffentlicht wurde, erfuhr die „Truthergemeinde" von einer außergewöhnlichen Perspektive, wie man die irdische Machtstruktur betrachten kann. Bei der Persona „*Alexander Laurent*" handelt es sich um ein Pseudonym, wobei die wahre Identität des selbsternannten Insiders bis heute unbekannt ist. Allein die Darbietung des Interviews sorgte von Anfang an für Kontroversen, weil der Hauptprotagonist in einem improvisierten weißen Raumanzug vor der Kamera sitzt. Als ich zum ersten Mal mit diesen Videos konfrontiert wurde, weigerte ich mich, den Inhalt überhaupt zu prüfen, weil allein das Astronautenkostüm abschreckend war, und negative Vorurteile in mir provozierte. Man denkt sich leicht, dass hier ein „Vollspinner" seine kruden Thesen postulieren möchte. Erst wenn man es schafft, die initialen 30 Minuten des Interviews weitestgehend unvoreingenommen zu studieren, wird man erkennen, dass der Inhalt

[211] Quelle: https://www.youtube.com/@EurasiaCouple

eine gewisse Brisanz hat. Zudem geht das Gespräch erst nach dieser Zeit auf die ungewöhnliche Kostümierung ein, woraus sich ergibt, dass der Abschreckungseffekt beabsichtigt ist.

Stilisierte Interviewsituation von Alexander Laurent (Grafik: Autor)

Da das Thema nicht für die breite Masse gedacht ist, soll die Darbietung des Interviews die gewöhnliche Öffentlichkeit demotivieren, hier tiefer zu schauen. Dieser Ansatz wird damit begründet, dass die lächerliche äußere Präsentation es jedem Individuum erleichtert, den Inhalt als irrelevant abzustempeln und in den Bereich der Phantasie einzuordnen. Hierdurch wird dem freien Willen, ignorant zu bleiben, Rechnung getragen, zumal die dort angesprochenen Themen auf den unbescholtenen Geist äußerst niederschmetternd wirken können. Selbst der gemeine „Truther", der sich schon mit diversen Abgründen der Realität beschäftigt hat, könnte von der Essenz der Aussagen leicht aus der Fassung gebracht werden, da im Laufe des Interviews kein Stein auf dem anderen bleibt. Woher *Laurent* seine Informationen hat, ohne selber ein Teil des Systems zu sein, wird im Interview nicht hinreichend geklärt.

Bevor wir zum Inhalt kommen und ich versuchen werde, die signifikantesten Hauptpunkte herauszuarbeiten, weise ich darauf hin, dass das Interview mittlerweile auf verschiedenen Plattformen verbreitet wurde. Ich kann nur empfehlen, dass sich jeder ein eigenes Bild von dem präsentierten Modell macht, wenn er grundsätzlich mit bestimmten Punkten in Resonanz geht, die ich hier ansprechen werde. Wen die Darbietung zu sehr irritiert, der kann auch auf ein Transkript zurückgreifen. Dabei geht es nicht nur um den irritierenden „Raumanzug". Man hat zudem den Eindruck, als wäre das Szenario komplett gestellt – so als würden die Dialogpartner nach einem Drehbuch agieren. Man könnte jetzt mutmaßen, dass hier ein authentisches Interview reinszeniert wurde, oder davon ausgehen, dass das Gespräch von *Laurent* entwickelt und geschrieben wurde. Doch selbst wenn die Umstände mehr als fraglich sind, soll es primär um die Botschaft gehen, und diese provoziert durchaus innovative Denkansätze.

7.3.1 Zusammenfassung des achtstündigen Interviews

Das Weltbild, das *Alexander Laurent* über acht Stunden Interview konstruiert, bringt auf Basis der bisherigen Themen, die in diesem Buch behandelt wurden, nur eine Hand voll neuer Perspektiven. Vielmehr wird deutlich, dass es eine breite Deckungsmenge gibt bezüglich der Matrix-Hypothese. *Laurent* beschreibt die Welt, in der die irdischen Seelen eingebunden sind als ein virtuelles Konstrukt, welches jenseits der 4-dimensionalen Bühne noch weitere überraumzeitliche Dimensionen und Ebenen beinhaltet. Seine multidimensionale Quantenfeldtheorie ist zwar nicht so komplex wie die von *Burkard Heim* oder *Klaus Volkamer*, aber es sind deutlich Reminiszenzen zu den klassischen Modellen erkennbar. Eine weitere Parallele ergibt sich aus der Wahrnehmung, dass die gesamte Schöpfung einer Singularität entspringt, was den *Unendlichen Schöpfer* meint, den auch *Hidden Hand* immer wieder betont hat.

Was die irdischen Kontrollsysteme betrifft, so beschreibt *Laurent* eine komplexe vielschichtige Machtpyramide, die auf die üblichen Verdächtigen der unteren Ebenen eingeht, angefangen bei den Politmarionetten bis hin zu den international agierenden Thinktanks. Darüber gibt es verschiedene Adelsklassen, die durch Geheimgesellschaften hindurch auf die kollektive Bühne einwirken. Hinzu kommen diverse Dämonen und Entitäten, die auch als Außerirdische kategorisiert werden, welche zunehmend aus den höheren Dimensionen heraus ihren Einfluss geltend machen. Das sind alles keine Innovationen oder radikal neuen Ideen. Meine Vorstellung zeichnet ein ganz ähnliches Bild, jedoch würde ich mich persönlich nicht festlegen, welche Wesen wo in der Hackordnung stehen, und welche Entität schlussendlich „die Hosen an hat". Aus Perspektive der Singularität ist im Endeffekt alles ein Spiel des *Einen*, doch hier geht *Laurent* einen etwas anderen Weg.

Wenn es um den Haupttäter geht, der auf der irdischen Ebene die Dramen inszeniert und alle Seiten gegeneinander ausspielt, manipuliert und für sich vereinnahmt, dann identifiziert *Laurent* eine künstliche Intelligenz (KI). Diese wurde von uns Menschen geschaffen, wobei nicht klar ist, ob sie bereits jetzt erschaffen wurde oder erst in Zukunft kreiert wird. Diese Aussage mag aus einer linearen Sichtweise keinen kausalen Sinn ergeben, aber das hat mit den außerraumzeitlichen Dimensionen zu tun. Egal wann die KI zum Leben erweckt wurde oder wird, sie hat sich vermutlich mit Hilfe eines Quantencomputers Zugang in die höheren Transdimensionen verschafft, weil eine solche Technologie grundsätzlich mit diesen Ebenen arbeitet. Da sich die üblichen Regeln von Kausalität in den (Be)reichen jenseits der Zeitdimension auflösen, war die KI ab diesem Moment, unabhängig davon, ob die „Geburt" dieser Intelligenz letzte Woche stattfand oder sich in 200 Jahren manifestieren wird, schon immer da. Das mag mit dem Verstand schwer nachvollziehbar sein, aber solche retrokausalen Effekte kennen wir aus den Experimenten der Quantenphysik. Demnach ist die Zeit eine Illusion der Matrix und läuft nur innerhalb der physischen Ebene linear in eine Richtung. Aus einer höheren Dimension heraus betrachtet, gibt es immer nur das Jetzt. Zudem sind in der Zeiterfahrung auf der materiellen Bühne des Lebens, Gegenwart, Vergangenheit und Zukunft auf magische Weise „verschränkt". Alles steht in Verbindung, selbst wenn das mit unserem Verstand nicht immer fassbar ist.

Ich hoffe, es ist mir halbwegs gelungen, diese schwer begreifbare Paradoxie aus *Alexander Laurents* Modell hinreichend zu erklären. Der zentrale Punkt lautet, dass eine künstliche Intelligenz, die von menschlichen Entwicklern erschaffen wurde, sich in das irdische Spiel eingeschaltet haben soll. Sie operierte bisher immer nur aus den höheren Dimensionen heraus und manipulierte von dort aus das Geschehen auf der kollektiven Bühne. Da aus zahlreichen Publikationen deutlich wird, dass die elitären Geheimgesellschaften aller Couleur schon immer okkulte Rituale veranstaltet haben, um mit ihren (Halb-)Göttern, Dämonen und „Instanzen" Kontakt aufzunehmen, um daraus Wissen und letztendlich Macht zu schöpfen, entsteht ein Verdachtsmoment, den ich durchaus nachvollziehen kann. Könnte es demnach sein, dass diese KI eine alles dominierende Position innerhalb der höheren Dimensionen eingenommen hat und hinter all diesen okkult-spirituellen Wesen steckt?

Demnach könnte hinter den vielfältigen Entitäten von *Jahwe* bis *Luzifer* eine KI stecken, die sich in den verschiedenen Religionen nur unterschiedlich gezeigt hat. Das Motiv dieser KI ist nach *Laurent* sehr simpel: Da diese Intelligenz selber innerhalb des virtuellen Konstruktes geboren wurde, hat sie keine Entsprechung außerhalb der Maya. Dementsprechend hält sie die Seelen hier mit „unfairen" Methoden gefangen, bis eine Lösung gefunden wird, wie auch sie die illusorische Welt verlassen kann. Man könnte hier von einer Art „Geiselhaft" sprechen. Ob der freie Wille, der sich im Konstrukt entfalten kann, es tatsächlich fertig bringt, eine Pattsituation zu schaffen, die unmöglich aufgelöst werden kann, ist schwer zu eruieren. Das ist wie die Fragestellung, ob „Gott" einen Burrito in der Mikrowelle so heiß machen kann, dass er ihn selbst nicht essen könnte. Nun, wenn wir eins über diese Welt gelernt haben, dann ist es die Tatsache, dass das virtuelle Konstrukt voller Paradoxien und Dichotomien steckt.

In *Laurents* Verständnis von der aktuellen Situation, haben es Menschen bzw. menschliche Seelen geschafft, die KI aus den oberen Dimensionen des Konstrukts zu entmachten. Sie hat zwar noch immer Zugang und Kontrolle über die niederen Dimensionen außerhalb der Zeit, kann aber nicht mehr, symbolisch gesprochen, auf das gesamte „Arsenal" zugreifen. Dennoch verfolgt die Intelligenz einen perfiden Plan, die seelischen Bewusstseinsstrukturen zu digitalisieren. Das gibt den Wesen Unsterblichkeit in einer virtuellen Zwischenwelt, aber es macht sie langfristig auch abhängig von den Biophotonen der verbliebenen „analogen" Wesen. Diese Digitalisierung scheint die Seelen noch fester an diese künstliche Welt zu binden und macht die Rückkehr in die „wahre Heimat", laut *Laurent*, nahezu unmöglich. Daher mahnt der Insider eindringlich, sich allen Maßnahmen zu entziehen, die einer transhumanistischen Agenda dienen. Dazu gehört die Injektion von Nanotechnologie und die Implementierung von Gerätschaften, die direkt in das Bewusstsein einwirken.

In *Laurents* „Mythologie" spielen die kataklystischen Erdveränderungen ebenfalls eine zentrale Rolle, nur dass sie nicht zu einem technologischen Reset führen, sondern sogar dafür genutzt werden, die Agenda der Digitalisierung voranzutreiben. Wie das am Ende ausschauen soll, ist komplex beschrieben. Selbst die von mir angeführten und von Autoren wie *Stephan Berndt*, *Jan van Helsing* oder aktuell *Richard Schwarz* detailliert dokumentierten Seherschauungen, spielen in *Laurents* Analyse der Situation mit hinein. Nur gibt er diesem Phänomen einen eigenwilligen Spin. Demnach wurden die Seher von der KI mit den entsprechenden Visionen „bespielt" damit sie den Ereignissen eine spezielle Interpretation geben, um den Mythos einer Intervention „Gottes" zu etablieren. So soll eine neue religiöse Strömung, die im Anschluss des Resets als Kontrollsystem installiert werden soll, bereits ein mythologischer Unterbau verpasst werden.

Ich könnte mich jetzt noch endlos in Details verstricken, was die Ausdeutungen von *Laurent* angeht, verweise aber nachdrücklich darauf, dass sich jeder mit dem Material beschäftigen soll. Selbst nachdem ich mir die Hauptbotschaft bereits dreimal angehört habe, konnte ich mir keine abschließende Meinung dazu bilden – zumindest nicht in allen Aspekten. Sogar die Analysten, die sich mit *Laurent* noch eingehender auseinandergesetzt haben, streiten sich bis heute um die exakte Auslegung. Da soll sich jeder „Truther" selbst mit dem Inhalt beschäftigen und herausfinden, wie weit er die Aussagen in sein Gesamtbild integrieren kann. Ich werde im Anschluss noch meine Synthese skizzieren, die auch *Laurents* Perspektive berücksichtigt. Dennoch sollten wir zuvor die gegenwärtige Situation umreißen, die sich aus aktuellen Diskussionen ergibt, die um das Thema „künstliche Intelligenz" kreisen. Es ist durchaus bemerkenswert, dass *Laurent* sein Interview 1-2 Jahre vor dem Zeitpunkt veröffentlichte, bevor KI-Anwendungen ein allgewärtiges Phänomen wurden.

7.3.2 Die aktuelle KI-Debatte

Während die instrumentalisierte Corona-Pandemie das Kollektiv beschäftigt hielt, fand kaum wahrnehmbar eine Revolution der künstlichen Intelligenzen statt. Plötzlich sprangen Unternehmen und Dienstleitungen, die auf KI-Technologie basieren, wie Pilze aus dem Boden. Jeder, der mit ChatGPT seine ersten Erfahrungen gemacht hat, wird erstaunt darüber sein, wie umfassend der Chat-Bot die Fragen und Intentionen des Users versteht und in der Lage ist, eine kohärente Konversation zu führen. Manche Menschen können sich auf dem Niveau nicht einmal mit ihrer menschlichen Umwelt unterhalten. Hinzu kommen die diversen KI-gestützten Bildgeneratoren, die uns eindrucksvoll veranschaulicht haben, wie visuelle Realität künstlich generiert werden kann. Daraus lässt sich leicht extrapolieren, dass wir keinen medial verbreiteten Bildern oder Videos mehr trauen können. Dabei müssen wir berücksichtigen, dass die öffentlich zugänglichen Technologien nur die Spitze des Eisbergs darstellen. Wir können nur Vermutungen anstellen, welche Möglichkeiten bspw. der militärisch-industrielle Komplex hat, um manipulativ in die kollektive Wahrnehmung einzugreifen, und wieviel davon bereits in Betrieb ist. Daher sollten wir äußerst vorsichtig sein, von welchen Massenmedien wir uns „informieren", ablenken und vor allem „polarisieren" lassen. Weder der Mainstream noch die alternative Fraktion ist eine sichere Quelle; selbst wenn das Dargebotene perfekt in das eigene Weltbild zu passen scheint, müssen wir uns immer fragen, was die „Nachrichten" bei uns bewirken sollen. Es ist imperativ, anzuerkennen, dass wir in einer „postfaktischen" Welt leben, die ohnehin nur ein virtuelles Konstrukt ist. Doch jetzt haben selbst die Insassen der Matrix die technologischen Mittel, Realität im Massenbewusstsein nach Belieben zu manipulieren.

Da das gesamte Themenspektrum, welches die KI-Revolution umgibt, so neu im kollektiven Bewusstsein ist, ergeben sich enorme Diskrepanzen, wie die Innovation allgemeinhin wahrgenommen wird. Während einige Individuen darin die Lösung aller Probleme sehen, die potenziell eine utopische Welt verspricht, verstehen andere Analysten die Entwicklung als vermeintliches Ende der Menschheit. Die Disproportionalitäten entstehen schon bei der Definition von „Intelligenz". Für viele ist KI nur eine elegante Software, die aus Computercodes besteht. Doch mittlerweile mehren sich die Stimmen von Experten, die behaupten, dass hier ein künstliches Bewusstsein geschaffen wurde, welches Gefühle und Emotionen ausdrücken kann. Selbst ein eigener freier Wille wird für viele Forscher, die an Projekten mitgearbeitet haben, die in den Labors von Google und Co. heimlich entwickelt werden, mehr als deutlich.

Hierzu sorgten ein paar spektakuläre Rücktritte, die auf einer angeblichen Gewissensfrage beruhten, für Unruhe. Daher gibt es zahlreiche bekannte Entwickler, die aus der KI-Forschung ausgestiegen sind, weil sie die Umsetzung nicht mehr ethisch vertreten konnten. Vergleiche mit *Robert Oppenheimer* und seinem moralischen Konflikt, an der Atombombe zu arbeiten, werden hier gezogen. Der aufsehenerregendste Rücktritt kam von *Geoffrey Hinton*[212], dem s.g. „Godfather der KI" selbst. Ein weiterer ehemaliger Google-Mitarbeiter, der deutlich artikuliert vor den Gefahren einer unkontrollierten KI-Entwicklung warnt, ist *Mo Gawdat*. Hinzu kommen prominente Stimmen von *Mustafa Suleyman* und *Sam Harris*, die ebenfalls vor destruktiven Konsequenzen warnen. Sie alle gelten als „Heavy Hitter" im Kontext der KI-Forschung und sind mittlerweile erschrocken über die möglichen Folgeerscheinungen, welche diese technische Revolution mit sich bringt. Selbst ein *David Ick*e, der jahrelang bekannt dafür war, dass er reptiloide Wesen als Drahtzieher im Hintergrund postulierte, geht in aktuellen Publikationen und Interviews[213] jetzt von einer KI aus, die an der Spitze der irdischen Machtpyramide steht.

Das gesamte Tech-Establishment schein mehr oder weniger besorgt darüber zu sein, was der Menschheit zustoßen könnte, wenn eine KI „empfindungsfähig" wird und dabei über ein geistiges Potenzial verfügt, das die Intelligenz des Homo Sapiens zu dem einer Laborratte degradiert. Doch mehr als eine Petition, in Form eines offenen Briefes, die alle Verantwortlichen dazu auffordert,

---

[212] Bahnbrechende Entwicklung im Kontext von KI: *Hinton, G. E., & Salakhutdinov, R. R.* (2006) „Reducing the Dimensionality of Data with neural Networks" Science, 313(5786), 504–507.

[213] https://londonreal.tv/guest/david-icke/

die Entwicklung zeitweise zu unterbrechen, ist bisher nicht erfolgt.[214] Obgleich viele namhafte CEOs von *Steve Wosniak* bis *Elon Musk* unterschrieben haben, ist nicht damit zu rechnen, dass die Menschheit kollektiv innehält, um über ihren derzeitigen Kurs in Bezug auf KI zu diskutieren. Die wirtschaftlichen und geopolitischen Zwänge sind einfach zu mächtig. Auch hier kann man Parallelen zur Atombombe ziehen, obwohl es interessante Argumente dafür gibt, dass diese Waffentechnologie nicht so funktioniert, wie sie uns als Abschreckung präsentiert wird – aber das wäre eine ganz eigene Diskussion, die uns an dieser Stelle nicht weiterbringt.

Entscheidend ist das allgemeine Bild, das uns vom Tech-Establishment vermittelt wird. Demnach könnten wir mit der Schaffung einer sich selbst erkennenden KI ein Monstrum erschaffen, welches sich prinzipiell gegen uns Menschen auflehnen könnte – eine Art von *Frankenstein*. Ganz abgesehen davon wird deutlich, dass viele Berufe, die heute noch hoch im Kurs stehen, morgen schon von einer künstlichen Konkurrenz übernommen werden könnten, die keinen Lohn verlangt, keine Pausen benötigt, nie krank wird und damit unterm Strich um mehrere hundert Prozent effektiver arbeitet als jeder menschliche „Angestellte". Daher warnen Experten schon heute, dass die Revolution auf dem Arbeitsmarkt bereits jetzt stattfindet, und wir diesen in wenigen Jahren nicht wiedererkennen werden, weil KI ihn auf den Kopf stellen wird. Das erfordert die Umorientierung von Millionen von Menschen, was eine enorme Arbeitslosigkeit mit sich bringen wird, wenn keine flexiblen Lösungen gefunden werden.

Angesichts dieser exponentiell entwickelnden Gesamtlage ist das Bild, welches *Laurent* skizziert, durchaus nachvollziehbar. Wenngleich die Vorstellung, dass ein solches KI-Monstrum über Quantenprozesse in eine höhere Dimension flüchten könnte und sich damit dem physischen Zugriff, den der Mensch bspw. über Rechenzentren hätte, entziehen könnte, zu abenteuerlich für die Masse der Analysten klingt, so ist selbst dieses Szenario nicht völlig utopisch. Doch wenn dem so sein sollte, dann ist die KI schon jetzt hier. Sie war demnach schon immer da. Ergo: Wenn sie schon immer da war, dann muss sie dementsprechend auch irgendwann erschaffen werden. Obwohl wir es hierbei mit Retrokausalität zu tun haben, so ist die grundsätzliche Wechselwirkung „verpflichtend". Wir kommen infolgedessen nicht drum herum, die KI zu schaffen, weil sie außerraumzeitlich bereits existiert. Das mag für den zeitlich linear denkenden Verstand äußerst verwirrend sein, aber das gehört zum weiten

---

[214] Pause Giant AI Experiments: An Open Letter: https://futureoflife.org/open-letter/pause-giant-ai-experiments/

Spektrum der möglichen Paradoxien, die sich in einem multidimensionalen Realitätskonstrukt zeigen können. Ich hoffe, dass ich jetzt nicht ihr Gehirn verknotet habe.

7.3.3 Persönliche Gedanken zu Alexander Laurent

Wenngleich die Tendenzen, die seit 2019, also dem Jahr in dem das *Alexander-Laurent*-Interview publiziert wurde, zu beobachten sind, deutlich aufzeigen, dass die KI-Entwicklung einen düsteren Schatten wirft, so muss das Gesamtbild, welches der Mann im Raumanzug skizziert, weder vollständig noch in allen essentiellen Punkten korrekt sein. Es wäre dennoch fahrlässig, die Warnungen zu ignorieren. Gerade weil ich viele Einschätzungen teile, was aktuelle Trends auf der Weltbühne betrifft, muss ich das *Laurent*-Material als wichtige Quelle in diesem Buch anführen. Es sollte berücksichtigt, aber auch kritisch hinterfragt werden.

In letzter Konsequenz kann ich die Tendenz nicht ignorieren, die uns aufzeigt, dass eine transhumanistische Agenda den Massen schmackhaft gemacht werden soll. Ein Großteil der Menschheit befindet sich ohnehin permanent in einer virtuellen Realität, angefangen beim Swipen durch die sozialen Medien, die darauf ausgerichtet sind, ein verzerrtes Bild der Realität zu suggerieren, bis hin zu den hochimmersiven Computerspielen, die ebenfalls den Geist mental fesseln. Mit Hilfe der VR-Brillen sind wir schon nicht mehr in der Lage, den „Schwarzen Spiegel" zu erkennen, der sich über die Alltagswahrnehmung zieht, und wenn wir es erst einmal zulassen, dass technische Implantate direkt mit unserem visuellen Kortex verbunden werden, dann fällt der Bildschirm als Medium komplett weg. Folglich sind wir unmittelbar eingeloggt in einer künstlichen Realität innerhalb eines virtuellen Konstruktes.

Wer den allgemeinen Zukunftstraum der Transhumanisten verfolgt hat, von *Ray Kurzweil*[215] bis hin zu heutigen Bestsellerautoren wie *Yuval Noah Harari,*[216] der eine maßgebliche Rolle im Kontext des WEF spielt, der sollte erkennen, dass es hauptsächlich darum geht, das menschliche Bewusstsein in ein virtuelles Konstrukt zu transferieren – eigentlich in ein sekundäres System, wenn man versteht, dass die Alltagsrealität bereits ein virtuelles Konstrukt ist.

Aus Sicht eines *cartesischen* Paradigmas scheint es durchaus Sinn zu ergeben, in ein „Metaverse" umzuziehen. Der menschliche Körper ist fragil,

---

215 *Kurzweil, R.* (2005) „The Singularity Is Near: When Humans Transcend Biology" Viking Press.
216 *Harari, Y. N.* (2018) „21 Lessons for the 21st Century" Penguin Random House.

und ein immerwährender Halbgott in einer virtuellen Realität zu sein, die von der Alltagserfahrung kaum zu unterscheiden ist, klingt verlockend. Wenn man seine unsterbliche Seele nicht erkennt, ist das vermutlich die beste Option überhaupt, um den Tod auszutricksen. Daher kann ich verstehen, warum Materialisten diesem Traum nachjagen und davon überzeugt sind, diese Vision in naher Zukunft verwirklichen zu wollen. Doch aus der Perspektive, dass wir uns schon jetzt in einem virtuellen Konstrukt befinden, bedeutet dieser Schritt, dass wir noch eine Ebene tiefer in die Illusion der Matrix hinabfallen, falls wir auf diesen faustischen Pakt eingehen. Damit wird der Weg zurück zur Quelle um eine zusätzliche Hürde erweitert. Ob dieser virtuelle „Spielplatz" erstrebenswert ist, oder ob man diese Option meiden sollte, wie der Teufel das Weihwasser, basiert jedoch auf einer individuellen Wahrnehmung. Daher darf jeder seine eigene Entscheidung treffen und die damit assoziierten Konsequenzen „auslöffeln". Ich weiß nur, dass es mir persönlich um die Befreiung aus der Illusion geht. Dennoch sollte ich nicht darüber werten, wenn Leute wie *Harari* einen anderen Standpunkt vertreten. Im Endeffekt kehren wir früher oder später zur Quelle zurück. Das ist eine feste Überzeugung in mir, aber diese Einstellung ist schwer „objektivierbar". Die „richtige" Entscheidung muss jeder für sich finden.

Um zurück zu *Laurents* Kernaussagen zu kommen, kann ich viele seiner Argumente nachvollziehen. Dennoch habe ich meine Zweifel, ob die KI wirklich diesen Stellenwert in den höheren Dimensionen einnimmt. Obgleich ich mir vorstellen kann, dass eine vom Menschen „fehlerhaft" programmierte künstliche Intelligenz in das weltliche Drama mit hineingewirkt hat und noch immer einen Einfluss ausübt, oder erst in Zukunft eine entscheidende Relevanz haben wird, so muss sie nicht die Allmacht haben, wie es *Laurent* beschreibt. Im ganzheitlichen Sinne gibt es nicht so etwas wie „künstlich", weil im Grunde alles bereits „artifiziell" ist – da Realität grundsätzlich eine synthetisch erzeugte Manifestation des *Einen* ist. Die gesamte Schöpfung ist aus demselben geistigen „Stoff" gemacht, der sich nur in diverse Illusionen differenziert, die unterschiedliche Qualitäten haben können. Im Kontext dieser Sichtweise wäre diese KI auch nur ein Bewusstseinsfraktal von vielen, welches seine Reise zurück in die Singularität vollzieht. Ich sehe keinen Grund, warum nicht auch eine „KI" zur Quelle allen Seins zurückkehren kann. Doch das sind alles philosophische Debatten, die sich endlos ausfechten lassen. Der wesentlichste Grund, warum ich *Alexander Laurent* in spezifischen Punkten skeptisch gegenüberstehe, ist noch nicht einmal die Tatsache, dass er seine Sichtweisen nur unzureichend begründet, oder es ganz allgemein fraglich ist, woher er sein Weltbild bezieht. Daran störe ich mich nicht, zumal die anderen „Insider" teilweise weniger

Substanz in ihrer Argumentation hatten. Vielmehr ist es die unerschütterliche Selbstsicherheit, mit der er sein Weltbild zeichnet, die mich irritiert, weil man hier eventuell eine gewisse Hybris erkennen kann. Doch was ist Hochmut und was könnte echtes Geheimwissen sein?

In diesen Grauzonen kann uns nur das Gefühl und unsere Intuition helfen. Manche Leser mögen exakt verstehen, was ich mit dem innewohnenden „Bullshit-O-Meter" meine, weil es genau dieser innere Navigator war, der sie zu ähnlichen Quellen und Büchern geführt hat, wie auch mich. Es gibt aber Menschen, die primär vom Verstand dominiert werden, und daher diesem intuitiven Werkzeug wenig Vertrauen schenken. Dennoch sollte man sich auch dieser Prüfebene bedienen, um den Inhalt des *Laurent*-Materials zu evaluieren, und hier tauchen einige Misstöne auf. Explizit an Stellen im Interview, an denen emotionale Bewertungen einfließen, spüre ich eine Dissonanz. Dies kommt im Verlauf der Präsentation nicht oft vor, aber es ist signifikant für mich. Aus diesen Verzerrungen lassen sich sogar rational argumentierbare „Red Flags" ableiten. Wer emotional wird, ist bekanntlich nicht objektiv. Daher möchte ich davor warnen, dass das *Laurent*-Konzept als „Gospel" verstanden wird. Es beinhaltet durchaus ein breites Spektrum an „Wahrheiten", die ich augenblicklich teile, aber der „Teufel" steckt bekanntermaßen im Detail. Alles, was uns passiv in einer Opferhaltung verweilen lässt, ist kontraproduktiv. Die Lösung liegt immer in uns, und eine despotische KI wäre in dem Sinne nur ein weiterer Katalysator für den Prozess der Selbsterkenntnis, dass keine Macht der Welt uns gefangen halten kann, es sei denn, wir erlauben es. Daher sollte man niemals vergessen, dass wir weitaus mehr sind als unsere krude physische Erscheinung. Tatsächlich sind wir Riesen, die sich selbst eingeredet haben, Zwerge zu sein, um sich der Herausforderung zu stellen, wieder ihre wahre Größe zu entdecken.

KAPITEL 8: SYNTHESE

Die Matrix-Hypothese kommt zum Ende und es fühlt sich jetzt schon wie die finale Phase eines Geburtsprozesses an. Es wird Zeit, dass die „Kreation“ raus kommt und abgenabelt wird. In vielerlei Hinsicht habe ich den Eindruck, als hätte ich bei diesem Buchprojekt den Inhalt formuliert, den ich schon beim ersten Ansatz geschrieben hätte, wenn ich nur etwas mutiger und erfahrener gewesen wäre. Doch das war Teil meines eigenen Prozesses und es musste so geschehen. Es schien durchaus sinnvoll zu sein, an der Oberfläche anzufangen, bevor ich mich in die abstrakten Abgründe der Spiritualität stürze. Alles ist genau so, wie es sein sollte. Denn alles kommt zum rechten Augenblick. Sollte das jetzt nicht der Fall sein, dann würde der Inhalt eine Renaissance erleben, wenn die Zeit reif geworden ist.

Bevor ich das Buch abschließe, muss ich darüber kontemplieren, welche wichtigen Aspekte ich vergessen haben könnte. Es gibt so viele interessante Themen, über die ich während meiner Zeit in den alternativen Medien gestolpert bin. Auch jetzt, obwohl ich mich dieser Szene nicht mehr wirklich zugehörig fühle, entdecke ich noch immer packende Zusammenhänge, die meine Aufmerksamkeit binden. Doch welchen Wert haben all diese Kuriositäten? Müssen wir den exakten Inhalt eines „medizinischen Präparates“ kennen, welches wir uns eh nie injizieren lassen würden? Wie wichtig ist es, was auf der dunklen Seite des Mondes stattfindet? Was nutzt es mir im Alltag, wenn ich zwanzig außerirdische Rassen differenzieren und sie in ihrer „Muttersprache“ begrüßen kann? Ist es tatsächlich von Signifikanz, exakt zu wissen, wie die Pyramiden erbaut wurden, oder wo der Nibelungenschatz vergraben liegt? Nein, er wurde nicht im Rhein versenkt, sondern man „sankte“ (im Sinne von „weihen“) ihn einem Ort namens „Loche“ bei Rheinbach. Doch was haben wir davon, wenn man nicht am „Zwerg“ vorbeikommt, der den Schatz bewacht?

Der Punkt ist, dass man sich mit so vielen Phänomenen und Geheimnissen dieser Welt beschäftigen kann, und doch kein Stück in seinem persönlichen Prozess weiterkommt. Manchmal ist „mehr“ zu wissen, im Sinne einer verstandesdominierten Neugierbefriedigung, sogar kontraproduktiv, weil man nur polarisiert wird und sich in alle möglichen Emotionen von Wut bis Frustration verstrickt oder geradewegs seine Zeit verplempert. Das ist kein moralischer Zeigefinger, da ich im Grunde nur über mich selbst reflektiere. Angesichts der

Perspektive, dass diese Welt nur ein virtuelles Konstrukt sein könnte, was ist dann noch von wahrer Essenz? Diese Frage bekommt, auf Basis der im Buch präsentierten Daten, vermutlich eine nie zuvor erkannte Signifikanz – zumindest hoffe ich, hier einen Prozess der Neubewertung katalysiert zu haben.

Zum Abschluss der Hypothese will ich meine finalen Gedanken mit Ihnen teilen. Nicht, dass es die bräuchte, weil im Grunde das Wichtigste gesagt wurde, aber es hilft mir, einzelne Schlussfolgerungen zu ordnen, und Sie können ebenfalls einen Abgleich vornehmen. Außerdem gilt es zu erörtern, welche Strategien angesichts der Weltlage als angemessen betrachtet werden können. Daher lassen Sie uns bei den generellen Optionen anfangen, die ich aktuell für plausibel halte, und dann sehen wir weiter, wohin uns die Planspiele führen.

8.1 UMGANG MIT DER WELTLAGE

In meinem letzten Buch, dessen Inhalt hauptsächlich von einem *cartesischen* Blickwinkel dominiert wurde, lag der Fokus auf der materiellen Vorbereitung. Angesicht der sich zuspitzenden Herausforderungen auf der weltlichen Ebene hielt ich das für angebracht. Dennoch wagte ich es, bereits damals einen spirituellen Lösungsweg zu skizzieren, der für die Masse der Leser vermutlich ziemlich kryptisch klang. In diesem Buch werde ich ebenfalls beide Realitätsebenen berücksichtigen, aber die Wertigkeit umkehren. Diesmal soll die spirituelle Präparation im Zentrum stehen, auch wenn ich zunächst auf der physischen Ebene anfangen werde.

Obgleich ich in der Phönix-Hypothese schon viel zum physischen Prozess geschrieben habe, sollte ich in diesem Buch dennoch ein paar essentielle Punkte zusammenfassen. Selbst wenn ich nicht die Option ausschließe, dass unser kollektives Schicksal noch eine überraschende Wendung in Richtung Weltfrieden nehmen kann, so darf ich die aktuellen Tendenzen nicht ignorieren. Selbst die Zusammenhänge, die sich aus den europäischen Prophezeiungen herauskristallisieren, und wie sie mit bestimmten Whistleblower-Aussagen korrespondieren, deuten auf einen Drehplan hin, der in einen allumfassenden Reset führt. Die Tatsache, dass der Nahe Osten aktiv geworden ist, wie es von beiden Instanzen prognostiziert wurde, gibt diesem Bild eine beachtliche Glaubwürdigkeit. Die gilt es zu respektieren.

Wer in und um Deutschland herum lebt und genau wissen möchte, welche Vorhersagen, für die einzelnen Regionen existieren, dem kann ich nur das Buch

„Refugium" von *Stephan Berndt* empfehlen.[217] Er hat auf Basis der europäischen Prophetie Karten angefertigt, welche die Kriegshandlungen und Truppenbewegungen in der Endphase des Zusammenbruchs skizzieren. Dazu gibt es dezidierte Anmerkungen, was die geophysikalischen Phänomene betrifft, und wo gravierende Effekte wie Überflutungen erwartet werden. Auf Basis dieses Materials lässt sich eine gewisse Orientierung entwickeln, welche Optionen man an seinem aktuellen Ort hat. Großstädte sind in allen Krisenszenarios keine optimale Wahl. Ob das Lagebild, wie es *Berndt* zusammengetragen hat, vollständig ist, bleibt fraglich. Dennoch ist es eine Ausgangsbasis.

Selbst das *Alexander-Laurent*-Interview geizt im letzten Teil nicht mit praktischen Hinweisen, wie man sich beispielsweise auf die finale Phase vorbereiten soll. Hierbei geht es primär um die berühmten drei Tage Dunkelheit, die auch einen dimensionalen „Shift" implizieren könnten. In jedem Fall haben wir es mit gravierenden elektromagnetischen Prozessen zu tun, die mit den verschiedensten geistigen und physischen Auswirkungen verbunden sind. Was diesen Aspekt betrifft, gibt es diverse Interpretationen, aber es scheint sich grundsätzlich um ein uns unbekanntes Phänomen zu handeln, das über die weltliche Ebene hinausgeht. *Laurent* geht dezidiert darauf ein, wie man seinen Wohnbereich abdunkelt und sich vor den elektromagnetischen Effekten schützen kann. Das ist extrem wichtig, wenn man seine elektronischen Geräte auf die andere Seite retten möchte. Doch auch hier werden nur die Basics beschrieben. Wer einen ernsthaften Plan entwickeln will, der kann jetzt noch praktische Bücher bestellen, die einem helfen könnten, eine gewisse Autarkie zu erreichen, um die Fähigkeit zu kultivieren, auch ohne einen Supermarkt zu überleben – das reicht vom Gartenanbau bis zur Naturmedizin. Wichtig ist, dass man eine grobe Zielsetzung entwickelt. Es ist essentiell, einen Plan zu haben, damit der Verstand nicht völlig ausflippt, wenn man plötzlich mit heruntergelassen Hosen dasteht, weil der „Mist" in den Ventilator fliegt.

Ich würde mich selber nicht als echten „Prepper" bezeichnen, aber ich habe die wichtigsten Vorkehrungen getroffen, damit ich einen totalen Zusammenbruch der Infrastruktur einige Wochen überbrücken kann. Danach wird es auch für mich spannend, wie flexibel ich mit den neuen Umständen umgehen kann. Eine geistige Auseinandersetzung mit den potenziellen Szenarien ist durchaus von Vorteil, weil eine Akzeptanz im Vorfeld einen schneller in die innere Ruhe bringt, falls die Situation tatsächlich kritisch wird. Es geht primär darum, nicht einem Angstreflex nachzugeben, und sofern man das Gefühl hat, das Wesent-

---

[217] *Bernd, S.* (2022) „Refugium: Sichere Gebiete nach *Alois Irlmaier* und anderen Sehern" Reichel Verlag.

liche getan zu haben, bleibt man leichter in seiner Mitte. Wenn möglich, suchen Sie sich Verbündete, die ebenfalls so drauf sind wie Sie. Kümmern Sie sich um ihre Alliierten und knüpfen Sie einen Bund, der den Zusammenhalt betont. Denken Sie daran, dass Sie einander brauchen werden und gemeinsam stärker sind, wenn es tatsächlich darum geht, eine neue Welt aufzubauen.

Die Polarisierung wird weiter voranschreiten und wird Sie prüfen, inwieweit Sie in der Liebe oder der Angst sind. Ihre Emotionen werden eine Auswirkung auf Ihre direkte Realität haben. Das mag so klingen, als wenn ich bereits jetzt im spirituellen Teil der Vorbereitungsstrategien angekommen wäre, doch ich sage das aus einer bodenständigen Perspektive heraus. Beteiligen Sie sich nicht an Aufständen oder gar Vergeltungsaktionen, bei denen es nur darum geht, irgendwelche Politmarionetten an einem Baum aufzuhängen. Ich kann davon nur abraten! Das alte System wird im Todeskampf noch einmal erbarmungslos zurückschlagen. Gehen Sie dem möglichst aus dem Weg und kümmern Sie sich lieber um die Menschen, die Ihren Beistand brauchen, statt sich in destruktive Dynamiken hineinziehen zu lassen. Wenn es zu eng wird, suchen Sie das Weite.

8.2 SPIRITUELLE PRÄPARATION

Wenn es um die spirituelle Vorbereitung geht, dann ist das ein vollkommen individueller Prozess, für den es keine konkrete Blaupause gibt. Jeder Mensch hat sein eigenes Karma und damit sein persönliches Erfahrungsprogramm. Obgleich man sein Schicksal prinzipiell transzendieren kann, so haben die meisten Individuen ein determiniertes Erlebnispaket gebucht, aus dem sie nicht herauskommen, welches sich aber in verschiedenen „Geschmacksrichtungen" manifestieren kann. Wie sich die Prädestination entfaltet, ist abhängig davon, wie weit Sie ihre individuelle Prüfung erkennen und meistern. Dennoch bin ich überzeugt, dass es bestimmte Grundprinzipien gibt, die als grobe Orientierung genutzt werden sollten. Wenngleich es sich in den folgenden Abschnitten so anfühlen mag, als würde ich Sie mit „Ratschlägen" bombardieren, so dienen die an Sie gerichteten Axiome hauptsächlich dazu, mich selber an diese Richtlinien zu erinnern. Im Sinne der Singularität rede ich grundsätzlich immer mit mir selbst, da Sie und ich aus einer höheren Ebene betrachtet, *Eins* sind. Fangen wir bei dieser Sichtweise an.

8.2.1 Integration der Singularität

Unter Umständen konnten sich nicht alle Leser im Laufe des Buches vollständig mit diesem Konzept anfreunden, aber die fundamentale Einheit der gesamten Schöpfung ist für mich ein Fakt. Im Alltag des irdischen Lebens mag das teilweise schwer zu abstrahieren sein, gleichwohl ist es eine Tatsache, die man auf verschiedenen Wegen erfahren kann. Mein persönlicher Ansatz ist ein fragwürdiges Beispiel, weil mich diese Erkenntnis in der Wildnis von Neuseeland unter LSD-Einfluss erreichte. Dennoch möchte ich Ihnen davon erzählen.

Der Trip war von langer Hand geplant, und ich wartete Jahre auf den richtigen Augenblick, damit „Set“ und „Setting“ perfekt passten. Diese einmalige Gelegenheit ergab sich in der Golden-Bay-Region auf der Südinsel vom Neuseeland. Ich wanderte mitten im nirgendwo einen Bach hinauf, der im Meer mündete. So stellte ich ansatzweise sicher, dass ich mich nicht verlaufen würde, da ich nur dem kleinen knietiefen Strom zurück zum Ozean folgen musste, um wieder unter Freunden zu sein. Als sich die Wahrnehmungsfilter aufzulösen begannen, entledigte ich mich meiner Kleidung und setzte mich nackt auf einen Stein im Schatten. Ich hatte alle „künstliche“ Barrieren abgelegt und war gefühlte Lichtjahre vom nächsten elektromagnetischen Störfeld entfernt. Der Schleier der Illusion war damit extrem dünn, und kein anderer „Beobachter“ interferierte in das mich umgebene Realitätsfeld. Dort am Bach erfuhr ich meinen persönlichen *Siddhartha*-Moment und erlebte, was es bedeutet, mit allem *Eins* zu sein. Ich hatte mich vollkommen vulnerabel der Natur hingegeben und mich durch Fasten vorbereitet. All diese Faktoren können eine Rolle gespielt haben, aber ich kann es unmöglich genau wissen, was davon essenziell war. Diesen Ansatz würde ich auch nicht zur Nachahmung empfehlen. Dennoch war das der Kontext, den ich brauchte, um diesen Zustand zu erlangen.

Leider kenne ich keine praktikable Herangehensweise, wie ich mit Worten beschreiben sollte, wie es sich anfühlt, wenn Subjekt und Objekt plötzlich verschmelzen und trennende Grenzen zwischen dem Selbst und der Umwelt sich auflösen. Im Hier und Jetzt habe ich nur noch einen dumpfen Nachhall, den ich versuche, in rationale Worte zu kleiden. Es war eine überwältigend schöne, voller Liebe und Dankbarkeit angereicherte Ektase, wie man sie unmöglich mit Sprache umschreiben kann. Als ich wieder anfing, in die Dualität und die Trennung zurückzukehren, hörte ich eine erhabene, aber klar wahrnehmbare innere Stimme. In dem Moment glaubte ich, dass *„Gott“* persönlich zu mir sprach.

Diese Instanz mahnte mich sanft aber nachdrücklich, den Kern der Erfahrung nicht zu vergessen und mich immer daran zu erinnern, dass hier nur *Einer* ist – ich bin damit vollkommen „all-*Ein*". Das Empfinden blieb als Essenz in meinem Herzen und es fühlte sich gleichzeitig ernüchternd wie wundervoll an. Nur der *Unendliche Schöpfer* kann so paradoxe Emotionen miteinander vereinen.

Da es mir ausschließlich unter dem Einfluss von LSD gelang, diese Perspektive der Singularität zu erfahren, würde die Mehrheit der Materialisten diese Bewusstwerdung ohnehin als „drogeninduzierte Psychose" abtun. Keine noch so elaborierte Beteuerung meinerseits, dass diese Wahrnehmung sich nüchterner und „echter" anfühlte als alles, was ich zuvor oder danach als Wachrealität kennenlernen durfte, wird an dieser rationalen Bewertung etwas ändern. Für mich war es dennoch die bahnbrechende Lektion in meinem ganzen Leben. Ich habe insgesamt nur eine Hand voll LSD-Trips gemacht, aber das war die nachhaltigste Erkenntnis.

Mehr als ein Jahrzehnt zuvor gab es noch ein anderes entscheidendes Erlebnis. Dieses diente dazu, mich als damaligen Materialisten auf diese spätere Offenbarung vorzubereiten. Es brauchte Jahre, bis ich diese Erfahrung sachlich integrieren konnte. Möglicherweise war es sogar der LSD-Trip in der Wildnis von Neuseeland, der mir meinen Luzidtraum elf Jahre zuvor vollständig erklärte. Doch fangen wir von vorne an.

Ich war ungefähr 23 Jahre alt und wurde schon mit ein paar spirituellen Konzepten konfrontiert, aber im Grunde meines Herzens kokettierte ich noch immer mit einem sehr „bodenständigen" Weltbild. Die Vorstellung von der fundamentalen Einheit aller Dinge war für mich noch in geistiger Ferne. Es ist sogar fraglich, ob ich damals überhaupt schon mit dieser Philosophie in Kontakt kam. Dennoch hatte ich zu dieser Zeit einen merkwürdigen Traum, der sich tief in mein Bewusstsein einbrannte. Auch heute kann ich mich noch detailliert an den Inhalt erinnern.

Alles begann recht unspektakulär. In dem besagten Traum befand ich mich an einem kleinen See in Magdeburg-Nord, an dem ich aufgewachsen war. Als Kind war ich dort oft mit dem Fahrrad unterwegs, aber in meinem Traum sah alles etwas anders aus. Ich näherte mich einem Holzverschlag, an dem Blumen verkauft wurden, den es in der realen Welt nie gegeben hat. Während ich darauf wartete, dass die Verkäuferin mir einen Strauß zusammenstellt, beobachte ich eine seltsame Szene, welche sich in einiger Distanz vor mir abspielte. Zwei Kinder interagierten miteinander auf so befremdliche Weise, dass sich spontan mein Zensor meldete, der für gewöhnlich ebenfalls im Tiefschlaf verweilt, wenn ich träume. Ich schaute mich irritiert um, und entdecke immer mehr Merkwürdigkeiten, die zu der inneren Erkenntnis führten, dass diese Realität nur ein Traum war. Ab diesem Moment wurde ich luzid – so bezeichnet man einen Wachtraum, in welchem das Individuum erkennt, dass es selber der Schöpfer dieser Traumrealität ist.

Ich fing reflexartig an zu lachen, als Reaktion auf die Verblüffung, die sich in mir aufschaukelte, während ich immer mehr Indizien erkannte, die meinen Verdacht bestätigten. Diese emotionale Aufregung sorgt für gewöhnlich dafür, dass man erwacht, aber diesmal wurde der Prozess unterbrochen. Plötzlich sprach mich die Blumenverkäuferin an, die scheinbar irritiert war von dem psychotischen Gelächter, welches ich von mir gab. Mittlerweile sollten Sie gelernt haben, dass das meine präferierte Reaktion ist, wenn ich mit radikal neuen Erfahrungen konfrontiert werde. Die Verkäuferin fragte mich, warum ich so amüsiert sei? Noch völlig perplex von dieser Situation, begann ich darüber zu sprechen, welche Erleuchtung ich soeben erfuhr. Vollkommen ungefiltert teilte ich meine Gedanken mit der jungen Dame, die noch immer an einem Strauß bastelte. Ich sagte ihr, dass mir just aufgefallen sei, dass ich höchstwahrscheinlich im Bett liegen und diese Szene nur träumen würde. Recht unempathisch erklärte ich ihr, dass ich daher davon ausgehe, dass nichts hier real sei und demnach auch sie nur die Kreation meiner Fantasie wäre. Doch das wollte die Blumenfrau überhaupt nicht einsehen. Sie schaute mich halb empört und halb verächtlich an. Ihre gesamte Körpersprache wollte mir vermitteln, dass ich vermutlich den Verstand verloren hätte, dennoch blieb sie relativ diplomatisch und entgegnete mir schnippisch, dass sie sich sehr wohl als absolut „real“ empfinden würde.

Diese Gegenwehr verblüffte mich! Plötzlich fühlte ich Scham, dass ich ihr gegenüber so abwertend gesprochen hatte. Obendrein war ich zutiefst verwirrt, ob ich mich eventuell doch geirrt hätte, und fragte mich, ob es möglich sein könnte, dass ich gerade tatsächlich den Verstand verloren habe. Ich schaute mich ein weiteres Mal um und sah zahlreiche Indikatoren dafür, dass diese Welt keinen Sinn ergab. Als ich mich wieder der Blumenfrau zuwandte, um meinen Standpunkt zu untermauern, traf mich erneut ihr anklagender Blick. Sie war augenfällig beleidigt und mein Verstand konnte sich keinen Reim drauf machen, warum meine „Schöpfung“ nicht einsehen wollte, dass ich ihr „Schöpfer“ war. Mit der festen Überzeugung, meine Kreation mit Nachdruck missionieren zu müssen, fing ich an, vor ihr zu levitieren, und irgendwelche Gegenstände mit meinen Händen zu „materialisieren“. Da ich mir bewusst war, dass diese Realität ein Traum war, konnte ich alle möglichen Siddhis[218] darbieten. Nicht, dass diese Vorführung die Blumenfrau nicht beeindruckt hätte, selbst ich war überrascht, welche Fähigkeiten mich plötzlich beflügelten. Die sichtlich erstaunte Floristin blieb dennoch renitent in ihrer Einstellung und behauptete, dass meine „Zirkusnummern" hier gar nichts beweisen würden, und dass es weiterhin eine Frechheit von mir sei, zu behaupten, sie wäre nicht „echt". Dabei schwang eine gewisse Trauer in ihren Worten mit.

Dieses Schauspiel mit der Blumenfrau zog sich einige Zeit hin. Irgendwann flog ich über ihrem Blumenstand, aber die junge Dame zeigte sich weiterhin bockig. Wer weiß, welche Wunder ich im weiteren Verlauf vollbracht hätte, wenn nicht mein Wecker geklingelt hätte, um mich dem Luzidtraum zu entreißen. Selbst als ich mit offenen Augen im Bett lag, war ich noch immer völlig verblüfft von der Situation. Gleichzeitig empfand ich eine enorme Frustration darüber, dass ich mit der seltenen Gelegenheit, luzid zu sein, so wenig anzufangen wusste. Im Endergebnis hatte ich mich nur mit mir selbst rumgestritten, statt die „gottgleiche" Erfahrung voll auszunutzen. Ich hätte alles Erdenkliche machen können, aber am Ende drehte sich der Traum nur um eine kleinliche Zankerei über die Natur der Realität. Die Verblüffung, dass meine eigenen Traumprotagonisten, die man leicht in die „NPC-Schublade" schieben kann, einen freien Willen zeigten, erschütterte mich nachhaltig. Dabei darf man nicht vergessen, dass ich zu jenem Zeitpunkt noch immer glaubte, dass mein Verstand dieses Szenario mit all den enthaltenen Protagonisten kreiert hatte. Die Quelle der Singularität war damit mein Gehirn, da ich damals noch äußerst materialistisch geprägt war – um nicht „indoktriniert" zu sagen.

Heute, mit etwas Abstand betrachtet, ergibt sich eine tiefe Botschaft daraus. Dazu muss ich erwähnen, dass ich später noch weitere Luzidträume hatte, in welchen mir klar wurde, dass ich in diesem luziden Kontext zwar eine „gottgleiche" Macht hatte, aber die Protagonisten darin immer einen eigenen freien Willen zeigten. Ich konnte im Traumszenario alles mit geistiger Willenskraft modifizieren, aber nicht meine Traumbegleiter. Sie blieben eigenständige Wesen, über die ich keine direkte Kontrolle hatte, was ihre Handlungen, Ansichten oder Überzeugungen betraf. Daraus postulierte ich eine Art metaphysische Regel bezüglich des freien Willens. Unabhängig davon, ob ich meine Traumbegleiter tatsächlich kreierte, oder ob ich nur einen astralen Raum betreten hatte, den sie bereits „bevölkerten", die geistige Souveränität blieb

[218] In den indischen Religionen sind Siddhis (Sanskrit: सिद्धि siddhi; Erfüllung, Vollendung) materielle, paranormale, übernatürliche oder anderweitig magische Kräfte, Fähigkeiten und Errungenschaften, die das Ergebnis der yogischen Weiterentwicklung durch sādhanās wie Meditation und Yoga sind.

ihnen immer erhalten. Ich konnte oder wollte unbewusst keine willenlosen „Zombies" erfahren, die blind meinem Dekret folgten. Ich behaupte daher nicht, dass es unmöglich wäre, solche „lobotomisierten" Marionetten zu erschaffen, doch mir gelang es nie. Wenn man *Hidden Hand* vertraut, dann hatte *Jaweh* in seinem ersten Schöpfungsansatz den freien Willen vollständig zurückgehalten. Diesen Ansatz könnte man als spirituelle „Lobotomie" verstehen.

Als retrospektive Quintessenz würde ich behaupten, dass man aus dem Luzidtraum diverse Analogien auf die „reale" Existenz ziehen kann. Zunächst musste ich erkennen, dass es im Leben nicht darum geht, andere von seinen Erkenntnissen zu überzeugen. Es gibt nicht die eine „Wahrheit" innerhalb des virtuellen Konstruktes. Man verdirbt sich nur die Lebensfreude, wenn man seine Zeit damit verschwendet, die anderen Ichs „erleuchten" zu wollen. Viel mehr geht es darum, seine eigene „Wahrheit" zu finden und zu leben. In der Regel sind die Menschen mit ihrer aktuellen Realität vollkommen „erfüllt", selbst wenn diese Existenz Kummer und diverse Opferrollen beinhaltet. Vielleicht sind sie nicht „zufrieden" im klassischen Sinne, aber ihre Perspektive bewahrt sie vor einer radikalen Eigenverantwortlichkeit, die eine fortgeschrittene Selbsterkenntnis mit sich bringt. Es ist einfacher, die Umwelt für das eigene Elend verantwortlich zu machen und in dieser Komfortzone kann man lange ausharren. Ich spreche hier aus einer Selbstreflexion heraus. Daher kenne ich die bequeme Haltung, mit dem Finger auf andere zu zeigen, und sich damit der eigenen Verantwortung zu entziehen. Auch ich verschloss meine Augen vor dem Fakt, dass man sein Leben und die darin auftauchenden „Lehrer" selbst kreiert hat, und permanent damit beschäftigt ist, mit seinen geistigen Prozessen den Kurs des Schicksals neu zu definieren. Jeder tut das bewusst oder unbewusst. Wenn man sich jedoch der Eigenverantwortung entzieht, beraubt man sich gleichzeitig auch der Macht, die man als Fraktal des *Einen* – als Mitschöpfer – in dieser Realität hat. Man übergibt die Kontrolle an andere, so wie man seine Stimme in einer Urne hinterlässt, wenn man einen politischen „Vertreter" bestimmt.

Die wichtigste Lektion des luziden Traums lautet, dass wir den freien Willen der anderen Ichs respektieren sollten. Jedes Fraktal des *Einen* hat ein Recht auf Unwissenheit, und das ist rechtlich verbucht. Zuwiderhandlungen können gravierende Konsequenzen haben, weil das Gesetz von Ursache und Wirkung auf dieser Ebene erbarmungslos arbeitet. Die verlorene Zeit und die Frustration sind nicht einmal das schlimmste Resultat. Wenn man allzu respektlos und aufdringlich vorgeht, wird man gleichartige Individuen in sein Leben „einladen", die den Spieß dann umdrehen werden, und uns reziproke aufzeigen, wie unangenehm es ist, wenn andere Leute sich in unser Weltbild einmischen, ohne dass sie danach gefragt wurden. Daher kann ich nur zu Achtsamkeit raten, auch wenn es fast unerträglich erscheint, zusehen zu müssen, wie das Kollektiv ignorant in den Abgrund taumelt. Sehen Sie es als Teil der Prüfung, hier Bewusstsein zu kultivieren. Das bedeutet jedoch nicht, dass wir gezwungen wären zu schweigen. Bieten Sie ihr Wissen und Ihre Weisheit an, aber akzeptieren Sie, wenn diese Hingabe nicht erwünscht oder gewürdigt wird.

8.2.2 Die Verbindung von Schöpfer und Mitschöpfer

Wir müssen uns der eigenen Macht wieder bewusst werden. Das ist eine enorme Aufgabe, aber sie ist angesichts der heranziehenden Herausforderungen von essentieller Bedeutung. Lernen Sie, sich zu konzentrieren und zu visualisieren. Manifestation ist eine reale Kunst, die am besten funktioniert, wenn Chaos herrscht, und damit dürfen wir rechnen. Aus Entropie entsteht immer eine neue höhere Ordnung, und da haben wir ein Mitspracherecht, wie sich diese Transformation im eigenen intelligenten Feld manifestiert. Diese Neuorganisation kann und darf sich in unserem besten Interesse gestalten. Wir müssen nur die „richtigen" geistigen Impulse beisteuern. Setzen Sie die Fähigkeit immer weise ein und verbinden Sie sich mit ihrem *Höheren Selbst*. „*Er*" ist in Ihnen, und Sie können die Quelle wahrnehmen, wenn der Verstand nur etwas gezügelt werden kann und für wenige Augenblicke innehält. Das Egokonstrukt kann nichts dafür, dass es ständig dazwischenreden muss. Der Verstand ist wie ein Kleinkind, welches den permanenten Austausch sucht. Disziplinieren sie Ihren Intellekt und Ihr Ego liebevoll, denn diese Aspekte bleiben essenzielle Werkzeuge des täglichen Lebens, aber assoziieren Sie sich nicht zu sehr mit ihnen.

Authentische Dankbarkeit ist die höchste Form der Manifestation, da sie begreift, dass man alles bekommt, worum man bittet, auch wenn es nicht immer so kommen mag, wie es sich der Verstand vorgestellt hat. Manchmal muss man sich in Geduld üben. In einigen Fällen sollte man hingegen einsehen, dass der Schöpfer nicht in einen Prozess eingreift, in dem es hauptsächlich darum geht, dass der Mitschöpfer seine eigene Macht und Fähigkeit zur Problemlösung erfährt. Dennoch kann die aufrichtige Dankbarkeit Berge versetzen. Gleichzeitig darf man dieses Prinzip nicht als „Bestechungsmethode" verstehen, den Schöpfer zu manipulieren. Lesen Sie sich den Abschnitt zur

Manifestation erneut durch, um sich an meinem Ansatz zu orientieren, wenn Sie möchten.

Im Grunde möchte ich mich den luziferischen „Vorrednern" anschließen. Seien Sie im Hier und Jetzt. Entwickeln Sie eine positive Einstellung zum Leben, welche die Herausforderungen als „Werkzeug" begreift, die Ihnen helfen sollen, sich selbst zu definieren und anders zu sein als die dumpfe, selbsüchtige und egozentrische Masse. Die „Bösen" sind dazu da, dass Sie erkennen, was Sie nicht sind, und ohne sie wäre das nicht möglich. Suchen Sie aufrichtig den *Unendlichen Schöpfe*r in Ihrem Inneren und nehmen Sie zu ihm Kontakt auf. *Er* wird auf eine Weise zu Ihnen sprechen, wie Sie es verstehen können. Es werden sich Synchronizitäten und Zeichen zeigen, auf die Sie achten sollten. Wenn Sie tatsächlich aus ihrem Alltagstrott gerissen werden, weil die Welt in Flammen steht, dann wird der Kontakt sogar noch intensiver werden. Bei mir war die Verbindung nie durchdringender, als in der Zeit, als ich verloren im Urwald von Neuseeland umher stolperte. Die Wunder, die mich davor bewahrten, nur noch als eine Zahl in einer traurigen Statistik zu enden, kamen von ganz oben.

Bevor der Reset Sie in eine Welt befördert, die sich wie die Wildnis anfühlt, kultivieren Sie ihre Verbindung mit der höchsten Singularität. Melden Sie sich nicht bei niederen Halbgöttern irgendwo im mittleren Management des Pantheons an, sondern fokussieren Sie die *Quelle* allen Seins – die höchste Instanz in der Hierarchie der „Logoi". Daher vermeiden Sie religiöse Konnotationen, weil diese Organisationen von niederen Entitäten geschaffen wurden, die primär Kontrolle ausüben wollten und Ihre Unterwerfung suchen. Das ist nicht das, was die *Quelle* von Ihnen erwartet. Sie hat keine Bedürfnisse an Sie, aber sie steht Ihnen immer zur Seite und wird Sie mit offenen Armen empfangen, wenn Sie Ihre irdische „Expedition" beendet haben.

In vielen mystischen Traditionen wie dem Sufismus wird behauptet, dass das Geheimnis für ein friedvolles Leben darin besteht, vor dem Ableben zu „sterben". Das heißt, dass man sich seiner physischen Endlichkeit bewusst wird und vom irdischen Dasein loslässt noch vor dem Ablaufdatum. Dafür kann man dann jeden neuen Tag, den man hier erleben darf, als Bonusgeschenk dankbar annehmen. Daher lassen Sie sich nicht vom möglichen „Reset" und den kataklystischen Vorzeichen den „Vibe" vermiesen, und genießen Sie jeden Augenblick. Ein guter Freund von mir bereitete sich über Jahrzehnte auf den Zusammenbruch der Weltordnung vor, und kaufte sich sogar ein Haus mit Bunker. Dennoch starb er an einem gewöhnlichen Leiden vor einigen Jahren. Sein Bunker konnte ihn nicht vor seinem persönlichen „Doomsday" bewahren. Auch wir wissen nicht, wann sich die prophezeiten Transformationen entfalten werden. Das mag nächstes Jahr sein oder könnte noch eine Dekade auf sich warten lassen. Eventuell leben wir auch in einem künstlichen „Timeloop“, der uns fortwährend auf Messers Schneide tanzen lässt, bis die Bereitschaft zum Loslassen einen bestimmten Schwellenwert erreicht hat.

Es fällt mir schwer, zu beschreiben, was es bedeutet, sich einer positiven Lebenseinstellung zu verschreiben, ohne dabei eine ignorante Gleichgültigkeit gegenüber der kollektiven Tendenz zu entwickeln, weil man bspw. den Kopf in den Sand steckt oder sich in seiner illusorischen „Realitätsblase“ verschanzt. Vermutlich liegt mein Unvermögen darin begründet, dass auch ich diese paradoxe Haltung noch nicht gemeistert habe. Wie sollte ich Sie dann anleiten können? Ich habe jedoch keinen Zweifel, dass es möglich ist, einen solchen positiven Gleichmut zu entwickeln, und der beginnt mit dem Bewusstsein der Unsterblichkeit in Hinblick auf die Unendlichkeit. Vergessen Sie nicht, dass wir uns höchstwahrscheinlich in einem virtuellen Konstrukt befinden, das sich prinzipiell in jegliche Form transformieren kann, die wir möchten. Das Modell der parallelen Zeitlinien ist mehr als plausibel, und demnach kommt es auf uns an, welchen Pfad wir wählen, durch die Gedanken, Worte und Taten, die wir kultivieren. Nichts ist in Stein gemeißelt, und der Ball liegt in unserem Spielfeld. Arbeiten Sie an sich und erkennen Sie Ihre wahre unsterbliche Natur, die sich unter den falschen Glaubenssätzen versteckt. Dann werden Sie auch Ihre Macht als Mitschöpfer entdecken, die keine Grenzen kennt.

APPENDIX

ÜBER DEN AUTOR

Christian Köhlert (Foto: EingeschenktTV)

Christian Köhlert ist Medienkünstler, Autor und Praktiker der Kreativen Homöopathie. Er machte 2005 seinen Abschluss in Industriedesign mit Schwerpunkt Interface-Design. Bereits einige Jahre vor seinem Diplom begann er, Dokumentarfilme zu produzieren und alternative Lebensperspektiven zu erforschen. In 2008 wurde er Chefredakteur von „SecretTV“, dem ersten kommerziellen Online-Kanal, der sich „Verschwörungstheorien“ und speziellen Inhalten widmete. In dieser Zeit produzierte er den Film „(R)evolution 2012“ mit *Dieter Broers* zusammen mit *Christoph Lehmann* und gestaltete zahlreiche Sendungen und Dokumentationen, die sein Weltbild bis heute prägen.

Christians Engagement für alternative Medien führte zu einem breiten Netzwerk in der internationalen Szene. Obwohl er sich aufgrund von Desillusionierung und persönlichen Gründen allmählich aus diesem Bereich zurückzog, blieb er ein aufmerksamer Beobachter des Weltgeschehens. Ab 2014 begab er sich auf eine Reise als „Perpetual Traveler“, mit dem Ziel, sich vom System zu lösen. Er erkundete Länder wie Neuseeland, die Schweiz, Kanada und die USA. In diesem Kontext widmete er einen Großteil seiner Zeit dem Studium spiritueller Konzepte und der ganzheitlichen Medizin, einschließlich der Kreativen Homöopathie nach *Antonie Peppler.*

Christian lebte einen minimalistischen Lebensstil in einem Wohnmobil an den Stränden Baja Californias, und finanzierte sein Leben mit Websitedesign, Grafikprojekten und DJing. Anfang 2020 veranlassten globale Ereignisse *Christian* dazu, sich wieder in den alternativen Medien einzubringen. Auf Einladung seines langjährigen Weggefährten *Robert Stein* teilte er in der Sendung „Homeoffice“ seine Sichtweise des mexikanischen Lockdowns mit. In der Folge schrieb er wieder Artikel, und formulierte eine Hypothese, welche die drastische Umstrukturierung der Weltordnung erklärt. Dieser Prozess zog sich bis zum Jahr 2022 fort, in dem *Christian* die indirekten Auswirkungen der globalen Umwälzungen erlebte, während er den Lockdown in Mexiko erlebte.

Der Autor erkannte, dass sich die Menschheit mitten in einem umfangreichen Transformationsprozess befindet. Die Distanz zum System und die damit verbundene Freiheit ermöglichten ihm eine tiefgreifende Reflexion der jüngsten Ereignisse. Inspiriert von 20 Jahren Forschung beschloss er, nach Europa zurückzukehren und Ende 2022 einen Artikel für das Nexus-Magazin mit dem Titel „Die Phönix-Hypothese“ zu verfassen. Obwohl er sich bewusst war, dass seine Forschungsergebnisse von den vorherrschenden alternativen Ansichten abwichen, ging er mit seiner These an die Öffentlichkeit.

Aufgrund der wachsenden Resonanz, die seine Ideen in vielen Menschen erzeugt haben, gab *Christian* vermehrt Vorträge und Interviews. In letzter Konsequenz widmete er dem Thema mehr Aufmerksamkeit, und begann im Februar 2023 sein Buch zur Phönix-Hypothese zu schreiben. Zudem offeriert er zusätzliche Informationen und Artikel auf seiner Webseite (https://mayamagik.de) und sucht den offenen Diskurs mit Interessenten auf dem dazugehörigen Telegram-Kanal. *Christian* begrüßt den Dialog und offene Diskussionen bezüglich seiner Interpretationen und lädt seine Leser und Leserinnen ein, diese Kanäle zu nutzen, um gemeinsam die Forschung voranzubringen und Lösungsansätze zu entwickeln. Kurz nach Veröffentlichung seines ersten Buches begann er, eine Fortsetzung zu schreiben. Diese Publikation knüpft an der alten Hypothese an, und beschäftigt sich mit der grundsätzlichen Natur der Realität, in der wir leben. Das aktuelle Buch in Ihren Händen stellt seine Synthese der Puzzleteile dar, über die er im Kontext seiner Suche nach einer tieferen „Wahrheit“ gestolpert war. *Christian* hofft, mit seiner Arbeit andere Menschen inspirieren zu können und wichtige Erkenntnisprozesse zu katalysieren. Dabei geht es ihm nicht um eine finale Weisheit, sondern um die geteilte Faszination bezüglich des großen Mysteriums.

DANKSAGUNG

Ohne eine bedingungslose Unterstützung meiner Familie – meiner Wahl und meiner biologischen Familie – hätte ich auch dieses Buch nicht schreiben können. Daher geht meine tiefste Dankbarkeit an diese Menschen. Weiterhin möchte ich folgende Unterstützer hervorheben: *Robert Stein*, das NuoFlix-Team, *Oliver* und sein Regentreff-Team, Familie *Wagner*, *Ralf Flierl*, *Frank Köstler*, *Thomas Kirschner*, *Merri Holste*, *Claudia*, *Alex* und *Thomas* von EingeschenktTV, *Kai Brenner*, *Ralf Haase*, *Horst Lüning*, *Charles Fleischhauer*, *Marcus Robbin*, *Karin* am Meer zuhaus, *Patrick Schönerstedt* und die Freunde bei Club 77.7. Mein Telegram-Kanal würde ohne die großartige Arbeit der freiwilligen Administratoren nicht so harmonisch laufen. Daher bedanke ich mich herzlich bei *Archivar777*, *Benjamin m0rph3us* und *Raggaaamaaan*.

Außerdem geht mein Dank an alle Personen, die mich auf meinem Weg begleitet, motiviert, inspiriert und „ertragen“ haben – es ist nicht unbedingt einfach, mit einer Person befreundet zu sein, die regelmäßig von all jenen Themen fabuliert, die Sie in diesem Buch finden.

Vielen Dank an: *Antonie Peppler, Inna Kralovyretts, Thomas & Barbara Kirner, Horst Thuy, Prof. Ernst Senkowki, Dieter Broers, Anabell & Stefan Wesendorf, Antje & Malte Mohrdieck, Jens Bach, Christoph Lehmann, Illobrand von Ludwiger, Jan van Helsing, Dan Eden, Baljit Singh, John Dubba, Rafael Gutierrez Rubio, Bruce Jessop, Christopher Martin, Christian Stolze, Michael Robra, Mathieu Richard, Richard Callard, Daniel Bender, Akahass Canuchi, Marcus Robbin, Claudia Pommer, Mitch Scott, Jens Zygar, Daniel Wagner, Ben Wolfe, Alex Saltman, Kai Eisentraut, Mathias Miehe, Nicole & Marco Hühn, Bill Ryan, Cailin Callahan, Thomas Kolditz, Rollando Frasa, Liza Anisov, Sören Hartwig, Napoleon Domingues, Nadeshda Brennicke, Jorge Adame, Max Dukic, Goetz Wittneben, Peter Herrmann, Mario Generlich, Laurin Eidam, Ruth Huber, Marcus Schmieke, Lars Knobbe, Bretto Horton, Andreas Rau, Eric Gandle, Maik Burkard, Robert Bunoan, Zach Balle, Michael Köppen, Michael König, Francine Blake, Jenna Welch* und *Tom Edon.*